FOM Hochschule

Schriftenreihe für Recht und Wirtschaft

Entwicklungen im Wirtschafts- und Gesellschaftsrecht

Herausgegeben von

Prof. Dr. Hans-Jörg Fischer,
FOM Hochschule, Mannheim

Prof. Dr. Jens M. Schmittmann
FOM Hochschule, Essen

Bearbeitet von
Prof. Dr. Stephan Arens; Dr. Susann Brackmann;
Prof. Dr. Hans-Jörg Fischer; Prof. Dr. Marwan Hamdan;
Alina Holze; Prof. Dr. Jürgen Neuberger; Isabel Quack;
Prof. Dr. Jens M. Schmittmann; Prof. Dr. Michael Schörnig;
Marcel Supernok-Kolbe, LL.M.;
Prof. Dr. Dr. h.c. Martin Paul Waßmer

Fachmedien Recht und Wirtschaft | dfv Mediengruppe | Frankfurt am Main

Alle im Buch verwendeten Begriffe verstehen sich geschlechterneutral. Aus Gründen der besseren Lesbarkeit wird teilweise auf eine geschlechtsspezifische Differenzierung verzichtet – entsprechende Begriffe gelten im Sinne der Gleichbehandlung grundsätzlich für alle Geschlechter. Die verkürzte Sprachform hat lediglich redaktionelle Gründe und beinhaltet keine Wertung.

Bibliografische Information Der Deutschen Nationalbibliothek

Die Deutsche Nationalbibliothek verzeichnet diese Publikation in der Deutschen Nationalbibliografie; detaillierte bibliografische Daten sind im Internet über http://dnb.de abrufbar.

ISBN 978-3-8005-1996-5

dfv Mediengruppe

www.ruw.de

Druck: Beltz Grafische Betriebe GmbH, 99947 Bad Langensalza

Printed in Germany

Vorwort der Herausgeber

In der heutigen Welt mit ihren disruptiven Veränderungen in Wirtschaft und Gesellschaft sind innovative Entwicklungen im Wirtschafts- und Gesellschaftsrecht eine konsequente Folge dieser Befunde. Daher hat sich Band 4 der Schriftenreihe für Recht und Wirtschaft, die seit 2022 erscheint, in diesem Jahr zum Ziel gesetzt, das Wirtschafts- und Gesellschaftsrecht in seiner ganzen Bandbreite zu beleuchten.

Ob es um die Frage des Schutzes von Geschäftsgeheimnissen oder um Aspekte des Unternehmensstrafrechts geht, um das Thema der Restrukturierung und Insolvenz, stets haben die Autoren die neuesten Entwicklungen in Gesetzgebung, Rechtsprechung und Literatur kritisch und umfassend beleuchtet. Andere innovative Entwicklungen im Gesellschaftsrecht wie die in Planung befindliche Gesellschaft mit gebundenem Vermögen (GgebV) wurden unter gesellschaftsrechtlichen und insolvenzrechtlichen Aspekten ebenso untersucht wie der Umfang der Treuepflichten bei der GmbH & Co. KG oder europarechtliche Fragestellungen bei Gesellschafterdarlehen. Ein anderer relevanter Aspekt – die Auswirkungen von Compliance-Verstößen auf M&A-Transaktionen – ist Gegenstand eines weiteren Beitrags. Überdies wurden neuere Entwicklungen im Recht der Aktiengesellschaften in Gestalt der neuen Krypto-Wertpapiere nach dem eWpG im Rahmen eines Beitrags zu diesem Werk untersucht.

An dem vorliegenden Werk haben nicht nur renommierte Autorinnen und Autoren des KcW KompetenzCentrums für Wirtschaftsrecht der FOM Hochschule für Oekonomie und Management gGmbH mitgewirkt. Es konnten auch Autoren von weiteren renommierten Hochschulen wie der Universität zu Köln, der Hochschule Köln oder der Hochschule für Finanzwirtschaft und Management Bonn gewonnen werden, die den vorliegenden Band mit ihren Ideen bereichert haben. Ein Beitrag von Autoren einer renommierten deutschen Wirtschaftskanzlei rundet das Bild ab und sorgt für eine ausgewogene Mischung zwischen Wissenschaft und Praxis, zumal die zahlreichen Autoren neben ihrer Hochschultätigkeit regelmäßig beratend agieren.

Die Herausgeber erhoffen sich, durch die Beschäftigung mit dieser Thematik nützliche Denkanstöße in diesem Bereich geben zu können und damit einen Beitrag zur Rechtsfortbildung leisten zu können.

Die Herausgeber danken ihren engagierten Autoren sowie dem Verlag für die zügige Umsetzung des vorliegenden Werkes. Sie freuen sich über Rückmeldungen aus dem Kreis der Leser und stehen zur Diskussion und Vertiefung der Themen gerne zur Verfügung.

Mannheim/Essen, im November 2025

Die Herausgeber

Hans-Jörg Fischer *Jens M. Schmittmann*

Bearbeiterverzeichnis

Prof. Dr. Stephan Arens	Professor für Bürgerliches Recht und Unternehmensrecht an der TH Köln
Dr. Susann Brackmann	Rechtsanwältin und Partnerin der Kanzlei CMS Hasche Sigle Partnerschaft von Rechtsanwälten und Steuerberatern mbB in Hamburg mit Schwerpunkt Restrukturierungs- und Insolvenzrecht
Prof. Dr. Hans-Jörg Fischer	Professor für Wirtschafts- und Steuerrecht, FOM Hochschule Mannheim; Wissenschaftlicher Leiter des KompetenzCentrum für Wirtschaftsrecht (KCW). Rechtsanwalt, Steuerberater, Fachanwalt für Handels- und Gesellschaftsrecht und für Steuerrecht in München und Mannheim; Mitherausgeber eines Kommentars zum neuen Hinweisgeberschutzgesetz
Prof. Dr. Marwan Hamdan	Ordentlicher Professor und Inhaber der Professur für Bürgerliches Recht, Wirtschaftsrecht, Bank- und Versicherungsrecht an der Hochschule für Finanzwirtschaft & Management Bonn; Rechtsanwalt und Gründungspartner von GH-Legal (Güneş und Hamdan PartGmbB) in Saarbrücken
Alina Holze	Wissenschaftliche Mitarbeiterin und Referendarin am Kammergericht Berlin
Prof. Dr. Jürgen Neuberger	Professor für Wirtschaftsrecht, FOM Hochschule Stuttgart
Isabel Quack	Wissenschaftliche Mitarbeiterin und Referendarin am OLG Koblenz
Prof. Dr. Jens M. Schmittmann	Professor für ABWL, Wirtschafts- und Steuerrecht, FOM Hochschule Essen; Rechtsanwalt, Steuerberater, Fachanwalt für Insolvenz- und Sanierungsrecht, für Handels- und Gesellschaftsrecht und für Steuerrecht, Essen; Mitglied des Senats für Anwaltssachen des Bundesgerichtshofes
Prof. Dr. Michael Schörnig	FOM Hochschule Frankfurt am Main

Marcel Supernok-Kolbe, LL.M.	Dozent für Compliance, FOM Hochschule Stuttgart; Senior Manager Compliance (Ma-Risk), Boerse Stuttgart Group, Stuttgart
Prof. Dr. Dr. h.c. Martin Paul Waßmer	Universität zu Köln, Lehrstuhl für Strafrecht und Strafprozessrecht – deutsches, europäisches und internationales Wirtschafts-, Steuer- und Medizinstrafrecht

Inhaltsverzeichnis

Kapitel 3
Die Gesellschaft mit gebundenem Vermögen (GgebV) – ein Projekt mit Zukunft?
(Fischer)

Kapitel 4
Geschäftsführungsbezogene Entscheidungen bei der GmbH & Co. KG – Treuepflichten bei misslungener Verzahnung der KG und ihrer Komplementärin
(Hamdan)

Kapitel 5
Wenn das Gesellschafterdarlehen Grenzen überschreitet und deutsches Insolvenzrecht auf EU-Recht trifft
(Neuberger)

Kapitel 6
Die Gesellschaft mit gebundenem Vermögen in Krise und Insolvenz
(Schmittmann)

Kapitel 7
Compliance-Verstöße im Transaktionsrecht und deren Implikation auf den Erfolg von M&A-Transaktionen
(Schörnig)

Kapitel 8
Krypto-Wertpapiere im Wandel: eWpG und Gesellschaftsrecht als Wegweiser im digitalen Kapitalmarkt
(Supernok-Kolbe)

Kapitel 9
Schutz von Geschäftsgeheimnissen im digitalen Zeitalter
(Waßmer)

Abkürzungsverzeichnis

2FA	Zwei-Faktor-Authentifizierung
a.A.	anderer Ansicht
a.a.O.	am angegebenen Ort
a.F.	alte Fassung
ABl.	Amtsblatt
Abs.	Absatz
AEUV	Vertrag über die Arbeitsweise der Europäischen Union, Fassung aufgrund des am 1.12.2009 in Kraft getretenen Vertrages von Lissabon (Konsolidierte Fassung bekanntgemacht im ABl. EG Nr. C 115 vom 9.5.2008, S. 47)
AG	Die Aktiengesellschaft (Zeitschrift)
AGB	Allgemeine Geschäftsbedingungen
AkadE-G	Akademischer Entwurf – Gesetz zur Einführung einer Gesellschaft mit gebundenem Vermögen
AktG	Aktiengesetz
AnwBl	Anwaltsblatt (Zeitschrift)
AO	Abgabenordnung
API	Application Programming Interface
ART	Asset Referenced Token
Art.	Artikel
Aufl.	Auflage
AWG	Außenwirtschaftsgesetz
AWV	Außenwirtschaftsverordnung
Az.	Aktenzeichen
BaFin	Bundesanstalt für Finanzdienstleistungsaufsicht
BAIT	Bankaufsichtliche Anforderungen an die IT
BB	Betriebs-Berater (Zeitschrift)
BBankG	Bundesbankgesetz
BBP	Betriebswirtschaft im Blickpunkt (Zeitschrift)
BCBS	Basel Commitee on Banking Supervision
BeckOGK	beck-online.GROSSKOMMENTAR

BeckOK Datenschutzrecht	Wolff, Amadeus/Brink, Stefan/v. Un-gern-Sternberg, Antje (Hrsg.), Beck'scher Online-Kommentar Datenschutzrecht
BeckOK HinSchG	Gerdemann, Simon/Colneric, Ninon (Hrsg.), Beck'scher Online-Kommentar Hinweisgeberschutzgesetz
BeckOK InsO	Fridgen, Alexander/Geiwitz, Arndt/Göpfert, Burkard (Hrsg.), Beck'scher Online-Kommentar Insolvenzrecht
BeckOK Kartellrecht	Bacher, Klaus/Hempel, Rolf (Hrsg.), Beck'scher Online-Kommentar zum Kartellrecht
BGB	Bürgerliches Gesetzbuch
BGBl.	Bundesgesetzblatt
BGH	Bundesgerichtshof
BGHZ	Entscheidungen des Bundesgerichtshofs in Zivilsachen
Bitkom	Bundesverband Informationswirtschaft, Telekommunikation und neue Medien e. V.
BKR	Zeitschrift für Bank- und Kapitalmarktrecht
BörsG	Börsengesetz
BSI	Bundesamt für Sicherheit in der Informationstechnik
BSIG	Gesetz über das Bundesamt für Sicherheit in der Informationstechnik
BStBl.	Bundessteuerblatt
BTC	Bitcoin
BT-Drs.	Bundestags-Drucksache
BVDW	Bundesverband Digitale Wirtschaft
CASP	Crypto Asset Service Provider
CB	Compliance Berater (Zeitschrift)
CBDC	Central Bank Digital Currency (digitale Zentralbankwährung)
CMS	Compliance-Management-System
COMI	Center auf Main Interest = Mittelpunkt der hauptsächlichen Interessen des Insolvenzschuldners nach Art. 3 Abs. 1 EuInsVO
CR	Computer und Recht (Zeitschrift)
CRD	Capital Requirements Directive
CRR	Capital Requirements Regulation
CSSF	Commission de Surveillance du Secteur Financier (Luxemburg)
d. h.	das heißt

DAO	Decentralized Autonomous Organizations
DAX	Deutscher Aktienindex
DB	Der Betrieb (Zeitschrift)
DCGK	Deutsche Corporate Governance Kodex
DeFi	Decentralized Finance
ders.	derselbe
DEX	Decentralized Exchanges
dies.	dieselbe/n
DLT	Distributed-Ledger-Technologie
DNotZ	Deutsche Notarzeitschrift (Zeitschrift)
DOJ	U. S. Department of Justice
DORA	Digital Operational Resilience Act
DRM	Digital Rights Management
DSGVO	Datenschutz-Grundverordnung
DSRITB	Deutsche Stiftung für Recht und Informatik (Tagungsband)
DStR	Deutsches Steuerrecht
DvP	Delivery versus Payment
DZWIR	Deutsche Zeitschrift für Wirtschafts- und Insolvenzrecht
EBA	European Banking Authority
ECB	Europäische Zentralbank (European Central Bank)
Ed.	Edition
EG	Europäische Gemeinschaften
EGBGB	Einführungsgesetz zum Bürgerlichen Gesetzbuch
EKEG	(österreichisches) Eigenkapitalersatz-Gesetz, eingefügt mit dem GIRÄG 2003, Inkrafttreten am 1.1.2004
EMT	E-Money Token
EnEV	Energieeinsparverordnung
ErbR	Erbrecht (Zeitschrift)
ErbStB	Erbschaft-Steuerberater (Zeitschrift)
ESG	Environmental, Social, Governance
ESMA	European Securities and Markets Authority
EStB	Der Ertrag-Steuerberater (Zeitschrift)

EStG	Einkommensteuergesetz
et al.	et alii; und andere
etc.	et cetera
ETH	Ethereum
EU	Europäische Union
EuGH	Europäischer Gerichtshof
EuInsVO	Verordnung (EU) 2015/848 des Europäischen Parlaments und des Rates vom 20.5.2015 über Insolvenzverfahren (Neufassung) (ABl. L 141 vom 5.6.2015, S. 19), Inkrafttreten am 26.6.2017
EuInsVO a. F.	Verordnung (EG) Nr. 1346/2000 des Rates vom 29.5.2000 über Insolvenzverfahren (ABl. L 160 vom 30.6.2000, S. 1), Inkrafttreten am 31.5.2002
EUR	Euro
EUV	Vertrag über die Europäische Union
EuZW	Europäische Zeitschrift für Wirtschaftsrecht
EWiR	Entscheidungen zum Wirtschaftsrecht (Zeitschrift)
eWpG	Gesetz über elektronische Wertpapiere
EZB	Europäische Zentralbank
f.	folgende
FCPA	Foreign Corrupt Practices Act
ff.	fortfolgende
FINMA	Eidgenössische Finanzmarktaufsicht (Schweiz)
FKVO	Fusionskontrollverordnung
FR	FinanzRundschau (Zeitschrift)
FSB	Financial Stability Board
FTC	Federal Trade Commission
gem.	gemäß
GenG	Genossenschaftsgesetz
GeschGehG	Gesetz zum Schutz von Geschäftsgeheimnissen
GgebV	Gesellschaft mit gebundenem Vermögen
ggf.	gegebenenfalls

GIRÄG 2003	(österreichisches) Gesellschafts- und Insolvenzrechtsänderungsgesetz 2003 vom 28.10.2003 (BGBl. I, S. 1437), Inkrafttreten am 1.1.2004
GIRO	Girosammelverwahrung (kontextabhängig im Depotwesen)
GmbH	Gesellschaft mit beschränkter Haftung
GmbHG	Gesetz betreffend die Gesellschaften mit beschränkter Haftung
GmbHR	GmbH-Rundschau (Zeitschrift)
GmgV	Gesellschaft mit gebundenem Vermögen
GPL	General Public License
GPR	Zeitschrift für das Privatrecht der Europäischen Union
grds.	grundsätzlich
GRUR-Prax	Gewerblicher Rechtsschutz und Urheberrecht in der Praxis (Zeitschrift)
GRUR-RS	Gewerblicher Rechtsschutz und Urheberrecht, Rechtsprechungssammlung
GWB	Gesetz gegen Wettbewerbsbeschränkungen
GwG	Geldwäschegesetz
GWR	Gesellschafts- und Wirtschaftsrecht (Zeitschrift)
h. M.	herrschende Meinung
Hdb.	Handbuch
HGB	Handelsgesetzbuch
Hrsg.	Herausgeber
Hs.	Halbsatz
i. d. F.	in der Fassung
i. d. R.	in der Regel
i. S. d.	im Sinne des/der
i. S. e.	im Sinne eines/einer
i. S. v.	im Sinne von
i. V. m.	in Verbindung mit
ICO	Initial Coin Offering
IDS	Intrusion-Detection-Systeme
IDW	Institut der Wirtschaftsprüfer
IEC	International Electrotechnical Commission

IEEE	Institute of Electrical and Electronics Engineers
IIC	International Review of Intellectual Property and Competition Law (Zeitschrift)
IKS	Internes Kontrollsystem
insb.	insbesondere
InsO	Insolvenzordnung
InTeR	Zeitschrift für Innovations- und Technikrecht
IO	(österreichisches) Bundesgesetz über das Insolvenzverfahren (Insolvenzordnung – IO), Reform der Konkursordnung durch das Insolvenzrechtsänderungsgesetz (IRÄG) 2010 vom 20.5.2010 (BGBl. I Nr. 29/2010), Inkrafttreten am 1.7.2010
IoT	Internet of Things
IPRB	IP-Rechtsberater (Zeitschrift)
IRP	Incident Response Plans
ISMS	Informationssicherheits-Managementsystem
ISO	International Organization for Standardization
ISR	Internationale Steuer-Rundschau (Zeitschrift)
IST	Initial Token Sale
IT	Informationstechnologie
ITS	Implementing Technical Standards
JuS	Juristische Schulung (Zeitschrift)
JZ	Juristenzeitung
Kap.	Kapitel
KMS	Key Management System
KMU	Kleine und mittlere Unternehmen
KO	Konkursordnung (in Kraft 1.10.1879–31.12.1998)
KStG	Körperschaftsteuergesetz
KWG	Kreditwesengesetz
LG	Landgericht
lit.	litera
LkSG	Lieferkettensorgfaltspflichtengesetz
LU	Luxemburg
M & A	Mergers & Acquisitions

m. w. N.	mit weiteren Nachweisen
MAC	Material Adverse Change
MaRisk	Mindestanforderungen an das Risikomanagement
MiCAR	Markets in Crypto-Assets Regulation
MiFID	Markets in Financial Instruments Directive
MiFID II	Markets in Financial Instruments Directive II
Mio.	Millionen
MMR	Zeitschrift für IT-Recht und Recht der Digitalisierung
MoMiG	Gesetz zur Modernisierung des GmbH-Rechts und zur Bekämpfung von Missbräuchen
MoPeG	Gesetz zur Modernisierung des Personengesellschaftsrechts
Mrd.	Milliarde
MüKo AktG	Goette, Wulf/Habersack, Mathias/Kalss, Susanne (Hrsg.), Münchener Kommentar zum Aktiengesetz
MüKo BGB	Säcker, Franz Jürgen/Rixecker, Roland/Oetker, Hartmut/Limperg, Bettina/Schubert, Claudia (Hrsg.), Münchener Kommentar zum Bürgerlichen Gesetzbuch
MüKo GmbHG	Fleischer, Holger/ Goette, Wulf (Hrsg.), Münchener Kommentar zum GmbHG
MüKo InsO	Stürner, Rolf/Eidenmüller, Horst/Schoppmeyer, Heinrich (Hrsg.), Münchener Kommentar zur Insolvenzordnung
NCA	National Competent Authorities
NDA	Non-Disclosure Agreements
NetzDG	Netzwerkdurchsetzungsgesetz
NFT	Non Fungible Token
NGO	Non-governmental organization
NJW	Neue Juristische Wochenschrift
NJW	Neue Juristische Wochenschrift (Zeitschrift)
Nr.	Nummer
NZG	Neue Zeitschrift für Gesellschaftsrecht
NZG	Neue Zeitschrift für Gesellschaftsrecht (Zeitschrift)
NZI	Neue Zeitschrift für Insolvenz- und Sanierungsrecht
o. g.	oben genannt

OECD	Organisation für wirtschaftliche Zusammenarbeit und Entwicklung
OLG	Oberlandesgericht
OR	Obligationenrecht (Schweiz)
OSS	Open Source Software
OWiG	Ordnungswidrigkeitengesetz
P2P	Peer-to-Peer-Netzwerk
PC	Personal Computer
PIStB	Praxis Internationale Steuerberatung (Zeitschrift)
PKI	Public Key Infrastructure
PMC	Post-Merger-Compliance
PoS	Proof of Stake
PoW	Proof of Work
PwC	PricewaterhouseCoopers
RdF	Recht der Finanzinstrumente (Zeitschrift)
RDi	Recht Digital (Zeitschrift)
RL	Richtlinie
Rn.	Rn.
RNotZ	Rheinische Notarzeitung (Zeitschrift)
Rom-I-VO	Verordnung (EG) Nr. 593/2008 des Europäischen Parlaments und des Rates vom 17. Juni 2008 über das auf vertragliche Schuldverhältnisse anzuwendende Recht (Rom I) (Amtsblatt L 177 vom 4.7.2008, S. 6, ber. Amtsblatt L 309 vom 24.11.2009, S. 87). In Kraft getreten teils am 17.6.2009 (Art. 26), im Wesentlichen am 17.12.2009
RTS	Regulatory Technical Standards
S.	Seite
s.	siehe
s. o.	siehe oben
SanInsFoG	Gesetz zur Fortentwicklung des Sanierungs- und Insolvenzrechts
SC	Smart Contracts
SDG	Sustainable Development Goals
SEC	United States Securities and Exchange Commission

SEPA	Single Euro Payments Area
SIEM	Security Information and Event Management
sog.	sogenannt
SPA	Sale Purchase Agreement
StaRUG	Gesetz über den Stabilisierungs- und Restrukturierungsrahmen für Unternehmen (Unternehmensstabilisierungs- und -restrukturierungsgesetz)
StBp	Die steuerliche Betriebsprüfung (Zeitschrift)
StGB	Strafgesetzbuch
STO	Security Token Offering
StPO	Strafprozessordnung
StuW	Steuer und Wirtschaft (Zeitschrift)
SWIFT	Society for Worldwide Interbank Financial Telecommunication
TARGET2(-Securities, T2S)	Trans-European Automated Real-time Gross Settlement Express Transfer System
TGE	Token Generation Event
TIN	Tax Identification Number
u. a.	unter anderem/und andere
u. U.	unter Umständen
Ubg	Die Unternehmensbesteuerung (Zeitschrift)
UR	UmsatzsteuerRundschau (Zeitschrift)
UrhG	Urheberrechtsgesetz
Urt.	Urteil
US	United States
USA	Vereinigte Staaten von Amerika
USD	US-Dollar
usw.	und so weiter
v.	vom/von
VerSanG	Verbandssanktionengesetz
vgl.	vergleiche
VIA	Verbraucherinsolvenz aktuell (Zeitschrift)
VO	Verordnung

VuR	Verbraucher und Recht (Zeitschrift)
wistra	Zeitschrift für Wirtschafts- und Steuerstrafrecht
WM	Wertpapier-Mitteilungen – Zeitschrift für Wirtschafts- und Bankrecht
WpHG	Wertpapierhandelsgesetz
WpPG	Wertpapierprospektgesetz
WStBG	Gesetz zur Beschleunigung und Vereinfachung des Erwerbs von Anteilen an sowie Risikopositionen von Unternehmen des Finanzsektors durch den Fonds „Finanzmarktstabilisierungsfonds – FMS“ und der Realwirtschaft durch den Fonds „Wirtschaftsstabilisierungsfonds – WSF“ (Wirtschaftsstabilisierungsbeschleunigungsgesetz)
z. B.	zum Beispiel
z. T.	zum Teil
ZAG	Zahlungsdiensteaufsichtsgesetz
ZD	Zeitschrift für Datenschutz
Zerb	Zeitschrift für die Steuer- und Erbrechtspraxis
ZEuP	Zeitschrift für Europäisches Privatrecht
ZEV	Zeitschrift für Erbrecht und Vermögensnachfolge
ZfPW	Zeitschrift für die gesamte Privatrechtswissenschaft
ZHR	Zeitschrift für das gesamte Handelsrecht und Wirtschaftsrecht
ZInsO	Zeitschrift für das gesamte Insolvenz- und Sanierungsrecht
ZIP	Zeitschrift für Wirtschaftsrecht
ZPO	Zivilprozessordnung
ZRI	Zeitschrift für Restrukturierung und Insolvenz
ZUM	Zeitschrift für Urheber- und Medienrecht

Kapitel 1
Neue Entwicklungen im Unternehmensstrafrecht

Übersicht

A. Einleitung

Die Frage nach der strafrechtlichen Verantwortlichkeit juristischer Personen gehört zu den zentralen und zugleich umstrittensten Themen des modernen Strafrechts. Während das deutsche Strafrecht traditionell dem Grundsatz folgt, dass nur natürliche Personen schuldfähig und somit strafrechtlich verantwortlich sein können, mehren sich die Forderungen nach einer eigenständigen Unternehmensstrafbarkeit. Dies wirft nicht nur dogmatische, sondern auch praktische und rechtspolitische Fragen auf. Der vorliegende Aufsatz beleuchtet die Grundlagen und Entwicklungen des Unternehmensstrafrechts, analysiert die bestehenden Regelungen in Deutschland sowie internationale Modelle und diskutiert die Vor- und Nachteile einer strafrechtlichen Verantwortlichkeit von Unternehmen. 1

B. Übersicht über die bisherige Rechtslage

2 Entgegen schwerwiegender Bedenken der Literatur,[1] sprach sich der BGH kurz nach dem zweiten Weltkrieg in zwei Grundsatzentscheidungen für eine Bestrafung juristischer Personen aus.[2] Als Begründung führte er unter Hinweis auf § 31 BGB aus, dass Straftaten, die von Verbandsmitgliedern im Interesse der Verbände begangen würden, als solche des Verbandes anzusehen seien.

3 Des Weiteren wurde die Bestrafung juristischer Personen damit begründet, dass es einem Verstoß gegen den Grundsatz der Gleichbehandlung nahe komme, juristische Personen im Verhältnis zu natürlichen Personen besser zu stellen. Auch unschuldige Verbandsmitglieder hätten wirtschaftlichen Nutzen aus der Zuwiderhandlung, sodass eine mögliche Bestrafung unschuldiger Verbandsmitglieder einer Strafbarkeit nicht entgegenstehe.[3] Der 40. Deutsche Juristentag befasste sich 1953 mit der Frage, ob es sich empfiehlt, die Strafbarkeit der juristischen Person gesetzlich vorzusehen. Auf der Grundlage der Gutachten von *Heinitz* und der Referate von *Engisch* und *Hartung* beschloss der DJT damals jedoch einstimmig, dass er die Einführung von Kriminalstrafen gegen juristische Personen und Personenverbände nicht empfehle.[4]

4 Im Folgenden standen auch große Teile der Literatur und auch die spätere Rechtsprechung des BGH[5] einer unmittelbaren Verbandsstrafe ablehnend gegenüber. Vor allem fehle es bei Personenverbänden an den personalen Qualitäten für eine strafrechtliche Verantwortung. Es wurde zwar die Handlungsfähigkeit von Verbänden zum Teil bejaht, es herrschte jedoch Einigkeit, dass jedenfalls keine Schuldfähigkeit der Verbände bestehe. Große Teile des Schrifttums sahen schließlich in der strafrechtlichen Verurteilung sowohl des Verbandes als auch seines Organs für dieselbe natürliche Handlung einen Verstoß gegen den Grundsatz ne bis in idem. Auf diese Diskussion wird zurückzukommen sein.

5 Unter dem Einfluss ausländischer Rechtsordnungen (und spektakulären Fällen der Wirtschaftskriminalität)[6] war bis etwa in das Jahr 2021 auch in Deutschland die Diskussion um die Möglichkeit der Strafbarkeit von Ver-

---

1 *Lange*, JZ 1952, 261; *Jescheck*, ZStW 1953, 211, 225.

2 BGHSt. 5, 28, 28 ff.

3 Vgl. zusammenfassend *Tiedemann*, NJW 1988, 1169, 1170.

4 Verhandlungen 40. DJT, Bd. 1, S. 65 ff., Bd. 2, S. E 7 ff. und E 43 ff. Verhandlungen 40. DJT, Bd. 2, S. E 88.

5 BGHSt. 12, 295, 297 ff.; 14, 194, 197; vgl. anstatt vieler *Schünemann*, ZIS 2014, 1 ff; *Tiedemann*, NJW 1988, 1169, 1170.

6 Genannt seien nur der Wirecard-Skandal oder VW-Dieselskandal. Siehe dazu: *Wolf*, NStZ 2023, 263; *Isfen*, JA 2016, 1; OLG München, Schadensersatzansprüche von Aktionären als Insolvenzforderungen – Wirecard, NZI 2024, 969.

bänden neu entbrannt.[7] Der „Höhepunkt" der Diskussion war das Verbandssanktionengesetz (VerSanG); ein gescheitertes Gesetzgebungsverfahren, das ein eigenständiges Unternehmensstrafrecht in Deutschland einführen sollte, um Straftaten in Verbänden und Unternehmen effektiv zu sanktionieren. Es sah eine unmittelbare Strafbarkeit der Verbände mit Verbandsgeldsanktionen statt Bußgeldern vor, führte ein Legalitätsprinzip bei der Verfolgung ein und ermöglichte die Verhängung von Bewährungsstrafen mit Auflagen. Der Entwurf wurde jedoch 2021 aufgrund von Kritik und fehlendem Konsens nicht verabschiedet.[8]

Festzuhalten ist, dass es nach dem Scheitern des vorgenannten Verbandssanktionengesetz in Deutschland kein klassisches Unternehmensstrafrecht gibt, welches Unternehmen als juristische Person direkt strafrechtlich zur Verantwortung zieht. Stattdessen haften für strafrechtliche Verstöße die handelnden Organe und Personen des Unternehmens. Im Folgenden soll ein kurzer Überblick über den Status quo gegeben werden. **6**

I. Geldbußen gegen juristische Personen und Personenvereinigungen (§ 30 OWiG)

Der § 30 OWiG kann als Grundnorm der „Bestrafung" juristischer Personen betrachtet werden. Die Vorschrift regelt die sog. Unternehmens- bzw. (im herkömmlichen Sinn so bezeichnete) Verbandsgeldbuße. Die Vorschrift eröffnet die Möglichkeit („kann"), gegen juristische Personen und diesen gleichgestellte Personenvereinigungen (sog. sanktionsfähige Verbände), gegen die eine Kriminalstrafe nach deutschem Recht nicht verhängt wird, eine Sanktion in Form einer Geldbuße zu verhängen, wenn eine ihrer Leitungspersonen eine Straftat oder Ordnungswidrigkeit – sog. Anknüpfungs- oder Bezugstat begangen hat, die in einem Zurechnungszusammenhang zum Unternehmen steht, weil durch sie Pflichten (insb. auch Aufsichtspflichten i. S. v. § 130 OWiG) der juristischen Person oder Personenvereinigung verletzt worden sind) oder durch sie eine Bereicherung der juristischen Person oder Personenvereinigung erreicht wurde oder werden sollte. Gegen die Verbandsgeldbuße nach § 30 OWiG bestehen keine verfassungsrechtlichen Bedenken aus dem auch für Ordnungswidrigkeiten geltenden Grundsatz „nulla poena sine culpa", da sie an ein schuldhaftes bzw. vorwerfbares Handeln einer für die juristische Person oder Personenvereinigung tätig werdenden Leitungsperson anknüpft. Die Anwendung strafrechtlicher Grundsätze ist nicht grds. ausgeschlossen, wenn das Rechtssubjekt eine juristische Person **7**

7 Vgl. zu Diskussion u. a. *v. Freier*, Kritik der Verbandsstrafe.

8 Siehe nur *Baur/Holle*, ZRP 2022, 18 ff.

ist, wenn (und solange) ein schuldhaftes Verhalten eines zur Vertretung Berechtigten Voraussetzung für die Bestrafung ist.[9]

8 Begeht eine Leitungsperson eines Unternehmens eine Straftat oder Ordnungswidrigkeit (Anknüpfungstat), durch welche Pflichten verletzt werden, die das Unternehmen treffen oder durch welche das Unternehmen bereichert wird, so kann gegen dieses nach § 30 Abs. 1 OWiG eine Geldbuße verhängt werden.

9 Die h. M. sieht daher in § 30 OWiG eine Zurechnungsnorm, die in erster Linie täterschaftliche aber auch zurechnende Elemente enthält und im Ergebnis eine Verbandstäterschaft begründet.[10] Das normwidrige Organ- oder Vertreterhandeln soll dem Verband als eigens rechtswidriges und schuldhaftes Verhalten zugerechnet werden. Danach wird der „Verband" selbst als primärer Träger von Rechten und Pflichten betrachtet. Deren Wahrung und Erfüllung obliegt aber seinen Organen und Vertretern. Rechtswidriges Organverhalten kann dem Verband selbst als Normadressat und auch als Delinquent zugerechnet werden.[11] Dies folgt daraus, dass der juristischen Person als eigene rechtswidrige Handlung zugerechnet wird, was ein Organ als solches innerhalb seiner Zuständigkeit rechtswidrig tut oder unterlässt. Die juristische Person wird somit als durch ihre Organe selbst handelnd angesehen, auch im Rahmen der deliktischen Verantwortlichkeit nach § 31 BGB.[12]

10 Strafrechtlich bedeutet dies, dass dem Organ bzw. Organmitglied eine Doppelrolle zukommt. Zum einen ist es privatindividuell tätig, zum anderen als Repräsentant des Verbandes, wobei die Auswirkungen des Handelns in der Organfunktion unmittelbar beim Verband eintreten. Die Organtheorie sagt daher nur, dass sich der Verband die Repräsentantenhandlung als eigene Handlung zurechnen lassen muss, um Gleichheit mit der natürlichen Person herzustellen.[13] Der § 30 OWiG knüpft daran an und bringt zum Ausdruck, dass die Delinquenz des berufenden Vertreters als Eigendelinquenz des Verbandes zu verstehen ist.[14] Die Sanktionswirkung tritt ein, weil der Verband selbst – durch seine Organwalter und Vertreter – die Ordnungswidrigkeit begangen hat.

11 Vereinzelt werden aber Bedenken geäußert, ob sich diese zivilrechtliche Betrachtung auf § 30 OWiG übertragen lässt. Der Gesetzgeber sähe bei dieser Norm, die juristische Personen als fiktives, im natürlichen Sinne handlungs-

---

9 BVerfGE 20, 323, 326 = NJW 1967, 195, 196; auch BVerfG NJW 1997, 1841 f.

10 Zur Begrifflichkeit nur KK-OWiG/*Rogall*, § 30 Rn. 2; *Ransiek*, ZGR 1999, 613, 652 ff.; *Walter*, JA 2011, 481, 485 ff.; *Mitsch*, NZWiSt 2014, 1 ff.; *Eidam*, wistra 2003, 447, 448 f.; allgemein zum Problem *Seelmann*, Kollektive Verantwortung im Strafrecht.

11 *Schmidt*, wistra 1990, 131, 132.

12 BGHZ 20, 119, 125; *Schmidt*, wistra 1990, 131, 132.

13 *Schroth*, Unternehmen als Normadressaten, S. 187.

14 KK-OWiG/*Rogall*, § 30 Rn. 8.

unfähiges Wesen an.[15] Diese hafte nach § 30 OWiG für die schuldhaften Taten ihres Organs, also für fremde Handlung. Eine allgemeine Zurechnung des Organhandelns als eigene Handlung werde dagegen nicht normiert.

Behauptungen, die Zurechnung einer fremden Handlung sei keine Handlung und die Zurechnung fremder Schuld ergebe noch keine Schuld, sind aber durch das positive Recht der Boden entzogen. Darüber hinaus wird vertreten, die Diskussion sei eine rechtspolitisch eher belanglose Frage[16]: Es herrscht Einigkeit, dass das von einer juristischen Person begangene Handlungsunrecht immer nur Unrecht kraft Zurechnung sein kann.[17] Es ist dann nicht entscheidend, ob man entweder diese Zurechnung als ein Eigenverschulden der juristischen Person oder Personenvereinigung behandelt, wenn bestimmte Personen für sie tätig werden, oder ob der Verband für das Verschulden bestimmter Personen einzustehen hat. Handeln im natürlichen Sinne kann die Gesellschaft jedenfalls nur durch ihre Beschäftigten. **12**

Zwar erscheinen der Zweck und die dogmatische Konzeption als Zurechnungsnorm einleuchtend, jedoch verbirgt sich dahinter das grundlegende Problem des Verhältnisses zwischen Ordnungswidrigkeiten- und Strafrecht. Hält man strafrechtliche Sanktionen gegen juristische Personen oder Personenvereinigungen für unzulässig, besteht die Schwierigkeit darin, dass letztlich über § 30 OWiG dieselben Sanktionen verhängt werden können.[18] Allerdings wird herausgestellt, dass der Geldbuße der sozialethische Unwertgehalt fehle, der durch die Strafe ausgedrückt wird.[19] Die Geldbuße sei deshalb keine echte Strafe.[20] Sie soll keine Tat sühnen, sondern nur eine bestimmte Ordnung durchsetzen.[21] Es wirkt allerdings willkürlich, wenn der Regelungsbereich von Straf- und Ordnungswidrigkeitenrecht austauschbar ist und die Wahl von der, vom Gesetzgeber gewählten, Bezeichnung abhängt.[22] **13**

Unscharf sind ebenfalls die vorgesehenen Sanktionen. Stellt die für § 30 OWiG erforderliche Anknüpfungstat eine Straftat dar, beträgt die Geldbuße im Falle einer vorsätzlichen Begehungen gemäß § 30 Abs. 1 Satz 1 OWiG bis zu zehn Millionen Euro – bei einer fahrlässigen Straftat liegt die Geldbuße bei bis zu fünf Millionen Euro. Handelt es sich bei der Anknüpfungstat um eine Ordnungswidrigkeit, bestimmt sich nach § 30 Abs 1 Satz 2 OWiG **14**

---

15 Vgl. bei *Schroth*, Unternehmen als Normadressaten, S. 176.

16 Und würde im Übrigen den Rahmen dieser Arbeit bei Weitem sprengen.

17 *Schroth*, Unternehmen als Normadressaten, S. 189 f., 209; *Ransiek*, Unternehmensstrafrecht, S. 111; *Schmidt*, wistra 1990, 131, 133; *Tiedemann*, NJW 1988, 1169, 1169 ff.

18 *Ransiek*, Unternehmensstrafrecht, S. 111: „Etikettenschwindel".

19 BVerfGE 45, 272, 288; 27, 18, 33.

20 Vgl. nur *Göhler*, vor § 1 OWiG Rn. 9; a. A. *Ransiek*, Unternehmensstrafrecht, S. 111 f.

21 *Schall*, NStZ 1986, 1, 6.

22 *Müller*, Die Stellung der juristischen Personen im Ordnungswidrigkeitenrecht, S. 44.

das Höchstmaß der Geldbuße nach dem für die Ordnungswidrigkeit angedrohten Höchstmaß. Der Rahmen der Geldbußen wirkt damit gerade für große Unternehmen überraschend niedrig.

15 Eine Anhebung des Bußgeldrahmens im Falle begangener Ordnungswidrigkeiten wird durch § 30 Abs. 2 Satz 3 OWiG erzielt. Eine gesetzliche Verweisung hierauf in einem Ordnungswidrigkeitentatbestand führt für den Verband zu einer Verzehnfachung der dort angedrohten Geldbuße. § 130 OWiG enthält nunmehr einen solchen Verweis, sodass auch für die dort geahndeten Aufsichtspflichtverletzungen der Höchstbetrag der Verbandsgeldbuße auf 10 Mio. EUR erhöht wurde.

16 Oft handelt es sich bei der Anknüpfungstat um die Verletzung einer Aufsichtspflicht durch den Inhaber eines Betriebes oder Unternehmens. In diesen Fällen begründet der § 130 OWiG eine bußgeldrechtliche Verantwortlichkeit des Inhabers für Zuwiderhandlungen gegen betriebsbezogene Pflichten, die in dem Betrieb oder Unternehmen begangen worden sind, wenn die Zuwiderhandlung durch gehörige Aufsicht verhindert oder wesentlich erschwert worden wäre.[23] Wichtige Folge ist, dass § 130 OWiG als „Transmissionsriemen“[24] wirkt, da eine Durchgriffsmöglichkeit auf das Unternehmen nach § 30 OWiG ermöglicht wird. Schließlich ist ein Verstoß gegen die Aufsichtspflicht eine betriebsbezogene Ordnungswidrigkeit im Sinne des § 30 OWiG.[25]

17 Die Verbandsgeldbuße dient auch dazu, unrechtmäßige Gewinne abzuschöpfen und auf diese Weise unlauterem Gewinnstreben vorzubeugen.[26] § 30 Abs. 3 OWiG erklärt daher die Vorschrift des § 17 Abs. 4 OWiG für entsprechend anwendbar. Danach soll die Geldbuße den wirtschaftlichen Vorteil übersteigen, den der Täter (hier also der Verband) aus der Tat gezogen hat. Zu diesem Zweck darf ggf. sogar das gesetzliche Höchstmaß der Geldbuße überschritten werden (§ 17 Abs. 4 Satz 2 OWiG). Aus diesen Vorgaben folgt, dass der wirtschaftliche Vorteil, der dem Verband aus der Tat zugeflossen ist, rechnerisch die untere Grenze der Geldbuße darstellt.[27]

II. Kartellordnungswidrigkeiten

18 Durch die Verhängung von Geldbußen im Gesetz gegen Wettbewerbsbeschränkungen (GWB) sollen wettbewerbsbeschränkende Absprachen und

---

23 KK-OWiG/*Rogall*, § 130 Rn. 1.
24 *Helmrich*, wistra 2010, 332.
25 *Grützner*, CCZ 2015, 56.
26 Näher dazu *Achenbach*, BB 2000, 1116, 1119.
27 BGH NJW 1975, 269, 270; OLG Karlsruhe NJW 1975, 793 f.; 1974, 1883; OLG Hamm MDR 1979, 870; BeckOK OWiG/*Meyberg*, § 30 Rn. 98; *Brenner*, NStZ 1998, 557; *Krumm*, NJW 2011, 196, 197.

der Missbrauch einer marktbeherrschenden Stellung verhindert werden.[28] Normadressaten des GwG sind dabei überwiegend Unternehmen und Unternehmensvereinigungen. Der § 81 GWB listet Bußgeldtatbestände auf, die sich auf das Kartellrecht beziehen. Eine Besonderheit im GWB besteht darin, dass es gemäß § 81a GWB möglich ist, unter den genannten Voraussetzungen Geldbußen gegen das Unternehmen direkt zu verhängen. Diese Möglichkeit wird im Kartellrecht häufig in Anspruch genommen,[29] da verhindert werden soll, dass Unternehmen durch kartellrechtswidriges Verhalten den Vorteil aus den rechtswidrigen Taten erhalten, ohne selbst eine Sanktion befürchten zu müssen.[30]

Wegen Verstoßes gegen das Verschuldens- sowie das gesellschaftsrechtliche Trennungsprinzip wurden daher verfassungsrechtliche Bedenken gegen die Vorschriften erhoben.[31] Gegen eine Verfassungswidrigkeit spricht allerdings, dass die Vorschriften keine Haftung für fremdes Verschulden statuieren, sondern eine solche für eigenes – meist auf gezielte Bußgeldvermeidung abzielendes – vorwerfbares Verhalten.[32] Der Hinweis des Gesetzgebers, dass das Schuldprinzip auch Ausfluss der Menschenwürde ist, steht seiner Anwendung auf juristische Personen nicht entgegen. Das Bundesverfassungsgericht hat festgestellt, dass das – den gesamten Bereich staatlichen Strafens – beherrschende Schuldgrundsatz in der Garantie der Menschenwürde und Eigenverantwortlichkeit des Menschen sowie im Rechtsstaatsprinzip verankert ist. Die Verankerung eines Prinzips (auch) in der Menschenwürde entscheidet aber nicht über die Anwendbarkeit auf juristische Personen, wie ein Blick auf das gleichermaßen in der Menschenwürde und dem Rechtsstaatsprinzip verankerte Recht auf rechtliches Gehör zeigt, das völlig unstreitig auch juristischen Personen zusteht. Vor diesem Hintergrund muss die Frage entschieden werden, ob das Konzept eines Unternehmensverantwortungsmodells als solches im deutschen Ordnungswidrigkeitenrecht mit dem Schuldprinzip vereinbar ist.[33] **19**

Auch nach dem vom Europäischen Gerichtshof entwickelten Grundsatz der persönlichen Verantwortlichkeit, gilt das Schuldprinzip. Danach ist das zu **20**

---

28 *Dannecker/Müller*, in: Wabnitz/Janovsky/Schmitt, 20. Kap. Rn. 16.

29 Vgl. nur Wiedemann KartellR-HdB/Klusmann, § 55 Rn. 44 ff., sowie Bieneck in Müller-Gugenberger, § 57 Rn. 76; *Dannecker/Müller*, in: Wabnitz/Janovsky/Schmitt, 20. Kap.

30 *Dannecker/Müller*, in: Wabnitz/Janovsky/Schmitt, 20. Kap. Rn. 316

31 *Gronemeyer/Slobodenjuk*, DB 2017 1010, 1016 f. m. w. N.; siehe auch *Meixner*, WM 2017, 1281, 1286 m. w. N.

32 *Ost/Kallfaß/Roesen*, NZKart 2016, 447, 456 f.; *Meixner*, WM 2017, 1281, 1286.

33 *Biermann*, in: Immenga/Mestmäcker, GWB, § 81a Rn. 14.

ahndende Unternehmen als solches für die verwirklichte Zuwiderhandlung materiell verantwortlich.[34]

21 Die Argumentation im deutschen Recht entspricht daher derjenigen zu § 30 OWiG. Grundvoraussetzung für die Möglichkeit einer unternehmensbezogenen Kartellgeldbuße ist daher zunächst das Vorliegen einer von § 30 OWiG erfassten Konstellation, in der ein Verband, der Teil eines Unternehmens ist, für eine Ordnungswidrigkeit nach § 81 GWB bußgeldrechtlich verantwortlich gemacht werden kann. Die Verantwortlichkeit dieser Tätergesellschaft nach § 30 OWiG erfordert ihrerseits eine Anknüpfungstat einer (natürlichen) Leitungsperson im Sinne von § 30 Abs. 1 Nr. 1–5 OWiG. Von dieser Anknüpfungstat ausgehend erweitert § 81a Abs. 1 GWB die Möglichkeit, Geldbußen wegen Kartellrechtsverstößen über die unmittelbar beteiligte Tätergesellschaft hinaus auf die lenkende(n) Konzernmuttergesellschaft(en) zu verhängen. Hierdurch wird im Ergebnis ein Gleichklang des Bußgeldadressaten mit den Adressaten der materiellrechtlichen Gebots- und Verbotsnormen des deutschen und europäischen Kartellrechts hergestellt.[35]

III. Die DSGVO

22 Gemäß Art. 83 DSGVO können Geldbußen bei Verstößen gegen die Verordnung verhängt werden. Die Normadressaten ergeben sich aus Art. 83 Abs. 4–6 DSGVO in Verbindung mit den in Bezug genommenen Regelungen. Dabei weicht das Unionsrecht in Bezug auf die Ahndung von Verstößen grundlegend vom deutschen Sanktionsrecht ab. So ist es nach dem Unionsrecht – und damit der DSGVO – möglich, Geldbußen direkt gegen Unternehmen und Unternehmensvereinigungen zu verhängen.[36] Die Haftung wird somit dem gesamten Unternehmen zugewiesen, wenn eine Person, die berechtigt ist, für das Unternehmen tätig zu werden, eine rechtswidrige Handlung begeht.

23 Dieser Bußgeldtatbestand ist daher nur schwerlich mit deutschem Recht in Einklang zu bringen.[37] Er passt insofern auch nicht zu dem klassischen deutschen Zurechnungsmodell über § 30 Abs. 1 OWiG und der Anknüpfung an eine Handlung einer Leitungsperson. I. R. des Art. 83 DSGVO ist es (anders als bei § 30 OWiG) nicht erforderlich, dass der Verstoß von einem Leitungs-

---

34 Siehe im Einzelnen: Siehe *Biermann*, in: Immenga/Mestmäcker, VO 1/2003, Vor Art. 23 Rn. 61 sowie Monopolkommission, Sondergutachten 72, 2015, Rn. 109 ff. Begründung RegE BT-Drs. 18/10207, 89 unter Verweis auf EuGH 11.7.2013 – C-440/11, ECLI:EU:C:2013:514, Rn. 37 – Stichting Administratiekantoor Portielje.

35 *Biermann*, in: Immenga/Mestmäcker, GWB, § 81a Rn. 19; *Bürger*, NZKart 2017, 624, 630.

36 *Eckhardt*, in: Spindler/Schuster, Art. 83 DS-GVO Rn. 66.

37 *Faust/Spittka/Wybitul*, ZD 2016, 123; *Spindler*, DB 2016, 947.

organ begangen wurde oder dieses Organ Kenntnis davon hatte.[38] Vielmehr genügt für die Verantwortlichkeit des Unternehmens allein die schuldhafte Handlung eines Vertreters (ausgenommen ist somit nur der Exzess), der berechtigt ist, für das Unternehmen tätig zu werden; unabhängig von der Funktion im Unternehmen. Es werden somit sämtliche Bedienstete erfasst, die berechtigt sind, für das Unternehmen zu handeln.[39] Es ist nicht einmal erforderlich zu ermitteln, welcher konkrete Mitarbeiter gehandelt hat.[40]

IV. Finanzwesen

Im Finanzwesen gibt es diverse Vorschriften, durch welche Kriminalität bekämpft und die Integrität der Finanzsysteme sichergestellt werden soll. Auf zwei soll folgend eingegangen werden. **24**

1. Das Geldwäschegesetz (GwG)

Mit dem Geldwäschegesetz (GwG) wird das Ziel verfolgt, nicht nur gegen deliktisch erlangtes Vermögen vorzugehen, sondern auch dessen Rückfluss in den legalen Finanzkreislauf zu unterbinden.[41] Dazu werden den gemäß § 2 GwG Verpflichteten – bei denen es sich überwiegend um juristische Personen bzw. sonstige Personenvereinigungen handelt – bestimmte Handlungspflichten auferlegt. Beispielsweise müssen die Verpflichteten gemäß § 6 GwG angemessene geschäfts- und kundenbezogene interne Sicherungsmaßnahmen schaffen. Wird gegen bestimmte Handlungspflichten verstoßen, droht gemäß § 56 GwG ein Bußgeld. Normadressaten sind dabei die gemäß § 2 GwG verpflichteten juristischen Personen.[42] Allerdings ist gerade bei diesen höchst problematisch, ob sie handlungs- oder schuldfähig sind. Daher kann eine Geldbuße direkt gegen das Unternehmen nur nach den zusätzlichen Voraussetzungen des § 30 OWiG verhängt werden. Somit bestimmt das GwG wiederum lediglich Ordnungswidrigkeiten und lässt eine direkte Haftung der Unternehmen nicht zu. **25**

2. Das Kreditwesengesetz (KWG)

Das gleiche Prinzip gilt auch beim Kreditwesengesetz (KWG), durch welches „die Bankenaufsicht durch vorbeugende Überwachung allgemein das Entstehen von Schäden im Kreditwesen und von Verlusten der Institutsgläu- **26**

---

38 Vgl. auch EuGH BeckRS 2023, 34616 Rn. 51, 77.

39 BeckOK DatenschutzR/*Holländer*, Art. 83 DS-GVO Rn. 11; KK-OWiG/*Rogall*, § 30 Rn. 279; EuGH BeckRS 2004, 70610 Rn. 97 – SA Musique Diffusion française/KOM.

40 *Bergt*, DuD 2017, 556; mit Verweis auf EuGH BeckRS 2004, 76540 Rn. 98.

41 *Häberle*, in: Erbs/Kohlhaas, G20 Rn. 1.

42 *Häberle*, in: Erbs/Kohlhaas, G20 Rn. 3.

biger verhindern (soll)“.[43] Auch hier drohen gemäß § 56 KWG Bußgelder bei Nichteinhaltung der bankaufsichtsrechtlichen Pflichten. Die Geldbuße wird dabei von der BaFin verhängt. Gegen Unternehmen selbst kann wiederum nur nach § 30 OWiG ein Bußgeld verhängt werden.[44] Eine Besonderheit besteht in § 59 KWG, welcher den Anwendungsbereich des § 30 OWiG auf Unternehmen erweitert, die über eine Zweigniederlassung oder im Wege des grenzüberschreitenden Dienstleistungsverkehrs vom Europäischen Wirtschaftsraum aus agieren.[45]

V. Auflösung von Gesellschaften

27 Wenig beachtete Vorschriften finden sich im Nebenstrafrecht. So sieht § 396 Abs. 1 AktG die Auflösung einer AG oder einer KGaA vor, wenn die Gesellschaft durch gesetzwidriges Verhalten das Gemeinwohl gefährdet. Ähnlich lautende Vorschriften finden sich in § 62 GmbHG, § 81 GenG und §§ 43 f. BGB.

28 Voraussetzung für die Auflösung ist ein gesetzwidriges Verhalten, d. h. Tun oder Unterlassen, der Verwaltungsträger, also der Vorstandsmitglieder und ggf. der Aufsichtsratsmitglieder. Durch das gesetzwidrige Verhalten der Gesellschaft muss das Gemeinwohl gegenwärtig gefährdet sein. Darunter sind erhebliche Nachteile für die rechtlich geschützten Interessen der Allgemeinheit oder jedenfalls größerer Bevölkerungskreise zu verstehen, die bereits eingetreten sind und fortdauern oder deren Verwirklichung bei vernünftiger Prognose zumindest droht. Nachteile nur der aktuellen Aktionäre oder Gesellschaftsgläubiger genügen wohl nicht. Genügen kann aber wohl eine Gefährdung des Kapitalmarkts und damit einer unbestimmten Vielzahl potenzieller Aktionäre.[46]

29 Letztlich steht die Auflösung unter dem Vorbehalt des rechtsstaatlichen Grundsatzes der Verhältnismäßigkeit. Die Gefährdung des Gemeinwohls muss daher von solchem Gewicht sein, dass die Auflösung das angemessene und zugleich am wenigsten belastende Mittel zur Abwehr ist.[47]

30 Festzuhalten ist aber, dass die gerichtliche Auflösung nach § 396 AktG – ebenso wie diejenige nach den Parallelvorschriften der § 62 GmbHG, § 81

---

43 RegBegr zum Entwurf des KWG von 1961, BT-Drs. III/114.

44 *Fischer/Schulte-Mattler/Lindemann*, § 56 Rn. 23.

45 *Fischer/Schulte-Mattler/Lindemann*, § 59 Rn. 5.

46 Zu den Voraussetzungen MüKoAktG/*Schockenhoff*, § 396 AktG Rn. 7 ff.

47 Kölner Komm AktG/*Kersting*, §§ 394–398 Rn. 37; *Oetker*, in: Schmidt/Lutter, AktG, §§ 396–398 Rn. 11.

GenG und §§ 43 f. BGB a. F. – keine praktische Bedeutung erlangt hat.[48] Rechtsprechung zu den Vorschriften existiert, soweit ersichtlich, nicht.

VI. Ergebnis

Es ist daher festzuhalten, dass das deutsche Recht einem Flickenteppich gleicht. Die Normen (u. a. getrieben vom europäischen Recht) sind nicht immer mit der althergebrachten Dogmatik in Einklang zu bringen. 31

C. Unternehmensverantwortung im internationalen Vergleich

Wenn das deutsche Recht wenig dogmatisch ist, bleibt zu fragen, ob ein internationaler Vergleich weiterhilft. 32

I. USA

Die USA kann zurecht als Vorreiter im Bereich des Unternehmensstrafrecht betrachtet werden, denn sie verfügt über ein lang etabliertes System zur strafrechtlichen Verantwortlichkeit von Unternehmen. Grundsätzlich bestehen in den USA für die Verhängung einer Verbandsstrafe drei Voraussetzungen: Ein Angestellter des Verbandes muss (1.) eine Straftat begangen haben, dies muss (2.) im Rahmen seines Beschäftigungsverhältnisses geschehen sein und dieser Angestellte muss (3.) die Absicht gehabt haben, dem Verband einen Vorteil zu verschaffen. Aufgrund der exterritorial anwendbaren Gesetze reicht die Strafverfolgung der USA in Bezug auf Unternehmen sehr weit. Hierbei ist insbesondere der Foreign Corrupt Practices Act zu nennen, der es ermöglicht, Unternehmen weit über die amerikanischen Grenzen hinaus strafrechtlich zu verfolgen. Insbesondere ist die USA für die Verhängung von enorm hohen Geldstrafen bekannt: So zahlte Siemens in der berühmten Korruptionsaffäre 900 Millionen Dollar an US-Behörden.[49] 33

II. Europäischer Kontinent

Aber auch in Deutschlands Nachbarschaft gibt es Länder, die über ein Unternehmensstrafrecht verfügen. Hierbei sind Belgien, Dänemark, Estland, Finnland, Frankreich, Irland, Island, Italien, Litauen, Luxemburg, Malta, Niederlande, Norwegen, Österreich, Polen, Portugal, Rumänien, Schweiz, Slowenien, Spanien, Tschechien, Ungarn und das Vereinigtes Königreich 34

48 MüKoAktG/*Schockenhoff*, § 396 AktG Rn. 1 f; *v. Selle*, in: Henssler/Strohn, § 396 AktG Rn. 1.

49 Dazu auch LG München I 10.12.2013 – 5 HK O 1387/10.

zu nennen.[50] In England beispielsweise ist die strafrechtliche Verantwortlichkeit von juristischen Personen anerkannt. Dort herrscht die sog. „alter-ego-doctrine“ oder auch „Identifikationstheorie“. Diese besagt, dass bestimmte Entscheidungsträger innerhalb einer juristischen Person in rechtlicher Hinsicht als mit dieser identisch angesehen werden können. In der Entscheidung Tesco v. Natrass aus dem Jahr 1972 wurde die Identifikationstheorie insofern weiter präzisiert, als dass nur zentrale Figuren des Unternehmens mit entsprechender Entscheidungsgewalt durch ihr Handeln eine Haftung des Verbandes auslösen können.[51] England sieht als Verbandssanktion nur die Geldsanktion vor.[52]

35 Auch Frankreich hat 1994 durch den Art. 121-2 C. P. ein Unternehmensstrafrecht eingeführt. Eine juristische Person ist strafrechtlich verantwortlich, wenn ein Organ oder Vertreter eine Straftat „auf Rechnung“ der juristischen Person begeht.

36 Obwohl Österreich anfangs einer strafrechtlichen Sanktion von Verbänden ablehnend gegenüber stand, trat am 1.1.2006 das „Verbandsverantwortlichkeitsgesetz“ in Kraft. Verbände können nach diesem Gesetz für grundsätzlich jedes Delikt des Besonderen Teils des StGB oder des Nebenstrafrechts verantwortlich gemacht werden, sofern Entscheidungsträger und Mitarbeiter gegen dieses in strafrechtlich relevanter Weise verstoßen haben und die Straftat zugunsten des Verbands begangen worden ist oder durch die Tat Pflichten verletzt worden sind, die den Verband selbst treffen (§§ 2, 3 VbVG).

III. Ergebnis

37 Zusammenfassend kann daher festgestellt werden, dass die Einführung eines Unternehmensstrafrechts auf internationaler Ebene keineswegs fremd ist. Die meisten Länder verhängen Geldstrafen und koppeln die strafrechtliche Verantwortlichkeit der juristischen Person an die Handlungen der Führungsorgane und deren Willen, die Straftat zugunsten des Unternehmens zu begehen. Die USA zeigt, dass auch empfindliche Geldstrafen möglich sind, die in der Lage sein können, für den Bankrott des Unternehmens zu sorgen.

---

50 Deutscher Bundestag, Sachstand: Unternehmensstrafrecht in Europa und in den USA – Ein Überblick, 18.11.2013, S. 5.
51 Tesco Supermarkets LtD. v. Natrass [1972] AC 153.
52 KK-OWiG/*Rogall*, § 30 Rn. 282.

D. Unternehmensstrafrecht – Quo Vadis

I. Verbandssanktionsgesetz

In der 19. Legislaturperiode kündigten die CDU/CSU und die SPD 2018 im Koalitionsvertrag an, das Sanktionsrecht für Unternehmen neu zu regeln. Das Reformvorhaben sollte durch das Gesetz 6 zur Stärkung der Integrität in der Wirtschaft, mit seinem zentralen Bestandteil: Dem Gesetz zur Sanktionierung verbandsbezogener Straftaten (Verbandssanktionengesetz – VerSanG), im Frühjahr/Sommer 2020 umgesetzt werden. 38

1. Inhalt

Der Entwurf des VerSanG (im Folgenden E-VerSanG) war in sieben Teile gegliedert und umfasste 68 Paragrafen. Als Regelungsbereich sah der Entwurf die Sanktionierung von Verbänden an, deren Zweck auf einen wirtschaftlichen Geschäftsbetrieb gerichtet ist, wegen Straftaten, durch die Pflichten, die den Verband treffen, verletzt worden sind oder durch die der Verband bereichert worden ist oder werden sollte. Ziel des Entwurfes war vor allem, die Sanktionierung von Verbänden auf eine eigenständige Grundlage zu stellen, sie dem Legalitätsprinzip zu unterwerfen und eine erweiterte Möglichkeit der Sanktionierung von Verbänden – vor allem im Vergleich zum OWiG – zu schaffen.[53] Auch sollten Compliance-Maßnahmen gefördert werden und Unternehmen zu internen Untersuchungen einen Anreiz finden. Verbandssanktionen im Sinne des VerSanG waren die Verbandsgeldsanktion und die Verwarnung mit Verbandsgeldsanktionsvorbehalt. Im Hinblick auf die Verbandsgeldsanktion ist vor allem der § 9 Abs. 1 und 2 E-VerSanG zu erwähnen: Dieser differenzierte bei der Höhe der Geldsanktion nach dem erzielten Jahresumsatz. Beträgt der durchschnittliche Jahresumsatz eines Verbands mehr als einhundert Millionen Euro wird die Verbandsgeldsanktion in prozentualer Abhängigkeit zum durchschnittlichen Jahresumsatz errechnet. Dabei kann als Höchstmaß eine Sanktion von 10 Prozent des durchschnittlichen Jahresumsatzes verhängt werden – damit wurden Sanktionen in Milliardenhöhe ermöglicht. Bei kleineren Verbänden beträgt die Verbandsgeldsanktion dagegen bei vorsätzlichen Verbandstaten höchstens zehn Millionen Euro und richtet sich damit nach dem OWiG. Auch interessant ist § 14 E-VerSanG. Dieser hat eine Art „Pranger“-Funktion, denn bei einer großen Zahl von Geschädigten kann neben der Verhängung der Verbandssanktion auch noch auf Anordnung des Gerichts das Urteil gegen den Verband öffentlich bekannt gemacht werden. Ebenfalls ist auf die Möglichkeit zur Sanktionsmilderung hinzuweisen: Nach § 17 E-VerSanG kann das Gericht die Sanktion mildern, wenn der Verband verbands- 39

53 KK-OWiG/*Rogall*, § 30 Rn. 277.

interne Untersuchungen durchführt, welche zur Aufdeckung der Straftaten beitragen. Auch wurden durch § 13 E-VerSanG Compliance-Maßnahmen Rechnung getragen. Das Gericht kann nach dieser Norm den Verband anweisen, bestimmte Vorkehrungen zur Vermeidung von Verbandstaten zu treffen und diese Vorkehrungen durch Bescheinigung einer sachkundigen Stelle nachzuweisen. Somit finden sich im E-VerSanG auch präventive Erwägungen. Das Legalitätsprinzip wurde durch § 3 E-VerSanG eingeführt: Gegen einen Verband *wird* eine Verbandssanktion verhängt. Auch sollten nach § 24 E-VerSanG grundsätzlich die Vorschriften über das Strafverfahren Geltung finden.

2. Gründe für das Scheitern

40 Das Verbandssanktionengesetz trat – obgleich es am 2020 vom Bundestag beschlossen wurde – nie in Kraft. Es kam nicht zur Verabschiedung durch den Bundesrat und nach der Bundestagswahl 2021 verschwand das Verbandssanktionengesetz dann still von der Agenda. Der Grund hierfür lag hauptsächlich in der Komplexität des Entwurfes. Aus dem Lager der Union kamen Grundsatzbedenken. Außerdem wurde deutlich, dass im Rahmen der Covid-19-Pandemie Unternehmen nicht noch weiter durch eine Reform belastet werden sollten. Stattdessen wurden unternehmerische Sorgfaltspflichten in Lieferketten im Lieferkettensorgfaltspflichtengesetz (LkSG) normiert. Auch die FDP hatte zum Entwurf des Verbandssanktionengesetz Nachfragen, die sie in einer Kleinen Anfrage stellte. Vor allem ging es in dieser um steuerrechtliche und steuerstrafrechtliche Folgen und um die Frage, warum der Gesetzentwurf keinen Katalog mit einer Aufzählung, welche Straftaten eine Verbandsstraftat sein können, beinhaltet.

3. Fazit: Gescheitert – aber nicht vergessen

41 Der Entwurf des Verbandssanktionengesetzes führte zwar nicht zu tatsächlichen Folgen im Jetzt. Allerdings zeigt er, dass die Debatten um die Einführung eines Unternehmensstrafrecht ernst genommen werden, da Worten auch Taten folgen. Zum anderen macht das Geschehen auch deutlich, wie komplex die Debatte um ein Unternehmensstrafrecht ist und welche Herausforderung die Umstrukturierung des derzeitigen Status quo in Sachen Unternehmenshaftung mit sich bringt.

II. Unternehmensstrafrecht – Vereinbarkeit mit deutschem Recht?

42 Nach dem Scheitern des Verbandssanktionsgesetz lautet das Motto „Zurück auf Null“. Damit steht wiederum die Frage aller Fragen im Raum: Ist ein Unternehmensstrafrecht überhaupt mit deutschem Recht vereinbar?

Rechtspolitisch wird vorgetragen, dass das bisherige Recht keine Differenzierung anhand der Unternehmensgröße vorsähe. So betrage die Geldbuße im Falle einer vorsätzlichen Straftat bis zu zehn Millionen Euro und im Falle einer fahrlässigen Straftat bis zu fünf Millionen Euro (§ 30 Abs. 2 OWiG). Diese Höchstgrenze gilt unabhängig von der Verbandsgröße und führe somit zu einer Ungleichbehandlung von unterschiedlich großen Unternehmen. So lasse die Verbandsgeldbuße gegenüber finanzkräftigen, multinationalen Konzernen keine empfindliche Sanktion zu und benachteiligt demgegenüber kleinere und mittelständische Unternehmen. Dieses Argument weicht aber mehr und mehr auf. So sieht Art. 83 DSGVO eine Bemessung nach dem Jahresumsatz des Unternehmens vor. **43**

Weiter wird (ebenfalls eher rechtspolitisch) vorgetragen, dass es im Ordnungswidrigkeitenrecht kein Legalitätsprinzip gebe, sondern die Entscheidung im Ermessen der Behörde stehe (§ 47 OWiG). Gemäß § 30 Abs. 1 OWiG „kann" gegen die juristische Person eine Geldbuße festgesetzt werden. Hierdurch wird deutlich, dass es sich um eine behördliche Ermessensentscheidung handelt. Die Verfolgung – auch schwerster – Unternehmenskriminalität wird damit allein in das Ermessen der zuständigen Behörde gelegt. Dabei sind Ermessensentscheidungen aufgrund des Spielraums der Behörde schwieriger angreifbar als gebundene Entscheidungen. Außerdem ist das Tor zu einer uneinheitlichen und unzureichenden Ahndung geöffnet. Ein wichtiger Unterschied liegt daher zum Legalitätsprinzip des Strafrechts. Nach dem Legalitätsprinzip ist die Staatsanwaltschaft grundsätzlich dazu verpflichtet, jedem Anfangsverdacht nachzugehen und bei hinreichendem Tatverdacht Anklage zu erheben (§§ 152 II, 160 I StPO, § 170 I StPO).[54] Damit ist eine einheitlichere und umfangreichere Ermittlung möglich. **44**

Kernkritik an einer Strafbarkeit juristischer Personen ist aber, dass diese weder handlungs- noch schuldfähig seien. Dieses Argument greift zu kurz, weil es einem individualistisch geprägten Strafrechtsdenken verhaftet bleibt. Moderne Gesellschaftstheorie versteht Verbände als handlungsfähige soziale Systeme, die unabhängig von individuellen Mitgliedern agieren.[55] Schuld bedeutet in diesem Kontext Rechtsuntreue, die durch das Handeln des Organs unmittelbar zur Schuld des Verbandes wird. Damit ist die Annahme von Handlungs- und Schuldfähigkeit bei Verbänden dogmatisch möglich und praktisch geboten. **45**

III. Verbandskriminalität und bestehende Kollektivsanktionen

Zunächst ist zu fragen, ob überhaupt die Notwendigkeit einer Verbandsstrafe besteht. Das herkömmliche Strafrecht findet seinen Ansatzpunkt in Tat und **46**

54 *Weiss*, JA 2023, 462.
55 Vgl. *Luhmann*, Recht der Gesellschaft, S. 390 ff.

Täter, der klassische Täter ist der Alleintäter, der das Tatgeschehen gestaltet und aufgrund dessen beherrscht. Die Befürworter der Unternehmensstrafbarkeit betonen, dass bei Rechtsgutsbeeinträchtigungen eines Täters, die aus einem Unternehmen heraus begangen werden, die innerbetriebliche Arbeitsteilung bzw. Verantwortungsteilung einer strafrechtlichen Zurechnung und Ahndung erhebliche Hindernisse bereiten. Dies kann schlagwortartig mit kriminogenem Kollektivgeist und organisierter Unverantwortlichkeit beschrieben werden. Im Folgenden soll kurz skizziert werden, was diese beiden Phänomene kennzeichnet.

1. Übersicht der Probleme

47 *Schünemann*[56] geht von einer vollständig zurechenbaren, objektiv und subjektiv im Dienste des Verbandes begangenen Tat eines Verbandsmitglieds aus. Dies ist abzugrenzen von einer besonderen Erscheinungsform der Individualkriminalität. Eine solche beruht auf einer *individuellen* Ausnutzung der verbandlichen Handlungsmöglichkeiten. Kann eine Rechtsgutsbeeinträchtigung auf eine in dieser Weise tätige Person zurückgeführt werden, so bereitet deren Unternehmenszugehörigkeit keine Probleme.

48 Die Kollektivbedingtheit der verbandserzeugten Kriminalität ergibt sich aus der Eingliederung in einen kollektiven Handlungszusammenhang, wobei der Täter sich dem Verband mehr verpflichtet fühlt als der Rechtsordnung.[57] Zu einer solchen Einschränkung des Normbewusstseins kommt es aus verschiedensten Gründen. U.a. ist die Anonymität und die damit verbundene Rechtsgutsferne bei unternehmensinternen Entscheidungen in einer arbeitsteiligen Organisation anzuführen. Hinzu kommt eine Parallelität der eigenen und der Verbandsinteressen, wie bspw. die Abhängigkeit von der Organisation, Angst um den Arbeitsplatz und der daraus resultierende Druck sich loyal zu verhalten.

49 Unter dem Stichwort einer organisierten Unverantwortlichkeit wird auf die erschwerte Zurechnung durch die organisierte Arbeitsteilung abgestellt. Denn je weiter die Suche nach Personen, die nicht unmittelbar die Tatbestandsverwirklichung verursacht haben, geht, um so beschwerlicher macht sich die Dezentralisierung und Delegation der Verantwortung bemerkbar.[58] Besonders in subjektiver Hinsicht besteht das Problem, das Wissen zwar potenziell erlangbar ist, aber vorwerfbar nicht erlangt worden ist. Für ein arbeitsteilig organisiertes Unternehmen ist es typisch, dass auf unteren Ebenen die Einschätzung von der Bedeutung einer Information vorgenommen wird. „Oben" kann es daher am Vorsatz oder der Fahrlässigkeit fehlen, da

56 *Schünemann*, Unternehmenskriminalität, S. 22.
57 *Schünemann*, Unternehmenskriminalität, S. 22.
58 *Otto*, Jura 1998, 409, 410.

sich relevante Informationen „unten" konzentrieren und nicht nach „oben" weitergegeben wurden. Diese Dezentralisierung verlockt zu einem Hin- und Herschieben der Verantwortung.

Angesichts der gewaltigen Größe vieler Wirtschaftsunternehmen besteht, wie gezeigt, die Schwierigkeit, den oder die individuellen Täter innerhalb des Unternehmens zu ermitteln und ihnen das organisationsbezogene Geschehen zuzurechnen. Dabei stellt sich insbesondere bezüglich der zentralen Leitungsinstanzen die Frage, inwiefern diesen ein Verhalten auf unteren Ebenen zugerechnet werden kann. **50**

Vorgeschlagen wird u. a. das Handeln mittels der mittelbaren Täterschaft oder über § 13 StGB im Wege der Geschäftsherrenhaftung zuzurechnen.[59] Im Folgenden sollen nur einige der vielen sich stellenden Probleme erläutert werden.[60] **51**

Die Grundvoraussetzungen für die täterschaftliche Haftung eines an der Ausführung der Tatbestandshandlungen nicht unmittelbar Beteiligten (mittelbare Täterschaft) sind von den Gerichten, Wissenschaft und Praxis entwickelt worden. Die Tatherrschaft eines mittelbaren Täters beruht danach auf der Nötigungsherrschaft, Irrtumsherrschaft oder Organisationsherrschaft.[61] Im Folgenden möchte nur auf die Tatherrschaft kraft organisatorischer Machtapparate eingegangen werden. **52**

Dies ist dort anerkannt, wo der Hintermann einen von den Normen des Rechts gelösten Machtapparat für die Durchführung von Straftaten funktionalisiert.[62] Entwickelt wurde diese Figur aus den Problemen der strafrechtlichen Verantwortung während der NS-Herrschaft. Es soll auch der Schreibtischtäter mittelbarer Täter sein. Diesem kommt eine eigene Tatherrschaft zu, weil die Struktur des Apparats den Vollzug des Befehls, unabhängig von der Individualität des unmittelbar Handelnden, garantiert. Sollte derjenige ausfallen, der den Straftatbestand verwirklicht, wird sogleich ein anderer an seine Stelle treten, sodass der Anordnende die ausführende Person meist nicht einmal kennt („der Täter ist nur ein auswechselbares Rädchen im Getriebe des Machtapparats"). **53**

Umstritten ist, ob diese Figur überhaupt auf Unternehmen Anwendung finden kann.[63] Teilweise wird die Erstreckung der Rechtsfigur auf Wirtschaftsunternehmen mit dem Argument abgelehnt, dass bei einer auf der Basis des **54**

---

59 *v. Freier*, Kritik der Verbandsstrafe, S. 28 f.

60 Ausführlich, mit weiteren Nachweisen, *v. Freier*, Kritik der Verbandsstrafe, S. 28 ff.; siehe auch *Beulke/Bachmann*, JuS 1992, 737, 737 ff.

61 *Roxin*, Täterschaft, S. 527; vgl. auch *Heine*, Verantwortlichkeit, S. 101 f.

62 LK/*Roxin*, § 25 Rn. 88; ablehnend *Jakobs*, AT 21/103, der entweder problemlos die Mittäterschaft annimmt oder ansonsten auf die Anstiftung verweist.

63 Dazu nur LK/*Roxin*, § 25 Rn. 89; *Ransiek*, Unternehmensstrafrecht, S. 46 ff.

Rechts arbeitenden Organisation zu erwarten sei, dass eine rechtswidrige Anweisung nicht automatisch befolgt wird. Es fehle damit an der wechselseitigen Austauschbarkeit der unmittelbar Handelnden.[64] Die h. M.[65] erkennt die mittelbare Täterschaft kraft Organisationsherrschaft auch bei Wirtschaftsunternehmen an und begrenzt die Rechtsfigur nicht auf kriminelle Vereinigungen. Das Argument fehlender Austauschbarkeit gehe fehl, da es im Hinblick auf die geringe Hemmschwelle leichter fallen dürfte, Mitarbeiter zur Begehung von in der Wirtschaftskriminalität typischen Vermögensdelikten zu veranlassen als zur Verübung von Gewaltdelikten, wie sie für rechtsgelöste Organisationen typisch sind. Auch im Rahmen von Organisationsstrukturen in Wirtschaftsunternehmen kann die Leitungsperson Rahmenbedingungen und regelhafte Abläufe ausnutzen, die zu der von ihr erstrebten Tatbestandsverwirklichung führen. Gerade im Bereich bestimmter, automatisierter Abläufe im Unternehmen bedarf es der Figur der Organisationsherrschaft, da die Leitungsperson insoweit nicht auf einer Anweisung an den unmittelbar Handelnden angewiesen ist und somit eine Anstiftungsstrafbarkeit ausscheidet.

55 Aufgrund der zahlreichen Probleme kann die Individualstrafe nur einen geringen Beitrag zur Steuerung des Verbandsgeschehens leisten. Vielmehr erscheint das Unternehmen in seiner Gesamtheit als der eigentliche Täter. Somit kann es die eigene Bestrafung auf die für sie handelnden Personen abwälzen. Hinzu kommt, dass selbst bei den bestraften Individuen nicht die nötige Eindruckskraft oder präventive Effizienz entsteht. Das Unternehmen darf ihnen nämlich die Geldstrafe (welche naturgemäß niedriger ausfällt, wie dies gegen die juristische Person möglich wäre) erstatten, was bei der Begehung wohl auch regelmäßig einkalkuliert wird.[66] Daher können nur Maßnahmen gegen den Verband selbst die „schuldige“ Einheit als Ganzes treffen und zu einem normgerechten Handeln veranlassen.

56 Andererseits darf nicht aus den Augen verloren werden, dass eine Schuldfähigkeit von juristischen Personen zur Aufgabe des strafrechtlichen Schuldprinzips führen würde.[67] Dogmatisch richtig dürfte daher eine Unternehmensstrafbarkeit durch Zurechnung von Organ- und Vertreterhandeln, wie bisher bei § 30 OWiG, sein.[68]

---

64 *Roxin*, AT II § 25 Rn. 129 ff.

65 BGH, NJW 1998, 767, 769; NStZ 2008, 89; *Hefendehl*, GA 2004, 575, 577 ff.

66 Siehe dazu, dass die Zahlung oder Erstattung der Geldstrafe durch einen anderen nach deutschem Recht keine strafbare Strafvereitelung darstellt, BGHSt. 37, 226, 226 ff.

67 *Jakobs*, FS Lüderssen, 2002, S. 559 (S. 571); *Momsen*, FS Rössner, 2015, S. 871 (S. 889 f.); vgl. auch BeckOK OWiG/*Meyberg*, § 30 Rn. 1; a. A. KK-OWiG/*Rogall*, § 30 Rn. 15, der eine Vereinbarkeit mit dem strafrechtlichen Schuld- und Strafbegriff durchaus für möglich erachtet, gleichwohl aber enorme Folgeprobleme bei der Einführung eines Verbandsstrafrechts einräumt.

68 Näher u. a. *Jakobs*, FS Lüderssen 2002, S. 559 (S. 573 f.).

2. Spannungsverhältnisse: Bestrafung Unschuldiger?

Damit lässt sich auch ein weiteres Spannungsverhältnis auflösen. Dies kann zwischen den Personen bestehen, welche die strafrechtliche Verantwortlichkeit des Unternehmens auslösen und jenen, die am Unternehmen beteiligt sind, aber nicht in strafrechtlich relevanter Weise gehandelt haben. So besteht die Gefahr, dass Unschuldige (beispielsweise die Angestellten oder die Anteilseigner) bestraft werden. Auch wenn eine echte Bestrafung dieses Personenkreises ausscheidet, da nur eine Mindermeinung die Bestrafung der Gesellschaft als Schuldvorwurf gegen alle Beteiligten unter einer Kollektivbezeichnung versteht, kommt eine mittelbare strafähnliche Betroffenheit unschuldiger Dritter in Betracht. Schließlich treffen diesen Personenkreis rein tatsächlich große Auswirkungen, beispielsweise indem Arbeitsplätze durch wirtschaftliche Schwierigkeiten aufgrund einer Geldsanktion gestrichen werden müssen.[69] So lehnt eine Ansicht ein Unternehmensstrafrecht aus dem Grund der ungerechtfertigten Belastung von „schuldlosen Dritten" ab: Es entstehe durch diese mittelbare Inanspruchnahme eine ungerechtfertigte Fernwirkung, welche die Gesellschaft zu Straftaten vorbeugenden Maßnahmen zu veranlasst. Dem hält unter anderem der Deutsche Bundestag in einer kleinen Anfrage entgegen, dass kein Problem mit dem Schuldprinzip bestehe.[70] **57**

Die Defizite treten schließlich nur in wirtschaftlicher Hinsicht auf. Die betroffenen Personen (Anteilseigner, Angestellten) treffe keine echte Sanktion. Zumindest solle bei der Verhängung einer Geldsanktion an wirtschaftliche Verhältnisse angeknüpft werden, sodass der Bestand des Verbands gewahrt wird. Damit soll kein Anteilseigner oder Angestellter komplett „leer ausgehen". Durch diese Aussage wird deutlich, dass kein Raum für eine wirklich abschreckende Sanktion besteht. Ein Unternehmen soll zwar zahlen, die ultima ratio der Unternehmensauflösung durch enorm hohe Geldsanktionen besteht jedoch nicht. **58**

Überwiegend wird dem Argument der „schuldlosen Dritten" entgegengehalten, dass es für Kriminalstrafen üblich sei, auch Dritte mittelbar zu belasten. Als Beispiel lässt sich der Familienvater anführen, welcher nach Verhängung einer Geldstrafe weniger Einkommen für seine Familie zur Verfügung hat.[71] Ziel der Geldstrafe ist es auch hier nicht, die Familie dazu anzuhalten, den Vater von der Begehung weitere Straftaten abzubringen. Die Belastung Dritter folge vielmehr zufällig. Auch wird als Argument angeführt, dass die **59**

---

69 *Baur/Holle*, ZRP 2022, 18.

70 Ausarbeitung Deutscher Bundestag, Fragen zur Verfassungsmäßigkeit des Entwurfs eines Verbandssanktionengesetzes; BT-Drs. 19/26453.

71 *Kirch-Heim*, S. 178.

Beteiligung an einem Unternehmen stets den wirtschaftlichen Risiken unterliegt.

60 Es lässt sich somit feststellen, dass rein dogmatisch kein Problem in der indirekten Belastung unschuldiger Dritter am Unternehmen besteht, da keine echte Strafe gegen diese Personen verhängt wird. Somit werden auch keine Personen bestraft, welche schuldlos sind, was mit verfassungsrechtlichen Prinzipien im vehementen Widerspruch stehen würde. Allerdings wird in dem dargestellten Spannungsverhältnis zwischen schuldigen und unschuldigen Unternehmensbeteiligten klar, dass erhebliche rechtspolitische Probleme bei der Einführung eines Unternehmensstrafrechts zu lösen wären.

IV. Argumente für und gegen ein Unternehmensstrafrecht

61 Zusammenfassend lassen sich folgende Argumente „pro und contra“ für und gegen ein Unternehmensstrafrecht aufführen:

1. Pro – Argumente für ein Unternehmensstrafrecht

62
- Das Bundesverfassungsgericht[72] hat eine Zuschreibung strafrechtlicher Schuld zu Unternehmen bei entsprechender gesetzlicher Regelung als mit dem Schuldprinzip vereinbar erklärt und auch die Kommission und der EuGH gehen von einer eigenen Schuldfähigkeit von Unternehmen aus.[73]
- Soweit einzelne Unternehmen sich nicht rechtstreu verhalten, verschaffen sie sich Vorteile auf Kosten der rechtstreuen Unternehmen sowie deren Inhaber- und Arbeitnehmerschaft. Sie schädigen den Ruf der Wirtschaft insgesamt und schwächen bei Ausbleiben einer angemessenen Reaktion zugleich das Vertrauen in den Rechtsstaat → Strafzweckgedanke bei Entwurf des Verbandssanktionengesetzes, die Integrität der Wirtschaft zu stärken.
- Ultima-ratio-Gedanken des Strafrechts mit seinen entsprechenden Sanktionen → dem kann gar nicht Rechnung getragen werden, wenn es kein klassisches Unternehmensstrafrecht gibt.
- Größerer generalpräventiver Aspekt (Abschreckung), wenn empfindlichere Strafen vorgesehen werden.
- Effektivere Sanktionierung großer Konzerne durch andere Strafmöglichkeiten als die momentan vorgesehenen – teils unempfindlichen – Geldbußen.
- Unzureichende Einstellungsmöglichkeiten (§ 47 OWiG im Vergleich zu Einstellen gegen Auflagen analog § 153a StPO).

---

72 BVerfGE 25.10.1966 – 2 BvR 2172/96, BVerfGE 20, 323; *Biermann*, in: Immenga/Mestmäcker, GWB, vor Art. 23 Rn. 183.

73 Schon *Dannecker/Fischer-Fritsch*, S. 289.

– Internationale Angleichung → wenn in anderen Ländern ein klassisches Unternehmensstrafrecht existiert und in Deutschland nicht, schafft dies ein Missbrauchspotenzial, dass sich Unternehmen in Deutschland ansiedeln, um Straftaten zu begehen.

2. Contra – Argumente gegen ein Unternehmensstrafrecht

– Schuldprinzip wird umgangen („nulla poena sine culpa") → Unternehmen sind handlungs- und schuldunfähig. Die notwendige und auch verfassungsrechtlich gebotene Frage nach der Schuld, also nach der persönlichen Vorwerfbarkeit der Tat, könne für juristische Personen schlicht nicht beantwortet werden. **63**
– Bisheriges Ordnungswidrigkeiten-System sei ausreichend. Insbesondere auch zeigt der europäische Vergleich, dass viele Mitgliedsstaaten, die über ein Unternehmensstrafrecht verfügen, diesem keine hohe Bedeutung beimessen.
– Gefahr der Doppelbestrafung → Unternehmen und Führungskraft/„Sippenhaft" für unschuldige Mitarbeiter des Unternehmens.
– Gefahr, dass Unschuldige unter der Unternehmensstrafe leiden → Unternehmen wird z. B. insolvent und Angestellte verlieren ihren Job.
– Arbeitnehmer und Verbraucher könnten am Ende mehr zahlen, wenn Unternehmen Preise anheben, um sich vorab vor ausufernden strafrechtlichen Sanktionen abzusichern.
– Unternehmen fehlt es an jeglicher – sei es mittelbarer – demokratischer Legitimation.
– Schwierige Abgrenzung zwischen Organisationsversagen (wäre dem Unternehmen zuzurechnen) und Einzeltäterverhalten.
– Symbolische Gesetzgebung ist oft Gegenteil von wirksamer Gesetzgebung.

V. (Vermehrter) Einfluss des europäischen Rechts

Abzuwarten bleibt, welchen weiteren Einfluss das europäische Recht auf das Deutsche Straf- und Ordungswidrigkeitenrecht haben wird. Dass dies in großem Maße bereits der Fall ist, haben die Ausführungen zur DSGVO gezeigt. **64**

Der Richtlinien-Entwurf (Council-Text vom 14.6.2024, oft kurz „RL-E" oder „Corruption Directive – Council position") hat die Debatte um das deutsche Unternehmensstrafrecht/Verbandsstrafrecht deutlich angeheizt. Kurz zusammengefasst: Er verschiebt den Diskurs von einer nationalen, defensiven Lösung (z. B. § 30 OWiG bzw. nur punktuelle Spezialregelungen) **65** hin zu klareren, EU-weiten Mindeststandards für die zivil- und strafrechtliche Verantwortlichkeit von Unternehmen, härteren, u. U. umsatzabhängigen Sanktionen und stärkeren Anreizen für wirksame Compliance.

66 Die RL-Debatte macht sichtbar, dass viele Mitgliedstaaten (und Teile des Europäischen Parlaments sowie NGOs) einheitlichere, effektivere Instrumente wollen, weil bestehende nationale Regelungen (wie § 30 OWiG) als lückenhaft gelten. Der Council-Entwurf sieht deutlich weitreichendere Sanktionsmöglichkeiten für Unternehmen vor (in der Debatte standen u. a. auch Umsatz-/turnover-abhängige Geldbußen). Das erhöht das politische Gewicht der Argumente, dass fixe Obergrenzen (wie in § 30 OWiG teilweise diskutiert) für Großkonzerne nicht abschreckend genug sind – und stärkt Forderungen nach skalierbaren Bußgeldmechanismen.

67 Weil die EU-Initiative Korruption auch in grenzüberschreitenden, organisatorisch komplexen Fällen adressieren will, fördert sie Konzepte, die eine Haftung des Unternehmens selbst ermöglichen (auch wenn einzelne Täter nicht vollständig identifizierbar sind). Das steht im Widerspruch zur engen Konstruktion des § 30 OWiG, der meist an Taten von Leitungspersonen anknüpft. Damit wächst die Argumentationsbasis für eine Änderung der Anknüpfungsdoktrin in Deutschland.

E. Fazit und Ausblick

68 Vorstehendes zeigt, dass die Debatte um ein (neues?) Unternehmensstrafrecht noch längst nicht beendet ist. Und dies kann nur ein erster Überblick sein.

69 Vollkommen außer Betracht geblieben sind Fragen der Strafzumessung. Hingewiesen ist nur darauf, ob eine Pflicht zur Berücksichtigung der Compliance-Programme bei Strafzumessung bestehen soll („Je besser das Compliance, desto geringer die Strafe") und mögliche Anreize zur internen Aufklärung (z. B. Selbstanzeige).

70 Neben dem internationalen Kontext konnten daher nur die zentralen Problemkreise der Organ- und Substitutenhaftung gezeigt werden: (1.) die Auswahl der Personengruppen, deren (unternehmens-/verbandsbezogene) Straftatbegehung Auslöser einer Bestrafung des Verbandes bei unzureichender Organisation zwecks Verhinderung unternehmens- und verbandsbezogenen strafbaren Verhaltens ist. (2.) Die Herstellung einer für die Verbandsstrafe ausreichend starken Verbandsbezuges des Handelns der Organe, Vertreter, Beschäftigten des Verbandes. Der Streit zwischen Interessentheorie und funktionaler Betrachtungsweise um den Vertretungsbezug des Handelns von Organen und Vertretern stellte sich auch bei Einführung einer Verbandsstrafe als Voraussetzung der Strafbarkeit. Die Diskussion um die Vereinbarkeit von kriminalstrafrechtlichen Sanktionen gegen Verbände mit fundamentalen Prinzipien des deutschen Verfassungs- und Strafrechts ist noch nicht zum Abschluss gekommen.

Literaturverzeichnis

Baur, Alexander/Holle, Maximilian	Verbandssanktionierung – Zurück auf Los? Eine Zwischenbilanz zur gescheiterten Neuaufstellung, ZRP 2022, 18
Bergt, Matthias	Sanktionierung von Verstößen gegen die Datenschutz Grundverordnung, DuD 2017, 41
Beulke, Werner/Bachmann, Gregor	Die „Lederspray-Entscheidung" – BGHSt 37, 106, JuS 1992, 737
Brenner, Karl	Gewinnabschöpfung, das unbekannte Wesen im Ordnungswidrigkeitenrecht, NStZ 1998, 557
Bürger, Sebastian	Geldbußen gegen Unternehmen im deutschen Kartellrecht – quo vadis?, NZKart 2017, 62
Dannecker, Gerhard/ Fischer-Fritsch, Jutta	Das EG-Kartellrecht in der Bußgeldpraxis, 1989
Eidam, Gerd	Die Verbandsgeldbuße des § 30 Abs. 4 OWiG – eine Bestandsaufnahme, wistra 2003, 447
Erbs, Georg/Kohlhaas, Max (Hrsg.)	Strafrechtliche Nebengesetze, 254. Aufl. 2019 (zit.: *Bearbeiter*, in: Erbs/Kohlhaas)
Faust, Sebastian/Spittka, Jan/Wybitul, Tim	Milliardenbußgelder nach der DS-GVO? Ein Überblick über die neuen Sanktionen bei Verstößen gegen den Datenschutz, ZD 2016, 120
Fischer, Reinfrid/Schulte-Mattler, Hermann (Hrsg.)	Kommentar zu Kreditwesengesetz, VO (EU) Nr. 575/2013 (CRR) und Ausführungsvorschriften, 2023
v. Freier, Friedrich	Kritik der Verbandsstrafe, Hamburger Rechtsstudien (HAR), Band 90, 1998
Goette, Wulf/Habersack, Mathias (Hrsg.)	Münchener Kommentar zum Aktiengesetz, 5. Aufl. 2019
Graf, Jürgen (Hrsg.)	Beck'scher Online-Kommentar zum Ordnungswidrigkeitenrecht, 47. Edition, Stand: 1.7.2025 (zit.: BeckOK OWiG/Bearbeiter)
Grützner, Thomas	Unternehmensstrafrecht vs. Ordnungswidrigkeitenrecht, CCZ 2015, 56

Göhler, Erich (Begr.)	Kommentar zum Gesetz über Ordnungswidrigkeiten, 19. Aufl. 2024
Gronemeyer, Achim/ Slobodenjuk, Dimitri	Die 9. GWB-Novelle – Ein Überblick, DB 2017, 1010
Hefendehl, Roland	Tatherrschaft in Unternehmen vor kriminologischer Perspektive, GA 2004, 575
Heine, Günter	Die strafrechtliche Verantwortlichkeit von Unternehmen, 1995 (zitiert: Heine, Verantwortlichkeit)
Helmrich, Jan	Straftaten von Mitarbeitern zum Nachteil des „eigenen" Unternehmens als Anknüpfungstaten für eine Verbandsgeldbuße?, wistra 2010, 331
Henssler, Martin/Strohn, Lutz (Hrsg.)	Gesellschaftsrecht: Kommentar, 5. Aufl. 2021 (zit.: Bearbeiter, in: Henssler/Strohn)
Wolff, Heinrich Amadeus/ Brink, Stefan/v. Ungern-Sternberg, Antje (Hrsg.)	Beck'scher Online-Kommentar Datenschutzrecht, 52. Edition, 1.2.2025 (zit.: BeckOK DatenschutzR/Bearbeiter)
Immenga, Ulrich/Mestmäcker, Ernst-Joachim (Begr.)	Wettbewerbsrecht, Band 2: GWB. Kommentar zum Deutschen Kartellrecht, 7. Aufl. 2024 (zit.: Bearbeiter, in: Immenga/Mestmäcker)
Momsen, Carsten	Verlagerung der Strafverfolgung auf Private im Wirtschaftsrecht Chance oder Irrweg?, Festschrift für Dieter Rössner, 2015
Isfen, Osman	Mehr Schein als Sein – die VW-Abgasaffäre aus strafrechtlicher Sicht, JA 2016, 1
Jakobs, Günther	Strafrecht, Allgemeiner Teil, 2. Aufl. 2011 (zitiert: Jakobs, AT)
ders.	Strafbarkeit juristischer Personen, Festschrift für Klaus Lüderssen, 2002
Jescheck, Hans- Heinrich	Die strafrechtliche Verantwortlichkeit der Personen-Verbände, ZStW 65 (1953), 210
Kirch-Heim, Claudio	Sanktionen gegen Unternehmen. Rechtsinstrumente zur Bekämpfung unternehmensbezogener Straftaten, 2007
Mitsch, Wolfgang (Hrsg.)	Karlsruher Kommentar zum Gesetz über Ordnungswidrigkeiten, 6. Aufl. 2025 (zit.: KK-OWiG/Bearbeiter)
Krumm, Carsten	Gewinnabschöpfung durch Geldbuße, NJW 2011, 196

Lange, Richard – Zur Strafbarkeit von Personenverbänden, JZ 1952, 261

Leipziger Kommentar – Strafrecht – Großkommentar – 1. Band, §§ 1–31, 10. Aufl. 1985 (zitiert: LK/Bearbeiter)

Luhmann, Niklas – Recht der Gesellschaft, 1993

Meixner, Rüdiger – 9. GWB-Novelle: Wesentliche Änderungen des Gesetzes gegen Wettbewerbsbeschränkungen im Überblick – Teil II, WM 2017, 1231

Mitsch, Wolfgang – Täterschaft und Teilnahme bei der „Verbandsstraftat“, NZWiSt 2014, 1

Müller, Ekkehard – Die Stellung der juristischen Personen im Ordnungswidrigkeitenrecht, 1985

Müller-Gugenberger, Christian (Hrsg.) – Wirtschaftsstrafrecht, Handbuch des Wirtschaftsstraf- und -ordnungswidrigkeitenrechts, 8. Aufl. 2024 (zit.: Bearbeiter, in: Müller-Guggenberger)

Otto, Harro – Die Haftung für kriminelle Handlungen im Unternehmen, Jura 1998, 409

Ransiek, Andreas – Unternehmensstrafrecht, 1996

ders. – Strafrecht im Unternehmen und Konzern, ZGR 1999, 613

Roxin, Claus – Täterschaft und Teilnahme, 7. Aufl. 2000 (zit.: Roxin, Täterschaft)

ders. – Strafrecht Allgemeiner Teil, Bd. 2: Besondere Erscheinungsformen der Straftat, 2003

Schall, Hero – Die richterliche Zumessung der Geldbuße bei Verkehrsordungswidrigkeiten, NStZ 1986, 1

Schmidt, Karsten – Zur Verantwortung von Gesellschaften und Verbänden im Kartell- und Ordnungswidrigkeitenrecht, wistra 1990, 131

Schmidt, Karsten/Lutter, Marcus (Hrsg.) – Aktiengesetz: Kommentar, 3. Aufl. 2015 (zit.: Bearbeiter, in: Schmidt/Lutter)

Schroth, Hans-Jürgen – Unternehmen als Normadressaten, 1993

Schünemann, Bernd – Unternehmenskriminalität und Strafrecht, 1979 (zitiert: Unternehmenskriminalität

ders. – Die aktuelle Forderung eines Verbandsstrafrechts – Ein kriminalpolitischer Zombie, ZIS 2014, 1

Seelmann, Kurt	Kollektive Verantwortung im Strafrecht, 2002
Spindler, Gerald/Schuster, Fabian (Hrsg.)	Recht der elektronischen Medien, 4. Aufl. 2019 (zit.: Bearbeiter, in: Spindler/Schuster)
Tiedemann, Klaus	Die "Bebußung" von Unternehmen nach dem 2. Gesetz zur Bekämpfung der Wirtschaftskriminalität, NJW 1988, 1169
Walter, Tonio	Sanktionen im Wirtschaftsstrafrecht, JA 2011, 481
Wabnitz, Heinz-Bernd/Janovsky, Thomas/Schmitt, Lothar	Handbuch des Wirtschafts- und Steuerstrafrechts, 6. Aufl. 2025, (zit.: Bearbeiter, in: Wabnitz/Janowsky/Schmitt)
Weiss, Erik	Legalitätsprinzip und strafprozessuale Zwangsmaßnahmen, JA 2023, 462
Wiedemann, Gerhard	Handbuch des Kartellrechts, 4. Aufl. 2020
Wolf, Christoph	Der Betrugsschaden beim Erwerb von Dieselfahrzeugen mit illegalen Abschalteinrichtungen, NStZ 2023, 263
Zöllner, Wolfgang/Noack, Ulrich	Kölner Kommentar zum Aktiengesetz, 3. Aufl. 2018 (zit.: Kölner Komm AktG/Bearbeiter)

Kapitel 2
Zur Rolle der Gesellschafter in der Restrukturierung und Insolvenz

Übersicht

A. Gesellschafter und Aktionäre in der Krise: Grundsatzentscheidungen des II. Zivilsenats des BGH

1 Diskussionen um die Rolle der Gesellschafter in der Unternehmenskrise sind dieser Tage zwar von besonderer Virulenz,[1] neu ist dieses Thema indes nicht. Die höchstgerichtliche Rechtsprechung hat sich schon in den 1950er Jahren intensiv mit der Frage beschäftigt, welche Anforderungen an die Gesellschafter in der Unternehmenskrise zu stellen sind. Die Fragen kreisen heute wie damals im Kern darum, in welchem Verhältnis Gesellschaftsrecht und Insolvenzrecht zueinander stehen und welches der Pflichtregime das jeweils andere situativ dominiert.

I. Gesellschaftsrechtliche Treuepflichten in der Rechtsprechung des II. Zivilsenats

2 Der Anfangspunkt für die hiesige Betrachtung wird bei den Entscheidungen des II. Zivilsenats des Bundesgerichtshofs aus den Jahren 1954[2] und 1959[3] gesetzt, in denen sich der Bundesgerichtshof umfassend und mit einiger Bestimmtheit zur gesellschaftsrechtlichen Treuepflicht äußerte und deren Umfang konturierte. Der Entscheidung aus dem Jahr 1959 lag als Sachverhalt der simple Abschluss und die Umsetzung eines Kaufvertrages von Vermögensgegenständen (sog. Asset Deal) zugrunde. Die Erfüllung dieses Vertrags

---

1 Beispielhaft für die Diskussionen, insbesondere im Zusammenhang mit dem Bezugsrechtsausschluss bei Aktionären statt vieler *Kührt*, NZI 2025, 249 ff.; für Gesellschafter im Allgemeinen *Brackmann/Holze*, ZRI 2024, 143, 145; *Brackmann/Holze*, Restrukturierungspläne und Restrukturierungsinstrumente, in: Schmittmann (Hrsg.), Fachberater für Restrukturierung und Unternehmensplanung, S. 159–196; für Personengesellschaften s. auch *Westermann*, NZG 2016, 9 ff.; selbst im internationalen Diskurs *Madaus*, The Position of Shareholders in a Restructuring, in: Omar/Gant (Hrsg.), Research Handbook on Corporate Restructuring, 2021, S. 185–200.

2 BGH, Urt. v. 24.4.1954 – II ZR 35/53, WM 1956, 352, wo es explizit hieß: „Die Verpflichtung zur Abänderung eines geschlossenen Vertrages kann […] im allgemeinen [sic] nicht verlangt werden. Bei einem Gesellschaftsvertrag könnte eine solche Verpflichtung freilich unter Umständen bestehen. Aber es ist für eine solche Annahme eine behutsame Zurückhaltung geboten, weil die Parteien grundsätzlich auch in dieser Hinsicht die Befugnis haben, ihre Rechtsbeziehungen zueinander frei und nach ihrem eigenen Belieben zu regeln. Für die Annahme einer solchen Verpflichtung genügt es noch nicht allein, daß dem widerstrebenden Gesellschafter die Änderung des Vertrages unter Berücksichtigung seiner Belange zuzumuten ist. Es müssen vielmehr außerdem Umstände hinzutreten, die eine solche Änderung mit Rücksicht auf das bereits bestehende Gesellschaftsverhältnis oder mit Rücksicht auf die Rechtsbeziehungen zwischen den Gesellschaftern etwa zum Zwecke der Erhaltung wesentlicher Werte, die die Gesellschafter in gemeinsamer Arbeit geschaffen haben, oder zur Vermeidung wesentlicher Verluste, die der andere Gesellschafter erleiden würde, weil er im Hinblick auf das Gesellschaftsverhältnis persönliche Aufwendungen gehabt hat als erforderlich erscheinen lassen."

3 BGH, Urt. v. 17.12.1959 – II ZR 81/59, NJW 1960, 434, 434.

hätte de facto jedoch zur vorzeitigen Auflösung der Gesellschaft geführt und war daher als eine Änderung des Gesellschaftsvertrags zu werten. Ein betroffener Kommanditist war hiermit nicht einverstanden und stimmte dem Vertrag nicht zu.

Es stellte sich die Frage, ob es bereits vor Abschluss des Kaufvertrags der Zustimmung des Kommanditisten bedurfte beziehungsweise, ob dieser nicht sogar zur Zustimmung verpflichtet war, denn das Unternehmen befand sich zu diesem Zeitpunkt in einer finanziellen Krise. Hierzu hielt der II. Zivilsenat fest: „Ist die wirtschaftliche Lage einer Gesellschaft unhaltbar geworden und ergibt sich bei objektiver Beurteilung daraus die Notwendigkeit, den Geschäftsbetrieb aufzugeben, so besteht im Verhältnis unter den Gesellschaftern die Rechtspflicht, die insoweit notwendigen Maßnahmen zu ergreifen. Es stellt eine Verletzung der gesellschaftlichen Treuepflicht dar, wenn sich ein Gesellschafter dieser Notwendigkeit verschließt.“ **3**

Da der II. Zivilsenat insoweit übereinstimmend mit dem Berufungsgericht vom Vorliegen einer unhaltbaren wirtschaftlichen Lage der Gesellschaft ausging, stellte sich lediglich die Frage, ob eine Alternative zur Geschäftsveräußerung und -aufgabe bestanden hat, die zu einem insgesamt „besseren“ Ergebnis für die Gesellschafter geführt hätte. **4**

Das Berufungsgericht hatte nach Beweisaufnahme aber feststellen müssen, dass es äußerst zweifelhaft war, ob auf einem anderen Wege ein wesentlich günstigeres Ergebnis für die Beteiligten hätte erzielt werden können. Gegen eine solche Annahme sprach bereits, dass der Vertreter der Gesellschaftsgläubiger, der Wirtschaftsprüfer und sämtliche Gesellschaftsgläubiger den Kaufverträgen zugestimmt und sich mit der daraus ergebenden Befriedigung zufriedengegeben hatten. Dass die Lage der Dinge demnach selbst vom Standpunkt der Gläubiger aus „wirtschaftlich vernünftig war“ sah das Berufungsgericht als Indiz dafür, dass der Verkauf und die Übereignung der verkauften Gegenstände die beste Option darstellten. Dem stimmte der II. Zivilsenat zu und leitete hieraus die Rechtspflicht des Kommanditisten ab, diesen Verträgen zuzustimmen. **5**

Diese Rechtsprechungslinie hat der II. Zivilsenat seither konsequent weiterverfolgt[4] und dabei mit der „Girmes“-Entscheidung sowie der „Sanieren-oder-Ausscheiden“-Rechtsprechung zwei Grundsatzentscheidungen getroffen, die das heutige Verständnis von gesellschaftsrechtlichen Treuepflichten und hiermit legitimierten Eingriffen in die Rechtspositionen von Gesellschaftern prägen. **6**

4 Fortsetzend etwa BGH, Urt. v. 26.1.1961 – II ZR 240/59, NJW 1961, 724, 724.

II. Die „Girmes"-Entscheidung des II. Zivilsenats

7 Die „Girmes"-Entscheidung[5] betraf eine Aktiengesellschaft, die nach hälftigem Verlust des Grundkapitals nach § 92 Abs. 1 AktG die Hauptversammlung einberief. Geplant war ein Forderungsverzicht mit Kapitalherabsetzung sowie die anschließende Kapitalerhöhung. Letztere ist mit 40 % der Stimmen abgelehnt worden, wobei die Stimmverteilung zustande kam, indem sich ein (gegen die Kapitalherabsetzung) opponierender Minderheitsaktionär vor der Abstimmung die Anteilsrechte anderer Aktionäre übertragen ließ.

8 Im Hinblick auf diesen Sachverhalt entschied der Bundesgerichtshof, dass auch Minderheitsaktionäre einer Treuepflicht gegenüber den anderen Aktionären unterliegen und sie ihre Mitgliedsrechte unter angemessener Berücksichtigung der gesellschaftsbezogenen Interessen der anderen Aktionäre auszuüben haben. Aus dieser Treuepflicht folge insbesondere, dass ein Aktionär eine sinnvolle und mehrheitlich verfolgte Sanierung der Gesellschaft (einschließlich einer hierzu gehörenden Kapitalherabsetzung) nicht aus eigennützigen Gründen verhindern dürfe. Mit dieser Entscheidung begründete der II. Zivilsenat des Bundesgerichtshofs im Ergebnis einen neuen Haftungstatbestand für Aktionäre mit der Rechtsfolge eines Schadensersatzanspruchs der geschädigten Aktionäre.[6]

9 Den Haftungstatbestand leitete der II. Zivilsenat dabei wie folgt her: Die Aktionäre unterliegen einer gesellschaftsrechtlichen Treuepflicht.[7] Für diese war bereits zuvor weitgehend anerkannt, dass deren Verletzung einen Schadensersatzanspruch begründen kann. Die offene und vom II. Zivilsenat des Bundesgerichtshofs zu beantwortende Frage bestand vielmehr darin, ob und bejahendenfalls unter welchen Voraussetzungen eine treupflichtswidrige Stimmabgabe in der Hauptversammlung den Haftungstatbestand erfüllen kann.[8] Dem näherte sich der Bundesgerichtshof durch eine intensive Auseinandersetzung mit den Inhalten und Grenzen der Treuepflichten von Aktionären.

---

5 BGH, Urt. v. 20.3.1995 – II ZR 205/94, NJW 1995, 1739.

6 BGH, Urt. v. 20.3.1995 – II ZR 205/94, NJW 1995, 1739, 1745 unter 5.

7 Zum Umfang der gesellschaftlichen Treuepflicht bereits BGH, Urt. v. 17.12.1959 – II ZR 81/59, NJW 1960, 434, 434: „Ist die wirtschaftliche Lage einer Gesellschaft unhaltbar geworden und ergibt sich bei objektiver Beurteilung daraus die Notwendigkeit, den Geschäftsbetrieb aufzugeben, so besteht im Verhältnis unter den Gesellschaftern die Rechtspflicht, die insoweit notwendigen Maßnahmen zu ergreifen. Es stellt eine Verletzung der gesellschaftlichen Treuepflicht dar, wenn sich ein Gesellschafter dieser Notwendigkeit verschließt."; dies fortsetzend BGH, Urt. v. 26.1.1961 – II ZR 240/59, NJW 1961, 724, 724.

8 Im Ergebnis bejaht für eine Haftung des Vertreters ohne Vertretungsmacht nach § 179 BGB analog.

Die allgemeine gesellschaftsrechtliche Treuepflicht könne noch keinen allgemeinen Bestandsschutz begründen. Schließlich seien die Aktionäre auch in der Lage, die Gesellschaft per Beschluss aufzulösen. Dies gelte selbst dann, sollte sich die Gesellschaft der Insolvenzreife nähern. Allerdings gebe es im Falle eines avisierten Fortbestands der Gesellschaft auch die Pflicht, auf die Belange der Mehrheit der Anteilsinhaber Rücksicht zu nehmen. Hierzu zähle auch das Interesse am Fortbestand des Unternehmens sowie – in bestimmtem Umfang – der Durchführung der hierfür erforderlichen Maßnahmen. Das bedeute wiederum, dass bei Abstimmungen über Maßnahmen zum Fortbestand der Gesellschaft das Stimmrecht für den Fall, dass der betreffende Gesellschafter bzw. Aktionär die Sanierungsmaßnahme nicht unterstützen möchte, auf eine Enthaltung zu beschränken sei. Werden dabei mehrere Minderheitsaktionäre bzw. Gesellschafter durch einheitliche Stimmrechtsausübung oder durch Stimmrechtsbündelung eine Sperrminorität erreichen, so werde die Treuepflicht für jeden von ihnen relevant. **10**

Da diese Beschränkung einen schwerwiegenden Eingriff in die Stimmrechte der Anteilsinhaber darstellt (grundrechtlich geschützt über Art. 14 Abs. 1 GG, Art. 2 Abs. 1 GG), verlangte der II. Zivilsenat einschränkend, dass ohne die avisierte Sanierungsmaßnahme, für die die Zustimmung ersucht wird, der „Zusammenbruch der Gesellschaft unvermeidlich und im Falle des Zusammenbruchs die Stellung des einzelnen Gesellschafters ungünstiger als bei einem Austritt aus der fortbestehenden Gesellschaft ist.“[9] **11**

Liegen diese Voraussetzungen vor, ist zweierlei zu beachten: Erstens, die Stimmabgabe gegen die Sanierungsmaßnahme ist nichtig und darf folglich nicht mitgezählt werden. Zweitens, die treuwidrige Stimmabgabe ist als Pflichtverletzung ein haftungsbegründendes Tatbestandsmerkmal, das zu einem Schadensersatzanspruch führen kann, wenn zusätzlich ein schuldhaftes Handeln vorliegt. In diesem Zusammenhang ließ der II. Zivilsenat offen, ob im Gleichlauf zu § 117 AktG, der dem Deliktsrecht angehört, eine Beschränkung auf vorsätzliches Handeln angezeigt ist.[10] **12**

Konsequenz der „Girmes“-Entscheidung ist, dass seither auch ein sanierungsunwilliger Aktionär bzw. Gesellschafter angehalten ist, nicht gegen eine Kapitalerhöhung (und eine dem gegebenenfalls zur Neutralisierung der eingetretenen Verluste vorausgehende Kapitalherabsetzung) zu votieren, sofern jene zur Rettung des Unternehmens dringend erforderlich und ihm zumutbar ist („rettende Kapitalerhöhung“).[11] In Sanierungsfällen ist daher zu empfehlen, Gesellschafter- oder Hauptversammlungen, in denen über Sanierungsmaßnahmen entschieden werden soll, mit Blick auf etwaige blockie- **13**

9 BGH, Urt. v. 20.3.1995 – II ZR 205/94, NJW 1995, 1739, 1743 unter b).
10 BGH, Urt. v. 20.3.1995 – II ZR 205/94, NJW 1995, 1739, 1746.
11 MüKo AktG/*Verse/Obradović*, § 182 Rn. 12 m. w. N.

rende Gesellschafter bzw. Aktionäre vorzubereiten und den Gesellschaftern bzw. Aktionären entsprechende Unterlagen und Prüfungsergebnisse, bspw. durch einen unabhängigen Experten erstellte Option Reviews oder Sanierungsgutachten, die die angestrebte Sanierungsmaßnahme entsprechend stützen, für eine informierte Entscheidung zur Verfügung zu stellen. Dem Versammlungsleiter wird dann in der Versammlung bzw. der Geschäftsleitung im Zuge der Umsetzung der Sanierungsmaßnahme die Aufgabe zukommen, zu entscheiden, ob Gegenstimmen missbräuchlich abgegeben wurden und demnach für die Abstimmung nicht zu werten sind.

14 In der Folgezeit stellten sich allerdings einige in der Literatur kritisch herausgearbeitete[12] Abgrenzungsprobleme im Hinblick auf die Haftung treuwidrig handelnder Aktionäre nach § 826 BGB. Diese nahm der Gesetzgeber wohl zum Anlass, um jedenfalls in Krisensituationen, wie zuletzt der Covid-19-Pandemie, eine explizite Regelung zur gesamtschuldnerischen Haftung „räuberischer Aktionäre"[13] zu treffen (§ 7 Abs. 7 WStBG).

15 Im Unterschied zum Anspruch aus § 826 BGB setzt die Haftung nach § 7 Abs. 7 WStBG deshalb weder Sittenwidrigkeit noch Vorsatz voraus, sondern beschränkt sich – zugunsten einer erleichterten Nachweisbarkeit – auf objektive Tatbestandsmerkmale. Zusätzlich erleichterte § 7 Abs. 7 Satz 2 WStBG auch den Nachweis der Kausalität des Abstimmungsverhaltens für das Ergebnis des Beschlusses. Der Gesetzgeber sendete mit diesen im Vergleich zu § 826 BGB deutlich herabgesetzten Hürden ein deutliches Signal gegen eine Blockade von Rekapitalisierungsmaßnahmen aus eigennützigen Motiven.

III. Die „Sanieren oder Ausscheiden"-Rechtsprechung

16 Einen weiteren Grundstein für die Beurteilung von Eingriffen in Gesellschafterrechte bildet die „Sanieren-oder-Ausscheiden"-Rechtsprechung[14], die im Jahr 2009 ebenfalls vom II. Zivilsenat des Bundesgerichtshofs begründet und seither weiterentwickelt worden ist.[15]

17 Die Entscheidung „Sanieren oder Ausscheiden" betraf konkret die Treuepflichten für Gesellschafter eines in der Rechtsform als OHG organisierten

---

12 *Altmeppen*, NJW 1995, 1739, 1750; *Flume*, ZIP 1996, 161, 167 f.; punktuell auch *Lamprecht*, ZIP 1996, 1372, 1375.

13 So die Wortwahl von *Nolden/Heusel/Goette*, DStR 2020, 800, 803.

14 BGH, Urt. v. 19.10.2009 – II ZR 240/08, NJW 2010, 65.

15 BGH, Urt. v. 25.1.2011 – II ZR 122/09, NJW 2011, 1667, 1669 Rn. 20; BGH, Urt. v. 9.6.2015 – II ZR 420/13, NJW 2015, 2882, 2884 Rn. 22; KG, Urt. v. 27.4.2010 – 14 U 20/08, NZG 2010, 1184, 1885; OLG Stuttgart, Urt. v. 11.7.2013 – 19 U 11/13, NZG 2013, 1061, 1063; ablehnend OLG München, Urt. v. 12.12.2013 – 24 U 348/13, NZG 2014, 818, 820.

Immobilienfonds, der saniert werden sollte. Der Fonds war zwar bilanziell überschuldet, aber sanierungsfähig. Die Sanierung sollte – ähnlich wie in der „Girmes"-Entscheidung – über eine Kapitalherabsetzung, gefolgt von einer Kapitalerhöhung stattfinden. Im Unterschied zur „Girmes"-Entscheidung war jedoch vorgesehen, dass diejenigen Gesellschafter, die sich bis zum Ablauf einer bestimmten Frist nicht an der Kapitalerhöhung beteiligen würden, aus der Gesellschaft ausscheiden sollten. Dieser Mechanismus wurde schließlich namensgebend: „Sanieren-oder-Ausscheiden". Sinn und Zweck der Rechtsprechung ist insbesondere, dass Gesellschafter, die sich weigern, einen Sanierungsbeitrag zu leisten, an dem durch den Sanierungsbeitrag bewirkten Wertzuwachs der Gesellschaft nicht partizipieren sollen.

Die Regelung zum automatischen Ausscheiden der Gesellschafter mit Fristablauf betraf in dem vom II. Zivilsenat behandelten Fall vier Gesellschafter, die infolge ihres Ausscheidens konsequenterweise auf den Auseinandersetzungsbetrag in Anspruch genommen werden sollten („Ausscheidensfehlbetrag", §§ 735, 737 BGB, ggf. über den Verweis in § 105 Abs. 3 HGB).[16] **18**

Erneut setzte sich der II. Zivilsenat des Bundesgerichtshofs mit der Frage auseinander, wie weit die Treuepflichten von Gesellschaftern reichen. Für den konkreten Fall gelangte der Bundesgerichtshof zu dem Ergebnis, dass die Auseinandersetzungsansprüche auch gegenüber all denjenigen Gesellschaftern bestanden, die zuvor gegen das Sanierungskonzept gestimmt hatten. Zur Begründung führte der Senat an, es sei treuwidrig, in der Gesellschaft verbleiben zu wollen, wenn gleichzeitig keinerlei Bereitschaft bestehe, die Sanierung zu fördern und an den entsprechenden Sanierungsmaßnahmen teilzunehmen.[17] Im Hinblick auf die Treuwidrigkeit führte der II. Zivilsenat die aus der „Girmes"-Entscheidung entspringenden Gedanken konsequent weiter: **19**

Ein Gesellschafter sei zwar nicht allgemein verpflichtet, einer seine Gesellschafterstellung aufhebenden Änderung des Gesellschaftsvertrags zuzustimmen. Zugleich könne sich – so auch die ständige Rechtsprechung[18] des Senats – aus der gesellschaftsrechtlichen Treuepflicht in besonders gelagerten Ausnahmefällen für jeden einzelnen Gesellschafter etwas Abweichendes ergeben. Konkret komme eine Zustimmungspflicht dann in Betracht, wenn sie „mit Rücksicht auf das bestehende Gesellschaftsverhältnis oder auf die bestehenden Rechtsbeziehungen der Gesellschafter untereinander dringend erforderlich ist und die Änderung des Gesellschaftsvertrags dem Gesellschafter unter Berücksichtigung seiner eigenen Belange zumutbar ist." Die- **20**

16 BGH, Urt. v. 19.10.2009 – II ZR 240/08, NJW 2010, 65, 67 Rn. 26.

17 BGH, Urt. v. 19.10.2009 – II ZR 240/08, NJW 2010, 65, 67 Rn. 23.

18 BGH, Urt. v. 10.6.1965 – II ZR 6/63, NJW 1965, 1960; BGH, Urt. v. 28.4.1975 – II ZR 16/73, NJW 1975, 1410.

se Ausführungen lassen sich – mit wenigen Einschränkungen[19] – auch auf Kapitalgesellschaften übertragen.[20]

21 Mit seinem letzten Halbsatz zur Zumutbarkeit wollte der II. Zivilsenat offenbar sicherstellen, dass die schützenswerten Belange des einzelnen Gesellschafters hinreichend gewürdigt werden, da es sich um einen schwerwiegenden Eingriff in die Gesellschafterrechte handelt. Andererseits kann diese Schutzwürdigkeit jedenfalls dann in Zweifel gezogen werden, wenn die einzig verbleibende Alternative zu der Sanierungsmaßnahme ein Insolvenzverfahren wäre, in dem sich Aktionäre und Gesellschafter im Hinblick auf ihre Beteiligung in aller Regel auf einen Totalausfall ihrer Forderungen einstellen müssen, sind sie doch doppelt-nachrangig zu befriedigen (§ 199 Satz 1 InsO). Trotz der Eingriffsschwere könnte es sich somit im Ergebnis dennoch um das bestmögliche Szenario für die Betroffenen handeln, da die Gesellschafter bzw. Aktionäre – zumindest bei drohender Insolvenz – regelmäßig „aus dem Geld" sind. Dass die wirtschaftlichen Einbußen die Anteilseigner hart treffen, ist nicht etwa das Resultat der konkreten Restrukturierungsmaßnahme, sondern vielmehr der Krise selbst.

IV. Besondere Haftungsrisiken der Gesellschafter und Aktionäre

22 Gesellschafter von Kapitalgesellschaften und Aktionäre sind durch die Gesellschaftshülle auch in der Krise ihrer Gesellschaft grundsätzlich vor einer Haftung geschützt. In bestimmten Ausnahmefällen, insbesondere im Zusammenhang mit der Krise der Gesellschaft, stellen sich jedoch vornehmlich folgende Haftungsrisiken: Einerseits die deliktsrechtliche Haftung aus § 826 BGB in Form der Rechtsfigur des „existenzvernichtenden Eingriffs" sowie andererseits die Haftung im Falle einer faktischen Geschäftsführung im Zusammenhang mit der sogenannten „Firmenbestattung". Beide Haftungssonderfälle seien hier kurz erörtert.

1. Haftung über § 826 BGB: Der „existenzvernichtende Eingriff" der Gesellschafter mit besonderem Fokus auf das Ausscheiden aus Cash Pools

23 Bei dem Topos des „existenzvernichtenden Eingriffs" handelt es sich im Unterschied zur gesellschaftsrechtlichen Treuepflicht um ein deliktsrechtliches Haftungsthema, das seine Grundlage in der sittenwidrigen Schädigung gem. § 826 BGB hat, aber wiederum maßgeblich durch die Rechtsprechung[21] des

---

19 Dazu *Brand*, KTS 2011, 481 ff.; *Weber*, DStR 2010, 702, 704 f.

20 Zur Übertragung auf das Kapitalgesellschaftsrecht auch ausdrücklich BGH, Urt. v. 25.9.1986 – II ZR 262/85, NJW 1987, 189.

21 Grundlegend BGH, Urt. v. 16.7.2007 – II ZR 3/04, NZG 2007, 667 ff.

II. Zivilsenats konturiert worden ist. Der Schadensersatzanspruch wegen Existenzvernichtung ist ein originärer Anspruch der Gesellschaft gegen ihre Gesellschafter.

Der II. Zivilsenat hatte für Haftungsfälle der „Existenzvernichtung" zuvor eine eigenständige Haftungsfigur entwickelt. Dabei knüpfte der II. Zivilsenat an den Missbrauch der Rechtsform an und gestaltete die Haftung als Durchgriffs(außen)haftung des Gesellschafters gegenüber den Gesellschaftsgläubigern, versah diese aber mit einer Subsidiaritätsklausel im Verhältnis zu §§ 30, 31 BGB.[22] **24**

Dieses Konzept gab der Bundesgerichtshof mit seinem Urteil vom 16.7.2007 ausdrücklich auf.[23] Stattdessen versteht er die Existenzvernichtungshaftung seither als missbräuchliche Schädigung des im Gläubigerinteresse zweckgebundenen Gesellschaftsvermögens und ordnet die schadensersatzrechtliche Innenhaftung gegenüber der Gesellschaft dogmatisch überzeugend als Fallgruppe der sittenwidrigen vorsätzlichen Schädigung im Sinne von § 826 BGB ein.[24] Zudem erkennt der II. Zivilsenat nunmehr eine echte Anspruchskonkurrenz zwischen § 826 BGB und §§ 31, 30 GmbHG an. **25**

Römer fasst unter Bezugnahme auf die Rechtsprechung des Bundesgerichtshofs[25] zusammen, was unter einer „Existenzvernichtung" zu verstehen ist: Eine Existenzvernichtung liegt dann vor, wenn der Gesellschafter „auf die Zweckbindung des Gesellschaftsvermögens keine angemessene Rücksicht nimmt, indem er der Gesellschaft durch offene oder verdeckte Entnahmen ohne angemessenen Ausgleich Vermögenswerte in sittenwidriger Weise entzieht, die sie zur Erfüllung ihrer Verbindlichkeiten benötigt, und sie dadurch in die Insolvenz führt oder eine bereits bestehende Insolvenz vertieft."[26] Hierzu bedarf es eines missbräuchlichen kompensationslosen Eingriffs des Gesellschafters in das im Gläubigerinteresse zweckgebundene Gesellschaftsvermögen unter gleichzeitigem Missbrauch seiner Organstellung.[27] **26**

Für den Fall einer Haftung aus § 826 BGB aufgrund eines existenzvernichtenden Eingriffs soll diese haftungsbewehrte „Selbstbedienung" durch „die repressive Anordnung der Schadensersatzpflicht in Bezug auf das beein- **27**

---

22 Zuvor noch BGH, Urt. v. 24.6.2002 – II ZR 300/00, NJW 2002, 3024, 3025.

23 BGH, Urt. v. 16.7.2007 – II ZR 3/04 (Trihotel), NZG 2007, 667, 667, 1. Leitsatz.

24 Zustimmend *Altmeppen*, NJW 2007, 2657, 2660; BGH, Urt. v. 28.4.2008 – II ZR 264/06, NJW 2008, 2437, 2438 „Gamma"; BGH, Urt. v. 21.2.2013 – IX ZR 52/10, NZG 2013, 827, 829 Rn. 20.

25 Speziell BGH, Teilversäumnis- und Teilendurt. v. 6.11.2018 – II ZR 199/17, NZI 2019, 187, 191 Rn. 37 ff.

26 *Römer*, NZG 2023, 1168, 1169.

27 *Römer*, NZG 2023, 1168, 1169 unter Bezugnahme auf BGH, Urt. v. 9.2.2009 – II ZR 292/07, NJW 2009, 2129, 2129 „Sanitary".

trächtigte Gesellschaftsvermögen" ausgeglichen werden.[28] Das bedeutet für den Gesellschafter konkret, dass er bei einer drohenden Insolvenz besondere Rücksicht auf das Gesellschaftervermögen zu nehmen hat. Stürzt er das Unternehmen durch seine nicht ausgeglichenen Entnahmen in die Existenzvernichtung, setzt er sich dem Risiko von Schadensersatzansprüchen der Gesellschaft gegen ihn aus.[29] Es handelt sich um eine reine Innenhaftung, da ein direkter Durchgriff der Gläubiger auf den Gesellschafter von außen dem Grundsatz in §§ 30, 31 GmbHG zuwiderliefe, dass der Gläubigerschutz durch die Gesellschaft mediatisiert werden soll.[30]

28 Eine existenzvernichtende Handlung eines Gesellschafters kann beispielsweise darin liegen, dass die Verschmelzung eines insolvenzreifen übertragenden Rechtsträgers als Gestaltungsmittel für dessen liquiditätslose Abwicklung eingesetzt, hiermit aber zugleich die Insolvenz des übernehmenden Rechtsträgers herbeigeführt wird.[31]

29 Die gezielte Entziehung werthaltiger Vermögensgegenstände aus der Gesellschaft durch den oder die Gesellschafter (sog. „Asset Stripping"), typischerweise ohne angemessene Gegenleistung, wodurch der Fortbestand des Unternehmens oder die Befriedigungsaussichten der Gläubiger erheblich gefährdet werden, stellt eine weitere typische Fallgruppe des existenzvernichtenden Eingriffs dar. Vorsicht ist daher insbesondere in Fällen geboten, in denen der Geschäftsbetrieb eines Unternehmens auf ein anderes verbundenes Unternehmen übertragen werden soll, um den übertragenden Rechtsträger im Nachgang abzuwickeln. Nicht selten stellt sich dann im Zuge der Abwicklung heraus, dass die Liquidität für eine solvente Liquidation fehlt, sodass die vormals als solvente Liquidation geplante Abwicklung in ein Insolvenzverfahren mündet, in dem Schadensersatzansprüche wegen existenzvernichtenden Eingriffs schließlich durch den Insolvenzverwalter geltend gemacht werden.

30 Im Hinblick auf die Haftungsausfüllung ist zu beachten, dass die Ansprüche der GmbH wiederum alle Nachteile umfassen, die dadurch entstehen, dass die Gesellschaftsgläubiger ihre Verbindlichkeiten infolge dieses Ver-

---

28 *Schmittmann*, Haftung von Organen in Krise, Restrukturierung und Insolvenz, Rn. 797 m. w. N.

29 Vgl. BGH, Urt. v. 16.7.2007 – II ZR 3/04, NJW 2007, 2689; BGH, Urt. v. 28.4.2008 – II ZR 264/06, ZIP 2008, 1232.

30 *Schmittmann*, Haftung von Organen in Krise, Restrukturierung und Insolvenz, Rn. 799 mit dem richtigen Hinweis darauf, dass es dem geschädigten Gläubiger unbenommen bleibt, außerhalb des Insolvenzverfahrens aufgrund eines Titels gegen die Gesellschaft nach Pfändung und Überweisung der Gesellschaftsansprüche gegen den Gesellschafter vorzugehen, BGH, Urt. v. 16.7.2007 – II ZR 3/94, NZI 2007, 603, 607 Rn. 36.

31 BGH, Urt. v. 6.11.2018 – II ZR 199/17, ZIP 2019, 114 ff.; näher hierzu *Priester*, ZIP 2019, 646 ff.

mögensentzugs nicht mehr erfüllen können. Zu ersetzen sind die durch den Eingriff verursachten Vermögensnachteile der Gesellschaft, d. h. die entzogenen Vermögenspositionen, insolvenzbedingte Zerschlagungsverluste sowie ein etwaiger entgangener Gewinn der Gesellschaft[32] und wenn die Gesellschaft ohne den Eingriff nicht insolvenzreif geworden wäre, die Kosten des (vorläufigen) Insolvenzverfahrens.[33] Nach der Rechtsprechung stellen die gesamten im Insolvenzverfahren angemeldeten Forderungen zuzüglich der Kosten des (vorläufigen) Insolvenzverfahrens die Obergrenze dar.[34] Die angemeldeten Forderungen sind daher als Obergrenze nur zu ersetzen, wenn ohne den existenzvernichtenden Eingriff alle Gläubiger hätten befriedigt werden können.[35] Eingedenk dessen kann das mit der Rechtsfigur des existenzvernichtenden Eingriffs einhergehende Haftungsrisiko insbesondere in Cash-Pool-Konstellationen derzeit kaum quantifiziert werden, zumal diese auch höchstrichterlich noch nicht geklärt sind.

Dabei geht es in Cash-Pool-Konstellationen meist um die Frage, ob der Aus- **31** schluss einer Gruppengesellschaft aus dem Cash Pool eine Haftung wegen eines existenzvernichtenden Eingriffs nach § 826 BGB begründen kann.[36] Diese Frage stellt sich in aller Regelmäßigkeit nicht nur bei der geplanten Abwicklung einer Gruppengesellschaft, sondern auch vor Veräußerung der Gesellschaft an einen neuen Investor. Für eine solche Haftung müsste die Gesellschafterin vorsätzlich[37] und kompensationslos in das der Zweckbindung zur vorrangigen Befriedigung der Gesellschaftsgläubiger dienende Gesellschaftsvermögen der Gesellschaft eingegriffen und hierdurch deren Insolvenz verursacht oder vertieft haben.[38] Konkret könnte ein Ausschluss einer Gesellschaft aus dem Cash Pool als haftungsbegründender Eingriff anzusehen sein, der sich im Falle einer späteren Insolvenz der Gesellschaft als kausal für diese Insolvenz darstellen könnte.

Das Oberlandesgericht Köln hat in einer Entscheidung aus dem Jahr 2008 **32** einen solchen Anspruch wegen Ausschlusses einer Gesellschaft aus dem Cash Pool abgelehnt.[39] Es handelte sich jedoch um eine Einzelfallentscheidung, in welcher der Gesellschaft nach Ausschluss aus dem Cash Pool anderweitige finanzielle Mittel zur Verfügung gestellt wurden. Der Ausschluss

32 Vgl. BGH, Urt. v. 16.7.2007 – II ZR 3/04, NJW 2007, 2689 Rn. 54 f.

33 BGH, Urt. v. 16.7.2007 – II ZR 3/04, NJW 2007, 2689 Rn. 57.

34 BGH, Urt. v. 16.7.2007 – II ZR 3/04, NJW 2007, 2689 Rn. 56.

35 BGH, Urt. v. 24.7.2012 – II ZR 177/11, NJW-RR 2012, 1240 Rn. 29.

36 Zur Rechtsgrundlage des § 826 BGB für den existenzvernichtenden Eingriff; siehe zur Anwendung auf das Ausscheiden aus einem Cash Pool auch *Hüther/Thümmler*, in: Eilers/Gleske/Hüther/Knapp, Handbuch Unternehmensfinanzierung, Kap. 3 Rn. 634.

37 Das Kriterium der Vorsätzlichkeit dürfte Voraussetzung sein: *Schirrmacher*, ZGR 2021, 2, 44.

38 Vgl. BGH, Urt. v. 16.7.2007 – II ZR 3/04 (Trihotel), NJW 2007, 2689 Rn. 16.

39 OLG Köln, Urt. v. 18.12.2008 – 18 U 162/06, NJOZ 2010, 1041.

aus dem Cash Pool erfolgte gerade nicht kompensationslos. Daher ist weiterhin offen, ob eine Haftung auch in anderen Fällen ausscheidet.

33 Ausgangspunkt der rechtlichen Bewertung ist die Qualifikation der Einbindung der Gesellschaft in den Cash Pool als „Position des Gesellschaftsvermögens“. Eine Rechtsposition der Gesellschaft besteht zunächst lediglich insofern, als sie bei ihrer Einbindung in den Cash Pool nur innerhalb der Kündigungsfristen berechtigt ist, am Cash Pool teilzunehmen. Darüber hinaus stehen der Gesellschaft grundsätzlich weder ein Anspruch auf Beteiligung am Cash Pool noch aus der Beteiligung am Cash Pool ein Anspruch auf Finanzierung zu. Es ließe sich allenfalls argumentieren, dass ein Cash Pool im Allgemeinen ein Instrument zur Gruppenfinanzierung darstellt und damit eine Vermögensposition darin besteht, dass die Gesellschaft durch ihre Einbindung in den Cash Pool faktisch eine Finanzierung in Gestalt des Zugriffs auf dessen Liquidität erhält. Das wäre jedenfalls ein faktischer Vorteil, der durch das Ausscheiden aus dem Cash Pool verloren gehen würde. Dies würde jedoch eine sehr weite Auslegung des Begriffs „Vermögen“ voraussetzen.

34 Fraglich ist weiterhin, ob das Ausscheiden aus dem Cash Pool als Eingriff zu qualifizieren wäre. Das Oberlandesgericht Köln hat hierzu angeführt, dass „das Unterlassen hinreichender Kapitalausstattung […] schon begrifflich kein Eingriff in das gebundene Vermögen der GmbH“ sei.[40] Dazu beruft sich das Oberlandesgericht Köln auf das Gamma-Urteil des Bundesgerichtshof, in welchem der Bundesgerichtshof grundlegend entschieden hat, dass „ein Unterlassen hinreichender Kapitalausstattung im Sinne einer „Unterkapitalisierung“ der GmbH einem kompensationslosen Eingriff in das im Gläubigerinteresse zweckgebundene Gesellschaftsvermögen nicht gleichsteht.“[41]

35 In einem Urteil[42] aus dem Jahr 2018 hat der Bundesgerichtshof den Haftungstatbestand aber auch auf mittelbare Beeinträchtigungen des Vermögens – dort auf die verschmelzungsbedingte Erhöhung von Verbindlichkeiten[43] – ausgedehnt und sich dabei auf Autoren bezogen, die ein weites Verständnis der Existenzvernichtungshaftung fordern.[44] In der Literatur wird überdies z. T. vertreten, dass ein Eingriff nicht zwingend in aktivem

---

40 OLG Köln, Urt. v. 18.12.2008 – 18 U 162/06, NJOZ 2010, 1041, 1043.

41 BGH, Urt. v. 28.4.2008 – II ZR 264/06 (Gamma), NJW 2008, 2437, 2438 Rn. 17 ff.

42 BGH, Urt. v. 6.11.2018 – II ZR 199/17, NJW 2019, 589.

43 BGH NJW 2019, 589, 592.

44 Bemerkenswert ist die auf S. 592 erfolgende Bezugnahme auf *Ihrig*, DStR 2007, 1170, 1173, da dieser sich in der vom BGH zitierten Seitenzahl für die Erfassung der sog. „Aschenputtel-Fälle“ einsetzt. Die Erfassung dieser Fälle bewusst herbeigeführter, unzureichender Liquiditätsausstattung einer Tochter („Aschenputtel“) würde nicht nur mit hoher Sicherheit auch Fälle ausgeschlossener, notleidender Cash-Pool-Töchter er-

Handeln bestehen muss.[45] Das Ausscheiden aus einem Cash Pool könnte im Einzelfall (etwa bei einem aktiven Ausschluss aus dem Pool) sogar als aktiver Eingriff gewertet werden, der dann über das bloße Unterlassen weiterer Finanzierung hinausginge. Daher erscheint die Einordnung des Ausscheidens aus dem Cash Pool als Eingriff in das Vermögen jedenfalls möglich.

Der Eingriff müsste aber auch kompensationslos erfolgen.[46] In dem Fall **36**
vor dem Oberlandesgericht Köln gewährte die Gesellschafterin der aus dem Cash Pool ausgeschlossenen Tochtergesellschaft im Anschluss ein Gesellschafterdarlehen. Das Gericht wertete das Darlehen als eine Kompensation für den Ausschluss aus dem Cash Pool.[47] In dem vom Oberlandesgericht Köln entschiedenen Fall bestand bei Ausscheiden aus dem Cash Pool demnach ein Positivsaldo zugunsten der ausgeschiedenen Tochter. Fraglich ist, ob auch eine beabsichtigte Umwandlung in ein Gesellschafterdarlehen eine solche Kompensation darstellen kann. Das dürfte dann problematisch sein, wenn im Anschluss ein Negativsaldo zulasten der ausscheidenden Gesellschaft besteht und diese zugleich auf die Zuführung von Liquidität aus dem Cash Pool angewiesen war. Die bloße Umwandlung eines bestehenden Saldos in ein Gesellschafterdarlehen würde in diesem Szenario lediglich dazu führen, dass die ausscheidende Gesellschaft nicht unmittelbar nach dem Ausscheiden insolvenzreif wird, ohne allerdings eine direkte Kompensation für den eigentlichen Eingriff darzustellen, der im Entzug des Zugriffs auf die weitere Liquidität des Cash Pools bestünde. Es ist daher davon auszugehen, dass das Ausscheiden in diesem Szenario als kompensationslos angesehen werden könnte.

Die Verfasserinnen sind zwar der Auffassung, dass der bloße Ausschluss **37**
einer Gesellschaft aus einem Cash-Pool-System grundsätzlich nicht zu einer Haftung wegen eines existenzvernichtenden Eingriffs führen kann, da der Ausschluss nach Auffassung der Verfasserinnen bereits keinen Eingriff in das Gesellschaftsvermögen darstellt, zumal eine bloße Schädigung des Gesellschaftsvermögens nach Ansicht des Bundesgerichtshofs gerade nicht zur Begründung einer Haftung gem. § 826 BGB ausreichen soll.[48] Fraglich erscheint zudem der Sittenwidrigkeitsvorwurf in Konstellationen, in denen die auszuschließende Gesellschaft wegen andauernder schlechter Performance das Cash-Pool-System und damit auch die an den Cash Pool angeschlossenen weiteren Gesellschaften durch den sich fortsetzenden Entzug von Li-

---

fassen, sondern hatte der BGH auch noch in der oben in Fn. 41 zitierten Gamma-Entscheidung explizit abgelehnt.

45 *Schirrmacher*, ZGR 2021, 2, 40.

46 Teilweise wird dieses Tatbestandsmerkmal auch in Zweifel gezogen: *Schirrmacher*, ZGR 2021, 2, 39.

47 OLG Köln, Urt. v. 18.12.2008 – 18 U 162/06, NJOZ 2010, 1041, 1043.

48 BGH, Teilversäumnis- und Teilendurt. v. 6.11.2018 – II ZR 199/17, NZG 2019, 187.

quidität erheblich belastet. Die Entwicklung der Rechtsprechung lässt sich jedoch nicht hinreichend genau prognostizieren. Zur Eindämmung der infolgedessen verbleibenden Haftungsrisiken, insbesondere in Verkaufskonstellationen, können einige Maßnahmen erwogen werden, etwa eine Einbeziehung der Existenzvernichtung in mögliche Freistellungsklauseln im Sale Purchase Agreement (SPA) oder die Dokumentation eines Sanierungskonzepts nach den IDW-Standards zu Sanierungskonzepten (IDW S6) und zur Beurteilung des Vorliegens von Insolvenzgründen (IDW S11) einschließlich der plausibilisierten Liquiditätsplanung durch unabhängige dritte Sachverständige sowie die Ausstattungsverpflichtung der Erwerberseite. Aus der Dokumentation sollte hervorgehen, ob und in welchem Umfang der Fortbestand der ausscheidenden Gesellschaft durch den Cash-Pool-Ausschluss gefährdet ist. Auf Grundlage dessen sind Maßnahmen zu entwickeln, um den Fortbestand der Gesellschaft trotz ihres Ausschlusses aus dem Cash Pool und den damit einhergehenden Bestandsrisiken zu sichern. Eine Option wäre, in dem SPA eine Ausstattungsverpflichtung des Erwerbers zu vereinbaren, zum Beispiel in Gestalt einer harten externen Patronatserklärung und der darin enthaltenen Verpflichtung, die ausscheidende Gesellschaft über den gutachterlich abgebildeten Betrachtungszeitraum mit ausreichend Liquidität zu ihrer Fortführung zu versorgen. Hiermit können die Haftungsrisiken sowohl in materiell-rechtlicher Hinsicht als auch in formell nachvollziehbarer Hinsicht abgemildert werden.

38 In einem etwaigen Haftungsprozess müsste der Geschädigte substantiiert darlegen und beweisen, dass der Eingriff ursächlich für die spätere Insolvenz der ausscheidenden Gesellschaft war. Je mehr Zeit zwischen dem behaupteten Eingriff und der Insolvenz der Gesellschaft lag, desto schwieriger dürfte daher insbesondere der Nachweis der Kausalität sein. Zusätzliche Unsicherheit ergibt sich dadurch, dass ein erkennendes Gericht die Schadenshöhe nach § 287 ZPO schätzen könnte bzw. müsste.[49]

2. Die faktische Geschäftsführung im Kontext der Firmenbestattung

39 Die faktische Geschäftsführung ist eine von der Rechtsprechung entwickelte Haftungsfigur, wonach auch derjenige als Geschäftsführer zu erkennen ist, der nach dem Gesamterscheinungsbild seines Auftretens die Geschicke der Gesellschaft – über die interne Entwicklung auf die satzungsmäßige Geschäftsführung hinaus – durch eigenes Handeln im Außenverhältnis, das die Tätigkeit des rechtlichen Geschäftsführungsorgans nachhaltig prägt, maßgeblich in die Hand genommen hat.[50] In der Folge treffen den faktischen

---

49 *Lieder*, in: Michalski/Heidinger/Leible/J. Schmidt, GmbH-Gesetz, § 13 Rn. 466.
50 St. Rspr., vgl. BGH, Urt. v. 11.7.2005 – II ZR 235/03.

Geschäftsführer dieselben Pflichten und – spiegelbildlich – dieselben Haftungsrisiken wie die originär bestellte Geschäftsführung.

40 Zur Beantwortung der Frage, wann eine faktische Übernahme der Geschäftsführung vorliegt, bedient sich die Rechtsprechung eines indikativen Katalogs an Aufgaben, die typischerweise originär bei der Geschäftsführung liegen. Dazu gehört beispielsweise die Bestimmung der Unternehmenspolitik, die Unternehmensorganisation, die Einstellung von Mitarbeitern, die Gestaltung der Geschäftsbeziehungen zu Vertragspartnern, die Verhandlung mit Kreditgebern, die Gehaltshöhe sowie die Entscheidung der Steuerangelegenheiten und der Steuerung der Buchhaltung.[51] Die Rechtsprechung betont dabei, dass es auf das Gesamterscheinungsbild des Handelns und Auftritts ankomme.[52]

41 So müsse der tatsächlich Handelnde die gesetzliche Geschäftsführung zwar „nicht völlig verdrängen“. Allerdings müsse der Handelnde die „Geschicke der Gesellschaft – über die interne Einwirkung auf die satzungsmäßige Geschäftsführung hinaus – durch eigenes Handeln im Außenverhältnis, das die Tätigkeit des rechtlichen Geschäftsführungsorgans nachhaltig prägt, maßgeblich in die Hand genommen haben.“[53] Der Bundesgerichtshof setzte der faktischen Geschäftsführung demnach – im Hinblick auf das organschaftliche Kompetenzgefüge und die Geschäftsführerhaftung zu Recht – hohe Hürden. Zudem sollen die Grundsätze der faktischen Geschäftsführung gerade in Sanierungskonstellationen, in denen die maßgebliche Außenwirkung zum Zwecke der Rettung eines finanziell angeschlagenen Unternehmens vorgenommen wird, restriktiv angewendet werden.

42 Jüngst zeichnen sich jedoch neue Tendenzen ab, und zwar konkret im Hinblick auf sogenannte „Firmenbestattungen“.[54] Hiervon ist die Rede, wenn ein insolventes Unternehmen nur zu dem Zweck erworben bzw. veräußert wird, um anschließend einen Insolvenzantrag zu stellen. Der Aufkäufer („Firmenbestatter“) zahlt in der Regel nur einen symbolischen Kleinbetrag an die Altgesellschafter für das Unternehmen, lässt sich seine Tätigkeit aber vergüten („Übernahmegebühr“).[55] Zum Teil wird formell noch ein Neugeschäftsführer bestellt, der meist vermögenslos ist. Dagegen lenkt der Firmenbestatter das eigentliche Geschehen, ohne aktenkundig nach außen aufzutreten.

---

51 Beispielhafte Subsumtion etwa bei BGH, Urt. v. 10.7.1996 – 3 StR 50/96, NJW 1997, 66, 67.

52 BGH, Urt. v. 11.7.2005 – II ZR 235/03; OLG München, Urt. v. 8.9.2010 – 7U 2568/10.

53 BGH, 27.6.2005 – II ZR 113/03, NZG 2005, 755, 755 m. w. N. aus der Rspr.

54 Ausführlich *Schmittmann*, NZI 2016, 124 ff., der auch die notariellen Pflichten bei derlei Handlungen nachvollzieht.

55 *Pelz*, in: Wabnitz/Janovsky/Schmitt, Handbuch Wirtschafts- und Steuerstrafrecht, Kap. 9 Insolvenz und Sanierung – Strafrechtlicher Teil, Rn. 339.

43 Für diese häufig missbräuchlich genutzten Sondersituationen entschied der Bundesgerichtshof, dass es für die faktische Geschäftsführung nicht mehr zwingend erforderlich sei, dass der faktische Geschäftsführer nach außen auftrete. Ebenso wenig sei es erforderlich, dass er weitere Mitarbeiter einstellt oder die Geschäftsbeziehungen zu Vertragspartnern pflegt.[56] Denn gerade diese Tätigkeiten sollen bei der Firmenbestattung eingestellt werden, weshalb sie keine tauglichen Kriterien für die Feststellung einer faktischen Geschäftsführung darstellen können.[57]

44 Insgesamt ist darauf zu achten, ob ein Gesellschafter noch im zulässigen Maße und im Einklang mit der gesellschaftsrechtlichen Kompetenzordnung lediglich Einfluss auf die Geschäftsleitung ausübt oder ob er diesen Bereich verlässt und – mit dem Ziel einer Firmenbestattung – tatsächlich bereits als faktischer Geschäftsleiter tätig ist. Zulässig sein dürften, insbesondere in Krisensituationen, Informationsrechte und -pflichten, Veto-Rechte, die Einflussnahme bei der Auswahl von Beratern sowie die interne Mitgestaltung von Vertragsverhandlungen, soweit die Gesellschafter in ihrer Funktion nicht ohnehin betroffen sind, was bei Investorenprozessen regelmäßig der Fall sein dürfte.

B. Finanzierungsmodelle in der Krise

45 Den bisherigen Betrachtungen ist gemein, dass sie primär beleuchten, welche Maßnahmen die Gesellschafter in der Krise aufgrund von Treuepflichten, einer drohenden Existenzvernichtung oder der faktischen Kontrolle des Unternehmens *nicht* vornehmen dürfen. Noch nicht behandelt ist damit die Frage, welche Maßnahmen Gesellschafter zugunsten der Restrukturierung vornehmen können – und welche Risiken mit ihren Finanzierungshilfen in der Krise einhergehen.

46 Schließlich sind es *in praxi* in aller Regel die Gesellschafter, die zuerst zur Hilfe bei der Restrukturierung gerufen werden.[58] Diese Hilfe können die Gesellschafter beispielsweise über Kapitalerhöhungen gewähren, aber auch durch Gesellschafterdarlehensverträge. Für die hiesige Betrachtung der Finanzierungshilfen sollen aus dem Recht der Sanierungsfinanzierung ausgewählte Instrumente herausgegriffen werden: Zum einen das Gesellschafterdarlehen unter dem Eindruck von § 135 InsO, weiche Sanierungszusagen sowie Patronatserklärungen („Parent Guarantees“).

---

56 BGH, Urt. v. 27.2.2025 – 5 StR 287/24, BeckRS 2025, 7069.
57 Hierzu auch *Beukelmann*, NJW-Spezial 2025, 312, 312.
58 *Bamberger*, in: Knops//Lieser, Handbuch der Sanierungsfinanzierung, S. 38 Rn. 113.

I. Die Gewährung von Gesellschafterdarlehen im Lichte von § 135 InsO

47 Für Gesellschafterdarlehen ist zu beachten, dass diese nach Maßgabe der § 39 Abs. 1 Nr. 5, Abs. 4, 5 InsO in der Insolvenz einer Kapitalgesellschaft oder einer dieser gleichgestellten Personengesellschaft (bei der keine natürliche Person persönlich haftet) im Falle einer Insolvenz nur nachrangig bedient werden. Dies bedeutet, dass das Ausfallrisiko der Forderung deutlich erhöht ist. Eine Ausnahme ist lediglich für den Fall vorgesehen, dass der Gesellschafter Kleinbeteiligter im Sinne von § 39 Abs. 5 InsO ist,[59] oder dass der Gesellschafter die Beteiligung nach Maßgabe von § 39 Abs. 4 Satz 2 InsO bei drohender oder bereits eingetretener Zahlungsunfähigkeit oder Überschuldung zum Zwecke der Sanierung erworben hat und in diesem Zusammenhang bereits gewährte Darlehen stehen lässt oder weitere Darlehen gewährt.[60]

48 Hinzukommt ein besonders zu berücksichtigendes Anfechtungsrisiko bei der Rückführung von Gesellschafterdarlehen. Dieses resultiert aus § 135 InsO, der die Anfechtung von Gesellschafterdarlehen regelt. Gemäß § 135 Abs. 1 InsO ist eine Rechtshandlung anfechtbar, die für die Forderung eines Gesellschafters auf Rückgewähr eines Darlehens im Sinne des § 39 Abs. 1 Nr. 5 InsO oder für eine gleichgestellte Forderung Sicherung gewährt hat, wenn die Handlung in den letzten zehn Jahren vor dem Antrag auf Eröffnung des Insolvenzverfahrens oder nach diesem Antrag vorgenommen worden ist (Nr. 1) oder Befriedigung gewährt hat, wenn die Handlung im letzten Jahr vor dem Eröffnungsantrag oder nach diesem Antrag vorgenommen worden ist (Nr. 2). Zu beachten ist, dass der Begriff der „gleichgestellten Forderung“ von der Rechtsprechung recht weit auszulegen ist und grundsätzlich alle Leistungen an die Gesellschaft erfasst, die einen Finanzierungseffekt haben, darunter beispielsweise die Ausschüttung stehen gelassener Gewinne aus den Vorjahren[61] sowie die Begleichung von in der Regel mindestens 3 Monate stehen gelassenen oder gestundeten Forderungen[62] gegenüber der Gesellschaft, ganz gleich ob diese aus Dienstleistungs-, Liefer- oder Kaufverträgen stammen und ob diese einem Drittvergleich standhalten würden oder nicht. Dies ist ebenfalls bei der Durchführung von Ergebnisabfüh-

---

59 Dies ist nach § 39 Abs. 5 InsO dann der Fall, wenn der Gesellschafter mit nicht mehr als 10 % am Haftkapital beteiligt und nicht geschäftsführend ist („Zwerganteile“).

60 Dagegen findet § 39 Abs. 4 Satz 2 InsO auf Altgesellschafter keine Anwendung, auch wenn dieser Altgesellschafter im Zuge der Sanierung weitere Anteile erwirbt oder weitere Darlehen ausreicht, *Andres*, in: Runkel/Schmidt, Anwaltshandbuch Insolvenzrecht, § 1 Rn. 176.

61 BGH, Urt. v. 17.12.2020 – IX ZR 122/19; LG Hamburg, Urt. v. 18.6.2015 – 301 O 1/15, ZInsO 2015, 1979; MüKo InsO/*Gehrlein*, § 135 Rn. 19 m. w. N.

62 BGH, Urt. v. 11.7.2019 – IX ZR 210/18, NZI 2019, 810.

rungsverträgen zu beachten, wenn z. B. Ergebnisabführungsansprüche nicht ausgezahlt, sondern im Rahmen einer Verrechnungsvereinbarung auf Verrechnungskonten stehengelassen und später ausgezahlt oder in den Folgejahren mit Verlustausgleichsansprüchen verrechnet werden sollen.

49 Streitig gestellt und höchstrichterlich nicht abschließend geklärt ist die Frage, ob § 135 Abs. 1 Nr. 1 InsO auch die *anfängliche* Besicherung eines Darlehens umfasst.[63] Dies betrifft den Fall, dass das Darlehen Zug-um-Zug gegen Gewährung einer Sicherheit zur Verfügung gestellt wird. Ungeachtet dessen kann ein Gesellschafter die Rechtsfolgen von § 135 InsO nicht dadurch umgehen, dass er anstelle des Gesellschafterdarlehens eine Gesellschaftersicherheit für das Darlehen zur Verfügung stellt. Gemäß § 135 Abs. 2 InsO ist eine Rechtshandlung nämlich auch dann noch anfechtbar, wenn hiermit eine Gesellschaft einem Dritten für eine Forderung auf Rückgewähr eines Darlehens innerhalb der in § 135 Abs. 1 Nr. 2 InsO genannten Fristen Befriedigung gewährt hat, wenn ein Gesellschafter für die Forderung eine Sicherheit bestellt hatte oder als Bürger haftete. Dabei ist zu beachten, dass § 135 Abs. 1 InsO nach der Rechtsprechung des Bundesgerichtshofs selbst dann noch Anwendung findet, wenn auch die Gesellschaft *neben* dem Gesellschafter eine Sicherheit für dieses Drittdarlehen bestellt hatte und diese Gesellschaftersicherheit erst nach der Eröffnung des Insolvenzverfahrens verwertet wird.[64]

50 Gesellschafterseitig gilt es zudem, die Gefahr der „Abzinsung" gemäß § 6 Abs. 1 Nr. 3 EStG zu beachten.[65] Diese wird dann relevant, wenn das Darlehen unverzinslich zur Verfügung gestellt wird.[66] Dieses Steuerrisiko tritt neben die Anfechtungsrisiken. Um die aufgeführten Anfechtungsrisiken zu minimieren, können Gesellschafter anstelle einer Darlehensgewährung beispielsweise Vermögensgegenstände der Gesellschaft zum Verkehrswert erwerben.[67] Bei Abschluss solcher Vereinbarungen muss jedoch darauf geachtet werden, dass zugleich das Anfechtungsrisiko nach § 133 InsO (Vorsatzanfechtung) bedacht wird.[68] Ferner kann der Gesellschafter für Vermögensgegenstände der Gesellschaft ein unwiderrufliches Kaufangebot

---

63 Zum Streitstand siehe ausführlich bei *K. Schmidt*, in: K. Schmidt, InsO, 19. Aufl. 2016, § 135 Rn. 6.

64 BGH, Urt. v. 1.12.2011 – IX ZR 11/11, NJW 2010, 156.

65 Siehe hierzu BFH, Urt. v. 6.10.2009 – I R 4/08, NJW-RR 2010, 387.

66 Näher hierzu bei *Bamberger*, in: Knops/Bamberger/Lieser, Handbuch der Sanierungsfinanzierung, S. 54 f. Rn. 38.

67 BGH, Urt. v. 23.4.2012 – II ZR 252/10, NZI 2012, 517; OLG Frankfurt a. M., Urt. v. 14.7.2010 – 17 U 239/09, GWR 2011, 21 m. Anm. *Nachmann*, auch zur Möglichkeit einen sogenannten „Sale-Lease-Back" zu vereinbaren für den Fall, dass die Gegenstände betriebsnotwendig sind.

68 *Bamberger*, in: Knops/Bamberger/Lieser, Handbuch der Sanierungsfinanzierung, S. 55 Rn. 40.

unterbreiten, mit dem faktisch die Werthaltigkeit der Gegenstände und damit der Gesellschaftersicherheit abgesichert wird.[69] Zuletzt ist denkbar, dass die Gesellschaftersicherheit lediglich subsidiär ausgestaltet wird, womit zumindest eine Anwendung von § 135 Abs. 2 InsO vermieden werden kann.[70] Trotz aller Möglichkeiten zur Risikominimierung bleibt es dabei, dass das Zurverfügungstellen eines Darlehens für den Gesellschafter mit nicht unerheblichen Anfechtungsrisiken verbunden ist. Dies gilt vor allem mit Blick auf § 135 InsO, darüber hinaus aber auch für die Vorsatzanfechtung aus § 133 InsO.

In diesem Zusammenhang sei insbesondere darauf hingewiesen, dass auch ein Verkauf der Beteiligung an dem Unternehmen sowie der Forderung auf Rückgewähr des Gesellschafterdarlehens nicht vor Insolvenzanfechtungsrisiken gem. § 135 Abs. 1 Nr. 2 InsO schützen, wenn die Gesellschaft innerhalb der Jahresfrist nach Veräußerung die Forderung auf Rückgewähr des Gesellschafterdarlehens gegenüber dem Erwerber tilgt und innerhalb dieser Frist einen Insolvenzantrag stellt. In diesem Fall haften der Altgesellschafter und neue Gesellschafter dem Insolvenzverwalter gesamtschuldnerisch.[71] Zur Vorbeugung ist zu empfehlen, von dem Käufer eine Verpflichtung einzuholen, die Gesellschafterdarlehensforderung nicht innerhalb eines Jahres nach Veräußerung des Darlehens und/oder der Beteiligung zurückzufordern bzw. Zahlungen entgegenzunehmen, verbunden mit einer Freistellung für den Verstoß gegen eine solche Verpflichtung. Je nach Verhandlungsdynamik könnte zudem gefordert werden, die erworbene Gesellschaft für einen Zeitraum von einem Jahr mit hinreichender Liquidität auszustatten, sodass eine Insolvenzantragspflicht in diesem Zeitraum nicht eintritt. **51**

Im Hinblick auf gruppeninterne Finanzierungen über Cash-Pool-Systeme bestehen ebenfalls Insolvenzanfechtungsrisiken nach § 135 InsO, da die Ausstattungen der an den Cash Pool angeschlossenen Gesellschaften rechtlich als Darlehen zu qualifizieren sind. Nach der Rechtsprechung des Bundesgerichtshofs sei aber nicht jede einzelne Transaktion, die über ein Cash-Pool-System abgewickelt wird, anfechtbar. Vielmehr beschränkt der BGH die Anfechtung in solchen Kontokorrentverhältnissen auf die Verringerung des Schuldensaldos im Anfechtungszeitraum.[72] Maßgeblich sei damit also **52**

---

69 OLG Köln, Urt. v. 12.8.1998 – 11 U 12/98, DStR 1999, 1409; hierzu näher *Löser*, ZInsO 2010, 28 sowie *Thole*, ZIP 2015, 1609, 1615.

70 OLG Frankfurt a. M., Urt. v. 11.11.2015 – 17 U 121/14, BeckRS 2016, 3055; *Bamberger*, in: Knops/Bamberger/Lieser, Handbuch der Sanierungsfinanzierung, S. 55 Rn. 40 m. w. N.

71 BGH, Urt. v. 21.2.2013 – IX ZR 32/12, NZG 2013, 469; BGH, Beschl. v. 15.11.2011 – II ZR 6/11, NZI 2012, 199.

72 BGH, Urt. v. 7.3.2013 – IX ZR 7/12 = NZI 2013, 483 Rn. 38; BGH, Urt. v. 27.6.2019 – IX ZR 167/18 = NJW 2019, 2923 Rn. 40 ff.; BGH, Urt. v. 21.11.2019 – IX ZR 223/18 = NZI 2020, 114 Rn. 24.

gerade nicht jede einzelne Rückführung der an den Cash Pool angeschlossenen Gesellschaft an die Cash-Pool-Führerin. Vielmehr vergleicht der BGH den höchsten innerhalb des Anfechtungszeitraums erreichten Darlehensstand im Rahmen des Verfügungsrahmens mit dem Stand am Ende des Anfechtungszeitraums als für die Insolvenzanfechtung relevante Masse.

II. Weiche Finanzierungszusagen

53 Weiche Finanzierungszusagen sind insbesondere dann relevant, wenn die Fortbestehensprognose eines Unternehmens gesichert werden soll. Dabei ist fraglich, welchen Grad der Wahrscheinlichkeit die Finanzierungsbereitschaft durch die Gesellschafter haben muss und inwieweit „weiche" Absichtserklärungen hierbei ausreichen. Im prominenten Fall von *Air Berlin* hat der Bundesgerichtshof[73] die weiche Finanzierungszusage eines Gesellschafters jedenfalls nicht ausreichen lassen, obschon ebendieser Gesellschafter in der Vergangenheit bereits tatsächlich Verluste des Unternehmens finanziert hatte. Dies könnte in anderen Fällen jedoch anders zu beurteilen sein, namentlich bei Start-ups. Hier hatte das Oberlandesgericht Düsseldorf beispielsweise entschieden, dass der Geschäftsführer eines Start-ups auf Basis einer weichen Finanzierungszusage solange von einer positiven Fortführungsprognose ausgehen darf, bis nicht die konkrete Wahrscheinlichkeit besteht, dass dieser Finanzierer das Unternehmen künftig nicht weiterfinanzieren wird.[74] Allerdings ist zu berücksichtigen, dass der Gesellschafter in diesem konkreten Fall bereits seine Finanzierungsbereitschaft signalisiert hatte. Vor diesem Hintergrund besteht noch einige rechtliche Unklarheit im Hinblick auf die rechtliche Würdigung weicher Finanzierungszusagen im Kontext der Insolvenz.

III. Patronatserklärungen

54 Patronatserklärungen sind in Krisensituationen innerhalb von Konzernstrukturen besonders relevant. Es handelt sich dabei um finanzielle Stützungserklärungen eines – typischerweise finanziell stärkeren – direkten oder indirekten Gesellschafters, der sog. „Patron", die dieser gegenüber einer konzernangehörigen Gesellschaft abgibt. Dieses Basiskonzept von der sog. „harten Patronatserklärung" kann in den Untervarianten der sog. harten internen und der harten externen Patronatserklärung ausgestaltet werden.

55 Regelmäßig wird es sich um eine *interne* Erklärung handeln, die zwischen dem Gesellschafter und der Tochtergesellschaft besteht und folglich lediglich im Innenverhältnis zwischen Patron und der gestützten Gesellschaft

---

73 BGH, Urt. v. 13.7.2021 – II ZR 84/20, NZG 2021, 1175.

74 OLG Düsseldorf, Beschl. v. 20.7.2021 – 12 W 7/21, NZI 2021, 898.

wirkt. Inhalt der Erklärung ist, dass der Patron sich verpflichtet, die Tochtergesellschaft finanziell stets so auszustatten, dass diese ihre Verpflichtungen gegenüber Dritten bei Fälligkeit erfüllen kann. Auf welchem Wege die finanzielle Ausstattung erfolgt, ist dabei den Parteien überlassen. Regelmäßig wird es sich um ein Gesellschafterdarlehen oder eine Einlage in die Kapitalrücklage handeln, wobei bei einer Ausstattung über ein Gesellschafterdarlehen diesbezügliche Rückzahlungsansprüche idealerweise bereits in der Patronatserklärung einem qualifizierten Rangrücktritt unterworfen werden sollte.[75] Auf diese Weise kann dem Risiko vorgebeugt werden, dass die Liquidität in der Krise wieder abgezogen wird und zugleich bleibt die Verbindlichkeit für die Zwecke der insolvenzrechtliche Überschuldungsbilanz (§ 19 InsO) außer Betracht, da die Bilanz hierdurch nicht belastet wird.[76]

Jedenfalls sollte klar geregelt werden, zu welchem Zeitpunkt die Ausstattung mit Liquidität zu erfolgen hat, beispielsweise unverzüglich auf erstes Anfordern, wobei sich zur weiteren Konkretisierung auch die Verständigung auf einen definierten Zeitrahmen anbietet (etwa innerhalb fünf Bankarbeitstagen). **56**

Daraus folgt jedoch auch, dass ein Gläubiger der Tochtergesellschaft keinen eigenen Anspruch gegen den Patron aus der Patronatserklärung ableiten kann; auch im Falle eines Verstoßes folgt hieraus – außerhalb eines Insolvenzverfahrens – keine Außenwirkung. Überdies können Gläubiger nicht nachvollziehen und prüfen, ob die Patronatserklärung im Innenverhältnis auch umgesetzt wird. Bei Verstößen gegen die Patronatserklärung kann allenfalls die Tochtergesellschaft (beziehungsweise im Insolvenzfall der Insolvenzverwalter für die Tochtergesellschaft) ihre Ansprüche gegen den Patron geltend machen. **57**

Daneben empfehlen sich aus Sicht der Patronin bestimmte Regelungen zu dessen Haftungsbegrenzung, darunter insbesondere eine Haftungshöchstgrenze sowie eine Befristung der Patronatserklärung, üblicherweise auf das Wirtschaftsjahr. Zur weiteren Stützung der Gesellschaft kann sich zudem eine Kombination mit einer weichen Unterstützungszusage anbieten, wonach die Patronin vor Auslaufen der Frist der Patronatserklärung wohlwollend deren Verlängerung prüfen wird. **58**

Zudem sollten – spätestens seit der „Star-21"-Entscheidung des II. Zivilsenats – Kündigungsrechte in der Patronatserklärung bedacht werden.[77] Diese Entscheidung befasste sich mit der Kündbarkeit einer Patronatserklärung in der Krise einer Tochtergesellschaft. Der Bundesgerichtshof entschied, **59**

---

75 Beachte zur Insolvenzvermeidung durch qualifizierten Rangrücktritt auch BGH, Urt. v. 5.3.2015 – IX ZR 133/14, NJW 2015, 1672.

76 BGH, Urt. v. 9.2.1987 – II ZR 104/86, NJW 1987, 1697.

77 BGH, Urt. v. 20.9.2010 – II ZR 296/08 („Star 21"), NJW 2010, 3442.

dass der Patron (Muttergesellschaft) eine Patronatserklärung gegenüber der Tochtergesellschaft unter bestimmten Umständen kündigen kann, insbesondere wenn sich die angestrebte Sanierung im weiteren Verlauf als aussichtslos herausstellt. Konkret hatte sich die beklagte GmbH gegenüber ihrer Enkelgesellschaft (eine inzwischen insolvente KG), verpflichtet, im Falle der Überschuldung fällige Verbindlichkeiten in dem zur Beseitigung der Überschuldung erforderlichen Umfang zu übernehmen. Kurz nachdem die Beklagte die Patronatsvereinbarung gekündigt hatte, fiel die KG in die Insolvenz. Der Insolvenzverwalter der KG verlangte von der beklagten GmbH trotz Kündigung die Erfüllung der übernommenen Ausgleichspflicht.

60 Unklar war bis zu dieser Entscheidung, unter welchen Voraussetzungen Patronatserklärungen gekündigt werden können. Das Urteil des Bundesgerichtshofs war von dem Gedanken getragen, dass eine wirksame Insolvenzvermeidung durch vertragliche Maßnahmen deren grundsätzliche Unumkehrbarkeit voraussetzt.[78] Bemerkenswert ist, dass der BGH die Kündigungsmöglichkeit aus der Privatautonomie herleitet, weshalb es zwingend einer vertraglichen Kündigungsregelung bedarf; außerhalb einer vertraglichen Vereinbarung besteht kein Kündigungsrecht. Sollte ein Kündigungsrecht nicht vorgesehen sein und der Patron eine weitere Ausstattung der Gesellschaft mit Liquidität verweigern, bspw. weil der Patron eine Sanierung der Gesellschaft als aussichtslos erachtet, und fällt die Gesellschaft in der Folge in die Insolvenz, kann der Insolvenzverwalter über das Vermögen der Gesellschaft wegen Verletzung der Pflichten aus der Patronatserklärung grundsätzlich vollen Schadensersatz wegen Nichterfüllung gem. § 280 Abs. 1 BGB fordern.

61 Demgegenüber wird die *externe* Patronatserklärung direkt gegenüber einem Gläubiger abgegeben. Aus diesem Grund wird die Erklärung regelmäßig von Banken oder anderen Kreditgebern zur Besicherung einer der Tochtergesellschaft gewährten Finanzierung genutzt. Inhalt dieser Erklärung ist deshalb auch die Pflicht des Patrons gegenüber dem Gläubiger, stets dafür zu sorgen, dass die Tochtergesellschaft ihre fälligen Verbindlichkeiten erfüllt oder er eine entsprechende Haftung für den Zahlungsausfall übernimmt. Aus dieser unmittelbaren Verpflichtung des Patrons folgt ein eigener, einklagbarer Anspruch des Gläubigers gegen den Patron. Gleichwohl ist dieser zunächst nicht auf Direktzahlung an den Gläubiger gerichtet, sondern lediglich auf die finanzielle Ausstattung der Tochtergesellschaft mit dem für die Erfüllung der Verbindlichkeiten erforderlichen Kapital. Allerdings erstarkt dieser Anspruch in dem Fall zu einem Direktanspruch des Gläubigers gegen den Patron, wenn die Tochtergesellschaft in die Insolvenz fällt. In diesem Fall handelt es sich jedoch nicht mehr um den ursprünglichen schuldrechtlichen

---

78 Der Fall betraf das Eigenkapitalersatzrecht, das noch vor Inkrafttreten des MoMiG galt.

Anspruch, sondern um einen Schadensersatzanspruch gegen den Patron wegen Verletzung seiner finanziellen Ausstattungspflicht aus dem Patronat. In dieser Konstellation trägt die Patronin grundsätzlich das Weiterleitungsrisiko. Sollte die Patronin die zur Verfügung gestellte Liquidität also nicht zur Befriedigung des besicherten Gläubigers nutzen, kann der Gläubiger seine Ansprüche weiterhin gegenüber dem Patron geltend machen.

Um sich finanziell der Höhe nach abzusichern, kann in der Vertragsgestaltung der Patronatserklärung beispielsweise ein Höchstbetrag („Cap") geregelt werden. Denkbar sind auch Befristungen, die für die Liquiditätsplanung bilanziell relevant sind. Bei ungewisser Finanzlage der Tochtergesellschaft kann die Befristung zudem zunächst noch mit einer „Wohlwollensformulierung" versehen werden, wonach die Patronin vor Ablauf der vereinbarten Frist wohlwollend prüfen wird, ob eine Fristverlängerung infrage kommt. **62**

IV. Garantieverträge

Von den beiden Fällen der Patronatserklärung abzugrenzen sind die Gesellschaftergarantien. Dabei handelt es sich um echte Garantieverträge, bei denen der garantiegebende Gesellschafter jederzeit direkt für die Verbindlichkeiten des Garantienehmers, also regelmäßig der (direkten oder indirekten) Tochtergesellschaft, in Anspruch genommen werden kann. Der Garantievertrag kann insbesondere dann eine Alternative zu den Patronatserklärungen darstellen, wenn eine Gesellschaft behauptet, zwar zahlungsfähig, aber leistungsunwillig zu sein, etwa weil noch über andere Ansprüche gestritten und sich deshalb auf ein Zurückbehaltungsrecht zurückgezogen wird. In diesen Situationen würden die Ansprüche aus der Patronatserklärung wegen der grundsätzlich bestehenden Zahlungsfähigkeit leerlaufen bzw. jedenfalls nicht ohne Weiteres, mithin ohne streitiges Verfahren, durchgesetzt werden können. Aus diesem Grunde sind echte Garantieverträge aus Sicht von Drittgläubigern grundsätzlich deutlich attraktiver als Patronatserklärungen. **63**

C. Die Beteiligungs- und Rechtsschutzmöglichkeiten der Gesellschafter bzw. Aktionäre in Restrukturierungssachen bzw. Insolvenzverfahren

Kommt es in der Unternehmenskrise dann tatsächlich zu der Einleitung eines Restrukturierungsverfahrens bzw. – prozesstechnisch korrekt – einer Restrukturierungssache durch Einreichung einer Restrukturierungsanzeige (§ 31 StaRUG) oder nach Stellung eines Insolvenzantrags (§ 15 InsO) zur Eröffnung eines Insolvenzverfahrens über das Vermögen des Unternehmens **64**

(§ 27 InsO), so stellt sich auch für die Gesellschafter des Unternehmens die Frage, wie es weitergeht. Besonders drängend dürfte zunächst die Frage nach den Beteiligungsmöglichkeiten im unmittelbaren Vorfeld beziehungsweise im laufenden Verfahren sein. Schließlich möchten die Gesellschafter als wirtschaftliche Eigentümer des Unternehmens weiterhin ein Mitspracherecht über das Schicksal des Unternehmens und damit auch ihrer Beteiligungen haben. Kommt es durch die geplanten Maßnahmen im Insolvenz- bzw. Restrukturierungsverfahren zu Verkürzungen der Rechte der Gesellschafter, dürfte die Frage laut werden, mit welchen Rechtsbehelfen sich die Gesellschafter hiergegen zur Wehr setzen können. Beides soll jeweils für das Restrukturierungsverfahren und das Insolvenzverfahren untersucht werden, angefangen bei ersterem.

I. In der Restrukturierungssache nach dem StaRUG

65 Fragen der Gesellschafterbeteiligung im StaRUG-Verfahren gehörten seit Inkrafttreten des Gesetzes am 1.1.2021 zu den zentralen Diskussionspunkten. Zur Systematisierung des Themenkomplexes soll zwischen den Beteiligungsmöglichkeiten im Vorfeld des Verfahrens bzw. den Verteidigungsmöglichkeiten im laufenden Verfahren sowie schließlich den Rechtsschutzmöglichkeiten der Gesellschafter unterschieden werden.

1. Beteiligungsmöglichkeiten im Vorfeld des Verfahrens

66 Eine der neuralgischen Fragestellungen im Zusammenhang mit der Gesellschafterbeteiligung ist die Frage, ob es vor der Anzeige einer Restrukturierungssache durch die Geschäftsleitung nach § 31 StaRUG der Einholung eines zustimmenden Gesellschafter- beziehungsweise Hauptversammlungsbeschlusses bedarf. Diese Frage hat sich aufgrund ihrer hohen Praxisrelevanz zu einem kritischen Punkt entwickelt und dem StaRUG die unrühmliche Ehrung als „Börsenunwort des Jahres" beschert. Die Frage ist zudem noch nicht höchstgerichtlich geklärt worden.

67 Die instanzgerichtliche Judikatur fällt auseinander mit einer starken Tendenz für die Nichterforderlichkeit eines vorherigen zustimmenden Gesellschafter- bzw. Hauptversammlungsbeschlusses bei Alternativlosigkeit des Restrukturierungsverfahrens,[79] was für Geschäftsführer wie für Gesellschafter mit erheblichen Rechtsunsicherheiten im kritischen Zeitraum vor der Re-

---

79 Zustimmend AG Hamburg, Beschl. v. 17.3.2023 – 61c RES 1/23 (GmbH); LG Hamburg, Beschl. v. 20.4.2023 – 304 T 15/23 (GmbH); LG Berlin, Beschl. v. 31.5.2023 – 100 O 18/23 (GmbH); ablehnend AG Nürnberg, Beschl. v. 21.6.2023 – RES 397/23 „Leoni" (AG); LG Nürnberg-Fürth, Beschl. v. 17.7.2023 – 4 T 3814 (AG), das BVerfG nahm die hiergegen gerichtete Verfassungsbeschwerde nicht zur Entscheidung an, 14.9.2023 – 2 BvR 1187/23; AG Dresden, Beschl. v. 9.8.2023 – 572 RES 1/23 „Softline" (AG); AG

strukturierungsanzeige einhergeht. Den gerichtlich entschiedenen Fällen zur Beteiligung der Gesellschafter im Vorfeld der Restrukturierungsanzeige ist gemein, dass ihnen allesamt ein Ausschluss von Gesellschaftern bzw. Aktionären auf Grundlage des Restrukturierungsplans zugrunde lag. Während bei Aktiengesellschaften (AG) und Europäischen Gesellschaften (SE) mehrheitlich davon ausgegangen wird, dass es eines zustimmenden Beschlusses der Hauptversammlung nicht bedarf, gab es jedenfalls für Gesellschaften mit beschränkter Haftung (GmbH) auch gegenläufige Rechtsprechung, die von einer notwendigen Gesellschafterzustimmung ausgegangen ist.[80]

„Quell" dieser Problematik ist eine Entscheidung des OLG München[81] vom 21.3.2013. Sie betraf das Zustimmungserfordernis im Vorfeld eines fakultativen Insolvenzantrags wegen drohender Zahlungsunfähigkeit im Sinne von § 18 InsO. Das Münchener Gericht stellte fest, dass die freiwillige Insolvenzantragstellung eines GmbH-Geschäftsführers ein „den Gesellschaftszweck änderndes Grundlagengeschäft" sei, das der vorherigen Zustimmung der Gesellschafter bedürfe. Da die Insolvenz zur Auflösung der Gesellschaft bzw. der vollständigen Zerstörung der Beteiligungswerte führt, sei den Interessen der Gesellschafter als wirtschaftliche Eigentümer des Unternehmens Vorzug vor der Pflicht des Geschäftsführers zur Einleitung von Restrukturierungsmaßnahmen zu geben. Maßgeblich war für das Gericht vor allem die Abgrenzung zwischen der freiwilligen Antragstellung wegen drohender Zahlungsunfähigkeit (§ 18 InsO) und der Pflicht zur Antragstellung bei Vorliegen obligatorischer Insolvenzantragsgründe, die aufgrund der Straf- und Haftungsbewehrung sofort zu stellen sind (§§ 17, 19 InsO; § 15a InsO). **68**

Da die drohende Zahlungsunfähigkeit auch Zugangsvoraussetzung für das Restrukturierungsverfahren nach dem StaRUG ist, verläuft das Problem zum Erfordernis eines zustimmenden Gesellschafter- bzw. Hauptversammlungsbeschlusses parallel. Zwar ist das StaRUG ein auf die Sanierung und damit auch auf die Fortführung des Unternehmens gerichtetes Verfahren; zugleich eröffnet es bekanntermaßen aber auch die Möglichkeit von Eingriffen in Gesellschafterrechte – in gleichem Ausmaß wie der Insolvenzplan, z. B. durch einen Kapitalschnitt auf Null, also den faktischen Bezugsrechtsausschluss, oder einen Debt-to-Equity-Swap. **69**

Die verschiedenen instanzgerichtlichen Entscheidungen zum Zustimmungserfordernis fußen auf unterschiedlichen Erklärungsansätzen. Einige Gerichte begründen die unterschiedliche Handhabe mit den Eigenheiten des **70**

Charlottenburg, Beschl. v. 4.1.2024 – 36s RES 6525/23 „Sparks" (SE); zuletzt OLG Stuttgart, Beschl. v. 21.8.2024 und Beschl. v. 28.10.2024 – 20 U 30/24 (GmbH).

80 Übersicht zu den Fallkonstellationen *Brackmann/Holze*, ZRI 2024, 143, 143; zuletzt *Madaus*, NZI 2024, 193, 194.

81 OLG München, Urt. v. 21.3.2013 – 23 U 3344/12, NZI 2013, 542; ausführlich hierzu MüKo GmbHG/*Liebscher*, § 49 Rn. 58 m. w. N.

gesellschaftsrechtlichen Kompetenzregimes in der AG/SE beziehungsweise der GmbH.[82] Andere Gerichte knüpfen an andere Kriterien an, indem sie beispielsweise nach der tatsächlichen Möglichkeit der Einholung eines Beschlusses fragen, oder das Vorhandensein von Alternativlösungen zur StaRUG-Restrukturierung prüfen.

71 Auch hinsichtlich der Rechtsfolgen einer fehlenden Gesellschafterzustimmung unterscheiden sich die bisher ergangenen Entscheidungen. So gehen das Amtsgericht Hamburg[83] und das Landgericht Hamburg[84], die beide in der Fachliteratur stark kritisiert worden sind, von einer Außenwirkung eines fehlenden Beschlusses aus, mit der Folge der Unwirksamkeit der Restrukturierungsanzeige. Basierend darauf bietet es sich aus Gesellschafterperspektive an, eine entsprechende Schutzschrift bei dem zuständigen Restrukturierungsgericht zu hinterlegen, sobald mit einem StaRUG-Verfahren gegen den Willen der Gesellschafter zu rechnen ist. Inhaltlich müsste erläutert und glaubhaft gemacht werden, dass die Restrukturierungsanzeige ohne vorherige Einbindung der Gesellschafter bzw. Hauptversammlung erfolgt ist und dass das Restrukturierungsverfahren mit Blick auf eine ansonsten drohende Insolvenz gerade nicht alternativlos ist, weil noch weitere – aus Sicht der Gesellschafter bzw. Aktionäre glaubhaft zu machende – Alternativen bestehen. Ist die Restrukturierungsanzeige bereits erfolgt, kommt gesellschafterseitig eine einfache Eingabe an das Restrukturierungsgericht unter Verweis auf die Rechtsprechung des Amtsgerichts Hamburg beziehungsweise Landgerichts Hamburg in Betracht.

72 Dagegen geht das Landgericht Berlin[85] – in einer gesellschaftsrechtlichen Streitigkeit und gerade nicht in einer Restrukturierungssache – von einer bloßen Innenwirkung der fehlenden Gesellschafterzustimmung aus. Diese Betrachtungsweise hat zur Konsequenz, dass der Streit über die Zulässigkeit der Einleitung des StaRUG-Verfahrens im Rahmen des Gesellschaftsrechts auszutragen ist. Dies geschieht dann konkret im Wege einer Anfechtungsklage kombiniert mit einem Antrag auf Erlass einer einstweiligen Verfügung. Letztere ist auf die vorläufige Untersagung der weiteren Durchführung des StaRUG-Verfahrens, insbesondere die Abstimmung über den Restrukturierungsplan, zu richten.

73 In der Praxis empfiehlt sich aus Gesellschafterperspektive unter Berufung auf die vorgenannte Rechtsprechung wohl ein duales Vorgehen, das heißt die Erhebung einer Anfechtungsklage in Verbindung mit einem Antrag auf

---

82 LG Berlin, Beschl. v. 31.5.2023 – 100 O 18/23, NZI 2023, 928; *Thole*, BB 2021, 1347; *Gehrlein*, BB 2022, 1096; *Bayer*, GmbHR 2023, 916, 918; a.A. *Skauradszun/Amort*, DB 2021, 1317, 1319.

83 AG Hamburg Beschl. v. 17.3.2023 – 61c RES 1/23, NZI 2023, 584.

84 LG Hamburg, Beschl. v. 20.4.2023 – 304 T 15/23, ZRI 2023, 1025.

85 LG Berlin, Beschl. v. 31.5.2023 – 100 O 18/23, ZRI 2023, 833.

Erlass einer einstweiligen Verfügung sowie entsprechende Einwendungen in dem StaRUG-Verfahren selbst.

Dies hat zuletzt ein Urteil des Oberlandesgerichts Stuttgart[86] gezeigt. Diesem ging eine Entscheidung des Landgerichts Ulm[87] voraus. Das Landgericht Ulm hatte einer Gesellschaft auf Betreiben einer opponierenden Gesellschafterin auferlegt, es vorläufig[88] zu unterlassen, den in der Gesellschafterversammlung gefassten Beschluss zur Einleitung eines StaRUG-Verfahrens zur Umsetzung des Restrukturierungskonzepts zu vollziehen. 74

Gegen diese Verfügung und ihren Vollzug setzte sich die Verfügungsbeklagte vor dem Oberlandesgericht Stuttgart erfolgreich zur Wehr. 75

In seiner Entscheidung ging das Oberlandesgericht Stuttgart davon aus, es habe seitens der Verfügungsbeklagten keines Gesellschafterbeschlusses bedurft. Hierzu referierte es den bisherigen Meinungsstand lehrbuchartig: Einer Auffassung nach bedarf es generell keines vorherigen Gesellschafterbeschlusses. Einer anderen Auffassung nach bedarf es des Beschlusses dann lediglich dann nicht, wenn das Restrukturierungsverfahren die einzig hinreichend erfolgsversprechende Alternative zum Insolvenzverfahren ist. Einer dritten Auffassung zufolge ist jedenfalls dann eine vorherige Gesellschafterzustimmung zur Einleitung des Restrukturierungsverfahrens erforderlich, wenn mit dem Restrukturierungsplan in Gesellschafterrechte eingegriffen werden soll. Das Oberlandesgericht Stuttgart folgte der zweiten Ansicht. Hiernach werden die gesellschaftsrechtlichen und satzungsmäßigen Regeln bei Alternativlosigkeit des StaRUG mit Blick auf eine ansonsten drohende Insolvenz verdrängt. Die mit der oberlandesgerichtlichen Klärung dieser Frage einhergehende (zumindest gesteigerte) Rechtssicherheit für die Praxis ist begrüßt worden.[89] Ein rechtssicheres Verfahren sei nicht gewährleistet, wenn „Gesellschafter Holdout-Positionen zulasten der mehrheitlichen Gläubigerinteressen selbst dann noch für sich vereinnahmen könnten, wenn als Alternativszenario eine Insolvenz bevorstünde und sie durch das StaRUG nicht schlechter als in diesem Alternativszenario gestellt würden."[90] 76

Doch auch abseits des Urteils bilden sich im restrukturierungsfreundlichen Lager tendenziell zwei Strömungen heraus: Eine Strömung stellt maßgeblich auf einen Shift of Duties, d. h. die Ausrichtung der Geschäftsleitungs- 77

---

86 OLG Stuttgart, Beschl. v. 28.1.2024 – 20 U 30/24, BeckRS 2024, 22200 Rn. 61.

87 LG Ulm v. 1.8.2024 – 10 O 43/24 KfH, nicht veröffentlicht.

88 „Vorläufig" hieß bis zur rechtskräftigen Entscheidung über die Wirksamkeit der Beschlussfassung im Rahmen eines Anfechtungsverfahrens beziehungsweise bis zum Verstreichen der Frist zur Anfechtung des Beschlusses ohne Klageerhebung.

89 OLG Stuttgart, Beschl. v. 21.8.2024 – 20 U 30/24, NZI 2024, 832, 838 m. Anm. *Madaus/Klockenbrink/Meier*.

90 OLG Stuttgart, Beschl. v. 21.8.2024 – 20 U 30/24, NZI 2024, 832, 840 m. Anm. *Madaus/Klockenbrink/Meier*.

pflichten weg von den Gesellschafterinteressen hin zu den Gläubigerinteressen, ab. Die andere Strömung geht davon aus, dass es dieser Rechtsfigur des Shift of Duties schon gar nicht bedarf. Vielmehr folge dies bereits aus den – zu Beginn erörterten – gesellschaftsrechtlichen Treuepflichten gegenüber der Gesellschaft und den Gesellschaftern untereinander. Der Fall sei analog zur Rechtsprechung „Sanieren-oder-Ausscheiden“ zu lösen, aus der sich faktisch ein Blockadeverbot des obstruierenden Gesellschafters beziehungsweise eine Zustimmungspflicht der Gesellschafter zur Einleitung des Restrukturierungsverfahrens ableiten lasse.

78 Die konkreten Voraussetzungen einer solchen gesellschaftsrechtlichen Loyalitätspflicht bedürfen mit Blick auf eine drohende Enteignung der Anteilsinhaber im StaRUG-Verfahren allerdings noch einer genaueren Konturierung. Bestenfalls erfolgt diese bei der nächsten Reform durch den Gesetzgeber.

79 Einstweilen bleibt ungeklärt, wann der „Shift of Duties“ eintritt. Bis zur Klärung dieser Frage bleibt der Geschäftsleitung eines Unternehmens, insbesondere von GmbHs und GmbH & Co. KGs, zur Vermeidung von Haftungsrisiken zu raten, einen vorherigen zustimmenden Gesellschafterbeschluss einzuholen – jedenfalls wenn der Restrukturierungsplan signifikante Eingriffe in die Gesellschafterrechte vorsieht bzw. jedenfalls den Willensbildungsprozess der Gesellschafter zu ermöglichen, um überhaupt die von dem OLG Stuttgart festgelegte Eingangshürde der Alternativlosigkeit zu begründen.

2. Beteiligungsmöglichkeiten im laufenden Verfahren

80 Bei der Gesellschafterbeteiligung im laufenden StaRUG-Verfahren sollen hier vor allem drei Problemkreise erörtert werden: Die sachgerechte Gruppenbildung im Vorfeld der Planabstimmung, die Planabstimmung selbst sowie zuletzt der Planinhalt, letzterer speziell mit Blick auf die Vergleichsrechnung.

a) Abberufung der Geschäftsführung

81 Da das StaRUG keine dem § 276a Abs. 1 Satz 2 InsO vergleichbare Regelung kennt, dürfte eine Abberufung der Geschäftsführer im Zuge des StaRUG-Verfahrens zulässig sein, soweit auf Gesellschafterebene die notwendigen Mehrheiten zustande kommen. Zu bedenken ist in einem solchen Fall jedoch, dass die Abberufung der Geschäftsführung in diesem Stadium die Gesellschaft erheblich destabilisieren und so eine gesteigerte Insolvenzgefahr bewirken kann.

b) Gruppenbildung

Die Grundsätze der Gruppenbildung sind an die Regelungen zum Insolvenzplan angelehnt (vgl. § 222 InsO). Während es im Insolvenzplanverfahren obligatorische[91] Gruppen und Fakultativgruppen[92] gibt, verlangt § 9 Abs. 1 Satz 2 StaRUG die Einteilung in folgende Gläubigergruppen: **82**

1. Inhaber von Absonderungsanwartschaften (Abs. 1 Satz 1 Nr. 1);
2. „Einfache" Restrukturierungsgläubiger (Abs. 1 Satz 1 Nr. 2);
3. Nachrangige Restrukturierungsgläubiger (Abs. 1 Satz 1 Nr. 3);
4. Inhaber von Anteils- und Mitgliedschaftsrechten (Abs. 1 Satz 1 Nr. 4);
5. Gläubiger gruppeninterner Drittsicherheiten (Abs. 1 Satz 2);
6. Kleingläubiger (Abs. 2 Satz 4).

§ 9 Abs. 2 Satz 1 StaRUG eröffnet schließlich als Korrektiv für diese starren Vorgaben die Möglichkeit, Gläubiger nach Maßgabe wirtschaftlicher Interessen in weitere Gruppen zu unterteilen, soweit nur ein sachgerechtes Differenzierungskriterium für die Abgrenzung der Gruppen vorliegt. **83**

Die Gruppenbildung ist deshalb von exorbitanter Bedeutung, weil hiervon im Ergebnis abhängt, ob ein Restrukturierungsplan die erforderliche Zustimmung seitens der Planbetroffenen erfährt und infolgedessen bestätigt werden kann (§ 25 StaRUG).[93] Angesichts dessen kann die strategische Gruppenbildung für den Erfolg einer Restrukturierung nicht unterschätzt werden. Innerhalb der jeweiligen Gruppe sind alle gruppenangehörigen Gläubiger gleich zu behandeln (gruppeninterner Gleichbehandlungsgrundsatz).[94] **84**

Inhaber von Anteils- und Mitgliedschaftsrechten können daher gleich mehrfach – in ihren jeweils verschiedenen Funktionen – in die zulässigen Gläubigergruppen eingeordnet werden. Neben ihrer Funktion als Inhaber von Anteils- und Mitgliedschaftsrechten können sie daher gleichsam zusätzlich als Gläubiger nachrangiger Forderungen, z. B. auf Rückgewähr von Gesellschafterdarlehen oder diesen gleichgestellten Forderungen, in eine entspre- **85**

---

91 Obligatorisch ist die Einteilung der Gläubiger in die Gruppe der Absonderungsgläubiger, der Unterhaltsgläubiger, der Nachranggläubiger, der Anteilseigner sowie der Inhaber gruppeninterner Drittsicherheiten, näher hierzu bei *Geiwitz/von Danckelmann*, in: Fridgen/Geiwitz/Göpfert, Insolvenzrecht, § 222 InsO Rn. 11.

92 Fakultativ, aber standardmäßig umgesetzt wird eine Einteilung in die Gruppen der Anleihegläubiger, der Deliktsgläubiger, der Pensionsversicherungsvereine, des Finanzamts sowie der Arbeitnehmer, vgl. *Geiwitz/von Danckelmann*, in Fridgen/Geiwitz/Göpfert, Insolvenzrecht § 222 InsO Rn. 16 ff.

93 So auch BT-Drs. 12/2443, 199; kritisch zur „strategischen" Gruppenbildung siehe MüKo InsO/*Eidenmüller*, § 222 Rn. 9 ff., 110 ff.

94 *Keller*, Insolvenzrecht, Rn. 1726.

chende Gruppe eingeteilt werden.[95] Daneben können Gesellschafter bzw. Aktionäre freilich auch als „einfache" Restrukturierungsgläubiger eingeteilt werden, soweit z.B. nicht stehengelassene Forderungen aus Intercompany-Verträgen bestehen.

86 Andersherum können im Falle eines Restrukturierungsverfahrens auf Ebene des Gesellschafters die von ihm gehaltenen Gesellschaften oder sonstige verbundene Gesellschaften als gruppeninterne Gläubiger in eine Gruppe aufgenommen werden. Im Hinblick auf die Gesellschaften, an denen der Gesellschafter beteiligt ist und mit denen ein Gewinnabführungsvertrag besteht, dürften auch Verlustausgleichsansprüche[96] auf Basis eines Restrukturierungsplans gestaltet werden können und damit im Einzelfall ein taugliches Kriterium für die Bildung einer separaten Gläubigergruppe sein.

87 In einer Entscheidung des Landgerichts Düsseldorf, die sich thematisch mit der Sachgerechtheit der Gruppenbildung in einem Restrukturierungsplan auseinandergesetzt hat, befand das Landgericht allerdings die Einbeziehung des Gesellschafterdarlehens für unsachgerecht.[97] Denn es sei dem Gesellschafter bereits aufgrund seiner Treuepflicht verwehrt, das gewährte Darlehen fällig zu stellen. Infolgedessen sei die Restrukturierung ebendieses Darlehens unnötig und dessen Einbeziehung daher unsachgerecht. Keine der Einzelfragen zur Gruppenbildung ist bislang höchstrichterlich geklärt worden. Daher verfolgt die Schuldnerin ihre Rechtsauffassung derzeit mit der Revision vor dem Bundesgerichtshof weiter. Besonders angreifbar erscheinen dabei die landgerichtlichen Argumente zur Einbeziehung des Gesellschafterdarlehens und die angebliche Beschränkung der Einforderbarkeit des Darlehens, vor allem wenn besagtes Darlehen nicht qualifiziert subordiniert ist. Zudem kommt es darauf gar nicht an, denn es geht gemäß § 14 StaRUG im Restrukturierungsverfahren um die Wiederherstellung der Bestandsfähigkeit *im Allgemeinen*, sodass auch die Restrukturierung (insbesondere nicht qualifiziert subordinierter) Gesellschafterdarlehen angezeigt sein kann.[98]

88 Da das Gesellschafterdarlehen auch negativen Einfluss auf die Überschuldung bzw. das allgemeine Bilanzbild und damit auf die Refinanzierungsmöglichkeiten des Unternehmens haben kann, kommt es für die Frage des Restrukturierungserfolgs nicht lediglich auf eine etwaige Fälligstellung des Darlehens an. Das Amtsgericht Hannover hatte zuvor außerdem entschieden, dass ein Darlehen zur Wahrung der absoluten Priorität (§ 27 Abs. 1 Nr. 2 StaRUG, siehe hierzu sogleich noch ausführlich unter Rn. 89) in den Plan

95 Vgl. AG Hamburg, Beschl. v. 12.4.2021 – 61a RES 1/21.
96 *Madaus*, DB 2024, 849, 854; *Thole*, ZRI 2024, 1006, 1011.
97 LG Düsseldorf, Beschl. v. 20.3.2025 – 314c T 3/25, BeckRS 2025, 6530.
98 *Andersson-Lindström*, INDat-Report 04/2025, S. 33.

einbezogen werden muss, weil der Plan andernfalls zulasten der Gläubiger die faktisch wertlose Darlehensforderung des Gesellschafters, sofern sie nicht in den Plan einbezogen wird, werthaltig machen würde.[99] Die Antworten des Bundesgerichtshofs auf diese äußerst praxisrelevanten Fragen dürfen mit Spannung erwartet werden.

c) Abstimmung über den Restrukturierungsplan

89 Ist die Gruppenbildung in sachgerechter Weise vonstattengegangen, erfolgt hiernach die Abstimmung über den Restrukturierungsplan. Die Abstimmung ist in §§ 25–38 StaRUG geregelt. Entscheidend für die Planbestätigung ist das Erreichen der erforderlichen Mehrheit nach Maßgabe von § 25 StaRUG. Hiernach bedarf es zur Annahme des Restrukturierungsplans lediglich, dass in jeder Gruppe 75 % aller Stimmrechte für den Plan votieren. Bei der Planabstimmung zeigen sich deutliche Unterschiede zum Insolvenzplan, weshalb die Regelungen zum Insolvenzplan an dieser Stelle kurz in Erinnerung gerufen seien.

90 Die Abstimmung über den Insolvenzplan erfolgt in einer gesonderten Gläubigerversammlung. In dieser Versammlung wird durch die Gruppen jeweils nach Kopf- und Stimmenmehrheit abgestimmt, wobei eine Mehrheit von 50 % der abstimmenden Gläubiger erzielt werden muss (§ 244 Abs. 1 Nr. 1 InsO). Stimmberechtigt sind alle Gläubiger mit angemeldeten und nicht bestrittenen Forderungen. Den nachrangigen Gläubigern kommt dagegen kein Stimmrecht zu. Die absonderungsberechtigten Gläubiger sind insoweit stimmberechtigt, als sie auch Insolvenzgläubiger sind sowie bei einem Eingriff in ihre Rechtsstellung (§ 238 InsO). Die Anteilsinhaber sind je nach ihrer Beteiligung am gezeichneten Kapitel beziehungsweise Vermögen des Schuldners stimmberechtigt (§ 238a Abs. 1 Satz 1 InsO). Stimmrechtsbeschränkungen, Sonder- oder Mehrheitsstimmrechte bleiben gemäß § 238a Abs. 1 Satz 2 InsO außer Betracht.

91 Grundsätzlich ist die Zustimmung *aller* Gruppen erforderlich. Allerdings kann die fehlende Zustimmung einer Gruppe zum Plan unter bestimmten Voraussetzungen fingiert werden („Obstruktionsverbot", vgl. § 245 InsO). Dies ist gemäß § 245 Abs. 1 InsO dann der Fall, wenn

1. die Angehörigen dieser Gruppe durch den Insolvenzplan voraussichtlich nicht schlechter gestellt werden, als sie ohne einen Plan stünden,
2. die Angehörigen dieser Gruppe angemessen an dem wirtschaftlichen Wert beteiligt werden, der auf der Grundlage des Plans den Beteiligten zufließen soll, und

99 AG Hannover, Beschl. v. 22.9.2023 – 502 RES 2/23 (nicht veröffentlicht).

3. die Mehrheit der abstimmenden Gruppen dem Plan mit den erforderlichen Mehrheiten zugestimmt hat.

92 Die Gefahr obstruierender Gläubiger besteht im Rahmen von Restrukturierungssachen nach dem StaRUG, in denen gleich intensive Eingriffe in einem viel früheren Verfahrensstadium vorgenommen werden können, ebenso. Dies hat der Gesetzgeber bei der Konzeption des StaRUG erkannt, das im besonderen Maße darauf ausgelegt ist, Obstruktionspotenziale in der Krise zu überwinden.

93 In diesem Zusammenhang verdient § 26 StaRUG besondere Beachtung. § 26 StaRUG regelt den sogenannten „Cross-class Cram-down", bei dem es um die Ersetzung der Zustimmung einer abstimmenden Gläubigergruppe durch eine Zustimmungsfiktion geht. Das prominente Verfahren „Leoni" wird derzeit als eine Art „Fixpunkt"[100] *für die finanzwirtschaftliche Restrukturierung* unter Einsatz des Cross-class Cram-down betrachtet. In dieselbe Kerbe schlägt das Verfahren über den Batteriehersteller Varta, bei dem der Restrukturierungsplan, wonach eine Grundkapitalherabsetzung auf Null vorgesehen war, sowohl vom Restrukturierungsgericht als auch vom Beschwerdegericht bestätigt worden ist.[101] Anders stellt es sich bei dem als „StaRUG-light-Verfahren"[102] kolportierten Verfahren der BayWa AG dar, das ohne einen Bezugsrechtsausschluss für die Kleinaktionäre auskommen sollte und den Altaktionären die Möglichkeit gelassen hatte, sich an der anschließenden Barkapitalerhöhung zu beteiligen.

94 Der Cram-down setzt dreierlei voraus: Erstens, die Mitglieder der betroffenen Gruppe dürfen im Vergleich zum Szenario *ohne* Restrukturierungsplan, also im nächstbesten Alternativszenario, nicht schlechter gestellt werden (§ 26 Abs. 1 Nr. 1 StaRUG, sogenanntes „Schlechterstellungsverbot"). Diese Voraussetzung wird über die „Planrechnung" oder auch „Vergleichsrechnung" nachvollzogen (hierzu sogleich dezidiert unter Rn. 108). Zweitens, die Mehrheit der abstimmenden Gruppen muss mit den wiederum erforderlichen Mehrheiten votiert haben (§ 26 Abs. 1 Nr. 3 StaRUG). Drittens, die Gruppenmitglieder müssen angemessen am wirtschaftlichen Wert beteiligt werden (§ 26 Abs. 1 Nr. 2 StaRUG). Dabei liegt eine angemessene Beteiligung am Planwert dann vor, wenn

---

100 *Ahrens*, NJW 2025, 1856, 1857 Rn. 6.

101 AG Stuttgart, Beschl. v. 11.12.2024 – 6 RES 1243/24, BeckRS 2024, 37304; LG Stuttgart, Beschl. v. 21.1.2025 – 1 T 12/24, NZI 2025, 232.

102 So das konzerneigene Framing der BayWa, das im Wortlaut von der Presse übernommen worden ist, *Höpfer*, Agrarkonzern will Sanierungsplan mit StaRUG durchsetzen, Handelsblatt v. 31.1.2025, BayWa: Agrarkonzern will Sanierungsplan mit StaRUG durchsetzen, https://www.baywa.com/presseinformationen/01325_baywa_restrukturierungsplan_starug, zuletzt abgerufen am 15.9.2025.

1. keine den Anspruchsbetrag übersteigenden Werte von den anderen Planbetroffenen vereinnahmt werden (§ 27 Abs. 1 Nr. 1 StaRUG);
2. nachrangige Gläubiger oder Gesellschafter keine Werte ohne vollständigen finanziellen Ausgleich erhalten (§ 27 Abs. 1 Nr. 2 StaRUG);
3. keine Besserstellung von Gläubigern derselben Rangklasse erfolgt (§ 27 Abs. 1 Nr. 3 StaRUG).

Diese drei Voraussetzungen von § 27 StaRUG zur angemessenen Beteiligung **95** werden im Gesetzeswortlaut unter dem Stichwort „Grundsatz der absoluten Priorität" zusammengefasst. § 28 StaRUG gestattet allerdings, diesen Grundsatz im Einzelfall zu durchbrechen. Dies ist im Anwendungsbereich von § 27 Abs. 1 Nr. 3 StaRUG (Besserstellung der Gläubiger derselben Rangklasse) etwa der Fall, wenn nach der Art der zu bewältigenden wirtschaftlichen Schwierigkeiten ein Durchbrechen der absoluten Priorität „sachgerecht" ist (§ 28 Abs. 1 StaRUG). Anders als bei § 27 Abs. 1 Nr. 2 StaRUG soll die fortgesetzte Beteiligung einer am Schuldner beteiligten Person (meist ein Gesellschafter) gemäß § 28 Abs. 2 StaRUG dann infrage kommen, wenn ihre Mitwirkung an der Fortführung des Unternehmens aus persönlichen Gründen „unerlässlich" ist, um den Planinhalt zu verwirklichen, und sich diese Person zur Mitwirkung an dieser Fortführung verpflichtet (§ 28 Abs. 2 Nr. 1 StaRUG) *oder* die Eingriffe in die Gläubigerrechte lediglich geringfügig sind (§ 28 Abs. 2 Nr. 2 StaRUG). Das wird dann gesetzlich vermutet, wenn die Rechte nicht gekürzt und deren Fälligkeiten um weniger als 18 Monate verschoben werden (§ 28 Abs. 2 Nr. 2, Hs. 2 StaRUG).

In der Gesamtschau dürfte der mit der Überstimmung einer Gläubigergrup- **96** pe verbundene Eingriff in deren Gläubigerrechte zugunsten der am Gesamtgläubigerinteresse orientierten Restrukturierung einer der Hauptgründe für Angriffe gegen den Restrukturierungsplan sein. Eine Schwachstelle für diesen Angriff könnte dabei insbesondere in der Vergleichsrechnung und der Auswahl des der Vergleichsrechnung zugrunde liegenden nächstbesten Alternativszenarios liegen.

d) Vergleichsrechnung im Restrukturierungsplan

Die Vergleichsrechnung ist obligatorisch[103] und im darstellenden Teil des **97** Restrukturierungsplans aufzuführen (§ 6 Abs. 2 Satz 1 StaRUG). Anliegen und Gegenstand der Vergleichsrechnung ist es, die Auswirkungen des Restrukturierungsplans auf die Befriedigungsaussichten der Planbetroffenen zu illustrieren. Konkret geht es um die möglichst rechnerische Modellierung des wirtschaftlichen Ergebnisses des Planszenarios im Vergleich zum nächstbesten Alternativszenario ohne den Restrukturierungsplan. Ausgangs-

103 So auch *Streit/Bürk*, in: Uhlenbruck, InsO, § 6 StaRUG Rn. 99.

punkt jeder Vergleichsrechnung ist eine realistische Bewertung des Unternehmenswertes. Maßgeblicher Zeitpunkt für die Vergleichsrechnung ist dabei regelmäßig der (voraussichtliche) Zeitpunkt des Wirksamwerdens des Restrukturierungsplans.[104] Den Restrukturierungsgläubigern dient die Vergleichsrechnung als Entscheidungsgrundlage für die von ihnen zu treffende Planabstimmung.[105]

98 Die qualifizierte Vergleichsrechnung dient zudem als Nachweis für das Fehlen einer Schlechterstellung der Gläubiger (§ 26 Abs. 1 Nr. 1 StaRUG) und ist deshalb zentrales Mittel für die Planbestätigung im Falle eines Cross-class Cram-down. Zudem dient sie der Verteidigung gegen etwaige Angriffe überstimmter Gläubiger durch den Minderheitenschutzantrag (§ 64 Abs. 1, 2 StaRUG) oder die sofortige Beschwerde gegen die gerichtliche Planbestätigung (§ 66 Abs. 1, 2 StaRUG), auf die sogleich unter Rn. 108 noch im Einzelnen einzugehen sein wird.

99 Bei der Konzeption der Vergleichsrechnung orientierte sich der Gesetzgeber erneut an der bereits aus dem Insolvenzplan bekannten Technik (§ 220 Abs. 2 Satz 2 InsO).[106] Die größte Schwierigkeit des Planerstellers dürfte darin bestehen, das für die Vergleichsrechnung maßgebliche Alternativszenario hinreichend genau zu bestimmen. Zwar hält § 6 Abs. 2 StaRUG offen, welches Alternativszenario anzusetzen ist.[107] Aus dem Regelungskontext ergibt sich allerdings, dass der maßgebliche Vergleichsmaßstab stets die *nächstbeste hinreichend wahrscheinliche Alternative ohne Restrukturierungsplan* ist.[108]

100 Im Gegensatz zum Insolvenzplan (vgl. § 220 Abs. 2 Satz 2 InsO), in dem als Alternativszenario regelmäßig nur ein Liquidationsszenario und gegebenenfalls ein (begleitender) M&A-Prozess infrage kommen dürften, sind in dem frühen Stadium der Restrukturierung oft noch mehre Alternativszenarien[109] denkbar. Anders als im Insolvenzplanrecht ist das nächstbeste Alternativszenario also nicht automatisch das Regelinsolvenzverfahren ohne

---

104 *Tasma*, in: Flöther, StaRUG § 6 Rn. 13; *Knapp/Wilde*, in: Morgen, StaRUG, § 6 Rn. 24.
105 *Streit/Bürk*, in: Uhlenbruck, InsO, § 6 StaRUG Rn. 101.
106 BT-Drs. 19/24181, 116 zu § 8 Abs. 2 StaRUG-RegE.
107 So auch *Streit/Bürk*, in: Uhlenbruck, InsO, § 6 StaRUG Rn. 101.
108 So auch *Streit/Bürk*, in: Uhlenbruck, InsO, § 6 StaRUG Rn. 102.
109 Keine Maßnahmen; Alternativszenarien außerhalb der Insolvenz, wie etwa: Außerinsolvenzliche Fortführung ohne Restrukturierungsplan, außerinsolvenzlicher offener Investorenprozess, außerinsolvenzlicher Verkauf des Geschäftsbetriebs per Asset Deal, außerinsolvenzliche Fortführung mit alternativem Restrukturierungsplan; Alternativszenarien in der Insolvenz, wie etwa Insolvenzverfahren ohne Insolvenzplan, Insolvenzverfahren mit Insolvenzplan, Insolvenzverfahren mit Verkauf des Geschäftsbetriebs (übertragende Sanierung per Asset Deal), Insolvenzverfahren mit Stilllegung und Zerschlagung des Geschäftsbetriebs.

Insolvenzplan.[110] Nach vereinzelter Rechtsprechung[111] können Gläubiger auch die Wahl des Alternativszenarios durch Eingaben bei Gericht infrage stellen, sodass den Gläubigern mit einem derartigen Vorgehen zusätzliche Angriffsmöglichkeiten eröffnet werden (zu den Verteidigungsmöglichkeiten noch unter Rn. 108). Aus der praktischen Erfahrung der Verfasserin stellt die Insolvenz jedoch häufig das einzig verbleibende Alternativszenario dar, da die Möglichkeiten zur Auflösung der Konflikte mit den in das Restrukturierungsverfahren einbezogenen Stakeholdern bei Eingang in das Restrukturierungsverfahren in der Regel erschöpft sind. Andere Einzelfallentscheidungen haben daher durchaus bestätigt, dass die Insolvenz bzw. Liquidation ein valides Alternativszenario darstellen kann. Die Problematik verdeutlicht einmal mehr, wie stark Rechtsfragen nach dem StaRUG von stark divergierenden Entscheidungen geprägt sind und dadurch Unsicherheiten im Rahmen der Planarchitektur bewirken.[112] Daher sollte dringlichst davon abgesehen werden, leichtfertig auf den Insolvenzfall als nächstbestes Alternativszenario abzustellen, obschon die Erstellung der Vergleichsrechnung hierdurch erheblich erleichtert sein mag.[113] Gegebenenfalls müssen in der Vergleichsrechnung sogar mehrere Alternativszenarien betrachtet werden.[114]

Das Gesetz gibt dem Planersteller einen weiteren Anhaltspunkt für die Vergleichsrechnung vor. So soll für die Aufstellung der Vergleichsrechnung danach differenziert werden, ob der Restrukturierungsplan eine Fortführung des Unternehmens vorsieht oder nicht. Sofern eine Fortführung des Unternehmens geplant ist, fordert § 6 Abs. 2 Satz 2 StaRUG, dass für die Ermittlung der Befriedigungsaussichten im Alternativszenario ohne Restrukturierungsplan ebenfalls zu unterstellen ist, dass das Unternehmen fortgeführt wird. Der Wortlaut „dass das Unternehmen fortgeführt wird“ (vgl. § 6 Abs. 2 Satz 2 StaRUG) bezieht sich hierbei auf die außerinsolvenzliche Fortführung des Unternehmens.[115] Somit hat die *gesamte* Vergleichsrechnung auf der Grundlage von Fortführungswerten zu erfolgen. Für die Ermittlung des Fortführungswertes soll auf anerkannte betriebswirtschaftliche Bewertungsmethoden zurückgegriffen werden.[116] Demnach kann im Plan auch ein fiktiver Verkauf des Unternehmens in einem Asset Deal durchzurechnen **101**

110 So auch *Streit/Bürk*, in: Uhlenbruck, InsO, § 6 StaRUG Rn. 103; Hintergrund: In einem Insolvenzplan hat die Vergleichsrechnung diesen mit dem Regelinsolvenzverfahren zu vergleichen, vgl. BGH, Beschl. v. 19.7.2012 – IX ZB 250/11, WM 2012, 1640 Rn. 6.

111 AG Köln, Beschl. v. 3.3.2021 – 83 RES 1/21, NZI 2021, 433; anders aber AG Dresden, Beschl. v. 7.6.2021 – 574 RES 2/21, NZI 2021, 893, 894.

112 AG Hamburg, Beschl. v. 12.4.2021 – 61 a RES 1/21, NZI 2021, 544; AG Dresden, Beschl. v. 7.6.2021 – 574 RES 2/21, NZI 2021, 893, 894.

113 So auch *Streit/Bürk*, in: Uhlenbruck, InsO, § 6 StaRUG Rn. 105.

114 *Streit/Bürk*, in: Uhlenbruck, InsO, § 6 StaRUG Rn. 104.

115 *Streit/Bürk*, in: Uhlenbruck, InsO, § 6 StaRUG Rn. 134.

116 *Gaballo-Rieg*, in: Römermann, Insolvenzordnung, § 6 StaRUG Rn 19.

sein.[117] Hingegen kann das bei Insolvenzplänen standardmäßig durchgeführte Dual-Track-Verfahren im Rahmen des Restrukturierungsplans nicht als verpflichtend eingestuft und seine obligatorische Durchrechnung verlangt werden.[118] Alternativ zu einem M&A-Prozess, der in dem frühen Krisenstadium eher eine im negativen Sinne disruptive Wirkung entfalten kann, kann erwogen werden, den Unternehmenswert für Zwecke des Alternativszenarios durch eine Fairness Opinion zu ermitteln.[119]

102 Korrigierend stellt § 6 Abs. 2 Satz 3 StaRUG klar, dass die Kalkulation auf Fortführungswerten außerdem dann nicht greifen soll, wenn ein Verkauf des Unternehmens oder eine anderweitige Fortführung aussichtslos ist. In diesen Fällen ist dann eine Vergleichsrechnung auf Grundlage von Liquidationswerten vorzunehmen. Die Ermittlung der Liquidationswerte erfolgt methodisch wie diejenige im Liquidationsszenario beim Insolvenzplan.[120]

103 Eine wichtige Leitentscheidung zu der Frage, welche Szenarien der Planersteller im Restrukturierungsplan zu vergleichen hat, traf das Amtsgericht Köln bereits im Jahr 2021.[121] Kernaussage des Beschlusses ist, dass der Planersteller zwar gegebenenfalls mehrere Alternativszenarien prüfen muss, deren Vergleichsszenarien aber jeweils (lediglich) plausibel erscheinen müssen. Wenn die Planbetroffenen Hinweise haben, die die Schlüssigkeit der Vergleichsszenarien erschüttern können, dann müssen sie hierzu *substantiiert* vortragen, also die Unrichtigkeit der Vergleichsrechnung in einem Minderheitenschutzantrag glaubhaft machen. Vorsorglich kann sich der Planersteller gegen eine wirtschaftliche Überprüfung der Vergleichsrechnung, die auf einen solchen Minderheitenschutzantrag hin erfolgt, absichern, indem er gemäß § 64 Abs. 3 StaRUG Mittel für den Nachteilsausgleich im Restrukturierungsplan vorhält.

104 In einem anderen Verfahren äußerten sich das Amtsgericht Bremen sowie das Landgericht Bremen noch ausführlicher zu den Anforderungen an die Darlegung der Schlechterstellung und die Erschütterung der Vergleichsrechnung.[122] Hiernach müsse ein Planbetroffener, der die Vergleichsrechnung mit § 66 StaRUG angreifen will, zur Plausibilisierung seiner behaupteten Schlechterstellung ein Alternativszenario darlegen, nach dem er um mindestens 10 % erhöhte Befriedigungsaussichten als nach dem Restrukturierungsplan erwarten darf (10 % als „Wesentlichkeitsgrenze“). Dabei könne er

---

117 *Andres*, in: Buth/Hermanns, Restrukturierung, Sanierung, Insolvenz, § 25 Rn. 75.

118 *Gaballo-Rieg*, in: Römermann, Insolvenzordnung, § 6 StaRUG Rn. 19.

119 *Fröhlich*, in: Buth/Hermanns, Restrukturierung, § 40 Rn. 94zz; *Ringelspacher/Fehl-Weileder*, ZRI 2022, 210.

120 *Gaballo-Rieg*, in: Römermann, Insolvenzordnung, § 6 StaRUG Rn. 21.

121 AG Köln, Beschl. v. 3.3.2021 – 83 RES 1/21, NZI 2021, 433.

122 AG Bremen, Beschl. v. 13.9.2024 – 531 RES 1/24, NZI 2025, 84; LG Bremen, Beschl. v. 25.11.2024 – 7 T 307/24, BeckRS 2024, 34421.

sogar angehalten werden, ein privates Wertgutachten einzuholen und dieses als Beweismittel in den Prozess einzubringen.

Eine Entscheidung des Amtsgericht Berlin-Charlottenburg befasste sich explizit mit der Auswahl des richtigen Alternativszenarios. Es bestehe kein Anspruch der Planbetroffenen auf einen „besseren" Plan. Vergleichsobjekt ist demnach nicht ein alternativer Plan (kein „Plan-Vergleich"), sondern ein Szenario *ohne* Plan.[123] Hinsichtlich der anzulegenden Werte hielt das Amtsgericht fest, dass die *aktuellen* Verhältnisse des Unternehmens für die Bestimmung des Fortführungswertes entscheidend seien *vis-à-vis* den Werten bei *potenzieller* wirtschaftlicher Erholung der Schuldnerin. **105**

Das Amtsgericht Hannover hat sich mit den Anforderungen an die Vergleichsrechnung mit Blick auf den Cross-class Cram-down befasst. Hierbei ging es speziell um die Berücksichtigung des gruppenbezogenen Schlechterstellungsverbots nach § 26 Abs. 1 Nr. 1 StaRUG.[124] Eine richtlinienkonforme Auslegung von § 26 Abs. 1 Nr. 1 StaRUG führe zu dem Ergebnis, dass das Schlechtstellungsverbot bei einem Cross-class Cram-down nicht von Amts wegen zu überprüfen sei. Vielmehr habe die Überprüfung nur für den Fall zu erfolgen, dass der Antragsteller die relevanten Umstände darlegt und glaubhaft macht. Zum Inhalt der Vergleichsrechnung hob das Amtsgericht Hannover hervor, dass die Vergleichsrechnung auch die *individuellen* Verhältnisse der zum Antrag berechtigten planbetroffenen Minderheiten berücksichtigen müsse. Dies umfasst etwa Ansprüche auf Insolvenz- und Ausfallgeld aus § 175 SGB III. Das Amtsgericht Hannover verdeutlicht jedoch auch die hohen Hürden, die aus Sicht des Rechtsschutz suchenden Gläubigers zu überwinden sind. Zu verlangen sei danach im Grundsatz eine gehaltvolle Auseinandersetzung mit der Vergleichsrechnung, wobei dies „nicht selten […] in der Vorlage einer eigenen konkreten und detaillierten Vergleichsrechnung münden" dürfte. Vor dem Hintergrund, dass der Minderheitenschutzantrag gem. § 64 Abs. 2 Satz 1 StaRUG nur dann zulässig ist, wenn der Antragsteller bereits im Abstimmungsverfahren dem Plan widersprochen *und* geltend gemacht hat, dass er durch den Plan voraussichtlich schlechter gestellt wird, als er ohne Plan stünde, ist der Rechtsschutz aus Gläubigerperspektive kaum bis gar nicht gewährleistet. **106**

Mit zunehmender Verfahrens- und Entscheidungsdichte werden auch die Anforderungen an die Vergleichsrechnung und dem der Vergleichsrechnung zugrunde liegenden Alternativszenario konturiert. Dies ist zu begrüßen, vergegenwärtigt man sich nur einmal die Bedeutung der Vergleichsrechnung für die Akzeptanz des Restrukturierungsplans durch die Planbetroffenen. Damit letztlich ein unangefochtenes Gelingen der Restrukturierung gewähr- **107**

123 AG Berlin-Charlottenburg, Beschl. v. 4.1.2024 – 36s RES 6525/23, NZI 20254, 225.
124 AG Hannover, Beschl. v. 20.10.2023 – 951 RES 2/23, nicht veröffentlicht.

leistet werden kann, kann dem Planersteller gar nicht genug zur Sorgfalt bei der Erstellung der Vergleichsrechnung geraten werden.

3. Verteidigungs- und Rechtsbehelfsmöglichkeiten

108 Wollen sich Gesellschafter gegen einen Restrukturierungsplan zur Wehr setzen, stehen ihnen hierfür zunächst formelle Verteidigungsmöglichkeiten zur Verfügung. § 40 Abs. 1 Satz 1 StaRUG ordnet unabhängig von der Person des Antragstellers an, dass die Entscheidungen des Restrukturierungsgerichts nur in denjenigen Fällen auch Rechtsmitteln unterliegen, in denen das Gesetz die sofortige Beschwerde vorsieht (beispielsweise § 51 Abs. 5 Satz 2 StaRUG zugunsten des Schuldners im Falle der Ablehnung der Stabilisierungsanordnung).

109 Für die Gesellschafter sind vor allem der Minderheitenschutzantrag gemäß § 64 StaRUG und die sofortige Beschwerde in § 66 StaRUG relevant. Auch diese Rechtsschutzmöglichkeiten sind bereits aus dem Insolvenzplanverfahren bekannt (vgl. § 251 InsO für den Minderheitenschutzantrag; § 253 InsO für die sofortige Beschwerde). Darüber hinaus bieten sich den Gesellschaftern noch einige informelle Möglichkeiten, um sich jedenfalls faktisch gegen das Restrukturierungsverfahren zur Wehr zu setzen. Zu diesen informellen Verteidigungsmöglichkeiten zählt inter alia die Möglichkeit, das Fehlen der drohenden Zahlungsunfähigkeit des Schuldners zu monieren. Gleiches gilt für die Auswahl der Gläubiger und ihre Einteilung in Gruppen.

110 Zunächst zu den formellen Rechtsbehelfen im StaRUG-Verfahren: In den Fällen der §§ 64, 66 StaRUG muss der Gesellschafter – zunächst allgemein gesprochen – seine (sogleich noch näher zu qualifizierende) Schlechterstellung durch den Restrukturierungsplan geltend machen, indem er den Plan – idealerweise mithilfe einer eigenen Vergleichsrechnung – angreift, die dem Gericht in einem Gegengutachten als Urkundenbeweis unterbreitet wird.[125]

111 Im Falle des Minderheitenschutzantrags nach § 64 StaRUG muss der dem Restrukturierungsplan widersprechende Gesellschafter darlegen, dass er durch den Plan *voraussichtlich* schlechter gestellt wird, als er *ohne* den Plan stünde (§ 64 Abs. 1 Satz 1 StaRUG).[126] Hierfür muss der Gesellschafter die dem Plan zugrunde liegende Vergleichsrechnung angreifen (dazu bereits unter Rn. 80). Die Einwendungen der Gesellschafter gegen die Vergleichsrechnung sind sowohl in ihrer inhaltlichen als auch in ihrer praktischen Darlegung äußerst herausfordernd. Inhaltlich ist es für einen opponierenden Gesellschafter schon deshalb schwierig, seine Position darzulegen, weil er lediglich die „outside perspective" hat, aus der heraus er das bessere Alter-

---

125 *Girotto*, in: Beck/Depré/Ampferl, Praxis der Sanierung und Insolvenz, § 1 Rn. 139.
126 Dezidiert hierzu *Bönold/Kaul*, NZI 2024, 159.

nativszenario entwickeln und glaubhaft darlegen muss.[127] Aufgrund dessen wird teilweise dafür plädiert, in praxi eher auf die Anfechtung der Parameter der Vergleichsrechnung zu setzen als auf das Zeichnen des Alternativszenarios.[128] Dies sei im Ergebnis leichter, um eine Nachbesserung des Restrukturierungsplans zu erreichen. Besonderer Handlungsdruck entsteht für die Gesellschafter beim Angriff der Vergleichsrechnung dann, wenn sich das Restrukturierungsgericht auf die Mindestladungsfrist von lediglich 14 Tagen beschränkt (§ 45 Abs. 1 Satz 2 StaRUG). In einem ersten StaRUG-Fall betrug die Frist beispielsweise ebenfalls nur 21 Tage,[129] was es schwierig macht, in diesem kurzen Zeitraum einen präzisen Angriff der Vergleichsrechnung zu starten. In jedem Fall dürfte dies ohne die Mandatierung eines eigenen finanziellen Beraters schwerlich gelingen.

Bei der sofortigen Beschwerde gegen den Planbestätigungsbeschluss nach § 66 StaRUG hat der Gesellschafter als Beschwerdeführer glaubhaft zu machen, dass er durch den Plan *wesentlich* schlechter gestellt wird, als er ohne Plan stünde, und dass dieser Nachteil nicht durch eine Zahlung aus den in § 64 Abs. 3 StaRUG genannten Mitteln ausgeglichen werden kann (§ 66 Abs. 2 Nr. 3 StaRUG). Zu den Anforderungen an die Glaubhaftmachung der Schlechterstellung im Sinne von § 66 Abs. 2 Nr. 3 StaRUG äußerte sich in diesem Jahr das Landgericht Stuttgart.[130] Im Unterschied zum Minderheitenschutzantrag nach § 64 Abs. 2 StaRUG (hier muss der Antragsteller die *voraussichtliche* Schlechterstellung durch den Plan geltend machen) muss der Beschwerdeführer im Fall von § 66 Abs. 2 Nr. 3 StaRUG glaubhaft machen, dass er durch den Plan eine *wesentliche* Schlechterstellung erfährt. Daraus folgen höhere Anforderungen als beim Minderheitenschutzantrag. Das bedeutet, dass sich der Gesellschafter dezidiert mit der Vergleichsrechnung und der darin vorgenommenen Werteallokation auseinandersetzen muss. Für die Zulässigkeit des Antrags nach § 66 StaRUG ist dagegen lediglich erforderlich, dass der Beschwerdeführer dem Gericht einen Vortrag anbietet, auf dessen Basis das Gericht berechtigterweise annehmen darf, dass eine wesentliche Schlechterstellung mit einer Wahrscheinlichkeit von mehr als 50 % eintreten wird. **112**

Folglich haben die Gesellschafter im Laufe des Restrukturierungsverfahrens diverse Optionen, sich gegen die avisierte Restrukturierung und die damit verbundenen gerichtlichen Entscheidungen zur Wehr zu setzen, die hier übersichtshalber noch einmal zusammengefasst seien: **113**

---

127 *Girotto*, in: Beck/Depré/Ampferl, Praxis der Sanierung und Insolvenz, § 1 Rn. 139.

128 *Girotto*, in: Beck/Depré/Ampferl, Praxis der Sanierung und Insolvenz, § 1 Rn. 139; im Ergebnis ebenso *Desch*, BB 2020, 2498, 2504; *Knof*, SanB 2021, 68, 72.

129 Besprochen bei *Fiebig*, ZRI 2021, 561, 563.

130 LG Stuttgart Beschl. v. 21.1.2025 – 1 T 12/24, NZI 2025, 232.

114 So kann ein Gläubiger bereits bei Anzeige der Restrukturierungssache beim Restrukturierungsgericht das Fehlen der drohenden Zahlungsunfähigkeit monieren. Bei der anschließenden Ladung zum Abstimmungstermin kann eine falsche Bestimmung des Stimmrechts gerügt werden. Im Abstimmungstermin selbst kann der Gesellschafter entweder eine Gegenstimme abgeben oder sich enthalten. Soll mit dem Plan ein Cram-down dissentierender Gläubigergruppen vorgenommen werden, kann der Gläubiger überdies die Gruppeneinteilung als unsachgerecht angreifen. In der darauffolgenden Anhörung der Planbetroffenen kann der Gesellschafter dann einen Minderheitenschutzantrag nach § 64 StaRUG stellen, wobei der Antrag nur zulässig ist, wenn der Antragsteller bereits im Abstimmungsverfahren dem Plan widersprochen und geltend gemacht hat, dass er durch den Plan *voraussichtlich* schlechter gestellt wird, als er ohne Plan stünde. Aus diesem Grund ist es entscheidend, dass der Gesellschafter seinen Widerspruch bereits im Abstimmungstermin kundgetan hat. Schließlich hat der Gesellschafter die Option, im Wege der sofortigen Beschwerde gemäß § 66 StaRUG gegen den Restrukturierungsplan vorzugehen. Auch hierfür muss der Gesellschafter dem Plan bereits im Abstimmungsverfahren widersprochen haben, gegen den Plan gestimmt sowie glaubhaft gemacht haben, dass er durch den Plan *wesentlich* schlechter gestellt wird, als er ohne den Plan stünde.

115 In der Gesamtschau bestehen folglich über die verschiedenen Verfahrensstadien des Restrukturierungsverfahrens verteilt mindestens sechs Angriffspunkte für den widersprechenden Gesellschafter. Wie bereits oben dargelegt, sind jedoch zumindest die formellen Rechtsmittel aus Gläubigerperspektive kaum bis gar nicht durchsetzbar. Den Verfasserinnen ist nach heutigem Stand auch keine Restrukturierungssache bekannt, in der ein Gläubiger Rechtsschutzmöglichkeiten erfolgreich durchgesetzt hat.

116 Im Insolvenzplanverfahren bestehen vergleichsweise weniger Rechtsschutzmöglichkeiten, nämlich nur während der Abstimmung über den Insolvenzplan, sodann bis zum Planbestätigungsbeschluss des Gerichts über § 251 InsO und nach dem Beschluss über § 253 InsO.

II. Allgemeines zur Rolle des Gesellschafters im Insolvenzverfahren seiner Gesellschaft

117 Die Eröffnung des Insolvenzverfahrens erfasst zunächst nicht die Geschäftsanteile an der Gesellschaft selbst. Diese bleiben grundsätzlich bestehen und können theoretisch weiterhin veräußert werden. Nur im Rahmen und auf Basis eines Insolvenzplans können Gesellschaftsanteile in das Verfahren einbezogen werden (vgl. weitere Ausführungen im nachfolgenden Abschnitt). Gesellschafterbeschlüsse – etwa zu Kapitalmaßnahmen, Jahresabschlüssen oder Geschäftsführerbestellungen – bleiben zumindest im Regelverfahren

weiterhin zulässig, wohingegen in der (vorläufigen) Eigenverwaltung gem. § 276a Abs. 1 Satz 2, Abs. 3 InsO die Bestellung und Abberufung von Geschäftsführern nur mit Zustimmung des (vorläufigen) Sachwalters zulässig ist.

Nach Eröffnung des Insolvenzverfahrens bleibt die Gesellschafterversammlung zwar als Organ der Gesellschaft bestehen; ihre Kompetenzen werden jedoch durch das Verwaltungs- und Verfügungsrecht des Insolvenzverwalters weitgehend verdrängt. Der Insolvenzverwalter handelt bei der Abwicklung des Gesellschaftsvermögens eigenständig und unterliegt nicht der Aufsicht der Gesellschaftsorgane. Damit entfällt jede gesellschaftsinterne Kontrolle durch die Gesellschafter. Entsprechend ist der Informationsanspruch nach § 51a GmbHG inhaltlich eingeschränkt: Er bezieht sich nur noch auf Angelegenheiten, die die persönliche vermögensrechtliche Stellung des Gesellschafters betreffen.[131] Der Insolvenzverwalter erfüllt diesen Anspruch durch Gewährung von Einsicht in die von ihm in Verwahrung genommenen Geschäftsunterlagen aus der Zeit vor der Eröffnung des Insolvenzverfahrens.[132] Die Tätigkeit des Insolvenzverwalters selbst, insbesondere die Abwicklung und Verwaltung der Masse sowie die Geltendmachung von Ansprüchen der Gesellschaft gegen Dritte, ist dem Informationsrecht des Gesellschafters entzogen. Einsicht kann daher nur in solche Unterlagen verlangt werden, die vor der Verfahrenseröffnung bestanden und vom Insolvenzverwalter übernommen wurden, nicht aber in Dokumente, die dessen eigene Tätigkeit betreffen. Ein Auskunftsverlangen muss zudem ein konkretes, mitgliedschaftsbezogenes Informationsinteresse erkennen lassen; bloße Verteidigungsinteressen des Gesellschafters in anderen Verfahren genügen nicht. **118**

Eine Fortsetzung der Gesellschaft nach Verfahrenseröffnung ist nur in den in § 60 Abs. 1 Nr. 4 GmbHG genannten Fällen zulässig, insbesondere bei Einstellung oder Aufhebung des Insolvenzverfahrens aufgrund eines bestätigten Insolvenzplans mit Fortführungsregelung. **119**

Die Bestellung des Abschlussprüfers für neue Jahresabschlüsse erfolgt durch das Registergericht auf Antrag des Insolvenzverwalters (§ 155 Abs. 3 InsO). Wie für das Restrukturierungsverfahren soll auch für das Insolvenzverfahren problemorientiert ausgeführt werden, welche Beteiligungs- und Rechtsschutzmöglichkeiten den Gesellschaftern im laufenden Verfahren zukommen. Von besonderem Interesse ist dies vor allem bei Änderungen in der Gesellschafterstruktur durch Insolvenzplan (§ 225a InsO). **120**

---

131 LG Berlin (Kammer für Handelssachen 103), Beschl. v. 7.6.2022 – 103 O 126/21, ZInsO 2022, 1916.

132 Pfälz. OLG Zweibrücken, Beschl. v. 7.9.2006 – 3 W 122/06, FGPrax 2006, 278.

III. Im Insolvenz(plan)verfahren nach der Insolvenzordnung

121 Das Insolvenzplanverfahren in den §§ 217 ff. InsO stand dem bereits besprochenen Restrukturierungsverfahren nach dem StaRUG zum Vorbild. Mit dem Planverfahren normierte der Gesetzgeber – zum Zwecke der Vermeidung von Anschlussinsolvenzen – die Aufstellung eines Insolvenzplans mit einem darstellenden und einem gestaltenden Teil (§§ 217–234 InsO). Der Insolvenzplan wird vornehmlich zur Sanierung von Unternehmen genutzt, kann aber durchaus auch zum „sauberen" Marktaustritt eines kriselnden Unternehmens in Stellung gebracht werden. Wie auch beim Restrukturierungsplan nach dem StaRUG verlangt das Insolvenzplanverfahren nach einer Gleichbehandlung der betroffenen Gläubiger, was sich insbesondere im Schlechterstellungsverbot und im Obstruktionsverbot ausdrückt. Ebenfalls erforderlich ist die Annahme und Bestätigung des Insolvenzplans durch die Planbetroffenen sowie durch das Insolvenzgericht (§§ 235–253 InsO). Die Wirkungen des bestätigten Plans und die Überwachung seiner Erfüllung sind in §§ 254–269 InsO geregelt.

122 Ohne dass eine Kategorisierung der Typen von Insolvenzplänen gesetzlich vorgegeben ist, bildete sich in der Praxis eine Unterteilung in Eigensanierungspläne, Fortführungspläne, Pläne zur übertragenden Sanierung oder zur Liquidation sowie in Moratoriumspläne heraus. Was jeweils Inhalt des gestaltenden Teils des Insolvenzplans sein kann, bestimmt sich nach §§ 221 ff. InsO. Dabei ist die mit dem Gesetz zur weiteren Erleichterung der Sanierung von Unternehmen (ESUG) eingeführte Regelung in § 225a InsO für Gesellschafter im Insolvenzplanverfahren besonders relevant.

1. Änderungen der Gesellschafterstruktur durch den Insolvenzplan

123 § 225a InsO sieht vor, dass Rechte der Anteilsinhaber im Insolvenzplan geregelt werden können. Sie sind folglich gestaltbar. Was dies im Einzelnen bedeutet, wird sogleich noch zu klären sein. Zuvor sei allerdings noch darauf hingewiesen, dass § 225a InsO ein generelles Regel-Ausnahme-Verhältnis aufstellt: Gemäß § 225a Abs. 1 InsO bleiben die Anteils- oder Mitgliedschaftsrechte der am Schuldner beteiligten Personen vom Insolvenzplan unberührt, es sei denn, der Plan bestimmt etwas anderes.

124 Es bleibt folglich auch im Insolvenzplanverfahren im Ausgangspunkt bei einem Fortbestand der Anteils- und Mitgliedschaftsrechte, obschon die Anteils- und Mitgliedschaftsrechte im Insolvenzverfahren auf dasjenige Gesellschaftsvermögen beschränkt ist, das nicht dem Insolvenzbeschlag unterliegt bzw. das nicht zur Insolvenzmasse gehört. Kommt es abweichend hiervon nach § 225a InsO zu ihrer Umgestaltung durch den Insolvenzplan, so erfolgt dies regelmäßig in Gestalt einer Umwandlung von Fremdkapital (die bestehenden Verbindlichkeiten) in Eigenkapital der Inhaber der Anteils- und

Mitgliedschaftsrechte, der sogenannte „Debt to Equity Swap“ (vgl. § 225a Abs. 2 Satz 1 InsO). Dieser Swap in eine Sacheinlage der Anteils- bzw. Rechtsinhaber vollzieht sich rechtstechnisch in aller Regel über eine Abtretung der gegen den Schuldner gerichteten Forderungen an ihn selbst (Konfusion) oder aber über eine Verzichtserklärung mit dem jeweiligen Gläubiger.[133]

125 Für Gesellschafter ist der Swap deshalb interessant, weil auch Forderungen aus einem Gesellschafterdarlehen zu seinem Gegenstand gemacht werden können. Einschränkend ist hierbei jedoch der Grundsatz der Vollwertigkeit zu beachten, wonach eine solche Gestaltung nur dann zulässig ist, wenn zuvor alle im Rang vorstehenden Gläubiger vollständig befriedigt worden sind.[134] Dies setzt – trotz der Existenz der Ausschlussregelung in § 254 Abs. 4 InsO zu überbewerteten Forderungen – wiederum voraus, dass der Grundsatz der realen Kapitalaufbringung eingehalten wird.[135] Eine weitere Grenze für Umgestaltungen der Anteils- und Mitgliedschaftsrechte zieht § 225a Abs. 2 Satz 2 InsO, wonach keine Umgestaltung gegen den Willen der betroffenen Gläubiger geschehen kann. Sollen Gläubiger Anteils- oder Mitgliedschaftsrechte oder Beteiligungen am Unternehmen übernehmen, so ist dem Plan überdies die zustimmende Erklärung eines jeden dieser Gläubiger hinzuzufügen (§ 230 Abs. 2 InsO).

126 Zusätzlich kann der Insolvenzplan gemäß § 225a Abs. 2 Satz 3 InsO weitere finanzielle Restrukturierungsmaßnahmen vorsehen, wie etwa eine Kapitalherabsetzung oder -erhöhung der am Schuldner beteiligten Personen, die Leistung von Sacheinlagen oder den Ausschluss von Bezugsrechten sowie die Zahlung von Abfindungen für aus der Gesellschaft ausscheidende Anteilsinhaber.

127 § 225a Abs. 3 InsO befasst sich sodann mit gesellschaftsrechtlichen Maßnahmen. Die Regelung sieht vor, dass im Plan jede Regelung getroffen werden kann, die gesellschaftsrechtlich zulässig ist, insbesondere die Fortsetzung einer aufgelösten Gesellschaft oder die Übertragung von Anteils- oder Mitgliedschaftsrechten.

128 Aus Gesellschafterperspektive interessant ist zudem die sogenannte „Change-of-Control-Klausel“, die sich aus § 225a Abs. 4 InsO ableiten lässt. Hierbei geht es darum, den insolventen Schuldner vor Kündigungen zu schützen, die deshalb erfolgen, weil Maßnahmen nach § 225 Abs. 2, 3 InsO durch den Insolvenzplan getroffen worden sind. Der Schuldner soll auf den Bestand von Verträgen mit grundlegender Bedeutung für das Unternehmen

133 *Spliedt*, in: Schmidt, InsO, § 225a Rn. 19.
134 *Spliedt*, in: Schmidt, InsO, § 225a Rn. 20.
135 *Schmittmann*, in: Schmittmann, Fachberater für Restrukturierung und Unternehmensplanung, Kap. 7 Rn. 110.

vertrauen dürfen. § 225a Abs. 4 InsO bestimmt deshalb, dass ein Rücktritt oder eine Kündigung aufgrund von Maßnahmen nach § 225a Abs. 2, 3 InsO unzulässig ist.

129 Abschließend trifft § 225a Abs. 5 InsO eine Regelung zum Austritt von Gesellschaftern aus der Gesellschaft. Für den Fall, dass eine Maßnahme nach § 225a Abs. 2, 3 InsO für eine am Schuldner beteiligte Person einen wichtigen Grund zum Austritt aus der juristischen Person darstellt und sie diesen Austritt auch vollzieht, ist gemäß § 225a Abs. 5 Satz 1 InsO ein Abfindungsanspruch zu zahlen. Dessen Höhe bestimmt sich nach derjenigen Vermögenslage, wie sie sich bei Abwicklung des Unternehmens dargestellt hätte. Zusätzlich hält § 225a Abs. 5 Satz 2 InsO eine Stundungsregelung für den Fall bereit, dass das schuldnerische Unternehmen durch den Abfindungsanspruch finanziell zu stark belastet würde. Das Abfindungsguthaben kann dann über einen Zeitraum von drei Jahren gestundet werden, wobei das Guthaben zugunsten des ausscheidenden Gesellschafters zu verzinsen ist. Zugleich bleibt zu bedenken, dass der Gesellschafter bei einer solchen Regelung auch das Risiko einer Folgeinsolvenz des schuldnerischen Unternehmens trägt, weshalb er bei einer Stundung schlechter steht, als er bei einer Regelabwicklung des Unternehmens stünde.

2. Beteiligungsmöglichkeiten im laufenden Insolvenz(plan)verfahren

130 Sofern nicht der Insolvenzschuldner selbst einen Insolvenzplan eingereicht hat (der im Übrigen bereits mit dem Antrag auf Eröffnung des Insolvenzverfahrens gemäß § 218 Abs. 1 Satz 2 InsO verbunden werden kann), kann die Gläubigerversammlung den Insolvenzverwalter damit beauftragen, einen Insolvenzplan auszuarbeiten. Wesentliche Stellschraube für das Gelingen des Planverfahrens wird – wie auch im Restrukturierungsverfahren – die strategisch kluge Gruppenbildung sein, wobei zu beachten ist, dass § 222 Abs. 2 Satz 1 InsO obligatorische Gläubigergruppen vorgibt.

131 Im Anschluss hieran haben die Gesellschafter – wie alle anderen Gläubiger – im Erörterungs- und Abstimmungstermin die Möglichkeit, sowohl den Insolvenzplan als auch ihr jeweiliges Stimmrecht zu erörtern und anschließend über den Plan abzustimmen. Im Erörterungs- und Abstimmungstermin hat das Insolvenzgericht im besonderen Maße dafür Sorge zu tragen, dass die Gläubigerversammlung in einer Art und Weise durchgeführt wird, dass eine geordnete Willensbildung und Abstimmung aller Gläubiger gewährleistet ist.

132 Die Abstimmung über den Insolvenzplan erfolgt sodann nach Maßgabe von § 243 InsO in jeder Gruppe durch die jeweils stimmberechtigten Beteiligten. Erforderlich ist hierbei die sogenannte „doppelte Mehrheit“. Hiernach bedarf es zur Annahme des Plans durch die Gläubiger mithin einerseits der Mehrheit der abstimmenden Gläubiger innerhalb jeder Gruppe (§244 Abs. 1 Nr. 1 InsO) und andererseits zusätzlich einer „finanziellen" Mehrheit, wonach die Summe der Ansprüche der zustimmenden Gläubiger mehr als die Hälfte der Summe der Ansprüche der abstimmenden Gläubiger betragen muss (§244 Abs. 1 Nr. 2 InsO). Die für die Abstimmung nach §243 InsO maßgeblichen Stimmrechte ergeben sich generell aus §§237 ff. InsO, die wiederum im Wesentlichen auf die Vorschriften zu den Stimmrechten bei der Gläubigerversammlung verweisen. Bei den Mehrheitserfordernissen zeigt sich ein wesentlicher Unterschied zum StaRUG, das vorsieht, dass in jeder Gruppe auf die dem Plan zustimmenden Gruppenmitglieder mindestens drei Viertel der Stimmrechte innerhalb dieser Gruppe entfallen müssen. Im Hinblick auf die Gesamtsumme der in der Gruppe vorhandenen Stimmrechte müssen die Stimmrechte der zustimmenden Gläubiger insgesamt 75% ausmachen.

Im Zusammenhang mit der Gesellschafterbeteiligung ist entscheidend, dass auch die Rechte der Anteilsinhaber in den Plan einbezogen werden können, sodass auch ihre Teilnahme an der Abstimmung möglich ist. Für diesen Fall gilt gemäß §244 Abs. 3 InsO, dass bei der Abstimmung jeweils die Summe ihrer Beteiligung maßgeblich ist; es bedarf folglich keiner „Kopfmehrheit".[136] §246a InsO trifft für die Abstimmung von Anteilsinhabern außerdem die Sonderregelung, dass die Zustimmung der Anteilsinhaber dann als erteilt gilt, wenn sich keines der Mitglieder einer Gruppe der Anteilsinhaber an der Abstimmung beteiligt. **133**

Für den Fall der Ersetzung der Zustimmung einer Gruppe auf Basis des Obstruktionsverbots aus §245 InsO trifft §245 Abs. 3 InsO eine weitere Sonderregelung für die Gruppe der Anteilsinhaber. Hiernach liegt eine angemessene Beteiligung der Anteilsinhaber am wirtschaftlichen Wert des Unternehmens vor (vgl. näher §245 Abs. 1 Nr. 2 InsO), wenn nach dem Plan kein Gläubiger wirtschaftliche Werte erhält, die den vollen Betrag seines Anspruchs übersteigen (§245 Abs. 3 Nr. 1 InsO) und kein Anteilsinhaber, der ohne einen Plan den Anteilsinhabern der Gruppe gleichgestellt wäre, diesen gegenüber bessergestellt wird (§245 Abs. 3 Nr. 2 InsO). **134**

3. Verteidigungs- und Rechtsbehelfsmöglichkeiten

Wie auch das StaRUG sieht das Insolvenz(plan)verfahren einen Minderheitenschutzantrag vor, der das notwendige Korrektiv zum Mehrheitsprinzip bei der Planabstimmung darstellt (§251 InsO). Demgemäß können auch die Gesellschafter vortragen, dass sie durch den Plan voraussichtlich schlechter gestellt werden, als sie ohne den Plan stünden (vgl. §251 Abs. 1 Nr. 2 InsO), **135**

136 *Schmittmann*, in: Schmittmann, Fachberater für Restrukturierung und Unternehmensplanung, Kap. 7 Rn. 165 mit dem zutreffenden Hinweis darauf, dass im Kapitalgesellschaftsrecht ohnehin regelmäßig die Kapitalmehrheit entscheidend ist.

und auf Basis dessen beantragen, die Planbestätigung zu versagen. Hierzu ist allerdings erforderlich, dass die widersprechenden Gesellschafter ihren Widerspruch bereits im Abstimmungstermin schriftlich oder zu Protokoll kundgetan haben (§ 251 Abs. 1 Nr. 1 InsO). Aus praktischer Sicht ist jedoch kaum ein Szenario denkbar, in dem die Gesellschafter im Vergleich zu dem vorgestellten Alternativszenario schlechter gestellt wären, wenn die Gesellschafter nicht ausnahmsweise bereit wären, einen wie auch immer gearteten Investorenbeitrag zu leisten, der zu einer höheren Insolvenzquote und dazu führen würde, dass die Gesellschafter ihre Beteiligung wirtschaftlich behalten dürfen.[137]

136 Ist der Insolvenzplan einmal gerichtlich bestätigt worden, steht den Gesellschafter als Rechtsschutz gegen diesen Beschluss nur noch die sofortige Beschwerde offen (§ 253 InsO). Auch diese ist nach Maßgabe von § 253 Abs. 2 InsO nur dann zulässig, wenn der Gesellschafter als Beschwerdeführer dem Plan spätestens im Abstimmungstermin schriftlich oder zu Protokoll widersprochen hat (Nr. 1), gegen den Plan gestimmt hat (Nr. 2) und glaubhaft macht, dass er durch den Plan wesentlich schlechter gestellt wird, als er ohne einen Plan stünde, und dass dieser Nachteil nicht durch eine Zahlung aus den in § 251 Abs. 3 InsO genannten Mitteln ausgeglichen werden kann (Nr. 3).

D. Erkenntnisse und Ausblick

137 In der Gesamtschau zeigt sich, dass Gesellschafter zumindest im Restrukturierungsverfahren bzw. in einem etwaigen darauffolgenden Insolvenzverfahren eine eher untergeordnete Rolle einnehmen. Zugleich sind Gesellschafterstreitigkeiten mitunter auch der Herd der Unternehmenskrise, wie etwa der Beschluss vom Amtsgericht Hamburg[138] vom 12.4.2021 zeigt. Deshalb kann ein besonderes Bedürfnis bestehen, diesen Streitigkeiten erforderlichenfalls auch über die rechtlichen Instrumente des StaRUG oder des Insolvenzplanverfahrens beizukommen. Diesem Umstand hat der Gesetzgeber in der Vergangenheit zunehmend Rechnung getragen, indem er diverse Optionen zur Gestaltung von Anteils- und Mitgliedschaftsrechten in den jeweiligen Verfahren vorgesehen und Sonderregelungen für die Beteiligung von Inhabern von Anteils- und Mitgliedschaftsrechten getroffen hat. Für die Gesellschafter besteht die Gefahr, dass über die Mechanismen des StaRUG in durchaus erheblichem Maße in ihre Rechte eingegriffen wird. Zugleich darf

137 Rechtlich wäre wiederum eine Kapitalreduktion auf Null, verbunden mit einer Kapitalerhöhung – jedoch ohne Bezugsrechtsausschluss für die Altgesellschafter erforderlich.

138 Amtsgericht Hamburg, Beschl. v. 12.4.2023 – 61a RES 1/21.

nicht vergessen werden, dass eine Verkürzung ihrer Rechte auch im Falle einer Insolvenz drohen würde.

Literaturverzeichnis

Ahrens, *Martin*	Aktuelle Entwicklungen des Regelinsolvenzverfahrens im Jahr 2024, NJW 2025, 1856
Altmeppen, *Holger*	Abschied vom „Durchgriff" im Kapitalgesellschaftsrecht, NJW 2007, 2657
Altmeppen, *Holger*	Treuepflicht der Minderheitsaktionäre einer AG und Haftung des Stimmrechtsvertreters (Girmes), Besprechung von BGH, Urteil vom 20. März 1995 (II ZR 205/94), NJW 1995, 1739
Andersson-Lindström, *Nils*	INDat-Report 04/2025, S. 33
Bayer, *Walter*	Besprechung zu AG Hamburg, Beschluss vom 17. März 2023 (61c RES 1/23), GmbHR 2023, 916
Beck, *Siegfried*/*Depré*, *Peter*/*Ampferl*, *Hubert* (Hrsg.)	Praxis der Sanierung und Insolvenz, 4. Aufl. 2023
Beissenhirtz, *Volker*	Aus COVInsAG wird SanInsKG – sonst ändert sich nix?, ZInsO 2022, 2225
Beukelmann, *Stephan*	Faktische Geschäftsführung bei Firmenbestattungen, NJW-Spezial 2025, 312
Bönold, *Kira*/*Kaul*, *Maximilian*	Zulässigkeit und Begründetheit eines Minderheitenschutzantrags und Planbestätigungsantrags im Restrukturierungsverfahren, NZI 2024, 159
Brackmann, *Susann*/*Holze*, *Alina*	Gesellschafter- und Aktionärsbeteiligung in der Restrukturierung, ZRI 2024, 143
Brand, *Marco*	„Sanieren oder Ausscheiden" in der Aktiengesellschaft, KTS 2011, 481
Buth, *Andrea K.*/*Hermanns*, *Michael* (Hrsg.)	Restrukturierung, Sanierung, Insolvenz, 5. Aufl. 2022
Dahl, *Michael*/*Taras*, *Raul*	Keine Einschränkung des § 26 StaRUG bei reinem Gesellschafterplan, Besprechung von AG München, Beschluss vom 15. Februar 2023 (1507 RES 3229), NJW-Spezial 2023, 278

Desch, Wolfram	Der neue Stabilisierungs- und Restrukturierungsrahmen nach dem Regierungsentwurf StaRUG in der Praxis, BB 2020, 2498
Eilers, Stephan/Gleske, Christoph/Hüther, Mario/Knapp, Marvin (Hrsg.)	Handbuch Unternehmensfinanzierung, 2024
Fiebig, Sylvia	StaRUG – eine Auswertung der ersten praktischen Fälle, ZRI 2021, 561
Fleischer, Holger/Goette, Wulf (Hrsg.)	Münchener Kommentar zum GmbHG, 4. Aufl. 2023
Flöther, Lucas F. (Hrsg.)	StaRUG – Unternehmensstabilisierungs- und -restrukturierungsgesetz, 2001
Flume, Werner	Die Rechtsprechung des II. Zivilsenats des BGH zur Treupflicht des GmbH-Gesellschafters und des Aktionärs, ZIP 1996, 161
Fridgen, Alexander/Geiwitz, Arndt/Göpfert, Burkard (Hrsg.)	Insolvenzrecht, 2022
Gehrlein, Markus	Rechte der Gesellschafter im Restrukturierungsverfahren, BB 2022, 1096
Goette, Wulf/Habersack, Matthias/Kalls, Susanne (Hrsg.)	Münchener Kommentar zum Aktiengesetz, 6. Aufl. 2025
Grau, Jörg/Pohlmann, Ulrich/Radunz, Isabell	Erste Praxiserfahrungen mit dem StaRUG – Zugleich Besprechung von AG Hamburg (NZI 2021, 544), NZI 2021, 522
Hirte, Heribert/Vallender, Heinz (Hrsg.)	Uhlenbruck – Kommentar zur Insolvenzordnung, 16. Aufl. 2025
Hoegen, Peter/Kranz, Christopher	Neue Möglichkeiten der Konzernsanierung durch SanInsFoG und StaRUG, NZI 2021, 105
Ihrig, Hans-Christoph	Einzelfragen zur Existenzvernichtungshaftung als Binnenhaftung, DStR 2007, 1170
Keller, Ulrich	Insolvenzrecht, 3. Aufl. 2020
Knof, Béla	Zu welchem „Preis“ dürfen die Gesellschafter ihre Anteile in einer Sanierung nach dem StaRUG behalten?, SanB 2021, 68

Knops, Kai-Oliver/Bamberger, Heinz Georg/Lieser, Jens (Hrsg.)	Recht der Sanierungsfinanzierung, 2. Aufl. 2019
Kührt, Johannes	Restrukturierungen auf Kosten der Aktionäre – Notwendiges Übel oder „Restrukturierungsübernahme“ durch die Hintertür?, NZI 2025, 249
Lamprecht, Philipp	Haftung des Aktionärs für die treurechtswidrige Stimmabgabe des Stimmrechtsvertreters, ZIP 1996, 1372
Löser, Arne	Ankaufsverpflichtung für Sicherungsgut des Kreditgebers als Gesellschaftersicherheit i. S. des § 135 II InsO n. F., ZInsO 2010, 28
Madaus, Stephan	Der Funken des StaRUG zündet – die Restrukturierung ausländischer Forderungen in Deutschland bei Spark Networks, Zugleich Besprechung von AG Berlin-Charlottenburg (NZI 2024, 225), NZI 2024, 193
Madaus, Stephan/Klockenbrink, Ulrich/Meier, Nicola Rebecca	Keine Zustimmung der Gesellschafter für Einleitung des StaRUG-Verfahrens einer GmbH zur Vermeidung der Insolvenz, Besprechung zu OLG Stuttgart, Beschluss vom 21. August 2024 (20 U 30/24), NZI 2024, 832
Michalski, Lutz/Heidinger, Andreas/Leible, Stefan/Schmidt, Jessica (Hrsg.)	GmbH-Gesetz, 4. Aufl. 2023
Morgen, Christoph (Hrsg.)	StaRUG – Kommentar zum Gesetz über den Stabilisierungs- und Restrukturierungsrahmen für Unternehmen, 2. Aufl. 2022
Nolden, Christoph/Heusel, Matthias/Goette, Maximilian	Das Wirtschaftsstabilisierungsfondsgesetz im aktienrechtlichen Kontext, DStR 2020, 800
Obst, Thomas/Röhl, Klaus-Heiner	Institut der Deutschen Wirtschaft (IW), Report 13/2025: Unternehmensinsolvenzen steigen kräftig v. 19.3.2025.
Omar, Paul J./Gant, Jennifer (Hrsg.)	Research Handbook on Corporate Restructuring, 2021, 185
Priester, Hans-Joachim	Eine Lanze für die Differenzhaftung bei Verschmelzung von GmbH, ZIP 2019, 646
Ringelspacher, Eva/Fehl-Weileder, Elske	Die Vergleichsrechnung: Streitfragen und Erfahrungen oder Business as usual, ZRI 2022, 210

Römer, Alexander	Aktuelle Entwicklungen im Insolvenzrecht – Pflichten und Risiken der GmbH-Gesellschafter, NZG 2023, 1168
Römermann, Volker (Hrsg.)	Insolvenzordnung, 49. Aufl. 2024
Runkel, Hans-Peter/Schmidt, Jens (Hrsg.)	Anwaltshandbuch Insolvenzrecht, 4. Aufl. 2022
Schirrmacher, Carsten	Existenzvernichtung, Unterkapitalisierung, kalte Liquidation, ZGR 2021, 2
Schmidt, Karsten (Hrsg.)	Beck'scher Kurzkommentar zur Insolvenzordnung, 20. Aufl. 2023
Schmittmann, Jens M.	Beurkundung bei Verdacht von Firmenbestattungen, NZI 2016, 124
Schmittmann, Jens M.	Haftung von Organen in Krise, Restrukturierung und Insolvenz, 5. Aufl. 2025
Schmittmann, Jens M. (Hrsg.)	Fachberater für Restrukturierung und Unternehmensplanung (DStV e. V.), 2025
Schönfelder, Matthias	Konsortialkredite in der Plangestaltung nach dem StaRUG: Alles im Plan?, NZI 2023, 1
Skauradszun, Dominik/Amort, Matthias	Krisenfrüherkennung und -management, Organkompetenzen und die Frage nach der Restrukturierungsverschleppungshaftung, DB 2021, 1317
Skauradszun, Dominik/Fridgen, Alexander (Hrsg.)	Beck'scher Online-Kommentar zum StaRUG, 17. Edition 2025
Stürner, Rolf/Eidenmüller, Horst/Schoppmeyer, Heinrich (Hrsg.)	Münchener Kommentar zur Insolvenzordnung, Band 3, §§ 217–359 InsO, 4. Aufl. 2022
Thole, Christoph	Die Geschäftsleiterhaftung im StaRUG und nach § 15b InsO n. F., BB 2021, 1347
Thole, Christoph	Gesellschafterbesicherte Kredite und die Anfechtung nach § 135 Abs. 2 InsO, ZIP 2015, 1609
Wabnitz, Heinz-Bernd/Janovsky, Thomas/Schmitt, Lothar (Hrsg.)	Handbuch Wirtschafts- und Steuerstrafrecht, 6. Aufl. 2025
Weber, Christoph	Sanieren oder Ausscheiden – Treuebindungen bei der Sanierung von Personengesellschaften – Zugleich Besprechung des BGH-Urteils vom 19. Oktober 2009 (II ZR 240/08, DStR 2009, 2495), DStR 2010, 702

Westermann, Harm Peter Vertraglich geregeltes oder treupflichtgemäßes Ausscheiden aus einer sanierungsbedürftigen Personengesellschaft, NZG 2016, 9

Kapitel 3
Die Gesellschaft mit gebundenem Vermögen (GgebV) – ein Projekt mit Zukunft?

Übersicht

Abstract

Aufgrund der aktuellen globalen Herausforderungen war das Bedürfnis nach 1
einer nachhaltigen Gesellschaftsform, der Gesellschaft mit gebundenem
Vermögen (GmbH mGebV), entstanden. Nach ersten Gesetzesentwürfen
2020 stellt sich nunmehr nach fünf Jahren die Frage, ob und inwieweit mit
einer Umsetzung dieser Pläne in der näheren Zukunft zu rechnen ist. Die
Ampel-Koalition hatte in Ihrem Koalitionsvertrag vom 7.12.2021 dieses
Thema ausdrücklich aufgenommen,[1] zu einer Umsetzung kam es nach dem
vorzeitigen Scheitern der Ampel-Koalition indes nicht. Zwar sieht auch der
Koalitionsvertrag vom 5.5.2025 der neuen Bundesregierung die Schaffung
einer neuen, eigenständigen Rechtsform „Gesellschaft mit gebundenem Vermögen" vor.[2] Offen bleibt aufgrund der fehlenden Konkretheit dieser Ziele,
ob und wann mit einer ernsthaften Umsetzung zu rechnen ist.

1 https://www.bundesregierung.de/resource/blob/974430/1990812/04221173eef9a6720059cc353d759a2b/2021-12-10-koav2021-data.pdf?download=1, S. 24/25, abgerufen am 7.7.2025.

2 https://www.bundesregierung.de/breg-de/aktuelles/koalitionsvertrag-2025-2340970, S. 64, abgerufen am 6.7.2025.

A. Wirtschaftliche Nachhaltigkeit als Grund für eine neue Gesellschaftsform[3]

2 Die UN-Agenda 2030 für nachhaltige Entwicklung[4] „SDG – Sustainable Development Goals", hatte 2015 insgesamt 17 Nachhaltigkeitsziele formuliert. Neben der ökologischen und sozialen Dimension zählt hierzu auch die wirtschaftliche Nachhaltigkeit, die in den SDG insbesondere ihren Niederschlag in Ziel 8: gute Arbeitsplätze und wirtschaftliches Wachstum, findet. Daher schlägt sich wirtschaftliche Nachhaltigkeit auch in deutschen Gesetzen nieder, so im Steuerrecht, hier auch mit einem Lenkungszweck hinsichtlich des Umweltschutzes.[5] Die Umsetzung von SDG 8 lässt sich aber auch in Normen des Unternehmenssteuerrechts einschließlich Fragen der steuerlichen Gestaltung feststellen.[6]

3 Die wirtschaftliche Nachhaltigkeit ist aber nicht nur an Regierungen adressiert, sondern auch an Unternehmen, sodass sich die Frage nach der Umsetzung der wirtschaftlichen Nachhaltigkeit in die Gestaltung eines Unternehmens in Verantwortungseigentum stellt. Tatsächlich kommt hier den Unternehmen in Zeiten tendenziell schwindender einzelstaatlicher Governance in globalisierten Wirtschaftssystemen eine wichtige Rolle bei der Umsetzung der UN-SDG zu, sie sind somit wichtige Akteure.[7]

4 Die Notwendigkeit einer solchen Umsetzung in den Unternehmen ist evident, denn die Grenzen der klassischen „Shareholder Governance" sind offenkundig geworden: Diese ist insbesondere durch kurzfristige ökonomische Erfolgsziele geprägt. Auf diese Weise könnte eine nachhaltige Unternehmensführung durch Asset Lock und Unternehmensnachfolge erreicht werden.[8]

5 Dies ist insbesondere deshalb erforderlich, da die bereits bestehenden Alternativen, die gGmbH sowie Stiftungen, jeweils eine Vermögensbindung nicht in der gewünschten nachhaltigen Dimension sicherstellen können.

---

3 Dieser Beitrag ist eine Aktualisierung und Erweiterung des Beitrags des Autors in: Fischer/Amort (Hrsg.), Nachhaltigkeit und Recht, Schriftenreihe für Recht und Wirtschaft, Bd. 1, Kap. 2, S. 25 ff.

4 Hierzu im Überblick: Deutsche Gesellschaft für die Vereinten Nationen e. V., https://nachhaltig-entwickeln.dgvn.de/agenda-2030/ziele-fuer-nachhaltige-entwicklung/, abgerufen am 12.8.2025.

5 Vgl. *Hey*, Veranstaltung des Instituts für Finanzen und Steuern der Universität Köln, Sustainability und Steuerrecht – was bedeutet Nachhaltigkeit für das Steuerrecht?, vom 23.3.2021, https://www.youtube.com/watch?v=bLEwzxm97Ek&t=556s, abgerufen am 12.8.2025.

6 *Fischer*, in: Neitz/Rademacher-Gottwald, Untersuchungen zur Nachhaltigkeit im Rechnungswesen und Steuerrecht, S. 43, 44.

7 *Fischer/Fischer*, BB 2020, 2122, 2123.

8 *Fischer*, in: Fischer/Amort, Nachhaltigkeit und Recht, Kap. 2, S. 25, 27.

Insbesondere eine wertige Unternehmensnachfolge für eine Fähigkeiten- und Wertefamilie unter Abkoppelung der Nachfolge nach rein genetischen Gesichtspunkten auf der einen Seite und einer engen Vermögensbindung der Gewinne zur Gesellschaft, also einer Abkehr von einer jederzeitigen Gewinnausschüttung einer freien Veräußerung der Anteile auf der anderen Seite.

Eine praktische Umsetzung dieser nachhaltigen Vorgehensweise bei der Gestaltung von Unternehmen betreibt seit 2019 die Stiftung Verantwortungseigentum unter Mitwirkung von Unternehmen wie Alnatura, Weleda oder Globus, die die Weiterentwicklung einer „Gesellschaft in Verantwortungseigentum" im Fokus hatten.[9] **6**

Hieraus entwickelte sich im Bereich der Kapitalgesellschaften eine Initiative zur Schaffung einer Gesellschaftsform mit „nachhaltigem" Hintergrund – die sog. GmbH im Verantwortungseigentum („VE-GmbH"). Ein entsprechender Gesetzesentwurf,[10] der 2021 überarbeitet wurde, wurde vom Gesetzgeber jedoch bisher nicht umgesetzt. **7**

Gerade hinsichtlich der Frage der freien Übertragbarkeit von Anteilen an Unternehmen besteht Handlungsbedarf, denn aufgrund der hohen Fungibilität der Anteile an Kapitalgesellschaften und der Probleme, einen Unternehmensnachfolger zu finden, ist ein Unternehmensverkauf in vielen Fällen die einzige Alternative mit der Folge, dass es zu einem immer stärkeren „Ausverkauf" von mittelständischen Unternehmen an größere Unternehmen gekommen ist. Dabei können nicht nur mittelständische Strukturen, sondern auch Arbeitsplätze verloren gehen. **8**

Aufgegriffen wurde die Notwendigkeit der Schaffung einer solchen neuen Rechtsform durch die Ampelkoalition in ihrem Koalitionsvertrag vom 7.12.2021. Hier bekannte sich die Ampel-Koalition ausdrücklich dazu, dass sie für Unternehmen mit gebundenem Vermögen eine neue geeignete Rechtsgrundlage schaffen wolle, die Steuersparkonstruktionen ausschließe.[11] **9**

Interessant ist hierbei der explizite Ausschluss von steueroptimierenden Elementen im Koalitionsvertrag der Ampel-Koalition, obwohl der zweite, überarbeitete Gesetzesentwurf vom Februar 2021 eine analoge Heranziehung der Regelungen zur Bewertung von gemeinnützigen Kapitalgesellschaften **10**

9 https://www.die-stiftung.de/nachrichten-service/kurzmeldungen/stiftung-trifft-verantwortung-85679/, abgerufen am 12.8.2025.

10 *Fischer/Fischer*, BB 2020, 2122, 2124.

11 Koalitionsvertrag vom 7.12.2021, https://www.spd.de/fileadmin/Dokumente/Koalitionsvertrag/Koalitionsvertrag_2021-2025.pdf, S. 25, abgerufen am 6.7.2025.

als sachgerecht ansah.[12] Nach Ende der Ampelkoalition und Formung der neuen Bundesregierung nahm diese wiederum in ihrem Koalitionsvertrag vom 5.5.2025 das Ziel auf, eine neue, eigenständige Rechtsform einer Gesellschaft mit gebundenem Vermögen schaffen zu wollen.[13]

B. Nachhaltigkeitsdefizite insbesondere bei der GmbH

11 Die Regelung des § 29 GmbHG stellt mit Ihrem Recht des Anteilseigners auf Gewinnausschüttung das Recht des Gesellschafters sicher, am wirtschaftlichen Erfolg der Gesellschaft partizipieren zu können. Gleichzeitig entziehen Gewinnausschüttungen auch der Gesellschaft zur Aufrechterhaltung des Betriebs notwendige liquide Mittel. Allerdings haben die Rechte und Interessen des Gesellschafters an einer wirtschaftlichen Verwertung Vorrang, begrenzt lediglich durch die Unzulässigkeit sog. existenzvernichtender Eingriffe, die ggf. zu einer Gesellschafterhaftung führen könnten.[14] Der Gesellschafter kann somit seiner Gesellschaft nach eigenem Ermessen liquide Mittel entziehen oder belassen.

12 Demgegenüber steht der Gedanke des Asset Lock. Dies bedeutet, dass Gewinne der Gesellschaft nicht an die Gesellschafter ausgeschüttet werden können, sondern in der Gesellschaft verbleiben und folglich nurmehr dem Betrieb der Gesellschaft selbst dienen.

13 Anteile an Kapitalgesellschaften werden wie alle anderen Sachen und Rechte gem. § 1922 ff. BGB im Rahmen der Universalsukzession an die Erben der Gesellschafter übertragen, insbesondere Kinder und Ehegatten. Weder die Eignung der Erben noch ihr Wille zur Unternehmensfortführung finden dabei Berücksichtigung. Auf die negativen Effekte einer Veräußerung mangels geeigneter Erben an andere Unternehmen wurde bereits hingewiesen. Die erbrechtlichen Regelungen greifen somit nicht, wenn eine Übertragung an einen Mitarbeiter sinnvoll wäre, der zwar nicht Verwandter oder Gesellschafter ist, aufgrund dessen Qualifikation aber ein optimaler Nachfolger wäre. In der Unternehmenspraxis wurde hierfür der Begriff der Werte- und Fähigkeitsfamilie geprägt.[15]

---

12 Vgl. Entwurf GmbH-gebV, https://sb233ef63f4300294.jimcontent.com/download/version/1649065627/module/9329600676/name/%20Gesetzentwurf%20GmbH-gebV%20mit%20Erl%C3%A4uterungen%2020210215%20final.pdf, abgerufen am 12.8.2025, S. 125; vgl. insbes. den gleichlautenden Ländererlass vom 9.10.2013, BStBl. 2013 I, S. 1362, bestätigend hierzu *Karst/Müller-Gschlößl*, NJOZ 2021, 961, 962.

13 https://www.koalitionsvertrag2025.de/, a. a. O. (Fn. 2).

14 Vgl. BGH, Urt. v. 16.7.2007 – II ZR 3/04 „Trihotel“, NJW 2007, S. 2689.

15 So die Stellungnahme der Stiftung Verantwortungseigentum vom 30.6.2021 zum modifizierten Gesetzesentwurf vom Februar 2021, S. 9, https://stiftung-verantwortungsei-

Weiterhin bedeutet die freie Übertragbarkeit der Anteile gem. § 15 GmbHG auch, dass eine GmbH wie jedes andere Wirtschaftsgut frei verkäuflich und übertragbar ist. Dies ist in Praxis jedoch auch Ursache des bereits erwähnten „Ausverkaufs" von Gesellschaften, eine wenig wünschenswerte Tendenz zu einer Zentralisierung und Monopolisierung von Unternehmen. **14**

Die Grundrechte des Art. 2 GG, Art. 12 GG und insbesondere die Eigentumsgarantie des 14 GG stellen zwar die Rechte auf Gewinnausschüttung und freie Verkäuflichkeit der Anteile sicher, verbieten es jedoch nicht, nachhaltigere Gestaltungen bei Bindung und Übertragbarkeit der Gesellschaftsanteile zu wählen. Mangels einer nachhaltigen Gesellschaftsform ist dies nach derzeitiger Rechtslage nur durch komplizierte Strukturen zu erreichen. Daher erscheint es wünschenswert, eine entsprechende gesetzliche Regelung hinsichtlich eines sog. „Shareholder-Lock" zu schaffen, bei dem der Kreis der Gesellschafter auf einen bestimmten Personenkreis beschränkt werden kann, insbesondere auf natürliche Personen und andere Gesellschaften mit gebundenem Vermögen, sodass die häufig als Erwerber auftretenden Kapitalgesellschaften ausgeschlossen wären. **15**

C. Bisherige Konstrukte zur Sicherstellung von Nachhaltigkeit[16]

I. Veto-Anteils-Modell

Den in der Praxis entwickelten Modellen war in der Regel gemeinsam, dass mehr oder weniger intensiv eine oder mehrere Stiftungen eingebunden wurden. Beim Veto-Anteils-Modell konnte dies eine Stiftung unter Kontrolle der Inhaber des Unternehmens, aber auch eine Stiftung eines externen Dienstleisters sein. Diese Stiftung hält 1 % der Stimmrechte am Unternehmen. Bei dieser Konstruktion enthält der Gesellschaftsvertrag eine Regelung, nach der die Anteilsabtretung der Zustimmung sämtlicher Gesellschafter bedarf oder die Stiftung ein „Veto"-Recht bei Anteilsübertragungen erhält.[17] **16**

Die Anteile der Gesellschaft werden von zwei verschiedenen Interessengruppen gehalten. Anteile mit einem satzungsmäßig geregelten Stimmrechtsausschluss, die somit nur Dividendenrechte beinhalten, können von Investoren, Mitarbeitern oder gemeinnützigen Unternehmen oder Institutionen gehalten werden. Anteile mit Mehrstimmrechten und einem Ausschluss von Gewinnbezugsrechten werden von den Gründern, Inhabern oder Mitgliedern der Wertefamilie gehalten und können auch nur an diese übertragen werden. Die hierfür erforderliche Flexibilität bei der Gestaltung der Satzung **17**

gentum.de/fileadmin/user_upload/sve_presskit_300621.pdf, abgerufen am 12.8.2025.

16 Nach *Fischer*, in: Fischer/Amort, Nachhaltigkeit und Recht, Kap. 2, S. 31–33.

17 Auch „Veto-Share"-Modell genannt, vgl. *Sanders*, NZG 2021, 1573, 1575.

bietet bei Kapitalgesellschaften nur die GmbH, bei der Aktiengesellschaft steht der Grundsatz der Satzungsstrenge gem. §23 Abs. 5 AktG sowie das Verbot der Mehrstimmrechte gem. § 12 Abs. 2 AktG der Gestaltungsfreiheit entgegen.[18]

18 Damit wird sichergestellt, dass trotz erforderlicher Investments Dritter die Entscheidungsgewalt im Unternehmen stets im Kreis der „Wertefamilie“ bleibt. Ein „Ausverkauf“ ist damit nicht möglich. Ein Investor kann Rendite erhalten, jedoch keine Mitbestimmung. Beispiele in Deutschland für das Veto-Anteilsmodell sind Ecosia (ökologische Suchmaschine) und Waschbär (Versandhandel für Ökoprodukte).[19]

II. Einzelstiftungsmodell

19 Ein anderes in der Praxis verwendetes Modell ist das Einzelstiftungsmodell, bei dem eine Stiftung sämtliche Anteile des Unternehmens hält, jedoch zwei verschiedene Gremien die Anteile kontrollieren. Nach der Umschreibung der Purpose-Stiftung „können die Stiftungsratsmitglieder Leiter des Unternehmens sein oder Funktionen ähnlich wie die von Aufsichtsratsmitgliedern einnehmen“.[20] Im Einzelnen würde ein Gremium die stimmrechtslosen Anteile kontrollieren („gemeinnütziger Stiftungsrat“), während das andere Gremium die Kontrolle über die Anteile mit Stimmrechten sowie über den Ausschluss des Gewinnbezugsrechts ausübt („Unternehmensrat“).[21] Diese Aufsplittung verhindere einen Konflikt zwischen gemeinnützigen und geschäftlichen Interessen des Unternehmens und sichere neben der Ausführung gemeinnütziger Tätigkeiten den unternehmerischen Zweck und Erhalt des Unternehmens.[22] Beispiele für das Einzelstiftungsmodell in Deutschland sind die Unternehmen dm-drogerie markt, das Optikunternehmen Carl Zeiss und Dr. Hauschka/Wala (Kosmetik/Heilmittel).[23]

---

18 *Fischer/Fischer*, BB 2020, 2122, 2124.

19 Verantwortungseigentum – Unternehmenseigentum für das 21. Jahrhundert, Purpose-Stiftung gGmbH (Hrsg.), 2017, S. 16, https://purpose-economy.org/content/uploads/purpose_book_de.pdf, abgerufen am 12.8.2025.

20 Verantwortungseigentum – Unternehmenseigentum für das 21. Jahrhundert, Purpose-Stiftung gGmbH (Hrsg.), Hamburg, 2017, a. a. O., S. 18.

21 *Karst/Müller-Gschlößl*, NJOZ 2021, 961, 962; *Fischer/Fischer*, BB 2020, 2122, 2124.

22 Verantwortungseigentum – Unternehmenseigentum für das 21. Jahrhundert, Purpose-Stiftung gGmbH (Hrsg.), 2017, a. a. O., S. 18.

23 Verantwortungseigentum – Unternehmenseigentum für das 21. Jahrhundert, Purpose-Stiftung gGmbH (Hrsg.), 2017, S. 18, abgerufen am 18.7.2025.

III. Doppelstiftungsmodell

Ein weiteres alternatives Gestaltungsmodell war bisher das Doppelstiftungsmodell. Hier erfolgte eine Konstruktion unter Zuhilfenahme von u. U. zwei Stiftungen. Eine Stiftung war Gesellschafterin der stimmrechtslosen Anteile mit Dividendenbezugsrechten. Weitere Anteile mit Mehrstimmrechten und Ausschluss des Gewinnbezugsrechts werden von einem Treuhänder gehalten („Doppelstiftungsmodell“). Die Eigentümerstruktur sieht somit eine strikte Trennung von Stimm- und Gewinnbezugsrechten vor, indem sie die Anteile zwei separaten Rechtstragenden zuweist: Die Anteile mit Dividendenrechten werden meist einer gemeinnützigen Stiftung, einer gGmbH oder einem Verein gespendet oder verkauft, während die andere Kategorie von Anteilen mit Stimmrechten, aber ohne Gewinnrechte von Treuhandeigentümern gehalten wird.[24] Der Treuhandeigentümer konnte eine Stiftung, ein Verein oder eine KG sein.[25] Die entsprechende Satzung bzw. Gesellschaftsvertrag des Treuhänders stellte sicher, dass die Stimmrechte bei der „Wertefamilie“ verortet bleiben.[26] Unternehmen, die in der Struktur des Doppelstiftungsmodells getragen werden, sind Robert Bosch, Elobau (Elektromaschinenbau) und MAHLE (Automobilzulieferer).[27] **20**

D. Der erste Gesetzesentwurf von 2020: GmbH in Verantwortungseigentum[28]

I. Allgemeines

Eine Gruppe von Professoren erarbeitete einen Gesetzesentwurf für die Gesellschaft mit beschränkter Haftung in Verantwortungseigentum (VE-GmbH), der am 12.6.2020 veröffentlicht wurde.[29] Dieser Entwurf enthält auch Vorschläge für eine entsprechende Anpassung des ErbStG und des KStG. **21**

---

24 Verantwortungseigentum – Unternehmenseigentum für das 21. Jahrhundert, Purpose-Stiftung gGmbH (Hrsg.), 2017, S. 19.

25 Z. B. bei Bosch, vgl. *Sanders*, NZG 2021, 1573, 1575.

26 *Fischer/Fischer*, BB 2020, 2122, 2124.

27 Verantwortungseigentum – Unternehmenseigentum für das 21. Jahrhundert, Purpose-Stiftung gGmbH (Hrsg.), 2017, S. 19.

28 Ausführlich hierzu: *Fischer*, in: Fischer/Amort, Nachhaltigkeit und Recht, Kap. 2, S. 33 ff.

29 Die ProfessorInnen *Anne Sanders*, *Barbara Dauner-Lieb*, *Simon Kempny*, *Florian Möslein*, *Rüdiger Veil*, *Arne von Freeden*, vgl. https://www.gesellschaft-in-verantwortungseigentum.de/der-gesetzesentwurf/, https://sb233ef63f430C294.jimcontent.com/download/version/1649065627/module/9329601276/name/Gesetzesentwurf%20f%C3%BCr%20Gesellschaft%20mbH%20in%20Verantwortungseigentum%2017062020.pdf, abgerufen am 12.8.2025; der Entwurf wird nachfolgend als „Entwurf VE-GmbH“ bezeichnet.

22 Die dauerhafte Bindung von Unternehmensgewinnen und Gesellschaftskapital (Asset Lock) einerseits und die Möglichkeit der Übergabe der Unternehmensverantwortung an eine Fähigkeiten- und Wertefamilie andererseits werden als prägende Grundsätze des Gesetzesentwurf angesehen.[30] Der Entwurf verortet die gesetzliche Neuregelung systematisch in das GmbHG hinter die Regelungen zur Liquidation und Nichtigkeit der GmbH als §§ 77a ff. GmbHG, in der Folge als Entwurf VE-GmbH bezeichnet.

II. Gründung, Firmierung, geeignete Gesellschafter

23 § 77a Abs. 1 Entwurf VE-GmbH sah eine zwingende Firmierung vor, die den besonderen Charakter der Gesellschaft deutlich macht. Als gesetzliches Vorbild wird die Bezeichnung „in Verantwortungseigentum" genannt, dies ist jedoch nicht abschließend.

24 Absatz 2 stellte klar, dass eine VE-GmbH nicht nur durch originäre Gründung, sondern auch durch Satzungsänderung einer „gewöhnlichen" GmbH geschaffen werden kann. Eine einmal geschaffene Vermögensbindung solle unumkehrbar sein. Damit wurde eine Rechtsgestaltung durch eine Satzungsänderung zurück in die „normale" GmbH verhindert.

25 Der Kreis der möglichen Gesellschafter wurde in § 77a Abs. 3 Entwurf VE-GmbH abschließend geregelt. Demnach waren nur natürliche Personen, „eine andere Gesellschaft in Verantwortungseigentum oder ein anderer Rechtsträger mit in gleicher Weise dauerhaft gebundenem Vermögen" gesetzlich geeignet.[31] Letzteres bezog sich auf Stiftungen sowie auf ausländische Rechtsformen, die eine ähnliche Vermögensbindung wie die VE-GmbH haben.[32] Nicht in den Erläuterungen genannt, aber wohl auch von § 77a Abs. 3 Entwurf VE-GmbH erfasst, waren auch andere noch zu schaffende Rechtsformen deutschen Rechts mit einer Vermögensbindung, z. B. auf der Grundlage der eingetragenen Genossenschaft.

26 Ferner war vorgesehen, dass der Kreis der möglichen Gesellschafter durch Satzungsregelung auf Personengesellschaften, deren Gesellschafter ausschließlich natürliche Personen sind, erweitert werden kann. Eine GmbH & Co. KG konnte somit auch durch Satzungsregelung kein Gesellschafter werden.

III. Übertragung unter Lebenden und durch Erbfolge

27 Die Sicherstellung eines Asset Lock war in § 77b Entwurf VE-GmbH geregelt. Hiermit sollte eine Übertragbarkeit so eingeschränkt sein, dass Anteile

30 Entwurf VE-GmbH, Leitgedanken, S. 10.
31 Entwurf VE-GmbH, § 77a Abs. 3.
32 Entwurf VE-GmbH, Erläuterungen, S. 26.

an einer GmbH nicht frei verkäuflich sind und somit die Gesellschaft immer in den Händen der Unternehmer- und Wertefamilie bleibt.[33]

28 Demzufolge war nach § 77b Abs. 2 Entwurf VE-GmbH eine Abtretung der Anteile nur möglich an andere Gesellschafter, an Nichtgesellschafter, bei denen es sich um natürliche Personen oder Gesellschaften mit Vermögen im Verantwortungseigentum handeln muss, oder an die Gesellschaft selbst als eigene Anteile, Letzteres jedoch unter der Voraussetzung, dass es noch einen weiteren Gesellschafter gibt. Ein Erwerb eigener Anteile ist nur bei Vorliegen eines weiteren Gesellschafters möglich, da ansonsten die Entstehung einer „Keinpersonengesellschaft" möglich wäre.[34]

29 Zusätzlich war vorgesehen, dass die Veräußerung der Anteile einer gesetzlich normierten Vinkulierung unterliegt, bei der es sich allerdings um eine dispositive Regelung handeln sollte.[35]

30 Gem. § 77b Abs. 3 Entwurf VE-GmbH waren die Anteile der VE-GmbH zwar frei vererblich, allerdings unter dem Vorbehalt der Zustimmung der Gesellschafter innerhalb einer Frist von sechs Monaten seit Kenntnis vom Erbfall. Durch den Gesellschaftsvertrag konnte gem. § 77b Abs. 4 Entwurf VE-GmbH die freie Vererblichkeit ausgeschlossen werden, sodass dieser Anteil von der Gesellschaft als eigener Anteil erworben wird und der entsprechende Erbe für den Verlust der Anteile zu entschädigen war, allerdings gem. § 77i GmbH nur in Höhe der Einlage.

31 Im Falle des Versterbens des letzten Gesellschafters sah die Neuregelung vor, dass Erben, die nicht gem. § 77a Abs. 3 Entwurf VE-GmbH qualifiziert sind, nur an Personen oder Gesellschaften übertragen, die die Voraussetzungen des § 77a Abs. 3 Entwurf VE-GmbH erfüllen. Erfolgte dies nicht, haben die Erben gem. § 77b Abs. 3 Satz 8 Entwurf VE-GmbH die Gesellschaft binnen sechs Monaten – wohl nach Kenntnis vom Erbfall – aufzulösen.

32 Bemerkenswert an dieser Regelung ist, dass sie die Testierfreiheit des Gesellschafters einschränkt. Zwar ist durch Art. 14 Abs. 1 GG die Testierfreiheit des Erblassers geschützt, jedoch ebenso das Verwandtenerbrecht.[36] Doch genauso wie ein Erblasser sein in der Testierfreiheit verankertes Recht auf Enterbung eines Verwandten ausüben kann,[37] so kann er seine Testierfreiheit auch durch Erwerb von Anteilen an einer VE-GmbH in dem Wissen, dass entsprechende Regelung ein Erbrecht eines nicht geeigneten Verwandten ausschließt, ausgestalten. Mit der Erbrechtsgarantie des § 14 Abs. 1 GG dürfte diese Regel mithin vereinbar sein.

---

33 Entwurf VE-GmbH, S. 12; a. a. O., Erläuterungen, S. 30.
34 Entwurf VE-GmbH, Erläuterungen, S. 30.
35 Entwurf VE-GmbH, a. a. O.
36 *Papier*, in: Maunz/Dürig, GG, Art. 14 Rn. 301.
37 So *Papier*, in: Maunz/Dürig, a. a. O., Rn. 302.

33 Es fällt auf, dass sich der Entwurf ausdrücklich beim Vorliegen nicht geeigneter Nachfolger für den Erwerb eigener Anteile durch die VE-GmbH selbst, sofern dies nicht greift, in letzter Konsequenz für die Auflösung der Gesellschaft entschieden hat. Die Verfasser des Entwurfs hätten auch in Erwägung ziehen können, eine Regelung entsprechend des Fiskalerbrechts gem. § 1936 BGB heranzuziehen, wie dies z. B. im überarbeiteten Entwurf zur GmbH-gebV vom Februar 2021 gem. § 77l Abs. 2 Entwurf GmbH-gebV bei der Verteilung des Liquidationserlöses vorgeschlagen wurde.

IV. Ergebnisverwendung und Kapitalerhaltung

34 Ein wichtiges Element der Vermögensbindung ist die Behandlung von Gewinnausschüttungen. Gem. § 77e Abs. 2 Entwurf VE-GmbH haben die Gesellschafter keinen Anspruch auf Gewinnausschüttung i. S. d. § 29 Abs. 1 GmbHG. Gewinne der Gesellschaft stehen ausschließlich der Gesellschaft zu, durch Gesellschafterbeschluss kann eine Verwendung des Gewinns für gemeinnützige Zwecke erfolgen.[38]

35 Auch wenn gem. § 77f Abs. 1 die Regelungen der §§ 30, 32 Abs. 1 und 2 und 32 GmbHG ausgeschlossen sind, hat § 77f Abs. 2 Entwurf VE-GmbH eine § 30 GmbHG sehr ähnliche Regelung zur Eigenkapitalerhaltung getroffen. Lediglich die Ausnahme des § 30 Abs. 1 Satz 2 GmbHG zu Beherrschungs- und Gewinnabführungsverträgen ist von § 77f Abs. 2 Entwurf VE-GmbH ausgenommen. Ebenso wie bei § 30 Abs. 1 Satz 2 GmbHG wurde bei § 77f Abs. 2 Satz 2 und Satz 3 Entwurf VE-GmbH eine schädliche Rückzahlung dann ausgeschlossen, wenn ein vollwertiger Gegenleistungsanspruch bzw. eine angemessene Vergütung gewährt wurde.[39] Bei der GmbH in Verantwortungseigentum wurde entsprechend der Erläuterungen ein besonderes Augenmerk auf die Vermeidung von Umgehungsstrategien genommen und der bisher eher steuerlich besetzte Begriff der „verdeckten Gewinnausschüttung“[40] dabei verwendet.[41]

36 Analog hierzu modifizierte § 77g Abs. 1 die Regelung des § 31 GmbHG hinsichtlich der Erstattung unzulässiger Zahlungen an die Gesellschaft. Neu allerdings war die Verpflichtung der Gesellschafter gem. § 77h Entwurf VE-GmbH, die Ergebnisverwendung und Kapitalerhaltung durch „angemessene“ Vorkehrungen sicherzustellen.

37 § 77h Abs. 2 Entwurf VE-GmbH nannte hier zwei Regelbeispiele: In Nr. 1 wird eine Berichtspflicht des Geschäftsführers gegenüber den Gesellschaf-

---

38 Entwurf VE-GmbH, § 77e Abs. 2 Satz 4.
39 Entwurf VE-GmbH, Erläuterungen, S. 40; OLG Düsseldorf, NZG 2012, 103 ff.
40 Vgl. § 8 Abs. 3 Satz 2 KStG.
41 Entwurf VE-GmbH, Erläuterungen, S. 38.

tern und ggf. dem Aufsichtsrat konstituiert, die eine Berichtserstellung einmal im Jahr vorsieht.

§ 77h Abs. 2 Nr. 2 Entwurf VE-GmbH sah die Einrichtung eines „unabhängigen Aufsichtsorgans" vor, bei dem es sich um einen Aufsichtsrat gem. § 52 GmbHG, aber auch um eine Einzelperson handeln konnte.[42] **38**

Da es sich bei § 77h Abs. 2 GmbHG um Regelbeispiele handelte, war diese Aufzählung nicht abschließend. Die Erläuterungen zum Gesetzesentwurf nannte weitere Alternativen wie einzelne Arbeitnehmer, einen externen Wirtschaftsprüfer oder eines speziellen „Compliance Officers", die die Überwachung der Ergebnisverwendung und Kapitalerhaltung übernehmen könnten.[43] **39**

V. Umwandlung und Liquidation der Gesellschaft

Der Entwurf zur VE-GmbH wollte grundsätzlich auch die Umgehung des dauerhaften Asset Lock durch Maßnahmen des Umwandlungsrecht verhindern.[44] Aus diesem Grunde sah § 77l die modifizierte Anwendung des Umwandlungsgesetzes auf die VE-GmbH vor. Demzufolge konnte die VE-GmbH keine Barabfindung gem. § 29 UmwG als aufnehmender Rechtsträger bei der Verschmelzung leisten,[45] nicht an einer Vermögensübertragung gem. § 175 UmwG beteiligt sein,[46] kein übertragender Rechtsträger bei der grenzüberschreitenden Verschmelzung sein[47] und war nicht für den Formwechsel gem. § 191 UmwG geeignet.[48] **40**

Bei innerstaatlichen Verschmelzungen war die Verschmelzungsfähigkeit dahingehend eingeschränkt, dass gem. § 77m Abs. 1 Entwurf VE-GmbH eine VE-GmbH nur auf eine andere VE-GmbH verschmolzen werden konnte, oder dass Anteilsinhaber der Rechtsträger, die die VE-GmbH im Wege der Verschmelzung übernehmen sollte, die Voraussetzungen des § 77a Abs. 3 Entwurf VE-GmbH erfüllen musste. **41**

Bei der Aufspaltung gem. § 123 Abs. 1 UmwG sah § 77n Entwurf VE-GmbH dies nur vor, wenn die aufnehmende oder die neuzugründende Gesellschaft jeweils Gesellschaften in Verantwortungseigentum waren. Hierbei sollte eine Umgehung der entsprechenden Regelungen zum Verantwortungseigentum verhindert werden. **42**

42 Entwurf VE-GmbH, Erläuterungen, S. 48.
43 Entwurf VE-GmbH, a. a. O.
44 Entwurf VE-GmbH, Leitgedanken, S. 11.
45 Entwurf VE-GmbH, § 77l Abs. 2.
46 Entwurf VE-GmbH, § 77l Abs. 3.
47 Entwurf VE-GmbH, § 77l Abs. 4.
48 Entwurf VE-GmbH, § 77l Abs. 5.

43 Mit § 77j Entwurf VE-GmbH wurde § 72 GmbHG modifiziert. Bei Liquidation sollte eine Zuführung des Restvermögens nicht an die Gesellschafter erfolgen, sondern entsprechend § 77i Entwurf VE-GmbH an andere Gesellschaften in Verantwortungseigentum oder an andere Körperschaften, die gemeinnützigen Zwecken dienen. Hier war der Verweis auf § 77i Entwurf VE-GmbH bemerkenswert, da keine Lösung wie bei einer gemeinnützigen Kapitalgesellschaft gewählt wurde (Zuwendung an eine andere gemeinnützige Körperschaft), sondern die Einlage den Gesellschaftern erstattet werden sollte.[49] Die Intention des Entwurfs wird deutlich, dass die VE-GmbH eben kein „abgewandeltes" Modell der gGmbH sein sollte, sondern eine eigenständige Modifikation der GmbH, die in Einzelfällen sich an Regelungen für gemeinnützige Gesellschaften orientiert, so z. B. bei der Bewertung für Zwecke der Erbschaft- und Schenkungsteuer. Im Entwurf wurde außerdem klargestellt, dass im Stadium der Liquidation ein Käufer, der die „Philosophie des Verantwortungseigentums" nicht teilt, den Geschäftsbetrieb, also die Summe der betrieblichen Wirtschaftsgüter, ohne Weiteres kaufen und damit wieder in „Nicht-Verantwortungseigentum" überführen könnte.[50]

VI. Beherrschungs- und Gewinnabführungsverträge

44 Dem Gedanken des Unternehmens in Verantwortungseigentum würde es widersprechen, wenn die VE-GmbH einem anderen Unternehmen Zugriff auf ihre Leitung und ihre Gewinne ermöglichen würde.[51] Gem. § 77o Entwurf VE-GmbH konnte eine GmbH in Verantwortungseigentum somit weder gem. § 291 Abs. 1, 1. Alt. AktG (analog) einem anderen Unternehmen ihre Leitung unterstellen, noch gem. § 291 Abs. 1, 2. Alt. AktG (analog) eine Vereinbarung über die Abführung ihres Gewinns an ein anderes Unternehmen schließen. Ebenso war gem. § 77o S. 2 GmbH n. F. eine Gewinnaufteilung (Gewinngemeinschaft) gem. § 292 Abs. 1 Nr. 1 AktG (analog) sowie eine Betriebsverpachtung oder Betriebsüberlassung gem. § 292 Abs. 1 Nr. 3 AktG (analog) ausgeschlossen. Bemerkenswert ist hierbei, dass ein Teilgewinnabführungsvertrag gem. § 292 Abs. 1 Nr. 2 AktG (analog) nicht ausgeschlossen wurde, dies würde z. B. stille Beteiligungen erfassen. Dies war ausdrücklich beabsichtigt, um eine gewisse schuldrechtliche Gewinnpartizipation zur Finanzierung der VE-GmbH sicherzustellen.[52]

49 Entwurf VE-GmbH, S. 51, 52.

50 Entwurf VE-GmbH, S. 52.

51 Entwurf VE-GmbH, Erläuterungen, S. 64.

52 Entwurf VE-GmbH, Erläuterungen, S. 64.

VII. Steuerliche Regelungen, insbesondere zum ErbStG und KStG

Marginale Anpassungen wurden hinsichtlich steuerrechtlicher Vorschriften vorgeschlagen. **45**

Bei der Erbschaft- und Schenkungsteuer wurde hinsichtlich der Steuerbegünstigung von Betriebsvermögen in § 13a Abs. 6 Nr. 4 ErbStG eine ergänzende Regelung vorgeschlagen. Demnach galt als schädliche Maßnahme, die zum Wegfall der Steuerbegünstigung führe, auch eine Zahlung der Einlage gem. § 77i Entwurf VE-GmbH bei Austritt, Ausschluss oder Einziehung der Anteile, wenn es sich beim begünstigten Vermögen um eine VE-GmbH handelte. **46**

Weitere Änderungen waren hinsichtlich einer Sonderregelung für die Bewertung der Anteile einer VE-GmbH vorgesehen. Der Entwurf schlug hier vor, dass die Anteile einer VE-GmbH nach den gleichen Grundsätzen bewertet werden wie gemeinnützige Kapitalgesellschaften.[53] Da dies nicht gesetzlich, sondern in einem koordinierten Ländererlass[54] geregelt ist, betraf dies streng genommen nicht die vorliegende gesetzliche Neuregelung. Nach dem Wortlaut der Begründung zum Gesetzesentwurf sollte aber „bundesseits darauf hingewirkt werden", dass die entsprechenden Grundsätze des koordinierten Ländererlasses für die unentgeltliche Übertragung von gemeinnützigen Kapitalgesellschaften an nichtgemeinnützige Erwerber auf die VE-GmbH angewandt werden, damit ein solcher Erwerber unter dem Druckmittel einer Höherbewertung einen Anreiz zur Beibehaltung der Vermögensbindung erhält.[55] **47**

Bei der Körperschaftsteuer wurde die Zahlung gem. § 77i Entwurf VE-GmbH der Rückzahlung von Nennkapital i. S. d. § 28 KStG gleichgestellt und § 27 Abs. 1 Satz 3 KStG dahingehend ergänzt, dass diesbezüglich bei der Einlagenrückgewähr die Einkommensteuerfreiheit einer Zahlung gem. § 77i Entwurf VE-GmbH sichergestellt ist.[56] **48**

E. Kritik am Gesetzesentwurf vom 12.6.2020

I. Allgemeines

Der Professorenentwurf vom 12.6.2020[57] war mit Kritik auf mehreren Ebenen konfrontiert, insbesondere hinsichtlich des Rechtsformzusatzes mit dem **49**

---

53 Entwurf VE-GmbH, Erläuterungen, S. 66.

54 Gleichlautender Erlass der obersten Finanzbehörden der Länder vom 9.10.2013, BStBl. 2013 I, S. 1362.

55 Entwurf VE-GmbH, Erläuterungen, S. 67.

56 Entwurf VE-GmbH, Erläuterungen, S. 66.

57 Überblick hierzu: *Fischer/Fischer*, BB 2020, 2122 ff.

Begriff des „Verantwortungseigentums".[58] Aber auch andere Themen, so die Frage des Gläubigerschutzes bzw. die Frage, ob ein Schuldner durch eine „Flucht in eine Gesellschaft mit Vermögensbindung" sich dem Zugriff der Gläubiger auf die Gesellschaft bzw. ihr Vermögen entziehen kann, wurde diskutiert. Als Ergebnis und Antwort auf diese Kritik legten die Urheber des Professorenentwurfs vom 12.6.2020[59] im Februar 2021 einen weiteren Gesetzesentwurf für eine „Gesellschaft mit beschränkter Haftung mit gebundenem Vermögen" vor.[60] Nachfolgend wird ein Überblick zu den wesentlichen Kritikpunkten zum Entwurf vom 12.6.2020 gegeben.

II. Firmierung als Gesellschaft in Verantwortungseigentum

50 Wie bereits erörtert entzündete sich Kritik an der bisherigen Bezeichnung als „Gesellschaft in Verantwortungseigentum". Aus dem Umkehrschluss, dass für die zahlreichen Unternehmen in den Rechtsformen der GmbH und AG dieser Zusatz nicht vorgesehen war, wurde missverständlich hergeleitet, dass diese Unternehmen nicht im „verantwortlichen Unternehmertum" geführt würden. Tatsächlich werde „verantwortungsvolles Unternehmertum" in vielen Rechtsformen praktiziert.[61] Die VE-GmbH würde suggerieren, dass gewinnorientierte Unternehmen nicht verantwortungsvoll handeln[62] – von Kritikern etwas pointierter auch als „Etikettenschwindel" umschrieben.[63]

51 Als Reaktion hierauf sah der zweite Gesetzesentwurf 2021 zur GmbH-gebV nunmehr eine Firmierung als GmbH mit „gebundenem Vermögen" vor, wobei ausdrücklich auf den Begriff der Vermögensbindung abgestellt und der Begriff einer „Kapitalbindung" vermieden wurde, um Verwechslungen mit den Begrifflichkeiten für das Stamm- oder Mindestkapital zu vermeiden.[64]

52 Die Diskussion um Begrifflichkeiten bei der Firmierung hatte zwar keine rechtliche Relevanz, wurde aber in den Medien umfassend erörtert und hatte daher weitreichende Auswirkungen auf die Akzeptanz der VE-GmbH. Die inhaltlichen Kritikpunkte traten in der öffentlichen Diskussion und in den Medien weniger in Erscheinung, betrafen dafür aber Themen von grundsätz-

---

58 Stellvertretend für die diesbezügliche Kritik, die sich wohl auch auf die GmbH-gebV bezieht, *Plöger/Weitemeyer*, BB 15/2021, die erste Seite.

59 Die ProfessorInnen *Anne Sanders*, *Barbara Dauner-Lieb*, *Simon Kempny*, *Florian Möslein*, *Rüdiger Veil*, *Arne von Freeden*, vgl. https://www.gesellschaft-in-verantwortungseigentum.de/der-gesetzesentwurf/, a. a. O., abgerufen am 12.8.2025.

60 https://www.gesellschaft-mit-gebundenem-vermoegen.de/der-gesetzesentwurf/, nachfolgend: Entwurf GmbH-gebV, abgerufen am 12.8.2025.

61 Entwurf GmbH-gebV, a. a. O., S. 7.

62 *Grunewald/Hennrichs*, NZG 2020, 1201, 1202.

63 *Weitemeyer*, LTO vom 9.10.2020.

64 Entwurf GmbH-gebV, a. a. O., S. 7.

licher Bedeutung wie Gläubigerschutz und die Verhinderung der Umgehung der Vermögensbindung.

III. Absicherung der Vermögensbindung

Eine der zentralen Kritikpunkte war, dass der Entwurf VE-GmbH hinsichtlich der Absicherung der Vermögensbindung lückenhaft war und diese neue Rechtsform daher missbraucht werden könnte.[65] Die Regelungen des Entwurfs VE-GmbH zur Absicherung der Vermögensbindung insbesondere § 77h Entwurf VE-GmbH, wurden als unzureichend angesehen, insbesondere greifen die Auszahlungsverbote an Gesellschafter effektiv nur im Falle der Insolvenz, wenn ein Insolvenzverwalter die Ansprüche der Gesellschaft gegen die Gesellschafter geltend machen will.[66] Daher seien wirksamere Governance-Mechanismen erforderlich.[67] Weitergehende Stimmen in der Literatur sahen angesichts der Reform des Stiftungsrechts eine Neuregelung wie den Professorenentwurf vom 12.6.2020 insgesamt als nicht erforderlich an.[68] **53**

IV. Schwächen beim Gläubigerschutz

Ein weiterer Kritikpunkt zum Entwurf VE-GmbH war, dass diese Rechtsform dazu missbraucht werden könnte, Gläubigern der Gesellschafter Vermögen zu entziehen, da die Vermögensbindung nicht nur einem Gesellschafter den Zugriff auf das gebundene Vermögen verwehrt, sondern auch einem Gläubiger, der zur Befriedigung seiner Forderungen gegen einen Gesellschafter einer VE-GmbH den Versuch unternimmt, einen Gesellschaftsanteil zu pfänden.[69] Denn eine VE-GmbH könne einerseits am Wirtschaftsverkehr mit allen Risiken und Chancen teilnehmen, andererseits sei aber Geschäftspartnern bzw. Gläubigern keinerlei Zugriff auf das gebundene Vermögen der Gesellschaft erlaubt.[70] **54**

V. Zwingende Firmierung[71]

Nach dem vorgenannten Gesetzesentwurf sieht § 77a Abs. 1 Entwurf VE-GmbH die Zusatzbezeichnung „in Verantwortungseigentum", allerdings **55**

---

65 So *Grunewald/Hennrichs*, NZG 2020, 1201, 1203 ff.; *Habersack*, GmbHR 2020, 992, 994 ff.; *Reiff*, ZIP 2020, 1750 ff.
66 *Grunewald/Hennrichs*, NZG 2020, 1201, 1204.
67 Entwurf GmbH-gebV, a. a. O., S. 8.
68 *Arnold/Burgard/Roth/Weitemeyer*, ifo Schnelldienst, 2020, S. 67, 70.
69 Vgl. *Habersack*, GmbHR 2020, 992, 996; *Grunewald/Hennrichs*, NZG 2020, 1201, 1204.
70 *Grunewald/Hennrichs*, NZG 2020, 1201, 1204.
71 Vgl. *Fischer*, in: Fischer/Amort, Nachhaltigkeit und Recht, Kap. 2, S. 25, 43–44.

auch als ausreichend eine „allgemein verständliche Abkürzung dieses Zusatzes“ vor.

56 Inhaltlich richtet sich diese Formulierung nach dem Rechtsgedanken des § 19 Abs. 1 HGB. Hier wird für die Personenhandelsgesellschaften nicht zwingend der Rechtsformzusatz „KG“ und „OHG“ vorgeschrieben, allerdings hat sich diese Bezeichnung eingebürgert. Dies gilt ebenso gem. § 19 Abs. 2 HGB für die Rechtsformen der GmbH & Co. KG bzw. der GmbH & Co. OHG bzw. alle anderen Konstellationen mit anderen beschränkt haftenden Gesellschaften als Vollhafter.

57 § 8 Abs. 4 Satz 3 PartGG wählt einen Mittelweg. Diese Vorschrift sieht für die Sonderform der Partnerschaft mit beschränkter Berufshaftung genau diese Bezeichnung, aber auch die Abkürzung „mbB“ vor, lässt aber auch eine andere allgemein verständliche Bezeichnung zu.

58 Zur klaren Kenntlichmachung des besonderen Charakters der vorgenannten Gesellschaftsform für den Rechtsverkehr und Investoren erscheint ein „Wahlrecht“ für eine Abkürzung unglücklich. Besser wäre eine Regelung, die der Regelung des § 5a Abs. 1 GmbHG bei der UG (haftungsbeschränkt) ähnelt. § 5a Abs. 1 GmbHG überlässt die „ähnliche Formulierung“ nicht dem Zufall, sondern gibt verbindlich zwei Formulierungsarten vor: die „Unternehmergesellschaft (haftungsbeschränkt)“ und die „UG (haftungsbeschränkt)“. Transparenz im Sinne von Gläubigerschutz und Aufklärung für Investoren würde so deutlich verbessert werden.

VI. Umgehungsrisiken bei Anteilsübertragung an natürliche Personen

59 § 77a Abs. 3 Entwurf VE-GmbH sieht als mögliche Gesellschafter nur natürliche Personen, andere Gesellschaften in Verantwortungseigentum und andere juristische Personen mit vergleichbarer gesetzlicher Vermögensbindung an. § 77b Abs. 2 Entwurf VE-GmbH lässt die Übertragung von Geschäftsanteilen nur an Mitgesellschafter, an die Gesellschaft selbst, sofern es noch einen weiteren Gesellschafter gibt, sowie an Dritte, die die Voraussetzungen des § 77a Abs. 3 Entwurf VE-GmbH erfüllen. Die letzte Alternative dürfte sich insbesondere auf dritte natürliche Personen beziehen.

60 Diese natürliche Person unterliegt hinsichtlich Ihres Vermögens zunächst keiner Vermögensbindung. Sie könne frei an andere Investoren als natürliche Person erwerben. Ggf. könnte eine Veräußerung an Personengesellschaften als Zusammenschlüsse natürlicher Personen infrage kommen. Der Wortlaut des § 77a Abs. 3 Entwurf VE-GmbH schließt ausdrücklich nicht die Gesellschafterstellung von Personenzusammenschlüssen wie Personengesellschaften aus. Eine Veräußerung könnte somit durch eine natürliche Person, die als Zwischenerwerber fungiert hätte, an eine GmbH & Co. KG als

Investor erfolgen. Die bisherige Regelung ist somit lückenhaft und könnte umgangen werden.

Ein Lösungsansatz könnte sein, dass man beim Erwerb eines Gesellschaftsanteils durch eine natürliche Person eine Mindesthaltefrist von z. B. drei Jahren statuiert. Sollte innerhalb dieser Frist eine Weiterveräußerung erfolgen, würde dies als Verstoß gegen § 77b Abs. 2 Entwurf VE-GmbH anzusehen sein. Denkbar wären auch längere Mindesthaltefristen, aus dem Steuerecht sind z. B. Mindesthaltefristen von fünf Jahren[72] oder sieben Jahren bekannt.[73] **61**

Eine andere Lösung besteht in der Vinkulierung der Anteile, d. h. jede Anteilsveräußerung steht unter dem Vorbehalt der Zustimmung der Gesellschafter. Dies ist gem. § 77b Abs. 2 Satz 2 Entwurf VE-GmbH zwar grundsätzlich vorgesehen, ist aber dispositiv und kann durch Satzungsregelung abbedungen werden. Hier wäre zu überlegen, die Vinkulierungsregelung als zwingende Vorschrift zu konzipieren. **62**

VII. Doppelter Ausschluss des § 29 Abs. 1 GmbHG in § 77e Entwurf VE-GmbH

§ 77e Entwurf VE-GmbH stellt den Asset Lock abweichend von § 29 Abs. 1 GmbHG dahingehend sicher, dass Gesellschafter keinen Anspruch auf eine Ausschüttung des anteiligen Jahresüberschusses haben. Der vorstehende Entwurf regelt in § 77e Abs. 1 Entwurf VE-GmbH zunächst, dass § 29 GmbHG keine Anwendung findet, in § 77e Abs. 2 Satz 1 Entwurf VE-GmbH wird noch einmal ausdrücklich der „Anspruch der Gesellschafter im Sinne des § 29 Abs. 1 GmbHG" ausgeschlossen. Damit ist § 29 GmbHG zweimal ausgeschlossen worden, was sich redaktionell sicher leicht lösen lässt. **63**

VIII. Inhalte des §§ 77f, 77g Entwurf VE-GmbH besser in §§ 30 und 31 GmbHG regeln?

§ 77f Entwurf VE-GmbH schließt zwar ausdrücklich die Anwendung von § 30 GmbHG aus, sieht aber in Abs. 2 eine ähnliche Regelung wie in § 30 GmbHG vor. Ebenso sieht § 77g Entwurf VE-GmbH eine ähnliche Regelung wie § 31 GmbHG vor, bezieht diese Rückzahlungspflicht allerdings auch auf gem. § 77e Entwurf VE-GmbH unzulässige Auszahlungen von Gewinnen an Gesellschafter. **64**

---

72 Z. B. § 6 Abs. 3 Satz 2 EStG, § 15 Abs. 2 Satz 4 UmwStG, § 18 Abs. 3 UmwStG, § 5 Abs. 3 GrEStG, § 6 Abs. 3 und Abs. 4 GrEStG.

73 Z. B. § 6 Abs. 5 Satz 6 EStG, § 16 Abs. 5 EStG, § 22 Abs. 1 UmwStG, § 13a Abs. 10 Satz 1 Nr. 6 ErbStG.

65 Aus systematischen Gründen sollten die entsprechenden Regelungen direkt im Rahmen der Eigenkapitalerhaltungsregelungen der §§ 30 und 31 GmbHG vorgenommen werden. Die Regelungen im gegenwärtigen Entwurf beinhalten viele Wiederholungen, die nicht im gleichen Gesetz geregelt werden müssten. Die Neuregelung würde zwar zu einer „Verteilung" in verschiedenen Gesetzen führen, wäre aber aufgrund der Vermeidung von Wiederholungen schlanker.

IX. Regelungen zum Umwandlungsrecht im Umwandlungsgesetz zu regeln

66 Ähnlich wie im vorgenannten Punkt fallen auch die umfassenden Regelungen zum Umwandlungsrecht in den §§ 77l bis 77n Entwurf VE-GmbH auf. Die Modifikation von Umwandlungsvoraussetzungen und umwandlungsfähiger Rechtsträger lässt sich systemgerechter und knapper im Umwandlungsgesetz selbst regeln. Wiederholungen werden so vermieden und die Umwandlungsmöglichkeiten transparent in einem einschlägigen Gesetz geregelt.

F. Der überarbeitete Gesetzesentwurf zur Gesellschaft mit gebundenem Vermögen 2021

I. Allgemeines

67 Ausgehend von der vorstehend dargestellten Kritik von Wirtschaft und Wissenschaft hatte die Gruppe der Verfasser des ersten Entwurfs vom 12.6.2020 Ende Februar 2021 einen überarbeiteten Gesetzesentwurf vorgelegt.[74] Insgesamt folgte dieser zweite Gesetzesentwurf dem ersten Entwurf, führte aber auch einige Änderungen ein.[75] In der Folge werden die wichtigsten Änderungen des Entwurfs GmbH-gebV dargestellt.

II. Regelungen zu Rechtsformzusatz und Gesellschaftszweck

68 Die ursprüngliche Regelung in § 77a Abs. 1 Entwurf VE-GmbH wurde nunmehr in § 77a Abs. Entwurf GmbH-gebV dahingehend modifiziert, dass die Gesellschaft als zwingende Firmierung, um den besonderen Charakter der Gesellschaft deutlich zu machen, die Bezeichnung „mit gebundenem Vermögen" führen sollte. Eine allgemein verständliche Abkürzung dieses Rechtsformzusatzes wurde als zulässig angesehen, sodass diese Firmierung nicht abschließend ist.

---

74 Gesetzesentwurf vom Februar 2021, a. a. O., abgerufen am 26.5.2022.
75 Vgl. *Reiff*, NJOZ 2021, 609, 609.

69 Auf die Problematik der Rechtsunsicherheiten angesichts einer Wahlmöglichkeit hinsichtlich einer Abkürzung und der Vorschlag einer zwingenden Firmierung entsprechend § 5a Abs. 1 GmbHG wurde bereits hingewiesen, dieses Thema wurde nicht geklärt.[76]

70 Der bisherige § 77a Absatz 2 Entwurf VE-GmbH, der klarstellte, dass eine VE-GmbH nicht nur durch originäre Gründung, sondern auch durch Satzungsänderung einer „gewöhnlichen" GmbH geschaffen werden konnte, wurde nunmehr wortgleich als § 77b Abs. 1 Entwurf GmbH-gebV übernommen. § 77b n. F. befasste sich nun nicht mehr mit der Übertragung von Geschäftsanteilen, sondern mit der Herstellung der Vermögensbindung.

71 Neu war auch § 77a Abs. 1 Satz 2 Entwurf GmbH-gebV, nach dem der Zweck der Gesellschaft sowohl erwerbswirtschaftlich als auch gemeinnützig sein könne. Der Hintergrund dieser Regelung war, dass das Risiko, eine GmbH-gebV könnte zur zweckfreien Verwaltung des eigenen Kapitals im Sinne einer reinen vermögensverwaltenden Gesellschaft ohne eigene Geschäftstätigkeit missbraucht werden,[77] dadurch vermieden werden sollte. Hierbei wurde auch der Kritik am Entwurf zur VE-GmbH begegnet, die darauf hinwies, dass eine VE-GmbH nach dem bisherigen Entwurf auch den Zweck haben könne, Zigaretten oder Kriegsdrohnen herzustellen.[78] Konkretere Vorschläge, so die Anregung, im Gesellschaftszweck allgemeine ökologische und soziale Leitprinzipien festzuschreiben,[79] wurden allerdings nicht umgesetzt. Treffend stellte die Kommentierung zum Entwurf GmbH-gebV klar, dass „[…] die Gesellschaft mit gebundenem Vermögen kein Siegel für besonders wertvolles Unternehmertum darstellt".[80]

III. Handelsregister als Kontrollinstanz für Vermögensbindung im Gesellschaftsvertrag

72 Neu im Entwurf vom Februar 2021 war eine Änderung des § 9c Abs. 2 GmbHG. In dieser Norm waren Gründe, die das Registergericht zur Ablehnung der Eintragung einer GmbH aufgrund von unzulässigen Regelungen im Gesellschaftsvertrag ermächtigen, enumerativ aufgezählt. Mit der Einfügung von Nr. 4 in die Aufzählung des § 9c Abs. 2 GmbHG sollte hierzu nunmehr auch die Verletzung von Satzungsregelungen gehören, die Grundsätze der Vermögensbindung gewährleisten.[81] Damit würde das Handelsregister zumindest formal eine neutrale Kontrollinstanz hinsichtlich der Ein-

76 *Fischer/Fischer*, BB 2020, 2122, 2126.
77 Entwurf GmbH-gebV, a. a. O., S. 40.
78 So pointiert *Grunewald/Henrichs*, NZG 2020, 1201, 1201.
79 *Reiff*, ZIP 2020, 1750, 1754.
80 Entwurf GmbH-gebV, a. a. O., S. 25.
81 Entwurf GmbH-gebV, a. a. O., S. 23.

haltung der Vermögensbindung bei der GmbH-gebV darstellen. Eine solche Regelung erscheint jedoch fraglich, da es nicht sicher sein kann, ob und inwieweit das Handelsregister in der Lage sein wird, seine Prüfung in einer entsprechenden Tiefe durchzuführen, zumal die entsprechenden Grundsätze der Vermögensbindung neu sind und es daher an Gerichtsurteilen und praktischer Erfahrung in der Rechtsanwendung fehlt.

IV. Voraussetzungen für die Herstellung der Vermögensbindung gem. § 77b Entwurf GmbH-gebV

73 Mit dem neuen § 77b Entwurf GmbH-gebV – der bisherige § 77b Entwurf VE-GmbH wurde inhaltlich unverändert zu § 77c Entwurf GmbH-gebV – erfolgte eine notwendige Präzisierung der Anforderungen an den notariell beurkundeten Beschluss zur Vermögensbindung. Demnach hatte gem. § 77b Abs. 2 Entwurf GmbH-gebV dieser Vermögensbindungsbeschluss nicht nur die entsprechende Bindung des Gesellschaftsvermögens klar zu definieren, sondern auch die genaue Bezeichnung des Destinatärs des Vermögens der GmbH-gebV im Falle einer Liquidation gem. § 77l Entwurf GmbH-gebV, die letztübernehmende Person im Falle des Versterbens des letzten Gesellschafters gem. § 77c Abs. 5 Entwurf GmbH-gebV – mit dem Zweck, eine „Keinpersonengesellschaft“ zu verhindern[82] – sowie die Bestimmung der „unabhängigen Einrichtung“ gem. § 77j Abs. 4 Entwurf GmbH-gebV, mit der die Ergebnisverwendung und Kapitalerhaltung sichergestellt werden sollte.

74 Als Teil des Vermögensbindungsbeschlusses war auch der Gesellschaftsvertrag der GmbH-gebV in diesen Beschluss integriert, § 77b Abs. 2 Satz 2 Entwurf GmbH-gebV.

75 Neu waren auch arbeitnehmerrelevante Regelungen in § 77b Entwurf GmbH-gebV.[83] Der Vermögensbindungsbeschluss gem. § 77b Abs. 2 Nr. 5 Entwurf GmbH-gebV sah nunmehr eine Stellungnahme zu den Folgen und ggf. vorgesehenen Maßnahmen der Vermögensbindung für Arbeitnehmer und ihre Vertretungen vor. Ferner war der Entwurf des Vermögensbindungsbeschlusses mit einer Frist von mindestens einem Monat für den Tag der Gesellschafterversammlung dem Betriebsrat der Gesellschaft zuzuleiten (§ 77b Abs. 4 Entwurf GmbH-gebV).

76 Mit einer weiteren formalen Regelung wurden die Geschäftsführer der Gesellschafter gem. § 77b Abs. 3 Entwurf GmbH-gebV bei der Einberufung der relevanten Gesellschafterversammlung verpflichtet, neben den Pflichtinhal-

---

82 *Fischer/Fischer*, BB 2020, 2122, 2125.
83 Entwurf GmbH-gebV, a. a. O., S. 47.

ten der Einberufung auch die Gesellschafter über den Beschlussfassungsgegenstand der dauerhaften Vermögensbindung zu unterrichten.[84]

V. Schutz der Gläubiger der Gesellschaft

Gem. § 77b Abs 5 Entwurf GmbH-gebV[85] wurde ein besonderer Schutz für Gläubiger von Gründern oder Gesellschafter für Forderungen vor Gründung einer GmbH-gebV eingeführt. Mit dieser Regelung wurde der berechtigten Kritik Rechnung getragen, dass sich ein Gründer oder Gesellschafter durch Gründung und Vermögenstransfer in eine GmbH-gebV den berechtigten Forderungen von Gläubigern entziehen könnte. **77**

Nach dem zweiten Entwurf hatte ein Gründer oder Gesellschafter nach Meldung eines Gläubigers binnen sechs Monaten nach Bekanntmachung des Vermögensbindungsbeschlusses dem entsprechenden Gesellschafter Sicherheit gem. § 232 BGB zu leisten, also insbesondere durch Hinterlegung von Geld oder Verpfändung von Forderungen, hilfsweise durch Stellung von Bürgschaften. **78**

VI. Keine Anteilsveräußerung über Nominalwert

Die bisherige Regelung des § 77b Entwurf VE-GmbH über die Einschränkungen bei der Abtretung von Geschäftsanteilen, insbesondere der Vinkulierung, wurde in § 77c Entwurf GmbH-gebV übernommen und um einen neuen Absatz 3 erweitert.[86] In dieser Regelung wurde eine Regelung für den Gesellschaftsvertrag vorgeschlagen, der zufolge eine Anteilsveräußerung nur gegen ein Entgelt bis zu einer Höhe der geleisteten Einlagen einschließlich von Zuzahlungen gem. § 77k Abs. 1 Entwurf GmbH-gebV möglich sein solle. Sofern hiergegen verstoßen und ein höherer Veräußerungspreis erzielt werde, sollte die GmbH-gebV einen eigenen Anspruch gegen den ehemaligen Gesellschafter auf den Mehrbetrag erhalten. **79**

Mit dieser Regelung sollte der Gefahr begegnet werden, dass ein potenzieller Erwerber seine Investition in den Anteil zu einem höheren Preis in der Erwartung vornimmt, dass sich diese auszahlt, z. B. indem er ggf. versucht, die Vermögensbindung zu unterlaufen.[87] Weitere Beschränkungen bei Anteilsveräußerungen, nunmehr auch hinsichtlich der Höhe des Veräußerungspreises, wurden somit durch Satzungsregelung möglich, aber nicht zwingend. Es blieb somit als Kernregelung die Kontrolle von Abtretungen durch das gesetzliche Genehmigungserfordernis der Gesellschafter. **80**

84 Entwurf GmbH-gebV, a. a. O., S. 48.
85 Hierzu Entwurf GmbH-gebV, a. a. O., S. 49.
86 Entwurf GmbH-gebV, a. a. O., S. 53.
87 Entwurf GmbH-gebV., a. a. O., S. 53.

VII. Unternehmensverträge, insbesondere Gewinnabführung

81 Die Regelung des § 77o Entwurf VE-GmbH, die den Ausschluss von Beherrschungs- und Gewinnabführungsverträgen gem. §§ 291 AktG analog sowie Gewinnaufteilungen und Betriebsverpachtungen gem. § 292 AktG analog für die VE-GmbH regelte, wurde in die Neuregelung des § 77i Abs. 1 und Abs. 2 Entwurf GmbH-gebV integriert,[88] insgesamt hat der Entwurf GmbH-gebV zum Schutz der Vermögensbindung vor Umgehungen durch schuldrechtliche Vereinbarung weitergehende Schutzmechanismen eingeführt.[89] Abweichend von der Regelung des § 77o Entwurf VE-GmbH waren nunmehr gem. § 77i Abs. 3 Entwurf GmbH-gebV Teilgewinnabführungsverträge gem. § 292 AktG analog nur noch dann zulässig, wenn die Abführung des Teilgewinns nicht an einen Gesellschafter oder an ein verbundenes Unternehmen eines Gesellschafters erfolgte. Diese Regelung sollte gem. § 77i Abs. 4 und Abs. 5 Entwurf GmbH-gebV entsprechend auch bei Genussrechten gelten, die somit auch nur Personen gewährt werden durften, die weder Gesellschafter noch mit Gesellschaftern verbundene Personen sind.

82 Mit dieser Regelung sollten erkennbar Umgehungen der Vermögensbindung („Privatisierung von Gewinnen") durch Teilgewinnabführungsverträge zugunsten eines Gesellschafters verhindert werden.

VIII. Weitere Maßnahmen zur Sicherstellung der Vermögensbindung

83 Im neuen Entwurf wurden die bisherigen, in § 77h Entwurf VE-GmbH vorgesehen Regelungen zur Sicherstellung und Überwachung der Vermögensbindung verschärft und nunmehr in § 77j Entwurf GmbH-gebV geregelt. Der Entwurf hatte jedoch seine Grundsatzentscheidung beibehalten, die Gesellschaft mit gebundenem Vermögen keiner staatlichen Aufsicht zu unterstellen, sondern durch die Einführung von Mechanismen eine Überprüfung der Vermögensbindung durch gesellschaftsfremde Dritte sicherzustellen.[90]

84 Bisher nannte § 77h Abs. 2 Entwurf VE-GmbH zwei Regelbeispiele: In Nr. 1 wurde eine Berichtspflicht des Geschäftsführers gegenüber den Gesellschaftern und ggf. dem Aufsichtsrat konstituiert, die die jährliche Erstellung eines diesbezüglichen Berichts vorsah.

85 § 77h Abs. 2 Nr. 2 Entwurf VE-GmbH sah die Einrichtung eines „unabhängigen Aufsichtsorgans" vor, bei dem es sich um einen Aufsichtsrat gem. § 52 GmbHG, aber auch um eine Einzelperson handeln konnte.[91] Da es sich bei § 77h Abs. 2 Entwurf VE-GmbH um Regelbeispiele handelte, war

88 Entwurf GmbH-gebV, a. a. O., S. 75, 76.
89 Entwurf GmbH-gebV, a. a. O., S. 75.
90 Entwurf GmbH-gebV, a. a. O., S. 23.
91 Entwurf VE-GmbH, Erläuterungen, S. 48.

diese Aufzählung nicht abschließend. Die Erläuterungen zum Gesetzesentwurf nannten weitere Alternativen wie einzelne Arbeitnehmer, einen externen Wirtschaftsprüfer oder einen speziellen „Compliance Officer", die die Überwachung der Ergebnisverwendung und Kapitalerhaltung übernehmen könnten.[92] Insgesamt hatte die Gesellschaft diesbezüglich einen weiten Gestaltungsspielraum.

Mit der Neuregelung wurde der Kritik begegnet, dass die Sicherstellung der Vermögensbindung nicht in der Hand der Gesellschaft liegen sollte. Zudem wurden die beispielhaft vorgeschlagenen Sicherungseinrichtungen nicht als ausreichend angesehen. Ausführlich hatte die Arbeitsgruppe bei der Überarbeitung des Entwurfs die Einrichtung eines zwingenden Aufsichtsrats diskutiert, jedoch im Ergebnis verworfen, da insbesondere kleine Unternehmen erfahrungsgemäß Schwierigkeiten haben, geeignete Personen für einen Aufsichtsrat zu finden, eine Position, die überdies wenig finanzielle Anreize bietet.[93] **86**

Der Entwurf GmbH-gebV enthielt daher zwei Alternativen („Vorschläge"), die Sicherstellung der Vermögensbindung durch entsprechende Governance-Regelungen zu regeln,[94] zum einen eine „innergesellschaftliche" Alternative mit begrenzter externer Kontrolle und zum anderen eine Variante mit einer stärkeren externen Kontrolle (Prüfungsverband). **87**

Vorschlag 1 sah die Einführung einer internen Berichtspflicht in Kombination mit einer externen Prüfung durch einen Wirtschaftsprüfer vor. Im Einzelnen schlug § 77j Abs. 1 Entwurf GmbH-gebV eine Berichtspflicht der Geschäftsführung an die Gesellschafter oder einen ggf. vorhandenen Aufsichtsrat vor.[95] Dieser Bericht sollte insbesondere auf die Angemessenheit von Geschäften zwischen Gesellschaftern und Gesellschaft eingehen. Mit § 77j Abs. 2 Entwurf GmbH-gebV wurde zudem eine Prüfungspflicht durch einen externen Wirtschaftsprüfer konstituiert, der nicht der Abschlussprüfer der Gesellschaft sein durfte. Gem. § 77j Abs. 4 Entwurf GmbH-gebV war der Bericht der Geschäftsführung und der Prüfungsbericht des externen Wirtschaftsprüfers einer sog. „unabhängigen Einrichtung" zuzuleiten. Welche konkrete „unabhängige Einrichtung" dies sein sollte, sollte der Gesellschaftsvertrag bestimmen. Hier wurde eine Orientierung am Gedanken des Sonderprüfers nach dem Aktiengesetz deutlich.[96] Diese „unabhängige Einrichtung" sollte gemäß ihrer Satzung den Grundsätzen des „treuhänderischen Unternehmertums" verpflichtet sein. Sie sollte weitreichende Befugnisse wie Einsichts- und Auskunftsrechte gegenüber den Beteiligten haben **88**

---

92 Entwurf VE-GmbH, a. a. O.

93 Entwurf GmbH-gebV, a. a. O., S. 79.

94 Entwurf GmbH-gebV, a. a. O., S. 82.

95 Entwurf GmbH-gebV, a. a. O., S. 83, 84.

96 Entwurf GmbH-gebV, a. a. O., S. 85.

sowie das Recht, gem. § 77j Abs. 3 Entwurf GmbH-gebV Auflösungsklage gem. § 60 Nr. 3 GmbHG zu erheben.

89 Die Regelungen der „unabhängige Einrichtung“ waren in Vorschlag 1 nicht näher im Entwurf GmbH-gebV umschrieben, da der Entwurf davon ausging, dass es nach einer Umsetzung des vorliegenden Entwurfs und der entsprechenden Nachfrage nach der GmbH-gebV in der Praxis zur Gründung von Verbänden kommen werde, die eine entsprechende Orientierung in ihrer Satzung haben werden – „ggf. könnten die genossenschaftlichen Prüfungsverbände entsprechende Einrichtungen ins Leben rufen“.[97] Ausdrücklich wurde in der Begründung zum Gesetzesentwurf auch die Möglichkeit erörtert, dass die bereits bewährten genossenschaftlichen Prüfungsverbände entsprechende Einrichtungen speziell für die GmbH-gebV gründen könnten. Ergänzend hierzu wurde in der Begründung zum Entwurf die Einführung gesetzlicher Vorgaben für solche Einrichtungen, z. B. eine Registrierungspflicht, für möglich gehalten.[98]

90 Vorschlag 2 ergänzte die Regelungen zu einer internen Berichtspflicht und der externen Prüfung durch einen Wirtschaftsprüfer in § 77j Abs. 4 Entwurf GmbH-gebV mit einer Zwangsmitgliedschaft in einem genossenschaftlichen Prüfungsverband.[99] Berichte der Geschäftsführung und Prüfung durch einen Wirtschaftsprüfer sollten in dieser Variante alle zwei Jahre durch den genossenschaftlichen Prüfungsverband geprüft werden.[100]

IX. Umwandlung und Vermögensverteilung nach Liquidation

91 Die Regelungen zur Umwandlung, die diese zur Sicherstellung der Vermögensbindung – auch im grenzüberschreitenden Bereich – einschränken, wurden nun in den §§ 77n, 77o und 77p Entwurf GmbH-gebV geregelt, entsprachen aber inhaltlich dem Vorentwurf.[101] Eine Herausnahme aus dem GmbHG und Einfügung in das UmwG erfolgte nicht. Als problematisch insbesondere wegen europarechtlicher Bedenken[102] wird noch erörtert werden, dass gem. § 77n Abs. 4 Entwurf GmbH-gebV nach wie vor die GmbH-gebV nicht als übertragender Rechtsträger an einer Verschmelzung innerhalb der EU sein kann.

92 Die bisherige Regelung zur Liquidation und zur Vermögensverteilung wurde in § 77l Abs. 2 und 3 Entwurf GmbH-gebV konkretisiert.[103] War schon

97 Entwurf GmbH-gebV, a. a. O., S. 86.
98 Entwurf GmbH-gebV, a. a. O., S. 86.
99 Entwurf GmbH-gebV, a. a. O., S. 88.
100 § 77j Abs. 5, Vorschlag 2, vgl. Entwurf GmbH-gebV, a. a. O., S. 88.
101 Entwurf GmbH-gebV, a. a. O., S. 36, 37.
102 Hierzu *Engel/Haubner*, DStR 2022, 844, 844.
103 Entwurf GmbH-gebV, a. a. O., S. 94.

nach dem ersten Gesetzesentwurf der Liquidationserlös einer gemeinnützigen Einrichtung oder einer anderen GmbH-gebV auszukehren, so wurde mit § 77l Abs. 2 Entwurf GmbH-gebV nunmehr ein eigener Anspruch dieses Begünstigten geschaffen, der abgesichert war durch die Mitteilungspflicht des Geschäftsführers gegenüber dem Begünstigten über die Liquidation sowie ein Einsichtsrecht des Begünstigten gem. § 77l Abs. 3 Entwurf GmbH-gebV. Mit dieser Regelung sollte eine Umgehung der Vermögensbindung durch Gesellschafter bei Liquidation, sozusagen eine „Privatisierung" von Liquidationserlösen, verhindert werden.[104]

Abweichend vom ursprünglichen Entwurf war ferner auch eine Regelung für den Fall getroffen worden, falls ein Begünstigter nicht im Gesellschaftsvertrag bestimmt wurde. Für diesen Fall sah § 77l Abs. 2 Satz 3 Entwurf GmbH-gebV vor, dass der Begünstigte das Bundesland sein sollte, in dem die GmbH-gebV ihren letzten Sitz hatte. Diese Regelung orientierte sich an der Regelung zur Fiskalerbschaft gem. § 1936 BGB. **93**

G. Kritik am überarbeiteten Gesetzesentwurf von 2021

I. Fragen der Vereinbarkeit mit der unionsrechtlichen Niederlassungsfreiheit gem. Art. 49, 54 AEUV

In der Literatur hatte das Modell der GmbH-gebV Zweifel an der Vereinbarkeit mit Unionsrecht, insbesondere mit der Niederlassungsfreiheit des Art. 49, 54 AEUV hervorgerufen.[105] § 77n Abs. 4 Entwurf GmbH-gebV schloss die Gesellschaft mit gebundenem Vermögen explizit auch als übertragenden Rechtsträger bei der grenzüberschreitenden Verschmelzung gem. § 122b Abs. 1 UmwG aus („Umwandlungssperre"[106]). Dieser Regelungsvorschlag war zwar stringent in ihrem Bestreben, Umwandlungen in Gesellschaften ohne Vermögensbindung zu verhindern, stand aber nach einer Auffassung in der Literatur[107] im Widerspruch mit der EU-Gesellschaftsrichtlinie.[108] Überdies wurde ein Verstoß gegen primäres Unionsrecht, der Niederlassungsfreiheit gem. Art. 49, 54 AEUV, gesehen, da die Umwandlungsbeschränkungen des § 77n Entwurf GmbHG-gebV die Mobilität der Gesellschaften in der Union beschränke.[109] **94**

---

104 Entwurf GmbH-gebV, a. a. O., S. 7, 94.
105 *Engel/Haubner*, DStR 2022, 844, 844.
106 *Engel/Haubner*, DStR 2022, 844, 844.
107 *Engel/Haubner*, DStR 2022, 844, 845.
108 Art. 86a der EU-RL 2017/1132 vom 14.6.2017 über bestimmte Aspekte des Gesellschaftsrechts, https://eur-lex.europa.eu/legal-content/DE/TXT/PDF/?uri=CELEX:32017L1132&from=EN, abgerufen am 18.8.2025.
109 *Engel/Haubner*, DStR 2022, 844, 846.

95 Gegen diese Ansicht spricht, dass zum einen einschränkende Regelungen zu Verhinderung von Missbräuchen möglich und zulässig sind,[110] zum anderen die diesbezüglichen Regelungen des GmbHG-gebV ebenso für Inländer gelten und damit eine Unionsbürgerdiskriminierung nicht gegeben sein kann.[111]

96 Mit der Regelung des § 77n Entwurf GmbH-gebV war ausdrücklich die Verhinderung von Missbräuchen beabsichtigt, da durch die Verhinderung einer grenzüberschreitenden Verschmelzung die Kontinuität der Grundprinzipien der GmbH-gebV, insbesondere die Vermögensbindung, sichergestellt werden sollte.[112] Wie bereits ausgeführt war dies ein legitimes Ziel des nationalen Gesetzgebers zur Ausgestaltung der „Konturen einer Rechtsform".[113]

97 Insgesamt sollte eine Auslegung der europäischen Niederlassungsfreiheit nicht zur Folge haben, dass zulässige Gestaltungen des nationalen Rechts durch grenzüberschreitende Gestaltungen „ausgehebelt" werden können. Die Alternative der GmbH-gebV stellt zudem eine freiwillige Möglichkeit eines Unternehmers dar und dürfte daher keinen staatlichen Eingriff in die Niederlassungsfreiheit darstellen. Die Kritik an der europarechtlichen Konformität der Umwandlungssperre zum Schutz der Vermögensbindung erwähnte die Rechtsform der Stiftung, da diese nicht von der Niederlassungsfreiheit umfasst sei, und zeigte das Dilemma auf, nach dem mit der Stiftung zwar die niederlassungsrechtlichen Fragestellungen nicht aufgeworfen worden seien, die Stiftung zur Sicherstellung einer Vermögensbindung aber nicht besonders geeignet ist.[114]

II. Unabdingbarkeit der Vermögensbindung als unzulässige Beschränkung der Verbandssouveränität?

98 § 77b Abs. 1 Satz 2 Entwurf GmbH-gebV sah vor, dass die Vermögensbindung „weder eingeschränkt noch aufgehoben" werden könne.[115] Es ist nachvollziehbar, dass mit dieser Regelung eine Absicherung der Vermögensbindung vor Umgehungen, insbesondere durch spätere Aufhebungen der Vermögensbindung durch die Schöpfer des Gesetzesentwurfs bezweckt werden sollte. Die schon beim Entwurf VE-GmbH geäußerte Kritik an sol-

---

110 So EuGH v. 12.9.2016 – C-196/04, „Cadbury Schweppes", https://curia.europa.eu/juris/liste.jsf?language=de&num=C-196/04, abgerufen am 12.8.2025; EuGH v. 25.10.2017 – C-106/16, „Polbud", https://eur-lex.europa.eu/legal-content/DE/TXT/PDF/?uri=CELEX:32017L1132&from=EN, abgerufen am 12.8.2025; zitiert bei *Engel/Haubner*, DStR 2022, 844, 847.

111 Anders allerdings *Schön*, ZGR 2013, 333, 346; *Engel/Haubner*, DStR 2022, 844, 846.

112 Entwurf GmbH-gebV, a. a. O., S. 102.

113 *Engel/Haubner*, DStR 2022, 844, 847.

114 *Engel/Haubner*, DStR 2022, 844, 849.

115 Entwurf GmbH-gebV, a. a. O., S. 29.

chen „Ewigkeitsklauseln" argumentiert mit dem gesellschaftsrechtlichen Grundsatz der Verbandssouveränität bei Kapitalgesellschaften.[116] Nach einer anderen Ansicht sind solche Regelungen dahingehend umzudeuten, dass zumindest mit einer von sämtlichen Gesellschaftern beschlossene Satzungsänderung eine Abweichung von einer Vermögensbindung wirksam erreicht werden könnte.[117] In der Tat werden die dispositiven Regelungen des GmbH-Rechts, entsprechend dem Grundsatz der Satzungsautonomie gem. § 45 GmbHG,[118] durch einige zwingende Regelungen, die die entsprechende Vermögensbindung sicherstellen soll, eingeschränkt.

Im Ergebnis bedeutet dies, dass eine dauerhafte Vermögensbindung über den Tod des Initiators hinaus kaum sichergestellt werden kann, wenn man nicht doch auch die Stiftung, die grundsätzlich in ihrer Verfassung „ewig" bestehen kann, als Alternative heranziehen möchte. **99**

Es stellt sich die Frage, ob eine solche „Selbstentmachtung" der Gesellschafter für die Zukunft zulässig ist. Zieht man die Stiftung als Vergleichsmaßstab heran, so wird deutlich, dass dies gerade bei der Stiftung geschieht: durch das Stiftungsgeschäft überträgt der Stifter sein Vermögen gem. §§ 81, 82 BGB im Rahmen seiner Privatautonomie unwiderruflich (nach der Anerkennung) auf die Stiftung, er hat sich auf diese Weise selbst „entreichert". Die Möglichkeit des Gesellschafters, sich freiwillig für die Rechtsform der GmbH-GebV entscheiden zu können, schränkt die Privatautonomie gerade nicht ein, sondern führt zur Erweiterung der Handlungsmöglichkeiten.[119] **100**

Analog hierzu müsste es auch einem Unternehmer, der sein Unternehmen in der Rechtsform der Kapitalgesellschaft betreibt, möglich sein, eine solche „Selbstentreicherung" durchzuführen. Es bleibt der Kernbereich der Gesellschafterrechte, mit einstimmigem Beschluss eine Satzungsänderung vorzunehmen, was ggf. auch die Aufhebung einer Vermögensbindung bedeuten könnte. Hier besteht aber aufgrund des Erfordernisses einer entsprechenden Einheitlichkeit der Willensbildung aller Gesellschafter eine gewisse Hürde, auch und gerade, weil dies dem Willen des Unternehmers, der die Vermögensbindung begründet hatte, zuwiderlaufen würde. **101**

III. Weiterhin Erfordernis einer zwingenden Firmierung

Ebenso wie bereits bei der VE-GmbH sieht der vorliegende Gesetzesentwurf gem. § 77a Abs. 1 Entwurf GmbH-gebV die Zusatzbezeichnung „mit **102**

116 *Grunewald/Hennrichs*, NZG 2020, 1201, 1202; *Karst/Müller-Gschlößl*, NJOZ 2021, 961, 962.
117 *Karst/Müller-Gschlößl*, NJOZ 2021, 961, 964.
118 MüKo GmbHG/*Liebscher*, § 45 Rn. 2 ff.
119 *Sanders*, NZG 2021, 1573, 1576.

gebundenem Vermögen", allerdings auch als ausreichend eine „allgemein verständliche Abkürzung dieses Zusatzes" vor. Hier wird auf die entsprechenden Ausführungen zur Kritik am ersten Gesetzesentwurf verwiesen. Insbesondere würde die Transparenz im Sinne des Gläubigerschutzes und des Schutzes des Rechtsverkehrs durch eine klar definierte Firmierung deutlich verbessert werden.[120]

IV. Umgehungsmöglichkeiten bei der Vermögensbindung, insbesondere durch stille Beteiligungen

103 Zwar ist eine Umgehung der Vermögensbindungsregelungen durch Beteiligung über atypisch stille Gesellschaften für Gesellschafter der GmbH-gebV nicht möglich, jedoch sehr wohl für eine dem Gesellschafter nahestehende Person. Dies könnte dann der Fall sein, wenn eine sog. „nahestehende Person" i. S. v. § 15 Abgabenordnung und ein Gesellschafter kollusiv zusammenwirken. Eine solche nahestehende Person wäre dann wirtschaftlich Gesellschafter.[121] Denn der Entwurf GmbH-gebV sieht keinerlei Möglichkeiten vor, entsprechende Umgehungen durch eine dritte Person, die eine nahestehende Person zu einem Gesellschafter ist, zu verhindern.

104 Wichtig ist hier insbesondere die Schaffung von Transparenz. So wäre eine ähnliche Gestaltung im Steuerrecht schon vom Rechnungswesen der Gesellschaft zu berücksichtigen, da eine solche Gewinnabschöpfung durch eine stille Gesellschaft an nahestehenden Personen als sog. „verdeckte Gewinnausschüttung" angesehen wird, die gem. § 8 Abs. 3 Satz 2 KStG den Gewinn nicht mindert, also trotz Aufwandsbuchung im betrieblichen Rechnungswesen gewinnerhöhend und damit steuererhöhend zu berücksichtigen ist. Eine ähnliche unternehmensinterne „Compliance-Abteilung" könnte für die Sicherung und Erhaltung der Vermögensbindung einer Gesellschaft vorgesehen werden.

105 Weitere Umgehungsmöglichkeiten sind denkbar, wenn Gesellschafter über Drittgeschäfte, die auch vom Entwurf GmbH-gebV durchaus als zulässig angesehen werden,[122] durch überhöhte Leistungsvergütungen (Geschäftsführertätigkeit, Darlehenszins, Miete, Lizenzgebühren etc.) Gewinne außerhalb der vorgesehenen Vermögensbindung abschöpfen. Hier greifen jedoch ebenso vorrangig die Regelungen des Steuerrechts gem. § 8 Abs. 3 Satz 2 KStG zur verdeckten Gewinnausschüttung ein, die dann außerbilanziell zu einer Korrektur führen.

---

120 Zusammenfassend: *Fischer/Fischer*, BB 2020, 2122, 2126 f.
121 So zutreffend: *Plöger/Weitemeyer*, BB 15/2021, die erste Seite.
122 Kritisch hierzu aber *Grunewald/Hennrichs*, NZG 2020, 1201, 1204.

106 Diese Fragestellungen erfordern daher die Einrichtung einer „Nachhaltigkeitscompliance“ im Unternehmen. Daher dürfte es empfehlenswert sein, wenn der entsprechende Entwurf der GmbH-gebV hinsichtlich der Pflichten der Geschäftsführung zur Einrichtung einer „Nachhaltigkeitscompliance“ überarbeitet wird. Insbesondere sollte die Geschäftsführung im Rahmen ihrer Berichterstattung nach § 77j Abs. 1 Entwurf GmbH-gebV konkrete Pflichtangaben zur Einrichtung eines internen Kontrollsystems bzw. Frühwarnsystems zum Nachhaltigkeitscontrolling analog § 91 Abs. 2 AktG enthalten.

V. Erneut: Kapitalerhaltung und Umwandlungen in entsprechenden Gesetzen regeln

107 Nach wie vor enthielt auch der zweite Entwurf zur GmbH-gebV in den §§ 77f, 77g Regelungen, die die Kapitalerhaltungsvorschriften der §§ 30, 31 GmbHG modifizierten bzw. Beschränkungen für Gesellschaften mit Vermögensbindung bei Umwandlungen enthielten. Wie bereits zum ersten Entwurf ausgeführt sollten diese Regelungen eher die §§ 30 und 31 GmbHG ergänzen.

108 Ebenso sollten die Regelungen zur Umwandlung gem. § 77n Entwurf GmbH-gebV, insbesondere aufgrund der zahlreichen Verweise in § 77n Entwurf GmbH-gebV auf die Regelungen des UmwG sowie aufgrund von § 77n Abs. 3 bis Abs. 5 Entwurf GmbH-gebV, die den Ausschluss der GmbH-gebV als umwandlungsfähiger Rechtsträger regeln,[123] aus rechtssystematischen Gründen im Umwandlungsgesetz geregelt werden.

109 Denn eine „Verteilung“ von Spezialregelungen in einem Einzelgesetz ist unsystematisch und unübersichtlich;[124] hierzu ist ein sachlicher Grund auch nicht ersichtlich. Eine solche sachgerechte Zuordnung zu den entsprechend passenden Gesetzen entspricht einer systematischen und strukturierten Gesetzesgestaltung.

VI. Gläubigerschutz

110 Der überarbeitete Entwurf hatte auf die Kritik am Entwurf zur VE-GmbH[125] hinsichtlich der Problematik des Gläubigerschutzes reagiert.

111 Ein Gläubiger eines Gesellschafters hätte grundsätzlich die Möglichkeit, den Gesellschaftsanteil zu pfänden. Hier sah aber schon der erste Entwurf vom 17.6.2020 gem. § 77k Nr. 2 Entwurf VE-GmbH vor, dass im Falle einer Pfändung des Gesellschaftsanteils die Gesellschaft das Recht zur Einzie-

---

123 Entwurf GmbH-gebV, a. a. O., S. 36.
124 Vgl. *Fischer/Fischer*, BB 2020, 2122, 2127.
125 Stellvertretend: *Habersack*, GmbHR 2020, 992, 992 f.

hung entsprechend § 34 GmbHG hat, alternativ ist die Möglichkeit vorgesehen, dass der gepfändete Anteil auf Verlangen der Gesellschaft an diese abgetreten wird gegen Erstattung der Einlage,[126] die dann allein Gegenstand der Pfändung wäre. Die überarbeitete Version des Gesetzesentwurfs vom Februar 2021 hatte dies inhaltsgleich in § 77m Nr. 2 Entwurf GmbH-gebV übernommen.[127]

112 Die Kritik am ursprünglichen Gesetzesentwurf bezog sich insbesondere auf die Möglichkeiten der Forderungsdurchsetzung von Gläubigern der Gesellschafter. Hintergrund war das Problem, dass bei einer Vermögensbindung der Gesellschaft ein Gläubiger ebenso wenig auf das Vermögen der Gesellschaft durch Pfändung zugreifen kann wie ein Gesellschafter.[128] Hatte der Gläubiger seine Forderung gegen die Gesellschaft aber zu einem Zeitpunkt begründet, bevor der Beschluss über die Herstellung der Vermögensbindung im Handelsregister eingetragen wurde, wäre dieses Vollstreckungserschwernis für den Gläubiger überraschend. Ggf. wäre er mit der Gesellschaft unter anderen Voraussetzungen in eine vertragliche Beziehung getreten, wenn er gewusst hätte, dass in der Zukunft eine Vermögensbindung hergestellt werden soll.

113 Der überarbeitete Gesetzesentwurf zur GmbH-gebV versuchte, dieses Dilemma mit dem § 77b Abs. 5 Entwurf GmbHG-gebV zu lösen.[129] Demnach sollten Gläubiger dann eine Sicherheitsleistung gem. §§ 232 ff. BGB verlangen können, wenn die Erfüllung ihrer Forderung „gefährdet" wird. Der Entwurf GmbH-gebV sah eine Ausschlussfrist von sechs Monaten ab Bekanntmachung des Beschlusses zur Vermögensbindung vor. Die vom Entwurf vorgeschlagene Regelung orientierte sich in ihrer Struktur an § 22 UmwG.[130] Demnach könnte ein Gläubiger bei Eintritt dieser „Gefährdung" eine Sicherheitsleistung i. S. d. § 232 Abs. 1 BGB verlangen, ergänzend und hilfsweise eine Bürgschaft eines tauglichen Bürgen gem. § 232 Abs. 2 BGB.

114 Die vorgenannte Modifikation durch Einführung des Rechts für Gläubiger, ggf. eine Sicherheitsleistung verlangen zu können, sollte nicht darüber hinwegtäuschen, dass dies in der Praxis ein sehr schwierig zu erlangendes Sicherungsmittel wäre. Zum einen trägt der Gläubiger die Beweislast dafür, dass die Erfüllung seiner Forderung „gefährdet" ist. Es stellt sich die Frage, welche Indizien und Tatsachen erforderlich sind und vorgetragen werden müssen, damit der Gläubiger seiner Beweislast nachkommt. Ob bereits eine Nichtzahlung nach In-Verzug-Setzen ausreichend ist, oder ob der Gläubiger

126 Entwurf VE-GmbH, a. a. O., § 77k, S. 20.
127 Entwurf GmbH-gebV, a. a. O., § 77m, S. 36.
128 Entwurf GmbH-gebV, a. a. O., S. 48; *Grunewald/Hennrichs*, NZG 2020, 1201, 1204.
129 Entwurf GmbH-gebV, a. a. O., S. 30.
130 Entwurf GmbH-gebV, a. a. O., S. 49.

Zwangsvollstreckungsmaßnahmen ergriffen haben muss, die ggf. auch erst voll ausgeschöpft werden müssen bis hin zur Abgabe der Vermögensauskunft gem. § 802c Abs. 1 ZPO bzw. der Vollstreckung der Erzwingungshaft gem. § 802g ZPO, ist unklar.

Zudem bleibt das Risiko des Gläubigers, der mit einem Gesellschafter einer GmbH ohne Vermögensbindung Rechtsgeschäfte abschließt, dass die Gesellschaft später eine Vermögensbindung beschließt, nach wie vor beim Gläubiger. Es besteht zwar grundsätzlich die Dispositionsfreiheit im Rahmen der Privatautonomie der Gesellschafter, nach eigenem Belieben eine Vermögensbindung ihrer Gesellschaftsbeteiligung anzustreben. Allerdings ist auch der Schutz des Rechtsverkehrs und das Vertrauen auf die Realisierbarkeit von Forderungen der Gläubiger ein signifikanter Aspekt, der zu berücksichtigen ist. **115**

Ferner ist die Fähigkeit zur Stellung von Sicherheitsleistungen i. S. d. § 232 BGB abhängig von den persönlichen Vermögensverhältnissen des Gesellschafters. Insbesondere wenn der Gläubiger weiß, dass sein Schuldner einen GmbH-Anteil als Haftungsmasse hat, ist ein späterer Beschluss zur Vermögensbindung ein Benachteiligungsaspekt von Bedeutung. Hier ist auch die Argumentation im überarbeiteten Gesetzesentwurf vom Februar 2021 zu kurz gegriffen, wenn davon ausgegangen wird, dass „[…] sich die Gläubiger über die Vermögenssituation ihres Schuldners informieren müssen“.[131] Denn selbst bei umfassender vorheriger Information der Gläubiger über die Vermögenssituation ihres Schuldners einschließlich des Wissens um seine Beteiligung an einer GmbH ist für die Gläubiger nicht der Fall vorhersehbar, dass es zu einem Vermögensbindungsbeschluss bei der Gesellschaft, an der ihr Schuldner beteiligt ist, kommen wird. **116**

Auch bei einer Pfändung des Anteils, bei der ja nur der Gegenwert einer Einlage als Haftungssubstrat einbringlich ist, besteht das Risiko des Gläubigers, keine vollständige Befriedigung seiner Forderung zu erhalten. Und ob weitere Ansprüche des Gesellschafters gegen die Gesellschaft mit gebundenem Vermögen, wie Forderungen aus Geschäftsführervergütungen oder Mietforderungen, die Haftungsmasse für den Gläubiger erhöhen, wie in der vorgenannten Begründung des Gesetzesentwurfs vom Februar 2021 erwähnt,[132] ist stets Tatfrage und liegt im Risikobereich des Gläubigers. **117**

Ggf. wäre es denkbar, dass der Gesellschafter einer nicht vermögensgebundenen GmbH bei der Eingehung einer vertraglichen Beziehung versichert, dass in einem genau definierten Zeitraum ein Vermögensbindungsbeschluss nicht vorgesehen ist. Dies wird in einer abgeschwächten Form als Informa- **118**

---

131 Entwurf GmbH-gebV, a. a. O., S. 49.
132 Entwurf GmbH-gebV, a. a. O., S. 50.

tionspflicht an den Gläubiger auch in der Begründung zum Gesetzesentwurf als Alternative erwähnt, jedoch nicht explizit geregelt.[133]

VII. Ausgestaltung der „unabhängigen Einrichtung"

119 Die Sicherung einer entsprechenden Governance war ein zentraler Kritikpunkt am Entwurf VE-GmbH. Der Entwurf GmbH-gebV machte, wie schon ausgeführt, konkrete Vorschläge zur Sicherung der Vermögensbindung, insbesondere bei der Ausgestaltung einer „unabhängigen Einrichtung" gem. § 77j Abs. 4 Entwurf GmbH-gebV in Vorschlag 2. Hier war vorgesehen, dass eine GmbH-gebV Pflichtmitglied werden muss.[134] Allerdings waren die Ausführungen zu dieser „unabhängigen Einrichtung" noch nicht konkret genug. Zwar wurde in Vorschlag 2 die Pflicht zu einer Mitgliedschaft in einem Prüfungsverband konstatiert, ohne dass dies jedoch weiter konkretisiert wurde.

120 Es wäre wohl sinnvoll, konsequent Vorschlag 2 zu folgen. Der Entwurf GmbH-gebV sah zwar eine Zwangsmitgliedschaft zu einem genossenschaftlichen Prüfungsverband vor, führte jedoch nicht aus, welcher konkrete Prüfungsverband zuständig sein sollte. In Deutschland existieren eine Vielzahl von branchenspezifischen und regionalen Prüfungsverbänden; die diesbezügliche Verleihung des Prüfungsrechts an die Prüfungsverbände erfolgt gem. § 63 GenG durch die jeweilige Landesbehörde. Es stellt sich daher die Frage nach der Sachkompetenz der einzelnen genossenschaftlichen Prüfungsverbände, zumal es sich bei den vorliegend zu überprüfenden GmbH-gebV um eine Rechtsform – keine Genossenschaft – handelt, mit dem die genossenschaftlichen Prüfungsverbände noch keinerlei Erfahrung haben.

121 Inwieweit hierzu die genossenschaftlichen Prüfungsverbände des Deutschen Genossenschafts- und Raiffeisenverbands e. V. (DGRV),[135] im Bundesverband deutscher Wohnungs- und Immobilienunternehmen e. V. (GdW),[136] Kommunale Prüfungsverbände[137] oder Gemeindeprüfungsanstalten[138] oder andere genossenschaftliche Prüfungsverbände, z. B. Prüfungsverbände für

133 Entwurf GmbH-gebV, a. a. O., S. 49.
134 Entwurf GmbH-gebV, a. a. O., S. 23/24.
135 Vgl. https://www.dgrv.de/, abgerufen am 12.8.2025.
136 Vgl. https://www.gdw.de/, abgerufen am 12.8.2025.
137 Vgl. hierzu Bayerischer Kommunaler Prüfungsverband, https://www.bkpv.de/, abgerufen am 12.8.2025.
138 Vgl. Gemeindeprüfungsanstalt Baden-Württemberg, https://www.gpabw.de/startseite, abgerufen am 12.8.2025.

Banken,[139] sachkundig und befähigt sind, wurde bislang offengelassen. Hier wäre eine klare gesetzliche Vorgabe erforderlich.

Als Alternative zu einer Zwangsmitgliedschaft in einem genossenschaftlichen Prüfungsverband sollte nur in Ausnahmefällen die Einrichtung von eigenen Prüfungsverbänden speziell für Gesellschaften mit gebundenem Vermögen zugelassen werden, da die Gründung solcher Prüfungsverbände erfahrungsgemäß einige Zeit in Anspruch nimmt und daher kurzfristig auf das bekannte und bewährte Modell der genossenschaftlichen Prüfungsverbände zurückgegriffen werden kann. **122**

VIII. Das Stiftungsrecht als Alternative zur Gesellschaft mit gebundenem Vermögen?

Wie bereits ausgeführt erfolgte bisher die Schaffung von Verantwortungseigentum mit Vermögensbindung mit Gestaltungen wie Einzelstiftungs- und Doppelstiftungsmodellen. Bisher bestand bei Stiftungen wenig Transparenz, so existierte kein Stiftungsregister mit öffentlichem Glauben. Einzelne Bundesländer führen im Rahmen ihrer Stiftungsaufsicht zwar sog. Stiftungsverzeichnisse[140] oder Stiftungsdatenbanken[141] mit Suchfunktion, die öffentlich eingesehen bzw. genutzt werden können, Regelungen hinsichtlich der Sicherstellung des öffentlichen Glaubens an den Inhalt dieser Verzeichnisse gibt es jedoch nicht, es besteht keine Publizitätswirkung und kein Anspruch auf Vollständigkeit und Aktualität.[142] **123**

---

139 Vgl. Prüfungsverband deutscher Banken, ein Institut mit dem Ziel der Einlagensicherung, https://www.pruefungsverband-banken.de, abgerufen am 12.8.2025.

140 So in Nordrhein-Westfalen, https://www.im.nrw/stiftungsverzeichnis/alle-stiftungen, abgerufen am 12.8.2025; Niedersachsen, https://www.mi.niedersachsen.de/startseite/themen/allgemeine_angelegenheiten_des_inneren/stiftungsrecht/stiftungsrecht-61712.html, abgerufen am 12.8.2025; Mecklenburg-Vorpommern, https://www.regierung-mv.de/Landesregierung/jm/Zustaendigkeiten/Stiftungswesen/, abgerufen am 12.8.2025; Sachsen, https://www.lds.sachsen.de/kommunal21/?ID=104&art_param=12, abgerufen am 12.8.2025.

141 Vgl. in Hamburg, https://serviceportal.hamburg.de/HamburgGateway/FVP/FV/Justiz/Stiftungsdatenbank/?sid=55, abgerufen am 15.6.2022.; Baden-Württemberg, https://www.service-bw.de/zufi/leistungen/1155, abgerufen am 15.6.2022; Hessen, https://verwaltungsportal.hessen.de/online-dienste/anwendungen/stiftungsverzeichnis, abgerufen am 12.8.2025; Rheinland-Pfalz, https://addinter.service24.rlp.de/cgi-bin-inter/stiftung1.mbr/start, abgerufen am 12.8.2025; Schleswig-Holstein, https://danord.gdi-sh.de/viewer/resources/apps/stiftungsdatenbanksh/index.html?lang=de, abgerufen am 12.8.2025; Thüringen, https://tlvwa-apps.thueringen.de/stiftungsverzeichnis/, abgerufen am 12.8.2025; Sachsen-Anhalt, https://stiftungen.sachsen-anhalt.de/stiftungsverzeichnis/?no_cache=1, abgerufen am 12.8.2025.

142 So ausdrücklich beim Stiftungsverzeichnis in Bayern, das auch als Stiftungsdatenbank mit Suchfunktion gestaltet ist, https://www.stiftungen.bayern.de/home;jsessionid=04942DA1CB1B28F521BA59A6B151C48C, abgerufen am 12.8.2025.

124 Durch das Gesetz zur Vereinheitlichung des Stiftungsrechts[143] erfolgte eine Reform des Stiftungsrechts mit Wirkung ab 1.7.2023, ein einheitliches Stiftungsregister mit öffentlichem Glauben an die Richtigkeit von Eintragungen wird mit Wirkung ab 2026 eingeführt werden. Es stellt sich die Frage, ob das reformierte Stiftungsrecht eine Alternative zu Gesellschaften mit gebundenem Vermögen darstellen kann.

125 Mit der Publizitätswirkung des eingeführten Stiftungsregisters ab Januar 2026 unterliegt diese nunmehr den gleichen Bedingungen wie eine GmbH-gebV, für die die Publizität des Handelsregisters gem. § 15 HGB gilt. Eine Besonderheit bei Stiftungen ist die Stiftungsaufsicht von staatlichen Behörden[144] als Überwachungsorgan,[145] wobei sich die Frage stellt, ob eine staatliche Aufsicht über eine solche Familienkonstruktion sinnvoll und erforderlich ist.

126 Tatsächlich führt die genannte Stiftungsrechtsreform abgesehen von der Einführung eines Registers mit Publizitätswirkung zu keiner umwälzenden Neuausrichtung der Stiftung.[146] Die Problemfelder, die für Unternehmer bei der Sicherung der Wertefamilie im Gesellschafterkreis und einer Vermögensbindung relevant sind, werden vom reformierten Stiftungsrecht gerade nicht gelöst. Somit bestehen die Unterschiede zur Stiftung weiterhin, denn eine Gesellschaft mit gebV soll nicht einem vom Gründer bestimmten Zweck wie bei einer Stiftung dienen, sondern Gesellschaftern Mitgestaltungsmöglichkeiten und Mitverantwortung ermöglichen.[147] Vor diesem Hintergrund wird die Stiftung als Rechtsform auch in ihrer reformierten Variante für Gesellschafter mit der Intention zur Schaffung einer dauerhaften Vermögensbindung in der Gesellschaft nicht attraktiver. Im Übrigen gilt die Kritik an der GmbH-gebV, dass diese unwiderrufliche Vermögensbindung die Entfaltungsmöglichkeiten der nächsten Generation zu stark beschränke, sehr wohl auch für die Stiftung, aber nicht notwendigerweise auf diese beschränkt sein muss; die Tatsache eines Monopols der Stiftung auf langfristige Vermögensbindung ist als solche noch keine Begründung für die Beibehaltung dieser Exklusivität, wie *Sanders* treffend feststellt.[148]

---

143 Gesetz zur Vereinheitlichung des Stiftungsrechts vom 16.7.2021, BGBl. I, S. 2947, https://www.bgbl.de/xaver/bgbl/start.xav#/switch/tocPane?_ts=1754994970181, abgerufen am 12.8.2025.

144 Vgl. z. B. § 10 Saarländisches Stiftungsgesetz vom 9.8.2004, Saarl. Amtsbl. 2004, S. 1825.

145 Vgl. *Plöger/Weitemeier*, BB 15/2021, die erste Seite.

146 *Fischer*, in: Fischer/Amort, Nachhaltigkeit und Recht, Kap. 2, S. 25, 64.

147 Entwurf GmbH-gebV, S. 23.

148 *Sanders*, NZG 2021, 1573, 1578.

IX. Niedrigere Bewertung der Anteile bei Erbschaft- und Schenkungsteuer wie bei gemeinnützigen Gesellschaften

Ertragsteuerliche Fragestellungen spielten bei den Entwürfen zur GmbH-gebV nur eine marginale Rolle, lediglich die Rückzahlung von Einlagen nach Ausscheiden eines Gesellschafters gem. §77i Entwurf VE-GmbH[149] bzw. §77k Entwurf GmbH-gebV[150] wurde in die Regelung zur Einlagenrückgewähr gem. §27 Abs. 1 Satz 3 KStG aufgenommen.[151] **127**

Relevante Fragestellungen ergaben sich allerdings hinsichtlich der erbschaft- und schenkungsteuerlichen Behandlung. Bei der unentgeltlichen Übertragung von Anteilen an Gesellschaften mit Vermögensbindung bleibt es zwar grundsätzlich bei der erbschaft- und schenkungsteuerlichen Begünstigung von Unternehmenserwerben nach den §§13a ff. ErbStG.[152] Allerdings wurde bereits im Entwurf zur VE-GmbH die Frage der Bewertung der Anteile an der Gesellschaft für Zwecke der Erbschaft- und Schenkungsteuer thematisiert[153] und hinsichtlich der Bewertung dieser Anteile eine Gleichbehandlung mit der Bewertung von gemeinnützigen Gesellschaften angeregt. Da die Bewertung von gemeinnützigen Anteilen an Kapitalgesellschaften in einem gleichlautenden Ländererlass geregelt ist,[154] ist für die Umsetzung dieser Empfehlung keine gesetzliche Regelung, sondern nur eine koordinierte Anpassung von Verwaltungsvorschriften der Bundesländer nötig. **128**

Hier stellt sich allerdings die Frage, ob dies eine steuerliche Privilegierung der GmbH-gebV sein könnte. Im Entwurf GmbH-gebV wird klargestellt, dass diese Variante kein „Steuersparmodell" zulasten des Fiskus sein soll.[155] Dem wird auch in der Literatur zugestimmt, da die Interessenlage bei den GmbH-gebV vergleichbar mit der der gemeinnützigen Kapitalgesellschaften sei.[156] Insbesondere beim Dividendenausschluss sind gemeinnützige Gesellschaften mit Gesellschaften mit Vermögensbindung vergleichbar. Eine vergleichbar niedrige Bewertung könnte für Erben einen Anreiz darstellen, die Vermögensbindung beizubehalten, da ansonsten eine Ermittlung eines ggf. höheren Steuerwertes gem. § 12 ErbStG erfolgt. Dies würde die Finanzverwaltung zu einer Institution machen, die die Gesellschafter zur „Norm- **129**

---

149 Entwurf VE-GmbH, a. a. O., S. 22, 66.
150 Entwurf GmbH-gebV, a. a. O., S. 38, 113.
151 Entwurf VE-GmbH, a. a. O., S. 22.
152 Entwurf GmbH-gebV, a. a. O., S. 27.
153 Entwurf VE-GmbH, a. a. O., S. 66, 67.
154 Gleichlautender Ländererlass vom 9.10.2013, BStBl. 2013 I, S. 1362.
155 Entwurf GmbH-gebV, a. a. O., S. 26, 27.
156 https://www.heckschen-vandeloo.de/aktuelle-fachbeitraege/aktueller-fachbeitrag/die-gmbh-mit-gebundenem-vermoegen-gmbh-gebv-ein-blick-auf-die-steuerrechtlichen-aspekte-des-gesetzesentwurfs.html, I.1., abgerufen am 12.8.2025.

befolgung im Gesellschaftsrecht anhält".[157] Im Ergebnis wurde dieses Spannungsfeld zwischen Verhinderung eines Steuersparmodells und Steuerprivilegs bisher nicht gelöst.

H. Ergänzungsbedarf zum zweiten Gesetzesentwurf

130 Auch nach dem zweiten Gesetzesentwurf war Klarstellungsbedarf vorhanden. So ist es ein Gebot der Rechtssicherheit, dass es für die Gesellschaft mit gebundenem Vermögen eine Prüfung durch einen genossenschaftlichen Prüfungsverband geben sollte. Ergänzend bedarf es auch einer ausdrücklichen Regelung hinsichtlich der Zuständigkeit des jeweiligen branchentypischen oder regionalen Prüfungsverbandes. Eine Möglichkeit wäre eine Zuständigkeit von genossenschaftlichen Prüfungsverbänden im DGRV, da deren zu prüfende Betriebe eine gewisse Ähnlichkeit mit Unternehmen in der Rechtsform der GmbH-gebV haben. Die Zuständigkeit von Gemeindeprüfungsanstalten wäre eher fernliegend. Daher sollte § 77j Abs. 4 in der Form des Vorschlags 2 gewählt werden, allerdings mit einer Klarstellung, dass die Pflichtmitgliedschaft nur bei einem örtlich zuständigen Prüfungsverband im DGRV besteht. Sollten dabei mehrere genossenschaftliche Prüfungsverbände im DGRV infrage kommen, sollte die GmbH-gebV ein Wahlrecht haben.

131 Ferner sollten auch neu gegründete genossenschaftliche Prüfungsverbände einbezogen werden. Bereits der zweite Gesetzesentwurf erwähnt genossenschaftliche Prüfungsverbände, die speziell für die Prüfung von GmbH-gebV zu gründen wären, ggf. von anderen genossenschaftlichen Prüfungsverbänden oder von Institutionen oder Verbänden, die die Interessen von GmbH-gebV bündeln.[158] Eine solche „Öffnungsklausel" würde die Möglichkeit eröffnen, in der Zukunft hoch spezialisierte Institutionen zu gründen.

132 Der gem. § 77j Abs. 1 Entwurf GmbH-gebV geregelte Bericht der Geschäftsführung sollte im Interesse einer konsequenten Nachhaltigkeitsgovernance insbesondere eine Stellungnahme zum Nachhaltigkeitscontrolling enthalten. Ein effektives unternehmensinternes Berichtssystem hinsichtlich von Risiken und Frühwarnindikatoren bei Gefährdungen der Vermögensbindung, insbesondere durch Leistungen und Vereinbarungen zwischen Gesellschaftern und Gesellschaft, sollte durch die Geschäftsführung eingerichtet werden.

133 Eine Einschränkung von Missbräuchen könnte durch eine Ausdehnung der Vermögensbindung auf nahestehende Personen i. S. d. § 15 AO erzielt werden. Eine völlige Verhinderung von Umgehungen, z. B. durch Treuhänder („Strohmänner"), und entsprechende Konstruktionen über stille Gesell-

157 Entwurf GmbH-gebV, a. a. O., S. 114.
158 Entwurf GmbH-gebV, a. a. O., S. 89.

schaften wird nicht erreicht werden können, aber der Umgehungsaufwand würde größer.

Die Firmierung sollte zwingend, ähnlich wie bei § 5a GmbH, lauten „GmbH mit gebundenem Vermögen“ oder „GmbH-gebV“. Dies entspricht dem Interesse des Rechtsverkehrs an einer klaren und gläubigerschützenden Firmierung. Eine solche klare Regelung hat sich bereits seit 2008 bei der UG (haftungsbeschränkt) gem. § 5a GmbHG bewährt. 134

Der vorliegend ausgeführten Kritik am Entwurf GmbH-gebV folgend sollten die Regelungen der §§ 77m, 77o und 77p Entwurf GmbH-gebV aus diesem ausgegliedert und in das Umwandlungsgesetz eingegliedert werden, so § 77o GmbH-gebV zur Verschmelzung in die §§ 2 ff. UmwG und § 77p GmbH-gebV zur Spaltung in die §§ 123 ff. UmwG. 135

I. Ein neuer Anlauf: Pläne der Ampel-Regierung und der „Akademische Entwurf“ von 2024

I. Entwicklungen und Diskurse während der Zeit der Ampel-Regierung

Wie bereits ausgeführt gehörte zu den Zielen der neuen Ampel-Koalition auch eine Umsetzung der Pläne für die Schaffung einer neuen Gesellschaftsform einer Gesellschaft mit gebundenem Vermögen. Allerdings erfolgte bis zum Ende der Ampel-Koalition keinerlei Gesetzgebungsinitiative diesbezüglich, lediglich eine Neuregelung bei Genossenschaften wurde 2024 noch verabschiedet. Trotz der diesbezüglichen Ankündigung im Koalitionsvertrag der Ampel-Regierung waren bei der Bundesregierung unterschiedliche Tendenzen zur neuen Gesellschaftsform zu erkennen. So erfolgte aus dem FDP-geführten Bundesfinanzministerium (BMF) bereits am 28.9.2022 eine kritische Würdigung des Vorhabens, hier durch den wissenschaftlichen Beirat des BMF,[159] insbesondere wurde eine Ausschüttungssperre abgelehnt und den gegenwärtigen Stiftungsmodellen der Vorzug gegeben.[160] 136

Ferner wurden ungelöste Governance-Probleme adressiert, insbesondere wurde die starke Stellung der Geschäftsführung und der „Wertefamilie“ im Hinblick auf das Vermögen der Gesellschaft kritisch gesehen, es seien die Gesellschafter, die für eine „gute Governance“ sorgen würden.[161] Neben 137

---

159 Wissenschaftlicher Beirat beim BMF, Zum Vorschlag für eine GmbH mit gebundenem Vermögen, Gutachten 04/2022 v. 28.9.2022, Bundesministerium der Finanzen (Hrsg.), Stand 17.11.2022, https://www.bundesfinanzministerium.de/Content/DE/Downloads/Ministerium/Wissenschaftlicher-Beirat/Gutachten/gmbh-mit-gebundenem-vermoegen.html, abgerufen am 12.8.2025.

160 BMF, Gutachten v. 28.9.2022, a.a.O., S. 4–5.

161 BMF, Gutachten v. 28.9.2022, a.a.O., S. 9.

weiterer Kritik aus Sicht der Körperschaftsteuer – aufgrund fehlender Ausschüttungen sei der Steuersatz auf thesaurierte Gewinne zu erhöhen[162] – sieht das Gutachten ein zentrales steuerliches Problem bei der erbschaft- und schenkungsteuerlichen Bewertung einer Gesellschaft mit gebundenem Vermögen.[163] Begreift man die Vermögensbindung als Einschränkung, wäre eine niedrigere Bewertung angemessen, was allerdings steuerreduzierende Effekte zur Folge hätte, sodass nach Ansicht des Gutachtens eine solche Bewertung ohne Vermögensbindung sachgerecht wäre. Bei einer Bewertung zum Nennwert und wertmindernder Einbeziehung der Vermögensbindung wird eine entsprechende Anwendung der Erbersatzsteuer gem. § 1 Abs. 1 Nr. 4 ErbStG herangezogen, die eine Besteuerung der stillen Reserven alle 30 Jahre sicherstellt.

138 Einen weiteren kritischen Beitrag zum Diskurs über eine Gesellschaftsform mit gebundenem Vermögen lieferte das Institut für Mittelstandsforschung Bonn, insbesondere hinsichtlich einer ökonomischen Analyse.[164] Das „Denkpapier“ kommt aus ökonomischer Sicht zu dem Schluss, dass die angestrebten Ziele einer nachhaltigen Gesellschaftsform überwiegend auch durch andere Gesellschaftsformen erreicht werden kann und eine gesonderte Gesellschaft mit gebundenem Vermögen daher nicht erforderlich sei, zumal jeder Unternehmer schon heute einen „nachhaltigen“ Nachfolger aus einer Wertefamilie suchen und finden könne.[165] Das letztere Argument verkennt allerdings die bereits dargestellte Problematik, dass das Unternehmen als Wert und Heimat einer Wertefamilie dann nach wie vor in der freien Verfügung von Gesellschaftern steht.

139 Eine weitere Stellungnahme, die den zweiten Gesetzesentwurf weitgehend unterstützte, erfolgte durch die Stiftung Verantwortungseigentum mit einem Eckpunktepapier vom 11.7.2023.[166] Hervorzuheben ist hierbei der Blick auf ähnliche Gestaltungen im europäischen Ausland, wie das dänische Modell der Verantwortungseigentums-Praxis und insbesondere auch der Vorschlag, zur Sicherung der Vermögensbindung und der beabsichtigten „Fähigkeiten- und Wertegemeinschaft“ eine Regelung entsprechend § 161 AktG mit einem „Comply or Explain“-Instrumentarium in Bezug auf einen noch zu imple-

162 BMF, Gutachten v. 28.9.2022, a. a. O., S. 10.
163 BMF, Gutachten v. 28.9.2022, a. a. O., S. 10–11.
164 *Kay/Schlömer-Laufen/Reiff*, IfM Denkpapier.
165 *Kay/Schlömer-Laufen/Reiff*, IfM Denkpapier, S. 12.
166 Eckpunktepapier – Inhalt einer neuen Rechtsform für Gesellschaften mit gebundenem Vermögen, Stiftung Verantwortungseigentum (Hrsg.), Stand 11.7.2023, https://stiftung-verantwortungseigentum.de/fileadmin/user_upload/12_sve_eckpunktepapier_gmgv_stand__11.7.2023.pdf, abgerufen am 12.8.2025.

mentierenden „Sustainable Governance Codex“ mit entsprechenden Richtlinien für nachhaltiges unternehmerisches Handeln einzuführen.[167]

Ein weiteres Feld des Diskurses über die Gesellschaft mit gebundenem Vermögen entspann sich um ihre EU-Konformität. Hier ging es um die Regelungen der §§ 77n, 77o und 77p Entwurf GmbH-gebV, der zufolge Umwandlungen in Rechtsformen, die nicht einer Vermögensbindung unterliegen, ausgeschlossen werden sollten, und inwieweit diese umwandlungsbegrenzende Regelung zu europäischem Recht, insbesondere mit der Mobilitätsrichtlinie von 2019[168] sowie der Niederlassungsfreiheit gem. Art. 49 und 54 AEUV, im Widerspruch steht. In Teilen der Literatur wird die gesetzgeberische Intention der Schaffung einer Rechtsform mit Vermögensbindung als ausreichende Rechtfertigung für die dargestellte Umwandlungsbegrenzung entsprechend den Vorgaben des EU-Rechts angesehen.[169] Zum Teil wird dies auch damit begründet, dass eine GmbH-gebV keine Rechtsformvariante einer in der Mobilitätsrichtlinie erwähnten GmbH, sondern eine dort nicht erwähnte eigene Rechtsform sei.[170] **140**

Gegen die Annahme, dass eine GmbH-gebV eine eigene Rechtsform sein könnte, spricht allerdings der Vergleich mit anderen Ansätzen in Ländern der Europäischen Union. Sowohl das dänische Modell einer RSV (Registreret socialøkonomisk virksomhed) als auch das französische Modell der ESUS (Entreprise solidaire d´utilité sociale) sind nicht als spezifische Rechtsform konzipiert, sondern nur eine bestehende Rechtsform einer juristischen Person, die von einer Aufsichtsbehörde eine Akkreditierung als sozialwirtschaftliches bzw. nachhaltig handelndes Unternehmen erhalten hat.[171] Diese Idee eines so bezeichneten Zertifizierungsregimes, bei der eine bestehende Kapitalgesellschaftsform durch ein entsprechendes Branding als nachhaltig kenntlich gemacht wird, wurde im August 2024 vom BDI im Rahmen einer kritischen Auseinandersetzung mit der Gesellschaft mit Vermögensbindung vertreten.[172] **141**

---

167 Eckpunktepapier, Stiftung Verantwortungseigentum, a. a. O., S. 4.

168 Richtlinie 2019/2121 vom 27.11.2019 des Europäischen Parlaments und des Rats bezüglich von grenzüberschreitenden Formwechseln, Verschmelzungen und Spaltungen, https://eur-lex.europa.eu/legal-content/EN/TXT/PDF/?uri=CELEX:32019L2121&qid=1576662469712&from=EN, abgerufen am 12.8.2025.

169 *Bartl/Godt/Grundmann* et al., Thesenpapier: Unionsrechtskonformität der Gesellschaft mit gebundenem Vermögen, 13.6.2024, S. 2.

170 *Reiff*, NZG 2023, 770, 773.

171 *Schirmer*, ZEuP 2023, 326, 332, 333.

172 o. V., Die Idee einer „Gesellschaft mit gebundenem Vermögen“, BDI e. V. (Hrsg.), 7.8.2024, https://bdi.eu/artikel/news/die-idee-einer-gmbh-mit-gebundenem-vermoegen, abgerufen am 12.8.2025.

II. Der „Akademische Entwurf" 2024

142 Im Rahmen der vorgenannten aktuellen Erörterungen über eine Gesellschaft mit Vermögensbindung erhielt das Autorenkollektiv, das die beiden ersten Entwürfe konzipiert hatte, von den Berichterstattern der Ampel-Koalition – *Esra Limbacher* (SPD), *Katharina Beck* (Bündnis 90/DIE GRÜNEN) und *Otto Fricke* (FDP) am 1.2.2024 die Anregung, einen neuen Gesetzesentwurf als Diskussionsbeitrag zu erstellen – am 5.7.2024 wurde dieses Projekt von der Ampel-Koalition auch in ihre Wachstumsinitiative,[173] einem „Wirtschaftsdynamisierungspaket", aufgenommen.[174]

143 Dieser Aufforderung folgend, veröffentlichte das Autorenkollektiv, das die Gesetzesentwürfe 2020 und 2021 erstellt hatte, im September 2024 ihren „Akademischen Entwurf" in Buchform als kompakte Fassung eines „Gesetzes zur Einführung einer Gesellschaft mit gebundenem Vermögen".[175] Das Konzept des „Akademischen Entwurfs" führt die ersten beiden Entwürfe konsequent fort, weicht allerdings insoweit von diesen ab, als dass sie die Gesellschaft mit Vermögensbindung nicht als Variante der GmbH gestaltet, sondern nunmehr als Rechtsform eigener Art, im „Akademischen Entwurf" und nachfolgend als GmgV bezeichnet.[176] Demzufolge enthält der „Akademische Entwurf" die Kernregelungen in einem Gesetz betreffend die Gesellschaften mit gebundenem Vermögen, nachfolgend GmgVG.[177]

144 Bei der Firmierung orientiert sich § 2 GmgVG zwar an den Regelungen der beiden Vorentwürfe, für den Fall einer gemeinnützigen GmgV wird im Rahmen einer „Kann"-Vorschrift eine Firmierung als gGmgV vorgeschlagen.[178] Dem neuen Konzept einer eigenen Gesellschaftsform folgend regeln § 3 GmgVG nunmehr Inhalt und Form des Gesellschaftsvertrags sowie in § 4 GmgVG die Anmeldung der Gesellschaft zum Handelsregister[179] – diese Regelungen waren im GmbHG enthalten, bedürfen aber nunmehr einer ausdrücklichen Regelung. Eine zentrale Rolle spielt Abschnitt 2 des GmgVG

---

173 Wachstumsinitiative – neue wirtschaftliche Dynamik für Deutschland, Bundesregierung (Hrsg.), 5.7.2024, https://www.bundesregierung.de/resource/blob/976074/2297962/ab6633b012bf78494426012fd616e828/2024-07-08-wachstumsinitiative-data.pdf?download=1, abgerufen am 12.8.2025.

174 *Sanders/Neitzel/Dauner-Lieb/Kempny/Möslein/Teichmann*, NZG 2024, 1199 ff.

175 *Sanders/Neitzel/Dauner-Lieb/Kempny/Möslein/Teichmann*, Gesetz zur Einführung einer Gesellschaft mit gebundenem Vermögen, Akademischer Entwurf, 2024.

176 *Sanders/Neitzel/Dauner-Lieb/Kempny/Möslein/Teichmann*, Akademischer Entwurf, S. 65.

177 *Sanders/Neitzel/Dauner-Lieb/Kempny/Möslein/Teichmann*, Akademischer Entwurf, S. 81.

178 *Sanders/Neitzel/Dauner-Lieb/Kempny/Möslein/Teichmann*, Akademischer Entwurf, S. 81.

179 *Sanders/Neitzel/Dauner-Lieb/Kempny/Möslein/Teichmann*, Akademischer Entwurf, S. 82.

mit der Regelung der Vermögensbindung. Bemerkenswert ist bei § 8 Abs. 1 GmgVG, dass neben der Gesellschaft auch die Gesellschafter als Gesamtschuldner für Verbindlichkeiten der Gesellschaft haften, sofern diese eine gem. §§ 8 Abs. 1 Satz 2, Abs. 2 GmgVG erforderliche Mindesthaftsumme von 5.000 EUR nicht erbracht haben[180] – die Parallelen zu Kommanditisten bei der KG, insbesondere zu § 171 Abs. 1 HGB sind offensichtlich.

§ 9 GmgVG enthält die bereits aus den früheren Entwürfen bekannten Regelungen zu der Geeignetheit von Gesellschaftern einer GmgV – natürliche Personen, andere Gesellschaften mit Vermögensbindung oder Rechtsträger mit einer ähnlichen Vermögensbindung, wobei hier als Regelbeispiel Gebietskörperschaften genannt werden.[181] § 10 Abs. 1 GmgVG regelt die Nichtübertragbarkeit, als Novum hierbei wird auch eine Nichtvererblichkeit vorgesehen – Erben hätten dann nur einen Erstattungsanspruch gem. § 15 GmgVG. § 10 Abs. 2 GmgVG führt als Neuerung einen Notgesellschafter ein,[182] der für den Fall eines Ausscheidens des letzten Gesellschafters in die Gesellschaft eintritt. Mit dieser Regelung soll die bei den ersten beiden Entwürfen als Gefahr gesehene Entstehung einer „Keinpersonengesellschaft" verhindert werden. Der Asset Lock als Kern der Vermögensbindung wird in § 16 GmgVG geregelt[183] und enthält ein Gewinnausschüttungsverbot sowie ein Zahlungsverbot von Vermögen der Gesellschaft an Gesellschafter, mit entsprechenden Erstattungsansprüchen bei Zuwiderhandeln in § 17 GmgVG.[184] 145

§ 11 GmgVG sieht das Verfahren eines Anteilserwerbs vor. Bemerkenswert hieran ist die Abkehr von Analogien zum Recht des Kommanditisten bei der Übertragbarkeit und die Statuierung eines Beitritts nur durch notariell beurkundete Beitrittserklärung. Kündigungsrechte durch Gesellschafter, Gläubiger und Insolvenzverwalter sind in § 12 und 13 GmgVG geregelt.[185] Hier wurde auch das bei den früheren Gesetzentwürfen erörterte Problem eines unvollkommenen Gläubigerschutzes gelöst, da nunmehr der Gläubiger selbst ein Kündigungsrecht hat und in der Folge eine Erstattung des Eigenkapitals und weiterer ggf. geleisteter Einlagen gem. § 15 GmgVG ver- 146

180 *Sanders/Neitzel/Dauner-Lieb/Kempny/Möslein/Teichmann*, Akademischer Entwurf, S. 85, 86.

181 *Sanders/Neitzel/Dauner-Lieb/Kempny/Möslein/Teichmann*, Akademischer Entwurf, S. 86.

182 *Sanders/Neitzel/Dauner-Lieb/Kempny/Möslein/Teichmann*, Akademischer Entwurf, S. 87.

183 *Sanders/Neitzel/Dauner-Lieb/Kempny/Möslein/Teichmann*, Akademischer Entwurf, S. 90.

184 *Sanders/Neitzel/Dauner-Lieb/Kempny/Möslein/Teichmann*, Akademischer Entwurf, S. 91.

185 *Sanders/Neitzel/Dauner-Lieb/Kempny/Möslein/Teichmann*, Akademischer Entwurf, S. 88.

langen kann. Problematisch ist hierbei, dass die Auszahlung eines höheren, dem Marktwert entsprechenden Betrags ausdrücklich in § 15 Abs. 1 Satz 3 GmgVG ausgeschlossen ist.[186] Für einen Gläubiger wäre die Pfändung des Gesellschaftsanteils somit von begrenztem Wert.

147 Ohne inhaltliche Änderungen zu den Vorentwürfen wurde in § 18 GmgVG[187] der Ausschluss von Unternehmensverträgen gem. § 291 AktG für die GmgVG übernommen. Die Regelungen zur inneren Verfassung der Gesellschaft gem. §§ 19 ff. GmgVG rücken die GmgV näher in Richtung der GmbH, da gem. § 19 Abs. 1 GmgVG auch Geschäftsführung durch Fremdgeschäftsführer möglich ist. Auch die Regeln zur Vertretung der Gesellschaft in § 20 und 24 GmgVG ähneln den Regelungen im GmbHG ebenso wie die Regelungen zu Angaben auf Geschäftsbriefen und im Internet gem. § 22 GmgVG.[188] Eine Neuerung ist die Regelung des § 21 GmgVG, die für Rechtsgeschäfte zwischen der Gesellschaft auf der einen Seite und den Gesellschaftern oder Geschäftsführern auf der anderen Seite eine zwingende Dokumentation in Form einer Niederschrift vorsehen.[189] Eine spezifische Regelung zur Vermögensbindung entsprechend einer ähnlichen Regelung in früheren Entwürfen besteht nunmehr in § 29 GmgVG und verpflichtet die Geschäftsführung zu regelmäßiger Berichterstattung über die Einhaltung der Vermögensbindung gegenüber den Gesellschaftern oder einem ggf. vorhandenen Aufsichtsrat. Dieser Bericht ist gem. § 29 Abs. 2 GmgVG von einem „Erstprüfer", einem Wirtschaftsprüfer oder bei kleinen Kapitalgesellschaftern von einem Steuerberater, zu prüfen.[190]

148 Ein weiteres Absicherungsorgan ist der Unternehmensaufsichtsverband gem. §§ 44 ff. GmgVG. Hier besteht eine Pflichtmitgliedschaft der Gesellschaft gem. § 45 GmgVG.[191] Bei Anhaltspunkten, dass eine Verletzung der Vermögensbindung vorliegen könnte, insbesondere unter Auswertung der Vermögensbindungsbericht der Geschäftsführung oder des Berichts des Erstprüfers, erfolgt eine Aufsichtsprüfung durch den Unternehmensaufsichtsverband. Nach Durchführung einer Aufsichtsprüfung gem. § 49

---

186 *Sanders/Neitzel/Dauner-Lieb/Kempny/Möslein/Teichmann*, Akademischer Entwurf, S. 90.

187 *Sanders/Neitzel/Dauner-Lieb/Kempny/Möslein/Teichmann*, Akademischer Entwurf, S. 92.

188 *Sanders/Neitzel/Dauner-Lieb/Kempny/Möslein/Teichmann*, Akademischer Entwurf, S. 94–96.

189 *Sanders/Neitzel/Dauner-Lieb/Kempny/Möslein/Teichmann*, Akademischer Entwurf, S. 95.

190 *Sanders/Neitzel/Dauner-Lieb/Kempny/Möslein/Teichmann*, Akademischer Entwurf, S. 100.

191 *Sanders/Neitzel/Dauner-Lieb/Kempny/Möslein/Teichmann*, Akademischer Entwurf, S. 109.

GmgVG erfolgt gem. § 50 GmgVG ein Aufsichtsprüfungsbericht.[192] Je nach Ergebnis des Berichts kann der Unternehmensaufsichtsverband gem. § 51 GmgVG auch eine außerordentliche Gesellschafterversammlung der GmgVG einberufen.[193] Die Handlungsoptionen des Aufsichtsverbands sind weit und umfassen gem. § 52 Abs. 2 GmgVG die Geltendmachung von Ansprüchen der Gesellschaft sowie als ultima ratio gem. § 52 Abs. 3 GmgVG das Recht zur Führung einer Auflösungsklage gegen die Gesellschaft.[194]

Eine Unabhängigkeit des Unternehmensaufsichtsverbands wird dadurch sichergestellt, dass das Prüfungsrecht einer staatlichen Aufsicht untersteht – einer zuständigen obersten Landesbehörde – die auch das Prüfungsrecht verleiht, vgl. §§ 55 und 56 GmgVG.[195] Neben den umfassenden Regelungen zur Auflösung und Nichtigkeit der Gesellschaft in den §§ 58 bis 74 GmgVG,[196] die aufgrund des nun eigenständigen Charakters der GmgVG erforderlich waren, aber inhaltlich im Großen und Ganzen dem GmbH-Recht entsprechen, regeln systematisch überraschend § 82 und § 83 GmgVG ertragsteuerliche Inhalte. **149**

§ 82 GmgVG prägt für Zwecke der Körperschaftsteuer den Begriff der „thesaurierenden Gesellschaft". Angesichts der Tatsache, dass damit erzielte Gewinne einer Steuerbelastung bei Körperschaftsteuer, Solidaritätszuschlag und Gewerbesteuer von höchstens ca. 30 % unterliegen, bei Gewinnausschüttung die steuerliche Belastung der Gewinne aber auf ca. 50 % angehoben wird, stellt Satz 2 unter Verweis auf § 42 Abs. 2 Satz 1 AO klar, dass „es nicht vorgesehen sei", dass die GmgV „zu Steuervorteilen" führe.[197] Der Zweck einer Klarstellung ist zwar ersichtlich, es ist jedoch nicht klar, wie diese Regelung im Falle einer Umsetzung in die Praxis zu handhaben wäre. **150**

§ 83 GmgVG sieht vor, dass bei einer Umwandlung in eine GmgV ggf. entstehende Verluste, die somit zu Steuerentlastungen führen würden, erst zeitversetzt geltend gemacht werden können, wenn der Gesellschafter die Gesellschaft verlässt.[198] Es ist offensichtlich, dass diese Regelung Steuerop- **151**

---

192 *Sanders/Neitzel/Dauner-Lieb/Kempny/Möslein/Teichmann*, Akademischer Entwurf, S. 111, 112.

193 *Sanders/Neitzel/Dauner-Lieb/Kempny/Möslein/Teichmann*, Akademischer Entwurf, a. a. O., S. 112.

194 *Sanders/Neitzel/Dauner-Lieb/Kempny/Möslein/Teichmann*, Akademischer Entwurf, a. a. O., S. 113.

195 *Sanders/Neitzel/Dauner-Lieb/Kempny/Möslein/Teichmann*, Akademischer Entwurf, a. a. O., S. 114.

196 *Sanders/Neitzel/Dauner-Lieb/Kempny/Möslein/Teichmann*, Akademischer Entwurf, a. a. O., S. 117–126.

197 *Sanders/Neitzel/Dauner-Lieb/Kempny/Möslein/Teichmann*, Akademischer Entwurf, a. a. O., S. 131.

198 *Sanders/Neitzel/Dauner-Lieb/Kempny/Möslein/Teichmann*, Akademischer Entwurf, a. a. O., S. 131.

timierungen bei einer Umwandlung in eine GmgV verhindern soll. Weitere steuerlichen Änderungen im EStG und KStG sind lediglich Folgeänderungen des neuen Konzepts einer eigenen Gesellschaftsform mit gebundenem Vermögen und regeln eine entsprechende subjektive Steuerpflicht. Eine Änderung bei § 7 Abs. 1 Nr. 9a ErbStG sieht bei Auflösung der GmgV einen schenkungsteuerpflichtigen Erwerb vor und stellt dies mit den bisherigen Fällen des § 7 Abs. 1 Nr. 9 ErbStG bei der Auflösung von Stiftungen und Vereinen mit zweckgebundenem Vermögen gleich.[199] Weitere Folgeänderungen insbesondere redaktioneller Natur des „Akademischen Entwurfs" betreffen das Umwandlungssteuergesetz, das Mitbestimmungsgesetz, das Drittelbeteiligungsgesetz sowie das SGB V.

152 Insgesamt hat der „Akademische Entwurf" einige Schwächen der vorherigen Entwürfe beseitigt und ist damit ein gelungener Schritt in Richtung auf eine Umsetzung durch den Gesetzgeber.

153 Bereits vor Veröffentlichung des „Akademischen Entwurfs", im August 2024, wurde ein internes Eckpunktepapier des FDP-geführten Bundesjustizministeriums zu einer „thesaurierenden Kapitalgesellschaft" kontrovers diskutiert.[200] Zusammen mit der bereits erwähnten kritischen Stellungnahme des FDP-geführten Bundesfinanzministeriums aus 2022 zeigten sich auch bei diesem Thema die ersten Risse der Ampel-Koalition, die schließlich am 6.11.2024 auseinanderbrach. Auch in Umsetzung der Wachstumsinitiative vom 5.7.2024 kam es lediglich noch zu einem Gesetzesentwurf zur Stärkung der genossenschaftlichen Rechtsform vom 15.1.2025,[201] der jedoch aufgrund des Ablaufs der Wahlperiode nicht Gesetz wurde.

J. Wie geht es unter der neuen Bundesregierung weiter?

154 Auch die neue Bundesregierung nahm in ihren Koalitionsvertrag vom 5.5.2025 die Schaffung einer Gesellschaft mit gebundenem Vermögen auf.[202] Bis dato (August 2025) sind aber, sicherlich auch angesichts der zahlreichen und wachsenden Herausforderungen, denen sich die neue Bundesregierung gegenübersteht, kaum nennenswerte Initiativen zur Umsetzung der

---

199 *Sanders/Neitzel/Dauner-Lieb/Kempny/Möslein/Teichmann*, Akademischer Entwurf, a. a. O., S. 171, 172.

200 Pressemitteilung Stiftung Verantwortungseigentum, Neue Rechtsform: Eckpunktepapier des BMJ, 22.8.2024, S. 1, https://stiftung-verantwortungseigentum.de/fileadmin/user_upload/20240822_pm_sve_tablemedia_eckpunkte_bmj.pdf, abgerufen am 12.8.2025.

201 BT-Drs. 20/14501 vom 15.1.2025, https://dserver.bundestag.de/btd/20/145/2014501.pdf, abgerufen am 12.8.2025.

202 https://www.bundesregierung.de/breg-de/aktuelles/koalitionsvertrag-2025-2340970, S. 64, abgerufen am 12.8.2025.

zahlreichen Ansätze einschließlich des „Akademischen Entwurfs“ in eine Gesetzgebungsinitiative zu erkennen.

Im Juni 2025 befürworteten die Justizminister der Länder die Schaffung einer Gesellschaft mit gebundenem Vermögen und forderten das Bundesjustizministerium zur Gesetzesinitiative unter Einbezug des „Akademischen Entwurfs“ auf.[203] Ebenso erwähnten die Wirtschaftsminister der Länder im Juni 2025, allerdings eher am Rande, dass sie die Schaffung einer Gesellschaft mit gebundenem Vermögen begrüßen.[204] Die Zeichen stehen daher gut, dass die derzeitige Bundesregierung einen entsprechenden Gesetzesentwurf auf den Weg bringen wird. **155**

K. Fazit und Ausblick

Mit den Weiterentwicklungen nach den Entwürfen GmbH-gebV, VE-GmbH und dem „Akademischen Entwurf“ von 2024 wurden einige Schwächen beseitigt und klare Regelungen hinsichtlich Firmierung und unabhängigem Prüfungsverband getroffen. Dadurch wurde die Möglichkeit einer Umsetzung dieser neuen Rechtsform – die von einzelnen Stimmen in der Literatur als eine „realistische Utopie nachhaltigen Kapitals“ bezeichnet wird[205] – erhöht. Nach wie vor nicht völlig gelöst ist das Problem, wie Gestaltungsmissbräuche erschwert werden können, aber auch die Schwäche des Gläubigerschutzes bedarf einer Lösung – hier ruhen die Hoffnungen nun auf der neuen CDU/SPD-geführten Bundesregierung. **156**

Trotz aller Kritik am Gesetzgebungsvorhaben zur Schaffung einer Gesellschaft mit Vermögensbindung besteht ein Bedarf hieran. Mit einem erweiterten Instrumentarium zur Sicherstellung der Vermögensbindung kann mit dieser Gesellschaftsform Vertrauen aufgebaut werden, da nach dem „Akademischen Entwurf“ nicht nur eine externe Prüfung durch einen Wirtschaftsprüfer („Erstprüfer“), sondern auch eine den genossenschaftlichen Prüfungsverbänden ähnliche Einrichtung, der Unternehmensaufsichtsverband gem. §§ 44 ff. GmgVG, also übergeordnete Prüfungsinstanz vorgesehen ist. **157**

Eine Gesamtschau des bisherigen Schrifttums zu den Entwürfen für eine GmbH mit Vermögensbindung macht klar, dass es sich um eine grundsätz- **158**

203 Beschluss der Justizminister der Länder, 5./6.6.2025, https://www.justiz.nrw.de/sites/default/files/2025-06/TOP%20I.17%20-%20Gesellschaft%20mit%20gebundenem%20Verm%C3%B6gen.pdf, abgerufen am 12.8.2025.

204 Beschlusssammlung der Wirtschaftsminister der Länder über die Wirtschaftsministerkonferenz am 4./5.6.2025, 16.6.2025, Punkt 22 der TO, https://www.wirtschaftsministerkonferenz.de/WMK/DE/termine/Sitzungen/25-06-04-05-WMK/25-06-04-05-beschluesse.pdf?__blob=publicationFile&v=2, abgerufen am 12.8.2025.

205 *Lomfeld/Neitzel*, VerfBlog, 2021/3/13.

liche Frage handelt, ob dem Modell einer Kapitalgesellschaft mit einer Vermögensbindung gefolgt wird oder nicht.[206] Unter anderem wird die Frage des volkswirtschaftlichen Nutzens und der Privatautonomie gegen die Gesellschaft mit Vermögensbindung ins Feld geführt.[207] Aber weder fordern volkswirtschaftliche Erwägungen ein Verbot für den Unternehmer, sein unternehmerisches Vermögen freiwillig zu binden, noch tun dies die Grundsätze der Privatautonomie oder der Verbandsautonomie. Das Verbot einer „kollektiven Selbstentmachtung" im Verbandsrecht[208] dürfte bei einer Gesellschaft mit Verantwortungseigentum (noch) nicht eingreifen, da jedenfalls ein Eingriff in den Schutzbereich der Vereinigungsfreiheit des Art. 9 Abs. 1 GG nicht ersichtlich ist.[209]

159 Z. T. wird eine Gesellschaft mit Vermögensbindung unzutreffend als „gemeinnützigkeitsähnliches" Geschäftsmodell eingeordnet.[210] Es geht bei der Gesellschaft mit Vermögensbindung jedoch weniger um den Gesellschaftszweck als um die Behandlung der Gewinne und der Veräußerungsmöglichkeiten der Anteile, auch wenn eine z. T. angedachte Anwendung der Bewertung wie bei gemeinnützigen Gesellschaften bei der Erbschaftsteuer ggf. etwas anderes vermuten lässt.[211] § 77a Abs. 1 Satz 2 Entwurf GmbH-gebV sah als möglichen Gesellschaftszweck noch die Möglichkeit von erwerbswirtschaftlichen Zwecken ebenso vor wie von gemeinnützigen Zwecken.[212]

160 Die Privatautonomie nach Art. 2, Abs. 1 GG und die Testierfreiheit des Art. 14 GG sind Rechtsgüter, die die Freiheit des Unternehmers konstituieren, mit seinem Eigentum nach Belieben zu verfahren und andere von jeder Einwirkung ausschließen zu können (so § 903 BGB). Auch bei der Stiftung erfolgt eine Perpetuierung des Unternehmerwillens bzw. Stifterwillens über einen Zeitraum, der die Lebensspanne des Unternehmers überschreitet. Die Meinungen in der Literatur, die es ablehnen, dass die Gesellschafter einer Gesellschaft mit Vermögensbindung ihre Privatautonomie einschränken können,[213] müssten dies ebenso für die Stiftung sehen. Die Stiftung wird jedoch gerade von Kritikern als „bessere" Rechtsform und als Alternative zur Gesellschaft mit Vermögensbindung angesehen mit der Schlussfolgerung, dass folglich für eine Gesellschaft mit Vermögensbindung kein Bedarf bestehen solle.[214]

---

206 Vgl. *Fischer*, in: Fischer/Amort, Nachhaltigkeit und Recht, Kap. 2, S. 25, 68.
207 *Grunewald/Hennrichs*, NZG 2020, 1201, 1202.
208 So *Reiff*, ZIP 2020, 1751, 1752; Überblick bei BVerfG, „Bahai", Beschl. v. 5.2.1991 – 2 BvR 263/86, Rn. 75, NJW 1991, S. 2623.
209 *Lomfeld/Neitzel*, VerfBlog, 2021/3/13.
210 So im Ergebnis *Plöger/Weitemeyer*, BB 15/2021, die erste Seite.
211 Vgl. *Fischer*, in: Fischer/Amort, Nachhaltigkeit und Recht, Kap. 2, S. 25, 68.
212 Entwurf GmbH-GebV, a. a. O., S. 29.
213 So *Habersack*, GmbHR 2020, 992, 993.
214 *Habersack*, GmbHR 2020, 992, 992.

Vergleiche mit der bis 1919 geltenden Vermögensbindung beim Adel – dem Familienfideikommiss[215] – werden z. T. als Argument gegen die Gesellschaft mit Vermögensbindung herangezogen, sind jedoch wenig nachvollziehbar,[216] da die Zielrichtung der modernen Gesellschaft mit Vermögensbindung nicht auf Erhaltung der gegenleistungslosen Versorgung einer bestimmten Familie gerichtet ist, sondern auf den langfristigen Erhalt eines Unternehmens.[217] Zudem handelte es sich bei den Familienfideikommissen um ein unantastbares Sondervermögen, während es sich bei der Gesellschaft mit Vermögensbindung um eine juristische Person handelt, deren Gesellschaftsvermögen belastbar und veräußerbar ist, und die auch liquidiert werden kann.[218] Kritiker einer solchen Gesellschaft mit Vermögensbindung verweisen gerne auf die Möglichkeiten, ähnliche Ergebnisse mit Stiftungen erzielen zu können,[219] wobei die Konstruktionen unter Zuhilfenahme von Stiftungen – ob „Veto-Anteils-Modell“, Einzelstiftung oder Doppelstiftung[220] – über eine gewisse Komplexität verfügen. **161**

Das bisher gesetzlich wenig ausgeprägte Stiftungsrecht wurde zwar 2021 mit Wirkung zum 1.7.2023 reformiert, Regelungen zu einem öffentlichen Stiftungsregister treten jedoch erst ab 1.1.2026 in Kraft.[221] Die Neuregelungen des reformierten Stiftungsrechts scheinen jedoch nicht so signifikant zu sein, dass diese eine flexible und pragmatische Alternative zu einer Gesellschaft mit Vermögensbindung darstellen kann – zudem bleiben die Praxiserfahrungen mit dem neuen Stiftungsrecht noch abzuwarten.[222] Im Übrigen wäre eine Stiftung von ihrer Grundstruktur her auch eine „Herrschaft der toten Hand“,[223] was als kritisch bei einer Gesellschaft mit Vermögensbindung angesehen wird, für die Stiftung aber im Grundsatz bereits praktiziert wird. **162**

Angesichts der bereits erwähnten ausdrücklichen Erwähnung im Koalitionsvertrag der neuen CDU/SPD-geführten Bundesregierung hat eine Einführung einer Gesellschaft mit Vermögensbindung nunmehr – mehr denn je – die Chance, in anwendbares Recht umgesetzt zu werden – der rechtswissenschaftliche, aber auch volkswirtschaftliche, rechts- und wirtschafts- **163**

---

215 Aufgehoben gem. Art. 155 Abs. 2 der Weimarer Reichsverfassung (WRV) vom 11.8.1919, RGBl. 1919, S. 1383, http://www.documentarchiv.de/wr/wrv.html, abgerufen am 12.8.2025.

216 So aber *Plöger/Weitemeyer*, BB 15/2021, die erste Seite.

217 Vgl. *Fischer*, in: Fischer/Amort, Nachhaltigkeit und Recht, Kap. 2, S. 25, 69.

218 *Sanders*, NZG 2021, 1573, 1578.

219 Vgl. *Plöger/Weitemeyer*, BB 15/2021, die erste Seite; *Habersack*, GmbHR 2020, 992.

220 Hierzu *Fischer/Fischer*, BB 2020, 2122, 2124.

221 Gesetz zur Vereinheitlichung des Stiftungsrechts vom 16.7.2021, BGBl. 2021, S. 2947.

222 Vgl. *Fischer*, in: Fischer/Amort, Nachhaltigkeit und Recht, Kap. 2, S. 25, 70.

223 *Weitemeyer*, LTO vom 9.10.2020.

politische Diskurs wird sich in den nächsten Jahren gewiss noch intensivieren.[224]

164 Die „klassische" Kapitalgesellschaft wird durch eine Einführung einer Gesellschaft mit Vermögensbindung keineswegs entbehrlich oder überflüssig. Ein Unternehmer kann verantwortungsvoll ein Unternehmen in der Rechtsform der „herkömmlichen" GmbH führen, er kann aber auch freiwillig eine Gesellschaft mit Vermögensbindung gründen. Die breite Kritik aus Teilen der Wirtschaft und Verbänden an den genannten Entwürfen ist daher nur teilweise nachvollziehbar – ob ein Unternehmer eine Gesellschaft mit Vermögensbindung gründet oder nicht, bleibt seine Entscheidung.

165 Wie sehr die Praxis eine Gesellschaft mit Vermögensbindung nutzen wird, wird sich erst nach einer gesetzlichen Regelung dieser Rechtsform zeigen. Sollte die gegenwärtige CDU/SPD-geführte Bundesregierung ihre Legislaturperiode zu Ende führen, besteht eine hohe Wahrscheinlichkeit, dass ein solcher Gesetzesentwurf kommen wird. Geht man von dem hohen Interesse der gegenwärtigen Unternehmen, die mit Gestaltungen im Verantwortungseigentum wie Einzelstiftungsmodell und Doppelstiftungsmodell operieren, müsste sich nach Einführung der gesetzlichen Neuregelung dies in einer erhöhten Zahl von Umwandlungen bzw. Gründungen von Gesellschaften mit gebundenem Vermögen – unter welcher Firmierung auch immer – widerspiegeln. Daher erscheint es sinnvoll, nach Einführung einer gesetzlichen Neuregelung eine Überprüfung nach fünf Jahren im Wege einer Evaluation der praktischen Entwicklung und Nachfrage vorzunehmen.

Literaturverzeichnis

Alle Internetquellen wurden zuletzt abgerufen am 12.8.2025.

Arnold, Arnd/Burgard, Ulrich/Roth, Gregor/Weitemeyer, Birgit	Zum Vorschlag einer GmbH in Verantwortungseigentum, ifo Schnelldienst, 2020, S. 67, 70, https://www.ifo.de/DocDL/sd-2020-11-arnold-etal-gmbh-verantwortungseigentum.pdf

224 So der wissenschaftliche Dienst des deutschen Bundestages, Gutachten vom 28.10.2020, https://www.bundestag.de/resource/blob/811326/7ffc8b4a3a5899866b765791b02e64f6/WD-7-120-20-pdf-data.pdf, abgerufen am 12.8.2025.

Bartl, Marija/Godt, Christine/Grundmann, Stefan/Hansen, Jesper Lau/Kainer, Friedemann/Kingreen, Thorsten/Mayer, Franz C./Möslein, Florian/Müller-Graff, Peter-Christian/Petersen, Niels/Teichmann, Christoph/van Aaken, Anne/Weller, Marc-Philippe	Thesenpapier: Unionsrechtskonformität der Gesellschaft mit gebundenem Vermögen, 13.6.2024, S. 2, https://stiftung-verantwortungs-eigentum.de/fileadmin/user_upload/unions-rechtskonformitaet_einer_neuen_rechtsform_-_thesenpapier_130624.pdf
BDI e.V. (Hrsg.)	Die Idee einer „Gesellschaft mit gebundenem Vermögen“, 7.8.2024, https://bdi.eu/artikel/news/die-idee-einer-gmbh-mit-gebundenem-vermoegen
Bundesministerium der Finanzen (Hrsg.)	Wissenschaftlicher Beirat beim BMF, Zum Vorschlag für eine GmbH mit gebundenem Vermögen, Gutachten 04/2022 v. 28.9.2022, Stand 17.11.2022, https://www.bundesfinanzministerium.de/Content/DE/Downloads/Ministerium/Wissenschaftlicher-Beirat/Gutachten/gmbh-mit-gebundenem-vermoegen.html
Deutsche Bundesregierung (Hrsg.)	Koalitionsvertrag vom 7.12.2021, https://www.spd.de/fileadmin/Dokumente/Koalitionsvertrag/Koalitionsvertrag_2021-2025.pdf
Deutsche Bundesregierung (Hrsg.)	Wachstumsinitiative – neue wirtschaftliche Dynamik für Deutschland, 5.7.2024, https://www.bundesregierung.de/resource/blob/976074/2297962/ab6633b012bf78494426012f-d616e828/2024-07-08-wachstumsinitiative-data.pdf?download=1
Deutsche Bundesregierung (Hrsg.)	Koalitionsvertrag vom 5.5.2025, https://www.bundesregierung.de/breg-de/aktuelles/koalitionsvertrag-2025-2340970
Deutscher Bundestag, wissenschaftlicher Dienst	Gutachten vom 28.10.2020, https://www.bundestag.de/resource/blob/811326/7ffc8b4a3a589986b-765791b02e64f6/WD-7-120-20-pdf-data.pdf
Engel, Andreas/Haubner, David	Die GmbH mit gebundenem Vermögen und das Europarecht, DStR 2022, 844

Europäischer Gerichtshof (EuGH), o. Verfasser	Urteil v. 12.9.2016, C-196/04, „Cadbury Schweppes", https://curia.europa.eu/juris/liste.jsf?language=de&num=C-196/04
Europäischer Gerichtshof (EuGH)	Urteil v. 25.10.2017, C-106/16, „Polbud", https://eur-lex.europa.eu/legal-content/DE/TXT/PDF/?uri=CELEX:32017L1132&from=EN
Fischer, Hans-Jörg	Nachhaltigkeit in Steuerrecht und Steuergestaltung – ein Widerspruch?, in: Neitz, Bernd/Rademacher-Gottwald, Claudia (Hrsg.), Untersuchungen zur Nachhaltigkeit im Rechnungswesen und Steuerrecht, 2022, S. 42
Fischer, Hans-Jörg	Die GmbH mit gebundenem Vermögen als eine mögliche neue Rechtsform für den Mittelstand, BB 2021, 2114
Fischer, Hans-Jörg/Fischer, Klaus	Die GmbH in Verantwortungseigentum (VE-GmbH) im Rahmen der Umsetzung globaler Nachhaltigkeitsziele – eine mögliche neue Rechtsform für den Mittelstand, BB 2020, 2122
Fischer, Hans-Jörg	Die Gesellschaft mit gebundenem Vermögen als Umsetzung der globalen Nachhaltigkeitskriterien im deutschen Gesellschaftsrecht, in: Fischer, Hans-Jörg/Amort, Matthias (Hrsg.), Nachhaltigkeit und Recht, Schriftenreihe für Recht und Wirtschaft, Bd. 1, 2023, Kap. 2, S. 25–74
Grunewald, Barbara/Hennrichs, Joachim	Die GmbH in Verantwortungseigentum, wäre das ein Fortschritt?, NZG 2020, 1201
Habersack, Mathias	„Gesellschaft mit beschränkter Haftung in Verantwortungseigentum" – ein Fremdkörper im Recht der Körperschaften, GmbHR 2020, 992
Heckschen, Heribert/van de Loo, Oswald	Die GmbH mit gebundenem Vermögen (GmbH-gebV) – ein Blick auf die steuerrechtlichen Aspekte des Gesetzesentwurfs, https://www.heckschen-vandeloo.de/aktuelle-fachbeitraege/aktueller-fachbeitrag/die-gmbh-mit-gebundenem-vermoegen-gmbh-gebv-ein-blick-auf-die-steuerrechtlichen-aspekte-des-gesetzesentwurfs.html, I.1.
de Hesselle, Vera	Ökologisch motivierte Normen im geltenden Steuerrecht, Bestandsaufnahme und Bewertung, Diss., 2017

Hey, Johanna	Veranstaltung des Instituts für Finanzen und Steuern der Universität Köln, Sustainability und Steuerrecht – was bedeutet Nachhaltigkeit für das Steuerrecht?, vom 23.3.2021, https://www.youtube.com/watch?v=bLEwzxm97Ek&t=556s
Karst, Alexander/Müller-Gschlößl, Robert	Die Gesellschaft mit beschränkter Haftung mit gebundenem Vermögen, NJOZ 2021, 961
Kay, Rosemarie/Schlömer-Laufen, Nadine/Reiff, Annika	Denkpapier – Gesellschaft mit gebundenen Vermögen – eine kritische Betrachtung aus ökonomischer Sicht, Institut für Mittelstandsforschung (IfM) (Hrsg.), März 2023, https://www.ifm-bonn.org/fileadmin/data/redaktion/publikationen/denkpapiere/dokumente/Denkpapier-GmbHgebV-2023.pdf
Lomfeld, Bertram/Neitzel, Noah	Verantwortungseigentum!: Der Gesetzesentwurf zur GmbH mit gebundenem Vermögen, VerfBlog, 2021/3/13, https://verfassungsblog.de/verantwortungseigentum/
Fleischer, Holger/Goette, Wulf (Hrsg.)	Münchener Kommentar GmbHG, 3. Aufl. 2019
Maunz/Dürig (Hrsg.)	Kommentar zum Grundgesetz, Art. 14, 49. Ergänzungslieferung, 2010
Plöger, Iris/Weitemeyer, Birgit	Eine neue GmbH mit gebundenem Vermögen – keine sinnvolle Rechtsform für die deutsche Wirtschaft!, BB 2021, Heft 15, die erste Seite
Purpose-Stiftung gGmbH (Hrsg.)	Verantwortungseigentum – Unternehmenseigentum für das 21. Jahrhundert, 2017, https://purpose-economy.org/content/uploads/purpose_book_de.pdf
Reiff, Marvin	Verantwortungseigentum „mit gebundenem Vermögen“. Überarbeiteter Gesetzentwurf zur Erweiterung des GmbHG vorgelegt, NJOZ 2021, 609
ders.	Verantwortungseigentum im GmbHG? Zur Forderung nach einer eigenständigen Rechtsform mit gebundenem Vermögen, NZG 2023, 770
ders.	Entwurf eines Gesetzes für die GmbH in Verantwortungseigentum (VE-GmbH) vorgelegt, ZIP 2020, Heft 36, 1750

Sanders, Anne	Vermögensbindung und „Verantwortungseigentum“ im Entwurf einer GmbH mit gebundenem Vermögen, NZG 2021, 1573
Sanders, Anne/Neitzel, Noah/Dauner-Lieb, Barbara/Kempny, Simon/Möslein, Florian/Teichmann, Christoph	Die Gesellschaft mit gebundenem Vermögen, NZG 2024, 1199 ff.
Sanders, Anne/Neitzel, Noah/Dauner-Lieb, Barbara/Kempny, Simon/Möslein, Florian/Teichmann, Christoph	Gesetz zur Einführung einer Gesellschaft mit gebundenem Vermögen, Akademischer Entwurf, 2024
Schirmer, Jan-Erik	Nachhaltigkeit via Gesellschaftsform: Europäische Lektionen für die GmbH mit gebundenem Vermögen, ZEuP 2023, 326
Schön, Wolfgang	Das System der gesellschaftsrechtlichen Niederlassungsfreiheit nach VALE, ZGR 42/2013, 333
Stiftung Verantwortungseigentum (Hrsg.)	Entwurf VE-GmbH der Professorinnen und Professoren Anne Sanders, Barbara Dauner-Lieb, Simon Kempny, Florian Möslein, Rüdiger Veil, Arne von Freeden, https://sb233ef63f4300294.jimcontent.com/download/version/1649065627/module/9329601276/name/Gesetzesentwurf%20f%C3%BCr%20Gesellschaft%20mbH%20in%20Verantwortungseigentum%2017062020.pdf
ders.	Entwurf GmbH-gebV der Professorinnen und Professoren Anne Sanders, Barbara Dauner-Lieb, Simon Kempny, Florian Möslein, Rüdiger Veil, Arne von Freeden, https://sb233ef63f4300294.jimcontent.com/download/version/1649065627/module/9329600676/name/%20Gesetzentwurf%20GmbH-gebV%20mit%20Erl%C3%A4uterungen%2020210215%20final.pdf
ders.	Pressemitteilung, Neue Rechtsform: Eckpunktepapier des BMJ, 22.8.2024, S. 1, https://stiftung-verantwortungseigentum.de/fileadmin/user_upload/20240822_pm_sve_tablemedia_eckpunkte_bmj.pdf

Weitemeyer, Birgit Die GmbH in Verantwortungseigentum – Etikettenschwindel oder Verantwortungsbewusstsein, LTO vom 9.10.2020, https://www.lto.de/recht/kanzleien-unternehmen/k/gmbh-verantwortungs-eigentum-gesetzentwurf-rechtsform-verantwortungsbewusstsein-unternehmertum/

Kapitel 4
Geschäftsführungsbezogene Entscheidungen bei der GmbH & Co. KG – Treuepflichten bei misslungener Verzahnung der KG und ihrer Komplementärin

Übersicht

A. Einleitung

1 Ist die typische und beteiligungsgleiche GmbH & Co. KG fehlerfrei verzahnt, stellt sich die Frage nach den Kompetenzen für geschäftsführungsbezogene Beschlüsse und ihre Umsetzung kaum, da aufgrund der Synchronisation beider Gesellschaften Widersprüche nicht zu erwarten sind.

2 Schlägt die Verzahnung indes fehl, stellt sich die Frage, wer insbesondere bei Fragen um die Bestellung und Abberufung, Anstellung und Kündigung des Geschäftsführers der Komplementär-GmbH das letzte Wort hat. Insbesondere stellt sich die Frage, in welcher Gesellschaft welche Organe zuständig sind oder zumindest über Mitwirkungsbefugnisse verfügen.

3 Der vorliegende Beitrag untersucht nach kurzer Vorstellung der GmbH und Co. KG (Rn. 4 ff.), der allgemeinen Verzahnungsnotwendigkeit bei dieser typenvermischten Gesellschaftsform (Rn. 15 ff.), und Situationen ihres Scheiterns (Rn. 39 ff.) insbesondere die Kompetenzzuordnung bei der typischen und beteiligungsgleichen GmbH & Co. KG im Falle der gescheiterten Verzahnung (Rn. 51 ff.). Ausgehend von einer parallelen Kompetenz auf beiden Gesellschaftsebenen prüft er sodann denkbare Lösungswege, um Widersprüche innerhalb der GmbH & Co. KG zu vermeiden (Rn. 83 ff.), wobei die Treuepflichten einer vertieften Betrachtung unterzogen werden (Rn. 92 ff.).

B. Die Struktur der GmbH & Co. KG

I. Nutzen, Konstruktion und anwendbare Normen

4 Die Beliebtheit der GmbH & Co. KG beruht auf der durch sie eröffneten Kombinationsmöglichkeit der Haftungsbeschränkung für die beteiligten natürlichen Personen und der steuerlichen Transparenz, da sie nicht der Kör-

perschaftsteuer unterliegt. Im wirtschaftlichem Ergebnis ermöglicht diese Konstruktion daher eine haftungsbeschränkte Personengesellschaft, welche zudem, da die Geschäfte der KG von der Komplementär-GmbH notwendigerweise durch ihr Organ Geschäftsführer geführt werden (§ 35 Abs. 1 Satz 1 GmbHG), den Einsatz eines Fremdgeschäftsführers ohne Verletzung des – systembildenden Grundsatzes des Personengesellschaftsrechts[1] – der Selbstorganschaft.

5 Technisch handelt es sich bei der GmbH & Co. KG um eine besondere Form der Kommanditgesellschaft, deren – in der Regel alleiniger – Komplementär eine GmbH ist.[2] Das Unternehmen wird von der Personengesellschaft, der KG, getragen; die Besonderheit dieser Sonderform der KG besteht darin, dass der persönlich haftende Gesellschafter eine juristische Person ist, nämlich die GmbH.[3] Die Zulässigkeit dieser Grundtypenvermischung ist inzwischen nicht mehr umstritten.[4]

6 Die Kombination dieser Gesellschaftstypen ändert indes nichts daran, dass rechtlich zwischen den Gesellschaften zu trennen ist: Auf die unternehmenstragende KG sind die §§ 161 ff. HGB, subsidiär das Recht der OHG (§§ 161 Abs. 2, 105 ff. HGB) und nachgelagert der GbR (§§ 161 Abs. 2, 105 Abs. 3 HGB i. V. m. §§ 705 ff. BGB) anzuwenden. Für die GmbH gilt dagegen das GmbHG. Das Gesellschaftsrecht kennt nur verhältnismäßig wenige besondere, auf die GmbH & Co. KG bzw. diese Art von Typenvermischung zugeschnittene Vorschriften.[5]

---

1 *Wertenbruch*, in: Ebenroth/Boujong, HGB, § 105 Rn. 39.

2 *Lange*, Jura 2016, 225, 225.

3 *Saenger*, Gesellschaftsrecht, Rn. 420.

4 *K. Schmidt*, Gesellschaftsrecht, § 56 I 2; *Koch*, Gesellschaftsrecht, § 37 Rn. 1 f.

5 Zu nennen sind v. a.: (1.) zur Firma, § 19 Abs. 2 HGB, (2.) zu den Pflichtangaben auf Geschäftsbriefen für eine Gesellschaft ohne natürliche Person als persönlich haftenden Gesellschafter, §§ 125 Abs. 1 Satz 2 HGB, (3.) zur Auflösung wegen Masse- bzw. Vermögenslosigkeit, § 138 Abs. 2 HGB, (4.) zur dispositiven (Neu-)Regelung der organschaftlichen Vertretung der Einheits-Kapitalgesellschaft & Co. KG (bei der die Anteile an der einzigen Komplementär-Kapitalgesellschaft von der KG gehalten werden) gegenüber der Komplementär-Kapitalgesellschaft, § 170 Abs. 2 HGB, (5.) zur Kapitalaufbringung bei der KG ohne natürliche Person als persönlich haftendem Gesellschafter, § 172 Abs. 5 HGB [keine Tauglichkeit der Einbringung von Anteilen an der Komplementär-Kapitalgesellschaft als Kommanditeinlagen im Außenverhältnis], (6.) zur Gleichstellung der Kapital & Co.-Gesellschaften mit Kapitalgesellschaften in Bezug auf die Aufstellungsvorschriften über den Jahres- und Konzernabschluss, ihre Prüfung und Offenlegung, § 264a HGB, (7.) zur Gleichstellung mit juristischen Personen in Bezug auf die Beantragung des Insolvenzverfahrens bei Zahlungsunfähigkeit oder Überschuldung, § 15a Abs. 1 Satz 3 InsO.

II. Beteiligungsvarianten

7 Wer bei welcher Gesellschaft nun Gesellschafter wird, ist eine parteiautonome Entscheidung. Sowohl für die KG als auch für die GmbH sind Gesellschaftsverträge zu schließen. Dementsprechend existiert eine bunte Palette an Erscheinungsformen der GmbH & Co. KG.[6] Da die Bezeichnungen nicht einheitlich verwendet werden, soll hier – losgelöst von diesen „Etiquetten" – nur auf die wesentlichen Unterschiede eingegangen werden:[7]

8 In der **typischen GmbH & Co. KG** ist nur ein Komplementär vorhanden, nämlich die Komplementär-GmbH, deren Zweck und Betätigung sich gerade darin erschöpft, Komplementärin (also „Verwaltungs-GmbH") dieser einen GmbH & Co. KG zu sein;[8] typischerweise wird die Komplementärin auch keine Einlage in die KG erbringen, keinen Kapitalanteil erhalten und auch nicht am Gewinn und Verlust beteiligt werden. Durch ihre Geschäftsführung kontrolliert sie zwar faktisch die GmbH & Co. KG, verfolgt aber keine eigenen wirtschaftliche Interessen.[9]

9 Sind die Gesellschafterkreise der unternehmenstragenden KG und ihrer Komplementär-GmbH identisch, so liegt eine **personengleiche GmbH & Co. KG** vor.[10]

10 Decken sich zudem die Beteiligungsverhältnisse der Gesellschafter an den beiden Gesellschaften, so liegt eine **personen- und beteiligungsgleiche GmbH & Co. KG** vor, welche regelmäßig auch als „**eigentliche**" oder „**echte**" **GmbH & Co. KG** bezeichnet wird.[11] Bei dieser Gestaltung führt die Beteiligungsproportionalität zu einer gewissen Verzahnung und einem weitgehenden Gleichlauf, v. a. bei der gesellschaftsinternen Willensbildung. Eine besondere Unterform davon ist die **Einpersonen-GmbH & Co. KG**, bei der der einzige Kommanditist zugleich einziger Gesellschafter der Komplementär-GmbH ist.

11 Daneben existieren gelegentlich als **„unechte" GmbH & Co. KG** bezeichnete Konstellationen, bei denen entweder die Gesellschafterkreise personenverschieden sind oder bei Personengleichheit zumindest die Beteiligungsverhältnisse nicht identisch sind.

---

6 Eingehend dazu *Liebscher*, in: Reichert, GmbH & Co. KG, § 3; MüKoGmbHG/*Fleischer*, § 1 GmbHG Rn. 96; MHdB GesR II/*Gummert*, § 49 Rn. 12; sowie BeckHdB PersGes/*Watermeyer*, § 14 Rn. 4.

7 Im Folgenden werden exotischere Formen, wie z. B. die doppel- und sonstigen mehrstöckigen GmbH & Co. KG oder die sternförmige GmbH & Co. KG nicht näher berücksichtigt.

8 *K. Schmidt*, Gesellschaftsrecht, § 56 II 3 a).

9 NK-HGB/*Schall*, HGB, Anh. § 107 Rn. 16.

10 MüKoGmbHG/*Fleischer*, § 1 GmbHG Rn. 97.

11 BeckHdB PersGes/*Watermeyer*, § 14 Rn. 4.

12 So wird beispielsweise eine **Personenverschiedenheit** durch Beteiligung einer weiteren natürlichen Person in der KG als Vollhafter in Betracht gezogen werden, um steuerlich eine gewerbliche Prägung gemäß § 15 Abs. 3 Nr. 2 EStG und/oder die Publizitätspflicht des handelsrechtlichen Jahresabschlusses gemäß § 264a HGB zu vermeiden. Auch ist es nicht unüblich, dass nur ein Teil der Kommanditisten auch GmbH-Gesellschafter ist, weil die anderen ausschließlich als Kapitalgeber fungieren sollen und gerade keinen Einfluss auf die Geschäftsführung haben sollen. Solche Konstellationen kommen insbesondere als Gestaltungsmittel beim Vermögenstransfer auf die nächste Generation in Betracht, wenn diese als Führungspersonal (noch) nicht infrage kommen.[12] Die nicht personengleiche GmbH & Co. KG dient beispielsweise auch der Sicherung des Einflusses der Initiatoren bei der Publikums-KG,[13] regelmäßig wird insoweit dann von der **GmbH-beherrschten GmbH & Co. KG** gesprochen.

13 Diese Ziele können weitgehend auch durch die **personengleiche, aber nicht beteiligungsgleiche GmbH & Co. KG** erreicht werden, bei der gewissen Kommanditisten größere und anderen kleinere GmbH-Beteiligungen halten.

14 Nicht selten ist in der Praxis auch die Konstellation der GmbH & Co. KG, bei der die KG selbst als einzige Gesellschafterin sämtliche Anteile an ihrer Komplementär-GmbH hält, sog. **Einheitsgesellschaft**. Bei dieser Konstellation, welche als „Vereinheitlichungsmodell" gepriesen wird,[14] gibt es letztendlich wirtschaftlich nur noch Kommanditisten als eigentliche Gesellschafter, sodass die mit der gesellschaftsrechtlichen Doppelorganisation einhergehenden Verzahnungsprobleme insb. bei der Willensbildung vermieden werden.

C. Die Verzahnungsnotwendigkeit der KG- und GmbH-Verfassung

15 Die Organisationsverfassung der GmbH & Co. KG resultiert aus der Typenvermischung.

I. Mittelbare Geschäftsführung und Vertretung der KG

16 Bei der KG ist die Führung der Geschäfte den persönlich haftenden Gesellschafter übertragen, §§ 161 Abs. 2, 116 HGB, Kommanditisten sind von dieser ausgeschlossen, § 164 HGB; die Vertretung nach außen obliegt gemäß § 161 Abs. 2, 124 HGB ebenfalls nur den Komplementären, da § 170 Abs. 1

12 *Liebscher*, in: Reichert, GmbH & Co. KG, § 3 Rn. 4.
13 *Lange*, Jura 2016, 225, 229 f.
14 Kritisch dazu *K. Schmidt*, Gesellschaftsrecht, 4. Aufl. 2002, § 56 II 3 e).

HGB – abweichend von § 124 Abs. 1 HGB – die Kommanditisten ausdrücklich und zwingend von der organschaftlichen Vertretung ausschließt (eine Ausnahme davon sieht das Gesetz nur für die Einheitsgesellschaft vor, § 170 Abs. 2 HGB). Daher übernimmt bei der typischen GmbH & Co. KG, die als einzige Komplementärin nur ihre GmbH hat, gerade diese Komplementär-GmbH die Führung der Geschäfte der KG und deren Vertretung nach außen.

Die GmbH wiederum ist eine juristische Person – und kann als juristisches Konstrukt nicht selbst, sondern nur durch ihre Organe handeln; deren Geschäftsführer ist zugleich Geschäftsführungs- und Vertretungsorgan.[15] Damit erfolgt die laufende Geschäftsführung in der KG mittelbar durch den Geschäftsführer der Komplementär-GmbH,[16] wobei im Innenverhältnis weitgehende Gestaltungsfreiheit besteht. Bei der Vertretung wird der GmbH-Geschäftsführer ebenfalls konstruktionsbedingt mittelbar für die KG tätig, wobei dies gemäß § 35 GmbHG i. V. m. § 170 Abs. 2 HGB zwingend gilt. Diese „Kettenvertretung" – letztlich entspricht dies einer Untervertretung[17] – ermöglicht im Ergebnis die Drittorganschaft in der GmbH & Co. KG. Ungeachtet § 170 Abs. 1 HGB können Kommanditisten aber auch (bzw. „sogar") Geschäftsführer werden.[18] 17

II. Mittelbare Pflichten des Geschäftsführers der KG gegenüber

Diese Typenvermischung hat aber auch Konsequenzen für den Geschäftsführer. Als Organ ist der Geschäftsführer (ungeachtet des Inhalts eines etwaigen Geschäftsführeranstellungsvertrags) zunächst nur „seiner" GmbH gegenüber zur ordnungsgemäßen Unternehmensleitung verpflichtet, § 43 Abs. 1 GmbHG. Da die KG aber Unternehmensträgerin ist und der GmbH-Geschäftsführer diese mittelbar führt, hat jede Schlechtleistung oder Pflichtverletzung des GmbH-Geschäftsführers gegenüber „seiner" GmbH zugleich eine Pflichtverletzung der Komplementär-GmbH gegenüber der KG zur Folge. Ein etwaiger Schaden kann allerdings denklogisch – weil die KG Unternehmensträgerin ist – indes nur bei der KG entstehen. 18

Existiert ein Geschäftsführer-Anstellungsvertrag zwischen der Komplementär-GmbH und ihrem Geschäftsführer, so entfaltet dieser nach der Rspr. und h. M. gemäß § 311 Abs. 3 Satz 1 BGB Schutzwirkung zugunsten der KG,[19] 19

---

15 MüKoGmbHG/*Stephan/Tieves*, 4. Aufl. 2023, § 35 GmbHG Rn. 82.

16 *Brechtel*, in: Reichert, GmbH & Co. KG, § 16 Rn. 2.

17 BeckOK HGB/*Beyer*, § 170 HGB Rn. 37; *Höpfner*, NZG 2014, 1174, 1175.

18 BGH, Urt. v. 15.3.2016 – II ZR 114/15, NZG 2016, 823 ff; BGH, Urt. v. 19.4.2016 – II ZR 123/15, NZG 2016, 826 ff.

19 BGH, Urt. v. 17.3.1987 – VI ZR 282/85, BGHZ 100, 190 ff., 193; MüKoHGB/*Grunewald*, § 161 HGB Rn. 86 mit umfassenden weiteren Nachweisen; *Nietsch*, GmbHR 2014, 348 ff.

sodass die KG bei Pflichtverletzung vertragliche Schadensersatzansprüche gegen den GmbH-Geschäftsführer gem. § 280 Abs. 1 BGB geltend machen kann. Dies gilt selbstverständlich erst recht, wenn der Geschäftsführer-Anstellungsvertrag mit der KG geschlossen worden ist, da der Geschäftsführer aufgrund dieses Vertrages unmittelbar der KG gegenüber eine ordnungsgemäße Geschäftsführung schuldet. In beiden Fällen haftet der GmbH-Geschäftsführer unmittelbar der KG gegenüber auf vertraglicher Basis.

20 Existiert kein Anstellungsvertrag, so kommen Rspr. und h. M. über eine Schutzwirkung der gesetzlichen Organhaftung aus § 43 Abs. 2 GmbH zum selben Ergebnis.[20]

III. Das Spannungsfeld durch mehrere „Herren“

21 Ungeachtet der vertraglichen Konstellation führt dies dazu, dass der Geschäftsführer gleichzeitig zwei Herren dienen muss: Von Gesetzes wegen schuldet er der GmbH die ordnungsgemäße Unternehmensleitung und unterliegt dort den verbindlichen Weisungen der Gesellschafterversammlung (Grundsatz der Weisungsabhängigkeit, § 37 Abs. 1 GmbHG), welche für ihn grundsätzlich eine Folgepflicht nach sich zieht (Grundsatz der Folgepflicht),[21] und deren Nichtbefolgung einen wichtigen Grund zur Abberufung und zugleich eine Verletzung dienstvertraglicher Pflichten darstellt.[22]

22 Zugleich schuldet er – wie aufgezeigt – sowohl auf vertraglicher wie auch auf gesetzlicher (organschaftlicher) Grundlage die ordentliche Geschäftsführung der unternehmenstragenden KG. Die Geschäftsführung ist zwar dort ausschließlich Sache der weisungsunabhängigen Komplementäre (Ausnahme: außergewöhnliche Geschäfte, §§ 164, 116 Abs. 2 Satz 1 Hs. 2 HGB). Unabhängig davon, dass das Gesetz erstmals durch das MoPeG über §§ 161 Abs. 2, 109 HGB ein formalisiertes Willensbildungsverfahren eingeführt hat, lag die Entscheidungskompetenz für Maßnahmen des gewöhnlichen Geschäftsbetriebes auch davor nicht bei ihrer Gesellschafterversammlung.[23] Weisungen einer solchen oder von Komplementären sind demnach unbeachtlich.

23 Allerdings kann bei der GmbH & Co. KG für die Kommanditisten gesellschaftsvertraglich ein Weisungsrecht gegenüber der Komplementär-GmbH

---

20 BGH, Urt. v. 18.6.2013 – II ZR 86/11, BGHZ 197, 304 ff.; MüKoHGB/*Grunewald*, § 161 HGB Rn. 88; eingehend auch zur Tragfähigkeit der Drittschutzkonzeption, *Nietsch*, GmbHR 2014, 348 ff.

21 *U. H. Schneider/S. H. Schneider*, in: Scholz, GmbHG, § 37 Rn. 75.

22 BGH, Urt. v. 20.8.2019 – II ZR 12/16, ZIP 2019, 1805 ff., juris Rn. 37.

23 OLG Hamm, Urt. v. 28.10.2015 – 8 U 73/15, ZIP 2016, 1071 ff.; eingehend zur Frage der geschäftsführungsbezogenen Gesellschafterbeschlüsse in KG und GmbH & Co. KG vgl. *Wertenbruch*, NZG 2016, 1081 ff.

vorgesehen werden.[24] Allgemein sind Verschiebungen der Zuständigkeiten innerhalb der GmbH & Co. KG weitestgehend möglich, insbesondere auch, um den Kommanditisten in weitem Umfang gesellschaftsvertragliche Geschäftsführungs- oder Weisungsrechte einzuräumen;[25] es ist sogar möglich, die Gesellschafterversammlung der KG mit einer Allzuständigkeit auszustatten.[26]

Daraus folgt zweierlei: Bei seiner Tätigkeit muss der Geschäftsführer sowohl seinen Pflichten gegenüber der Komplementär-GmbH als auch seinen Pflichten gegenüber der KG gerecht werden. Diese können aber unterschiedliche, ja z.T. gegensätzliche Inhalte haben. Dies lässt sich mit einem einfachen Beispiel veranschaulichen: Man stelle sich vor, die Gesellschafterversammlung der Komplementär-GmbH erteilt dem Geschäftsführer der Komplementär-GmbH die Weisung, eine Investition zu tätigen, während (die entsprechende gesellschaftsvertragliche Kompetenz vorausgesetzt) die Gesellschafterversammlung der GmbH & Co. KG den genau entgegengesetzten Beschluss fasst. **24**

IV. Die „Verzahnung" („Verklammerung")

1. Das Ziel

Bei der GmbH & Co. KG liegt zwar nur ein Unternehmen vor, welches aber – aus den o.g. steuerlichen und haftungsrechtlichen Überlegungen – aus zwei ineinandergreifenden und miteinander verbundenen Gesellschaften besteht, für die unterschiedliche Regeln gelten. Diese Regelungsmodelle müssen aufeinander abgestimmt sein: Sie dürfen einander nicht widersprechen, insbesondere müssen die Willensbildungsprozesse aufeinander Bezug nehmen und zueinander so ausgeglichen sein, dass die unternehmensinternen rechtlich-organisatorischen Abläufe wie eine Einheit funktionieren – und das Unternehmen auf dem Markt als Einheit auftritt. Aufwand und Ziele unterscheiden sich aber bei den verschiedenen Erscheinungsvarianten der GmbH & Co. KG. **25**

---

24 OLG Hamm, Urt. v. 28.10.2015 – 8 U 73/15, ZIP 2016, 1071 ff.; BeckOGK/*Notz/Zinger*, 1.8.2024, HGB § 164 Rn. 106; *Oetker*, in: Oetker, HGB, § 164 Rn. 53; MüKoHGB/*Grunewald*, § 161 HGB Rn. 74; MüKoHGB/*Grunewald*, § 164 HGB Rn. 25; *Binz/Sorg*, GmbH & Co. KG-HdB, § 5 Rn. 3.

25 *Roth*, in: Hopt, HGB, § 164 Rn. 7; BeckOGK/*Notz/Zinger*, 1.8.2024, HGB § 164 Rn. 68.

26 *Liebscher*, in: Reichert, GmbH & Co. KG, § 17 Rn. 77.

2. Der Weg zum Ziel

a) Einheitsgesellschaft

26 Die Verzahnung wird bei der o.g. Einheitsgesellschaft (s.o., bei dieser ist die KG Alleingesellschafterin der Komplementär-GmbH) ohne weitere gesellschaftsvertragliche Regelungen erreicht. Willenskonflikte können nicht entstehen, da die Rechte in der Gesellschafterversammlung der Komplementär-GmbH von den Kommanditisten wahrgenommen werden, § 170 Abs. 2 HGB. Dies führt auch zu einem anschließenden Gleichlauf der Beteiligungen, da nur der Kommanditanteil (ohne die für die Abtretung von GmbH-Anteilen notwendige notarielle Beurkundung, § 15 Abs. 3 GmbHG) übertragen wird; auf den Gleichlauf der Beteiligungsquoten in beiden Gesellschaften braucht nicht geachtet zu werden.

b) Unechte GmbH & Co. KG

27 Die Verzahnung ist bei der unechten GmbH & Co. KG, in der die Kommanditisten gerade nur als Kapitalgeber fungieren sollen, zwar auch erforderlich – allerdings in untergeordnetem Maße. Hier sind aber nur das Verfahren der Willensbildung in beiden Gesellschaften aufeinander abzustimmen, in der KG wird dabei der Einfluss der Kommanditisten weitestgehend auf Kontrollrechte begrenzt (teilweise praktisch auf Null reduziert[27]) und der Einfluss der Gesellschafter der Komplementär-GmbH gestärkt.

c) Echte GmbH & Co. KG

aa) Regelungstechnik

28 Bei der in der Praxis vorherrschenden echten personen- und beteiligungsgleichen GmbH & Co. KG spielt die „Verzahnungs-Musik".

29 Mit dieser lässt sich wirtschaftlich die haftungsbeschränkte Personengesellschaft realisieren, bei der alle Gesellschafter den vereinbarten gleichen Einfluss haben. Erreicht wird dies durch eine Beteiligung auf beiden Gesellschaftsebenen in gleicher Relation. Dies reicht indes nicht aus, diese Beteiligung muss beibehalten werden und zudem bei der Willensbildung zu einheitlichen Ergebnissen führen.

30 Nicht selten wird dies durch „Verzahnungsklauseln" in beiden Gesellschaftsverträgen festgehalten, aus denen sich ergibt, dass die Kommanditisten am Festkapital der Gesellschaft und am Stammkapital der Komplementär-GmbH stets in gleichem Umfang beteiligt sein müssen und alle erforderlichen oder zweckmäßigen Maßnahmen unternehmen müssen, um

---

27 *Liebscher*, in: Reichert, GmbH & Co. KG, § 3 Rn. 25.

diesen Beteiligungsgleichlauf beizubehalten. Zudem wird das Stimmrecht an die Beteiligung am Festkapital der Gesellschaft und Stammkapital geknüpft, sodass die Mehrheitsbildung in beiden Gesellschaften identisch erfolgt. Zugleich wird das Stimmrecht der Komplementär-GmbH in der Gesellschafterversammlung der KG ausgeschlossen.[28]

Entsprechende dispositive[29] Vorschriften sind GmbH-seitig schon immer im Gesetz angelegt gewesen, §§ 47 ff. GmbHG. In der KG war vor Inkrafttreten des MoPeG kein formalisiertes Beschlussverfahren im Gesetz vorgesehen und es galt (für außergewöhnliche Geschäfte) nach §§ 161 Abs. 2, 119 Abs. 1 HGB a. F. das Einstimmigkeitsprinzip, die Zulässigkeit abweichender Regelungen war aber unstreitig; nunmehr sind gemäß §§ 161 Abs. 2, 109 Abs. 1 und 3 HGB (weiterhin) einstimmige Beschlüsse in Gesellschafterversammlungen vorgesehen, wobei dies als Regelung des Binnenrechts der Gesellschaft gemäß § 108 HGB unverändert abdingbar ist. **31**

Ist der Entscheidungsgleichlauf gesichert, ist eine genaue Abgrenzung der Kompetenzen in wirtschaftlicher Hinsicht zweitrangig. Dennoch werden regelmäßig die Mitwirkungsrechte der Kommanditisten erweitert und zumindest umfassende Kataloge von zustimmungsbedürftigen Maßnahmen vorgesehen (z. B. jährlichen Investitions- und Finanzpläne, langfristige Verträge, Anstellungsverträge, Pensionsverpflichtungen, Beteiligungen usw.). Daraus wird wiederum der Charakter dieser GmbH & Co. KG ersichtlich, bei der es darum geht, dass eine Gruppe von Gesellschaftern die Entscheidungen in Bezug auf das Unternehmen – und damit für beide Gesellschaften als Einheit – trifft. **32**

Einer weiteren Verzahnung bedürfen gewisse Konstellationen, wie die Übertragung von Geschäftsanteilen, weil ansonsten die vorgenannte Synchronisation zunichte gemacht würde. Dies ist deswegen zwingend erforderlich, weil Geschäftsanteile an einer GmbH grundsätzlich frei abtretbar sind, § 15 Abs. 1 GmbHG, während das Gesetz die Verfügung über die Mitgliedschaft in der KG nach §§ 161 Abs. 2, 105 Abs. 3 HGB i. V. m. §§ 705 ff. BGB grundsätzlich nicht vorsieht und diese nur mit Zustimmung aller Gesellschafter möglich ist.[30] Regelmäßig wird ein Gleichlauf erzeugt werden, in dem die Übertragung von Anteilen an beide Gesellschaften nur gleichzeitig, im gleichen Umfang und an den gleichen Erwerber möglich ist. In der Regel wird – hier wird wieder der personenbezogene Charakter der echten GmbH & Co. KG ersichtlich – zudem ein Zustimmungserfordernis der Gesellschafterversammlungen mit einem besonderen Mehrheitsquorum vorgesehen sein, **33**

28 BeckHdB PersGes/*Watermeyer*, § 14 Rn. 45.

29 BeckOGK/*Denga*, 1.12.2024, § 47 GmbHG Rn. 25.

30 Statt vieler vgl. BGH, Urt. v. 31.1.1983 – II ZR 288/81, NJW 1983, 1110; MüKoHGB/*Fleischer*, § 105 HGB Rn. 453 m. w. N.

wenn die Abtretung an externe Dritte erfolgen soll (d. h. weder Mitgesellschafter, Ehegatten oder Abkömmlinge von Mitgesellschaftern).

34 Entsprechende Verzahnungsvorkehrungen sind bei der Vererbung von Gesellschaftsanteilen zu treffen, da der gemäß § 15 Abs. 1 GmbHG vererbliche GmbH-Anteil mit dem Erbfall im Wege der Gesamtrechtsnachfolge in den ungeteilten Nachlass fällt, während der Kommanditanteil zwar ebenfalls von Gesetzes wegen vererblich ist, § 177 HGB, allerdings nicht in den Nachlass fällt, sondern im Wege der Sondererbfolge auf die einzelnen Erben übergeht, sodass sie entsprechend ihrer Quoten getrennte Anteile erwerben.[31] Hier gilt es, die klassischen mit der Verwaltung einer Erbengemeinschaft verbundenen Problem zu vermeiden und sicherzustellen, dass die Anteile an der Komplementär-GmbH und der Kommanditanteil im Erbfall auf denselben Erwerber übergehen.

35 Weitere Regelungen sind beispielsweise für den Fall der Belastung von Gesellschaftsanteilen, der Testamentsvollstreckung, der Kündigung der Gesellschaft, der Ausschließung eines Gesellschafters vorzusehen.

bb) Das beabsichtigte Ergebnis

36 Das wirtschaftlich verfolgte Ziel ist dabei stets dasselbe: Es geht um den Gleichlauf der Beteiligung und Willensbildung, sodass sowohl die Einheitlichkeit der Abläufe in beiden Gesellschaften als auch der Einfluss der handelnden Gesellschafter gewahrt ist. Bei der personen- und beteiligungsgleichen GmbH & Co. KG ist die Beibehaltung der Beteiligungsidentität und der ursprünglich vereinbarten (bzw. einstimmig veränderten) Einflussmöglichkeiten entscheidend, da die Komplementär-GmbH von den Gesellschaftern nicht als Herrschaftsinstrument gewollt worden ist – und ansonsten ein Missbrauch durch diese droht, z. B. durch Blockierung von Gesellschafterbeschlüssen, bei der Berufung/Abberufung/Entlastung des GmbH-Geschäftsführers, bei Investitionsentscheidungen, der Gewinnverwendung usw.[32]

37 Die unerwünschte (ungeplante) Verschiebung von Machtverhältnissen soll verhindert werden. Wenn die GmbH & Co. KG die Funktion hat, einen Haftungsschirm für die handelnden Personen zu leisten, müssen diese „am Steuer bleiben“ können. Dies gilt richtigerweise nicht nur für die in diesem Abschnitt betrachtete echte, d. h. personen- und beteiligungsgleiche GmbH & Co. KG, sondern richtigerweise auch bei der unechten GmbH & Co. KG, wenn alle wesentlichen Entscheidungen den Kommanditisten vorbehalten

---

31 *Hamdan*, MDR 2025, 1 ff., Rn. 15, 27; KG, Beschl. v. 30.5.2000 – 1 W 931/99, NZG 2000, 1167 f., Rn. 6; *Ivo*, ZEV 2006, 302, 302.

32 *Binz/Sorg*, GmbH & Co. KG-HdB, § 8 Rn. 2.

sind und die Komplementär-GmbH weder an Kapital noch am Ergebnis beteiligt ist und auch kein Stimmrecht hat, da sich aus dieser Gestaltung gerade ergibt, dass sie nur auf die Führung der laufenden Geschäfte beschränkt sein soll.[33]

Bei geglückter Verzahnung sind die rechtlichen Fragen rund um die Kompetenzabgrenzung beider Gesellschaften weitestgehend rein theoretischer Natur, weil die Willensbildung auf KG-Gesellschafter-Ebene und GmbH-Gesellschafter-Ebene gleichläuft und auf den GmbH-Geschäftsführer durch Weisungen der GmbH-Gesellschafter unmittelbar Einfluss ausgeübt wird.[34] **38**

D. Die gescheiterte Verzahnung bei der echten GmbH & Co. KG

I. Konstellationen

Wie sieht es aber aus, wenn dies bei der ursprünglich echten GmbH & Co. KG ungeplant auseinanderläuft, weil eine notwendige Vorkehrung nicht getroffen worden ist bzw. bei Satzungsänderungen die Verzahnung unbewusst beschädigt wird, sodass entweder die Beteiligungsproportionalität oder zumindest die Stimmkraft oder die Auswirkungen derselben sich verschieben? **39**

Dies kann durch Fehler auf Gesellschafterebene erfolgen. **40**

> **Beispiel**: Gesellschafter G ist in der personen- und beteiligungsgleichen GmbH & Co. KG mit 20% beteiligt und stirbt. Bei Unterlassung der o. g. Verzahnungsvorkehrung wird der gesellschaftsrechtlich vererblich gestellte KG-Anteil beispielsweise im Wege der Sondererbfolge an die Abkömmlinge A und B übergehen (s. o.), während der GmbH-Anteil in den Nachlass fällt, welcher der aus der Ehefrau F und den Kindern A und B bestehenden Erbengemeinschaft zusteht.

Selbst wenn man aus Vereinfachungsgründen dem Schreckgespenst der Erbengemeinschaft dadurch entkommt, dass F und B aus persönlichen Gründen im Wege der Abschichtung aus der Erbengemeinschaft ausscheiden, ist der ursprüngliche Gleichlauf dahin: Der GmbH-Anteil (20%) gelangt durch das Ausscheiden von F und B in das (Allein-)Vermögen des A. Allerdings wird B den wertvollen (aufgespaltenen) KG-Anteil (10%) behalten. **41**

Der Fehler kann auch bei späteren von den Gesellschaftern vorgenommenen Satzungsänderungen passieren. **42**

---

33 Ähnlich zumindest im Ergebnis OLG München, Urt. v. 19.11.2003 – 7 U 4505/03, GmbHR 2004, 139 ff.

34 *Wertenbruch*, NZG 2016, 1081, 1085.

Beispiel: Die Gesellschafter A, B, C, D und E sind in beiden Gesellschaften je zu 20 % beteiligt und haben in beiden Gesellschaften Beschlussquoren von 75 %, um die Beschlussblockade eines alleinigen Gesellschafters zu verhindern, wobei alle wesentlichen Entscheidungen in der KG getroffen werden.

43 Nach einer gewissen Zeit ändern sie die Satzung der KG dahingehend, dass sie das Mehrheitsquorum auf 51 % reduzieren, versäumen es aber, dieselbe Änderung bei der GmbH vorzunehmen. E scheidet aus und überträgt seine Anteile an D, der nun mit 40 % an beiden Gesellschaften beteiligt ist. Nach seinem Tod entpuppt sich dessen Ehefrau F und Rechtsnachfolgerin als „notorische Blockiererin".

44 Auf KG-Ebene ist dies unproblematisch, weil A, B und C weiterhin die notwendigen Mehrheiten generieren können. Problematisch ist dies auf der bislang kaum problematisierten GmbH-Ebene, weil Beschlüsse mit einem Quorum von 75 % stets eine Mitwirkung von F notwendig machen, da sie mit ihrer Beteiligung von 40 % jeden Beschluss auf GmbH-Ebene verhindern kann.

45 Der vorgenannte Fäll lässt sich theoretisch „verschlimmern", in dem man sich eine Konstellation vorstellt, bei der – ggf. aufgrund von Stimmrechtsverboten – tatsächlich widersprüchliche Beschlüsse ergehen und auch KG-seitig Weisungsrechte zustehen (s. o. unter Rn. 23).

II. Folgen: Streit um Geschäftsführer der Komplementär-GmbH

46 Im Gegensatz zur „geplanten" unechten GmbH & Co. KG, bei der bewusst in den Gesellschaften ungleiche Beteiligungsverhältnisse (bzw. zumindest über die Stimmkraft gewährte ungleiche Einflussverhältnisse) gewählt wurden, um beispielsweise eine paritätische Besetzung der Komplementär-GmbH als bewusstes Gegengewicht zur Beschlussmehrheit eines Gesellschafterstammes in der KG zu schaffen, führt die misslungene Verzahnung bei der typischen personen- und beteiligungsgleichen GmbH & Co. KG zu von den Gründungsgesellschaftern ungeplanten und ungewollten Folgeproblemen.

47 Da die Geschicke der KG durch die die Komplementär-GmbH führenden Geschäftsführer bestimmt werden, werden in diesen Fällen umstrittene geschäftspolitische Fragen regelmäßig zu personellen Fragen.

48 Je nach dem „Lager", dem sie angehören oder zugeschrieben werden, kann die mit diesen Personen einhergehende Geschäftspolitik durch Verhinderung ihrer Person als Geschäftsführer abgewendet oder zumindest abgemildert werden. Dementsprechend sind primär Fragen der Bestellung und Abberufung sowie der Anstellung und Kündigung des Geschäftsführer-Anstellungsvertrages die primären Streitpunkte.

Auch sind Fragen der Entlastung und der Geltendmachung von Schadenersatzansprüchen gegen den Geschäftsführer bei der gescheiterten Verzahnung klassische Streitpunkte. Losgelöst von den – in diesen Fällen regelmäßig streitigen – Fragen der Business Judgement Rule und eines nachweisbaren kausalen Schadens wird das „Geschäftsführungs-Lager“ das Verhalten des Geschäftsführers als richtig und legitim ansehen und sowohl die Entlastung vorantreiben wollen als auch eine Pflichtverletzung ablehnen, während das andere Lager die Entlastung ablehnen und Schadensersatzansprüche geltend machen oder sich zumindest vorbehalten möchte. **49**

Sowohl betriebswirtschaftlich als auch personalpolitisch ist dies besonders misslich, weil häufig keine schnelle Entscheidung zu erreichen ist, die betroffenen Geschäftsführer diese Unsicherheit nicht schätzen und sich anderweitig orientieren werden – v. a., wenn es sich um Dritte handelt, die selbst nicht an der KG beteiligt sind. Da dies für beide Lager gleichermaßen gilt, kann dies zu erheblichen Rekrutierungsproblemen führen. **50**

E. Die gesellschaftsinterne Kompetenz für geschäftsführungsbezogene Beschlüsse

Dies wirft die Frage nach den entsprechenden gesellschaftsinternen Kompetenzen bei der ursprünglich personen- und beteiligungsgleichen typischen GmbH & Co. KG auf, deren Gleichlauf ungeplant verloren worden ist. **51**

I. Uneinheitliche Rechtsprechung

Die dazu ergangene Rechtsprechung ist sehr uneinheitlich und eine dogmatisch klare Line ist kaum zu erkennen. **52**

1. BGH 1969 – Geschäftsführungsmaßnahme und Ersatzzuständigkeit der Gesellschafterversammlung der GmbH

Zunächst ging der BGH[35] davon aus, die Gesellschaftsversammlung der GmbH & Co. KG habe eine Ersatzzuständigkeit für Beschlüsse, die den Geschäftsführeranstellungsvertrag betreffen. Die Gesellschafterversammlung der GmbH sei grundsätzlich nicht berechtigt, namens der Gesellschaft mit Dritten in rechtsgeschäftlichen Verkehr zu treten, außer in Fällen der Annexkompetenz. Wenn aber nach erfolgter Bestellung des Geschäftsführers das Anstellungsverhältnis neu geregelt werde, falle die Entscheidung über die Änderung des Dienstvertrages in den Aufgabenbereich der Mitgeschäftsführer. Nur wenn ein weiterer vertretungsberechtigter Geschäftsführer nicht vorhanden sei, liege die Entscheidung und Vertretung bei der Gesellschaf- **53**

35 BGH, Urt. v. 1.12.1969 – II ZR 224/67, WM 1970, 249 ff., juris Rn 39 f.

terversammlung als dem obersten Gesellschaftsorgan – ansonsten sei der Geschäftsführer zuständig.

2. BGH 1993 – Kompetenz der Gesellschafterversammlung der GmbH & Co. KG und Grundlagengeschäft

54 Der BGH[36] entschied aber auch, dass die Festsetzung ebenso wie die Änderung einer Vergütung eines Anstellungsvertrages keine Maßnahme der Geschäftsführung sei, welche in die Kompetenz der Komplementär-GmbH falle, sondern in die Kompetenz der Gesellschafterversammlung der GmbH & Co. KG eingreife. Auch reiche eine Mehrheitsentscheidung insoweit nicht aus, weil die im Gesellschaftsvertrag enthaltene Mehrheitsklausel nicht die Beschlussfassung in Angelegenheiten decke, die die Grundlagen des Gesellschaftsverhältnisses betreffen. Um solche Grundlagengeschäfte gehe es jedoch, wenn abweichend von bisherigen Beschlüssen der Gesellschafterversammlung den geschäftsführenden Gesellschaftern der Komplementär–GmbH ein Gehalt gezahlt werden soll.

3. BGH 2007 – Annexkompetenz der Gesellschafterversammlung der Komplementär-GmbH

55 Im Zuge einer Umwandlung einer GmbH in eine GmbH & Co. KG wurde der frühere GmbH-Geschäftsführer nunmehr Geschäftsführer der Komplementär-GmbH. Diese bot ihm den Abschluss eines Geschäftsführerdienstvertrages an, welchen er ablehnte. Infolgedessen wurde er durch Gesellschafterbeschluss der Komplementär-GmbH als Geschäftsführer abberufen. Ferner wurde der Geschäftsführeranstellungsvertrag gekündigt.

56 Über die Kündigung hätten – so der BGH[37] – nicht sämtliche Gesellschafter der GmbH & Co. KG zu entscheiden. Es handelte sich vielmehr um eine Geschäftsführungsmaßnahme, die allein der Komplementär-GmbH oblag, wobei für diese – wie auch sonst bei der Abberufung und Kündigung gegenüber einem GmbH-Geschäftsführer – deren Gesellschafterversammlung aufgrund ihrer Annexkompetenz gem. §46 Nr. 5 GmbHG zu entscheiden habe.

4. BGH 2014 – Zuständigkeit des Geschäftsführers der Komplementär-GmbH

57 Anlässlich eines Streits um die Wirksamkeit des Anstellungsvertrags sowie später gewährter Gehaltserhöhungen des einzigen Fremdgeschäftsführers

36 BGH, Beschl. v. 14.6.1993 – II ZR 152/92, DStR 1993, 1227 f.
37 BGH, Beschl. v. 8.1.2007 – II ZR 267/05, ZIP 2007, 910 f.

einer personenidentischen GmbH & Co. KG (Einmann-GmbH & Co. KG; Drittanstellung; Befreiung des Geschäftsführers von den Beschränkungen des § 181 BGB bezogen auf die Komplementär-GmbH – nicht jedoch im Verhältnis zur GmbH & Co. KG) bewertete der BGH[38] den Abschluss des Vertrages als nach §§ 181, 177 BGB schwebend unwirksames Insichgeschäft. Die GmbH & Co. KG werde zwar bei Abschluss des Dienstvertrags von der Komplementär-GmbH (und nicht von ihrem Geschäftsführer) vertreten, es sei dennoch § 181 BGB analog anzuwenden, da es der Vertreter anderenfalls in derartigen Situationen in der Hand hätte, das Verbot des Selbstkontrahierens zu umgehen. Zuständiges Organ für den Abschluss eines Anstellungsvertrags (auch bei Drittanstellung) sei die GmbH als die geschäftsführende Gesellschafterin der Kommanditgesellschaft, handelnd durch ihren Geschäftsführer oder – wenn es wie hier um den Anstellungsvertrag des einzigen Geschäftsführers geht – durch die Gesellschafterversammlung. Die Gesellschafterversammlung der Komplementär-GmbH sei nach § 46 Nr. 5 GmbHG für den Anstellungsvertrag ihres Geschäftsführers geschäftsführungs- und vertretungsbefugt, auch wenn der Anstellungsvertrag nicht mit der GmbH, sondern mit der KG bestehe – und wenn bei der Komplementärin kein weiterer vertretungsberechtigter Geschäftsführer vorhanden sei.

5. BGH 2016 – Keine Zuständigkeit der Gesellschafterversammlung der Komplementär-GmbH

Später hat der BGH[39] bei einer beteiligungsidentischen GmbH & Co. KG im Zusammenhang mit einer Drittanstellung die Notwendigkeit der Zustimmung der Gesellschaftsversammlung der Komplementär-GmbH verneint (es ging um eine Verlängerung zu unveränderten Konditionen und der Geschäftsführer war von den Beschränkungen des § 181 BGB befreit); bei einer beteiligungsidentischen GmbH & Co. KG, deren Beirat der Vertragsverlängerung zugestimmt habe, bedürfe es dann weder der Zustimmung der Gesellschafterversammlung der GmbH & Co. KG (diese sei nur bei Grundlagengeschäften erforderlich), noch bedürfe es eines zusätzlichen Schutzes der Gesellschafterversammlung der GmbH durch eine analoge Anwendung von § 46 Nr. 5 GmbHG. Den Abschluss des Anstellungsvertrags mit einem Geschäftsführer wertet der BGH grundsätzlich als Angelegenheit der Geschäftsführung. **58**

38 BGH, Urt. v. 15.4.2014 – II ZR 44/13, ZIP 2014, 1278 ff., juris Rn. 13 m. Anm. EWiR 2014, 545 f. und *Brötzmann*, GmbHR 2014, 819 ff.

39 BGH, Urt. v. 19.4.2016 – II ZR 123/15, NZG 2016, 826 ff. m. Anm. *Paefgen*, EWiR 2016, 489 f. sowie *Retzlaff*, jurisPR-BGHZivilR 20/2016 Anm. 3.

6. Bewertung

59 Die Rechtsprechung scheint die Frage der gesellschaftsrechtlichen Innenkompetenz nur für das Anstellungsverhältnis aufgeworfen und diese zunächst nur anhand der Vertretungsregelungen gelöst zu haben.[40] Ausgehend von der Vertretung der GmbH & Co. KG durch ihre Komplementär-GmbH, welche durch ihre Geschäftsführer vertreten wird, wird die Argumentation der „Ersatzzuständigkeit" verständlich.

60 Indes ist dieser Ansatz aus zwei Gründen falsch: Zum einen ist dogmatisch die Innenkompetenz nicht von der Vertretungsregelung abhängig. Zum anderen funktioniert die Argumentation nicht mehr, wenn keine Befreiung von § 181 BGB vorliegt, weil es dann wieder der Zustimmung der Gesellschafter bedarf – und spätestens dann Farbe bekannt werden muss.

61 Schließlich scheint die BGH-Entscheidung aus 2016 eine nur bedingt aussagekräftige Entscheidung zu sein, da es sich um eine echte personengleiche und beteiligungsgleiche GmbH & Co. KG handelte. Da – sinngemäß – ohnehin GmbH und KG synchronisiert seien, bedürfe es des Schutzes der Gesellschafterversammlung der Komplementär-GmbH nicht. Damit kann hieraus für die Situation der misslungenen Verzahnung bei der ursprünglich personen- und beteiligungsgleichen GmbH & Co. KG nichts abgeleitet werden.[41] Interessant ist die Entscheidung dahingehend, dass der BGH von den Gesellschaftern eine gewisse gesellschaftsübergreifende Folgerichtigkeit abverlangt. Bei der personen- und beteiligungsidentischen GmbH & Co. KG ist es ihnen in ihrer Rolle als GmbH-Gesellschafter im Rahmen ihrer Annex-Kompetenz nach § 46 Nr. 5 GmbHG verwehrt, das durch die Abbedingung des § 181 BGB bereits freigegebene Insichgeschäft der Drittanstellung zu verhindern.

62 Vor diesem Hintergrund erscheint es zweckmäßig, systematisch die Kompetenzzuordnung bei der isolierten GmbH zu betrachten und dann unter Berücksichtigung der bei der GmbH & Co. KG auftretenden Besonderheiten zu übertragen.

II. Kompetenz bei der „normalen" (isolierten) GmbH

63 Nach § 46 Nr. 5 GmbHG unterliegen die Bestellung und die Abberufung von Geschäftsführern sowie die Entlastung derselben der Bestimmung der

---

40 Ähnlich *Torggler/Stumpf*, BB 2021, 2632, 2633.

41 Interessant ist die Entscheidung dahingehend, dass der BGH von den Gesellschaftern eine gewisse gesellschaftsübergreifende Folgerichtigkeit abverlangt. Bei der personen- und beteiligungsidentischen GmbH & Co. KG ist es ihnen in ihrer Rolle als GmbH-Gesellschafter im Rahmen ihrer Annex-Kompetenz nach § 46 Nr. 5 GmbHG verwehrt, das durch die Abbedingung des § 181 BGB bereits freigegebene Insichgeschäft der Drittanstellung zu verhindern, vgl. *Wertenbruch*, NZG 2016, 1081, 1087.

GmbH-Gesellschafterversammlung. Entsprechendes gilt nach § 46 Nr. 8 GmbHG für die Geltendmachung von Ersatzansprüchen, welche der Gesellschaft aus der […] Geschäftsführung gegen Geschäftsführer […] zustehen […]. Die Kompetenzzuweisung gem. § 46 Nr. 5 GmbHG betrifft neben der Bestellung, Abberufung und Entlastung auch als Annexkompetenz die Regelung des Anstellungsverhältnisses, also sowohl den Abschluss als auch die Kündigung des Geschäftsführeranstellungsvertrags.[42] Auch wenn Organstellung und Anstellungsverhältnis voneinander in dogmatischer Hinsicht zu unterscheiden sind, könnte eine Trennung der Kompetenzen dazu führen, dass die Konditionen der Anstellungsverträge bereits vor dem organschaftlichen Bestellungsakt festgelegt werden und damit Vorentscheidungen getroffen werden, die die Gesellschafterversammlung in ihrer Entscheidungsfreiheit (durch zu gute Konditionen) einschränkt bzw. (durch sehr schlechte Konditionen) die potenziellen Kandidaten verschreckt.

Auch wenn diese Zuständigkeiten dispositiv sind,[43] und insbesondere auch eingeschränkt werden können,[44] sind dem Grenzen gesetzt: Einerseits darf damit die Stellung der Gesellschafterversammlung als oberstem (Entscheidungs-)Organ der Gesellschaft nicht infrage gestellt werden.[45] Ferner wird eine Verschiebung der Kompetenzen von der Gesellschafterversammlung auf die Geschäftsführer selbst im Hinblick auf Befugnisse, die ihrer Natur nach nicht von den Geschäftsführern wahrgenommen werden können, nach der h. M. als nicht zulässig angesehen. Dies betrifft etwa die Entlastungskompetenz sowie die Kompetenz zur Verfolgung von Ersatzansprüchen wegen Verletzung der Geschäftsführerpflichten.[46] Entsprechendes gilt für die Bestellung und Abberufung der Geschäftsführer, da die zweigliedrige Organisationsstruktur der GmbH eine derartige Selbstentmachtung der Gesellschafter verbietet.[47] Denkbar sind aber Verlagerungen innerhalb der Gesellschaft auf entsprechend dafür geschaffene Organe (Beirat o. Ä.).[48] **64**

Zuständig ist aber zunächst allein die Gesellschafterversammlung der Komplementär-GmbH. **65**

42 Ständige Rspr., statt vieler vgl. BGH, Urt. v. 3.7.2018 – II ZR 452/17, NZG 2018, 1073 ff.; eingehend dazu *Hüffer/Schäfer*, in: Habersack/Casper/Löbbe, GmbHG, § 46 Rn. 61.

43 BeckOK GmbHG/*Schindler*, § 46 GmbHG Rn. 4; MüKoGmbHG/*Liebscher*, 4. Aufl. 2023, § 46 GmbHG Rn. 8.

44 BeckOGK/*Fiebelkorn*, 15.9.2024, § 46 GmbHG Rn. 17; MüKoGmbHG/*Liebscher*, 4. Aufl. 2023, § 46 GmbHG Rn. 10; *Illhardt*, in: Hesselmann/Mueller-Thuns, HdB GmbH & Co. KG, § 4 Rn. 4.101.

45 BeckOGK/*Fiebelkorn*, 15.9.2024, § 46 GmbHG Rn. 20; *K. Schmidt/Bochmann*, in: Scholz, GmbHG, § 46 GmbHG, Rn. 2a.

46 MüKoGmbHG/*Liebscher*, 4. Aufl. 2023, § 46 GmbHG Rn. 10.

47 *Hüffer/Schäfer*, in: Habersack/Casper/Löbbe, GmbHG, § 46 Rn. 86; *Noack*, in: *Servatius/Haas/Noack*, GmbHG, § 46 Rn. 108.

48 Eingehend dazu *K. Schmidt/Bochmann*, in: Scholz, GmbHG, § 46 GmbHG, Rn. 72.

III. Kompetenz bei der Komplementär-GmbH

1. Betroffenheit der GmbH & Co. KG

66 Bei der GmbH & Co. KG ist die Frage prima facie schwieriger zu beantworten, weil die Komplementär-GmbH Gesellschafterin der KG ist und zudem – jedenfalls im hier untersuchten Fall – ausschließlich fremdnützig für diese KG tätig ist (typische GmbH & Co. KG ohne eigene Kapitalbeteiligung an der KG und auch ohne Stimmrechte und ohne eigenes wirtschaftliches Interesse) und die Geschäftsführung der GmbH zugleich die der KG ist.

67 Hier liegt eine „Mitsprachebefugnis" der GmbH & Co. KG in Bezug auf die o. g. geschäftsführungsbezogenen Gesellschafterbeschlüsse nahe, da sowohl die Bestimmung der natürlichen Person, die ihre Geschäfte führen wird, als auch die Frage nach Entlastung und Regressansprüchen zumindest aus KG-Sicht keine fremden Angelegenheiten sind.

68 Formal bleibt die Komplementär-GmbH aber eine GmbH. Die infrage stehenden geschäftsführungsbezogenen Beschlüsse (Berufung, Abberufung) bleiben Beschlüsse über interne Organisationsangelegenheiten der GmbH. Daher ist auch (wie bei der isolierten GmbH) die Gesellschafterversammlung der Komplementär-GmbH zuständig.[49] Dies gilt aufgrund der o. g. erwähnten Annexkompetenz auch für die Beschlusszuständigkeit bezüglich des Anstellungsverhältnisses (Anstellung, Kündigung). Kommanditisten haben auf diese Beschlüsse selbst keinen unmittelbaren Einfluss,[50] ggf. aber mittelbaren Einfluss über eigene Beschlusszuständigkeiten oder gesellschaftsübergreifende bzw. gestaffelte Treuepflichten, s. u.

69 Dies ändert nichts daran, dass diese auf Geschäftsführungsebene die Belange der KG tangieren.

2. Besonderheiten der Drittanstellung

70 Im Normalfall wird der Geschäftsführeranstellungsvertrag zwischen der Komplementär-GmbH und dem Geschäftsführer zustande kommen. In diesem Fall liegt die Beschlusszuständigkeit logischerweise zunächst bei der Gesellschafterversammlung der Komplementär-GmbH.

71 Besonders offensichtlich wird die Berührung der Interessen der GmbH & Co. KG bei der sog. Drittanstellung, bei der der Geschäftsführer-Anstellungsvertrag unmittelbar zwischen der GmbH & Co. KG (also nicht der Komplementär-GmbH) und dem Geschäftsführer der Komplementär-GmbH

---

49 *Notz/Mohr*, in: Ebenroth/Boujong, HGB, Anh. § 179 Rn. 84; *Meinert*, in: Koch, Personengesellschaftsrecht, § 161 HGB Rn. 101.

50 A.A. *Hüffer*, ZGR 1981, 348, 351.

zustande kommt. In diesem Fall fallen die Parteien des organschaftlichen Rechtsverhältnisses (der Bestellungsakt erfolgt weiterhin durch die Komplementär-GmbH) und des schuldrechtlichen Anstellungsverhältnisses auseinander. Der Entgeltanspruch des Geschäftsführers richtet sich gegen die GmbH & Co. KG, die auch die operativen Erträge erwirtschaftet.

Die Zulässigkeit ist unbestritten,[51] umstritten ist in diesem Fall die Beschlusskompetenz (Gesellschafterversammlung der Komplementär-GmbH oder Gesellschafterversammlung der GmbH & Co. KG).[52] **72**

Die hier wohl h. M. knüpft auch in diesem Fall an die o. g. Annexkompetenz der Gesellschafterversammlung der Komplementär-GmbH an: Wenn Bestellungs- und Anstellungskompetenz in einer Hand verbleiben, ist gewährleistet, dass der Vertragspartner des Geschäftsführers den Vertrag nicht so zuschneidet, dass seine und nicht die Interessen der zu führenden Gesellschaft gewahrt werden; außerdem haftet letztlich die Komplementär-GmbH auch für gegen die GmbH & Co. KG gerichteten Entgeltansprüche und sollte daher auch über deren Fortdauer entscheiden.[53] Danach liegt auch bei der Drittanstellung die Beschlusszuständigkeit sowohl für Anstellung als auch für die Kündigung des Geschäftsführeranstellungsvertrags bei der Gesellschafterversammlung der Komplementär-GmbH.[54] Daraus leitet die h. M. die Zustimmung der GmbH als Voraussetzung für die Drittanstellung ab.[55] **73**

Bei der Umsetzung im Außenverhältnis wird die Komplementär-GmbH durch ihre Gesellschafterversammlung vertreten.[56] Dies gilt auch im Fall der Drittanstellung, in diesem Fall erfolgt die Vertretung der GmbH & Co. KG entweder durch einen weiteren Geschäftsführer, der die KG mittelbar vertritt,[57] oder durch ihre Komplementär-GmbH, welche selbst wiederum von ihrer Gesellschafterversammlung vertreten wird.[58] **74**

---

51 BGH, Urt. v. 1.12.1969 – II ZR 224/67, WM 1970, 249 ff., juris Rn. 39 f.; BGH, Beschl. v. 8.1.2007 – II ZR 267/05, ZIP 2007, 910, Rn. 7; *Brechtel*, in: Reichert, GmbH & Co. KG, § 16 Rn. 74 ff.; *Binz/Sorg*, GmbH & Co. KG-HdB, § 9 Rn. 9; *Torggler/Stumpf*, BB 2021, 2632 ff.

52 *Wertenbruch*, NZG 2016, 1081, 1086.

53 *Grunewald*, GmbHR 2018, 63, 65.

54 *Wertenbruch*, NZG 2016, 1081, 1087.

55 *Illhardt*, in: Hesselmann/Mueller-Thuns, HdB GmbH & Co. KG, § 4 Rn. 4.35.

56 MüKoGmbHG/*Liebscher*, 4. Aufl. 2023, § 46 GmbHG Rn. 142; *Noack*, in: Servatius/Haas/Noack, GmbHG, § 46 Rn. 47.

57 *Brechtel*, in: Reichert, GmbH & Co. KG, § 16 Rn. 78.

58 *Grunewald*, GmbHR 2018, 63, 66; *Illhardt*, in: Hesselmann/Mueller-Thuns, HdB GmbH & Co. KG, § 4 Rn. 4.36.

3. Kein Grundlagengeschäft innerhalb der GmbH & Co. KG

75 Eine Zuständigkeit der Gesellschafterversammlung der GmbH & Co. KG wäre anzunehmen, wenn es sich bei den vorgenannten Entscheidungen um Grundlagengeschäfte der GmbH & Co. KG handeln würde. Diese sind weitergehend Geschäftsführungsmaßnahmen, sie gestalten die Rechtsverhältnisse der Gesellschafter untereinander und betreffen somit die Grundlagen der Gesellschaft; darunter fallen beispielsweise alle Änderungen des Gesellschaftsvertrags, die Auswechslung des Komplementärs, die Verleihung oder Entziehung von Geschäftsführungs- oder Vertretungsbefugnis oder die Befreiung des Komplementärs vom Wettbewerbsverbot.[59] Solche Grundlagengeschäfte bedürfen der Zustimmung aller Gesellschafter, inklusive der Kommanditisten.[60]

76 Ein solches Grundlagengeschäft wird im Ergebnis aber abzulehnen sein,[61] da in rechtlicher Hinsicht weder der GmbH & Co. KG-Gesellschaftsvertrag noch die Verhältnisse zwischen den Kommanditisten und der Komplementär-GmbH sich durch die vorgenannten Entscheidungen auf der Ebene der Komplementär-GmbH verändern.[62] Die organschaftliche Vertretung der GmbH & Co. KG liegt weiterhin bei der Komplementär-GmbH, welche weiterhin von einem Geschäftsführer vertreten wird, weder zwischen den Kommanditisten noch im Verhältnis zwischen ihnen und der Komplementär-GmbH erfolgt eine Änderung.[63]

4. Geschäftsführungskompetenz innerhalb der GmbH & Co. KG

a) Abgrenzung zum außergewöhnlichen Geschäft

77 Auch wenn bei der typischen GmbH & Co. KG gerade die Komplementär-GmbH die Führung der Geschäfte der KG und deren Vertretung nach außen übernimmt, ist dies nicht grenzenlos. Wie dargestellt sind zwar die Kommanditisten grundsätzlich von der Führung der Geschäfte ausgeschlossen, § 164 HGB. Etwas anderes gilt aber für außergewöhnliche Geschäfte, §§ 164, 116 Abs. 2 Satz 1 Hs. 2 HGB, also für Geschäfte, die zwar noch zur Geschäftsführung zählen, also weder die Grundlagen noch sonstige kollektive Gesellschaftsangelegenheiten zum Gegenstand haben, aber – infolge ihres Gegenstandes oder Umfangs, ihrer Bedingungen, Risiken oder Dauer

---

59 MüKoHGB/*Grunewald*, § 164 HGB Rn. 16.

60 BeckOGK/*Notz/Zinger*, 1.8.2024, § 164 HGB Rn. 21.

61 A.A. *Wertenbruch*, NZG 2016, 1081, 1088, für den Fall des Drittanstellungsvertrags mit einem Kommanditisten.

62 Die Verlängerung des Anstellungsvertrags wurde vom BGH nicht als Grundlagengeschäft angesehen, vgl. BGH, Urt. v. 19.4.2016 – II ZR 123/15, NZG 2016, 826 ff.

63 So wohl auch *Grunewald*, GmbHR 2018, 63 ff. zumindest zu den die Anstellung und Kündigung betreffenden Beschlüssen.

keine gewöhnlichen Maßnahmen sind;[64] Maßstab für die Beurteilung sind dabei grundsätzlich die Verhältnisse der konkreten Gesellschaft.[65] Die der Komplementär-GmbH ausschließlich zugewiesenen gewöhnlichen Handlungen sind dagegen Maßnahmen, die zum Normal- und Routinebetrieb des konkreten Unternehmens gehören.[66]

Bei außergewöhnlichen Geschäften steht den Kommanditisten (entgegen dem Wortlaut des § 164 HGB aF) nicht nur ein Widerspruchsrecht zu; vielmehr bedarf die Vornahme des Geschäfts der Zustimmung aller Gesellschafter, also auch der Kommanditisten, § 116 Abs. 2 Satz 1 Hs. 2 HGB.[67] **78**

b) Geschäftsführungsbezogene Beschlüsse: außergewöhnliche Geschäfte?

Ob die o. g. Beschlüsse (Bestellung, Abberufung, Anstellung, Kündigung, Entlastung, Geltendmachung von Regressansprüchen) außergewöhnlich sind, ist von dem konkreten Unternehmen und einer Gesamtwürdigung desselben abhängig. Im Gegensatz zu § 49 Abs. 1 HGB (welches abstrakt auf „irgendein" Handelsgewerbe abstellt) und § 54 Abs. 1 HGB (welches auf den Betrieb „eines derartigen" Handelsgewerbes abstellt), stellt § 116 Abs. 2 Satz 1 HGB konkret auf den Betrieb „des" Handelsgewerbes „der Gesellschaft" ab.[68] Ob es also Ausnahmecharakter hat, hängt auch von der konkret gelebten Praxis ab: Wenn diese in der konkreten Gesellschaft außergewöhnlich sind, ist es ausreichend, um ein außergewöhnliches Geschäft anzunehmen. **79**

Von dem Umstand ausgehend, dass die allermeisten Komplementär-GmbH nicht mehr als zwei Geschäftsführer haben und die o. g. Fragen der Bestellung und Anstellung längerfristige Entscheidungen sind, welche auf mehrere Jahre angelegt sind, dürften Fragen der Bestellung und Abberufung sowie Anstellung und Kündigung Ausnahmecharakter haben. Dasselbe gilt ohne Zweifel für den in der Praxis dann doch recht seltenen Fall der Geltendmachung von Schadenersatzansprüchen. **80**

Sofern die Gegenauffassung damit begründet wird, dass Vertragsabschlüsse mit leitenden Personen immer wieder vorkommen und nicht mit einem **81**

---

64 BGH, Urt. v. 11.2.1980 – II ZR 41/79, NJW 1980, 1463 ff. 1464; BeckOK HGB/*Beyer*, § 164 HGB Rn. 25.

65 BGH, Urt. v. 11.2.1980 – II ZR 41/79, NJW 1980, 1463 ff. 1464; BeckOK HGB/*Klimke*, § 116 HGB Rn. 20.

66 MüKoGmbHG/*Liebscher*, 4. Aufl. 2023, § 46 GmbHG Rn. 343.

67 *Brechtel*, in: Reichert, GmbH & Co. KG, § 16 Rn. 16.

68 BeckOGK/*Scholl*, 15.5.2025, § 116 HGB Rn. 200.

besonderen Risiko versehen sind,[69] so ist dem zum einen deswegen zu widersprechen, weil hier eine abstrakte Betrachtungsweise an den Tag gelegt wird, zum anderen aber auch deswegen, weil die Frage, ob man diesen oder einen anderen Geschäftsführer bestellt und anstellt, gerade für die Gesellschaft regelmäßig eine außergewöhnliche Richtungsentscheidung ist, die Frage der Abberufung und (u. U. außerordentlichen) Kündigung erst recht Ausnahmecharakter hat und sowohl finanziell als auch in Bezug auf die Reputation der Gesellschaft erhebliche Auswirkungen haben kann. Einzuräumen ist aber, dass die schlichte Verlängerung von bestehenden Verträgen, deren Grundbedingungen sich nicht wesentlich verändern, keinen außergewöhnlichen Charakter hat.

82 Bei der Frage der Beschlusszuständigkeit für die Entlastung könnte die üblicherweise vorzufindende jährliche Vornahme für ein gewöhnliches Geschäft sprechen. Indes trifft dies nur auf etwaige Regressansprüche der Komplementär-GmbH gegenüber ihrem Gesellschafter zu. Die Geltendmachung von Regressansprüchen durch die GmbH & Co. KG gegen den Geschäftsführer der Komplementär-GmbH – sei es auf vertraglicher Basis oder auf organschaftlicher Basis – dürfte fast immer eine Ausnahmesituation sein, mithin von der Kompetenz der Gesellschafterversammlung der GmbH & Co. KG erfasst sein. Dies darf durch die Präklusionswirkung der gewöhnlichen (Regel-)Entlastung auch nicht vorweggenommen werden; daher wird z. T. vertreten, dass dem Entlastungsbeschluss der Komplementär-GmbH nur dann Präklusionswirkung zukommen soll, wenn der Beschluss auch von den KG-Gesellschaftern mitgetragen wird.[70] Damit dürfte hinreichend deutlich sein, dass es sich nicht um ein „gewöhnliches“ Geschäft handelt.

F. Sanktion der parallelen Kompetenz

83 Liegt aber auch eine Kompetenz der Gesellschafterversammlung der GmbH & Co. KG vor, so stellt sich die Frage nach den Konsequenzen, wenn die Zustimmung der GmbH & Co. KG nicht eingeholt worden ist – also die Gesellschafterversammlung den KG-Beschluss entweder nicht oder sogar einen entgegengesetzten Beschluss gefasst hat.

---

69 A.A. *Grunewald*, GmbHR 2018, 63, 64 mit dem Argument, dass Vertragsabschlüsse mit leitenden Personen immer wieder vorkommen und nicht mit einem besonderen Risiko versehen sind.

70 *Illhardt*, in: Hesselmann/Mueller-Thuns, HdB GmbH & Co. KG, § 4 Rn. 4.110.

I. Abzulehnende Ansätze

1. Keine ausschließliche Zuständigkeit auf KG-Ebene

Denkbar – aber falsch – wäre es, daraus eine ausschließliche Zuständigkeit der Gesellschafterversammlung der GmbH & Co. KG abzuleiten. **84**

Dies würde aber negieren, dass die vorgenannten Beschlüsse (zumindest auch) interne Organisationsbeschlüsse sind. Die weiter oben ausgeführte erforderliche Entscheidungsautonomie der GmbH-Gesellschafterversammlung, weil es (auch) um „ihren" Geschäftsführer geht, würde konterkariert und die Stellung der Gesellschafterversammlung als oberstem (Entscheidungs-)Organ infrage gestellt. **85**

Dieser Weg kommt daher nur bei der „ordentlich verzahnten" personen- und beteiligungsgleichen GmbH & Co. KG infrage, bei der es ohnehin keine Auswirkung hat – da alle Willensbildungsorgane synchronisiert sind. Der BGH hat letztlich auch nur in diesem Fall die Kompetenz der Gesellschafterversammlung der Komplementär-GmbH abgelehnt.[71] Es liegen richtigerweise parallele Zuständigkeiten beider Gesellschafterversammlungen vor. **86**

2. Kein Zustimmungserfordernis auf KG-Ebene

Denkbar ist es auch, einen vorherigen Gesellschafterbeschluss auf der Ebene der GmbH & Co. KG als Voraussetzung eines rechtmäßigen Beschlusses auf Komplementär-Ebene anzunehmen; ein ohne die entsprechende Zustimmung gefasster Beschluss wäre demnach mangelhaft. **87**

Da bei der GmbH ein Beschlussmängelrecht weiterhin kodifiziert werden soll, aber eine solche Kodifizierung bislang nicht vorliegt,[72] waren bislang nach ständiger Rspr. die §§ 241 ff. AktG analog angewandt worden. Rechtsverletzungen sind danach grundsätzlich im Wege der Anfechtungsklage und ausnahmsweise im Wege der Nichtigkeitsklage geltend zu machen. Das jüngst eingeführte Beschlussmängelsystems für Personenhandelsgesellschaften[73] soll allerdings der Gesetzesbegründung des MoPeG folgend als allgemeine Institutionenbildung auf das Beschlussmängelrecht der GmbH Ausstrahlungswirkung entfalten.[74] Konsequenz wäre aber auch hier in allen **88**

---

71 BGH, Urt. v. 19.4.2016 – II ZR 123/15, NZG 2016, 826 ff. m. Anm. *Paefgen*, EWiR 2016, 489 f. sowie *Retzlaff*, jurisPR-BGHZivilR 20/2016 Anm. 3.

72 Dies beklagend *Altmeppen*, NZG 2025, 865.

73 Die §§ 110–115 HGB regeln das bis zum Inkrafttreten des MoPeG nicht kodifizierte Beschlussmängelrecht der Personengesellschaft; diese übernimmt die Unterscheidung zwischen Anfechtbarkeit und Nichtigkeit auch bei Personengesellschaften.

74 Begr. RegE, BT-Drs. 19/27635, 228; zur Bedeutung dieser Ausstrahlungswirkung, *Noack*, NZG 2025, 159 f.; *Liebscher*, in: Schäfer, Neues PersGesR, § 5 Rn. 175.

Fällen entweder die Nichtigkeit oder die Anfechtbarkeit des gefassten Beschlusses, § 110 HGB.

89 Allerdings dürfte dieser Weg ebenfalls abzulehnen sein.[75] Denn letztlich läuft es darauf hinaus, der Gesellschafterversammlung der Komplementär-GmbH lediglich ein Veto-Recht zu belassen und die eigentliche Entscheidung auf einen Entscheidungsträger außerhalb der Gesellschaft zu verlagern, was mit allgemeinen organisationsrechtlichen Grundsätzen nicht vereinbar ist.[76]

3. Kein ungeschriebenes Weisungsrecht auf KG-Ebene

90 Ausgehend von den weiter oben getroffenen Feststellungen, dass bei der typischen GmbH & Co. KG ohne Kapitalanteil und eigene wirtschaftliche Tätigkeit die Komplementär-GmbH nicht Herrin des Unternehmens, sondern Dienerin der Kommanditisten bzw. „wie ein angestellter Komplementär dienendes Organ der KG ist, nimmt *Karsten Schmidt* ein ungeschriebenes Weisungsrecht gegenüber der Komplementär-GmbH an. Es sei von einem Weisungsrecht der Kommanditisten gegenüber der Komplementärin auszugehen, die GmbH führe zwar im Außenverhältnis die Kommanditgesellschaft, sei aber im Innenverhältnis an Weisungen der Kommanditisten gebunden, denen sie wie der Geschäftsführer einer GmbH bei strategisch bedeutsamen Geschäftsführungsmaßnahmen zur Vorlage verpflichtet sei.[77]

91 Dieser Argumentation ist einzuräumen, dass sie die wirtschaftlichen Verhältnisse und Absichten am geradlinigsten wiedergibt. Indes geht sie noch weiter als das zuvor vorgestellte Zustimmungserfordernis und ist aus den o. g. Gründen daher ebenso abzulehnen. Ferner widerspricht die Annahme einer solch umfangreichen Weisung dem § 164 HGB, nach dem die Kommanditisten von der Geschäftsführung ausgeschlossen sind.[78] Sofern ein Weisungsrecht nicht in der Satzung der Komplementär-GmbH den Kommanditisten eingeräumt wurde, ist dieses abzulehnen.[79]

75 Ähnlich *Illhardt*, in: Hesselmann/Mueller-Thuns, HdB GmbH & Co. KG, § 4 Rn. 4.112, und *K. Schmidt/Bochmann*, in: Scholz, GmbHG, Anhang § 45 Rn. 20 welche eine Anfechtbarkeit des GmbH-Beschlusses nur bei Verletzungen von Treuepflichten (und nicht bei Verletzung von Interessen der KG) erwägen.

76 *K. Schmidt/Bochmann*, in: Scholz, GmbHG, § 46 GmbHG, Rn. 72.

77 *K. Schmidt/Bochmann*, in: Scholz, GmbHG, Anhang § 45 Rn. 5, 24, 29.

78 *Binz/Sorg*, GmbH & Co. KG-HdB, § 4 Rn. 2.

79 *Illhardt*, in: Hesselmann/Mueller-Thuns, HdB GmbH & Co. KG, § 4 Rn. 4.48.

II. Lösung über die gesellschaftlichen Treuepflichten

1. Inhalt und Folgen der Treuepflichten

92 Die gewohnheitsrechtlich allgemein anerkannte[80] gesellschaftliche Treuepflicht verpflichtet jeden Gesellschafter bei der Ausübung seiner Rechte und Nutzung seiner Kompetenzen zur Rücksichtnahme auf die Interessen der Gesellschaft und der anderen Gesellschafter. Aus ihr sind die Verpflichtungen abzuleiten, den gemeinsamen Zweck zu fördern, die Belange der Gesellschaft zu wahren – und diese gerade nicht durch rücksichtslose Verfolgung eigener Interessen zu schädigen.[81] Sie kann zu einer Handlung oder Unterlassung verpflichten. Intensität und Tragweite der Treuepflicht sind einzelfallabhängig und berücksichtigen insbesondere die persönliche Bindung der Gesellschafter untereinander.[82]

93 Bei Mehrheitsbeschlüssen kann sich die Treuepflicht sowohl begrenzend (keine Ausnutzung der Mehrheitsmacht) als auch begründend (Pflicht zu einem bestimmten Abstimmungsverhalten zur Ermöglichung eines notwendigen Beschlusses) auswirken.[83] Minderheiten sind aber genauso an die Treuepflicht gebunden,[84] was vorwiegend im Falle einer vorhandenen Sperrminderheit relevant werden kann.[85] Diese rechtsbeschränkende Wirkung lässt sich aus dem Willkürverbot und dem Verhältnismäßigkeitsgrundsatz ableiten.[86]

94 Ihre Grenzen findet die Treuepflicht bei der Wahrnehmung eigener berechtigter Interessen durch den Gesellschafter.[87] Dabei ist allerdings zu unterscheiden: Bei reinen Geschäftsführungsmaßnahmen, welche aus Gesellschaftersicht rein uneigennütziger Natur sind, besteht eine strikte Bindung an das Gesellschaftsinteresse („absoluter" Vorrang vor den Gesellschafterinteressen), während bei den eigennützigen Rechten (Vermögensrechte, Stimm-, Kontroll- und Informationsrechte, Gestaltungsklagerecht, eingeräumte Sonderrechte, Kündigungsrecht) eine solche ausschließliche Bindung nicht besteht; insoweit ist eine Interessenabwägung vorzunehmen, wobei das Gesellschafterinteresse erst zurücktreten wird, wenn ein willkür-

---

80 Statt vieler vgl. BeckHdB PersGes/*Gesell*, § 4 Rn. 155.
81 *Michalski*, NZG 1998, 460 ff.; *Reif/Walter*, JuS 2021, 630 ff.
82 MHdB GesR II/*Berger*, § 13 Rn. 3; *Schlitt/Dolzer*, in: Reichert GmbH & Co. KG, § 26 Rn. 16.
83 BeckHdB PersGes/*Stengel*, § 3 Rn. 313.
84 BeckHdB PersGes/*Gesell*, § 4 Rn. 155.
85 Adressaten sind die Gesellschafter unabhängig vom Umfang ihrer Beteiligung, MHdB GesR II/*Berger*, § 13 Rn. 4.
86 *Schlitt/Dolzer*, in: Reichert, GmbH & Co. KG, § 26 Rn. 10.
87 *Schlitt/Dolzer*, in: Reichert, GmbH & Co. KG, § 26 Rn. 1.

liches oder unverhältnismäßiges Verhalten des Gesellschafters im Raum steht.[88]

95 Bei den Rechtsfolgen ist zu differenzieren: Treuwidriges Verhalten im Zusammenhang mit der Ausübung von eigennützigen Gesellschafterrechten ist materiell unbeachtlich, sodass insbesondere bei Beschlussfassungen die treuwidrig abgegebenen Stimmen bei der Feststellung des Beschlussergebnisses nicht berücksichtigt werden; Entsprechendes gilt bei uneigennützigen Geschäftsführungsmaßnahmen, insoweit sind treuwidrig verweigerte Zustimmungen genauso unbeachtlich wie missbräuchlich geltend gemachte Informationsrechte.[89] Eine treuwidrig verweigerte (insbesondere bei Grundlagenbeschlüssen) notwendige Zustimmung ist allerdings durch Leistungsklage geltend zu machen und ggf. nach § 894 ZPO durchzusetzen.[90] Prozessual wird die Unbeachtlichkeit einredeweise im Rahmen von Leistungs-, Gestaltungs- oder Feststellungsverfahren geklärt.

96 Daneben führt die schuldhafte Verletzung der Treuepflicht zu einem Schadenersatzanspruch, wenn bei der Gesellschaft oder einem Gesellschafter ein Schaden entstanden ist.[91] Schließlich sind als Rechtsfolgen bei der KG auch die Entziehung der Geschäftsführungs- und Vertretungsbefugnis gemäß §§ 161 Abs. 2, 116 Abs. 5, 124 Abs. 5 HGB, der Ausschluss aus der Gesellschaft gemäß §§ 161 Abs. 2, 134 HGB oder die Auflösung der Gesellschaft gemäß §§ 161 Abs. 2, 139 HGB denkbar.

2. Gesellschaftsübergreifende Treuepflichten

97 In der Literatur nimmt die h. M. eine direkte Treuepflicht der GmbH-Gesellschafter gegenüber der KG und den Kommanditisten der KG an.

98 Adressaten von Treuepflichten sollen in Einzelfällen danach auch Dritte (Nichtmitglieder) sein, die nicht unmittelbar als Gesellschafter an der Gesellschaft beteiligt sind – dies gelte beispielsweise für die Muttergesellschaft einer Holding-Gesellschaft (mittelbare Gesellschafterin).[92]

99 Soweit sich Maßnahmen auf die KG auswirkten, bestehe daher eine Pflicht der Komplementär-GmbH, die Interessen der KG angemessen zu berücksichtigen; diese Pflicht sei auf die Verpflichtung der Komplementärin zur ordnungsgemäßen Geschäftsführung und Vertretung und die Treuepflicht der Komplementärin als KG-Gesellschafterin zurückzuführen und gelte

88 Eingehend dazu: MHdB GesR II/*Berger*, § 13 Rn. 8 sowie *Michalski*, NZG 1998, 460, 460; *Schlitt/Dolzer*, in: Reichert GmbH & Co. KG, § 26 Rn. 4, 14 f.; BeckHdB PersGes/*Gesell*, § 4 Rn. 155.

89 MHdB GesR II/*Berger*, § 13 Rn. 21 ff.

90 BeckHdB PersGes/*Gesell*, § 4 Rn. 159.

91 BGH, Urt. v. 14.11.1967 – VI ZR 192/65, MDR 1968, 139, juris Rn. 17.

92 MHdB GesR II/*Berger*, § 13 Rn. 5.

auch für die Gesellschafterversammlung der GmbH, soweit ihre Beschlüsse unmittelbar oder mittelbar die KG betreffen.[93]

Dementsprechend dürften die GmbH-Gesellschafter von der ihnen allein zustehenden Befugnis zur Geschäftsführerbestellung nicht schrankenlos Gebrauch machen, sondern hätten auch aufgrund ihrer gesellschaftsrechtlichen Treuepflicht bei der KG die Interessen der Kommanditisten zu berücksichtigen.[94] **100**

In Bezug auf die streitgegenständliche Frage der Bestellungsbeschlüsse wird ferner vertreten, dass die GmbH-Gesellschafter den Kommanditisten gegenüber aus der gesellschaftsübergreifenden Treuepflicht verpflichtet seien, keine ungeeigneten Personen auszuwählen,[95] bzw. im wohlverstandenen Interesse der KG Einschränkungen unterliegen.[96] Dies gelte für Entscheidungen bzgl. der Bestellung und Abberufung, aber auch für die Entscheidungen über die Entlastung und die Entscheidung über die Geltendmachung von Ersatzansprüchen.[97] **101**

Insbesondere unterliege auch die grundsätzlich unbeschränkte Abberufungsmöglichkeit Grenzen, da die Verpflichtung der Komplementär-GmbH zur ordnungsgemäßen Geschäftsführung es verbiete, den integren, fähigen und das Unternehmen bestens führenden Gesellschafter- oder Fremdgeschäftsführer auszuwechseln und dadurch Qualität und Kontinuität der Geschäftsführung sowie den Unternehmenserfolg zu beeinträchtigen.[98] Insbesondere sei sie verpflichtet, die Abberufung und Entlassung eines Geschäftsführers rückgängig zu machen, der das Vertrauen der Kommanditisten genießt.[99] **102**

Auch wenn im Ergebnis über diese direkte Treuepflicht der GmbH-Gesellschafter gegenüber der KG die Interessen letzterer Berücksichtigung finden, ist die Konstruktion in dogmatischer Hinsicht nicht nachvollziehbar. Die Treuepflicht folgt aus der mitgliedschaftlichen Verbandszugehörigkeit und wirkt im Innenverhältnis,[100] daher ist eine gesellschaftsübergreifende Fernwirkung abzulehnen. **103**

---

93 *Illhardt*, in: Hesselmann/Mueller-Thuns, Handbuch GmbH & Co. KG, § 4 Rn. 4.107.
94 *Binz/Sorg*, GmbH & Co. KG-HdB, § 9 Rn. 2; *Schlitt/Dolzer*, in: Reichert GmbH & Co. KG, § 26 Rn. 11.
95 *Grunewald*, GmbHR 2018, 63, 64 m. w. N.
96 *Notz/Mohr*, in: Ebenroth/Boujong, HGB, Anh. § 179 Rn. 85.
97 *Illhardt*, in: Hesselmann/Mueller-Thuns, HdB GmbH & Co. KG, § 4 Rn. 4.106.
98 *Notz/Mohr*, in: Ebenroth/Boujong, HGB, Anh. § 179 Rn. 87; *Binz/Sorg*, GmbH & Co. KG-HdB, § 9 Rn. 5.
99 *Binz/Sorg*, GmbH & Co. KG-HdB, § 9 Rn. 5.
100 MHdB GesR II/*Berger*, § 13 Rn. 3.

3. Gestaffelte Treuepflichten

104 Die vorgenannte Fernwirkung ist bei der typischen GmbH & Co. KG auch nicht erforderlich, da (1) die Komplementär-GmbH der GmbH & Co. KG gegenüber aufgrund ihrer Treuebindung zu einem bestimmten Verhalten verpflichtet ist und (2.) GmbH-intern ihre Gesellschafter – ebenfalls aufgrund ihrer Treuebindung – zur Mitwirkung an den entsprechenden Beschlüssen verpflichtet sind.

a) Treuepflichten der Komplementär-GmbH gegenüber der GmbH und Co. KG

105 Im Fall der GmbH & Co. KG bedeutet dies, dass auch der Komplementär-GmbH als Gesellschafterin der GmbH & Co. KG Treuepflichten gegenüber Letzterer obliegen.[101] Dies ist soweit ersichtlich unumstritten.

106 Soweit ausgeführt wird, dass die Treuepflicht in der GmbH & Co. KG gleichermaßen „Kommanditisten, Komplementär-GmbH sowie deren Gesellschafter“ trifft,[102] ist dies zumindest ungenau, weil die Gesellschafter der Komplementär-GmbH bezogen auf die GmbH & Co. KG nur mittelbar verbandszugehörig sind – zeigt aber auf, dass jedenfalls keine Zweifel an der Treuepflicht der Komplementär-GmbH besteht.

107 Bei der typischen GmbH & Co. KG, hat die Komplementär-GmbH – wie *Karsten Schmidt* es zutreffend ausführt (s. o.) – nur dienende Funktion. Ihr Zweck besteht ausschließlich in der Verwaltung und Vertretung der GmbH & Co. KG, ihr werden nur uneigennützige Geschäftsführungs- und Verwaltungsrechte zugewiesen. Mangels Kapitalanteil ist sie auch nicht am Ergebnis der allein unternehmenstragenden GmbH & Co. KG beteiligt. Sie führt und verwaltet, verfolgt demnach aber keine eigenen wirtschaftlichen Interessen. Auch wird ihr – zumindest bei den (beabsichtigten) personen- und beteiligungsgleichen GmbH & Co. KG – kein eigenes Stimmrecht in der Gesellschafterversammlung der GmbH & Co. KG eingeräumt werden. Wie dargestellt (s. o.) führt die Treuepflicht innerhalb der GmbH & Co. KG in diesen Fällen zu einem „absoluten“ Vorrang der KG-Interessen vor den (etwaigen) Interessen der Komplementär-GmbH. Dies gilt erst recht, wenn den Kommanditisten in Bezug auf die wesentlichen unternehmerischen Entscheidungen (z. B. Investitionen) entweder über die Gesellschaftsverträge oder aufgrund der gelebten Praxis ein bestimmender Einfluss vorbehalten ist.

108 Das Einzige als berechtigt anzusehende Interesse der Komplementär-GmbH rührt aus dem Umstand, dass sie alleine haftungstechnisch für die GmbH &

---

101 *Illhardt*, in: Hesselmann/Mueller-Thuns, HdB GmbH & Co. KG, § 4 Rn. 4.159 f.
102 *Schlitt/Dolzer*, in: Reichert, GmbH & Co. KG, § 26 Rn. 18.

Co. KG haftet, sie also das wirtschaftliche Risiko trägt. Indes ist im hier untersuchten Fall der (beabsichtigten) typischen und personen- und beteiligungsgleichen GmbH & Co. KG zu erkennen, dass die Kommanditisten das wirtschaftliche Risiko (mittelbar) genauso tragen. Soweit nicht der Ausnahmefall vorliegt, dass die berechtigte Befürchtung besteht, die Gesellschafterversammlung der GmbH & Co. KG wolle bewusst die Komplementär-GmbH schädigen, kann auch hier kein eigenes berechtigtes Interesse der Komplementär-GmbH anerkannt werden.

Das Vorgesagte gilt für Fragen der Bestellung/Abberufung, Anstellung/Kündigung, Entlastung und Geltendmachung von Schadenersatzansprüchen gleichermaßen. Auch wenn keine harte Zustimmungspflicht oder kein hartes Weisungsrecht angenommen werden kann, besteht bei diesen Fragen bei der typischen GmbH & Co. KG kein anerkennenswertes Interesse der Komplementär-GmbH an einer „untangierten" Alleinentscheidung. **109**

Vielmehr führen Treuepflichten dazu, dass – gesellschaftsintern innerhalb der GmbH & Co. KG – die Komplementär-GmbH die Entscheidung der Gesellschafterversammlung der GmbH & Co. KG umzusetzen hat. Eine willkürliche Ausnutzung ihrer Befugnisse über die Gesellschafterversammlung der Komplementär-GmbH ist ihr untersagt. **110**

b) Treuepflichten der GmbH-Gesellschafter gegenüber der Komplementär-GmbH

aa) Treuepflichten in der GmbH

GmbH-intern ist die Treuepflicht ebenfalls anerkannt.[103] Sie hat GmbH-intern im Wesentlichen denselben Inhalt wie weiter oben beschrieben und kann auch positiv für den GmbH-Gesellschafter die Ausübung des Stimmrechts bedeuten (Stimmpflicht) – bis hin zur Verpflichtung, für einen Antrag mit Ja zu stimmen.[104] **111**

Die Anforderungen sind aber entsprechend hoch, weil das Stimmrecht üblicherweise zu den eigennützigen Rechten gezählt wird. Eine Pflicht zu einer Abstimmung in einem bestimmten Sinn wird daher nur dann angenommen werden, wenn zur Verfolgung der Interessen der Gesellschaft keine andere Stimmabgabe denkbar ist und anderenfalls schwere Nachteile entstehen und die eigenen Interessen des Gesellschafters dahinter zurückstehen müssen. **112**

---

103 BeckOK GmbHG/*Schindler*, § 47 GmbHG Rn. 55.

104 *Heckschen/Weitbrecht*, in: Heckschen/Heidinger, Die GmbH in der Gestaltungs- und Beratungspraxis, Kap. 8 Rn. 143; BeckOK GmbHG/*Schindler*, § 47 GmbHG Rn. 57.

bb) Pflicht zur Zustimmung zu Maßnahmen der Geschäftsführung

113 Eine Rechtspflicht zur Zustimmung zu Maßnahmen der Geschäftsführung, die die Geschäftsführung oder die Mitgesellschafter für sinnvoll halten, besteht grundsätzlich nicht. Die Beurteilung der Zweckmäßigkeit einer Maßnahme ist primär Aufgabe der Gesellschafter, welche ihre Stimmabgabe auch nicht rechtfertigen müssen.

114 Soweit die Treuepflicht nicht zur Zustimmung verpflichtet, kann der Gesellschafter eine vorgeschlagene Maßnahme verweigern, selbst wenn seine Beweggründe dafür sachwidrig und unverständlich erscheinen. Umgekehrt kann auch die Ablehnung eines Beschlussantrags nicht allein deshalb beanstandet werden, weil der Beschluss zweckmäßig erscheint und im Interesse der Gesellschaft liegt.[105]

115 Eine Beschränkung dieser Stimmrechtsausübungsfreiheit kommt nur im Ausnahmefall infrage, wenn der Gesellschaftszweck objektiv eine bestimmte Maßnahme zwingend gebietet, also die zu beschließende Maßnahme zur Erhaltung des Geschaffenen oder zur Vermeidung von Verlusten dringend geboten ist, und dem Gesellschafter die Zustimmung zumutbar ist.[106]

cc) Zustimmungspflicht bei geschäftsführungsbezogenen Beschlüssen

116 Auch wenn die Anforderungen im konkreten Fall hoch sind, liegen sie bei den fraglichen geschäftsführungsbezogenen Beschlüssen (Bestellung/Abberufung, Anstellung/Kündigung, Entlastung, Geltendmachung von Regeressansprüchen) vor.

117 Denn wie oben dargestellt ist die Komplementär-GmbH im Verhältnis zur GmbH & Co. KG zu der entsprechenden Beschlussfassung verpflichtet. Sie hat aufgrund der Treuepflicht kein Ermessen in Bezug auf die Inhalte der Beschlüsse, wenn diese auf der KG-Ebene wirksam beschlossen worden sind (s. o.). Der Gesellschaftszweck der Komplementär-GmbH bestimmt somit objektiv und zwingend den Inhalt der infrage stehenden Beschlüsse.

118 Auch die potenziellen Konsequenzen für die Komplementär-GmbH sind gravierend. „Funktioniert" diese nämlich innerhalb der GmbH & Co. KG nicht, so droht ihr die Entziehung der Geschäftsführungs- und Vertretungsbefugnis oder der Ausschluss aus der GmbH & Co. KG. Davon abgesehen kann man der Komplementär-GmbH das Verhalten ihrer Gesellschafterversammlung über § 31 BGB zurechnen und an einen Schadenersatzanspruch denken. Damit ist auch die Voraussetzung, dass „anderenfalls schwere Nachteile entstehen", hinreichend erfüllt.

---

105 BGH, Urt. v. 12.4.2016 – II ZR 275/14, ZIP 2016, 1220, juris Rn. 14–16.
106 BGH, Urt. v. 12.4.2016 – II ZR 275/14, ZIP 2016, 1220, juris Rn. 14–16.

Schließlich ist kein Grund ersichtlich, weshalb dem Gesellschafter die Zustimmung nicht zumutbar sein sollte. Anders als bei der geplanten unechten GmbH & Co. KG, bei der ggf. bewusst unterschiedliche Beteiligungsverhältnisse vereinbart wurden, um z. B. ein Gegengewicht zur einfachen Beschlussmehrheit eines Gesellschafterstammes zu erzeugen,[107] besteht bei der gescheiterten Verzahnung bei der (beabsichtigten) personen- und beteiligungsgleichen GmbH & Co. KG kein berechtigtes Interesse an der Nutzung der „unbeabsichtigt" erlangten Stimmmacht; vielmehr ist der Gesellschafter u. U. gehalten, durch eine einengende oder erweiternde Vertragsauslegung die berechtigten Interessen der Gesellschaft oder der Mitgesellschafter zu berücksichtigen.[108] **119**

c) Sanktion etwaiger Treuepflichtverletzungen

Sanktionen können auf beiden Ebenen erfolgen. **120**

Wenn ein (oder mehrere Gesellschafter) auf GmbH-Ebene in der Gesellschafterversammlung aufgrund ihres treuwidrigen Abstimmungsverhaltens einen Beschluss herbeiführen bzw. verhindern, welcher wiederum der Komplementär-GmbH auf KG-Ebene zugerechnet wird, und der dem auf KG-Ebene gefassten Beschluss widerspricht, liegt auch eine Treuepflichtverletzung der Komplementär-GmbH gegenüber der GmbH & Co. KG vor. **121**

In diesem Fall können Lösungen auf GmbH-Ebene gesucht werden. Zunächst ist die Unwirksamkeit/Unbeachtlichkeit der Stimmabgabe zu nennen, wobei zu Unrecht durch den Versammlungsleiter mitgezählte treuwidrig abgegebene Stimmen zu einem fehlerhaften und anfechtbaren Beschluss führen, der zunächst aber Wirkung entfaltet.[109] Denkbar ist auch die Geltendmachung von Schadenersatzansprüchen gegenüber dem treuwidrig handelnden GmbH-Gesellschafter. Schließlich ist auch ein Ausschluss aus der GmbH denkbar, wobei ein einzelner Stimmrechtsmissbrauch nur in Ausnahmefällen einen Ausschluss aus der GmbH rechtfertigen wird (bei völliger Zerrüttung des Vertrauensverhältnisses);[110] dies ist von der Rechtsprechung schon angenommen worden (Abberufung und nicht Wiederbestellung eines Geschäftsführers, der das Vertrauen des einzigen Kommanditisten genoss).[111] **122**

Alternativ oder kumulativ sind, da der Komplementär-GmbH das Verhalten ihrer Gesellschafterversammlung zugerechnet wird, auch die bereits genannten Lösungen auf KG-Ebene denkbar. **123**

---

107 So der Fall des OLG Stuttgart, Urt. v. 25.2.2009 – 14 U 24/08, ZIP 2010, 131 ff.

108 *Schlitt/Dolzer*, in: Reichert GmbH & Co. KG, § 26 Rn. 13.

109 BeckOGK/*Denga*, 1.12.2024, § 47 GmbHG Rn. 39.

110 BeckOGK/*Denga*, 1.12.2024, § 47 GmbHG Rn. 41.

111 OLG München, Urt. v. 19.11.2003 – 7 U 4505/03, GmbHR 2004, 587 ff. m. Anm. *Trölitzsch/Leinekugel*, EWiR 2004, 1227 f.

Literaturverzeichnis

Altmeppen, Holger	Muss das Beschlussmängelrecht der GmbH kodifiziert werden?, NZG 2025, 865
Beurskens, Michael/Haas, Ulrich/Kersting, Christian/Kraft, Julia/Noack, Ulrich/Servatius, Wolfgang (Bearb.)	Beck'scher Kurz-Kommentar, Band 20, Gesetz betreffend die Gesellschaften mit beschränkter Haftung, 24. Aufl. 2025
Binz, Mark/Sorg, Martin	Die GmbH & Co. KG im Gesellschafts- und Steuerrecht, Handbuch für Familienunternehmen, 12. Aufl. 2018
Boujong, Karlheinz/Ebenroth, Carsten Thomas/Joost, Detlef (Begr.)	Handelsgesetzbuch, Band 1, §§ 1–342r, 5. Aufl. 2024
Brötzmann, Ulrich	Geschäftsführer: Anspruch auf erhöhte Vergütung des bei der KG angestellten Geschäftsführers einer Komplementär-GmbH nach Gehaltserhöhung durch Insichgeschäft, GmbHR 2014, 817
Drescher, Ingo/Fleischer, Holger/Schmidt, Karsten (Hrsg.)	Münchener Kommentar zum HGB, Band 2, 5. Aufl. 2022 (zit.: MüKoHGB/*Bearbeiter*)
Fleischer, Holger/Goette, Wulf (Hrsg.)	Münchener Kommentar zum GmbHG, Band 1, 5. Aufl. 2025 (zit.: MüKoGmbHG/*Bearbeiter*)
Grunewald, Barbara	Die Rechtsstellung des Kommanditisten als Geschäftsführer der Komplementär-GmbH, GmbHR 2018, 63
Gummert, Hans/Schäfer, Carsten (Hrsg.)	Münchener Handbuch des Gesellschaftsrechts, Band 2, Kommanditgesellschaft, GmbH & Co. KG, Publikums-KG, Stille Gesellschaft, 6. Aufl. 2024 (zit.: MHdB GesR II/*Bearbeiter*)
Habersack, Mathias/Casper, Matthias/Löbbe, Marc (Hrsg.)	GmbHG Großkommentar, Band 2, 3. Aufl. 2020
Hamdan, Marwan	Nachfolgeklauseln in Gesellschaftsverträgen – Die kautelarjuristische Gestaltung nach dem MoPeG für den Todesfall eines Gesellschafters, MDR 2025, 1

Häublein, Martin/Hoffmann-Theinert, Roland/Poll, Jens (Hrsg.)	Beck'scher Online-Kommentar HGB, 47. Ed. 1.7.2025 (zit.: BeckOK HGB/*Bearbeiter*)
Heckschen, Heribert/Heidinger Andreas (Hrsg.)	Die GmbH in der Gestaltungs- und Beratungspraxis, 5. Aufl. 2023
Heidel, Thomas/Schall, Alexander (Hrsg.)	NomosKommentar zum HGB, 4. Aufl. 2024 (zit.: NK-HGB/*Bearbeiter*)
Henssler, Martin/Herresthal, Carsten/Paschke, Marian (Hrsg.)	Beck Online Großkommentar zum Handelsrecht, Werksstand zum 1.8.2024 (zit.: BeckOGK/*Bearbeiter*)
Hesselmann, Malte/Mueller-Thuns, Thomas (Hrsg.)	Handbuch GmbH & Co. KG, 23. Aufl. 2025
Höpfner, Clemens	Die Gehaltserhöhung mit sich selbst, NZG 2014, 1174
Hopt, Klaus/Kumpan, Christoph/Leyens, Patrick/Merkt, Hanno/Roth, Markus (Bearb.)	Beck'scher Kurz-Kommentar, Band 9, Handelsgesetzbuch, 44. Aufl. 2025
Hüffer, Uwe	Organpflichten und Haftung in der Publikums-Personengesellschaft, Besprechung der Entscheidung BGH BB 1980, 546 und BGHZ 75, 321, ZGR 1981, 348
Ivo, Malte	Die Vererbung von Kommanditanteilen, ZEV 2006, 302
Koch, Jens	Gesellschaftsrecht, 9. Aufl. 2015
Koch, Jens (Hrsg.)	Personengesellschaftsrecht, 1. Aufl. 2024
Lange, Knut Werner	Sonderformen der KG, Jura 2016, 225
Lieder, Jan/Schaub Bernhard/Schmidt, Uwe/Vetter, Jochen (Hrsg.)	Beck Online Großkommentar für das Handels- und Gesellschaftsrecht, Werksstand zum 1.12.2024 (zit.: BeckOGK/*Bearbeiter*)
Michalski, Lutz	Treuepflichten persönlich haftender Gesellschafter (OHG, KG), NZG 1998, 460
Nietsch, Michael	Geschäftsführerhaftung bei der GmbH & Co. KG, GmbHR 2014, 348
Noack, Ulrich	Das Beschlussmängelrecht der GmbH nach dem MoPeG, NZG 2025, 159
Oetker, Hartmut (Hrsg.)	Handelsgesetzbuch Kommentar, 8. Aufl. 2024

Prinz, Ulrich/Kahle, Holger (Hrsg.)	Beck'sches Handbuch der Personengesellschaften, 5. Aufl. 2020 (zit.: BeckHdB PersGes/*Bearbeiter*)
Reichert, Jochem (Hrsg.)	GmbH & Co. KG, 9. Aufl. 2024
Reif, Sebastian/Walter, Tim	Die gesellschaftliche Treuepflicht, JuS 2021, 630
Saenger, Ingo	Gesellschaftsrecht, 6. Aufl. 2023
Schäfer, Carsten (Hrsg.)	Das neue Personengesellschaftsrecht 1. Aufl. 2022
Schmidt, Karsten (Hrsg.)	Gesellschaftsrecht, 4. Aufl. 2002
Scholz, Franz (Begr.)	GmbHG, Band 2, 13. Aufl. 2024, Werksstand: 4/2024
Torggler, Ulrich/Stumpf, Lisa	GmbH & Co. KG: Kompetenzverteilung bei Drittanstellung der Geschäftsführer, BB 2021, 2632
Wertenbruch, Johannes	Geschäftsführungsbezogene Gesellschafterbeschlüsse in KG und GmbH & Co. KG, NZG 2016, 1081
Ziemons, Hildegard/Jaeger, Carsten/Pöschke, Moritz (Hrsg.)	Beck'scher Online-Kommentar GmbHG, 65. Ed. 1.11.2024 (zit.: BeckOK GmbHG/*Bearbeiter*)

Kapitel 5
Wenn das Gesellschafterdarlehen Grenzen überschreitet und deutsches Insolvenzrecht auf EU-Recht trifft

Übersicht

A. Einleitung

Wird ein Insolvenzverfahren in einem EU-Mitgliedstaat, z. B. in Deutschland, eröffnet und richtet sich der Erstattungsanspruch aufgrund Insol- 1 venzanfechtung, im Beispiel nach §§ 143, 129, 130 ff. InsO, gegen einen Anfechtungsgegner mit dem Sitz in einem anderen EU-Mitgliedstaat, so bestimmt im Ausgangspunkt Art. 7 Abs. 2 Satz 2 lit. m EuInsVO[1] das Recht des Staats der Eröffnung des Insolvenzverfahrens (lex fori concursus oder Insolvenzstatut),[2] welche Rechtshandlungen insbesondere anfechtbar sind, weil sie die Gesamtheit der Gläubiger benachteiligen. Bei einer alleinigen Geltung der lex fori concursus würde die Anfechtbarkeit einer Rechtshandlung möglicherweise von einem Insolvenzrecht abhängen, das von dem auf die Rechtshandlung anwendbaren Recht des anderen EU-Mitgliedstaats (lex causae[3]) abweicht. In dieser Konstellation ist Art. 16 EuInsVO[4] anwendbar, wonach Art. 7 Abs. 2 Satz 2 lit. m EuInsVO unanwendbar ist, wenn der Anfechtungsgegner die lex causae und die Unanfechtbarkeit nach der lex causae nachweist. Art. 16 EuInsVO als Ausnahme (auch: „Vetorecht“[5]) vom Grundsatz der Universalität und Einheit des Insolvenzverfahrens unter der EuInsVO hat den Zweck, unter bestimmten Voraussetzungen eine solche von der lex causae abweichende Beurteilung insbesondere der Anfechtbarkeit einer Rechtshandlung im Insolvenzfall zu verhindern, weil unter bestimmten Voraussetzungen ein Vertrauen in die Geltung der lex causae auch im Insolvenzfall als schutzwürdig angesehen wird.[6]

2 Nicht beantwortet, insbesondere durch den EuGH, ist die Frage nach der Anwendbarkeit des Art. 16 EuInsVO auf grenzüberschreitende Gesellschafterdarlehen, wenn also der Gesellschafter, der im einen EU-Mitgliedstaat seinen Sitz hat, seiner GmbH[7] mit Sitz in einem anderen EU-Mitgliedstaat ein Darlehen gewährt und gegen die GmbH das Insolvenzverfahren eröffnet wird.

3 Der BGH hat mit Beschluss vom 16.1.2025 (IX ZR 229/23) im Wege des Vorabentscheidungsverfahren nach Art. 267 AEUV dem EuGH (C-43/25)

---

1 Inhaltsgleiche Vorgängervorschrift: Art. 4 Abs. 2 Satz 2 lit. m EuInsVO a. F. Insbesondere zur leichteren Lesbarkeit wird im Folgenden jeweils nur die aktuell geltende Vorschrift genannt, auch wenn die frühere Fassung anwendbar sein sollte.

2 MüKo InsO/*Reinhart*, Art. 7 EuInsVO Rn. 1: Auf alle Fragen des Insolvenzverfahrens wird grundsätzlich das Recht des Staates der Verfahrenseröffnung angewandt (sog. lex fori concursus oder Insolvenzstatut).

3 *Bornemann*, in: Graf-Schlicker, InsO, § 339 Rn. 8 m. w. N.; *Mankowski*, EWiR 2015, 773, 774 m. w. N. auch zur Gegenansicht: Lex causae ist das Statut des Kausalgeschäfts, nicht jenes des Erfüllungsgeschäfts; ebenso: EuGH, Urt. v. 22.4.2021 – C-73/20 (Rn. 31 – juris) „ZM ./. E.A. Fredrichs“.

4 Art. 13 EuInsVO a. F.

5 *Thole*, NZI 2013, 113; *J. Schmidt*, EWiR 2015, 151, 152.

6 *Knof*, in: Uhlenbruck, InsO, Bd. 2, Art. 16 EuInsVO Rn. 2 m. w. N.

7 Hier wie im Folgenden steht „GmbH” für alle haftungsbeschränkten Gesellschaften nach § 39 Abs. 4 Satz 1 InsO, in der Praxis insbesondere GmbH und GmbH & Co. KG.

den folgenden zusammengefassten Sachverhalt insbesondere mit den folgenden Fragen vorgelegt:

4 In dem vom deutschen Insolvenzgericht eröffneten Insolvenzverfahren gegen die deutsche GmbH hatte eine Gesellschafterin mit Sitz in Österreich (fortan auch: Hauptgesellschafterin (A) – „(A)“ für „Austria“), die der deutschen GmbH Darlehen gewährt hatte (der Darlehensvertrag untersteht aufgrund Rechtswahl dem österreichischem Recht), Darlehensrückzahlungen erhalten, deren Erstattung der Insolvenzverwalter nach § 135 Abs. 1 Nr. 2 InsO begehrt. Weiter ist die Qualifikation der verbliebenen Darlehensrückzahlungsansprüche als nachrangige Insolvenzforderung nach § 39 Abs. 1 Satz 1 Nr. 5 InsO oder als Insolvenzforderung nach § 38 InsO streitig.

5 Damit stellten und stellen sich nach Art. 16 EuInsVO dem BGH und in der Folge dem EuGH insbesondere die Fragen, nach welchem nationalen Recht die Darlehensrückzahlungsansprüche zu qualifizieren sind, welches Recht auf den Insolvenzanfechtungsanspruch und ob das Insolvenz- oder das Gesellschaftsstatut anzuwenden ist.[8]

B. Rechtliche Grundlagen

6 Zum besseren Problem-Verständnis sollen zunächst die einschlägigen Grundlagen des deutschen und daneben des österreichischen Insolvenzrechts und des EU-Rechts kurz dargestellt werden.

I. Eigenkapitalersatz und Gesellschafterdarlehen

7 Im Folgenden soll die Entwicklung hin zum aktuellen Recht des Gesellschafterdarlehens und anhand einiger ausgewählter Beispiele das Recht des Gesellschafterdarlehens selbst dargestellt werden. Dabei wird jeweils auch auf die etwaigen Vorschriften des österreichischen Eigenkapitalersatz-Gesetzes (EKEG) hingewiesen. Ziel dieser Darstellung ist das bessere Verständnis sowohl des deutschen als auch parallel des österreichischen Rechts des Eigenkapitalersatzes und des Gesellschafterdarlehens.

1. Kapitalerhaltung, § 30 GmbHG

8 § 30 Abs. 1 GmbHG a. F. (seit dem zum 1.11.2008 in Kraft getretenen MoMiG inhaltsgleich § 30 Abs. 1 Satz 1 GmbHG) bestimmte, dass das zur Erhaltung (besser: zur Deckung) des Stammkapitals erforderliche Vermögen nicht an die Gesellschafter ausgezahlt werden darf. Dieser Kapitalerhaltungsgrundsatz griff ein, sobald die GmbH in einer Unterbilanz war, d. h.

8 Vgl. bereits *Kolmann/Ch. Keller*, in: Gottwald/Haas, Insolvenzrechts-Hdb., § 131 Rn. 97 m. w. N.

die Aktiva deckten zwar noch das Fremdkapital (insbes. Verbindlichkeiten und Rückstellungen), aber nicht mehr das Stammkapital. Hatte der Gesellschafter eine Leistung entgegen § 30 Abs. 1 GmbHG erhalten, so war er der GmbH nach § 31 Abs. 1 GmbHG zur Erstattung verpflichtet.[9]

2. Eigenkapitalersatz, §§ 32a GmbHG, § 135 InsO

9 Hatte der Gesellschafter seiner GmbH ein Darlehen gewährt (Gesellschafterdarlehen) und war die GmbH in der Krise oder gar konkurs- oder insolvenznah, so ließen sich zumindest einige Gesellschafter das Darlehen vor dem Konkurs- oder Insolvenzantrag zurückzahlen. Die Rechtsprechung behandelte die Gesellschafterdarlehen als Eigenkapitalersatz und gestand den Konkurs- und Insolvenzverwaltern gegen den Gesellschafter-Darlehensgeber einen Erstattungsanspruch nach §§ 31 Abs. 1, 30 Abs. 1 GmbHG analog zu (sog. Rechtsprechungsregeln).[10]

10 Der Gesetzgeber führte 1980 insbesondere §§ 32a, b GmbHG (sog. Novellenregeln) ein.[11] Dabei sah § 32a Abs. 1 GmbHG 1980 vor, dass ein Gesellschafter der GmbH in einem Zeitpunkt, in dem ihr die Gesellschafter als ordentliche Kaufleute Eigenkapital zugeführt hätten (Krise der Gesellschaft), stattdessen ein Darlehen gewährt, den Anspruch auf Rückgewähr des Darlehens im GmbH-Insolvenzverfahren nur als nachrangiger Insolvenzgläubiger geltend machen konnte.

11 § 32a Satz 2 KO 1980 und mit Inkrafttreten der InsO zum 1.1.1999 inhaltsgleich § 135 Nr. 2 InsO sahen einen Erstattungsanspruch aufgrund Insolvenzanfechtung vor, wenn die GmbH im 1-Jahres-Zeitraum vor dem Konkurs- oder Insolvenzantrag ein solches Darlehen an den Gesellschafter zurückgezahlt hatte.

12 Die Rechtsprechung erachtete die Novellenregeln von 1980 als zum Schutz der GmbH und ihrer Gläubiger nicht ausreichend und wendete daneben weiterhin §§ 31, 30 GmbHG analog an.[12]

---

9 Zum Ganzen: *Neuberger*, Ansatz und Bewertung der Aktiva und Passiva der GmbH in der Krise, insbesondere nach § 30 I GmbHG, S. 67–130 m. w. N.

10 Statt vieler: MüKo InsO/*Gehrlein*, § 135 Rn. 1 m. w. N.; *Hirte*, in: Uhlenbruck, InsO, Bd. 1, § 135 Rn. 2 m. w. N.; *Dahl/Linnenbrink*, in: Michalski et al., GmbHG, Systematische Darstellung 6 Das Recht der Gesellschafterdarlehen Rn. 3–6 m. w. N.

11 Art. 1 Nr. 12 Gesetz zur Änderung des Gesetzes betreffend die Gesellschaften mit beschränkter Haftung und anderer handelsrechtlicher Vorschriften v. 4.7.1980, BGBl. I, S 836 („GmbH-Novelle 1980"), Inkrafttreten am 1.1.1981.

12 Statt vieler: MüKo InsO/*Gehrlein*, § 135 Rn. 3 m. w. N.; *Hirte*, in: Uhlenbruck, InsO, Bd. 1, § 135 Rn. 3 m. w. N.; *Dahl/Linnenbrink*, in: Michalski et al., GmbHG, Systematische Darstellung 6 Das Recht der Gesellschafterdarlehen Rn. 7–11 m. w. N.

3. Österreichisches Eigenkapitalersatz-Gesetz

Der österreichische Gesetzgeber hat mit dem Gesellschafts- und Insolvenzrechtsänderungsgesetz 2003 (GIRÄG 2003) vom 28.10.2003 zum 1.1.2004 insbesondere das Eigenkapitalersatz-Gesetz (EKEG) eingeführt. **13**

Nach § 14 Abs. 1 Satz 2 EKEG (Rückzahlungssperre) hat der Gesellschafter, der der GmbH ein eigenkapitalersetzendes Darlehen gewährte, nach § 14 Abs. 1 Satz 1 EKEG verbotene Rückzahlungen zu erstatten. **14**

Verboten sind nach § 14 Abs. 1 Satz 1 Hs. 1 EKEG Rückzahlungen auf eigenkapitalersetzende Darlehen, solange die GmbH nicht saniert ist. Dabei ist die GmbH insbesondere nicht saniert, § 14 Abs. 1 Satz 1 Hs. 2 EKEG, wenn sie insbesondere zahlungsunfähig (§ 66 KO) oder überschuldet (§ 67 KO) ist oder die Rückzahlung zur Zahlungsunfähigkeit oder Überschuldung führen würde. **15**

Nach § 14 Abs. 3 EKEG verjährt der o.g. Erstattungsanspruch nach § 14 Abs. 1 Satz 2 EKEG in fünf Jahren ab insbesondere Zahlung, wenn die GmbH nicht beweist, dass der erstattungspflichtige Gesellschafter die Widerrechtlichkeit der Zahlung i. S. d. § 14 Abs. 1 Satz 1 EKEG kannte. **16**

Nach § 1 EKEG ist der Kredit, den der Gesellschafter der GmbH in der Krise gewährt, Eigenkapital ersetzend. **17**

§ 2 EKEG definiert den Begriff der Krise und versteht darunter insbesondere die Zahlungsunfähigkeit nach § 66 KO und die Überschuldung nach § 67 KO. Weiter ist die Krise grds. zu bejahen, § 2 Abs. 1 Nr. 3 EKEG, wenn die Eigenmittelquote i. S. d. § 23 URG weniger als 8 % und die fiktive Schuldentilgungsdauer nach § 24 URG mehr als 15 Jahre betragen. **18**

§ 3 EKEG definiert den Begriff der Kreditgewährung. **19**

4. Gesellschafterdarlehen, §§ 39, 135 InsO

Das in Deutschland bis dahin geltende Eigenkapitalersatz-Recht, bestehend aus Rechtsprechungs- sowie Novellenregeln, wurde durch das MoMiG zum 1.11.2008 abgeschafft und in die InsO überführt. **20**

Dabei schaffte § 30 Abs. 1 Satz 3 GmbHG 2008[13] die o. g. Rechtsprechungsregeln ab. **21**

Der Nachrang der Forderung auf Rückgewähr des Gesellschafterdarlehens ist in § 39 Abs. 1 Satz 1 Nr. 5 InsO (anders als in § 32a Satz 1 GmbHG 1980) unabhängig vom Gewähren oder Stehenlassen in der Krise normiert. **22**

Gewährt die GmbH ein Gesellschafterdarlehen im 1-Jahres-Zeitraum vor dem Insolvenzantrag oder danach (auch hier kommt es nicht mehr auf eine **23**

13 Art. 1 Nr. 20 MoMiG.

Krise an) zurück, so kann der Insolvenzverwalter nach §§ 143 Abs. 1, 129 Abs. 1, 135 Abs. 1 Nr. 2 InsO[14] die Erstattung verlangen.

24 Die InsO definiert den Gesellschafter i. S. d. Gesellschafterdarlehensrechts nicht bzw. legt in § 39 Abs. 5 InsO nur fest, welcher Gesellschafter dem Gesellschafterdarlehensrecht nicht unterfällt.

25 Ebenso wenig definiert die InsO den Begriff des Gesellschafterdarlehens mit der Folge, dass dieser Begriff insbesondere von der Rechtsprechung auszulegen war und ist.

26 Für Österreich gilt:

Nach § 57a KO[15] sind Forderungen aus Eigenkapital ersetzenden Leistungen nach den Konkursforderungen zu befriedigen.

§ 5 EKEG definiert, welche Gesellschafter vom EKEG erfasst werden. Dabei wird der Kreis der erfassten Gesellschafter durch § 8 EKEG (Verbundene Unternehmen) erweitert.

§ 9 EKEG (Konzern) definiert den Begriff des Konzerns und erweitert die Anwendbarkeit des EKEG auf bestimmte Konzern-Konstellationen.

5. Beispiele aus der BGH-Rechtsprechung

27 Zum besseren Verständnis des deutschen Rechts des Gesellschafterdarlehens soll es im Folgenden schlaglichtartig anhand einiger BGH-Entscheidungen beleuchtet werden.

a) Staffelkontokorrent

28 Gewährt der Gesellschafter der GmbH das Darlehen in einer Art Kontokorrent, vgl. §§ 355 ff. HGB, dann gilt § 135 Abs. 1 Nr. 2 InsO nur mit den folgenden Modifikationen: Die fortlaufende Kreditgewährung durch den Gesellschafter in der Art eines Kontokorrentkredits mit entspr. Rückzahlungen innerhalb einer Kreditobergrenze begrenzt die Anfechtung nach § 135 InsO auf die Verringerung des Schuldsaldos im Anfechtungszeitraum (vgl. Anfechtung der Rückführung eines Bankkredits),[16] aber nur bei engem zeitlichem und sachlichem Zusammenhang zwischen Darlehensvalutierungen und Rückzahlungen.[17]

---

14 Die Anspruchsgrundlage ist § 143 Abs. 1 InsO, § 129 Abs. 1 InsO normiert die allgemeinen Voraussetzungen einer Insolvenzanfechtung, § 135 Abs. 1 Nr. 2 InsO bestimmt die hier einschlägigen besonderen Voraussetzungen der Insolvenzanfechtung.

15 Eingefügt durch Art. II Nr. 5 GIRÄG 2003.

16 BGH, Urt. v. 7.3.2013 – IX ZR 7/12.

17 BGH, Beschl. v. 16.1.2014 – IX ZR 116/13 = EWiR 2014, 289 (*Spliedt*); krit. hierzu *Spliedt*, EWiR 2014, 289: Wer von vornherein weiß, dass seine Gesellschaft dauerhaft

Ähnlich begrenzt § 14 Abs. 2 EKEG bei einem Kontokorrent zwischen dem Gesellschafter und der GmbH den Rückzahlungsanspruch auf die Differenz zwischen dem höchsten Tagessaldo und den offenen Forderungen während der Rückzahlungssperre (i. e. Krise, siehe oben) nach § 14 Abs. 1 Satz 1 EKEG. **29**

b) Sicherheit für Gesellschafterdarlehen kein Bargeschäft, § 142 InsO

Der BGH hat mit Urteil vom 14.2.2019 (IX ZR 149/16) die bis dahin umstrittene Frage, ob eine Sicherheit, die die GmbH aus ihrem Vermögen für ein Gesellschafterdarlehen stellt, ein Bargeschäft nach § 142 InsO und damit unanfechtbar ist, abschlägig entschieden und damit solche Sicherheiten für nach § 135 InsO anfechtbar erkannt. **30**

Der österreichische Gesetzgeber hat durch Art. II Nr. 1 GIRÄG 2003 bzgl. Sicherheiten für Forderungen aus Eigenkapital ersetzenden Leistungen § 12b KO (entspricht § 12b IO 2010) eingefügt, wonach Ab- oder Aussonderungsrechte, die aus dem GmbH-Vermögen insbesondere für einen Eigenkapital ersetzenden Kredit gewährt wurden, mit Konkurs- bzw. Insolvenzeröffnung erlöschen. **31**

c) Doppelsicherheit, § 143 Abs. 3, 135 Abs. 2, Abs. 1 Nr. 2 InsO analog

Der BGH hat mit Urteil vom 1.12.2011 (IX ZR 11/11) entschieden: Gewähren für das Darlehen eines Dritten an die GmbH sowohl die GmbH als auch der Gesellschafter dem Dritten eine Sicherheit und verwertet der Insolvenzverwalter die GmbH-Sicherheit mit der Folge, dass der Gesellschafter aus der von ihm gestellten Sicherheit frei wird, dann kann der Insolvenzverwalter dieses Freiwerden gegen den Gesellschafter nach § 143 Abs. 3, 135 Abs. 2, Abs. 1 Nr. 2 InsO analog anfechten und den frei gewordenen Betrag zur Insolvenzmasse verlangen. **32**

In der o. g. Konstellation normiert § 15 Abs. 3 EKEG (Eigenkapital ersetzende Gesellschaftersicherheiten) den Erstattungsanspruch der GmbH gegen den Gesellschafter. **33**

6. Zwischenergebnis

Es zeigt sich, dass das deutsche und das österreichische Recht des Gesellschafterdarlehens zumindest ähnlich sind. Dabei darf aus Sicht des Verfas- **34**

unterkapitalisiert ist, sich durch ein Hin- und Herzahlen aber vorbehält, den Insolvenzzeitpunkt zu steuern, wird besser behandelt als der Gesellschafter, der zunächst nur einen vorübergehenden Liquiditätsengpass kompensieren will, später aber den zunächst getilgten Betrag wieder als Darlehen zur Verfügung stellt.

sers als deutschem Juristen hervorgehoben werden, dass das österreichische EKEG sprachlich deutlich klarer gefasst ist als die parallelen Vorschriften der deutschen InsO.

II. Europarecht

1. Rom-I-VO

35 Die Rom-I-VO über vertragliche Schuldverhältnisse regelt nach Art. 1 Abs. 1 Rom-I-VO bei grenzüberschreitenden Verträgen das auf den Vertrag anwendbare Schuldrecht.

36 Nach Art. 3 Abs. 1 Rom-I-VO (Freie Rechtswahl) unterliegt der Vertrag dem von den Parteien gewählten Recht.

37 Art. 4 Abs. 1 Rom-I-VO (Mangels Rechtswahl anzuwendendes Recht) bestimmt das mangels Rechtswahl anzuwendendes Recht insbesondere für Kaufverträge und Dienstleistungsverträge (i. e. Recht des Staates, in dem der Verkäufer oder der Dienstleister seinen gewöhnlichen Aufenthalt hat) und für Franchiseverträge und Vertriebsverträge (i. e. Recht des Staates, in dem der Franchisenehmer oder der Vertriebshändler seinen gewöhnlichen Aufenthalt hat).

38 Art. 4 Abs. 2 Rom-I-VO bestimmt: Fällt der Vertrag nicht unter Absatz 1 oder sind die Bestandteile des Vertrags durch mehr als einen der Buchstaben a bis h des Absatzes 1 abgedeckt, so unterliegt der Vertrag dem Recht des Staates, in dem die Partei, welche die für den Vertrag charakteristische Leistung zu erbringen hat, ihren gewöhnlichen Aufenthalt hat.

39 Damit stellt sich die Frage, ob bei einem Darlehensvertrag der Darlehensgeber oder der Darlehensnehmer die vertragscharakteristische Leistung zu erbringen hat.

40 Würde in dem vom BGH dem EuGH vorgelegten Fall die Hauptgesellschafterin (A) als Darlehensgeber die vertragscharakteristische Leistung erbringen,[18] so käme es auf die Rechtswahl nicht an; umgekehrt wäre die Rechtswahl relevant.

41 Art. 9 Abs. 1 Rom-I-VO (Eingriffsnormen) definiert eine Eingriffsnorm als eine zwingende Vorschrift, deren Einhaltung von einem Staat als so entscheidend für die Wahrung seines öffentlichen Interesses, insbesondere seiner politischen, sozialen oder wirtschaftlichen Organisation, angesehen wird, dass sie ungeachtet des nach Maßgabe dieser Verordnung auf den Ver-

---

18 So *Kratzlmeier*, NZG 2025, 307, 308 (Rn. 4); *Kolmann/Ch. Keller*, in: Gottwald/Haas, Insolvenzrechts-Hdb., § 131 Rn. 97 m. w. N.; OLG Naumburg, Urt. v. 6.10.2010 – 5 U 73/10 (Rn. 33 a. E. – juris); *Knof*, EWiR 2011, 709.

trag anzuwendenden Rechts auf alle Sachverhalte anzuwenden ist, die in ihren Anwendungsbereich fallen.

2. EuInsVO

Die EuInsVO ersetzt ab dem 26.6.2017 die EuInsVO a.F., die seit dem 31.5.2002 in Kraft war. Übergeordnetes Ziel der EuInsVO ist es nach Erwägungsgrund 1, eine noch effizientere Abwicklung grenzüberschreitender Insolvenzverfahren zu ermöglichen. Die EuInsVO ist mit 89 Erwägungsgründen und 92 Artikeln umfangreicher als die EuInsVO a.F. mit 33 Erwägungsgründen und 47 Artikeln.[19] **42**

a) Einzelne Vorschriften

Die hier relevanten Vorschriften der EuInsVO sind (zwar hat gegenüber der EuInsVO a.F. mit der EuInsVO eine sprachliche, aber bzgl. der folgenden Normen keine inhaltliche Veränderung stattgefunden;[20] im Folgenden werden die Normen der EuInsVO n.F. wiedergegeben). **43**

Erwägungsgrund 67 EuInsVO[21] bestimmt: Die automatische Anerkennung eines Insolvenzverfahrens, auf das regelmäßig das Recht des Eröffnungsstaats Anwendung findet, kann mit den Vorschriften anderer Mitgliedstaaten für die Vornahme von Rechtshandlungen kollidieren. Um in den anderen Mitgliedstaaten als dem Staat der Verfahrenseröffnung Vertrauensschutz und Rechtssicherheit zu gewährleisten, sollten eine Reihe von Ausnahmen von der allgemeinen Vorschrift vorgesehen werden. **44**

Nach Art. 7 Abs. 1 EuInsVO[22] (Anwendbares Recht) gilt für das Insolvenzverfahren und seine Wirkungen das Insolvenzrecht des Mitgliedstaats, in dem das Verfahren eröffnet wird (Staat der Verfahrenseröffnung), soweit die EUInsVO nichts anderes bestimmt. **45**

Dabei regelt nach Art. 7 Abs. 2 Satz 1 EuInsVO das Recht des Staates der Verfahrenseröffnung, unter welchen Voraussetzungen das Insolvenzverfahren eröffnet wird und wie es durchzuführen und zu beenden ist. Das Recht des Staates der Verfahrenseröffnung regelt nach Art. 7 Abs. 2 Satz 2 lit. m EuInsVO insbesondere, welche Rechtshandlungen anfechtbar sind, weil sie die Gesamtheit der Gläubiger benachteiligen. **46**

---

19 Synopse bei *Hübler*, in: Nerlich/Römermann, InsO, 44. EL., Nov. 2021, EuInsVO, Synopse EuInsVO.
20 Ebenso *Knof*, in: Uhlenbruck, InsO, Bd. 2, Art. 16 EuInsVO Rn. 1.
21 Entspricht Erwägungsgrund 24 EuInsVO a.F.
22 Entspricht Art. 4 EuInsVO a.F.

47 Dagegen sieht Art. 16 EuInsVO[23] (Benachteiligende Handlungen) vor, dass Art. 7 Abs. 2 lit. m EuInsVO nicht angewandt wird, wenn der Anfechtungsgegner nachweist, dass für die angefochtene (Rechts-)Handlung das (Anfechtungs-) Recht eines anderen Mitgliedstaats als des Staates der Verfahrenseröffnung maßgeblich ist und dass in diesem Falle diese Handlung in keiner Weise nach diesem Recht des anderen Mitgliedstaats angreifbar, insbesondere anfechtbar, ist.

48 Jedenfalls für die Praxis ist nicht abschließend entschieden, ob bei bloßem Drittstaatenbezug, wenn z. B. der Drittstaat die Schweiz ist, Art. 7 Abs. 2 Satz 2 lit. m, 16 EuInsVO oder die inhaltsgleichen §§ 335, 339 InsO gelten; eben aufgrund der Inhalts- und Ergebnisgleichheit[24] brauchte der BGH[25] die Frage nach der jeweils anwendbaren Norm nicht zu entscheiden.[26]

b) Sinn und Zweck des Art. 16 EuInsVO

49 Art. 16 EuInsVO[27] soll das berechtigte Vertrauen von Gläubigern oder Dritten in Bezug auf die Gültigkeit der nach dem normalerweise anwendbaren nationalen Recht vorgenommenen Rechtshandlung mit Blick auf den Eingriff einer anderen lex concursus schützen.[28]

50 Dabei wird unterstellt, dass sich dieses Vertrauen aus dem der Handlung zugrunde liegenden Recht, der *lex causae,* herleitet. Diese Annahme ist jedoch empirisch nicht begründbar. Es wird ausgeführt, der Geschäftspartner habe nur so die Möglichkeit, zur Zeit des Vertragsschlusses abzuschätzen, auf was er sich einlässt. Die Anknüpfung an die *lex causae* setzt jedoch voraus, dass der Geschäftspartner zur Zeit der Rechtshandlung auf die Anwendung des Insolvenzrechts der *lex causae* vertraut. Genauso gut könnte sich der Rechtsverkehr jedoch auch auf die Anwendung der zur Zeit der Rechtshandlung erkennbaren (künftigen) *lex fori concursus* einstellen, da in der Viel-

---

23 Entspricht Art. 13 EuInsVO a. F.

24 Begründung zum Regierungsentwurf, BT-Drs. 15/16, 19: Diese Inhalts- und Ergebnisgleichheit ist vom Gesetzgeber gewollt.

25 Urt. v. 12.12.2019 – IX ZR 328/18 (Rn. 12–15 – juris) m. w. N.; hierzu statt aller: *J. Schmidt*, EWiR 2020, 113 m. w. N.

26 Zur Abgrenzung des Art. 16 EuInsVO zu § 339 InsO: *Esser*, in: Braun, InsO, § 339 Rn. 25 m. w. N.

27 *Thole*, in: Vallender, EuInsVO, Art. 16 Rn. 1 m. w. N.: Im Zuge der Reform der EuInsVO war Art. 13 EuInsVO a. F. stark kritisiert worden, dennoch wurde diese Lösung fortgeführt.

28 *Virgos/Schmitt*, in: Stoll, Vorschläge und Gutachten zur Umsetzung des EU-Übereinkommens über Insolvenzverfahren in deutsches Recht, S. 32, 81; zur Entwicklung des Entwurfs des Europ. Übereinkommens über Insolvenzverfahren von 1995 (EuIÜ) und der EuInsVO 2000: MüKo InsO/*Reinhart*, Vorbem. vor Art. 1 Rn. 7 f. (zu EuIÜ) und Rn. 9 f. (zu EuInsVO 2000), je m. w. N.

zahl der Fälle für den Geschäftspartner erkennbar ist, in welchem Mitgliedstaat ein Insolvenzverfahren durchgeführt werden würde. Problematisch ist bei dieser Anknüpfung zudem, dass es bei einer Anknüpfung an die *lex causae* grundsätzlich die Parteien in der Hand haben, das Recht zu wählen, nach dem die Anfechtungstatbestände später geprüft werden müssen. Die Umsetzung des Vertrauensschutzes durch die Anknüpfung an die *lex causae* ist daher nicht als gelungen zu bezeichnen.[29]

51 Durch Art. 16 wird eine Sperrwirkung der lex causae in Bezug auf die Anfechtbarkeit von Rechtshandlungen angeordnet. Damit sollen die Vertragspartner des Schuldners hinsichtlich der Insolvenzfestigkeit von Rechtshandlungen geschützt werden, wenn die Rechtshandlung nach der für sie maßgeblichen Rechtsordnung nicht angreifbar ist. Anderenfalls wäre die Verlegung des Mittelpunkts der hauptsächlichen Interessen i. S. v. Art. 3 EuInsVO und der damit verbundenen Änderung der lex fori concursus (Art. 7 EuInsVO) stets mit einer umfangreichen Modifikation der Vertragsbeziehungen bzw. der vom Schuldner gegenüber Dritten vorgenommenen Rechtshandlungen verbunden, sodass sich Letztere niemals auf eine fehlende Anfechtbarkeit verlassen könnten. Daher dient Art. 16 dem Vertrauens- und Verkehrsschutz (Erwägungsgrund 67 EuInsVO).[30] Zutreffend stellt *Kratzlmeier*[31] fest: De facto statuiert Art. 16 EuInsVO damit eine kumulative Anknüpfung, sodass die erfolgreiche Anfechtung einer Rechtshandlung voraussetzt, dass das Recht beider verwiesener Rechtsordnungen – der lex fori concursus sowie der lex causae – einen solchen Angriff zulässt; das anfechtungsfeindlichste Recht setzt sich also durch.

52 Die o. g. Überlegungen zum Vertrauens- und Verkehrsschutz des Anfechtungsgegners nach Art. 16 EuInsVO sind nicht zwingend, zumal die Anfechtungsrechte der Mitgliedstaaten häufig relativ kurze Anfechtungszeiträume vorsehen und eine Verlegung des Mittelpunkts der hauptsächlichen Interessen i. S. v. Art. 3 EuInsVO nur bedingt Rückwirkungen auf die Anfechtbarkeit hat. Aber selbst für die Fälle längerer Anfechtungsfristen bestehen Zweifel an der Schutzbedürftigkeit der Dritten, da diese die Insolvenzfestig-

---

29 MüKo InsO/*Reinhart*, Art. 16 EuInsVO Rn. 1 m. w. N.; ferner: *Brinkmann*, in: K. Schmidt, InsO, Art. 16 EuInsVO Rn. 3 m. w. N.; Etwas anders *Knof*, in: Uhlenbruck, InsO, Bd. 2, Art. 16 EuInsVO Rn. 3: Diese Annahme liegt nahe, wenn es sich um einen Fall der Rechtswahl handelt. Zum Zeitpunkt des Abschlusses und der ersten Durchführung eines Vertrags werden die Parteien nicht (notwendigerweise) die Möglichkeit berücksichtigt haben, dass bestimmte, dem Vertragsverhältnis unterliegende Handlungen, wie beispielsweise Zahlungen, nicht dem materiellen Recht unterliegen, das die Parteien nach der einschlägigen Rom-I-Verordnung für den Vertrag gewählt haben, sondern der lex fori concursus unterliegen

30 BeckOK InsO/*Mock*, Art. 16 EuInsVO Rn. 1 m. w. N. insbes. aus der EuGH-Rspr.

31 NZG 2025, 307, 308 (Rn. 3).

keit von Rechtshandlungen bereits im Zeitpunkt von deren Vornahme auch nach den in Betracht kommenden alternativen Insolvenzrechten prüfen und sich entsprechend absichern können. Auch wenn diese konkreten Erwägungen in der Rechtsprechung des EuGH bisher nicht reflektiert werden, betont diese wenigstens eine restriktive Auslegung von Art. 16 EuInsVO.[32]

53 Art. 16 EuInsVO ist gegenüber den Regelungen zum internationalen Vertragsrecht in der Rom-I-VO als lex specialis zu betrachten, sodass Art. 16 EuInsVO in der Anwendung stets vorgeht.[33] Da es sich bei Art. 16 EuInsVO um eine Ausnahme von der allgemeinen Maßgeblichkeit der lex fori concursus handelt, muss diese eng ausgelegt werden.[34]

54 Die aktuell erhebliche praktische Bedeutung der Vorschrift könnte nach einer Umsetzung des Richtlinienentwurfs COM(2022) 702 final[35] abnehmen, der zu einer Mindestharmonisierung u. a. des Insolvenzanfechtungsrechts führen soll. Dann dürften sich insbesondere im Bereich der Vorsatzanfechtung (§ 133 InsO) die bislang sehr unterschiedlichen Voraussetzungen in den Mitgliedstaaten angleichen.[36]

C. Bisherige Rechtsprechung

I. Deutsche Gerichte

55 Das OLG Naumburg hat mit dem Urteil vom 6.10.2010 (5 U 73/10 [Rn. 35]) die Anwendbarkeit des ausländischen Rechts trotz entsprechender Rechtswahl der Vertragsparteien abgelehnt, da ein darlehensgebender Gesellschafter den Schutz des Art. 16 EuInsVO nicht benötige. Dass diese Rechtsprechung mit den eindeutigen Grundsätzen der bisherigen EuGH-Rechtsprechung zu Art. 16 EuInsVO kollidiert, wurde dabei in Kauf genommen.

56 Jedenfalls für die Praxis ist nicht abschließend entschieden, ob bei bloßem Drittstaatenbezug, wenn z. B. der Drittstaat die Schweiz ist, Art. 7 Abs. 2 Satz 2 lit. m, 16 EuInsVO oder die inhaltsgleichen §§ 335, 339 InsO gelten;

---

32 BeckOK InsO/*Mock*, Art. 16 EuInsVO Rn. 2 m. w. N. insbes. aus der EuGH-Rspr.

33 BeckOK InsO/*Mock*, Art. 16 EuInsVO Rn. 3 m. w. N. insbes. aus der EuGH-Rspr.

34 BeckOK InsO/*Mock*, Art. 16 EuInsVO Rn. 4 m. w. N. insbes. aus der EuGH-Rspr.; EuGH, Urt. v. 15.10.2015 – C-310/14 Rn. 18 f. „Nike"; kritisch *Bork*, FS Klamaris, 2016, S. 77, 88.

35 Vorschlag für eine Richtlinie des Europäischen Parlaments und des Rates zur Harmonisierung bestimmter Aspekte des Insolvenzrechts, Europäische Kommission, 7.12.2022.

36 *Esser*, in: Braun, InsO, Art. 16 EuInsVO Rn. 3 m. w. N.; ferner. *Kratzlmeier*, NZG 2025, 307, 309 (Rn. 7) m. w. N., 310 (Rn. 15).

eben aufgrund der Inhalts- und Ergebnisgleichheit brauchte der BGH[37] die Frage nach der jeweils anwendbaren Norm nicht zu entscheiden.

II. EuGH

Die EuGH-Rspr. zu den hier relevanten Punkten lässt sie wie folgt zusammenfassen. An diesen EuGH-Urteilen kann man kritisieren, dass die Begründung meist sehr kurz ist und den Begriff „Begründung" kaum verdient. Allerdings begründet der EuGH-Generalanwalt[38] i. S. „Lutz" (EuGH, C-557/13) in den Schlussanträgen den Inhalt einer unionsrechtlichen Vorschrift mit dem klassischen Auslegungskanon Wortlaut, Zusammenhang, Ziele und Entstehungsgeschichte. Darüber hinaus sind die enge Auslegung der Ausnahme[39] und der der Systematik zuzuordnende Vorrang des spezielleren Gesetzes gegenüber den allgemeineren Gesetzen (lex specialis derogat legi generali)[40] dem deutschen Recht bzw. der deutschen Rechtsanwendung auch nicht derart fremd, dass man ihre Anwendung im Bereich des EU-Rechts kritisieren oder gar in Zweifel ziehen müsste. **57**

1. Durch Rechtswahl mögliche Verlagerung in anderen EU-Mitgliedstaat

Art. 16 EuInsVO kann wirksam geltend gemacht werden, wenn die Vertragsparteien, die im selben Mitgliedstaat ansässig sind, in dem auch alle anderen maßgeblichen Elemente des betreffenden Sachverhalts belegen sind, als auf diesen Vertrag anzuwendendes Recht das Recht eines anderen Mitgliedstaats bestimmt haben, Art. 3 Rom-I-VO, vorausgesetzt, dass die Parteien dieses Recht nicht in betrügerischer oder missbräuchlicher Weise gewählt haben, was zu prüfen Sache des vorlegenden Gerichts ist.[41] **58**

---

37 Urt. v. 12.12.2019 – IX ZR 328/18 (Rn. 12–15 – juris) m. w. N.; hierzu statt aller: *J. Schmidt*, EWiR 2020, 113 m. w. N. OLG Dresden, Urt. v. 14.11.2018 – 13 U 730/16 = BeckRS 2018, 30341, als Vorinstanz sah wohl § 335 InsO als lex specialis gegenüber einer Rechtswahl (Rn. 24–26), prüfte aber nach Auseinandersetzung insbes. mit OLG Naumburg, Urt. v. 6.10.2010 – 5 U 73/10, (Rn. 30–36 m. w. N.) wegen § 339 InsO das maßgebliche Schweizer Recht, insbes. das Schuldbetreibungs- und Konkursgesetz (SchKG) (Rn. 53–60 m. w. N.) und erkannte, dass der Anfechtungsanspruch nach Ablauf von zwei Jahren seit der Konkurseröffnung nach § 292 SchKG a. F. verwirkt war (Rn. 54).

38 ZIP 2015, 381, 386 (Rn. 57–60) m. w. N.; zustimmend *J. Schmidt*, EWiR 2015, 151, 152.

39 MüKo BGB/*Säcker*, Einleitung Rn. 154–156 m. w. N.: „Ausnahmeregelungen sind eng auszulegen und nicht analogiefähig" („Singularia non sunt extendenda") und die ergänzenden Ausformungen dieses Satzes in den Rechtsparömien: „Enumeratio, ergo limitatio" und „Exceptiones sunt strictissimae interpretationis".

40 *Birk*, in: Rüthers/Fischer, Rechtstheorie, § 22 E. VI. 1. (Rn. 771).

41 EuGH, Urt. v. 8.6.2017 – C-54/16 (LS 3, Rn. 45–56) „Vinyls Italia".

2. Art. 16 EuInsVO lex specialis zu Rom-I-VO

59 Haben die Parteien keine Rechtswahl nach Art. 3 Rom-I-VO getroffen (siehe hierzu soeben) mit der Folge, dass das anwendbare Recht nach Art. 4 Rom-I-VO zu ermitteln ist, dann gilt:

60 Der EuGH hat zu Art. 7, 16 EuInsVO im Urteil vom 16.4.2015 (C-557/13 [Rn. 34]) „Lutz" unter Hinweis auf Erwägungsgrund 67 EuInsVO entschieden, dass Art. 7, 16 EuInsVO lex specialis zur Rom-I-VO, insbesondere zu Art. 4 Rom-I-VO, und die Rom-I-VO ist im Lichte der Art. 7, 16 EuInsVO auszulegen.

61 Diese Rechtsprechung hat der EuGH mit Urteilen vom 8.6.2017 (C-54/16 [Rn. 48]) „Vinyls Italia" und vom 22.4.2021 (C-73/20 [Rn. 26]) „ZM ./. E.A. Frerichs" bestätigt und fortgesetzt.

3. Enge Auslegung der Ausnahme des Art. 16 EuInsVO

62 Der EuGH hat zu Art. 16 EuInsVO im Urteil vom 16.4.2015 (C-557/13 [Rn. 34]) „Lutz" unter Hinweis auf Erwägungsgrund 67 EuInsVO entschieden, dass Art. 16 EuInsVO als Ausnahme zu Art. 7 EuInsVO eng und restriktiv auszulegen ist. Der EuGH hat diese Rechtsprechung mit Urteilen vom 15.10.2015 (C-310/14 [Rn. 18]) „Nike" und vom 8.6.2018 (C-54/16 [Rn. 36]) „Vinyls Italia" bestätigt und fortgesetzt.

63 Weiter hat der EuGH im letztgenannten Urteil vom 8.6.2018 (C-54/16 [Rn. 39]) „Vinyls Italia" zu Art. 16 EuInsVO ausgesprochen: Art. 16 EuIns-VO ist dahin auszulegen, dass die beweisbelastete Partei nachweisen muss, dass, wenn die lex causae die Anfechtung einer als benachteiligend angesehenen Handlung zulässt, die von der lex fori concursus abweichenden Voraussetzungen, die für eine erfolgreiche Anfechtung dieser Handlung erfüllt sein müssen, im konkreten Fall nicht vorliegen. *Mankowski*[42] bezeichnet diese Darlegungs- und Beweislast des Anfechtungsgegners als Preis für das durch Art. 16 EuInsVO dem Anfechtungsgegner gewährte Privileg.

64 Die o.g. Rechtsprechung zur engen Auslegung der Ausnahme des Art. 16 EuInsVO hat der EuGH mit Urteil vom 22.4.2021 (C-73/20 [Rn. 24]) „ZM ./. E.A.Frerichs" fortgesetzt.

42 EWiR 2015, 773, 774 m.w.N.

D. BGH, Beschluss vom 16.1.2025 – IX ZR 229/23

I. Sachverhalt

Der BGH[43] hatte den folgenden Sachverhalt zu entscheiden; der Sachverhalt ist im Folgenden zur Konzentration stark vereinfacht und lässt die Konzernverhältnisse außer Betracht. **65**

Die Muttergesellschaft, eine österreichische GmbH mit dem Sitz in Österreich, war zu 78 % an der weiteren österreichischen GmbH mit dem Sitz in Österreich (Schwester-GmbH (A)) und zu 33 % an der deutschen GmbH mit dem Sitz in Deutschland (spätere Insolvenzschuldnerin) beteiligt. Bzgl. der jeweiligen Geschäftsführung schweigen die Urteile. **66**

Die Schwester-GmbH (A) gewährte der späteren Insolvenzschuldnerin mit Darlehensverträgen vom 19.5.2015 und vom 16.6.2015 Darlehen; die Parteien wählten österreichisches Recht. Die spätere Insolvenzschuldnerin zahlte am 10.3.2016 einen Teil der Darlehen an die Schwester-GmbH (A) zurück. Auf den Insolvenzantrag vom 15.7.2016 wurde am 1.10.2016 das Insolvenzverfahren gegen die deutsche GmbH eröffnet. **67**

Die Schwester-GmbH (A) klagte gegen den Insolvenzverwalter vor dem LG Schwerin auf Feststellung ihrer Forderung zur Insolvenztabelle. Maßgeblich sei nicht § 39 Abs. 1 Nr. 5 InsO, sondern aufgrund Art. 16 EuInsVO, Art. 3 Abs. 1 Rom-I-VO das österreichische Recht; das österreichische Recht kenne die Anfechtbarkeit der Rückzahlung eines Gesellschafterdarlehens nicht. **68**

Der Insolvenzverwalter erhob Widerklage und verlangte nach § 135 Abs. 1 Nr. 2 InsO die Erstattung der o. g. Darlehensrückzahlung. **69**

Das LG Schwerin und das OLG Rostock wiesen die Klage der Schwester-GmbH ab (A) und gaben dem Insolvenzverwalter Recht. **70**

II. Rechtliche Würdigung

Dem BGH stellten sich insbesondere die Fragen nach dem Inhalt und der Reichweite des Art. 16 EuInsVO und in der Folge nach dem maßgeblichen Recht. Diese Fragen legte der BGH mit Beschluss vom 16.1.2025 (IX ZR 229/23) nach Art. 267 AEUV dem EuGH zur Vorabentscheidung vor mit der folgenden zusammengefassten Begründung. **71**

Gemäß Art. 7 Abs. 1 EuInsVO gilt für das Insolvenzverfahren und seine Wirkungen das Insolvenzrecht des Mitgliedstaates, in dessen Hoheitsgebiet das Verfahren eröffnet wird (lex fori concursus). Das ist hier deutsches Recht, weil das Insolvenzverfahren in Deutschland eröffnet worden ist. Daher re- **72**

---

43 Vorinstanzen: OLG Rostock, Urt. v. 6.12.2023 – 6 U 7/21; LG Schwerin, Urt. v. 20.10.2020 – 5 O 20/17.

gelt im Streitfall das deutsche Insolvenzrecht insbesondere, welche Rechtshandlungen nichtig, anfechtbar oder relativ unwirksam sind, weil sie die Gesamtheit der Gläubiger benachteiligen, Art. 7 Abs. 2 Satz 2 lit. m EuInsVO.

73 Nach deutschem Insolvenzrecht sind, wenn die Insolvenzschuldnerin eine haftungsbeschränkte Gesellschaft nach § 39 Abs. 4 Satz 1 InsO ist, Forderungen eines Gesellschafters dieser Insolvenzschuldnerin auf Rückgewähr eines Gesellschafterdarlehens oder Forderungen aus Rechtshandlungen, die einem solchen Darlehen wirtschaftlich entsprechen, nur nachrangig zu befriedigende Forderungen, § 39 Abs. 1 Satz 1 Nr. 5 InsO. Solche Forderungen der Gesellschafter werden erst im Rang nach den übrigen Forderungen der Insolvenzgläubiger und im Rang nach den in § 39 Abs. 1 Nr. 1 bis 4 InsO genannten Forderungen berichtigt. Die Frage des Rangs eines Gesellschafterdarlehens in der Insolvenz ist insolvenzrechtlich zu qualifizieren.

74 Diese Lösung des deutschen Insolvenzrechts wirft hinsichtlich der Darlehenszahlungen die Frage auf, welche Bedeutung insbesondere Art. 16 EuInsVO zukommt. Die Schwester-GmbH (A) macht geltend, dass aufgrund der für die Darlehensverträge getroffenen Rechtswahl gemäß Art. 3 Abs. 1 Rom-I-VO österreichisches Recht auf die Darlehensverträge anwendbar sei. Nach österreichischem Recht und insbesondere nach österreichischem Insolvenzrecht seien insbesondere die Darlehensrückzahlungen der Insolvenzschuldnerin an die Schwester-GmbH (A) nicht angreifbar.

75 Rechtswahlvereinbarungen sind nach dem EuGH[44] bei Art. 16 EuInsVO auch dann anzuerkennen, wenn die Vertragsparteien, die im selben Mitgliedstaat ansässig sind, in dem auch alle anderen maßgeblichen Elemente des betreffenden Sachverhalts belegen sind. Sofern eine Rechtswahl sich auch auf das Recht der Gesellschaftsfinanzierung durch ihre Gesellschafter erstreckt, ist erheblich, ob damit zugleich das dem Kapitalschutz dienende Recht der Gesellschafterdarlehen eingeschränkt werden kann. Da für die Bestimmung der lex causae an die zu erfüllende Verbindlichkeit und nicht an die Erfüllungshandlung anzuknüpfen ist,[45] wäre das gemäß Art. 16 EuInsVO für die Handlung maßgebliche Recht nach dem Vertragsstatut zu bestimmen.

76 Da die Rückzahlung von Gesellschafterdarlehen ungeachtet ihres Zwecks als auch der wirtschaftlichen Situation der Gesellschaft anfechtbar ist, können verbundene Unternehmen nicht unter Berufung auf eine fehlende entgegen dem erklärten Willen des Gesetzgebers vom Anwendungsbereich der Vorschrift ausgenommen werden.[46]

77 Der Senat meint, dass der von Art. 16 EuInsVO angestrebte Schutz nicht uneingeschränkt gilt. Art. 16 EuInsVO dient dem Schutz von Personen, die be-

---

44 Urt. v. 8.6.2017 – C-54/16 (Rn. 50) „Vinyls Italia".

45 EuGH, Urt. v. 22.4.2021 – C-73/20 (Rn. 31) „ZM ./. E.A. Frerichs".

46 BGH, a. a. O., Rn. 29 m. w. N. aus der BGH-Rspr.

rechtigterweise darauf vertrauen, dass die Handlung zur Zeit ihrer Vornahme dem Recht eines anderen Mitgliedstaates als des Staates der Verfahrenseröffnung unterliegt. Dies soll angesichts der möglichen Kollision zwischen den Vorschriften über die Vornahme von Rechtshandlungen Vertrauensschutz und Rechtssicherheit gewährleisten (Erwägungsgrund 67 EuInsVO). Dies bedarf – weil der Schutz nicht voraussetzungslos ist – eines tragfähigen Grundes. Nach Auffassung des Senats ist ein Vertrauen der begünstigten Person bei einer möglichen Kollision zwischen Vorschriften über benachteiligende Handlungen erst dann berechtigt, wenn sich der Schuldner und die durch die Handlung begünstigte Person als zwei voneinander unabhängige Vertragspartner gegenüberstehen und die begünstigte Person nicht bereits aufgrund der Umstände des Geschäfts offensichtlich annehmen musste, dass für die Handlungen des Schuldners nach dem Recht des Eröffnungsstaates Schutzmechanismen eingreifen. Diese Voraussetzungen sind für Darlehen, welche der Gesellschafter seiner in Deutschland ansässigen Gesellschaft gewährt, nicht erfüllt.[47]

E. Schrifttum

Auf den o.g. BGH-Beschluss vom 16.1.2025 (IX ZR 229/23) hat das Schrifttum im Wesentlichen wie folgt reagiert. **78**

I. Bork, ZRI 2025, 127

Nach *Bork*[48] finden sich dem § 135 InsO vergleichbare Normen, die Gesellschafterdarlehen einem besonderen Anfechtungsregime unterstellen, in einigen Mitgliedstaaten (Italien, Kroatien, Österreich, Portugal, Slowenien). In anderen, insbesondere in Polen, werden vergleichbare Ziele mit Anfechtungstatbeständen für Leistungen an nahestehende Personen erreicht. Aber es gibt auch etliche europäische Rechtsordnungen, in denen nur das allgemeine Anfechtungsrecht zum Zuge kommt, und deren Voraussetzungen werden dann in Fällen des § 135 InsO nicht immer vorliegen. Es ist daher kein Wunder, dass in der deutschen Rechtsprechung und Literatur zahlreiche Anstrengungen unternommen worden sind, die Anfechtung nach § 135 InsO aus dem Anwendungsbereich des Art. 16 EuInsVO hinauszudefinieren. **79**

Diskutiert werden dafür mit Blick auf den gesellschaftsrechtlichen Zusammenhang vier Ansätze: **80**

47 BGH, a.a.O., Rn. 31 unter Hinweis auf EuGH, Urt. v. 15.10.2015 – C-310/14 (Rn. 19) „Nike", EuGH, Urt. v. 8.6.2017 – C-54/16 (Rn. 30) „Vinyls Italia"; EuGH, Urt. v. 22.4.2021 – C-73/20 (Rn. 25), „ZM ./. E.A. Fredrichs".

48 ZRI 2025, 127 m.w.N.

(1) Man könne schon bestreiten, dass es sich bei § 135 InsO überhaupt um Insolvenzrecht i. S. v. Art. 7 EuInsVO handelt. *Bork*[49] lehnt dies zutreffend ab.

(2) Man könne sich auf den Standpunkt stellen, dass auf die Rückzahlung von Gesellschafterdarlehen zwar Art. 7 EuInsVO, nicht aber Art. 16 EuInsVO anwendbar ist. *Bork*[50] erachtet die Idee, Anfechtungsnormen, die der Durchsetzung von Nachrangvorschriften dienen, würden von Art. 16 EuInsVO nicht erfasst, als interessant, aber nicht tragend. Auch § 134 InsO dient der Durchsetzung einer Nachrangvorschrift, nämlich des § 39 Abs. 1 Nr. 4 InsO. Art. 16 EuInsVO fragt nun einmal nicht nach dem Zweck der Anfechtungsnorm. Berücksichtigt man weiter, dass Art. 16 EuInsVO nicht nur insolvenzrechtliche, sondern alle, auch die materiellrechtlichen Unwirksamkeitsgründe der lex causae erfasst, wird es schwierig, Art. 16 EuInsVO in bestimmten Fällen der lex fori concursus gar nicht anzuwenden. Denn wenn von einer insolvenzrechtlichen Vorschrift sogar alle Unwirksamkeitsgründe des materiellen Rechts erfasst werden, dann wird man aus den insolvenzrechtlichen Unwirksamkeitsgründen kaum einzelne ausklammern können.

(3) Man könne vertreten, dass bei der Anwendung von Art. 16 EuInsVO die lex causae nicht nach dem Vertragsstatut, sondern nach dem Gesellschaftsstatut zu bestimmen ist. *Bork*[51] („überraschend begründet“) lehnt dies zutreffend insbesondere unter Hinweis auf die Gesetzgebungsmaterialien zum MoMiG ab, weil § 135 InsO insolvenz-, aber nicht gesellschaftsrechtlicher Natur ist.[52]

(4) Und man könne bei Anwendung des Vertragsstatuts Ausnahmen von den allgemeinen Regeln der Rom-I-VO erwägen.

---

49 ZRI 2025, 127, 128 m. w. N.

50 ZRI 2025, 127, 128 m. w. N. zu BGH, a. a. O., Rn. 29.

51 ZRI 2025, 127, 128 m. w. N. zu BGH, a. a. O., Rn. 27 ff.; hierzu auch *Kratzlmeier*, NZG 2025, 307, 308 (Rn. 5), 311 (Rn. 16–18) m. w. N.

52 Ebenso statt vieler: *Heck*, in: Braun, InsO, Art. 7 EuInsVO Rn. 10; MüKo InsO/*Reinhart*, InsO, Art. 7 EuInsVO Rn. 7 f. m. w. N.; *Brinkmann*, in: K. Schmidt, InsO, Art. 7 EuInsVO Rn. 9 m. w. N.; *Knof*, in: Uhlenbruck, InsO, Bd. 2, Art. 7 EuInsVO Rn. 120 f. m. w. N.: Recht der Gesellschafterdarlehen grds. dem Insolvenzrecht zuzuordnen. Die Subordination der Gesellschafterfinanzierung nach § 39 Abs. 1 Nr. 5 InsO betrifft eine „Rangfrage“, die nach Art. 7 Abs. 2 lit. i EuInsVO dem Insolvenzverfahren und seinen Wirkungen zur Beantwortung überantwortet wird; die Insolvenzanfechtung etwaiger Rückführungen von Gesellschafterfinanzierungen nach § 135 Abs. 1 InsO ist Art. 7 Abs. 2 lit. m EuInsVO zuzuordnen. Die nun vom BGH angestellten gesellschaftsrechtlichen Überlegungen überraschen umso mehr, als BGH, Urt. v. 21.7.2011 – IX ZR 185/10 (Rn. 30 – juris), §§ 39 Abs. 1 Satz 1 Nr. 5, 135 InsO als „*Instrumentarium rein insolvenzrechtlicher Natur*“ bezeichnete; *Bork*, EWiR 2011, 643, 644, stimmte dem damaligen BGH-Urteil uneingeschränkt zu.

Art. 16 EuInsVO sei eine rechtspolitisch äußerst zweifelhafte, stark kritisierte Norm. Sie gewährt dem Anfechtungsgegner Vertrauensschutz, wo gar kein Vertrauensschutz angebracht ist. Denn wer sich mit einem ausländischen Vertragspartner einlässt, muss bei dessen Insolvenz mit der Anwendung ausländischen Insolvenzrechts und eben auch ausländischer Insolvenzanfechtung rechnen. **81**

Bork[53] bezweifelt, ob man mit der restriktiven Auslegung von Ausnahmevorschriften innerhalb ihres Normzwecks oder mit der (hier vom BGH gewählten) teleologischen Reduktion zum gewünschten Ergebnis kommt. Wenig überzeugend ist auch das auf eine teleologische Reduktion von Art. 16 EuInsVO hinauslaufende Argument, der Gläubiger eines Gesellschafterdarlehens könne nicht denselben Vertrauensschutz für sich in Anspruch nehmen wie ein sonstiger Darlehensgläubiger. Denn Art. 16 EuInsVO erfasst schließlich ganz sicher und unbestritten auch § 134 InsO und bei dieser Norm gibt es – sieht man von der Vier-Jahres-Frist ab – überhaupt keinen Vertrauensschutz. **82**

Schließlich lehnt *Bork*[54] auch den Rückgriff auf Art. 9 Rom-I-VO ab mit dem zutreffenden Argument, § 135 InsO sei keine Eingriffsnorm nach Art. 9 Rom-I-VO, der den Begriff der Eingriffsnorm definiert. **83**

Bork[55] konstatiert, dass in Deutschland die Argumente ausgetauscht sind und plädiert für die teleologische Reduktion oder die einschränkende Auslegung des Art. 16 EuInsVO, letztlich aber für dessen Abschaffung.[56] **84**

II. Stender, BB 2025, 1298

Stender[57] kritisiert, es gebe kein tragfähiges Argument, auch nicht des BGH, das ohne den Rückgriff auf nationale Wertungen und nationale Rechtsordnungen auskommt. Entscheidend ist allein der Sinn und Zweck des Art. 16 EuInsVO: Auch ein Gesellschafter darf – wie jeder andere Darlehensgeber auch – denselben Vertrauensschutz für sich in Anspruch nehmen. So sehr man dieses Ergebnis rechtspolitisch infrage stellen mag: Die Kritik daran lasse sich nicht über eine restriktive Auslegung des Art. 16 EuInsVO lösen. Zwar mag die Rückzahlung eines Gesellschafterdarlehens in bestimmten Mitgliedstaaten – wie Deutschland – dazu führen, dass das Sonderrecht für Gesellschafterdarlehen und damit die Gläubigergleichbehandlung unterlaufen wird. Hierbei handelt es sich jedoch allein um einen Ausdruck der fragmentierten nationalen Anfechtungsrechte. **85**

53 ZRI 2025, 127, 128 zu BGH, a. a. O., Rn. 32.
54 ZRI 2025, 127, 128 zu BGH, a. a. O., Rn. 37.
55 ZRI 2025, 127, 128 f.
56 Ebenso für die Abschaffung des Art. 16 EuInsVO: *Riedemann/Kersch*, ZIP 2025, 1009.
57 BB 2025, 1298.

III. Hain, jurisPR-InsR 4/2025 Anm. 1

86 *Hain*[58] meint, es sei nicht ganz einzusehen, warum der unabhängige Vertragspartner schutzwürdiger sein soll als der Gesellschafter-Darlehensgeber. Richtig sei sicher: Bei einem Vertrag mit einem ausländischen Vertragspartner sei es nicht völlig ungewöhnlich, dass man sich im Falle der Insolvenz ausländischen Insolvenzregimen ausgesetzt sehe. Dies sei aber eine Frage der generellen Sinnhaftigkeit des Art. 16 EuInsVO.

87 Die vom BGH in diesem Zusammenhang vorgeschlagene teleologische Reduktion der immerhin EU-rechtlichen Norm des Art. 16 EuInsVO mit Wertungen der deutschen Rechtsordnung würde zu einer national unterschiedlichen Auslegung der europarechtlichen Norm führen. Selbst wenn man dies für zulässig erachten sollte, wofür nicht wirklich viel spricht, würde es die Anwendbarkeit der Vorschrift deutlich verkomplizieren, sodass es unwahrscheinlich ist, dass der EuGH diesen Weg mitgeht.

88 Für die Argumentation des BGH spricht allenfalls, dass der EuGH wiederholt darauf hingewiesen hat, dass Art. 16 EuInsVO eng auszulegen ist. Ob dies aber im konkreten Fall ausreicht, um eine solche Auslegung des Art. 16 EuInsVO vorzunehmen, bleibt in Betracht der Folgen für die Rechtsanwendung unwahrscheinlich. Zu berücksichtigen ist auch, dass der Europäische Gesetzgeber das Problem eben auch für die Zukunft offensichtlich nicht für „vereinheitlichungsbedürftig“ gehalten hat. So enthält die Harmonisierungsrichtlinie keine Regelungen für das Recht der Gesellschafterdarlehen.

89 Richtig ist allerdings, dass mit der vermutlichen Entscheidung des EuGH zur unbeschränkten Anwendbarkeit des Art. 16 EuInsVO ein Gestaltungsspielraum eröffnet wird, der nur durch den Tatbestand des Rechtsmissbrauches eingeschränkt wird. Ob ein solcher Rechtsmissbrauch vorliegt, ist danach zu beurteilen, ob der Vertrag „in künstlicher Weise dem Recht eines bestimmten Mitgliedstaates unterworfen wurde“, um den Vertrag der Geltung der lex fori concursus zu entziehen.[59]

90 Weiterhin sei darauf hingewiesen, dass nachträgliche Änderungen der Rechtswahl selbst einer Anfechtung nach § 133 InsO unterliegen dürften, sodass nur bei Abschluss des Darlehensvertrages eine entsprechende Rechtswahl möglich ist. Ebenso wenig ist der grundsätzliche Nachrang der Gesellschafterdarlehen in der Insolvenz Gegenstand des Vorlagebeschlusses.

---

58 jurisPR-InsR 4/2025 Anm. 1.

59 Unter Hinweis auf EuGH, Urt. v. 8.6.2017 – C-54/16 „Vinyls Italia“.

IV. Weitere Stimmen

Mankowski[60] kritisiert, der Anfechtungsgegner werde qua rechtspolitischer Entscheidung durch Art. 16 EuInsVO privilegiert, obwohl er die Augen vor dem „auswärts“ gelegenen COMI seiner Gegenpartei verschließt. **91**

Nach *Finkelmeier*[61] soll die Lösung eigentlich denkbar einfach sein: Bei einem Gesellschafterdarlehen handele es sich kollisionsrechtlich um ein vertragliches Schuldverhältnis und Zahlungen auf einen Vertrag unterliegen dem Vertragsstatut.[62] Wenn also das österreichische Recht von einer Unanfechtbarkeit ausgehe, seien die Zahlungen – sofern keine missbräuchliche Rechtswahl nur zur Vermeidung der Anfechtbarkeit vorliegt – gem. Art. 16 EuInsVO insgesamt unanfechtbar. Eine beachtliche Auffassung in Rechtsprechung und Literatur halte dieses Ergebnis gleichwohl für unangemessen und bemühe die dogmatischen Strukturen des deutschen Rechts, um die europäische Kollisionsnorm in Art. 16 EuInsVO zu begrenzen und die Anwendbarkeit ausländischen Rechts zu vermeiden. Der BGH lasse für diesen dogmatisch wenig überzeugenden Ansatz leider erhebliche Sympathien erkennen. **92**

Fuchs[63] erwartet, der EuGH werde entscheiden, dass Art. 16 EuInsVO auf § 135 Abs. 1 Nr. 2 InsO anwendbar sei. Zum einen hätte der EuGH[64] bereits entschieden, dass Art. 16 EuInsVO lex specialis gegenüber der Rom-I-VO sei. Zum anderen hätte der EuGH bereits entschieden, dass Art. 16 EuInsVO sogar anwendbar sei, wenn beide Vertragsparteien im selben Mitgliedstaat ansässig sind, dort auch alle anderen maßgeblichen Elemente des Sachverhalts belegen sind und sie trotzdem das Recht eines anderen Mitgliedstaats wählen. Ausgeschlossen ist Art. 16 EuInsVO nur, wenn die Parteien ein anderes Recht betrügerisch oder missbräuchlich wählen, wobei der Umstand, dass sie von der Möglichkeit der Rechtswahl Gebrauch machen, keine Vermutung dafür begründet, dass sie die insolvenzrechtlichen Vorschriften in betrügerischer oder missbräuchlicher Weise umgehen wollen. **93**

Kratzlmeier[65] kritisiert an einer teleologischen Reduktion des Art. 16 EuInsVO, dass man durch die gänzliche Unanwendbarkeit der lex causae dem Anfechtungsgegner nicht nur eine Berufung auf das Vertragsstatut verwehren, sondern ihm bei einer zwischenzeitlichen COMI-Verlagerung zugleich das zur Zeit der Rückzahlung bzw. Kreditgewährung anwendbare Insolvenzstatut als Verteidigungsmittel aus der Hand schlagen würde. **94**

---

60 EWiR 2015, 773, 774 m.w.N.
61 NJW 2025, 688.
62 EuGH, Urt. v. 22.4.2021 – C-73/20 „ZM ./. E.A. Frerichs“.
63 GWR 2025, 172.
64 EuGH, Urt. v. 8.6.2017 – C-54/16 „Vinyls Italia“.
65 NZG 2025, 307, 310 (Rn. 13).

V. Zwischenergebnis

95 Einerseits kritisiert das Schrifttum die Versuche des BGH, Art. 16 EuInsVO argumentativ einzuschränken, um dadurch zur Anwendbarkeit der §§ 39 Abs. 1 Satz 1 Nr. 5, 135 Abs. 1 Nr. 2 InsO zu gelangen. Andererseits meint das Schrifttum, Art. 16 EuInsVO gewähre dem Anfechtungsgegner zu Unrecht Vertrauensschutz, weshalb Art. 16 EuInsVO abzuschaffen, zumindest aber einzuschränken sei.

F. Stellungnahme

I. Eigenkapitalersatz-Gesetz u. a., Österreich

96 Unabhängig davon, dass der BGH mit dem Beschluss vom 16.1.2025 (IX ZR 229/23) hinter sein Urteil vom 21.7.2011 (IX ZR 185/10)[66] zurückgeht, mit dem der BGH insbesondere §§ 39 Abs. 1 Satz 1 Nr. 5, 135 InsO als Insolvenzrecht erkannt hat, erscheint es aufgrund der sogleich darzustellenden Umstände bereits fraglich, ob es der hier geführten Diskussion überhaupt bedarf.

97 Gegenstand des vom BGH dem EuGH vorgelegten Rechtsstreits ist einerseits der Darlehensrückzahlungsanspruch der Schwester-GmbH (A) als Insolvenzforderung nach § 38 InsO und nicht nur als nachrangige Rückforderung nach § 39 Abs. 1 Satz 1 Nr. 5 InsO und andererseits das Erstattungsverlangen aufgrund Insolvenzanfechtung des Insolvenzverwalters gegen die Schwester-GmbH (A) nach § 135 Abs. 1 Nr. 2 InsO.

98 Das österreichische Recht verfolgt insbesondere mit dem EKEG[67] und den Anfechtungsnormen der §§ 27 ff. IO dieselben Ziele wie § 39 Abs. 1 Satz 1 Nr. 5 InsO und insbesondere § 135 Abs. 1 Nr. 2 InsO. Dass dabei nach § 43 Abs. 2 IO für alle durch Klage geltend zu machenden Insolvenzanfechtungen eine nur einjährige Ausschlussfrist nach Eröffnung des Insolvenzverfahrens gilt, dürfte das kaum infrage stellen,[68] wobei der Frage Anwendbarkeit des österreichischen Insolvenzanfechtungsrechts hier nicht näher nachgegangen zu werden braucht.

99 Ebenso wie nach § 39 Abs. 1 Satz 1 Nr. 5 InsO sind gemäß § 57a Abs. 1 IO Forderungen aus Eigenkapital ersetzenden Leistungen des Gesellschafter-Darlehensgebers nachrangig und damit nach den Insolvenzforderungen zu befriedigen.

---

66 Rn. 30: „Instrumentarium rein insolvenzrechtlicher Natur".

67 Es ist nicht nachvollziehbar, weshalb in der deutschen Diskussion das EKEG nicht erwähnt wird. Zum EKEG: MüKo InsO/*Abel*, Länderberichte Österreich Rn. 100.

68 *Bork*, ZRI 2025, 127, 128; *Hain*, jurisPR-InsR 4/2025 Anm. 1.

Der Erstattungsanspruch der GmbH gegen den Gesellschafter-Darlehensgeber bei einem Eigenkapital-ersetzenden Darlehen nach § 14 Abs. 1 Satz 2 EKEG verjährt nach § 14 Abs. 3 EKEG in fünf Jahren ab Zahlung oder sonstiger Befriedigung. **100**

Zum österreichischen Insolvenzanfechtungs- oder Eigenkapitalersatz-Recht schweigt das LG Schwerin im Urteil vom 20.10.2020 (5 O 20/17), das in Rn. 37 und Rn. 56 f. bereits das Eingreifen des Art. 16 EuInsVO verneint und in der Folge eben nicht nach dem österreichischen Recht fragt.[69] Dem hat sich das OLG Rostock im (Berufungs-)Urteil vom 6.12.2023 (6 U 7/21 [Rn. 32–34]), angeschlossen.[70] Auch der BGH-Beschluss schweigt zum österreichischen Recht. Da die Urteile insbesondere zur Krise der Insolvenzschuldnerin nach § 2 EKEG, zur Frage der Zugehörigkeit der Schwester-GmbH (A) zum Konzern nach § 9 EKEG und zur Kreditgewährung in der Krise nach § 3 EKEG schweigen, kann der Frage nach dem Nachrang der Forderung der Schwester-GmbH (A) und dem Erstattungsanspruch des Insolvenzverwalters gegen die Schwester-GmbH (A) nach österreichischem Insolvenzanfechtungs- und Eigenkapitalersatz-Recht nicht weiter nachgegangen werden. **101**

Hätten die Gerichte zum einen Art. 16 EuInsVO angewandt und zum anderen österreichisches Insolvenzanfechtungs- und Eigenkapitalersatz-Recht zumindest geprüft, so stellt sich die Frage, ob es der Vorlage zum EuGH bedurft hätte. Und auch im Schrifttum ist es im Wesentlichen nur *Bork*[71], der das österreichische Insolvenzanfechtungs- und Eigenkapitalersatz-Recht anspricht. **102**

II. Kein Ende des deutschen Gesellschafterdarlehensrechts

Kratzlmeiers[72] Darstellung, es gehe in dem Vorabentscheidungsersuchen des BGH um weit mehr als nur ein kollisionsrechtliches Detail; auf dem Spiel **103**

---

69 Rn. 10: Die klagende Schwester-GmbH trägt vor, „[n]ach dem anzuwendenden xxx (vermutlich österreichischen, Anm. Verfasser) Insolvenzrecht lägen die Voraussetzungen für eine Insolvenzanfechtung nicht vor.“

70 Rn. 9: Die klagende Schwester-GmbH trägt vor, es „[…] liege ein Verfahrensfehler des Erstgerichts darin, dass es den Beweisangeboten der Klägerin zur Einholung eines Sachverständigengutachtens zum österreichischen Recht nicht nachgegangen sei.“ Rn. 30: „Die Anwendung österreichischen Insolvenzrechts scheidet aus. Die Prüfung, ob die streitgegenständlichen Darlehen nach österreichischem Recht ‚in keiner Weise‘ angreifbar wären (Art. 13 lit. a) EuInsVO 2000), ist damit genauso obsolet, wie die von der Berufung eingeforderte Einholung eines Sachverständigengutachtens zum österreichischen Recht oder die Klärung der durch den Beklagten aufgeworfenen streitigen Frage, ob die Klägerin hierzu in erster Instanz hinreichend vorgetragen hat oder nicht.“

71 ZRI 2025, 127, 128.

72 NZG 2025, 307, 312 (Rn. 23).

stehe nichts Geringeres als das Schicksal des deutschen Gesellschafterdarlehensrechts, dürfte insbesondere aus den folgenden Gründen deutlich zu weit gehen. Zum einen dürfte die weit überwiegende Zahl der Gesellschafterdarlehen ein Inlandssachverhalt ohne Grenzüberschreitung sein. Selbst wenn es möglich werden sollte, ein Gesellschafterdarlehen mit reinem Inlandssachverhalt durch Rechtswahlklausel rechtlich in einen anderen EU-Mitgliedstaat zu verlagern,[73] so stellt sich die Frage, wer einen solchen Vertrag dem z. B. niederländischen oder spanischen Recht unterstellen will. Und welcher deutsche Anwalt wollte zu einer solchen Rechtswahl raten? Weiter bedenken erfahrungsgemäß die überwiegende Anzahl der darlehensgebenden Gesellschafter weder bei Abschluss des Darlehensvertrags noch bei Darlehenshingabe noch bei Rückzahlungen auf das Gesellschafterdarlehen die Folgen bei Insolvenz der GmbH. Rund 90 % der Unternehmensinsolvenzen betreffen KMU mit keinem bis zehn Arbeitnehmer.[74] Bei einer Insolvenzeröffnung gegen ein solches KMU dürfte die durchschnittliche Befriedigungsquote auf Insolvenzforderungen nach §§ 38, 1 Satz 1 InsO von 5,9 %[75] die vorangegangenen Beratungskosten für einen solchen Darlehensvertrag kaum decken. Berücksichtigen die Gesellschafter doch eine mögliche Insolvenz der GmbH und insbesondere gewähren sie in einer solchen Situation der GmbH ein Darlehen, dann gewähren die Gesellschafter meist ein Darlehen mit einer dokumentierten Rangrücktrittsvereinbarung, insbesondere, um eine rechnerische Überschuldung nach § 19 Abs. 2 Satz 1 Hs. 1 InsO zu beseitigen.

III. Vertrauensschutz des Gesellschafter-Darlehensgebers

104 Der Art. 16 EuInsVO zugrunde liegende Gedanken des Vertrauensschutzes wird mit guten Gründen infrage gestellt. Auch wenn es nicht ausgeschlossen ist, so erscheint es doch wenig wahrscheinlich, dass die Parteien überlegen und insbesondere die Parteien in dem vom BGH dem EuGH vorgelegten Fall überlegt hatten, insbesondere im Hinblick auf ein bestimmtes nationales Insolvenzrecht für den Vertrag ein bestimmtes Recht zu wählen. Selbst

---

73 Diese Möglichkeit hat bereits und jedenfalls grds. eröffnet: EuGH, Urt. v. 8.6.2017 – C-54/16 (LS 3, Rn. 45–56) Vinyls Italia, worauf insbes. *Fuchs*, GWR 2025, 172, hinweist.

74 Statistisches Bundesamt, Fachserie 2 Reihe 4.1.1, Unternehmen und Arbeitsstätten, Beendete Insolvenzverfahren und Restschuldbefreiung, 2018, erschienen am 31.3.2020, 1.1 Finanzielle Ergebnisse, Abschlags- und Deckungsquoten der Insolvenzverfahren nach Rechtsform, Alter der Unternehmen und Zahl der Arbeitnehmer/innen, Insolvenzverfahren: Eröffnet im Jahr 2011, beendet bis 31.12.2018, S. 4.

75 Statistisches Bundesamt, Statistischer Bericht – Beendete Insolvenzverfahren und Restschuldbefreiung – 2020 – 52431-12: Entwicklung beendeter Insolvenzverfahren von Unternehmen nach Eröffnungsjahren, Anzahl, Beendigungs- und Deckungsquoten: Eröffnet in den Jahren 2009 bis 2020, beendet bis zum 31.12.2020, EXCEL-Tabelle, Spalte F Deckungsquote im engeren Sinne, Zeile 6 insgesamt.

wenn dem so wäre, dann stellt sich die Frage, was damit aus Sicht der Parteien gewonnen wäre. Denn sowohl nach österreichischem wie nach deutschem Insolvenzrecht ist die Erfüllung einer Forderung aus Gesellschafterdarlehen anfechtbar. Der Unterschied hier ergibt sich im Wesentlichen aus den unterschiedlichen Fristen, nach deutschem Recht die 3-Jahres-Frist der Verjährung des Erstattungsanspruchs aufgrund Insolvenzanfechtung ab dem Ende des Jahres der Insolvenzeröffnung, § 146 Abs. 1 InsO, §§ 195, 199 BGB, nach § 14 Abs. 3 EKEG die Verjährungsfrist von grundsätzlich fünf Jahren ab Rückerstattung des Eigenkapital ersetzenden Kredits. Es erscheint wenig wahrscheinlich, dass die Parteien beim Abschluss des Darlehensvertrags insbesondere darüber nachgedacht haben. Man kann auch daran zweifeln, den sozusagen GmbH-internen Gesellschafter-Darlehensgeber durch die Anwendung des Art. 16 EuInsVO einem externen Darlehensgeber zumindest bzgl. der jeweils anwendbaren lex causae gleichzustellen. Aber bei Art. 16 EuInsVO geht es nicht um ein tatsächliches Vertrauen des Gesellschafter-Darlehensgebers, sondern um ein typisiertes, zugunsten des Anfechtungsgegners, hier des Gesellschafters unwiderlegbar vermutetes Vertrauen. Würde man aber auf das tatsächliche und beweisbare Vertrauen im jeweiligen konkreten Fall abstellen, dann würde man damit die Rechtsanwendung mit weiteren Unsicherheiten belasten.

Wer die Abschaffung des Art. 16 EuInsVO fordert, mag diesen Gedanken bis **105**
zum Ende denken: Wäre es wirklich richtig, auf das Gesellschafterdarlehen und damit zugunsten des anfechtenden Insolvenzverwalters und der Insolvenzgläubiger und umgekehrt zulasten des in einem anderen Mitgliedstaat ansässigen Gesellschafter-Darlehensgebers ausschließlich und einseitig die lex fori concursus anzuwenden? Ist Recht und insbesondere Rechtsetzung nicht immer auch und insbesondere der Ausgleich widerstreitender Interessen, hier einerseits der GmbH und ihrer Gläubiger und andererseits des Gesellschafter-Darlehensgebers? Haben der EU-Gesetzgeber mit Art. 16 EuInsVO und in der Folge der deutsche Gesetzgeber mit § 339 InsO nicht jeweils eine Vorschrift geschaffen, die genau diesem Ausgleich widerstreitender Interessen gerecht wird? Es steht außer Frage, dass mit Art. 16 EuInsVO zulasten des die Insolvenzanfechtung führenden Insolvenzverwalters ein Mehraufwand einhergeht, weil der Verwalter eben auch das Recht des Mitgliedstaats ermitteln muss, in dem der Gesellschafter ansässig ist. Aber ist das nicht der wohl eher überschaubare Preis, den wir für die immer weiter voranschreitende und in den aktuellen stürmischen Zeiten[76] notwendige europäische Integration zahlen und zu zahlen bereit sein sollten?[77] Und wer

---

76 Exemplarisch seien hier nur genannt der Angriffskrieg des russischen Präsidenten Putin auf die Ukraine und die Zölle des US-amerikanischen Präsidenten Trump.

77 Vgl. *Knof*, in: Uhlenbruck, InsO, Bd. 2, Art. 16 EuInsVO Rn. 4 m. w. N.: Richtig dürfte sein, dass eine Befassung mit der Frage, welches Recht nach Art. 7 Abs. 2 lit. m EuIns-

den Schutz der Insolvenzgläubiger der GmbH durch das Insolvenzanfechtungsrecht und insbesondere das Gesellschafterdarlehensrecht beruft, der muss sich fragen lassen, was die potenziellen Insolvenzgläubiger selbst tun, um sich vor einer Insolvenz der GmbH als Geschäftspartner zu schützen und wie schutzbedürftig und schützenswert diese potenziellen Insolvenzgläubiger wirklich sind. Aus langjähriger praktischer Erfahrung kann berichtet werden, dass die wenigsten Geschäftspartner über einen Insolvenzschutz auch nur nachdenken, geschweige denn etwas dafür tun, selbst wenn sie sich in der Vergangenheit bereits mehrfach die sprichwörtlichen Finger verbrannt haben. Selbst wenn man diese rechtliche Schutzbedürftigkeit und Schutzwürdigkeit der Insolvenzgläubiger bejahen wollte, dann stellt sich die Frage, wer im praktischen Ergebnis tatsächlich geschützt wird – die Insolvenzgläubiger oder eher der Insolvenzverwalter?

106 Entzieht der Gesellschafter zur Befriedigung des von ihm gewährten Darlehens nur wenige Monate oder gar Wochen vor einem Insolvenzantrag der Gesellschaft durch Darlehensrückzahlungen Liquidität, dann dürfte es ausreichend andere Instrumente in der Hand des Insolvenzverwalters geben, einen solchen Vermögensentzug rückgängig zu machen, zu nennen sind hier insbesondere die Inkongruenzanfechtung nach § 131 InsO und die Vorsatzanfechtung nach § 133 InsO. Auf weitere denkbare Instrumente wird in diesem Beitrag unten zurückgekommen werden.

107 Das Argument, Art. 16 EuInsVO und in der Folge die Ermittlung des im anderen EU-Mitgliedstaat anwendbare Insolvenzanfechtungsrecht verursache Rechtsunsicherheit, Kosten und führe zu Verzögerung[78] kann der Anwendung des Art. 16 EuInsVO nicht entgegenstehen, denn auch die Anwendung deutschen Rechts geht mit Unsicherheiten einher und die Ermittlung einer insolvenzanfechtungsrelevanten, z. B. Zahlungsunfähigkeit, führt ebenfalls zu Kosten und zu Verzögerung.

IV. (Keine) Kritik an Rechtsmethoden des EuGH

108 Spannungen zwischen dem europäischen und dem nationalen Recht können nicht durch eine an das nationale Recht ausgerichtete Auslegung des EU-Rechts aufgelöst werden. Die klassischen Auslegungsmethoden, insbesondere die systematische Auslegung, die das Ziel haben, die einzelne Rechtsnorm auf das Sinnganze der nationalstaatlichen Rechtsordnung zu beziehen und aus dem Geist der Gesamtrechtsordnung des Nationalstaates

---

VO im Insolvenzfall aller Voraussicht nach Anwendung finden wird, aufwendig ist, und dass dieser Aufwand einem reibungslosen Funktionieren des Binnenmarktes in gewisser Weise entgegensteht. Insofern dient der Art. 16 EuInsVO auch dem übergeordneten Ziel der EuInsVO, ein reibungsloses Funktionieren des Binnenmarktes sicherzustellen.

78 *Bork*, ZRI 2025, 126.

auszulegen, müssen sich dem Ziel der einheitlichen Auslegung des harmonisierten EU-Rechts unterordnen, damit dieses in seiner Eigenständigkeit als Einheitsrecht gewahrt bleibt.[79]

Während die deutsche Rechtswissenschaft auf einen bestimmten Kanon an Methoden zurückgreifen kann, wird ein solcher allgemein anerkannter Kanon für das EU-Recht zumindest bezweifelt.[80] Wenn aber der EuGH insbesondere Art. 16 EuInsVO als Ausnahme restriktiv auslegt oder teleologisch reduziert, dann sollten jedenfalls diese Methoden anerkannt sein, zumindest anerkannt werden. Weshalb es zweifelhaft sein soll, mit diesen Methoden zum gewünschten Ergebnis zu kommen,[81] ist nicht nachvollziehbar. Das Problem scheint hier weniger die Methode als vielmehr die Ergebnisorientierung. **109**

V. Denkbare Alternativen zu § 135 InsO

Art. 16 EuInsVO und die Parallelnorm des § 339 InsO werden kritisiert aufgrund der damit möglichen Rechtswahl einer möglichst anfechtungsschwachen lex causae. Aber ggf. kann auch die Rechtswahl anfechtbar sein, was die genannte Manipulationsanfälligkeit von § 339 InsO mindern dürfte. Ergänzend gilt auch hier die Grenze rechtsmissbräuchlichen Verhaltens.[82] **110**

Sollte der EuGH Art. 16 EuInsVO mit der Maßgabe anwenden, dass die Darlehensrückzahlung an einen Gesellschafter-Darlehensgeber mit Sitz im Ausland nicht nach § 135 InsO anfechtbar ist, dann könnte man darüber nachdenken, solche Darlehensrückzahlungen der Unentgeltlichkeitsanfechtung nach § 134 InsO zu unterstellen. Zwar hat der Gesellschafter-Darle- **111**

---

79 MüKo BGB/*Säcker*, Einleitung Rn. 15.

80 *Birk*, in: Rüthers/Fischer, Rechtstheorie, § 20 A. II. (Rn. 648b), § 22 H. (Rn. 820a–d), je m. w. N.; *Grüneberg*, in: Grüneberg, BGB, Einleitung Rn. 26 m. w. N.: Maßgebend sind neben dem Wortlaut nach dem gewöhnlichen Sprachgebrauch vor allem die aus den Erwägungsgründen der Richtlinie oder Verordnung zu entnehmenden Ziele der Regelung und ihr systematischer Zusammenhang, die einer Rechtsakt-übergreifenden Auslegung einzelner Begriffe Grenzen setzen; ferner die im EU-Recht vorgegebene Werteordnung. Es gilt der Grundsatz des „effet utile" (näher Rn. 51 m. w. N.), wonach jede Norm so auszulegen ist, dass sie ihre volle Wirksamkeit erreichen kann.

81 *Bork*, ZRI 2025, 127 m. w. N.

82 BeckOK InsO/*Beck*, § 339 Rn. 8 f. m. w. N., insbes. auf EuGH, Urt. v. 8.6.2017 – C-54/16 (Vinyls Italia); ferner: *Bornemann*, in: Graf-Schlicker, InsO, § 339 Rn. 9: Wenn die Rechtswahl den Zweck hat, den insolvenzrechtlichen Folgen zu entkommen. § 339 InsO schützt vor den Überraschungen einer nicht ins Kalkül einbezogenen lex concursus, nicht aber gibt die Vorschrift eine Globalermächtigung zur Flucht aus einem in seiner Tragweite erkannten Insolvenzrecht. *Kolmann/Ch. Keller*, in: Gottwald/Haas, Insolvenzrechts-Hdb., § 131 Rn. 102–104: Der vom EuGH geschaffene allgemeine Betrugs- und Missbrauchsvorbehalt ist dagegen konturlos, aber vielleicht auch, um es ins Positive zu wenden, flexibler.

hensgeber mit der Valutierung des Darlehens eine Leistung erbracht. Aber wenn der Darlehensrückzahlungsanspruch des Gesellschafters zur Zeit der Darlehensrückführung durch die GmbH aufgrund deren wirtschaftlicher Lage wertlos ist, dann könnte man darüber nachdenken, ob eine solche Leistung nicht unentgeltlich ist.

112 Der Gedanke, eine Leistung auf einen wirtschaftlich wertlosen Anspruch der Unentgeltlichkeitsanfechtung zu unterstellen, ist insbesondere dem BGH nicht fremd. Zwar wird im 2-Personen-Verhältnis zwischen Gläubiger und Schuldner/späterem Insolvenzschuldner nicht darauf abgestellt, ob der Anspruch des Gläubigers gegen den späteren Insolvenzschuldner bei Leistung durch den späteren Insolvenzschuldner werthaltig ist oder nicht und letzterenfalls möglicherweise Unentgeltlichkeit nach § 134 InsO vorliegen könnte. Aber im 3-Personen-Verhältnis wendet der BGH zulasten des Gläubigers den Gedanken der Wertlosigkeit und in der Folge der Unentgeltlichkeit wie folgt an: Hat der Gläubiger und spätere Anfechtungsgegner einen wirtschaftlich wertlosen Anspruch gegen einen Schuldner und leistet der spätere Insolvenzschuldner, z. B. auf Weisung des Schuldners, an den Gläubiger, so ist diese Leistung des späteren Insolvenzschuldners an den Gläubiger nach § 134 InsO anfechtbar.[83] Wollte man aber mit dem Argument der Wertlosigkeit der Forderung des Gläubigers gegen die GmbH § 134 InsO anwenden, dann würde man damit das Insolvenzanfechtungsrecht sprengen, denn durch die wirtschaftlich desolate Situation der GmbH werden die Forderungen der meisten GmbH-Gläubiger entwertet sein. Mit der o. g. Argumentation würde die Anfechtung nach § 134 InsO alle anderen Anfechtungstatbestände überlagern, insbesondere § 131 InsO (Inkongruente Deckung), § 130 InsO (Kongruente Deckung) und § 133 InsO (Vorsatzanfechtung). Es liegt auf der Hand, dass die Unentgeltlichkeitsanfechtung als „Super-Anfechtungsrecht" nicht in Betracht kommt.

113 Damit müsste es dabei bleiben, dass die Anfechtbarkeit einer Vereinbarung eines anfechtungsschwachen Rechts im 3-Monats-Zeitraum jeweils insbesondere als inkongruente Leistung nach § 131 InsO und außerhalb des 3-Monats-Zeitraums nach §§ 133 Abs. 4 und Abs. 1, 138 InsO (Vorsatzanfechtung gegenüber nahestehenden Personen) oder nach § 133 Abs. 1 InsO (Vorsatzanfechtung) zu prüfen wäre. Weil eben die Rechtswahl angegriffen wird, wäre bei einem erfolgreichen Angriff der Rechtswahl durch den Insolvenzverwalter entweder die Berufung des Anfechtungsgegners auf Art. 16 EuInsVO und das vereinbarte anfechtungsschwache Recht verwehrt. Alternativ käme in Betracht, autonom vorzugeben und zu prüfen, unter welchen Voraussetzungen und in welchen Konstellationen sich der Anfechtungsgegner insbesondere wegen Missbrauchs eben nicht auf Art. 16 EuInsVO be-

83 Krit. hierzu: *Neuberger*, ZInsO 2020, 629, 638–645 m. w. N.

rufen kann. Aber damit würde man in die Anwendung des Art. 16 EuInsVO Streitigkeiten und Argumente hineintragen, die bisher aufgrund des von Art. 16 EuInsVO gewährten abstrakten Vertrauensschutzes aus guten Gründen eben nicht bei Art. 16 EuInsVO diskutiert wurden.

G. Fazit

Die verschiedenen Argumentationsansätze des BGH, die zu einer Unanwendbarkeit des Art. 16 EuInsVO und zur Anwendbarkeit des deutschen Rechts des Gesellschafterdarlehens führen sollen, können nicht überzeugen. Angesichts des hier wohl anwendbaren österreichischen EKEG stellt sich aber auch die hier nicht beantwortbare Frage, weshalb das EKEG insbesondere nicht von den Vorinstanzen angewandt wurde. 114

Entgegen einer zumindest weitverbreiteten Meinung, vielleicht sogar der h. M., gehört Art. 16 EuInsVO nicht abgeschafft. Art. 16 EuInsVO schafft einen Ausgleich zwischen den widerstreitenden Interessen einerseits der Gesellschaft mit dem Sitz in einem EU-Mitgliedstaat, deren Insolvenzgläubiger und Insolvenzverwalter und andererseits dem Gesellschafter-Darlehensgeber mit dem Sitz in einem anderen EU-Mitgliedstaat. 115

Die Parteien eines Vertrags sollten zumindest erwägen, ob es nicht geboten sein kann, den Vertrag durch Rechtswahl einem bestimmten und möglichst anfechtungsschwachen Recht eines anderen EU-Mitgliedstaats zu unterstellen. Dabei ist dann aber zu beachten, dass der Vertrag nach dem gewählten Recht gelebt werden muss, um den Vorwurf des Missbrauchs zumindest nicht zu evozieren. 116

Man kann Insolvenzverwaltern und Sachwaltern (wegen § 280 InsO) bei grenzüberschreitenden Sachverhalten insbesondere wegen § 60 Abs. 1 InsO in ihrem eigenen Interesse nur raten, wegen Art. 16 EuInsVO und dem jeweiligen parallel in Betracht kommenden ausländischen Recht mit kürzeren Fristen als nach deutschem Recht, nach Insolvenzeröffnung keine Zeit zu verlieren und insbesondere Erstattungsansprüche aufgrund Insolvenzanfechtung so früh wie möglich zu ermitteln (wenn nicht bereits während der vorläufigen Verwaltung[84] geschehen) und geltend zu machen.[85] 117

84 Auch Insolvenzantragsverfahren oder Insolvenzeröffnungsverfahren.

85 Vgl. *Ch. Keller*, EWiR 2015, 415, 416 (zu EuGH, Urt. v. 16.4.2015 – C-557/13 „Lutz", dem übrigens ein Sachverhalt mit Österreich-Berührung zugrunde lag): Für die Praxis heißt das, dass in grenzüberschreitenden Insolvenzverfahren künftig auch ausländische Verjährungs- und sonstige Ausschlussfristen notiert werden müssen. Geschieht dies nicht, kann die Haftung des Verwalters die Folge sein.

Literaturverzeichnis

Bork, Reinhard	Anm. zu BGH, Beschl. v. 16.1.2025 – IX ZR 229/23, ZRI 2025, 127
Bork, Reinhard	Anm. zu BGH, Urt. v. 21.7.2011 – IX ZR 185/10, EWiR 2011, 643
Braun, Eberhard (Hrsg.)	InsO, 10. Aufl. 2024
Finkelmeier, Max	Anm. zu BGH, Beschl. v. 16.1.2025 – IX ZR 229/23, NJW 2025, 688
Fridgen, Alexander/Geiwitz, Arndt/Göpfert, Burkard (Hrsg.)	Beck'scher Online-Kommentar Insolvenzrecht, 39. Ed., 1.5.2025
Fuchs, Felix	Anm. zu BGH, Beschl. v. 16.1.2025 – IX ZR 229/23, GWR 2025, 172
Gottwald, Peter/Haas, Ulrich (Hrsg.)	Insolvenzrechts-Hdb., 6. Aufl. 2020
Graf-Schlicker, Marie Luise (Hrsg.)	InsO, 6. Aufl. 2022
Grüneberg, Christian et al. (Hrsg.)	BGB, 84. Aufl. 2025
Hain, Ansgar	Anm. zu BGH, Beschl. v. 16.1.2025 – IX ZR 229/23, jurisPR-InsR 4/2025 Anm. 1
Keller, Christoph	Anm. zu EuGH, Urt. v. 16.4.2015 – C-557/13 „Lutz", EWiR 2015, 415
Knof, Béla	Anm. zu OLG Naumburg, Urt. v. 6.10.2010 – 5 U 73/10, EWiR 2011, 709
Kratzlmeier, Fabian	Anm. zu BGH, Beschl. v. 16.1.2025 – IX ZR 229/23, NZG 2025, 307
Mankowski, Peter	Anm. zu EuGH, Urt. v. 15.10.2015 – C-310/14 „Nike", EWiR 2015, 773
Michalski, Lutz/Heidinger, Andreas/Leible, Stefan/Schmidt, Jessica (Hrsg.)	GmbHG, 4. Aufl. 2023
Nerlich, Jörg/Römermann, Volker (Hrsg.)	InsO, 49. EL Januar 2024
Neuberger, Jürgen	Ansatz und Bewertung der Aktiva und Passiva der GmbH in der Krise, insbesondere nach § 30 I GmbHG, 2017

Neuberger, Jürgen	Eine unentgeltliche Leistung nach § 134 InsO ist eine unentgeltliche Leistung, ZInsO 2020, 629
Riedemann, Susanne/ Kersch, Maria	Anm. zu BGH, Beschl. v. 16.1.2025 – IX ZR 229/23, ZIP 2025, 1009
Rüthers, Bernd/Fischer, Christian/Birk, Axel	Rechtstheorie, 12. Aufl. 2022
Säcker, Franz Jürgen/ Rixecker, Roland/Oetker, Hartmut/Limperg, Bettina/ Schubert, Claudia (Hrsg.)	Münchener Kommentar zum Bürgerlichen Gesetzbuch, 10. Aufl. 2025
Schmidt, Jessica	Anm. zu BGH, Urt. v. 12.12.2019 – IX ZR 328/18, EWiR 2020, 113
Schmidt, Jessica	Anm. zu EuGH Generalanwalt v. 27.11.2014 – C-557/13 „Lutz“, EWiR 2015, 15[illegible]
Schmidt, Karsten (Hrsg.)	InsO, 20. Aufl. 2023
Spliedt, Jürgen	Anm. zu BGH, Urt. v. 16.1.2014 – IX ZR 116/13, EWiR 2014, 289
Statistisches Bundesamt	Fachserie 2 Reihe 4.1.1, Unternehmen und Arbeitsstätten, Beendete Insolvenzverfahren und Restschuldbefreiung, 2018, erschienen am 31.3.2020, 1.1 Finanzielle Ergebnisse, Abschlags- und Deckungsquoten der Insolvenzverfahren nach Rechtsform, Alter der Unternehmen und Zahl der Arbeitnehmer/innen, Insolvenzverfahren: Eröffnet im Jahr 2011, beendet bis 31.12.2018
Statistisches Bundesamt	Statistischer Bericht – Beendete Insolvenzverfahren und Restschuldbefreiung – 2020 – 52431-12: Entwicklung beendeter Insolvenzverfahren von Unternehmen nach Eröffnungsjahren, Anzahl, Beendigungs- und Deckungsquoten: Eröffnet in den Jahren 2009 bis 2020, beendet bis zum 31.12.2020
Stender, Shaya	Anm. zu BGH, Beschl. v. 16.1.2025 – IX ZR 229/23, BB 2025, 1298
Stoll, Hans (Hrsg.)	Vorschläge und Gutachten zur Umsetzung des EU-Übereinkommens über Insolvenzverfahren in deutsches Recht, 1997

Stürner, Rolf/Eidenmüller, Horst/Schoppmeyer, Heinrich (Hrsg.)	Münchener Kommentar zur Insolvenzordnung, 4. Aufl. 2019
Thole, Christoph	Die Anwendung des Art. 13 EuInsVO bei Zahlungen auf fremde Schuld, NZI 2013, 113
Uhlenbruck, Wilhelm/Hirte, Heribert/Vallender, Heinz (Hrsg.)	Insolvenzordnung, Band 1 InsO, 15. Aufl. 2019
Uhlenbruck, Wilhelm/Hirte, Heribert/Vallender, Heinz (Hrsg.)	Insolvenzordnung, Band 2 EuInsVO u. a., 16. Aufl. 2023
Vallender, Heinz (Hrsg.)	EuInsVO, 3. Aufl. 2024

Kapitel 6
Die Gesellschaft mit gebundenem Vermögen in Krise und Insolvenz

Übersicht

A. Einleitung

1 Der Gesellschafter einer Gesellschaft mit beschränkter Haftung (GmbH), oder allgemeiner gesprochen der Investor, bringt in ein Unternehmen regelmäßig Geld, möglicherweise aber seine persönliche Zeit, sein spezifisches Wissen und sein mentales Engagement ein. Neben der intrinsischen Motivation, also der Verwirklichung des Bedürfnisses nach Autonomie und Selbstverwirklichung und der Möglichkeit, eigene Ideen umzusetzen, steht aber vorrangig die Erzielung von Gewinnen im Vordergrund, die – neben laufenden Gehaltszahlungen, sofern er Geschäftsführer oder Arbeitnehmer ist – die wirtschaftliche Lebensgrundlage des Gesellschafters bieten. Zudem sind auch extrinsische Faktoren wie soziales Ansehen, finanzielle Belohnung oder Anerkennung durch Peer-Gruppen von Bedeutung.

2 Der Gesichtspunkt der Nutzenmaximierung steht regelmäßig im Vordergrund; der Gesellschafter erwartet also eine angemessene Verzinsung des eingesetzten Kapitals. Die GmbH gibt dem selbst in der Gesellschaft tätigen Gesellschafter die Möglichkeit, laufendes Gehalt aus der Gesellschaft zu

beziehen, aber auch am wirtschaftlichen Erfolg der Gesellschaft durch Gewinnausschüttungen zu partizipieren und ggf. bei einer Veräußerung des Gesellschaftsanteils an der Wertsteigerung durch einen hohen Veräußerungserlös teilzuhaben.

3 Mit dem Akademischen Entwurf (AkadE) eines Gesetzes zur Einführung einer Gesellschaft mit gebundenem Vermögen (GmgV) wird dem nun ein treuhänderisches Unternehmensverständnis entgegengestellt.

4 Der nachfolgende Beitrag zeichnet zunächst den (B.) Rechtsrahmen der GmgV nach, bevor die (C.) GmgV in der Krise behandelt wird. Die GmgV in der Insolvenz ist Gegenstand von Kapitel D., bevor die (E.) Organe der GmgV in der Insolvenz behandelt werden. Der Beitrag endet mit einem (F.) Fazit.

B. Rechtsrahmen der GmgV

5 Der Rechtsrahmen der GmgV wird von ihrem Status als (I.) Kapitalgesellschaft geprägt, woraus folgt, dass sie auch dem (II.) Grundsatz der Kapitalaufbringung unterliegt. Schließlich erfolgt eine (III.) Abgrenzung von Liquidation und Insolvenz, bevor die Ausführungen mit Hinweisen zum (IV.) Steuerrecht schließen.

I. Kapitalgesellschaft

6 Das deutsche Gesellschaftsrecht unterscheidet zwischen Kapital- und Personengesellschaften. Wesentliches Merkmal der Kapitalgesellschaft ist die Trennung von Kapital und Geschäftsführung sowie der Möglichkeit, die Haftung auf das Gesellschaftsvermögen zu beschränken. Nachfolgend wird im Wesentlichen von der GmbH als Paradigma der Kapitalgesellschaft ausgegangen, wobei die Ausführungen weitgehend sinngemäß für die Aktiengesellschaft gelten.

7 Gem. § 13 Abs. 1 GmbHG ist die GmbH dadurch gekennzeichnet, dass sie selbstständig Rechte und Pflichten hat, Eigentum und andere dingliche Rechte an Grundstücken erwerben sowie vor Gericht klagen und verklagt werden kann. Sie ist damit juristische Person und gem. § 13 Abs. 3 GmbHG gilt sie als Handelsgesellschaft i. S. d. HGB. Die Haftung für die Verbindlichkeiten der Gesellschaft ist gem. § 13 Abs. 2 GmbHG auf das Gesellschaftsvermögen beschränkt.

8 Während früher das wesentliche Merkmal zur Abgrenzung zwischen Kapital- und Personengesellschaft die Rechtsfähigkeit war, ist dieses Kriterium inzwischen durch das Gesetz zur Modernisierung des Personengesellschaftsrechts (Personengesellschaftsrechtsmodernisierungsgesetz – MoPeG) vom

10.8.2021[1] relativiert, da inzwischen auch eine Gesellschaft bürgerlichen Rechts als rechtsfähige Gesellschaft i. S. v. § 705 Abs. 2 BGB ausgestaltet sein kann. Die oHG und die KG sind inzwischen ebenfalls rechtsfähige Gesellschaften. Diese Änderungen sind inzwischen im Steuerrecht nachvollzogen, indem in § 14a Abs. 2 AO als rechtsfähige Personenvereinigungen die Vereine ohne Rechtspersönlichkeit, rechtsfähige Personengesellschaften einschließlich Gesellschaften des bürgerlichen Rechts, Personenhandelsgesellschaften, Partnerschaftsgesellschaften, Partenreedereien und Europäische wirtschaftliche Interessenvereinigungen sowie Gemeinschaften der Wohnungseigentümer genannt sind.[2]

Während für die Verbindlichkeiten einer Kapitalgesellschaft den Gläubigern nur das Gesellschaftsvermögen zur Verfügung steht, kann der, der mit einem Einzelkaufmann oder einer Personengesellschaft kontrahiert, wegen seiner Ansprüche auf das gesamte Vermögen des Einzelkaufmannes bzw. den persönlich haftenden Gesellschafter der Personengesellschaft zurückgreifen.[3] **9**

Es entspricht dem Wesen von Kapitalgesellschaften sowie haftungsbeschränkten Personenhandelsgesellschaften, dass der Unternehmer die Möglichkeit hat, wirtschaftlich tätig zu werden, ohne dabei sein gesamtes (auch privates) Vermögen dem (potenziellen) Zugriff der Gläubiger auszusetzen. Die Kapitalgesellschaft – von *Paulus* zutreffend als „virtuelle Schöpfung" bezeichnet – führt dazu, dass die Haftung sich auf das Vermögen, das der Gesellschaft übertragen worden ist, oder das sie erworben hat, erstreckt.[4] **10**

Im Hinblick darauf, dass in Krise und Insolvenz das Vermögen der haftungsbeschränkten Gesellschaft regelmäßig nicht ausreicht, ihre Gläubiger zu befriedigen, gelten neben der persönlichen Haftung der Geschäftsführer für Pflichtverletzungen auch die Grundsätze der Kapitalaufbringung und Kapitalerhaltung. **11**

II. Grundsatz der Kapitalaufbringung

Gerade weil die Haftung der Gesellschaft auf ihr Vermögen beschränkt ist, bedarf es verschiedener Instrumentarien, um die Interessen der Gläubiger zu schützen. Dazu gehört der Grundsatz der Kapitalaufbringung. **12**

---

1 BGBl. I 2021, 3436 ff.

2 Vgl. *Hermanns*, DNotZ 2022, 3 ff.; *Bleifeld*, RNotZ 2024, 209 ff.; *Bühler*, NZG 2024, 51 ff.; *K. Schmidt*, JuS 2024, 1 ff.; *Schmittmann*, ZRI 2024, 613 ff.; *Stabel*, JuS 2024, 205 ff.

3 So *Schmittmann*, Haftung von Organen in Krise, Restrukturierung und Insolvenz, Rn. 150.

4 So *Paulus*, Ist das Insolvenzrecht wirklich eine Schlüsselmaterie für die Wirtschafts- und Finanzstabilität eines Landes?, in: FS Görg, S. 361, 366.

13 Die Begrenzung der Haftung auf das Vermögen der Gesellschaft setzt voraus, dass die Gesellschaft entstanden ist. Die GmbH erlangt ihren Status „als solche“ gem. § 11 Abs. 1 GmbHG erst durch die Eintragung in das Handelsregister des Sitzes der Gesellschaft. Vor der Eintragung in das Handelsregister handelt es sich um die sog. „Vorgesellschaft“, die weder Gesellschaft bürgerlichen Rechts noch Verein, sondern Gesamtheitsgesellschaft eigener Art ist. Sie ist ein von ihren Gründern bzw. Gesellschaftern verschiedenes körperschaftlich strukturiertes Rechtsgebilde mit eigenen Rechten und Pflichten. Sie ist rechtsfähig sowie im Rechtsstreit parteifähig.[5]

14 Die ursprüngliche Konzeption des sog. „Vorbelastungsverbotes“ wurde vom BGH aufgegeben, indem er entschieden hat, dass die Rechte und Pflichten aus Geschäften, die die Vorgesellschaft eingegangen ist, mit der Eintragung in das Handelsregister voll auf diese übergehen.[6]

15 Der BGH hat darüber hinaus herausgearbeitet, dass daran festzuhalten ist, dass es dem Zweck der Kapitalaufbringungsvorschriften widerspricht, das garantierte Anfangsvermögen der GmbH vorweg durch eine Belastung mit Verbindlichkeiten auszuhöhlen, die sich weder aus dem Gesetz noch aus der Satzung unmittelbar oder mittelbar ergibt. Solche zulasten der Vorgesellschaft begründeten Verbindlichkeiten von einem Übergang auf die eingetragene Gesellschaft auszuschließen, ist aber kein geeignetes und angemessenes Mittel, die Unversehrtheit des Stammkapitals im Augenblick der Eintragung zu gewährleisten. Die Gesellschafter trifft somit auch eine Haftung in den Fällen, in denen durch vorzeitigen Geschäftsbeginn Verpflichtungen begründet worden sind. Die Gesellschafter haften für die Differenz, die sich aus solchen Vorbelastungen zwischen dem Stammkapital und dem Wert des Gesellschaftsvermögens im Zeitpunkt der Eintragung ergibt, nach den Grundsätzen der sog. „Unterbilanzhaftung“.[7]

16 Der Anspruch aus Unterbilanzhaftung ist grundsätzlich wie ein Anspruch auf Leistung fehlender Bareinlagen zu behandeln, sodass er denselben strengen Regeln der Kapitalaufbringung unterliegt wie die ursprüngliche Einlageschuld. Der Grundsatz der realen Kapitalaufbringung führt zu einem automatischen Erlöschen des Anspruchs durch faktische Zweckerreichung infolge anderweitiger Auffüllung des Haftungsfonds. Der aus der Unterbilanz haftende Gesellschafter kann gegen den Anspruch aus Unterbilanzhaftung nicht einseitig mit Forderungen, die er gegen die Gesellschaft hat, aufrechnen.[8]

---

5 So BGH, Urt. v. 23.10.2006 – II ZR 162/05, BGHZ 169, 270 ff. = ZIP 2006, 2267 ff.; BGH, Urt. v. 28.11.1997 – V ZR 178/96, ZIP 1998, 107 ff. = NJW 1998, 1079 ff.

6 So BGH, Urt. v. 9.3.1981 – II ZR 54/80, BGHZ 80, 129 ff. = ZIP 1981, 394 ff.

7 So BGH, Urt. v. 9.3.1981 – II ZR 54/80, BGHZ 80, 129 ff. = ZIP 1981, 394 ff.

8 So BGH, Urt. v. 16.1.2006 – II ZR 65/04, BGHZ 165, 391 ff. = ZIP 2006, 668 ff.

Da es sich bei der GmgV ebenfalls um eine Kapitalgesellschaft handeln soll, ist der Grundsatz der Kapitalaufbringung zu beachten. Es wird zu den Pflichtaufgaben des Insolvenzverwalters einer GmgV gehören, die ordnungsgemäße Aufbringung des Kapitals zu prüfen und ggf. die Gesellschafter im Interesse der Gläubiger der Gesellschaft in Anspruch zu nehmen. **17**

III. Abgrenzung von Liquidation und Insolvenz

Das Insolvenzverfahren dient gem. § 1 Satz 1 InsO dazu, die Gläubiger eines Schuldners gemeinschaftlich zu befriedigen, indem das Vermögen des Schuldners verwertet und der Erlös verteilt oder in einem Insolvenzplan eine abweichende Regelung insbesondere zum Erhalt des Unternehmens getroffen wird. In aller Regel werden die Gläubiger im Insolvenzverfahren lediglich eine anteilige Befriedigung erhalten, sofern nicht ausnahmsweise das Insolvenzverfahren gem. § 212 InsO wegen Wegfalls des Eröffnungsgrundes eingestellt wird oder aber ein Überschuss bei der Schlussverteilung verbleibt, der gem. § 199 InsO an den Schuldner herauszugeben ist. **18**

In der Liquidation, die nach einer Auflösung der Gesellschaft stattfindet, sind grundsätzlich alle Gläubiger der Gesellschaft vollständig zu befriedigen. Bei der GmbH werden die Rechte der Gläubiger der Gesellschaft insbesondere dadurch geschützt, dass die Verteilung des Vermögens an die Gesellschafter gem. § 73 Abs. 1 GmbHG nicht vor Tilgung oder Sicherstellung der Schulden der Gesellschaft und nicht vor Ablauf des sog. „Sperrjahres" stattfinden darf. **19**

Auflösung und Nichtigkeit der GmgV sind in §§ 58 ff. AkadE-GmgVG im Einzelnen geregelt, wobei die Bestimmungen dem Recht der GmbH im Wesentlichen folgen. Die Besonderheit besteht darin, dass – anders als bei der GmbH – die Vermögensbindung der GmgV zu beachten ist. Die Regelung in § 70 AkadE-GmgVG ist zwar an das Recht der GmbH angelehnt und beinhaltet auch ein Sperrjahr, allerdings wird das Vermögen, das nach Befriedigung der Gläubiger verbleibt, nicht an die Gesellschafter verteilt, sondern steht den sog. „Anfallberechtigten" zu. **20**

Anfallberechtigte sind gem. § 71 Abs. 1 Satz 1 AkadE-GmgVG die im Gesellschaftsvertrag zu benennende andere Gesellschaft mit gebundenem Vermögen oder ein Rechtsträger mit in gleicher Weise gesetzlich dauerhaft gebundenem Vermögen. **21**

In der Begründung heißt es dazu: **22**

> „Damit auch im Fall der Liquidation das in der Gesellschaft gebundene Vermögen nicht von den Gesellschaftern vereinnahmt werden kann, regelt § 71, dass der Liquidationserlös einer zu benennenden anderen Gesellschaft mit gebundenem Vermögen oder Körperschaft mit vergleich-

barer Vermögensbindung (Anfallberechtigter) auszukehren sei, wobei gem. § 71 Abs. 1 Satz 2 auch Gebietskörperschaften (Bund, Länder, Kreise, Gemeinden, Städte) zulässige Empfänger sind.

Als Anfallberechtigte sind nur andere GmgV und andere Rechtsträger mit vergleichbarer, das heißt vor allem dauerhafter, Vermögensbindung zulässig. Letzteres dürften praktisch nur gemeinnützige Stiftungen sein, da sich bei einer Einsetzung einer anderen gemeinnützigen Gesellschaft das Problem stellen könnte, dass die Gesellschafter oder Mitglieder die Gemeinnützigkeit ‚abstreifen' und das Vermögen selbst vereinnahmen können. Eine Familienstiftung, die Leistungen an ihre Destinatäre erbringt, wäre mangels Vermögensbindung nicht geeignet."[9]

23 Die Entwurfsverfasser haben den Bezug zur Verteilung eines Überschusses im Insolvenzverfahren gesehen und schlagen in § 71 Abs. 3 Satz 1 AkadE-GmgVG vor, dass § 199 Satz 2 InsO mit der Maßgabe Anwendung findet, dass der Verwalter den Überschuss nach Erstattung der Einlagen und sonstigen Zahlungen in das Eigenkapital an die Gesellschafter dem Anfallberechtigten herauszugeben hat. Dem Anfallberechtigten ist gem. § 71 Abs. 3 Satz 2 AkadE-GmgVG die Schlussverteilung und die Anspruchsberechtigung durch den Insolvenzverwalter mitzuteilen.

24 Soweit es in § 71 Abs. 2 Satz 1 AkadE-GmgVG heißt, dass dem Anfallberechtigten die Auflösung der Gesellschaft und die Anspruchsberechtigung auf einen Liquidationserlös durch den Geschäftsführer unverzüglich mitzuteilen ist, ist dies offenbar so zu verstehen, dass die Verpflichtung von den Liquidatoren (§ 64 AkadE-GmgVG) zu erfüllen ist. Mit der Auflösung der Gesellschaft tritt die Gesellschaft in das Liquidationsstadium, sodass die Geschäftsführer zu Liquidatoren werden.

IV. Steuerrecht

25 In Abschnitt 7 AkadE-GmgVG sind Bezüge zum Steuerrecht geregelt.

26 Soweit keine besonderen Vorschriften einschlägig sind, werden die Gesellschaft mit gebundenem Vermögen und ihre Gesellschafter gem. § 82 Satz 1 AkadE-GmgVG steuerlich wie eine (thesaurierende) Kapitalgesellschaft und deren Gesellschafter behandelt. Es ist gem. § 82 Satz 2 AkadE-GmgVG nicht vorgesehen (§ 42 Abs. 2 Satz 1 AO), dass die Gesellschaft mit gebundenem Vermögen zu Steuervorteilen führe.

27 Ergibt sich aus der Umwandlung in eine Gesellschaft mit gebundenem Vermögen, gleich auf welchem gesellschaftsrechtlichen Wege sie erfolgt, nach allgemeinen Vorschriften eine Minderung einer Abgabenbemessungsgrund-

---

9 So *Sanders/Dauner-Lieb/Kempny/Möslein/Neitzel/Teichmann*, Gesetz zur Einführung einer Gesellschaft mit gebundenem Vermögen: Akademischer Entwurf, S. 360.

lage, so wirkt diese Minderung gem. § 83 Satz 1 AkadE-GmgVG frühestens im Zeitpunkt der Beendigung der Mitgliedschaft. Insbesondere ist infolge einer solchem Umwandlung gem. § 83 Satz 2 AkadE-GmgV vor jenem Zeitpunkt kein niedrigerer Teilwert i. S. d. § 6 Abs. 1 Nr. 2 Satz 2 EStG anzusetzen.

Im Übrigen ist vorgesehen, § 17 Abs. 2 EStG und § 20 Abs. 1 Nr. 9 Satz 1 EStG sowie § 7 Abs. 1 ErbStG zu ändern. In das Körperschaftsteuergesetz soll die Gesellschaft mit gebundenem Vermögen in § 1 Abs. 1 Nr. 2a KStG eingegliedert werden. **28**

Nach dem Willen der Entwurfsverfasser soll die GmgV weder ein „Steuersparmodell" sein noch steuerlich diskriminiert werden. Daher sind nur wenige steuerliche Neuregelungen erforderlich.[10] **29**

C. GmgV in der Krise

Vor der Insolvenz geraten Unternehmen regelmäßig in mindestens eine Krise.[11] In der Krise sind verschiedene Parameter zu beachten, die bereits im Vorgriff auf die Erhaltung des Schuldnervermögens zum Zwecke der Gläubigerbefriedigung geschaffen worden sind. Dazu gehören der (I.) Grundsatz der Kapitalerhaltung, die (II.) Pflicht zur Krisenfrüherkennung und zum Krisenmanagement, die (III.) Pflicht zur Anzeige des Verlustes des hälftigen Stammkapitals sowie die (IV.) Anwendung der Instrumente des StaRUG. **30**

I. Grundsatz der Kapitalerhaltung

Der Grundsatz der Kapitalaufbringung wird durch den Grundsatz der Kapitalerhaltung ergänzt. Gem. § 30 Abs. 1 GmbHG darf das zur Erhaltung des Stammkapitals erforderliche Vermögen der Gesellschaft nicht an die Gesellschafter ausgezahlt werden. Zahlungen, welche den Vorschriften des § 30 GmbHG zuwider geleistet sind, müssen gem. § 31 Abs. 1 GmbHG der Gesellschaft erstattet werden. **31**

Vom Kapitalerhaltungsgrundsatz werden nicht nur unmittelbare Zahlungen an die Gesellschafter erfasst, sondern auch anderweitige Rechtshandlungen mit gleicher oder vergleichbarer Wirkung. Eine verbotene Auszahlung i. S. v. § 30 Abs. 1 Satz 1 GmbHG zulasten des zur Erhaltung des Stammkapitals erforderlichen Vermögens liegt z. B. mit der Bestellung einer dinglichen Sicherheit für einen Darlehensrückzahlungsanspruch eines Sicherungs- **32**

---

10 Vgl. *Kempny/von Freeden*, Leitsätze zur steuerlichen Behandlung der GmgV, in: Sanders/Dauner-Lieb/Kempny/Möslein/Neitzel/Teichmann, AkadE-GmgVG, S. 173 ff.

11 Vgl. zu den verschiedenen Krisenstadien: *Schmittmann*, in: Schmittmann, Handbuch Restrukturierung und Unternehmensplanung, Kap. 4 Rn. 54 ff.

nehmers gegen den Gesellschafter vor, wenn der Gesellschafter nicht voraussichtlich zur Rückzahlung in der Lage ist und zudem eine Unterbilanz entsteht oder vertieft wird. Damit, und nicht erst mit der Verwertung der Sicherheit, beginnt die Verjährung der Erstattungsansprüche der Gesellschaft nach § 31 Abs. 5 Satz 2 GmbHG.[12]

33 Im Zuge des Gesetzes zur Modernisierung des GmbH-Rechts und zur Bekämpfung von Missbräuchen (MoMiG) vom 23.10.2008[13] wurde auch das Recht der Gesellschafterdarlehen neu gefasst. Damit war nicht nur die Subordination von Gesellschafterdarlehen nach Eröffnung des Insolvenzverfahrens verbunden, sondern auch die Verhinderung einer parallelen Anwendung des Rechts der Kapitalerhaltung auf Gesellschafterdarlehen.

34 Der Gesetzgeber hat dazu ausgeführt:

> „Als Fremdkapital gegebene Beträge sind nicht dem Eigenkapital zuzurechnen. Auf diese Weise wird die verwirrende Doppelspurigkeit der sog. Rechtsprechungsregelungen und der Novellenregelungen über die eigenkapitalersetzenden Gesellschafterdarlehen beseitigt. Das Recht der Gesellschaft mit beschränkter Haftung wird dadurch wesentlich einfacher und für die mittelständische Zielgruppe verständlicher."[14]

35 Soweit im Zuge des MoMiG auch Vorschriften der Insolvenzordnung geändert worden sind, so betrifft dies nicht nur die Subordination aller (und nicht nur der „kapitalersetzenden") Gesellschafterdarlehen, sondern auch Vorschriften der Insolvenzanfechtung in § 135 InsO. Zugleich wurde hinsichtlich der Verwertung von Sicherheiten mit § 44a InsO eine Sonderregelung geschaffen.

36 Bei der GmgV stellen sich im Zusammenhang mit der Kapitalerhaltung ebenfalls Fragen zur Sicherstellung der Befriedigung der Gläubiger. Die Rückzahlung der Einlage oder sonstiger Zahlungen in das Eigenkapital darf gem. § 15 Abs. 3 Satz 1 AkadE-GmgVG nur aufgrund eines Gesellschafterbeschlusses erfolgen. Der Anspruch auf Auszahlung der Einlage kann gem. § 15 Abs. 3 Satz 2 AkadE-GmgVG insbesondere an einen Gesellschafter abgetreten werden; der Gesellschaftsvertrag kann insoweit Einzelheiten regeln. Die Erstattung darf gem. § 15 Abs. 3 Satz 3 AkadE-GmgVG nicht

---

12 So BGH, Urt. v. 21.3.2017 – II ZR 93/16, BGHZ 214, 258 ff. = ZIP 2017, 1261 ff.

13 BGBl. I 2008, 2026. Vgl. *Buschmann*, NZG 2009, 91 ff.; *Carlé*, DStZ 2008, 709 ff.; *Engel*, DStR 2008, 1593 ff.; *Fliegner*, DB 2008, 1668 ff.; *Haack*, NWB 2008, 1069 ff.; *Hein/Suchan/Geeb*, DStR 2008, 2289 ff.; *Heinze*, GmbHR 2008, 1065 ff.; *Herrler*, DB 2008, 2347 ff.; *Hirte*, NZG 2008, 761 ff.; *Hirte*, ZInsO 2008, 689 ff.; *Marotzke*, ZInsO 2008, 1281 ff.; *Meier/Gilsing*, NWB 2009, 377 ff.; *Nagel/Meder*, ZInsO 2009, 944 ff.; *Oberbeck/Winheller*, DStR 2009, 516 ff.; *K. Schmidt*, BB 2008, 1966 ff.; *K. Schmidt*, DB 2008, 1727 ff.; *Ulmer*, ZIP 2009, 293 ff.; *Wachter*, DB 2009, 159 ff.; *Weyand*, ZInsO 2008, 702 ff.

14 So BT-Drs. 16/6140, S. 26.

erfolgen, soweit die Gesellschaft nach Auszahlung nicht im Stande ist, ihre Verbindlichkeiten zu erfüllen; insoweit gilt der Betrag als gestundet.

Der Grundsatz der Kapitalerhaltung, der die Befriedigungsaussichten der Gläubiger bei haftungsbegrenzten Gesellschaften schützen soll, wird bei der GmgV durch den Grundsatz der Vermögensbindung ergänzt, der allerdings eine andere Zielrichtung verfolgt. **37**

Der sich bei der Feststellung des Jahresabschlusses ergebende Gewinn darf gem. § 16 Abs. 1 AkadE-GmgVG nicht an die Gesellschafter ausgeschüttet werden. **38**

Das Vermögen der Gesellschaft darf gem. § 16 Abs. 2 Satz 1 AkadE-GmgVG nicht an die Gesellschafter ausgezahlt werden. Dieses Auszahlungsverbot gilt gem. § 16 Abs. 2 Satz 2 AkadE-GmgVG bei Leistungen, die durch einen vollwertigen Gegenleistungs- oder Rückgewähranspruch gegen die Gesellschafter gedeckt sind. Vergütungen, welche der Gesellschafter von der Gesellschaft für seine Tätigkeit in den Diensten der Gesellschaft oder für die Hingabe von Darlehen oder für die Überlassung von Wirtschaftsgütern bezieht, dürfen gem. § 16 Abs. 2 Satz 3 AkadE-GmgVG nicht unangemessen hoch sein. Das Auszahlungsverbot an die Gesellschafter ist gem. § 16 Abs. 2 Satz 4 AkadE-GmgVG nicht anzuwenden auf die Rückgewähr eines Gesellschafterdarlehens und Leistungen auf Forderungen aus Rechtshandlungen, die einem Gesellschafterdarlehen wirtschaftlich entsprechen. **39**

Das Rechtsfolgensystem ergibt sich aus § 17 AkadE-GmgVG. Zunächst wird in § 17 Abs. 1 AkadE-GmgVG eine Erstattungspflicht statuiert. Sodann folgen in § 17 Abs. 2 AkadE-GmgVG Haftungsregelungen. In § 17 Abs. 3 AkadE-GmgVG ist geregelt, dass die Zahlungen den Verpflichteten nicht erlassen werden können. Die Verjährung ergibt sich aus § 17 Abs. 4 AkadE-GmgVG. Zudem wird in § 17 Abs. 5 AkadE-GmgVG die Haftung der Geschäftsführer und der Mitglieder des Aufsichtsrates geregelt. **40**

Die Erstattungspflicht ist § 31 Abs. 1 GmbHG und § 62 AktG nachgebildet.[15] **41**

Die Arbeitsgruppe hat sich umfassend mit den Fällen beschäftigt, in denen Brüche der Vermögensbindung durch Auszahlungen über Strohmänner und nahe Angehörige erfolgen können. Es sind i. Ü. auch Fallgruppen gebildet worden (überhöhte Vergütung, Veräußerung von Unternehmensvermögen, Zuwendungen an persönlich nahestehende Dritte, Zuwendungen an Schwestergesellschaft und GmgV übernimmt die Verluste einer anderen Gesellschaft). **42**

Zu Recht wird in dem Entwurf darauf hingewiesen, dass es sich nicht um eine gänzlich neue Problematik handelt, sondern die Rechtsprechung Fälle **43**

15 So *Sanders/Dauner-Lieb/Kempny/Möslein/Neitzel/Teichmann*, AkadE-GmgVG, S. 271.

aus den §§ 30, 31 GmbHG entschieden hat. Daran wird sich die zukünftige Rechtsprechung zum GmgvG orientieren können.[16]

44 Insbesondere im Bereich der Vergütung ist neben der gesellschaftsrechtlichen die steuerliche Problematik von möglichen verdeckten Gewinnausschüttungen zu beachten.[17] Verdeckte Gewinnausschüttungen sowie Ausschüttungen jeder Art auf Genussrechte, mit denen das Recht auf Beteiligung am Gewinn und am Liquidationserlös der Kapitalgesellschaft verbunden ist, mindern gem. § 8 Abs. 3 Satz 2 KStG das Einkommen nicht.

45 Nach Auffassung des BMF findet eine zweistufige Prüfung der Angemessenheit von Geschäftsführerbezügen statt.[18] Im ersten Schritt werden alle vereinbarten Vergütungsbestandteile einzeln danach beurteilt, ob sie dem Grunde nach als durch das Gesellschaftsverhältnis veranlasst anzusehen sind. Z. B. ist die Vereinbarung von Überstundenvergütungen nicht mit dem Aufgabenbild eines Geschäftsführers vereinbar.[19] Die verbleibenden Vergütungsbestandteile sind im zweiten Schritt danach zu beurteilen, ob sie der Höhe nach als durch das Gesellschaftsverhältnis veranlasst anzusehen sind, z. B. durch Betrachtung des Verhältnisses der Tantieme zum Festgehalt. Schließlich wird in einem dritten Schritt überprüft, ob die nicht durch das Gesellschaftsverhältnis veranlasste Vergütung in der Summe als angemessen angesehen werden kann.

46 Neben den gesellschaftsrechtlichen Fragen, die sich im Zusammenhang mit der Vermögensbindung bei der GmgV ergeben, sind auch steuerliche Fragen zu berücksichtigen, insbesondere im Bereich der verdeckten Gewinnausschüttungen gem. § 8 Abs. 3 Satz 2 KStG.

47 Die Verfasser des Entwurfs verlangen zu Recht, dass die Geltendmachung der Ansprüche aus § 17 AkadE-GmgVG durch eine angemessene Governance abzusichern sei. Im Insolvenzfall habe der Insolvenzverwalter die Ansprüche einzufordern.[20]

48 Die Geschäftsführer sind gem. § 17 Abs. 5 Satz 1 AkadE-GmgVG zur Erstattung verpflichtet, sofern die Erstattung von dem Empfänger nicht zu erlangen ist und auch die übrigen Gesellschafter nicht zur Leistung in der Lage sind. Zudem regelt § 30 Abs. 3 Satz 1 AkadE-GmgVG, dass die Geschäftsführer zum Ersatz verpflichtet sind, wenn der Bestimmung des § 16 Aka-

---

16 So *Sanders/Dauner-Lieb/Kempny/Möslein/Neitzel/Teichmann*, AkadE-GmgVG, S. 272.

17 Vgl. BFH, Urt. v. 31.5.2027 – I R 91/15, BFH/NV 2018, 16 ff. = BeckRS 2017, 130072; BFH, Urt. v. 20.12.2016 – I R 4/15, BFHE 256, 483 ff. = BStBl. II 2017, 678 ff. = BB 2017, 1200 ff. mit Anm. *Weppler*.

18 So BMF, Schr. v. 14.10.2002 – 4 A 2 – S 2742 – 6202, BStBl. I 2002, 972.

19 So BFH, Urt. v. 19.3.1997 – I R 75/96, BFHE 183, 94 ff. = BStBl. II 1997, 577 ff. = DStR 1997, 1161 ff.

20 So *Sanders/Dauner-Lieb/Kempny/Möslein/Neitzel/Teichmann*, AkadE-GmgVG, S. 273.

dE-GmgVG zuwider Zahlungen unter Verletzung der Vermögensbindung gemacht worden sind. Die Verpflichtung der Geschäftsführer wird gem. § 30 Abs. 3 Satz 2 AkadE-GmgVG nicht dadurch aufgehoben, dass diese in Befolgung eines Beschlusses der Gesellschafter gehandelt haben. Ein Verzicht der Gesellschaft oder ein Vergleich über diese Ansprüche ist gem. § 30 Abs. 3 Satz 3 AkadE-GmgVG unwirksam.

Im Insolvenzfall ist der Insolvenzverwalter oder Sachwalter gem. § 30 Abs. 4 Satz 3 AkadE-GmgVG verpflichtet, den Ersatzanspruch geltend zu machen. **49**

Die Entwurfsverfasser erläutern, dass das Vorbild der Regelung § 34 Abs. 5 GenG ist. Im Übrigen folge die Vorschrift § 43 Abs. 3 Satz 2 i. V. m. § 9b Abs. 1 Satz 1 GmbHG und § 34 Abs. 5 Satz 2 GenG.[21] **50**

II. Pflicht zur Krisenfrüherkennung und zum Krisenmanagement

Eine besondere Pflicht zur Krisenfrüherkennung und zum Krisenmanagement ist im AkadE-GmgVG nicht vorgesehen, sodass auf die allgemeinen Regelungen zurückzugreifen ist. **51**

Die Mitglieder des zur Geschäftsführung berufenen Organs einer juristischen Person (Geschäftsleiter) wachen fortlaufend gem. § 1 Abs. 1 Satz 1 StaRUG über Entwicklungen, welche den Fortbestand der juristischen Person gefährden können. Erkennen sie solche Entwicklungen, ergreifen sie gem. § 1 Abs. 1 Satz 2 StaRUG geeignete Gegenmaßnahmen und erstatten den zur Überwachung der Geschäftsführung berufenen Organen (Überwachungsorganen) unverzüglich Bericht. Berühren die zu ergreifenden Maßnahmen die Zuständigkeiten anderer Organe, wirken die Geschäftsleiter gem. § 1 Abs. 1 Satz 3 StaRUG unverzüglich auf deren Befassung hin. **52**

Aus Art. 19 der Restrukturierungsrichtlinie folgt der Auftrag an die Mitgliedstaaten, sicherzustellen, dass die Geschäftsleiter von Unternehmen, bei denen eine Insolvenz wahrscheinlich ist, unter Berücksichtigung der Interessen des Stakeholder Maßnahmen der Insolvenzabwendung abwägen, um die Bestandsfähigkeit des Unternehmens nicht weiter zu gefährden. **53**

Der Gesetzgeber führt sodann zu § 1 StaRUG aus:[22] **54**

> „Zu § 1 (Krisenfrüherkennung und Krisenmanagement bei haftungsbeschränkten Unternehmensträgern)
>
> Mit § 1 wird eine allgemeine und rechtsformübergreifende Regelung zu Krisenfrüherkennungs- und -reaktionspflichten der Geschäftsleiter haftungsbeschränkter Rechtsträger geschaffen. Diese Pflichten können bereits dem geltenden Recht entnommen werden, sie sind aber nur punk-

---

21 So *Sanders/Dauner-Lieb/Kempny/Möslein/Neitzel/Teichmann*, AkadE-GmgVG, S. 305.
22 So BT-Drs. 19/2418, S. 103.

tuell im Gesetz geregelt. Eine Pflicht zur Risikoüberwachung wird für den Vorstand einer Aktiengesellschaft in § 91 Absatz 2 AktG normiert. Infolge einer ‚Ausstrahlungswirkung' dieser Vorschrift ist sie aber auch für die Geschäftsleitungsorgane von Unternehmensträgern anderer Rechtsform anzunehmen (vgl. die Begründung des Regierungsentwurfs eines Gesetzes zur Kontrolle und Transparenz im Unternehmensbereich, Bundestagsdrucksache 13/9712, S. 15). Insofern beschränkt sich die Vorschrift darauf, das geltende Recht im Interesse an Rechtsklarheit für die Rechtsanwender einer positiven Regelung zuzuführen. Die Regelung fügt sich auch im Übrigen in den Rahmen ein, der durch die spezialgesetzlichen Bestimmungen zum Pflichtenkreis der Leitungsorgane gezogen wird. Sie präsentiert sich damit als Ausformung dieser Pflichten. Daher bleibt es, was Einzelfragen insbesondere hinsichtlich der Folgen von Pflichtverletzungen angeht, bei den rechtsformspezifischen Regelungen und Grundsätzen. Die Vorschrift legt zudem nur Mindestanforderungen fest. Soweit sich spezialgesetzlichen Regelungen, wie sie zum Beispiel in § 91 Absatz 2 AktG oder § 25a Absatz 1 Satz 3 des Kreditwesengesetzes (KWG) zu erblicken sind, weitergehende Anforderungen entnehmen lassen, bleiben diese unberührt (Absatz 3). Über die Pflicht zur Risikoüberwachung hinaus trifft die Regelung auch Bestimmungen zum Umgang mit erkannten Risiken. Es wird klargestellt, dass die Geschäftsleiter geeignete Gegenmaßnahmen zu treffen haben und dabei nach Maßgabe der jeweiligen Organisationsverfassung des Unternehmensträgers auch die Aufsichts- und Überwachungsorgane sowie die Gesellschafter in die Krisenbewältigung einzubeziehen haben.

Zu Absatz 1

Absatz 1 statuiert Pflichten der Mitglieder des zur Geschäftsführung berufenen Organs einer juristischen Person. Wo, wie im Fall der Gesellschaft mit beschränkter Haftung, neben dem vertretungsberechtigten Organ auch weitere Organe zu Geschäftsführungsentscheidungen berufen sind (im Fall der Gesellschaft mit beschränkter Haftung die Gesellschafterversammlung), nimmt Absatz 1 Satz 1 mit dem Begriff der Geschäftsleiter allein die Mitglieder des vertretungsberechtigten Organs in Bezug.

Absatz 1 Satz 1 verpflichtet die Geschäftsleiter zur Überwachung von Entwicklungen, die zur Bestandsgefährdung des Unternehmens führen können. Die konkrete Ausformung und Reichweite dieser Pflicht ist von der Größe, Branche, Struktur und auch der Rechtsform des jeweiligen Unternehmens abhängig (vgl. BT-Drucksache 13/9712, S. 15). Mit der Statuierung einer allgemeinen, rechtsformübergreifenden Pflicht zur Risikoüberwachung verkennt der Entwurf daher nicht, dass es sich namentlich bei kleineren Unternehmen verbietet, übermäßige Organisationspflichten zu statuieren. Der Entwurf lässt sich dabei von der Erkenntnis leiten, dass die überschaubaren Verhältnisse bei kleinen Unternehmen es erlauben, den Risikoüberwachungsgeboten auch ohne größere organisatorische Vorkehrungen gerecht zu werden, welche kleinere Unternehmen überfordern müssten. In jedem Fall aber sollen die Geschäftsleiter gehalten sein, die Verhältnisse des Unternehmensträgers und die Entwicklungen, die für die Tätigkeit des Unternehmensträgers relevant sind, laufend daraufhin zu beobachten und zu überprüfen, ob sie das Potenzial haben, bei ungehindertem Fortgang den Fortbestand des Unternehmens zu gefährden.

Absatz 1 Satz 2 erlegt den Geschäftsleiter darüber hinaus die Pflicht zur Ergreifung von geeigneten Gegenmaßnahmen auf. Hinsichtlich der Auswahl der zu treffenden Gegenmaßnahmen und deren Durchführung steht den Geschäftsleiter der Beurteilungsspielraum zu, der ihnen nach Maßgabe der spezialgesetzlichen Regelungen für Maßnahmen der Geschäftsführung zuzubilligen ist. Den zur Überwachung der Geschäftsleitung berufenen Organen (Überwachungsorganen) ist unverzüglich Bericht zu erstatten. Berühren die zu ergreifenden Maßnahmen die Zuständigkeiten anderer Organe wie etwa der Gesellschafterversammlung, wirken die Geschäftsleiter unverzüglich auf deren Befassung hin.

Zu Absatz 2

Absatz 2 erstreckt die auf die Geschäftsleiter juristischer Personen zugeschnittene Regelung auf die Geschäftsleiter juristischer Personen, die aufgrund ihrer unmittelbaren oder mittelbaren Gesellschaftereigenschaft die Geschäfte einer Gesellschaft ohne Rechtspersönlichkeit führen, sofern für die Verbindlichkeiten dieser Gesellschaft keine natürliche Person als unmittelbarer oder mittelbarer Gesellschafter persönlich haftet. Durch einen Verweis auf die neugefassten Vorschriften in § 15a Absatz 1 Satz 3 und Absatz 2 InsO-E wird sichergestellt, dass die Regelungen des Absatzes 1 auch bei Gesellschaften ohne Rechtspersönlichkeit zur Anwendung kommen, für deren Verbindlichkeiten keine natürliche Person als unmittelbarer oder mittelbarer Gesellschafter haftet.

Zu Absatz 3

Absatz 3 stellt klar, dass die gesellschaftsrechtlichen Sorgfaltspflichten und Verantwortlichkeiten der Geschäftsleiter nach anderen Bestimmungen unberührt bleiben. Dies gilt – neben den schon erwähnten §§ 91 Absatz 2 AktG und 25a Absatz 1 Satz 3 KWG – etwa für die Pflicht zur Einberufung einer Versammlung der Anteilsinhaber bei Verlust der Hälfte des gezeichneten Kapitals (§ 49 Absatz 3 GmbHG, § 92 Absatz 1 AktG), aber auch für die Pflichten im Stadium der Insolvenzreife (§§ 15a f. InsO-E). Bei Unternehmen, die umfangreichen aufsichtsrechtlichen Vorgaben zur Krisenfrüherkennung und zum Krisenmanagement unterliegen, wie insbesondere Kreditinstitute, Finanzdienstleistungsinstitute und zentrale Gegenparteien nach § 25a KWG, Versicherungsunternehmen nach § 23 VAG, Kapitalverwaltungsgesellschaften nach § 28 KAGB sowie weitere Unternehmen im Finanzdienstleistungsbereich, die vergleichbaren Aufsichtspflichten unterliegen, richten sich Inhalt und Umfang der Maßnahmen und Vorkehrungen zur Krisenfrüherkennung und zum Krisenmanagement vorrangig nach diesen aufsichtsrechtlichen Vorgaben."

55 Weitergehende Pflichten, die sich aus anderen Gesetzen ergeben, bleiben gem. § 1 Abs. 3 StaRUG unberührt.

56 Da es sich bei der geplanten GmgV um eine juristische Person handelt, sind die Pflichten aus § 1 StaRUG unmittelbar anwendbar, sodass es keiner Sonderregelung im GmgVG bedarf.

III. Pflicht zur Anzeige des Verlustes des hälftigen Stammkapitals

57 Die Vorschriften der § 49 Abs. 3 GmbHG, § 92 AktG und § 33 Abs. 3 GenG sehen vor, dass wenn die Hälfte des Stammkapitals verloren ist, ein Verlust in Höhe der Hälfte des Grundkapitals besteht oder ein Verlust besteht, der durch die Hälfte des Gesamtbetrages der Geschäftsguthaben und die Rücklagen nicht gedeckt ist, eine Gesellschafterversammlung, Hauptversammlung bzw. Generalversammlung einzuberufen ist. Die weitgehend den Geschäftsleitern unbekannte Norm stellt nicht nur ein erhebliches Risiko für die Organe,[23] sondern auch eine Vorstufe der Insolvenzantragspflicht gem. § 15a InsO dar.[24]

58 Dem Gesetzgeber war die Sache bei Einführung der Anzeige- und Einberufungspflicht so ernst, dass § 84 GmbHG, § 401 AktG und § 148 GenG Freiheitsstrafe oder Geldstrafe vorsehen, wenn gegen die Pflichten verstoßen wird. Selbst die fahrlässige Begehung wird unter Strafe gestellt. Der Tatbestand der unterlassenen Anzeige sichert die Verlustanzeigepflicht als unechtes Unterlassungsdelikt strafrechtlich ab.[25]

59 Bei der GmgV haben sich die Verfasser des Entwurfes ausdrücklich gegen eine Verlustanzeigepflicht entschieden. In § 36 Abs. 1 AkadE-GmgVG ist vorgesehen, dass die Versammlung der Gesellschafter durch die Geschäftsführer berufen wird. Sie ist gem. § 36 Abs. 2 AkadE-GmgVG außer in den ausdrücklichen bestimmten Fällen zu berufen, wenn es im Interesse der Gesellschaft erforderlich erscheint.

60 Die Entwurfsverfasser sind der Auffassung, dass „eine Verpflichtung zur Einberufung der Gesellschafterversammlung nach dem Muster des § 49 Abs. 3 GmbHG für die GmgV nicht zielführend ist, weil es an einem Stamm-

23 So umfassend *Schmittmann/Heindorf*, ZRI 2025, 673 ff.
24 So *Noack*, in: Noack/Servatius/Haas, GmbHG, § 49 Rn. 21.
25 So *Beurskens*, in: Noack/Servatius/Haas, GmbHG, § 84 Rn. 1.

kapital fehlt. Denkbar wäre eine Verpflichtung zur Einberufung der Gesellschafterversammlung bei drohender Zahlungsunfähigkeit entsprechend § 5a Abs. 4 GmbHG, doch dürfte in diesem Fall auch eine Einberufung i. S. d. § 36 Abs. 2 AkadE-GmgVG erforderlich erscheinen.“[26]

Der Verzicht auf die Verlustanzeigepflicht ist kaum nachvollziehbar, da das geschützte Rechtsgut die Vermögensinteressen der Gesellschaft und ihrer Aktionäre umfasst.[27] Auch wenn die Gesellschaft mit gebundenem Vermögen andere Ziele verfolgt als eine Aktiengesellschaft, so sind gleichwohl die Interessen der Gesellschafter zu schützen, da diese bei Beendigung ihrer Mitgliedschaft gem. § 15 Abs. 1 Nr. 1 AkadE-GmgVG einen Anspruch auf Erstattung gegen die Gesellschaft in Höhe der geleisteten Einlagen und sonstiger Zahlungen in das Eigenkapital hat, soweit diese nicht durch Verlustabschreibungen aufgezehrt sind. Daher liegt es gerade im Interesse der Mitglieder einer GmgV, über den Stand des noch vorhandenen Kapitals informiert zu werden. Dies gilt insbesondere vor dem Hintergrund, dass die Verlustanzeigepflicht gerade in einer kritischen Situation der Gesellschaft Informationsfunktion hat.[28] **61**

IV. Anwendung der Instrumente des StaRUG

Das StaRUG regelt in §§ 2 ff. StaRUG den Stabilisierungs- und Restrukturierungsrahmen. Nach der Begründung der Bundesregierung erfordert die Restrukturierungsrichtlinie die Einführung von verfahrensrechtlichen Hilfsangeboten für sanierungswillige Unternehmensträger, die einen von der Mehrheit der Gläubiger unterstütztes Sanierungskonzept gegen den Widerstand von opponierenden Gläubigern um- und durchsetzen wollen: „Ein von den Gläubigern mehrheitlich angenommener Restrukturierungsplan muss gerichtlich bestätigt werden können und mit seiner gerichtlichen Bestätigung Wirkungen auch gegenüber den Gläubigern enthalten, die dem Plan nicht zugestimmt haben (Artikel 8 ff. der Richtlinie).“[29] **62**

Weiterhin führt die Bundesregierung aus:[30] **63**

> „Die mit dem präventiven Restrukturierungsrahmen einzuführenden Instrumentarien eröffnen einem sanierungswilligen Unternehmen Möglichkeiten, die denen eines eigenverwaltungsbasierten Insolvenzplanverfahrens teilweise entsprechen. Allerdings sind sie außerhalb des Insolvenzverfahrens und damit vor der Einleitung eines solchen verfügbar zu machen. Jedenfalls müssen die im präventiven Rahmen nach Artikel 6 f.

---

26 So *Sanders/Dauner-Lieb/Kempny/Möslein/Neitzel/Teichmann*, AkadE-GmgVG, S. 311.
27 Vgl. zum Aktienrecht *Pelz*, in: Bürgers/Lieder, Aktiengesetz, § 401 Rn. 1.
28 So *Müller-Michaels*, in: Hölters/Weber, AktG, § 92 Rn. 1.
29 So BT-Drs. 19/2418, S. 89.
30 So BT-Drs. 19/2418, S. 89.

der Richtlinie erwirkbaren Anordnungen zur Sperre von Maßnahmen der individuellen Rechtsdurchsetzung eine Sperre für Insolvenzverfahren nach sich ziehen, welche in eine Liquidation des schuldnerischen Unternehmens münden können (Artikel 7 Absatz 1 und 2 der Richtlinie). Da die Liquidation in keiner Verfahrensvariante des geltenden Insolvenzrechts als Verfahrensziel ausgeschlossen wird, käme eine Verortung des Rahmens in einem Insolvenzverfahren nur dann in Betracht, wenn das bestehende Insolvenzverfahren um eine ausschließlich auf die Sanierung ausgerichtete Verfahrensvariante ergänzt würde. Eine solche Ergänzung schlösse es allerdings aus, dass das Insolvenzverfahren weiterhin als Entdeckungsverfahren zur Identifizierung der besten Verwertungsalternative dienen und damit Gewähr für marktkonforme Ergebnisse bieten kann (vgl. BT-Drucksache 12/2443, S. 79, 82 f., 92). Gegen eine Umsetzung des präventiven Rahmens im Insolvenzverfahrensrecht spricht zudem, dass es sich beim präventiven Rahmen – anders als beim Insolvenzverfahren – nicht um ein Gesamtverfahren handelt, in das sämtliche Gläubiger einzubeziehen sind. Stets sind Ansprüche aus Pensionszusagen von den Folgen des präventiven Rahmens abzuschirmen (Artikel 1 Absatz 6). Nach Wahl des nationalen Umsetzungsgesetzgebers können weitere Forderungsarten ausgenommen werden (Artikel 1 Absatz 5 der Richtlinie). Der sich damit empfehlenden vorinsolvenzlichen Verortung des zu schaffenden Rahmens entspricht die gebotene vorinsolvenzliche Anknüpfung an eine lediglich wahrscheinliche Insolvenz, die der nationale Umsetzungsgesetzgeber von der eingetretenen Insolvenz abzugrenzen hat (Artikel 2 Absatz 2 der Richtlinie).

Der Entwurf entnimmt der Richtlinie den Auftrag, die Lücke zu schließen, die das geltende Recht zwischen dem Bereich der freien, auf dem Konsens aller Beteiligten beruhenden Sanierung einerseits und der streng verfahrensgebundenen Sanierung im Insolvenzverfahren gelassen hat. Für diesen Lückenschluss orientiert sich der Entwurf einerseits an den Wertungen, die dem geltenden bzw. fortentwickelten Insolvenzrecht entnommen werden können. Dies gilt namentlich für die materiellen Voraussetzungen, die für die Verfahrenshilfen wie insbesondere die Planbestätigung und die Vollstreckungssperren erfüllt sein müssen. Andererseits räumt der Entwurf den Beteiligten im Vergleich zum Insolvenzverfahren weitergehende Spielräume für die privatautonome Organisation des Planerstellungs-, -aushandlungs- und -abstimmungsprozesses ein. Daher konzipiert der Entwurf den präventiven Rahmen nicht als ein integriertes Verfahren, sondern als einen modularen Verfahrensrahmen, dessen Elemente ein sanierungswilliger Schuldner einzeln in Anspruch nehmen können soll, sofern eine solche Inanspruchnahme nach Einschätzung des Schuldners und der sein Vorhaben unterstützenden Gläubiger als zweckmäßig angesehen wird. Ein formales Eröffnungsverfahren, in dessen Rahmen Eröffnungsvoraussetzungen zu prüfen wären,

> wird nicht vorgesehen. An die Stelle eines solchen Eröffnungsantrags soll die Anzeige des Restrukturierungsvorhabens bei dem zuständigen Gericht treten, welche das Gericht in die Lage versetzen soll, von dem Restrukturierungsvorhaben Kenntnis zu nehmen und auf etwaige Anträge zur Inanspruchnahme der einzelnen Instrumentarien des Rahmens vorbereitet zu sein."

Zur Nutzung der Instrumente des StaRUG ist es erforderlich, dass der Rechtsträger restrukturierungsfähig ist. Die Instrumente des Stabilisierungs- und Restrukturierungsrahmens können gem. § 30 Abs. 1 Satz 1 StaRUG von jedem insolvenzfähigen Schuldner in Anspruch genommen werden. Für natürliche Personen gilt dies gem. § 30 Abs. 1 Satz 2 StaRUG nur, soweit sie unternehmerisch tätig sind.[31] 64

Im Hinblick darauf, dass die GmgV als Kapitalgesellschaft ausgestaltet werden soll und daher von § 11 Abs. 1 Satz 1 InsO ohne Weiteres erfasst wird, ist es ihr auch möglich, die Instrumente des StaRUG in Anspruch nehmen zu können. 65

D. GmgV in der Insolvenz

Der nachfolgende Abschnitt beleuchtet die GmgV in der Insolvenz, wobei zunächst die (I.) Insolvenzgründe dargestellt werden. Sodann folgt eine Erörterung der (II.) Insolvenzantragspflicht sowie der (III.) Massesicherungspflicht. Ausführungen zum (IV.) Insolvenzplanverfahren sowie zur (V.) Überschussverteilung schließen sich an. 66

I. Insolvenzgründe

Die Eröffnung des Insolvenzverfahrens setzt gem. § 16 InsO voraus, dass ein Eröffnungsgrund gegeben ist. 67

Bei der GmgV ergeben sich hinsichtlich der Insolvenzgründe keine Besonderheiten. Die Prüfung der Insolvenzgründe erfolgt am Maßstab Rechtsprechung und Literatur. 68

1. Drohende Zahlungsunfähigkeit

Drohende Zahlungsunfähigkeit liegt gem. § 18 Abs. 2 Satz 1 InsO vor, wenn der Schuldner voraussichtlich nicht in der Lage sein wird, die bestehenden Zahlungspflichten im Zeitpunkt der Fälligkeit zu erfüllen. Es ist somit erforderlich, dass nach dem Finanzplan des Schuldners zwar keine Liquiditäts- 69

31 Vgl. dazu AG Düsseldorf, Beschl. v. 10.1.2025 – 603 RES 3/24, NZI 2025, 652 ff. = ZRI 2025, 849 ff.; AG Köln, Beschl. v. 14.3.2024 – 83 RES 1/24, NZI 2025, 88 ff. = VIA 2025, 54 ff. mit Anm. *Harder*.

lücke vorhanden ist, aber mit überwiegender Wahrscheinlichkeit absehbar ist, dass die Zahlungsmittel im Prognosezeitraum zur Erfüllung der fällig werdenden Zahlungsverpflichtungen nicht mehr ausreichen und dies durch finanzielle Dispositionen und Kapitalbeschaffungsmaßnahmen nicht mehr ausgeglichen werden kann.[32]

70 Durch das Gesetz zur Fortentwicklung des Sanierungs- und Insolvenzrechts (SanInsFoG) vom 22.12.2020[33] wurde der Prognosezeitraum in § 18 Abs. 2 Satz 2 InsO auf 24 Monate festgelegt.

71 Eine bloße Zahlungsstockung ist anzunehmen, wenn der Zeitraum nicht überschritten wird, den eine kreditwürdige Person benötigt, um sich die benötigten Mittel zu leihen. Dafür erscheinen nach der Rechtsprechung des BGH drei Wochen erforderlich, aber auch ausreichend. Beträgt eine innerhalb von drei Wochen nicht zu beseitigende Liquiditätslücke des Schuldners weniger als 10 % seiner fälligen Gesamtverbindlichkeiten, ist regelmäßig von Zahlungsfähigkeit auszugehen, es sei denn, es ist bereits absehbar, dass die Lücke demnächst mehr als 10 % erreichen wird. Beträgt die Liquiditätslücke des Schuldners 10 % oder mehr, ist regelmäßig von Zahlungsunfähigkeit auszugehen, sofern nicht ausnahmsweise mit an Sicherheit grenzender Wahrscheinlichkeit zu erwarten ist, dass die Liquiditätslücke demnächst vollständig oder fast vollständig beseitigt wird und den Gläubigern ein Zuwarten nach den besonderen Umständen des Einzelfalles zuzumuten ist.[34]

2. Zahlungsunfähigkeit

72 Bei der Feststellung der Zahlungsunfähigkeit gem. § 17 Abs. 2 Satz 1 InsO anhand einer Liquiditätsbilanz sind auch die innerhalb von drei Wochen nach dem Stichtag fällig werdenden und eingeforderten Verbindlichkeiten (sog. Passiva II) einzubeziehen.[35]

73 Gem. § 17 Abs. 2 Satz 2 InsO ist Zahlungsunfähigkeit in der Regel anzunehmen, wenn der Schuldner seine Zahlungen eingestellt hat. Zahlungseinstellung ist nach der Rechtsprechung des BGH das nach außen hervortretende Verhalten des Schuldners, in dem sich typischerweise ausdrückt, dass er nicht in der Lage ist, seine fälligen Zahlungspflichten zu erfüllen.[36]

74 Die Zahlungseinstellung kann anhand von Indizien ermittelt werden. Es kann sich dabei um Stundungsbitten und nicht eingehaltene Zahlungszusa-

---

32 Siehe IDW, Sanierung und Insolvenz, Kapital C Rn. 183.

33 BGBl. I 2020, 3256 ff.

34 So BGH, Urt. v. 24.5.2005 – IX ZR 123/04, BGHZ 163, 134 ff. = BB 2005, 1923 ff. = NZI 2005, 547 ff. mit Anm. *Thonfeld.*

35 So BGH, Urt. v. 19.12.2017 – II ZR 88/16, BGHZ 217, 129 ff. = BB 2018, 460 ff. = NZI 2018, 204 ff.

36 So BGH, Urt. v. 28.4.2022 – IX ZR 48/21, BB 2022, 1551 ff. Rn. 28.

gen handeln.[37] Schon eine dauerhaft schleppende Zahlungsweise, insbesondere wenn sie sich seit Aufnahme der Geschäftsbeziehung im Verhältnis des Schuldners zu seinem Vertragspartner ausgeprägt hat, kann Indizwirkung für eine Zahlungseinstellung haben.[38] Die tatsächliche Nichtzahlung eines erheblichen Teils der fälligen Verbindlichkeiten reicht für die Zahlungseinstellung auch dann aus, wenn tatsächlich noch geleistete Zahlungen beträchtlich sind, aber im Verhältnis zu den fälligen Gesamtschulden nicht den wesentlichen Teil ausmachen. Die Nichtzahlung einer einzigen Verbindlichkeit kann eine Zahlungseinstellung begründen, wenn die Forderung von insgesamt nicht unbeträchtlicher Höhe ist.[39] Auch eigene Erklärungen des Schuldners, fällige Verbindlichkeiten nicht begleichen zu können, deuten ebenfalls auf eine Zahlungseinstellung hin, auch wenn sie mit einer Stundungsbitte versehen sind.[40]

3. Überschuldung

Die Überschuldung ist bei juristischen Personen sowie haftungsbeschränkten Personengesellschaften ebenfalls Insolvenzgrund. Überschuldung liegt gem. § 19 Abs. 2 Satz 1 InsO vor, wenn das Vermögen des Schuldners die bestehenden Verbindlichkeiten nicht mehr deckt, es sei denn, die Fortführung des Unternehmens ist nach den Umständen überwiegend wahrscheinlich. Der Prognosezeitraum wurde durch das Gesetz zur Fortentwicklung des Sanierungs- und Insolvenzrechts vom 22.12.2020 (SanInsFoG)[41] auf zwölf Monate festgelegt. **75**

Die Überschuldungsprüfung erfordert in aller Regel ein zweistufiges Vorgehen, bei dem auf der ersten Stufe die Überlebenschancen des Unternehmens in einer Fortbestehensprognose zu beurteilen sind, und im Fall einer negativen Fortbestehensprognose auf der zweiten Stufe Vermögen und Schulden des Unternehmens in einem stichtagsbezogenen Status zu Liquidationswerten gegenüberzustellen sind. Ist das Reinvermögen negativ, liegt Überschuldung vor.[42] Forderungen auf Rückgewähr von Gesellschafterdarlehen oder gleichgestellte Verbindlichkeiten, für die ein Nachrang vereinbart worden **76**

37 So BGH, Urt. v. 9.6.2016 – IX ZR 174/15, BB 2016, 1618 ff. = NZI 2016, 736 ff. Rn. 21; BGH, Urt. v. 18.6.2013 – IX ZR 143/12, WM 2013, 1993 ff. Rn. 12; BGH, Beschl. v. 24.9.2015 – IX ZR 308/14, WM 2015, 2107 ff. Rn. 3.

38 So BGH, Urt. v. 9.6.2016 – IX ZR 174/15, Rn. 23; BGH, Urt. v. 18.7.2013 – IX ZR 143/12, WM 2013, 1993 ff. Rn. 12.

39 So BGH, Beschl. v. 5.3.2020 – IX ZR 171/18, ZRI 2020, 265 ff. = NZI 2020, 520 ff. Rn. 12.

40 So BGH, Urt. v. 24.3.2016 – IX ZR 242/13, WM 2016, 797 ff. Rn. 8.

41 BGBl. 2020 I, 3256 ff.

42 So IDW, Sanierung und Insolvenz, Kapital C Rn. 86.

ist, werden gem. § 19 Abs. 2 Satz 2 InsO bei der insolvenzrechtlichen Überschuldungsprüfung nicht berücksichtigt.

II. Insolvenzantragspflicht

77 Die Insolvenzantragspflicht gem. § 15a Abs. 1 InsO trifft juristische Personen, die zahlungsunfähig und überschuldet sind. Bei der GmgV handelt es sich um eine juristische Person, sodass Insolvenzantragspflicht besteht, sobald Zahlungsfähigkeit oder Überschuldung eingetreten ist.

78 Die Insolvenzantragspflicht als bekannteste strafbewehrte Anzeigepflicht in der Krise hat durch das Gesetz zur Modernisierung des GmbH-Rechts und zur Bekämpfung von Missbräuchen (MoMiG) vom 23.10.2008[43] ihre Heimat in der Insolvenzordnung gefunden, nachdem sie zuvor in den Einzelgesetzen geregelt war. Aus dem Gesetzgebungsmaterialien ergibt sich, dass die Insolvenzantragspflicht historisch bedingt in den einzelnen Gesetzen geregelt war, ohne dass dem eine dogmatische Einordnung oder bewusste Entscheidung zugrunde lag.

79 Die Bundesregierung führt im Einzelnen aus:

> „Anlässlich der Reform des GmbH-Rechts ist es geboten, auf den Sinn und Zweck der Insolvenzantragspflicht abzustellen. Dieser ist ein insolvenzrechtlicher. Bezweckt wird durch die Antragspflicht die rechtzeitige Einleitung des Insolvenzverfahrens und damit der Schutz sowohl der Altgläubiger vor weiterer Verringerung der Haftungsmasse als auch der Neugläubiger vor Vertragsabschluss mit notleidenden Gesellschaften. Dieser Regelungszweck ist von jeher Anliegen des Insolvenzrechts. Die Gesellschaftsgläubiger sollen letztlich davor geschützt werden, dass das Gesellschaftsvermögen weggegeben und die den Gläubigern zur Verfügung stehende Masse so geschmälert wird. Zudem besteht eine enge Verbindung zwischen dem Insolvenzantragsrecht, welches in der Insolvenzordnung geregelt ist und der Insolvenzantragspflicht.“[44]

80 Die in § 15a Abs. 1 InsO genannten Tatbestandsmerkmale der „Zahlungsunfähigkeit“ und „Überschuldung“ sind an § 17 bzw. § 19 InsO angeknüpft, sodass diese – entgegen der früheren Rechtslage hinsichtlich der Überschuldung – nicht eigenständig fortgebildet werden können.[45]

81 Die Insolvenzantragspflicht kann ruhen. Während des Restrukturierungsverfahrens ist die Pflicht zur Insolvenzantragstellung suspendiert.[46] Die Insolvenzantragspflicht endet erst durch einen zulässigen Insolvenzantrag oder

---

43 BGBl. I 2008, 2026.

44 So Begründung des Regierungsentwurfs, BT-Drs. 16/6140, S. 55.

45 So *Hirte*, in: Uhlenbruck, InsO, § 15a Rn. 7.

46 So *Schmidt/Herchen*, in: Schmidt, InsO, § 15a Rn. 25b.

eine die materielle Insolvenz behebende Sanierung. Beide Ereignisse wirken jedoch nur ex nunc.[47]

III. Massesicherungspflicht

Nachdem die Insolvenzantragspflicht rechtsformübergreifend bereits durch das Gesetz zur Modernisierung des GmbH-Rechts und zur Bekämpfung von Missbräuchen (MoMiG) vom 23.10.2008[48] eine einheitliche Regelung in § 15a InsO gefunden hat, wurde durch das Gesetz zur Fortentwicklung des Sanierungs- und Insolvenzrechts (Sanierungs- und Insolvenzrechtsfortentwicklungsgesetz – SanInsFoG) vom 22.12.2020[49] die Massesicherungspflicht rechtsformübergreifend geregelt. **82**

Nach der Rechtsprechung des EuGH stellen die Art. 49 u. 54 AEUV der Anwendung von nationalen Vorschriften wie dem früheren § 64 Abs. 2 Satz 1 GmbHG auf den Geschäftsleiter einer ausländischen Gesellschaft nicht entgegen, wenn über deren Vermögen in Deutschland das Insolvenzverfahren eröffnet worden ist.[50] Seither wendet die Rechtsprechung in Deutschland die seinerzeit noch in den Einzelgesetzen geregelte Erstattungspflicht hinsichtlich Zahlungen, die entgegen der Massesicherungspflicht geleistet worden sind, an, wenn in Deutschland das Insolvenzverfahren eröffnet worden ist.[51] Die Entscheidungen des EuGH und des BGH sind zwar zu einer Limited ergangen, dürften aber auf alle Rechtsformen Anwendung finden, die einer haftungsbeschränkten Gesellschaft entsprechen. **83**

Mit Eintritt der Insolvenzreife sind die Organe zur Massesicherung verpflichtet, sodass sie keine Zahlungen mehr leisten dürfen, es sei denn, dass diese auch nach dem Zeitpunkt des Eintritts von Zahlungsunfähigkeit oder Überschuldung mit der Sorgfalt eines ordentlichen und gewissenhaften Geschäftsleiters vereinbar sind.[52] **84**

Für Zahlungen, die ab dem 1.1.2021 erfolgt sind, gilt gem. Art. 103m EGInsO i. d. F. des Gesetzes zur Modernisierung des Personengesellschaftsrechts (MoPeG) vom 10.8.2021[53] die Bestimmung des § 15b InsO.[54] **85**

---

47 So *Schmidt/Herchen*, in: Schmidt, InsO, § 15a Rn. 26.

48 BGBl. I 2008, 2026 ff.

49 BGBl. I 2020, 3256 ff.

50 So EuGH, Urt. v. 10.12.2015, C-594/14, NZI 2016, 48 ff. mit Anm. *Swierczok* = NJW 2016, 223 ff. mit Anm. *Weller/Hübner*.

51 So BGH, Urt. v. 15.3.2016 – II ZR 119/14, ZIP 2016, 821 ff. = NZI 2016, 461 ff. mit Anm. *Mock*.

52 Vgl. *Berbuer*, NZI 2018, 919 ff.; *Gehrlein*, ZRI 2020, 183 ff.; *Schröer-Conigliello/Schmittmann*, ZIP 2017, 1548 ff.

53 BGBl. I 2021, 3436 ff.

54 Vgl. *Schmittmann*, Haftung von Organen in Krise, Restrukturierung und Insolvenz, Rn. 102.

86 Durch die Neuregelung in § 15b InsO hat sich der Grundsatz, wonach Geschäftsleiter nach dem Eintritt der Zahlungsunfähigkeit oder Überschuldung keine Zahlungen mehr für den Rechtsträger vornehmen dürfen, nicht geändert. Die Norm des § 15b Abs. 1 Satz 1 InsO hat eine verhaltenssteuernde Wirkung und umfasst Leistungen mit Bar- und Buchgeld, ohne dass es auf die Art des Transfers ankommt.[55]

87 An dieser Stelle ist nicht der Raum, die Neuregelung des § 15b InsO im Einzelnen darzustellen.[56] Es sei allerdings darauf hingewiesen, dass dem Grundsatz nach gem. § 15b Abs. 4 Satz 1 InsO Zahlungen zu erstatten sind, die entgegen der Massesicherungspflicht geleistet worden sind. Die Ersatzpflicht beschränkt sich allerdings gem. § 15b Abs. 4 Satz 2 InsO auf den Ausgleich des Schadens, wenn der Gläubigerschaft der juristischen Person ein geringerer Schaden entstanden ist.[57]

88 Die Massesicherungspflicht gilt gem. § 15b Abs. 1 Satz 1 InsO für die antragspflichtigen Mitglieder des Vertretungsorgans und Abwickler einer juristischen Person. Gem. § 1 Abs. 1 Satz 1 AkadE-GmgVG ist die Gesellschaft mit gebundenem Vermögen eine Gesellschaft mit eigener Rechtspersönlichkeit, die vom Leitbild des tätig gestaltenden Gesellschafters geprägt und deren Vermögen dauerhaft i. S. d. GmgVG gebunden ist. Für die Verbindlichkeiten der Gesellschaft haften den Gläubigern gem. § 8 Abs. 1 Satz 1 AkadE-GmgVG das Vermögen der Gesellschaft sowie die Gesellschafter als Gesamtschuldner bis zur Höhe ihrer jeweiligen Haftsumme unmittelbar. Nach dem Willen der Entwurfsverfasser handelt es sich bei der GmgV um eine rechtsfähige Gesellschaft mit eigener Rechtspersönlichkeit.[58] Die Entwurfsverfasser führen aus, dass es sich bei der GmgV nicht um eine Personengesellschaft, sondern um eine personalistische Körperschaft mit eigener Rechtspersönlichkeit handelt. Somit handelt es sich nicht um eine Kapitalgesellschaft wie eine Aktiengesellschaft oder eine Gesellschaft mit beschränkter Haftung, aber um eine juristische Person.[59]

89 Die Vorschrift des § 15b InsO ist somit auch auf die GmgV anzuwenden.

IV. Insolvenzplanverfahren

90 Die Insolvenzordnung sieht in § 1 Satz 1 InsO ausdrücklich vor, dass in einem Insolvenzplan eine abweichende Regelung, insbesondere zum Erhalt des Unternehmens, getroffen werden kann.

---

55 Vgl. *Sander*, ZInsO 2022, 1544, 1545; *A. Schmidt*, ZRI 2024, 93, 97.
56 Vgl. umfassend *Sander*, ZHR 1988 (2024), 8 ff.; *A. Schmidt*, ZRI 2023, 333 ff.
57 Vgl. dazu *Baumert*, NZI 2024, 905 ff.; *Bitter*, GmbHR 2022, 57 ff.
58 So *Sanders/Dauner-Lieb/Kempny/Möslein/Neitzel/Teichmann*, AkadE-GmgVG, S. 233.
59 So *Sanders/Dauner-Lieb/Kempny/Möslein/Neitzel/Teichmann*, AkadE-GmgVG, S. 67.

Zudem ist in der InsO das Schutzschirmverfahren gem. § 270d InsO angelegt, in dem der Schuldner die Gelegenheit erhält, noch vor Eröffnung des Insolvenzverfahrens innerhalb einer Frist von höchstens drei Monaten einen Insolvenzplan vorzulegen. 91

Schon nach bisherigem Recht war es dem Schuldner möglich, bei drohender Zahlungsunfähigkeit i. S. des § 18 InsO oder Überschuldung i. S. des § 19 InsO ein Schutzschirmverfahren zu beantragen. Das Insolvenzgericht bestimmt auf Antrag des Schuldners gem. § 270d Abs. 1 InsO eine Frist zur Vorlage eines Insolvenzplans, die höchstens drei Monate betragen darf. Voraussetzung für den Zugang zum Schutzschirmverfahren ist eine mit Gründen versehene Bescheinigung eines in Insolvenzsachen erfahrenen Steuerberaters, Wirtschaftsprüfers oder Rechtsanwalts oder einer Person mit vergleichbarer Qualifikation aus der sich ergibt, das drohende Zahlungsunfähigkeit oder Überschuldung, aber keine Zahlungsunfähigkeit vorliegt und die angestrebte Sanierung nicht offensichtlich aussichtslos ist[60]. 92

Das Schutzschirmverfahren dient der Vorbereitung eines Insolvenzplans und ist aus Schuldnersicht besonders attraktiv, weil es sich um eine Sonderform der vorläufigen Eigenverwaltung handelt, in der der Schuldner faktisch die Person des vorläufigen Sachwalters bestimmen kann. Der vom Schuldner vorgeschlagene vorläufige Sachwalter ist vom Gericht zu ernennen, es sei denn, dass die vorgeschlagene Person offensichtlich für die Übernahme des Amtes nicht geeignet ist (§ 270d Abs. 2 Satz 3 InsO). 93

Während das Schutzschirmverfahren erst durch das Gesetz zur weiteren Erleichterung der Sanierung von Unternehmen vom 17.12.2011[61] eingeführt worden ist, sieht die Insolvenzordnung seit ihrer Einführung zum 1.1.1999 das bereits in § 1 Satz 1 InsO angelegte Insolvenzplanverfahren, §§ 217 ff. InsO, vor.[62] 94

Gem. § 218 Abs. 1 InsO sind zur Vorlage eines Insolvenzplans der Insolvenzverwalter und der Schuldner berechtigt. Ebenso wie der Restrukturierungsplan umfasst der Insolvenzplan einen darstellenden und gestaltenden Teil (§§ 219 ff. InsO). Es sind gem. § 222 InsO Gruppen zu bilden. Gem. § 235 Abs. 1 Satz 1 InsO bestimmt das Insolvenzgericht einen Termin, in dem der Insolvenzplan und das Stimmrecht der Beteiligten erörtert werden und anschließend über den Plan abgestimmt wird („Erörterungs- und Abstimmungstermin"). Anders als beim Restrukturierungsplan, bei dem es lediglich auf die Höhe der Forderung ankommt, ist im Insolvenzplanverfahren eine „doppelte" Mehrheit erforderlich. Zur Annahme eines Insolvenzplans 95

60 Vgl. *Duda/Schmittmann*, Steuerstrafrechtliche Risiken in Krise und Insolvenz, Rn. 264 ff.

61 BGBl. 2011, 2582 ff. – „ESUG".

62 Vgl. *Schmittmann*, in: Henning/Lackmann/Rein, Privatinsolvenz, § 217 InsO Rn. 1.

durch die Gläubiger muss in jeder Gruppe die Mehrheit der abstimmenden Gläubiger dem Plan zustimmen (§ 244 Abs. 1 Nr. 1 InsO) und die Summe der Ansprüche der zustimmenden Gläubiger mehr als die Hälfte der Summe der abstimmenden Gläubiger betragen (§ 244 Abs. 1 Nr. 2 InsO).

96 Nach dem Obstruktionsverbot gemäß § 245 Abs. 1 InsO gilt die Zustimmung einer Abstimmungsgruppe, auch wenn die erforderlichen Mehrheiten nicht erreicht worden sind, als erreicht, wenn die Angehörigen dieser Gruppe durch den Insolvenzplan voraussichtlich nicht schlechter gestellt werden, als sie ohne den Plan stünden, die Angehörigen dieser Gruppe angemessen an dem wirtschaftlichen Wert beteiligt werden, der auf der Grundlage des Plans den Beteiligten zufließen soll und die Mehrheit der abstimmenden Gläubiger den Plan mit den erforderlichen Mehrheiten zugestimmt hat. Mit der Rechtskraft der Bestätigung des Insolvenzplans treten gemäß § 254 Abs. 1 InsO die im gestaltenden Teil festgelegten Wirkungen für und gegen die Beteiligten ein.

97 Die Instrumente des Schutzschirmverfahrens sowie des Insolvenzplanverfahrens sind nicht rechtsformabhängig. Das Insolvenzplanverfahren war zunächst dem Regelinsolvenzverfahren vorbehalten, ist aber seit dem Gesetz zur Verkürzung des Restschuldbefreiungsverfahrens und zur Stärkung der Gläubigerrechte vom 15.7.2013[63] auch im Verbraucherinsolvenzverfahren anwendbar.[64]

98 Die GmgV gilt gem. § 1 Abs. 3 AkadE-GmgV als Handelsgesellschaft i. S. d. HGB und ist insolvenzfähig, sodass sie dem Regelinsolvenzverfahren unterfällt.[65]

99 Einer GmgV ist auch das Schutzschirmverfahren gem. § 270d InsO als besondere Form des vorläufigen Eigenverwaltungsverfahrens i. S. d. § 270c InsO zugänglich. Die Vorschriften über die Eigenverwaltung (§§ 270 ff. InsO) sind rechtsformunabhängig anzuwenden. Lediglich Verbraucher – die hier ersichtlich bei der GmgV keine Rolle spielen – sind gem. § 270 Abs. 2 InsO von der Eigenverwaltung und damit auch vom Schutzschirmverfahren ausgeschlossen.

100 Gesetzgeberischer Handlungsbedarf besteht in Bezug auf das Insolvenzplanverfahren bei einer GmgV nicht.[66]

---

63 BGBl. I 2013, 2379 ff.

64 Vgl. *Schmittmann*, in: Henning/Lackmann/Rein, Privatinsolvenz, § 217 InsO Rn. 2.

65 So *Sanders/Dauner-Lieb/Kempny/Möslein/Neitzel/Teichmann*, AkadE-GmgVG, S. 362.

66 So *Sanders/Dauner-Lieb/Kempny/Möslein/Neitzel/Teichmann*, AkadE-GmgVG, S. 363.

V. Überschussverteilung

101 Das Insolvenzverfahren ist – wie sich zwanglos aus § 1 Satz 1 InsO ergibt – darauf angelegt, die Gläubiger eines Schuldners gemeinschaftlich zu befriedigen. Gleichwohl hat die Insolvenzordnung im Blick, dass es Konstellationen geben kann, in denen ein Überschuss bei der Schlussverteilung verbleibt. Können bei der Schlussverteilung die Forderungen aller Insolvenzgläubiger in voller Höhe berichtigt werden, so hat der Insolvenzverwalter gem. § 199 Satz 1 InsO einen verbleibenden Überschuss dem Schuldner herauszugeben. Ist der Schuldner keine natürliche Person, so hat der Verwalter gem. § 199 Satz 2 InsO jeder am Schuldner beteiligten Person den Teil des Überschusses herauszugeben, der ihr bei einer Abwicklung außerhalb des Insolvenzverfahrens zustünde.

102 Die Regelung des § 199 Satz 2 InsO führt dazu, dass der Insolvenzverwalter faktisch die Liquidation zu übernehmen hat. Er hat nach den gesetzlichen oder hiervon abweichenden vertraglichen Regelungen den Liquidationserlös an die Gesellschafter auszuschütten.[67]

103 Nach dem Grundsatz in § 71 Abs. 1 Satz 1 AkadE-GmgVG steht das Vermögen nach Erstattung der Einlagen und sonstigen Zahlungen in das Eigenkapital an die Gesellschafter einer im Gesellschaftsvertrag zu benennenden anderen Gesellschaft mit gebundenem Vermögen oder einem Rechtsträger mit in gleicher Weise gesetzlich dauerhaft gebundenem Vermögen (sog. „Anfallberechtigter") zu. Für den Insolvenzfall ist eine Sonderregelung in § 71 Abs. 3 AkadE-GmgVG vorgesehen. Die Vorschrift des § 199 Satz 2 InsO findet nach § 71 Abs. 3 Satz 1 AkadE-GmgVG mit der Maßgabe Anwendung, dass der Verwalter den Überschuss nach Erstattung der Einlagen und sonstigen Zahlungen in das Eigenkapital an die Gesellschafter dem Anfallberechtigten herauszugeben hat. Dem Anfallberechtigten ist gem. § 71 Abs. 3 Satz 2 AkadE-GmgVG die Schlussverteilung und die Anspruchsberechtigung durch den Insolvenzverwalter mitzuteilen.

104 Rein regelungstechnisch ist zu empfehlen, innerhalb der Norm einheitlich den Begriff „Insolvenzverwalter" zu verwenden und nicht zwischen „Verwalter" und „Insolvenzverwalter" zu variieren. Ggf. kann auch die Rechtstechnik der Insolvenzordnung verwendet werden, wonach bei der ersten Erwähnung „Insolvenzverwalter" verwendet wird und im Folgenden dann lediglich noch „Verwalter".

105 Die Entwurfsverfasser wollen durch den Verweis in § 71 Abs. 3 AkadE-GmgVG auf § 199 Satz 2 InsO sicherstellen, dass ein etwaiger Überschuss im Insolvenzverfahren dem Anfallberechtigten zugutekommt.[68]

---

67 So *Depré*, in: Kayser/Thole, InsO, § 199 InsO Rn. 2.

68 So *Sanders/Dauner-Lieb/Kempny/Möslein/Neitzel/Teichmann*, AkadE-GmgVG, S. 364.

E. Organe der GmgV in der Insolvenz

106 Während vorstehend die Rechtsfolgen einer Insolvenz einer GmgV behandelt worden sind, werden nachstehend die Auswirkungen der (I.) Insolvenz eines Gesellschafters der GmgV sowie der (II.) Insolvenz eines Geschäftsführers der GmgV behandelt.

I. Insolvenz eines Gesellschafters der GmgV

107 In § 13 AkadE-GmgVG ist die Kündigung der Gesellschaft durch Gläubiger und Insolvenzverwalter geregelt. Steht dem Gesellschafter die Rückgewähr einer von ihm geleisteten Einlage zu und wird das Insolvenzverfahren über sein Vermögen eröffnet und ein Insolvenzverwalter bestellt, so kann der Insolvenzverwalter gem. § 13 Abs. 2 AkadE-GmgVG das Kündigungsrecht des Gesellschafters an dessen Stelle ausüben; die nach § 12 Abs. 1 Satz 3 und 4 AkadE-GmgVG bestimmten Fristen finden insoweit keine Anwendung.

108 Die Verfasser des Entwurfes weisen darauf hin, dass die Regelung sich an § 66a GenG, vor dem MoPeG auch an § 131 Abs. 3 Satz 1 Nr. 2 HGB a. F. und § 723 Abs. 1 Nr. 2 BGB a. F., orientiert und sicherstellt, dass die Gläubiger des Gesellschafters im Fall seiner Insolvenz auf seinen Erstattungsanspruch zugreifen können.[69]

109 Der Insolvenzverwalter braucht sich nicht auf längere Kündigungs- und Auszahlungsfristen verweisen lassen. Dadurch wird sichergestellt, dass der Insolvenzverwalter und die Gläubiger des Gesellschafters bei einer GmgV gegenüber den Regelungen in anderen Gesellschaftsformen nicht benachteiligt werden.[70]

110 Unter Hinweis auf das Recht der GmbH weisen die Entwurfsverfasser darauf hin, dass der Insolvenzverwalter selbst bei einer Vinkulierungsklausel einen in die Masse fallenden Gesellschaftsanteil freihändig veräußern kann. Die mitunter lange Kündigungsfrist, die in einer Genossenschaft vereinbart werden kann, steht den Interessen der Gläubiger im Insolvenzverfahren des Gesellschafters entgegen. Dies ist im Genossenschaftsrecht mit der Begründung vereinbar, dass neben den Anteil die Förderbeziehung tritt, was allerdings auf die GmgV nicht übertragbar ist, sodass eine kürzere Kündigungsfrist angezeigt ist.[71]

---

69 So *Sanders/Dauner-Lieb/Kempny/Möslein/Neitzel/Teichmann*; AkadE-GmgVG, S. 252.
70 So *Sanders/Dauner-Lieb/Kempny/Möslein/Neitzel/Teichmann*, AkadE-GmgVG, S. 253.
71 So *Sanders/Dauner-Lieb/Kempny/Möslein/Neitzel/Teichmann*, AkadE-GmgVG, S. 253.

II. Insolvenz eines Geschäftsführers der GmgV

111 Weiterhin stellt sich die Frage nach den rechtlichen Folgen des Eintretens der Insolvenz über das Vermögen eines Geschäftsführers einer GmgV.

112 Die Eröffnung des Insolvenzverfahrens über sein Vermögen lässt das Amt des Geschäftsführers einer GmgV als Solches unberührt. Allerdings kann Geschäftsführer einer GmgV gem. § 19 Abs. 2 Satz 2 Nr. 3a AkadE-GmgvG nicht sein, wer wegen einer oder mehrerer vorsätzlich begangener Straftaten des Unterlassens der Stellung des Antrages auf Eröffnung des Insolvenzverfahrens (Insolvenzverschleppung) verurteilt worden ist. Die rechtskräftige Verurteilung führt dazu, dass der Geschäftsführer das Amt nicht mehr ausüben darf. Die Bestellung fällt als solche de jure weg, sodass die Person im Handelsregister aufgrund der unrichtig gewordenen Eintragung als Geschäftsführer gem. § 295 FamFG kraft Gesetzes gelöscht werden muss.[72]

113 Nach den Motiven der Entwurfsverfasser orientiert sich § 19 Abs. 2 AkadE-GmgVG an § 6 Abs. 2 GmbHG, erfasst aber zusätzlich noch Verstöße gegen die Vermögensbindung.[73]

114 Gegenstand von § 17 AkadE-GmgVG sind die Erstattung verbotener Zahlungen und die Schadensersatzpflicht des Geschäftsführers. Zahlungen, welche aufgrund dieser Bestimmungen zu leisten sind, können gem. § 17 Abs. 3 AkadE-GmgVG den Verpflichteten nicht erlassen werden. Für die in den Fällen des § 17 Abs. 2 AkadE-GmgVG geleistete Erstattung einer Zahlung sind den Gesellschaftern die Geschäftsführer und, soweit vorhanden, den Mitgliedern des Aufsichtsrates, welchen in Betreff der geleisteten Zahlungen ein Verschulden zur Last fällt, gesamtschuldnerisch zum Ersatz verpflichtet.

115 Die Geschäftsführer sind insbesondere gem. § 30 Abs. 3 Satz 1 AkadE-GmgVG zum Ersatz verpflichtet, wenn der Bestimmung des § 16 AkadE-GmgVG „zuwider Zahlungen unter Verletzung der Vermögensbindung gemacht worden sind“. Die Verpflichtung der Geschäftsführer wird gem. § 30 Abs. 3 Satz 2 AkadE-GmgVG nicht dadurch aufgehoben, dass diese in Befolgung eines Beschlusses der Gesellschafter gehandelt haben. Ein Verzicht der Gesellschaft oder ein Vergleich über diese Ansprüche ist gem. § 30 Abs. 3 Satz 3 AkadE-GmgVG unwirksam.

116 Aus sprachlichen Gründen sollte die Formulierung lauten, dass der Vermögensbindung zuwider „geleistete“ Zahlungen zu ersetzen sind (statt „gemacht worden sind“). Dies entspräche auch dem Sprachgebrauch in § 30 Abs. 1 GmbHG.

---

72 Vgl. OLG Celle, Beschl. v. 29.8.2013 – 9 W 109/13, ZIP 2013, 1914 ff. = NZI 2013, 852 ff.

73 So *Sanders/Dauner-Lieb/Kempny/Möslein/Neitzel/Teichmann*, AkadE-GmgVG, S. 287.

117 Ist über das Vermögen der Gesellschaft das Insolvenzverfahren eröffnet, so übt während dessen Dauer gem. § 30 Abs. 4 Satz 3 AkadE-GmgVG der Insolvenzverwalter oder Sachwalter das Recht der Gläubiger gegen die Geschäftsführer aus.

118 Zu erwägen wäre aus Praktikabilitätsgründen, dass in der Insolvenz des Geschäftsführers ein Vergleich möglich ist. So sieht z. B. § 9b Abs. 1 Satz 2 GmbHG vor, dass ein Vergleich möglich ist, wenn der Ersatzpflichtige zahlungsunfähig ist und sich zur Abwendung des Insolvenzverfahrens mit seinen Gläubigern vergleicht oder wenn die Ersatzpflicht in einem Insolvenzplan geregelt wird.

F. Fazit

119 Die systematische Untersuchung des akademischen Entwurfes eines Gesetzes zur Einführung einer Gesellschaft mit gebundenem Vermögen hat gezeigt, dass sowohl die GmgV in der Krise als auch die GmgV in der Insolvenz hinreichend berücksichtigt worden sind.

120 Nachbesserungsbedarf besteht allerdings hinsichtlich der Einführung einer Anzeigepflicht bei Verlust des hälftigen Kapitals, da die Parallelregelungen im GmbHG, AktG und GenG nicht nur den Schutz der Gesellschafter bezwecken, sondern darüber hinaus auch eine gläubigerschützende Wirkung haben. Im Übrigen sind sie Teil des Krisenfrüherkennungssystems im deutschen Gesellschaftsrecht und sollten auch bei der GmgV nicht fehlen.

121 Weiterhin sind kleinere sprachliche Korrekturen erforderlich, zumal dadurch auch vergleichbare Formulierungen wie im GmbHG verwendet werden können.

122 Es bleibt allerdings die Grundfrage, ob die GmgV sich zu einer Gesellschaftsform entwickeln wird, die auf breites Interesse stoßen wird, da jedenfalls die rationalen wirtschaftlichen Anreize, sich an einer GmgV zu beteiligen, sehr überschaubar sind.

Literaturverzeichnis

Baumert, Andreas J.	Gesellschaftsschaden und Gesamtgläubigerschaden bei § 15b InsO – Eine Präzisierung nach den Grundsätzen des allgemeinen Schadensrechts, NZI 2024, 905
Berbuer, André	Die Haftungsplage aus § 64 GmbHG auf Grundlage der aktuellen Rechtsprechung des II. Zivilsenats, NZI 2018, 919
Bitter, Georg	Massesicherung nach Insolvenzreife – Der neue § 15b InsO!, GmbHR 2022, 57
Bleifeld, Magnus	MoPeG – Ausgewählte Praxisprobleme aus notarieller Sicht, RNotZ 2024, 209
Bühler, Jonas	Die Anwachsung im Personengesellschaftsrecht nach dem MoPeG, NZG 2024, 51
Bürgers, Tobias/Lieder, Jan (Hrsg.)	Aktiengesetz – Kommentar, 6. Aufl. 2025
Buschmann, Marco	Finanzplankredit und MoMiG, NZG 2009, 91
Carlé, Thomas	Das Gesetz zur Modernisierung des GmbH-Rechts und zur Bekämpfung von Missbräuchen, DStZ 2008, 709
Duda, Bernadette/Schmittmann, Jens M.	Steuerstrafrechtliche Risiken in Krise und Insolvenz, 2. Aufl. 2021
Engel, Andreas	Die Auslandsbeurkundung nach MoMiG und Schweizer GmbH-Reform, DStR 2008, 1593
Fliegner, Kai	Das MoMiG – Vom Regierungsentwurf zum Bundestagsbeschluss, DB 2008, 1668
Gehrlein, Markus	Exkulpation des Geschäftsführers für nach Insolvenzreife erfolgte Zahlungen, ZRI 2020, 183
Haack, Hansjörg	GmbH-Gründung nach MoMiG – Neue Erleichterungen und Haftungsgefahren, NWB 2008, 1069
Hein, Oliver/Suchan, Stefan/Geeb, Christoph	MoMiG auf der Schnittstelle von Gesellschafts- und Steuerrecht, DStR 2008, 2289
Heinze, Harald	Verdeckte Sacheinlagen und verdeckte Finanzierungen nach dem MoMiG, GmbHR 2008, 1065
Henning, Kai/Lackmann, Frank/Rein, Andreas	Privatinsolvenz, Insolvenzverfahren mit Restschuldbefreiung – Kommentar, 2. Aufl. 2022

Hermanns, Marc	Gesetz zur Modernisierung des Personengesellschaftsrechts (MoPeG) – Entstehung und Überblick, DNotZ 2022, 3
Herrler, Sebastian	Kapitalaufbringung nach dem MoMiG – Verdeckte Sacheinlagen und Hin- und Herzahlen (§ 19 Abs. 4 und 5 GmbHG n. F.), DB 2008, 2347
Hirte, Heribert	Die „Große GmbH-Reform" – Ein Überblick über das Gesetz zur Modernisierung des GmbH-Rechts und zur Bekämpfung von Missbräuchen (MoMiG), NZG 2008, 761
Hirte, Heribert	Neuregelungen mit Bezug zum gesellschaftsrechtlichen Gläubigerschutz und im Insolvenzrecht durch das Gesetz zur Modernisierung des GmbH-Rechts und zur Bekämpfung von Missbräuchen (MoMiG), ZInsO 2008, 689
Hölters, Wolfgang/Weber, Markus (Hrsg.)	Aktiengesetz – Kommentar, 5. Aufl. 2025
Institut der Wirtschaftsprüfer in Deutschland	Sanierung und Insolvenz: Rechnungslegung und Beratung in der Unternehmenskrise, 2022
Kayser, Godehard/Thole, Christoph (Hrsg.)	Insolvenzordnung – Kommentar, 11. Aufl. 2023
Marotzke, Wolfgang	Gesellschaftsinterne Nutzungsverhältnisse nach Abschaffung des Eigenkapitalersatzrechts, ZInsO 2008, 1281
Meier, Norbert/Gilsing, Markus	Führungslosigkeit der GmbH und Neuregelungen durch das MoMiG: Zulässigkeit der Amtsniederlegung durch den GmbH-Geschäftsführer, NWB 2009, 377
Nagel, Michael Benedikt/Meder, Manuel M.	Laufende Rechtstreitigkeiten wegen verdeckter Sacheinlage – Auswirkungen des § 3 Abs. 4 EGGmbHG i. V. m. § 19 Abs. 4 GmbHG n. F., ZInsO 2009, 944
Noack, Ulrich/Servatius, Wolfgang/Haas, Ulrich (Hrsg.)	GmbHG – Kommentar, 24. Aufl. 2025
Oberbeck, Petra/Winheller, Stefan	Die gemeinnützige Unternehmergesellschaft, DStR 2009, 516

Paulus, Christoph	Ist das Insolvenzrecht wirklich eine Schlüsselmaterie für die Wirtschafts- und Finanzstabilität eines Landes?, in: Festschrift für Klaus Hubert Görg zum 70. Geburtstag, 2010
Sander, Volker	Die Kollision von Zahlungs- und Massesicherungspflicht, ZInsO 2022, 1544
Sander, Volker	Die Pflichten des GmbH-Geschäftsführers in Krise und Insolvenz nach dem SanInsFoG, ZHR 1988 (2024), 8
Sanders, Anne/Dauner-Lieb, Barbara/Kempny, Simon/Möslein, Florian/Neitzel, Noah/Teichmann, Christoph	Gesetz zur Einführung einer Gesellschaft mit gebundenem Vermögen: Akademischer Entwurf, 2024
Schmidt, Andreas	Vom „ordnungsgemäßen Geschäftsgang", ZRI 2023, 333
Schmidt, Andreas	Zum Umfang der Geschäftsleiterhaftung gem. § 15b Abs. 4 InsO, ZRI 2024, 93
Schmidt, Karsten	Gesellschafterbesicherte Drittkredite nach neuem Recht – Die Nachfolgeregelungen zu § 32a Abs. 2, § 32b GmbHG im MoMiG, BB 2008, 1966
Schmidt, Karsten (Hrsg.)	InsO – Kommentar, 20. Aufl. 2023
Schmidt, Karsten	Neues Personengesellschaftsrecht, JuS 2024, 1
Schmidt, Karsten	Nutzungsüberlassung nach der GmbH-Reform, DB 2008, 1727
Schmittmann, Jens M. (Hrsg.)	Handbuch Restrukturierung und Unternehmensplanung, 2025
Schmittmann, Jens M.	Haftung von Organen in Krise, Restrukturierung und Insolvenz, 5. Aufl. 2025
Schmittmann, Jens M.	Steuererklärungspflichten des Insolvenzverwalters bei Personengesellschaften nach dem Personengesellschaftsmodernisierungsgesetz und dem Kreditzweitmarktförderungsgesetz, ZRI 2024, 613
Schmittmann, Jens M./Heindorf, Manon	Strafbewehrte Anzeigepflichten in Krise, Restrukturierung und Insolvenz, ZRI 2025, 673

Schröer-Conigliello, Anne/ Schmittmann, Jens M.	Managers on the Hook? – Aktuelle Rechtsprechung des BGH zur Haftung des GmbH-Geschäftsführers bei Verletzung der Massesicherungspflicht aus der Praktikerperspektive, ZIP 2017, 1548
Stabel, Jonas	Die Kommanditistenhaftung nach Inkrafttreten des MoPeG, JuS 2024, 205
Ulmer, Peter	Die „Anrechnung“ (MoMiG) des Wertes verdeckter Sacheinlagen auf die Bareinlageforderung der GmbH – ein neues Erfüllungssurrogat?, ZIP 2009, 293
Wachter, Thomas	Unternehmensnachfolge bei der GmbH und GmbH & Co. KG nach dem MoMiG, DB 2009, 159
Weyand, Raimund	Strafrechtliche Aspekte des MoMiG im Zusammenhang mit juristischen Personen, ZInsO 2008, 702

Kapitel 7
Compliance-Verstöße im Transaktionsrecht und deren Implikation auf den Erfolg von M&A-Transaktionen[1]

Übersicht

---

1 Frau *Matea Penava* hat im Bereich des Themas dieses Beitrags unter der Betreuung von Herrn Prof. Dr. *Michael Schörnig* an der FOM Hochschule für Ökonomie & Management, Hochschulzentrum Frankfurt a. M. ihre Masterarbeit verfasst. Die Grundlagen der Masterarbeit sind in diesen Beitrag eingeflossen. Für die Anregungen darf Frau *Penava* herzlich gedankt sein.

A. Einführung und Problemstellung

M&A-Transaktionen gehören zu den komplexesten und folgenreichsten Rechtsgeschäften des modernen Wirtschaftslebens. Sie betreffen nicht nur Fragen des Gesellschafts-, Vertrags- und Steuerrechts, sondern verlangen zunehmend auch eine präventive Auseinandersetzung mit unternehmensinternen Steuerungsmechanismen, insbesondere im Bereich der Compliance. Der Erwerb eines Unternehmens bedeutet stets auch die Übernahme historischer und potenziell verdeckter Risiken – insbesondere dort, wo Verstöße gegen gesetzliche oder regulatorische Vorgaben vorliegen oder strukturell begünstigt wurden.[2] 1

Compliance-Verstöße wirken sich in besonderer Weise auf den Erfolg von Transaktionen aus. Sie können den Erwerbsgegenstand entwerten, die vertragliche Risikoverteilung verschieben, Integrationsprozesse verzögern, Reputationsschäden verursachen oder zu Bußgeldern, Schadensersatzforderungen und strafrechtlichen Verfahren führen. Damit stellen sie nicht nur ein juristisches, sondern auch ein strategisches Risiko dar – eines, das von Käufern, Investoren, Beratern und Aufsichtsorganen erkannt, bewertet und beherrscht werden muss. 2

Die zunehmende Relevanz von Compliance ergibt sich dabei nicht nur aus der steigenden Komplexität und Internationalität von M&A-Prozessen, sondern auch aus der sich wandelnden rechtlichen Risikozurechnung: Geschäftsleiter und Aufsichtsorgane sind heute gehalten, durch geeignete Prüf- und Steuerungsmechanismen dafür zu sorgen, dass Compliance-Pflichten in der Zielgesellschaft systematisch erfasst und Verstöße rechtzeitig identifiziert werden.[3] Die Rechtsprechung stellt dabei hohe Anforderungen an Sorgfalt, Dokumentation und Entscheidungsgrundlagen – insbesondere, wenn es um die Vermeidung persönlicher Haftung geht.[4] 3

Ziel dieses Beitrags ist es, die Implikationen von Compliance-Verstößen im Transaktionsrecht systematisch zu analysieren, die wirtschaftlichen und rechtlichen Auswirkungen anhand konkreter Praxisfälle aufzuzeigen und geeignete Präventionsstrategien zu diskutieren. Dabei wird der Fokus sowohl auf das deutsche als auch auf das europäische Transaktionsrecht gerichtet unter Einbeziehung internationaler Entwicklungen, regulatorischer Standards und rechtspolitischer Perspektiven. 4

---

2 *Busekist/Timmerbeil*, CCZ 2013, 225 ff.

3 Vgl. ausführlich *Goette/Barring*, DStR 2021, 1238 ff.

4 OLG Nürnberg, Urt. v. 30.3.2022 – 12 U 1520/19, NZG 2022, 1058.

I. Compliance im Spannungsfeld von Transaktionsrecht und Wirtschaftspraxis

5 Mergers & Acquisitions gelten als zentrale Triebkräfte unternehmerischer Entwicklung und Strukturveränderung. Sie dienen der Marktvergrößerung, Diversifikation, Innovation oder der strategischen Neuaufstellung von Unternehmen. Gleichwohl bergen solche Transaktionen beträchtliche Risiken, die sich nicht allein aus finanziellen oder operativen Unsicherheiten ergeben, sondern zunehmend aus rechtlichen und regulatorischen Faktoren – insbesondere aus dem Bereich der Compliance.[5]

6 Compliance bezeichnet im weitesten Sinne die Einhaltung gesetzlicher Vorschriften, regulatorischer Anforderungen sowie unternehmensinterner Richtlinien. Der Begriff hat sich in den letzten Jahrzehnten zu einem eigenständigen Ordnungsprinzip unternehmerischer Verantwortung entwickelt, das sich in § 91 Abs. 2 AktG ebenso wiederfindet wie in spezialgesetzlichen Regelwerken, etwa dem Geldwäschegesetz, dem Gesetz gegen Wettbewerbsbeschränkungen oder der Datenschutz-Grundverordnung.[6] Über die Einhaltung von Normen hinaus umfasst Compliance auch die organisatorische Absicherung rechtskonformen Verhaltens durch interne Kontrollsysteme, Schulungen, Meldewege und Sanktionierungsmechanismen.[7]

7 Im Rahmen von Unternehmensübernahmen entfaltet Compliance eine doppelte Bedeutung: Zum einen ist das Zielunternehmen auf mögliche vergangenheitsbezogene Verstöße zu überprüfen (sog. Compliance Due Diligence), die für den Erwerber zu erheblichen finanziellen, rechtlichen und reputativen Risiken führen können.[8] Zum anderen ist auch die Fähigkeit des Erwerbers gefragt, erkannte Risiken angemessen zu bewerten und vertraglich abzusichern – etwa durch Garantien, Freistellungsklauseln, Kaufpreisnachlässe oder Vertragsbedingungen mit aufschiebender Wirkung. In beiden Dimensionen ist Compliance kein Randaspekt, sondern ein integraler Bestandteil transaktionsbezogener Risikosteuerung.

8 Die Praxis zeigt, dass mangelnde Beachtung compliance-relevanter Sachverhalte den Erfolg von M&A-Transaktionen gefährden oder sogar zunichtemachen kann. Dies betrifft nicht nur klassische Korruptions- oder Kartellrechtsverstöße, sondern auch Verstöße gegen Umweltvorschriften, Exportkontrollen, Datenschutzregeln oder kapitalmarktrechtliche Offenlegungspflichten. Ebenso bedeutsam sind strukturelle Defizite – etwa eine

---

5 *Hölters*, Handbuch Unternehmenskauf, Kap. 11 Rn. 49 ff.

6 § 91 Abs. 2 AktG; § 1 GwG; Art. 5 ff. DSGVO; §§ 1, 19 GWB.

7 *Moosmayer/Lösler*, Corporate Compliance, S. 1392 ff.

8 *Busekist/Timmerbeil*, CCZ 2013, 225 ff.; *Conrad/Licht*, in: Auer-Reinsdorff/Conrad, IT- und DatenschutzR-HdB, § 39 Rn. 270 ff.

lückenhafte Compliance-Organisation, fehlende Hinweisgebersysteme oder eine Unternehmenskultur, die Regelverstöße duldet oder begünstigt.

Vor diesem Hintergrund wird Compliance nicht mehr allein als reaktives Instrument verstanden, sondern als präventive Governance-Funktion mit unmittelbarem Einfluss auf den Transaktionserfolg. Dies hat auch die Rechtswissenschaft erkannt: Die Pflichten des Vorstands nach § 93 AktG und des Geschäftsführers nach § 43 GmbHG werden heute dahingehend ausgelegt, dass die unterlassene Prüfung compliance-relevanter Risiken als Sorgfaltspflichtverletzung zu werten ist – mit der Folge potenzieller Organhaftung.[9] Die Verlagerung rechtlicher Verantwortung von der Organisation auf deren Leitung verdeutlicht: Wer Unternehmen kauft, übernimmt auch Verantwortung für deren rechtliche Vergangenheit und kulturelle Struktur. **9**

Somit ergibt sich für das Transaktionsrecht ein bedeutsames Spannungsfeld: Während M&A-Transaktionen traditionell von ökonomischen und strategischen Zielsetzungen getrieben sind, bedarf es heute eines erweiterten Verständnisses von Wert, Risiko und Verantwortung. Compliance stellt dabei nicht nur ein Kriterium rechtlicher Zulässigkeit, sondern auch einen Faktor wirtschaftlicher Nachhaltigkeit dar – und verlangt damit nach einer systematischen, interdisziplinären Analyse im Zentrum des transaktionsbezogenen Rechtsdiskurses. **10**

II. Gefahrenpotenzial von Compliance-Verstößen bei M&A-Transaktionen

Compliance-Verstöße im Kontext von M&A-Transaktionen entfalten eine Vielzahl an Risiken, deren Tragweite regelmäßig unterschätzt wird. Während die ökonomischen Chancen eines Unternehmenskaufs oder einer Fusion häufig im Vordergrund stehen, geraten rechtliche Unsicherheiten und kulturelle Bruchstellen vielfach erst dann in den Fokus, wenn sich daraus konkrete Konflikte, Verluste oder Sanktionen ergeben. Das Gefahrenpotenzial solcher Verstöße erstreckt sich dabei über weitreichende Risikodimensionen. **11**

1. Rechtliche Risikodimensionen

Rechtlich führen Compliance-Verstöße häufig zu Haftungsrisiken. Werden im Zuge einer Transaktion beispielsweise bestehende Kartellrechtsverstöße, Datenschutzmängel oder Korruptionshandlungen übernommen, können Bußgelder, Rückabwicklungen, zivilrechtliche Schadenersatzforderungen oder sogar strafrechtliche Konsequenzen folgen. Hinzu tritt das Risiko der persönlichen Haftung für Organmitglieder, sofern diesen eine unzurei- **12**

9 MüKo AktG/*Spindler*, § 93 Rn. 83.

chende Compliance-Due-Diligence-Prüfung oder ein Versäumnis bei der Implementierung von Kontrollmechanismen nachgewiesen werden kann. Die Rechtsprechung knüpft dabei zunehmend an die Maßstäbe ordnungsgemäßer Geschäftsführung im Sinne von § 93 Abs. 1 AktG und § 43 GmbHG an.[10]

2. Ökonomische Risikodimensionen

13 Ökonomisch betrachtet können Compliance-Verstöße nicht nur den Erwerbswert des Zielunternehmens entwerten, sondern auch die Rentabilität der gesamten Transaktion gefährden. Unerwartete finanzielle Belastungen durch Sanktionen, Rückstellungen, Rechtsverteidigung oder Reputationsschäden beeinträchtigen die geplanten Synergien und führen nicht selten zu Nachverhandlungen, Kaufpreisreduzierungen oder – im Extremfall – zur Transaktionsaufhebung.[11] Auch Integrationskosten, etwa zur Harmonisierung von Compliance-Strukturen oder zur Schadensbegrenzung in der Öffentlichkeit, schlagen regelmäßig mit erheblichen Summen zu Buche.

3. Sonstige Risikodimensionen

14 Besonders schwer wiegt jedoch das strategische Risiko von Reputationsverlusten. Compliance-Verstöße können das Vertrauen von Kapitalmärkten, Kunden, Aufsichtsbehörden und Beschäftigten nachhaltig erschüttern. Die mediale Dynamik kritischer Vorfälle – insbesondere in Bereichen wie Umweltrecht, Menschenrechte oder Datenmissbrauch – erzeugt Druck auf Geschäftsleitung und Aufsichtsgremien, oft weit über das juristische Maß hinaus. Unternehmen, die Zielgesellschaften mit problematischer Vorgeschichte übernehmen, laufen Gefahr, selbst in den Fokus der Kritik zu geraten, insbesondere wenn ihnen unterlassene Prüfpflichten oder mangelnde Transparenz vorgeworfen werden können.[12]

15 Ein besonders eindrückliches Beispiel für das Ausmaß solcher Folgen ist die Übernahme des US-Agrarkonzerns Monsanto durch die Bayer AG im Jahr 2018. Trotz Kenntnis laufender Produkthaftungsklagen im Zusammenhang mit dem Unkrautvernichtungsmittel Glyphosat wurde die Akquisition vollzogen – mit dramatischen Folgen: Eine Klagewelle von über 100.000 Verfahren in den USA, milliardenschwere Vergleichszahlungen und ein massiver Kursverfall des Bayer-Aktienwertes führten zu einer der kostspieligsten Transaktionskrisen der jüngeren Wirtschaftsgeschichte.[13]

---

10 Ausführlich *Ritter*, in: Schüppen/Schaub, Münchener Anwaltshandbuch Aktienrecht, § 24 Rn. 1 ff.

11 Vgl. *Busekist/Timmerbeil*, CCZ 2013, 225 ff.

12 *Roeder/Schlutz/Havlik*, CCZ 2023, 269.

13 *Dostert*, Die Chronik eines Desasters, SZ vom 14.5.2019.

Demgegenüber zeigt die Fusion zwischen Veolia und Suez im Jahr 2022, dass eine vorausschauende und kooperative Herangehensweise an regulatorische Herausforderungen erfolgreich sein kann. Die EU-Kommission hatte erhebliche wettbewerbsrechtliche Bedenken gegen den Zusammenschluss geäußert und eine Marktverengung befürchtet. Durch die frühzeitige Identifikation betroffener Märkte, die Veräußerung kritischer Geschäftsbereiche und den strukturierten Dialog mit den Wettbewerbsbehörden gelang es Veolia, die Transaktion unter Auflagen zu sichern und regulatorische Hürden zu überwinden.[14] Diese präventiv orientierte Strategie gilt heute als Vorbild für die kartellrechtskonforme Gestaltung komplexer M&A-Vorhaben in stark regulierten Sektoren. **16**

Beide Fälle verdeutlichen, dass das Risiko von Compliance-Verstößen im Transaktionskontext nicht abstrakt ist, sondern sich konkret, quantifizierbar und operativ wirksam zeigt. Entscheidend ist nicht allein das Vorhandensein eines Regelverstoßes, sondern die Frage, ob dieser im Rahmen des Transaktionsmanagements antizipiert, erkannt und rechtssicher gesteuert wurde. Eine interdisziplinär aufgestellte Compliance Due Diligence ist daher ebenso unabdingbar wie die Fähigkeit, erkannte Risiken in Vertragsgestaltung und Integrationsmanagement wirkungsvoll zu adressieren. **17**

III. Zielsetzung

Die vorstehenden Ausführungen haben gezeigt, dass Compliance-Verstöße im Kontext von M&A-Transaktionen erhebliche rechtliche, wirtschaftliche und strategische Risiken entfalten können. Dabei zeigt sich ein wachsender Konsens in Rechtsprechung, Wissenschaft und Unternehmenspraxis darüber, dass solche Risiken nicht bloß punktuelle Störungen darstellen, sondern im schlimmsten Fall das Scheitern einer gesamten Transaktion verursachen können. Eine unzureichende Prüfung der Integrität des Zielunternehmens, das Fehlen präventiver Kontrollmechanismen oder das Missachten regulatorischer Warnsignale können zu einem massiven Wertverlust, zur persönlichen Haftung von Organen und zu irreparablen Reputationsschäden führen.[15] **18**

Der Beitrag soll nicht nur eine juristische Analyse beinhalten, sondern auch eine wirtschaftlich-praktische Einordnung der Konsequenzen unter besonderer Berücksichtigung der unternehmerischen Steuerungsperspektive vornehmen. Er versteht sich ausdrücklich im Spannungsfeld von Gesellschaftsrecht, Transaktionspraxis und Compliance-Governance. Dabei werden sowohl typische Risikofelder als auch präventive Steuerungs- und Absicherungsinstrumente in den Blick genommen. **19**

14 *Bosch*, NJW 2022, 1658.
15 Siehe auch zum Haftungsregime: *Goette/Barring*, DStR 2021, 1238.

20 Im Zentrum stehen dabei folgende Leitfragen:

- Welche rechtlichen und wirtschaftlichen Risiken gehen mit Compliance-Verstößen im Rahmen von M&A-Transaktionen einher?
- In welchen Phasen des Transaktionsprozesses manifestieren sich diese Risiken konkret?
- Welche präventiven Maßnahmen und Prüfstandards sind geeignet, um Haftung, Reputationsverlust und Transaktionsfehlschläge zu vermeiden?
- Inwieweit lassen sich hieraus praxisrelevante Lehren für zukünftige Transaktionsstrategien ableiten?

B. Grundlagen und Risikofelder

21 Eine systematische Betrachtung der Auswirkungen von Compliance-Verstößen auf den Erfolg von M&A-Transaktionen setzt eine Analyse der rechtlichen, strukturellen und wirtschaftlichen Grundlagen voraus. Denn die Bedeutung von Compliance erschließt sich im transaktionsrechtlichen Kontext nicht losgelöst von den jeweiligen Rahmenbedingungen, sondern in enger Verflechtung mit den spezifischen Anforderungen des M&A-Verfahrens und der Risikostruktur des Zielunternehmens.

22 Dabei sind drei Aspekte besonders hervorzuheben:

- Erstens ist die rechtliche Architektur von Unternehmenskäufen und -fusionen komplex, vielschichtig und stark vom Gesellschafts- sowie vom Vertragsrecht geprägt.
- Zweitens weist der Compliance-Begriff eine hohe inhaltliche Spannweite auf – von korrektem Verhalten einzelner Mitarbeiter bis hin zu strukturell verankerten Organisationspflichten und globalen Governance-Standards.
- Drittens differenzieren sich die Risikofelder, in denen Compliance-Verstöße besonders häufig und folgenschwer auftreten, je nach Branche, Unternehmensform, Herkunftsland oder Geschäftsmodell erheblich aus.

I. Rechtlicher Rahmen von M&A-Transaktionen

23 Der Erwerb eines Unternehmens kann auf verschiedenen rechtlichen Wegen erfolgen. Im Zentrum stehen typischerweise zwei Grundformen: der Share Deal, bei dem Anteile am Zielunternehmen (in der Regel Aktien oder GmbH-Geschäftsanteile) übertragen werden, und der Asset Deal, bei dem einzelne Vermögensgegenstände oder operative Einheiten direkt aus dem Unternehmen heraus erworben werden.[16] Die rechtliche Strukturierung ei-

16 *v. Bismarck/Freytag/Kress*, in: Meyer-Sparenberg/Jäckle, Beck'sches M&A-Handbuch, § 74 Rn. 137 ff.

ner Transaktion bestimmt maßgeblich die Risikoverteilung zwischen Käufer und Verkäufer – insbesondere in Bezug auf die Übernahme von Verbindlichkeiten, Garantien und potenziellen Altlasten, zu denen auch Compliance-Verstöße zählen.[17]

Share Deals unterliegen regelmäßig den Vorschriften des Aktiengesetzes, des GmbH-Gesetzes sowie – sofern es sich um börsennotierte Zielgesellschaften handelt – den kapitalmarktrechtlichen Regelungen des WpHG und des BörsG.[18] Zusätzlich greifen je nach Art und Umfang der Transaktion, das Außenwirtschaftsrecht, das Kartellrecht sowie – in bestimmten Branchen – spezialgesetzliche Genehmigungsvorbehalte (z. B. durch die BaFin oder das Bundesministerium für Wirtschaft und Klimaschutz).[19] **24**

Bei Asset Deals hingegen ist eine Vielzahl einzelvertraglicher Regelungen notwendig, um den Übergang der betroffenen Vermögenswerte, Verträge, Mitarbeiter und Verbindlichkeiten rechtlich wirksam zu vollziehen. Besonders zu beachten sind in diesem Zusammenhang § 613a BGB (Betriebsübergang), § 15 AO (Haftung bei Betriebsübernahme), das HGB (insbesondere §§ 25, 28 HGB) sowie arbeits- und steuerrechtliche Vorschriften. Auch hier sind Compliance-Verstöße von erheblicher Bedeutung, etwa wenn Umwelthaftungen, kartellrechtliche Verfehlungen oder Bußgeldrisiken mit übergehen und nicht klar geregelt oder ausgeschlossen wurden. **25**

Über die zivilrechtliche Ebene hinaus entfalten M&A-Transaktionen auch eine aufsichts- und ordnungsrechtliche Relevanz. So ist bei marktbeherrschenden Zusammenschlüssen die Fusionskontrolle durch das Bundeskartellamt (§§ 35 ff. GWB) bzw. die Europäische Kommission (Art. 1 ff. FKVO) erforderlich. Diese Verfahren zielen darauf ab, die Entstehung wettbewerbswidriger Marktstrukturen zu verhindern, erfordern jedoch auch eine umfassende Darstellung der Geschäftsmodelle, Marktanteile und rechtlichen Risiken beider Fusionspartner – einschließlich bereits eingetretener oder drohender Compliance-Verstöße.[20] **26**

Hinzu treten völker- und unionsrechtliche Normen, die gerade bei grenzüberschreitenden Transaktionen zunehmend an Bedeutung gewinnen. Dazu gehören etwa die OECD-Leitsätze für multinationale Unternehmen, die EU-Screening-Verordnung (VO (EU) 2019/452) zur Schaffung eines Rahmens für die Überprüfung ausländischer Direktinvestitionen in der Union sowie sektorspezifische Vorgaben im Datenschutzrecht (DSGVO), in der **27**

---

17 *Meurer*, in: Meyer-Sparenberg/Jäckle, Beck'sches M&A-Handbuch, § 8 Rn. 9.

18 *v. Bismarck/Freytag/Kress*, in: *Meyer-Sparenberg/Jäckle*, Beck'sches M&A-Handbuch, § 74 Rn. 140 ff.

19 *Ettinger/Jaques*, Beck'sches Handbuch Unternehmenskauf im Mittelstand, Kap. D. Rn. 12 ff.

20 *Riesenkampff/Steinbarth*, in: Kersting/Meyer-Lindemann/Podszun/Riesenkampff/Steinbarth, Kartellrecht, Art. 2 FKVO Rn. 53.

Exportkontrolle oder im Finanzaufsichtsrecht (z. B. CRR/CRD für Kreditinstitute).[21]

28 Aus rechtsdogmatischer Sicht ist der M&A-Vorgang in Deutschland in hohem Maße vertraglich-autonom geprägt. Das bedeutet: Es gibt keine eigenständige, kodifizierte „M&A-Rechtsordnung", sondern eine Vielzahl relevanter Rechtsgebiete wird durch eine individualvertragliche Risikozuweisung im Unternehmenskaufvertrag (Share Purchase Agreement bzw. Asset Purchase Agreement) zusammengeführt.[22] Dies eröffnet einerseits große Flexibilität, führt aber andererseits dazu, dass Compliance-Risiken ohne gesetzliche Mindeststandards oft unzureichend geregelt, übersehen oder unterschätzt werden – mit potenziell gravierenden Folgen für den Erwerber.

29 In der juristischen Beratungspraxis hat sich deshalb die Erkenntnis durchgesetzt, dass compliance-relevante Fragestellungen kein Annex, sondern ein eigenständiger Regelungs- und Prüfungsbereich sind. Dies betrifft sowohl die Due Diligence, die Vertragsgestaltung (z. B. über Reps & Warranties, Freistellungsklauseln, Conditions Precedent) als auch die Gestaltung von Garantien für die Ordnungsmäßigkeit der Unternehmensführung und rechtliche Konformität. Aus Sicht des Transaktionsrechts ist Compliance daher nicht nur ein faktisches, sondern ein strukturell-rechtliches Steuerungsfeld, dessen Vernachlässigung zur Verletzung von Legalitätspflichten führen kann.

II. Systematik und Funktion von Compliance im Transaktionskontext

30 Die Bedeutung von Compliance im Rahmen von M&A-Transaktionen ergibt sich nicht nur aus der Vielzahl potenzieller Rechtsquellen, sondern vor allem aus der systemischen Funktion, die Compliance in der Unternehmensführung erfüllt. Compliance bezeichnet dabei nicht lediglich die formale Einhaltung von Normen, sondern die Gesamtheit der unternehmensinternen Maßnahmen, Strukturen und Prozesse, die darauf gerichtet sind, rechtswidriges Verhalten zu verhindern, Risiken frühzeitig zu identifizieren und eine verantwortungsvolle Unternehmenssteuerung zu gewährleisten.[23]

31 Die zentrale Zielrichtung von Compliance besteht darin, die Legalität der Unternehmensführung sicherzustellen – also die Übereinstimmung aller geschäftlichen Aktivitäten mit geltendem Recht. Ergänzt wird dies zunehmend durch die Erwartung an Unternehmen, auch ethische Standards, branchenspezifische Kodizes und ESG-bezogene Anforderungen (Environment, So-

21 OECD-Leitsätze für multinationale Unternehmen zu verantwortungsvollem unternehmerischem Handeln; VO (EU) 2019/452.

22 Vgl. allgemein *Hölters*, Handbuch Unternehmenskauf, Kap. 9 Rn. 77 ff.

23 *Moosmayer/Lösler*, in: Moosmayer/Lösler, Corporate Compliance, § 1 Rn. 1.

cial, Governance) in ihre Geschäftstätigkeit zu integrieren.[24] Daraus ergibt sich ein kompliziertes Geflecht von Prüf-, Steuerungs- und Dokumentationspflichten, die gerade im Transaktionskontext von besonderer Relevanz sind.

Im Rahmen von M&A-Prozessen entfaltet Compliance eine mehrdimensionale Funktion: **32**

– *Integritätsprüfung des Zielunternehmens*:

Im Rahmen der Compliance Due Diligence ist zu klären, ob und in welchem Umfang im Zielunternehmen Verstöße gegen geltende Vorschriften vorliegen oder strukturelle Schwächen in der Compliance-Organisation bestehen. Diese Analyse umfasst sowohl vergangenheitsbezogene Ermittlungen (z. B. zu laufenden Verfahren, internen Untersuchungen, Hinweisgebersystemen) als auch prospektive Bewertungen des vorhandenen Compliance-Niveaus.[25]

– *Risikosteuerung und Vertragsgestaltung*:

Die Ergebnisse der Due Diligence fließen in die Transaktionsverträge ein. Compliance-relevante Themen werden regelmäßig der Garantien zur Rechtmäßigkeit der Geschäftstätigkeit, Material-Adverse-Change-Klauseln (MAC-Klauseln), Freistellungen und Kündigungsrechte überführt. Compliance wird somit auch zum Gegenstand der Risikozuweisung zwischen den Parteien.[26]

– *Post-Merger-Integration und Governance-Harmonisierung*:

Nach dem Vollzug der Transaktion ist das Zielunternehmen in das Compliance-System des Erwerbers zu integrieren. Dies umfasst die Abstimmung von Richtlinien, die Migration von IT-Systemen, die Überprüfung von Lieferketten und die Schulung der Mitarbeitenden und auch die Verbesserung von Compliance-Management-Systemen.[27] Eine mangelhafte Integration kann nicht nur operative Probleme verursachen, sondern auch zu Organisationsverschulden im Sinne des § 130 OWiG führen.

Die Rechtsprechung betont in diesem Zusammenhang zunehmend die Verpflichtung zur proaktiven Compliance-Steuerung: Die Sorgfaltspflicht nach § 93 Abs. 1 AktG umfasst ausdrücklich auch die „ordnungsgemäße Organisation" des Unternehmens, wozu nach herrschender Meinung die Einführung und Überwachung eines angemessenen Compliance-Systems gehört.[28] Verstöße gegen diese Pflicht können zu Schadensersatzansprüchen gegen Vorstände und Geschäftsführer führen – insbesondere auch, wenn Com- **33**

24 *Engelmann/Lescher*, in: Beisel/Andreas, Due Diligence, § 39 Rn. 16 ff.
25 *Busekist/Timmerbeil*, CCZ 2013, 225 ff.
26 *Meurer*, in: Meyer-Sparenberg/Jäckle, Beck'sches M&A-Handbuch, § 8 Rn. 9.
27 BeckOK HinSchG/*Dilling*, § 18 Rn. 45.
28 Vgl. auch BGH NZWiSt 2018, 387 Rn. 118; *Bartz/Bittner*, CCZ 2022, 319 ff.

pliance-Mängel im Zuge einer Transaktion übernommen oder nicht ausreichend berücksichtigt wurden.[29]

34 Die Funktion von Compliance im M&A-Kontext erschöpft sich daher nicht in der Vermeidung von Rechtsverstößen, sondern umfasst auch die Sicherstellung des wirtschaftlichen Erfolgs der Transaktion, die Absicherung von Organverantwortung und die Gewährleistung der gesellschaftsrechtlichen Funktionsfähigkeit des fusionierten Unternehmens. In der Summe handelt es sich um ein komplexes, aber unverzichtbares Steuerungsinstrument im Transaktionsrecht, das gleichermaßen präventiv, korrektiv und integrativ wirkt.

III. Typische Erscheinungsformen von Compliance-Verstößen

35 Compliance-Verstöße treten im Rahmen von M&A-Transaktionen in sehr unterschiedlichen Erscheinungsformen auf. Sie können sowohl individuelle Pflichtverletzungen als auch strukturelle Mängel innerhalb der Organisation betreffen. In der Praxis lassen sich dabei fünf besonders relevante Risikobereiche identifizieren: Korruption, Kartellrechtsverstöße, Geldwäsche, Datenschutzverletzungen und organisationsbezogene Aufsichtspflichtverletzungen. Diese Verstöße können – je nach Schwere, Systematik und Zeitpunkt ihres Bekanntwerdens – erhebliche rechtliche, wirtschaftliche und integrative Folgen für die Transaktion entfalten.

1. Korruption und Bestechung

36 Korruptionsverstöße zählen zu den folgenschwersten Compliance-Verfehlungen, insbesondere wenn sie bereits im Zielunternehmen systemisch angelegt sind. Nach § 299 StGB ist die Bestechung im geschäftlichen Verkehr strafbar, ebenso wie nach §§ 331 ff. StGB die Vorteilsannahme durch Amtsträger. Unternehmen können durch § 30 OWiG auch bußgeldrechtlich zur Verantwortung gezogen werden, wenn Leitungspersonen in rechtswidriges Verhalten verwickelt sind.[30] In internationalen Konstellationen kommen zusätzliche Risiken aus dem US-amerikanischen Foreign Corrupt Practices Act (FCPA)[31] oder dem UK Bribery Act[32] hinzu, deren extraterritoriale Wirkung auch deutsche Unternehmen erfassen kann.

---

29 LG München NZG 2014, 345.

30 BGH NJW 2017, 3798 („Panzerhaubitzen-Entscheidung"); *Eufinger*, GWR 2017, 415.

31 https://www.justice.gov/criminal-fraud/file/1292051/download (zuletzt aufgerufen am 9.7.2025); *v. Busekist/Uhlig*, in: Moosmayer/Lösler, Corporate Compliance, § 22 Rn. 43.

32 https://www.justice.gov.uk/downloads/legislation/bribery-act-2010-guidance.pdf (zuletzt aufgerufen am 9.7.2025); *v. Busekist/Uhlig*, in: Moosmayer/Lösler, Corporate Compliance § 22 Rn. 39; *Spachmüller/Timmerbeil*, DB 2013, 2133.

2. Verstöße gegen das Kartellrecht

Kartellrechtsverstöße sind besonders relevant bei Unternehmen mit starkem Marktanteil, insbesondere in Branchen mit oligopolistischen Strukturen. Typische Verfehlungen betreffen Preisabsprachen, Marktaufteilungen oder die Einschränkung des Wettbewerbs durch unzulässige Vertriebsbindungen. Das GWB verbietet solche Verhaltensweisen in §§ 1–2 GWB; Verstöße werden durch das Bundeskartellamt mit empfindlichen Bußgeldern sanktioniert, oft in Millionenhöhe.[33] Bei M&A-Transaktionen können bestehende kartellrechtliche Altlasten nicht nur finanzielle Risiken darstellen, sondern auch fusionskontrollrechtliche Untersagungen nach sich ziehen.[34] **37**

3. Geldwäsche und Terrorismusfinanzierung

Verstöße gegen das GwG gefährden nicht nur den rechtlichen Bestand der Transaktion, sondern werfen gravierende Fragen der Geschäftsführungshaftung auf. Insbesondere bei internationalen Zielgesellschaften mit Geschäftsbeziehungen in Hochrisikoländer besteht eine erhöhte Sorgfaltspflicht bei der Prüfung wirtschaftlich Berechtigter (§§ 3 ff. GwG) und der Herkunft von Vermögenswerten. Die Nichtbeachtung kann zu Strafbarkeit nach § 261 StGB führen. **38**

4. Datenschutz und IT-Sicherheit

Seit Geltung der DSGVO drohen bei Verstößen gegen datenschutzrechtliche Vorgaben empfindliche Bußgelder von bis zu 4 % des weltweiten Jahresumsatzes eines Unternehmens (Art. 83 Abs. 5 DSGVO). Verstöße betreffen insbesondere unzulässige Datenübermittlungen, fehlende Auftragsverarbeitungsverträge oder die mangelhafte Absicherung von IT-Systemen. Bei M&A-Vorhaben kann die Übernahme datenschutzrechtlich defizitärer IT-Infrastrukturen zu hohen Nachrüstungskosten und Reputationsschäden führen. **39**

5. Verletzung von Organisationspflichten

Besonders schwer zu identifizieren sind Verstöße, die nicht auf konkrete Handlungen, sondern auf strukturelle Defizite zurückgehen – etwa das Fehlen eines Compliance-Management-Systems (CMS), unzureichende interne Kontrollsysteme, fehlende Hinweisgeberschutzmechanismen oder eine dysfunktionale Unternehmenskultur. Solche Verstöße werden unter dem Begriff des „Organisationsverschuldens“ zusammengefasst und sind insbesondere **40**

---

33 BeckOK Kartellrecht/*Weitbrecht*, Art. 23 Kartellverfahrens-VO (VO (EG) 1/2003) Rn. 1 ff.

34 *Bosch*, NJW 2022, 1653 ff.

im Ordnungswidrigkeitenrecht (§ 130 OWiG) und im Gesellschaftsrecht (vgl. § 93 Abs. 1 AktG) haftungsrelevant.[35]

41 Eine besonders gravierende Folge dieser Verstöße besteht in ihrer Kettenwirkung auf andere Risikobereiche: Korruption kann zu Geldwäsche führen, Datenschutzmängel können Wettbewerbsverstöße nach sich ziehen, organisatorisches Versagen kann zu individuellen Pflichtverletzungen eskalieren. M&A-Transaktionen, die solche Risiken übersehen oder nur unzureichend bewerten, laufen Gefahr, ökonomisch fehlzuschlagen und integrationsseitig zu scheitern.[36]

42 Deshalb ist es in der Due-Diligence-Phase zwingend erforderlich, ein systematisches Risikoprofil des Zielunternehmens zu erstellen. Dieses sollte sämtliche Compliance-relevanten Bereiche umfassen, risikoorientiert priorisiert sein und sowohl dokumentierte Verstöße als auch strukturelle Schwächen offenlegen. Nur so lässt sich eine fundierte Risikobewertung vornehmen und die vertragliche Risikoverteilung rechtssicher gestalten.

IV. Risikofelder und branchenspezifische Vulnerabilitäten

43 Compliance-Verstöße treten nicht gleichmäßig über alle Wirtschaftsbereiche hinweg auf, sondern konzentrieren sich auf bestimmte Risikofelder, die von branchenspezifischen Eigenheiten, regulatorischer Dichte und internationaler Verflechtung beeinflusst werden. Die Vulnerabilität eines Zielunternehmens gegenüber Compliance-Risiken hängt wesentlich von dessen Geschäftsmodell, Marktumfeld und regulatorischer Überwachung ab. Für die Praxis der M&A-Due-Diligence bedeutet dies: Risiken müssen differenziert, kontextabhängig und unter Berücksichtigung branchenspezifischer Faktoren identifiziert und bewertet werden.

1. Regulierungsintensive Branchen

44 Hochregulierte Branchen – etwa der Finanzsektor, die Pharmaindustrie, das Gesundheitswesen oder der Energie- und Telekommunikationsmarkt – weisen ein besonders hohes Risiko für Compliance-Verstöße auf. Dies liegt zum einen an der Vielzahl anwendbarer gesetzlicher Normen, zum anderen an der Komplexität der Geschäftsprozesse und der engen Aufsicht durch spezialisierte Behörden. Im Finanzsektor etwa sind Anforderungen aus dem KWG, der CRR, dem GwG und dem WpHG zu beachten, ergänzt durch regulatorische Standards der BaFin und der EZB.[37] In der Gesundheitsbranche kommt eine Vielzahl berufsrechtlicher, medizinprodukterechtlicher und

---

35 BGH, NJW 2009, 289.

36 MüKo AktG/*Spindler*, § 93 Rn. 200 ff.

37 *Lindemann*, in: Fischer/Schulte-Mattler, KWG, § 59 Rn. 1 ff.

datenschutzrechtlicher Vorschriften hinzu. Verstöße in diesen Sektoren haben nicht nur rechtliche Konsequenzen, sondern können zu Lizenzverlusten, Publizitätspflichten und Marktverboten führen.

2. Branchen mit Korruptionsanfälligkeit

Ein besonderes Risikoprofil weisen Branchen auf, in denen hohe Transaktionsvolumina mit staatlichen Stellen, Ausschreibungsverfahren oder internationalen Vertriebskanälen verbunden sind. Dazu zählen insbesondere der Bau-, Rüstungs-, Infrastruktur- und Rohstoffsektor, aber auch die Medizintechnik und der Maschinenbau. In diesen Bereichen ist die Gefahr von Bestechung, Vorteilsgewährung und Interessenkonflikten überdurchschnittlich hoch. **45**

3. Technologie- und datengetriebene Unternehmen

In technologieorientierten Unternehmen mit datenbasierter Wertschöpfung besteht ein erhöhtes Risiko für Datenschutzverletzungen, IT-Sicherheitslücken und Cyberangriffe. Dies betrifft nicht nur Start-ups und Softwareanbieter, sondern zunehmend auch klassische Industrieunternehmen, die in datengetriebene Geschäftsmodelle (IoT, Big Data, KI) investieren. Die Prüfung nach Art. 5, 25 und 32 DSGVO sowie § 130 OWiG ist hier ein zentraler Bestandteil jeder Compliance Due Diligence.[38] **46**

4. Exportorientierte Industrieunternehmen

Internationale Transaktionen, insbesondere mit Zielgesellschaften außerhalb der EU, bergen zusätzliche Risiken aus dem Außenwirtschaftsrecht, dem Zoll- und Exportkontrollrecht sowie dem Sanktionsrecht. Unternehmen mit Tochtergesellschaften oder Vertriebskanälen in Hochrisikoregionen (z.B. Russland, China, Naher Osten) unterliegen umfangreichen Berichtspflichten, Genehmigungserfordernissen und Compliance-Anforderungen (z.B. Dual-Use-Verordnung, Embargoregelungen, Lieferkettensorgfaltspflichten).[39] Verstöße in diesem Bereich können sowohl zivil- als auch strafrechtliche Folgen für das Mutterunternehmen in Deutschland haben. **47**

5. Familienunternehmen und KMU

Auch Unternehmen, die nicht kapitalmarktorientiert sind – insbesondere Familienunternehmen und mittelständische Betriebe – weisen spezifische Schwächen in der Compliance-Struktur auf. Häufig fehlen formalisier- **48**

---

38 Vgl. zur IT Due Diligence: *Lapp*, in: Beisel/Andreas, Due Diligence, § 41.

39 VO (EU) 2021/821 (Dual-Use); § 4 AußenwirtschaftsG.

te Prozesse, standardisierte Kontrollen, schriftlich fixierte Richtlinien und ein unabhängiges Compliance-Reporting. Bei M&A-Transaktionen sind diese Defizite nicht immer leicht zu erkennen, da die operative Nähe der Geschäftsführung zu den Prozessen Risiken verdecken kann. Dennoch ist gerade bei KMU die Einführung eines skalierbaren CMS ein zunehmend relevanter Faktor für Investoren und Erwerber.

6. Unternehmensübernahmen in Krisensituationen

49 Schließlich sind Krisen- und Restrukturierungsfälle besonders anfällig für Compliance-Risiken. Dazu zählen etwa Übernahmen im Rahmen von Insolvenzverfahren, Sanierungen nach Restrukturierungsplan (gemäß StaRUG) oder Distressed M&A-Transaktionen. In solchen Konstellationen besteht oft keine vollständige Transparenz über vergangene Rechtsverletzungen, interne Kontrollsysteme sind ausgedünnt, und wirtschaftlicher Druck kann zu systematischer Regellosigkeit geführt haben.[40] Eine sorgfältige Compliance Due Diligence ist hier besonders bedeutsam, um nicht in Altlasten einbezogen zu werden. Standardisierte Checklisten und allgemeine Risikoindikatoren reichen nicht aus, um die spezifische Gefährdungslage eines Zielunternehmens zu erfassen. Vielmehr bedarf es einer sektorspezifischen Risikoanalyse, gestützt auf externe Indikatoren (z. B. Branchenberichte, NGO-Rankings, Ermittlungsakten) und interne Einblicke in Prozesse, Systeme und Kulturen.

V. Internationale Perspektiven und regulatorische Herausforderungen

50 Im Zuge zunehmender Globalisierung und wirtschaftlicher Verflechtung gewinnt das Thema Compliance im transnationalen Transaktionskontext erheblich an Bedeutung. Die Vielzahl unterschiedlicher Rechtssysteme, Aufsichtsstandards und Kulturkreise führt zu einem komplexen Spannungsfeld, in dem globale Unternehmen sowohl nationale als auch extraterritoriale Compliance-Anforderungen erfüllen müssen. M&A-Transaktionen mit grenzüberschreitendem Bezug sind deshalb besonders anfällig für Risiken, die sich aus internationalen regulatorischen Unterschieden oder deren Kollision ergeben.

1. Extraterritoriale Normen und globale Rechtsdurchsetzung

51 Ein zentrales Problemfeld ist die Anwendung extraterritorialer Normen durch einzelne Staaten. Besonders ausgeprägt zeigt sich dies im Bereich der Antikorruptionsgesetzgebung. Der US-amerikanische FCPA sowie der britische UK Bribery Act 2010 haben beide einen weltweiten Anwendungsbereich. Unternehmen mit nur minimalen Anknüpfungspunkten zur

---

40 *Hölters,* Handbuch Unternehmenskauf, Kap. 15 Rn. 49.

US-amerikanischen oder britischen Jurisdiktion (z. B. Börsennotierung, Zweigniederlassung, E-Mail-Verkehr über Server im jeweiligen Land) können bereits Adressat strafrechtlicher Ermittlungen und empfindlicher Geldbußen werden.[41] Gerade im M&A-Kontext ist dies kritisch. Wird ein Unternehmen mit belasteter Compliance-Vergangenheit übernommen, können sich entsprechende Verfahren auf den Erwerber ausweiten – insbesondere, wenn dieser das defizitäre System fortführt oder keine ausreichenden Prüf- und Integrationsmaßnahmen ergreift.

2. Transnationale Standards und Soft Law

Neben verbindlichem Recht spielen auch transnationale Soft-Law-Instrumente eine wachsende Rolle im internationalen Compliance-Regime. Dazu zählen, wie vorstehend auch schon angeführt, insbesondere die OECD-Leitsätze für multinationale Unternehmen, die UN-Leitprinzipien für Wirtschaft und Menschenrechte, sowie ESG-Standards internationaler Investoren und Ratingagenturen.[42] Auch wenn diese Regelwerke nicht unmittelbar justiziabel sind, stellen sie faktisch verbindliche Erwartungshaltungen dar – insbesondere im Hinblick auf Lieferkettenverantwortung, Whistleblower-Schutz, Umwelt- und Sozialstandards. Bei Nichteinhaltung drohen nicht nur Ausschlüsse von öffentlichen Aufträgen, sondern auch erhebliche Reputationsrisiken. **52**

3. Fusionskontrolle auf supranationaler Ebene

Für größere Transaktionen ist die Fusionskontrolle durch die Europäische Kommission (Art. 1 ff. FKVO) ein zentraler Prüfstein. Diese orientiert sich nicht nur an der wettbewerbsrechtlichen Relevanz der Fusion, sondern auch an bestehenden Compliance-Risiken, etwa bei Marktmissbrauch, kartellrechtlichen Vorstrafen oder Marktverhaltensauffälligkeiten der Beteiligten. In der Praxis sind nicht selten Zugeständnisse wie Veräußerung von Unternehmensteilen oder Verhaltenszusagen notwendig, um eine Genehmigung zu erhalten.[43] **53**

Zunehmend sehen sich Unternehmen auch parallelen Prüfverfahren durch unterschiedliche nationale Wettbewerbsbehörden ausgesetzt, etwa durch das deutsche Bundeskartellamt, die französische Autorité de la concurrence oder die US-amerikanische FTC bzw. das DOJ. Hier kann es zu divergierenden **54**

41 § 78dd FCPA; § 12 UK Bribery Act 2010.

42 OECD-Leitsätze für multinationale Unternehmen zu verantwortungsvollem unternehmerischem Handeln; UN-Leitprinzipien für Wirtschaft und Menschenrechte, VN-Dok. A/HRC/17/31.

43 *Bosch*, NJW 2022, 1653 ff.

Maßstäben und Entscheidungen kommen, was die Planungssicherheit in globalen Transaktionen weiter erschwert.

4. Investitionskontrolle und geopolitische Risiken

55 Mit zunehmender politischer Sensibilität für sicherheitsrelevante Infrastruktur und Technologiebereiche rückt auch die außenwirtschaftsrechtliche Investitionskontrolle stärker in den Fokus. In Deutschland erfolgt diese auf Grundlage von §§ 55 ff. AWV i. V. m. § 4 AWG, auf EU-Ebene ist die EU-Screening-Verordnung[44] maßgeblich. Betroffen sind vor allem Übernahmen durch Drittstaaten in Bereichen wie IT-Sicherheit, Gesundheitswirtschaft, Energie, Rüstung oder Telekommunikation.

56 Transaktionen mit Beteiligung nicht-europäischer Investoren können selbst dann untersagt oder eingeschränkt werden, wenn sie aus wirtschaftsrechtlicher Sicht unbedenklich erscheinen. Unternehmen sind daher gehalten, bereits in der Frühphase einer grenzüberschreitenden Transaktion die relevanten Prüf- und Meldevoraussetzungen zu identifizieren und in ihre Planungen einzubeziehen.

5. Harmonisierung und Fragmentierung internationaler Compliance-Regime

57 Trotz einzelner Fortschritte bleibt die internationale Compliance-Landschaft stark fragmentiert. Unterschiedliche Begriffsverständnisse, divergierende Haftungsmaßstäbe, variierende Offenlegungspflichten und unterschiedliche Anforderungen an interne Kontrollsysteme führen zu einem hohen Koordinationsbedarf in globalen Unternehmenstransaktionen. Zugleich nimmt der Druck zur Harmonisierung durch regulatorische Kooperationen zu. Die Herausforderung für die M&A-Compliance besteht darin, sowohl global anschlussfähige Governance-Strukturen zu etablieren, als auch lokale rechtliche Anforderungen präzise umzusetzen. Eine erfolgreiche transnationale Compliance Due Diligence muss deshalb juristische, kulturelle und politische Risiken gleichermaßen berücksichtigen.[45]

C. Auswirkungen auf den Erfolg von M&A-Transaktionen

58 Compliance-Verstöße sind nicht nur ein abstraktes rechtliches Risiko, sondern entfalten ganz konkrete Konsequenzen für den Erfolg von M&A-Transaktionen. Sie wirken sich unmittelbar auf den wirtschaftlichen Wert der Zielgesellschaft, die rechtliche Bestandssicherheit der Transaktion, das Inte-

44 VO (EU) 2019/452.

45 Allg. *Grützner*, in: Moosmayer/Lösler, Corporate Compliance, § 10 Rn. 33 ff.

grationspotenzial der Organisation sowie das Vertrauen externer Stakeholder in das fusionierte Unternehmen aus. Die Missachtung compliance-relevanter Aspekte kann damit nicht nur zur Reduktion des Kaufpreises, in Einzelfällen zum vollständigen Scheitern der Unternehmensübernahme führen.

59 Dabei hängt das Ausmaß der Auswirkungen regelmäßig von verschiedenen Faktoren ab, nämlich von der Art und Schwere des Verstoßes, vom Zeitpunkt seiner Entdeckung (vor oder nach Signing bzw. Closing) und vom Vorhandensein vertraglicher oder organisatorischer Reaktionsmöglichkeiten auf Seiten des Erwerbers. Je früher und systematischer Compliance-Risiken identifiziert und adressiert werden, desto größer sind die Chancen, ihre Auswirkungen zu begrenzen oder in der Vertragsstruktur abzusichern.

60 In der Praxis ist festzustellen, dass sich Compliance-Verstöße in drei Hauptdimensionen auf den Transaktionserfolg auswirken (1) in Form rechtlicher Implikationen – etwa durch Haftung, Sanktionen oder Anfechtbarkeit von Verträgen; (2) in Form wirtschaftlicher Konsequenzen – etwa durch Bilanzkorrekturen, Rückstellungen, Umsatzeinbrüche oder Reputationsschäden; und (3) in Form strategischer Effekte – etwa durch Integrationsprobleme, Vertrauensverluste bei Investoren oder unerwartete regulatorische Eingriffe.

I. Juristische Implikationen: Haftung, Sanktionen, Vertragsfolgen

61 So führen Compliance-Verstöße in M&A-Transaktionen in der Regel zu juristischen Konsequenzen, die über die unmittelbare Verantwortlichkeit des Zielunternehmens hinausgehen. In der Praxis entfalten sie ihre Wirkung insbesondere in öffentlich-rechtlichen Sanktionen, zivilrechtlicher Haftung und vertragsrechtlichen Folgen. Diese können einzeln oder kumulativ eintreten und sowohl das erworbene Unternehmen als auch Erwerber und Geschäftsleiter betreffen.

1. Öffentlich-rechtliche Sanktionen und Verfahren

62 Bei schwerwiegenden Verstößen gegen regulatorische Normen – etwa im Kartell-, Umwelt-, Datenschutz- oder Außenwirtschaftsrecht – sind Bußgelder, Untersagungsverfügungen oder Auflagen typische Sanktionen. Diese werden nicht selten unmittelbar nach Bekanntwerden einer Transaktion geprüft, insbesondere wenn eine Behörde Anhaltspunkte für systemische Defizite oder Verstöße im Zielunternehmen sieht. So verhängte die Europäische Kommission im Jahr 2019 ein Bußgeld in Höhe von 1,49 Milliarden Euro gegen Google wegen missbräuchlicher Werbung auf der eigenen Suchplattform – ein Beispiel dafür, wie Compliance-Verstöße nicht nur Marktverhalten, sondern auch M&A-Aktivitäten indirekt beeinflussen.[46]

63 Wird ein Unternehmen mit bestehenden Compliance-Verstößen erworben, bleibt es auch nach der Übernahme sanktionsfähig. Das sog. „Einheitstäterprinzip" im Ordnungswidrigkeitenrecht erlaubt die Ahndung des Unternehmens, unabhängig davon, ob ein Wechsel in der Gesellschafterstruktur oder im Management stattgefunden hat.[47] Gerade im internationalen Kontext sind Unternehmen zudem der Gefahr extraterritorialer Durchsetzung ausgesetzt: So zahlte der Siemens-Konzern im Jahr 2008 im Rahmen eines globalen Vergleichs mit der US-amerikanischen SEC und dem DOJ rund 800 Millionen US-Dollar wegen systematischer Korruptionspraktiken – trotz umfassender interner Umstrukturierungen.[48]

2. Zivilrechtliche Organhaftung und Drittansprüche

64 Neben staatlichen Sanktionen sind zivilrechtliche Haftungsfolgen von zentraler Relevanz. Werden Compliance-Verstöße vor oder im Zuge einer Transaktion fahrlässig übersehen oder unzureichend dokumentiert, können daraus Ansprüche gegen die Geschäftsleiter beider Seiten entstehen. Die Rechtsprechung misst der Einhaltung gesetzlicher Sorgfaltspflichten in der Vorbereitung und Durchführung von Unternehmenskäufen hohe Bedeutung bei. So hat das OLG Nürnberg entschieden, dass die unzureichende Informationsgrundlage bei einer gesellschaftsrechtlichen Beteiligung zu einer Pflichtverletzung gemäß § 93 Abs. 1 AktG führt, wenn Risiken erkennbar gewesen wären und dennoch nicht berücksichtigt wurden.[49]

65 Hinzu treten mögliche Dritthaftungsrisiken, etwa durch geschädigte Vertragspartner des Zielunternehmens, die wegen Pflichtverletzungen (z. B. Datenschutzverstöße, Kartellrechtsvergehen) Schadenersatz verlangen können. In datenschutzrechtlichen Konstellationen besteht nach Art. 82 DSGVO eine unmittelbare Anspruchsgrundlage gegen Verantwortliche und Auftragsverarbeiter, die durch fehlerhafte IT-Systeme, unzulässige Datenübermittlungen oder fehlende technische Schutzmaßnahmen Datenpannen verursacht haben.[50]

---

46 Europäische Kommission, Pressemitteilung vom 20.3.2019 – IP/19/1770.

47 *Dannecker/Bülte*, in: Wabnitz/Janovsky/Schmitt, WirtschaftsStrafR-HdB, 1. Kap. Rn. 123.

48 SEC Litigation Release No. 20829 v. 15.12.2008; Department of Justice (DOJ), Pressemitteilung vom 15.12.2008.

49 OLG Nürnberg, Urt. v. 30.3.2022 – 12 U 1520/19, NZG 2022, 1058.

50 BeckOK DatenschutzR/*Quaas*, Art. 82 DSGVO Rn. 39.

3. Vertragsrechtliche Rückabwicklung, Preisanpassung, Gewährleistung

Die zivilrechtliche Gestaltung von Unternehmenskaufverträgen bietet verschiedene Mechanismen zur Reaktion auf Compliance-Verstöße – vorausgesetzt, diese wurden antizipiert und vertraglich abgebildet. Ein prominentes Beispiel für die Relevanz solcher Klauseln findet sich im Fall der Übernahme des britischen Einzelhändlers Tesco durch Booker. Tesco musste 2017 eine Gewinnwarnung wegen buchhalterischer Unregelmäßigkeiten veröffentlichen, woraufhin Bookers Aktionäre eine Neubewertung der Transaktion verlangten – mit direkten Auswirkungen auf den Börsenwert und die Vertragsverhandlungen.[51] **66**

Vertragliche Mechanismen wie Material-Adverse-Change-Klauseln oder Closing Conditions ermöglichen es Erwerbern zudem, bei schwerwiegenden Verstößen vom Vertrag zurückzutreten oder das Closing auszusetzen. In der Praxis ist die Durchsetzbarkeit solcher Klauseln jedoch häufig streitanfällig, da Gerichte hohe Anforderungen an die Wesentlichkeit der Pflichtverletzung stellen. **67**

Die juristischen Implikationen von Compliance-Verstößen reichen somit von Verwaltungsmaßnahmen über Organhaftung bis hin zu vertragsrechtlichen Rückabwicklungen. Entscheidend ist nicht nur das Vorliegen eines Verstoßes, sondern die Frage, ob dieser rechtzeitig erkannt, bewertet und vertraglich adressiert wurde. Aus rechtsdogmatischer Sicht sind Compliance-Verstöße damit keine nachgelagerten Problemtatbestände, sondern vor der Transaktion zu berücksichtigen. **68**

II. Ökonomische Folgen: Reputationsverluste, Integrationskosten, Transaktionsabbruch

Compliance-Verstöße führen nicht nur zu juristischen Konsequenzen, sondern entfalten in der Unternehmenspraxis regelmäßig erhebliche wirtschaftliche Effekte. Diese sind oft schwerer quantifizierbar als Bußgelder oder gerichtliche Verfahren – wirken sich aber mittel- bis langfristig direkt auf Marktwert, Investorenvertrauen, Synergiepotenziale und organisatorische Leistungsfähigkeit aus. Im Rahmen von M&A-Transaktionen wirken sich Compliance-Mängel insbesondere in den ökonomischen Dimensionen der Reputationsverluste, der Integrationskosten und dem Risiko eines Transaktionsabbruchs oder strategischen Scheiterns aus. **69**

51 Financial Times, Tesco faces shareholder pressure over Booker deal.

1. Reputationsverluste und Marktreaktionen

70 Der Verlust an Vertrauen infolge öffentlich bekannt gewordener Compliance-Verstöße zählt zu den schwerwiegendsten wirtschaftlichen Risiken im Transaktionskontext. Dabei ist nicht nur das Zielunternehmen betroffen, sondern regelmäßig auch der Käufer – insbesondere dann, wenn ihm eine nachlässige Prüfung oder strategische Fehleinschätzung vorgeworfen wird. Reputationsschäden können zu einem Rückgang des Börsenkurses, einer Reduktion des Kundenstamms, einem Bedeutungsverlust bei Geschäftspartnern sowie zu einem Reputationsübertrag auf verbundene Unternehmen führen.

71 Ein paradigmatisches Beispiel stellt die Übernahme von Monsanto durch Bayer dar. Bereits kurz nach Vollzug der Transaktion im Juni 2018 sah sich Bayer einer Welle von Klagen in den USA ausgesetzt, die sich auf die krebserregende Wirkung des Herbizids Glyphosat bezogen. Obwohl die Risiken im Vorfeld öffentlich diskutiert wurden, unterschätzte Bayer offenbar die Reaktion des US-Justizsystems wie auch die emotionale Dimension des Falles. Der Aktienkurs des Unternehmens verlor zwischen Juni 2018 und März 2020 erheblich an Wert,[52] während sich die Vergleichszahlungen für die Klagen im Jahr 2021 auf über 10 Milliarden US-Dollar summierten. Analysten werteten das Ereignis als signifikantes Reputationsversagen eines DAX-Konzerns im Umgang mit transaktionsbezogenen Risiken.

2. Integrationskosten durch Compliance-Defizite

72 Neben dem Imageschaden führen Compliance-Mängel regelmäßig auch zu massiven nachträglichen Integrationskosten. Diese entstehen insbesondere dann, wenn das Zielunternehmen nicht über ein funktionierendes CMS verfügt oder erhebliche organisatorische Mängel offenkundig werden. Die Nachbesserung solcher Defizite erfordert erhebliche personelle und finanzielle Ressourcen: Einführung oder Anpassung von Richtlinien, Schulung von Mitarbeitern, Einführung von Hinweisgebersystemen, Risikoanalysen und ggf. externe Audits. Hinzu treten Kosten für IT-Sicherheit, Datenschutzkonformität und die Harmonisierung von Kontrollstrukturen.[53]

73 Bei international tätigen Unternehmen können zusätzliche Ausgaben für Rechtsberatung, steuerrechtliche Strukturierung und datenschutzrechtliche Umsetzungsmaßnahmen entstehen.

---

52 Statista, Bayer: Börsenwert des Unternehmens weltweit in den Jahren 2006 bis 2023.

53 *Grützner*, in: Moosmayer/Lösler, Corporate Compliance, § 10 Rn. 10 ff.

3. Transaktionsabbruch und strategisches Scheitern

In besonders gravierenden Fällen kann die Entdeckung eines Compliance-Verstoßes zur vollständigen Auflösung einer Transaktion führen – sei es durch Rücktritt, Kündigung, Nichterfüllung von Bedingungen oder schwindender Zustimmung der Stakeholder. Solche Abbrüche verursachen nicht nur unmittelbare Kosten (Beraterhonorare, interne Ressourcen, Imageschaden), sondern können auch zur Beeinträchtigung des strategischen Gesamtziels führen. **74**

Ein prominenter Fall ist der geplante Zusammenschluss von Deutsche Börse AG und London Stock Exchange Group im Jahr 2016/2017. Obwohl keine klassischen Compliance-Verstöße vorlagen, scheiterte das Vorhaben letztlich an regulatorischen Bedenken der Europäischen Kommission. Im Zuge des Prüfungsverfahrens war deutlich geworden, dass marktstrukturelle und organisatorische Risiken unzureichend adressiert wurden, was das Vertrauen in die strategische Machbarkeit der Transaktion untergrub.[54] **75**

Auch kleinere Transaktionen scheitern regelmäßig an Compliance-bezogenen Risiken, insbesondere wenn im Rahmen der Due Diligence zivil- oder strafrechtliche Verfahren, kartellrechtliche Vorstrafen oder Verdachtslagen auftreten. Die Unsicherheit über potenzielle Schadensersatzforderungen oder drohende Reputationsrisiken führt dann häufig zu einem Rückzug des Käufers – auch auf Druck von Aufsichtsräten, Kapitalgebern oder Investoren. **76**

III. Strategische Effekte: Vertrauen, Steuerbarkeit, Wertvernichtung

Neben rechtlichen und wirtschaftlichen Konsequenzen verursachen Compliance-Verstöße im M&A-Kontext häufig strategische Schäden, die sich nicht unmittelbar in Bilanzzahlen, aber deutlich in der Unternehmensentwicklung niederschlagen. Besonders schwer wiegt dabei der Verlust an Vertrauen bei wesentlichen Stakeholdern, die Beeinträchtigung der Steuerbarkeit komplexer Unternehmensverbünde sowie das langfristige Risiko der Wertvernichtung durch verfehlte Transaktionsziele. **77**

1. Vertrauensverlust bei Stakeholdern

M&A-Transaktionen sind auf das Vertrauen unterschiedlicher Gruppen angewiesen: Investoren, Kunden, Mitarbeiter, Kreditgeber, Behörden und die Öffentlichkeit. Dieses Vertrauen kann durch Compliance-Verstöße massiv erschüttert werden – insbesondere dann, wenn der Erwerber nicht in der **78**

54 Europäische Kommission, Entscheidung vom 29.3.2017, M.7995 – Deutsche Börse/LSE, ABl. C 209/08 v. 30.6.2017, https://ec.europa.eu/competition/mergers/cases/decisions/m7995_7544_3.pdf (zuletzt abgerufen am 9.7.2025).

Lage ist, glaubhaft zu machen, dass er Risiken erkannt, bewertet und angemessen behandelt hat.

79 Gerade in kapitalmarktorientierten Unternehmen reagieren institutionelle Investoren zunehmend sensibel auf die Einhaltung ethischer und gesetzlicher Standards im Rahmen strategischer Investitionsentscheidungen.

2. Steuerungsverlust in der Post-Merger-Integration

80 Die erfolgreiche Integration eines Zielunternehmens erfordert Klarheit über dessen Strukturen, Prozesse und Steuerungslogiken. Compliance-Verstöße – insbesondere solche, die auf strukturellen Schwächen, intransparenten Berichtssystemen oder fehlenden Kontrollen beruhen – erschweren die Koordination und Steuerung im fusionierten Gesamtunternehmen erheblich. In der Praxis zeigt sich häufig, dass organisatorische Redundanzen, kulturelle Brüche und mangelnde Governance-Standards die Implementierung einheitlicher Führungsstrukturen verzögern oder ganz verhindern.

81 So war die Übernahme des französischen Wasserversorgers Suez durch Veolia im Jahr 2022 nur unter erheblichen organisatorischen Auflagen möglich. Die EU-Kommission genehmigte die Fusion nur unter der Bedingung weitreichender Veräußerungen und zusätzlicher Transparenzverpflichtungen. Die strategische Steuerbarkeit des neuen Konzerns war dadurch mittelfristig eingeschränkt, was sich u. a. in einer verzögerten operativen Konsolidierung und internen Widerständen niederschlug.[55]

3. Nachhaltige Wertvernichtung

82 Die zentrale strategische Gefahr eines unzureichend adressierten Compliance-Verstoßes besteht in der Verfehlung des ökonomischen und unternehmerischen Transaktionsziels – also in der Wertvernichtung durch Fehleinschätzungen, Korrekturmaßnahmen oder strategische Folgekosten. Gerade Integrationsprojekte mit hohem regulatorischem oder kulturellem Transformationsbedarf sind gefährdet. Die verspätete Harmonisierung von Berichtssystemen, unklare Verantwortlichkeiten oder mangelhafte Compliance-Kommunikation führen dazu, dass geplante Synergien nicht realisiert werden können, Geschäftsbereiche stagnieren oder Führungskräfte verloren gehen. Der daraus resultierende strategische Schaden übersteigt in vielen Fällen die Höhe eines etwaigen Kaufpreisabschlags oder Bußgelds.

83 Strategische Effekte von Compliance-Verstößen wirken tief in die Unternehmensstruktur hinein: Sie gefährden Vertrauen, blockieren Integrations-

---

55 Europäische Kommission, Pressemitteilung vom 14.12.2021 – IP/21/6885; Conditions for approval of the Veolia/Suez transaction, https://ec.europa.eu/competition/mergers/cases/ (zuletzt abgerufen am 9.7.2025).

prozesse und untergraben den ökonomischen Nutzen der Transaktion. Die langfristige Steuerbarkeit und Wertentwicklung eines Unternehmens hängen deshalb maßgeblich von der Qualität und Verbindlichkeit der Compliance-Steuerung im gesamten Transaktionsprozess ab. Unternehmen, die strategische Risiken systematisch in ihr M&A-Management integrieren, stärken nicht nur ihre operative Handlungsfähigkeit, sondern auch ihre unternehmerische Glaubwürdigkeit.

D. Präventions- und Absicherungsmechanismen

Die bisherigen Ausführungen haben deutlich gemacht, dass Compliance-Verstöße nicht nur ein rechtliches Risiko darstellen, sondern erhebliche wirtschaftliche und strategische Folgen für M&A-Transaktionen entfalten können. Um diesen Risiken wirksam zu begegnen, bedarf es präventiver Maßnahmen auf mehreren Ebenen des Transaktionsprozesses. Dabei spielen sowohl die sorgfältige Erhebung von Risiken vor Vertragsschluss als auch die vertragliche Absicherung und die organisatorische Umsetzung nach Closing eine entscheidende Rolle. **84**

Die zentrale Herausforderung besteht darin, potenzielle Compliance-Mängel frühzeitig zu identifizieren und durch geeignete Mechanismen kontrollierbar zu machen. Hierzu gehört einerseits die strukturierte und risikoorientierte Durchführung einer Compliance Due Diligence, die sich nicht nur auf vergangenheitsbezogene Prüfungen beschränkt, sondern auch strukturelle Schwächen und kulturelle Faktoren des Zielunternehmens berücksichtigt.[56] Andererseits müssen identifizierte Risiken in die Vertragsgestaltung einfließen – etwa durch Garantien, Freistellungsklauseln oder Preisanpassungsmechanismen. Ergänzend hierzu gewinnt die Integration von Compliance-Strukturen nach Vollzug der Transaktion zunehmend an Bedeutung. Nur wenn beide Unternehmen über eine kompatible Governance- und Kontrollkultur verfügen, lassen sich synergetische Effekte langfristig realisieren. **85**

Diese mehrstufige Risikosteuerung ist nicht nur für Großtransaktionen bedeutsam. Auch im Mittelstand, bei Private-Equity-Transaktionen und im grenzüberschreitenden Bereich wächst die Bedeutung präventiver Compliance-Instrumente – nicht zuletzt durch verschärfte regulatorische Anforderungen, gestiegene Erwartungen von Investoren und die rechtliche Entwicklung hin zu umfassenden Organisationspflichten der Unternehmensleitung.[57] **86**

Das folgende Kapitel stellt die wichtigsten Präventions- und Absicherungsmechanismen im Überblick dar. **87**

---

56 *Busekist/Timmerbeil*, CCZ 2013, 225–229.

57 OLG Nürnberg, Urt. v. 30.3.2022 – 12 U 1520/19, NZG 2022, 1058 ff.; *Schlaghecke*, in: Moosmayer/Lösler, Corporate Compliance, § 44 Rn. 107 ff.

I. Compliance Due Diligence: Anforderungen, Umfang, Grenzen

88 Die Compliance Due Diligence ist heute ein zentrales Instrument zur Risikosteuerung im Rahmen von M&A-Transaktionen. Sie dient nicht nur der Aufdeckung vergangener Gesetzesverstöße, sondern vor allem der frühzeitigen Identifikation struktureller Schwächen und potenzieller Haftungsrisiken im Zielunternehmen. In Abgrenzung zur klassischen Legal Due Diligence, die sich primär auf die Rechtslage in Bezug auf Verträge, Gesellschaftsstruktur und Genehmigungen konzentriert, umfasst die Compliance Due Diligence auch Governance-, Kontroll- und Integritätsaspekte, die über die bloße Gesetzeslage hinausgehen.[58]

1. Anforderungen an eine risikoorientierte Compliance Due Diligence

89 Ziel der Compliance Due Diligence ist es, auf Basis eines strukturierten, risikobasierten Ansatzes zu ermitteln, ob und in welchen Bereichen des Zielunternehmens Defizite im Hinblick auf rechtstreues Verhalten bestehen. Dabei richtet sich der Prüfungsumfang wesentlich nach Faktoren wie Branche, Unternehmensgröße, Geschäftsmodell, geografischer Tätigkeitsschwerpunkt und Vorgeschichte.

90 Wichtige Prüfungspunkte sind u. a.:
- Vorliegen eines Compliance-Management-Systems (CMS);
- Interne Richtlinien und Verhaltenskodizes;
- Hinweisgebersysteme und deren Wirksamkeit;[59]
- Schulungsprogramme und Risikokommunikation;
- dokumentierte Verstöße, laufende Verfahren oder behördliche Prüfungen;
- Integration von Compliance in Entscheidungsprozesse und das Berichtswesen.

91 Die Verantwortung für die Durchführung liegt regelmäßig bei den beratenden Kanzleien oder spezialisierten Prüfern, wobei eine enge Abstimmung mit dem internen M&A-Team und der Rechtsabteilung des Erwerbers erforderlich ist.

2. Umfang und Tiefe der Prüfung

92 Die Tiefe der Prüfung ist abhängig von der verfügbaren Zeit, den Informationsrechten des Käufers und der Kooperationsbereitschaft der Zielgesellschaft.[60] Dabei sind mehrere Ebenen zu unterscheiden:

---

58 *Beisel*, in: Beisel/Andreas, Due Diligence, § 1 Rn. 64.

59 Vgl. insbesondere zu den Compliance-bezogenen Bereichen in M&A-Transaktionen: *H.-J. Fischer*, in: Fischer/Pellmann/Schoch, Hinweisgeberschutzgesetz, § 2 Rn. 39 ff.

60 Vgl. allgemein *Beisel*, in: Beisel/Andreas, Due Diligence, §§ 5 und 8.

– *Dokumentenprüfung*:

Analyse interner Richtlinien, Compliance-Berichte, Audit-Unterlagen, E-Mail-Korrespondenz und Prozessbeschreibungen.

– *Interviews*:

Gespräche mit Compliance-Verantwortlichen, Geschäftsführern, Bereichsleitern und ggf. Whistleblowern.

– *Stichprobenprüfung*:

Untersuchung konkreter Geschäftsprozesse (z.B. Zahlungsflüsse, Drittparteienmanagement, Lobbyingaktivitäten, Ausschreibungen).

93 Hierbei bietet sich eine systematische Dokumentation der Prüfungsergebnisse nach Risikokategorien (hoch – mittel – niedrig) an, um eine Transparenz für Vertragsverhandlungen und Aufsichtsorgane herzustellen.[61]

3. Grenzen und Herausforderungen

94 Trotz ihrer Relevanz ist die Compliance Due Diligence in der Praxis mit mehreren strukturellen Grenzen konfrontiert:

– *Informationsasymmetrie*:

Die Zielgesellschaft bestimmt, welche Informationen bereitgestellt werden. Bei Share Deals oder Bieterverfahren ist der Zugriff oft stark eingeschränkt. In solchen Fällen sind öffentlich zugängliche Quellen, Presseberichte, Sanktionslisten und Geschäftsberichte ergänzend heranzuziehen.

– *Verdeckte Risiken*:

Nicht alle Verstöße sind dokumentiert oder bekannt. Kulturell bedingte Schweigestrukturen oder ineffiziente Meldesysteme können zu „blinden Flecken“ führen.

– *Zeit- und Ressourcendruck*:

In wettbewerbsintensiven Transaktionen ist der Prüfungszeitraum oft begrenzt. Der Aufwand einer vollumfänglichen Prüfung steht zudem nicht immer im Verhältnis zum Transaktionsvolumen.

– *Jurisdiktionsgrenzen*:

In grenzüberschreitenden Fällen bestehen Rechtsunsicherheiten hinsichtlich Datenschutz, Auskunftspflichten oder Umfang der Einsichtnahme, z.B. in interne Untersuchungsberichte oder Ermittlungsakten.

95 Vor diesem Hintergrund wird in der Fachliteratur zunehmend gefordert, die Compliance Due Diligence als kontinuierlichen Prozess zu verstehen, der

61 Meurer/Schlaffge, in: § 10 Rn. 6 ff; *Andreas*, in: Beisel/Andreas, Due Diligence, § 8 Rn. 11.

nicht mit Vertragsabschluss endet, sondern in ein aktives Integrationsmonitoring überführt werden sollte.[62]

96 Die Compliance Due Diligence ist ein wesentliches Instrument der rechtlichen und unternehmerischen Vorsorge in M&A-Prozessen. Sie ermöglicht eine realistische Bewertung des Risikoprofils eines Zielunternehmens und bildet die Grundlage für vertragliche Absicherungsmechanismen sowie nachgelagerte Integrationsmaßnahmen. Ihr Nutzen ist jedoch nur so groß wie ihre methodische Qualität, Tiefe und Einbettung in den Gesamtprozess. Die Herausforderung besteht nicht in der bloßen Durchführung, sondern in der strategischen Auswertung und rechtssicheren Umsetzung ihrer Ergebnisse.

II. Vertragsgestaltung und rechtliche Absicherung von Compliance-Risiken

97 Die Ergebnisse der Compliance Due Diligence müssen in die rechtliche Strukturierung des Unternehmenskaufvertrags überführt werden, um identifizierte oder potenzielle Risiken rechtlich steuerbar zu machen. Ziel ist es, die Verteilung von Verantwortlichkeiten, Pflichten und Rechtsfolgen zwischen Käufer und Verkäufer vertraglich so auszugestalten, dass Compliance-bezogene Störfälle im Rahmen des gesetzlich Zulässigen vorab geregelt werden können. Die Erfahrung zeigt, dass transaktionsspezifische Risikoklauseln in der Praxis das Steuerungsinstrument zur Risikobegrenzung darstellen – sofern sie sorgfältig auf die jeweilige Compliance-Lage abgestimmt sind.[63]

1. Garantien hinsichtlich Compliance-Fragen

98 Das Mittel zur rechtlichen Absicherung sind vertragliche Zusicherungen, mit denen der Verkäufer bestimmte rechtliche und tatsächliche Umstände garantiert. Im Bereich Compliance betreffen diese Garantien u. a. folgende Aspekte:

- Existenz und Wirksamkeit eines Compliance-Management-Systems;
- keine laufenden Ermittlungsverfahren oder behördlichen Prüfungen;
- keine Verstöße gegen Antikorruptions- oder Kartellrecht;
- rechtskonformer Umgang mit personenbezogenen Daten;
- Einhaltung des LkSG bei internationalen Zielgesellschaften.

---

62 Siehe auch zur Transaktionsimplementierung *Andreas*, in: Beisel/Andreas, Due Diligence, § 9 Rn. 38 f.; ggf. sogar erneut als Post-Acquisition Due Diligence *v. Falkenhausen*, NZG 2015, 1209.

63 *Meurer*, in: Meyer-Sparenberg/Jäckle, Beck'sches M&A-Handbuch, § 8 Rn. 15 sowie *Meyer-Sparenberg*, a. a. O., § 43 Rn. 18 und § 47 Rn. 4 f.

Solche Zusicherungen können entweder generisch formuliert sein („Das Unternehmen hat zu jeder Zeit alle anwendbaren Gesetze eingehalten“) oder spezifisch auf bekannte Risiken Bezug nehmen. Die Literatur warnt jedoch vor zu weitgehenden Standardformulierungen, da diese im Streitfall zu Unklarheiten über Umfang und Kausalität führen können.[64] **99**

2. Freistellungsklauseln („Indemnities“) und Rücktrittsrechte

Wurden konkrete Compliance-Risiken im Zuge der Due Diligence identifiziert, empfiehlt es sich, diese durch Freistellungsklauseln abzusichern. Der Verkäufer verpflichtet sich dabei, für bestimmte vorvertraglich bekannte Verstöße oder Risiken nachträglich aufzukommen – etwa im Fall von Bußgeldbescheiden, Regressansprüchen oder Klageverfahren. Wichtig ist dabei die exakte Beschreibung des Risikos und der zeitlichen Geltung.[65] **100**

In besonders risikobehafteten Konstellationen – etwa bei laufenden Ermittlungen, behördlichen Verdachtsmomenten oder Verdacht auf strukturelle Compliance-Mängel – kann der Käufer Rücktritts- oder Anpassungsrechte für den Fall einer Risikorealisierung verlangen. Dies erfolgt häufig über sogenannte Material-Adverse-Change-Klauseln, die eine wesentliche negative Veränderung der rechtlichen, wirtschaftlichen oder operativen Situation des Zielunternehmens als Bedingung für ein Rücktrittsrecht definieren.[66] In der deutschen Vertragspraxis sind MAC-Klauseln jedoch eng auszulegen, da die Schwelle der Wesentlichkeit hoch ist und pauschale Verweise auf „Compliance-Verstöße“ nicht genügen.[67] **101**

3. Kaufpreisanpassungen und Treuhandlösungen

Eine weitere Möglichkeit zur finanziellen Risikobegrenzung besteht in der variablen Gestaltung des Kaufpreises: Bei bekannten, aber in ihrer Höhe oder Eintrittswahrscheinlichkeit unklaren Risiken kann ein Teil des Kaufpreises als Earn-Out-Komponente ausgestaltet oder in einen Escrow-Account überführt werden, bis das Risiko entfällt oder sich konkretisiert hat. **102**

---

64 Vgl. beispielsweise *Meyer-Sparenberg*, in: Beck'sches Formularbuch BHW, Form. III.A. 16. Anm. 33.

65 BeckOGK/*Wilhelmi*, BGB, § 453 Rn. 785 f.

66 *Picot/Duggal*, DB 2003, 2635; MüKo BGB/*Finkenauer*, § 313 Rn. 52.

67 Akorn, Inc. v. Fresenius Kabi AG, Del. Ch. 2018, C.A. No. 2018-0300-TMR, https://www.google.com/url?sa=t&source=web&rct=j&opi=89978449&url=https://courts.delaware.gov/Opinions/Download.aspx%3Fid%3D279250&ved=2ahUKEwihpYGJyrGOAxV9A-sEHbNzAoUQFnoECA0QAQ&usg=AOvVaw0dmJFedC_-ycVBZ33WfL-m (zuletzt abgerufen am 9.7.2025).

Dies erlaubt eine flexible Handhabung ungewisser Compliance-Folgen ohne vollständige Blockade der Transaktion.[68]

103 Auch Treuhandlösungen (z.B. über Notaranderkonten) oder sogenannte Holdbacks – bei denen ein Teilbetrag des Kaufpreises zurückbehalten wird – sind geeignete Mittel, um Käuferpositionen bei unklarer Compliance-Lage zu stärken.

III. Compliance-Management-Systeme als Absicherungsinstrument

104 Ein funktionierendes CMS stellt nicht nur ein internes Kontrollinstrument dar, sondern ist im Kontext von M&A-Transaktionen ein wesentliches Mittel zur Risikovorsorge, Haftungsvermeidung und postakquisitorischen Stabilisierung. Ziel eines CMS ist es, rechtlich regelkonformes Verhalten innerhalb der Organisation systematisch zu fördern, Verstöße frühzeitig zu erkennen und adäquat zu sanktionieren.[69]

105 Im Transaktionskontext erfüllt ein CMS darüber hinaus eine doppelte Absicherungsfunktion. Einerseits wirkt dies präventiv, indem es Compliance-Risiken in der Zielgesellschaft reduziert und deren Bewertung im Rahmen der Due Diligence erleichtert, andererseits reaktiv, indem es als Argumentations- und Verteidigungsgrundlage in Haftungs- oder Bußgeldverfahren dient. Dabei anerkennen Rechtsprechung und Aufsichtsbehörden zunehmend die Existenz und Wirksamkeit eines CMS als haftungsbegrenzenden Umstand.[70]

1. Struktur und Komponenten eines wirksamen CMS

106 Die grundlegenden Elemente eines CMS wurden in Deutschland durch den IDW PS 980 des Instituts der Wirtschaftsprüfer standardisiert. Nach diesem Standard umfasst ein angemessenes System die insbesondere folgenden Bereiche:

- *Compliance-Kultur*:
  Förderung ethischen Verhaltens und Unterstützung durch die Unternehmensleitung;
- *Compliance-Ziele*:
  Definition rechtlicher und unternehmensinterner Verhaltensstandards;
- *Risikobewertung*:
  Identifikation und Bewertung unternehmensspezifischer Risiken;
- *Compliance-Programm*:
  Maßnahmen zur Risikominimierung (Richtlinien, Prozesse, Kontrollen);

---

68 *Hölters*, Handbuch Unternehmenskauf, Kap. 9 Rn. 260 ff. m. w.H.

69 *Schlaghecke*, in: Moosmayer/Lösler, Corporate Compliance, § 44 Rn. 107 ff.

70 BGH, Urt. v. 9.5.2017 – 1 StR 265/16, NZWiSt 2018, 379.

- *Compliance-Organisation*:
  klare Zuständigkeiten, Unabhängigkeit, Ressourcenausstattung;
- *Kommunikation und Schulung*:
  Information und Qualifikation aller relevanten Personen;
- *Überwachung und Verbesserung*:
  internes Monitoring, Audits, Feedbackmechanismen[71].

Ein CMS, das diese Komponenten erfüllt, wird in der Rechtsprechung des Bundesgerichtshofs als haftungsreduzierend gewertet. So betonte der BGH in seiner Grundsatzentscheidung „Siemens/Compliance“, dass ein gut organisiertes und kontrolliertes Unternehmen haftungsrechtlich günstiger zu beurteilen sei als eines ohne strukturierte Risikoüberwachung.[72] **107**

2. CMS als Sorgfaltsmaßstab in der Unternehmensleitung

Die Leitungspflichten von Vorständen und Geschäftsführern umfassen nach gefestigter Rechtsauffassung auch die Organisation und Überwachung eines wirksamen CMS. Der BGH leitet dies aus dem allgemeinen Sorgfaltsmaßstab gemäß § 93 Abs. 1 AktG und § 43 GmbHG ab. Die unterlassene Einführung oder Kontrolle eines CMS kann eine eigenständige Pflichtverletzung darstellen – insbesondere dann, wenn ein Organisationsverschulden im Sinne von § 130 OWiG vorliegt.[73] **108**

Im M&A-Kontext bedeutet dies, dass die unterlassene Berücksichtigung des Compliance-Zustands der Zielgesellschaft durch die Geschäftsleitung des Erwerbers eine persönliche Haftung nach sich ziehen kann. Ebenso ist die Übernahme eines Unternehmens ohne anschließende Einführung oder Anpassung eines CMS ein Risiko, das auch für Aufsichtsorgane relevant ist. Der Deutsche Corporate Governance Kodex betont daher ausdrücklich die Pflicht zur Etablierung eines angemessenen und wirksamen internen Kontroll- und Risikomanagementsystems als Bestandteil guter Unternehmensführung.[74] **109**

3. CMS als Verteidigungsmittel gegenüber Aufsichtsbehörden

Auch auf behördlicher Ebene wird die Existenz eines CMS zunehmend als bußgeldmindernder oder bußgeldausschließender Umstand berücksichtigt. Die Bußgeldleitlinien des Bundeskartellamts erkennen beispielsweise wirk- **110**

---

71 IDW Prüfungsstandard: Grundsätze ordnungsmäßiger Prüfung von Compliance Management Systemen, IDW PS 980 n. F. (09.2022), Stand: 28.9.2022.

72 BGH, Urt. v. 17.7.2009 – 5 StR 394/0, BGHSt 54, 44.

73 OLG Nürnberg, Urt. v. 30.3.2022 – 12 U 1520/19, NZG 2022, 1058 ff.

74 DCGK 2022, Ziff. A.3 und A.5.

same Compliance-Strukturen als mildernde Faktoren bei der Bemessung von Sanktionen an.[75] In kartellrechtlichen Verfahren hat die Europäische Kommission in der Vergangenheit mehrfach betont, dass die Existenz eines CMS zumindest bei der Bemessung von Geldbußen berücksichtigt werden kann, sofern dieses geeignet ist, Wiederholungen zu vermeiden.[76]

111 Ein CMS wirkt somit auch als Signal an Ermittlungsbehörden, dass das Unternehmen aktiv an der Verhinderung von Regelverstößen arbeitet. Dies ist gerade in Transaktionen mit bekanntem Risikoprofil des Zielunternehmens von Relevanz: Der Erwerber kann durch den raschen Aufbau eines CMS nach Closing glaubhaft machen, seiner Legalitätspflicht nachzukommen – was die eigene Haftung sowie das Sanktionsrisiko reduziert.

4. CMS in der Post-Merger-Integration

112 Die Einführung oder Harmonisierung eines CMS ist eine zentrale Aufgabe der Post-Merger-Integration.[77] Studien zeigen, dass viele Transaktionen an kulturellen und strukturellen Unterschieden scheitern – insbesondere dann, wenn Compliance-Standards, Entscheidungsprozesse oder Kontrollen nicht kompatibel sind.[78] Die Integration eines CMS sollte daher nicht als nachgelagerte Formalität, sondern als integraler Bestandteil der Transaktionsplanung behandelt werden.

113 Typische Maßnahmen sind:

- GAP-Analyse beider Compliance-Systeme;
- Migration von Richtlinien, Schulungen[79] und Berichtswegen;
- Benennung eines Integrationsbeauftragten (Compliance Lead);
- Etablierung gemeinsamer Audit- und Kontrollzyklen.

114 Der präventive Nutzen eines CMS liegt dabei nicht nur im Schutz vor Rechtsverstößen, sondern auch in der Steigerung der Steuerbarkeit, Transparenz und Vertrauenswürdigkeit des Gesamtunternehmens.

---

75 Bundeskartellamt, Leitlinien zur Bußgeldbemessung in Kartellordnungswidrigkeitenverfahren vom 11.10.2021.

76 Europäische Kommission, COMP/39.406 („Marineschläuche"-Entscheidung); *Eufinger*, GWR 2017, 415.

77 *Stratz/Hettler*, in: Hettler/Stratz/Hörtnagl, Beck'sches Mandatshandbuch Unternehmenskauf, § 1 Rn. 116 ff.

78 Vgl. zur parallel diskutieren Post-M&A Due Diligence: *v. Falkenhausen*, NZG 2015, 1209.

79 *Conrad/Licht*, in: Auer-Reinsdorff/Conrad, IT- und DatenschutzR-HdB, § 39 Rn. 270 ff.

IV. Post-Merger-Compliance und Integrationsphase

Nach dem Vollzug einer M&A-Transaktion beginnt die sogenannte Post-Merger-Phase, in der die operative und organisatorische Integration des Zielunternehmens in die Strukturen des Erwerbers erfolgt. In dieser Phase entscheidet sich maßgeblich, ob die Transaktion strategisch erfolgreich verläuft – insbesondere auch im Hinblick auf die Etablierung eines wirksamen und kohärenten Compliance-Standards. Das Konzept der PMC hat sich in der Unternehmenspraxis als eigenständiger Steuerungsbereich etabliert, der Risiken aus strukturellen, kulturellen und rechtlichen Differenzen gezielt adressieren soll. 115

1. Zielsetzung und strategische Bedeutung der PMC

Ziel der Post-Merger-Compliance ist die Harmonisierung von Regelwerken, Prozessen, Verantwortlichkeiten und Kontrollsystemen unter einem einheitlichen Governance-Rahmen. Gerade wenn Erwerber und Zielunternehmen über unterschiedliche Compliance-Reifegrade oder regulatorische Ausgangslagen verfügen – etwa in grenzüberschreitenden Transaktionen –, sind umfassende Anpassungen erforderlich.[80] Dies betrifft insbesondere: 116

- die Übernahme und Weiterentwicklung von Verhaltenskodizes und Richtlinien;
- die Anpassung von Whistleblower-Systemen und Meldewegen;
- die Integration von IT-gestützten Kontrollsystemen;
- die Definition einheitlicher Berichts-, Eskalations- und Sanktionsmechanismen.

2. Typische Herausforderungen und Risiken

Die Post-Merger-Phase ist in der Praxis mit zahlreichen Herausforderungen verbunden: 117

- *Widerstände in der Organisation*:

  Mitarbeitende des übernommenen Unternehmens empfinden neue Regeln oft als fremd oder übergriffig. Eine fehlende Kommunikation über Sinn und Nutzen der Maßnahmen kann zu Ablehnung und passivem Widerstand führen.
- *Inkompatible Kontrollkulturen*:

80 Hierzu auch *Rosengarten*, in: Meyer-Sparenberg/Jäckle, Beck'sches M&A-Handbuch, § 5 Rn. 42, allg. § 88.

Unterschiede im Umgang mit Meldepflichten, Sanktionen oder ethischem Verhalten erschweren die Vereinheitlichung von Systemen. Gerade bei transkulturellen Fusionen kann dies zu erheblichen Spannungen führen.

– *Technologische Fragmentierung*:

Unterschiedliche IT-Systeme für Compliance, Hinweisgeberplattformen oder Risikoberichterstattung müssen vereinheitlicht oder migriert werden – was Zeit, Kosten und Fachkenntnis erfordert.

– *Regulatorische Friktionen*:

In grenzüberschreitenden Konstellationen können unterschiedliche Rechtsstandards, Datenschutzanforderungen oder Berichtspflichten die Integration erschweren.

118 Die Post-Merger-Compliance[81] ist kein administratives Randthema, sondern ein zentraler Erfolgsfaktor für jede M&A-Transaktion. Erfolgreiche Unternehmen erkennen die PMC als integralen Bestandteil der Post-Merger-Strategie und sichern sie durch klare Prozesse, ausreichende Ressourcen und ein glaubwürdiges Top-Management-Commitment ab.

V. Organverantwortung und Governance-Strukturen

119 Die effektive Prävention und Absicherung von Compliance-Risiken im Rahmen von M&A-Transaktionen hängt maßgeblich von der Verantwortungswahrnehmung durch die Unternehmensorgane ab. Vorstände, Geschäftsführer und Aufsichtsgremien sind nicht nur rechtlich verpflichtet, ein funktionsfähiges Compliance-System sicherzustellen, sondern tragen auch die strategische und prozessuale Verantwortung für dessen Integration im Transaktionsprozess. Governance-Strukturen, in denen Zuständigkeiten, Kontrollrechte und Eskalationswege klar definiert sind, stellen deshalb einen zentralen Erfolgsfaktor für eine rechtssichere und wirtschaftlich tragfähige M&A-Strategie dar.

1. Organpflichten aus gesellschaftsrechtlicher Perspektive

120 Die rechtliche Verantwortung für die Organisation eines effektiven Compliance-Systems leitet sich aus § 93 Abs. 1 Satz 1 AktG für Vorstandsmitglieder und aus § 43 GmbHG für Geschäftsführer ab. Diese Verpflichtung erstreckt sich auch auf den Erwerb und die Integration von Zielunternehmen, sofern dabei rechtlich oder reputativ relevante Risiken übernommen werden.

121 In der Entscheidung „Siemens/Compliance“ hat der BGH ausdrücklich betont, dass eine fehlende oder unzureichende Compliance-Organisation

---

81 Vgl. zu den Aspekten auch: *Liese/Theusinger*, in: Moosmayer/Lösler, Corporate Compliance, 3. Kap. Rn. 91 ff.

als schuldhafte Pflichtverletzung zu werten ist – selbst dann, wenn keine konkreten Verstöße festgestellt wurden.[82] Diese Grundsätze gelten auch im Transaktionskontext. Die unterlassene Prüfung compliance-relevanter Sachverhalte im Rahmen eines Unternehmenszukaufs kann zur persönlichen Haftung von Organmitgliedern führen, wenn daraus nachteilige Folgen entstehen.[83]

2. Governance-Aufgaben der Aufsichtsorgane

Nicht nur die Geschäftsführung, sondern auch Aufsichtsräte bzw. Beiräte tragen Verantwortung für die risikoadäquate Steuerung von M&A-Prozessen. Gemäß § 111 Abs. 1 AktG hat der Aufsichtsrat die Pflicht, die Geschäftsführung zu überwachen – was auch die Einhaltung von Compliance-Grundsätzen und die Angemessenheit der Risikovorsorge einschließt. **122**

In der Praxis äußert sich diese Verantwortung insbesondere in folgenden Punkten: **123**

- Prüfung und Genehmigung von Transaktionen ab einer bestimmten Größenordnung;
- Einforderung von Berichten zur Compliance Due Diligence;
- Befassung mit festgestellten Defiziten oder Sanktionsrisiken;
- Veranlassung externer Prüfungen oder Sonderuntersuchungen;
- Begleitung der Post-Merger-Integration aus Governance-Perspektive.

Aufsichtsräte, die ihrer Kontrollfunktion nicht nachkommen, setzen sich dem Risiko einer Haftung nach § 116 AktG i.V.m. § 93 Abs. 2 AktG aus – insbesondere dann, wenn nachträglich Compliance-Verstöße im Zielunternehmen bekannt werden, die bei ordnungsgemäßer Aufsicht hätten verhindert werden können.[84] **124**

3. Interne Governance-Strukturen und Compliance-Verankerung

Neben der gesetzlichen Verantwortungszuweisung ist die interne Governance-Struktur entscheidend für die Wirksamkeit der Compliance-Steuerung in M&A-Prozessen. Erfolgreiche Unternehmen implementieren hierzu klare Rollenzuweisungen, Berichtswege und Eskalationsstufen. Gerade in Konzernstrukturen ist zudem auf die Definition der Zuständigkeiten zwischen Mutter- und Tochtergesellschaften zu achten. Die Rechtsprechung verlangt, dass die zentrale Unternehmensleitung die Einhaltung von Mindeststan- **125**

---

82 BGH, Urt. v. 17.7.2009 – 5 StR 394/0, BGHSt 54, 44.
83 Nürnberg, Urt. v. 30.3.2022 – 12 U 1520/19, NZG 2022, 1058 ff.
84 *Bingel/Martin*, ZGR 2021, 608.

dards auch in den operativen Einheiten sicherstellt, sofern keine dezentrale Eigenverantwortung nachgewiesen werden kann.

126 Die Verantwortung für Compliance im M&A-Kontext liegt nicht allein bei spezialisierten Fachabteilungen, sondern ist integraler Bestandteil der Leitungs- und Überwachungsaufgabe der Unternehmensorgane. Organpflichten sind in diesem Zusammenhang nicht delegierbar – sie müssen durch aktives Handeln, dokumentierte Entscheidungsprozesse und nachhaltige Verankerung im Unternehmensalltag erfüllt werden.

E. Ausblick

127 Die vorangehenden Ausführungen zeigen, dass Compliance-Verstöße in M&A-Transaktionen ein multidimensionales Risiko darstellen, das rechtliche, wirtschaftliche und strategische Folgen entfaltet. Die Komplexität dieser Risiken erfordert eine strukturierte, interdisziplinäre Steuerung über alle Phasen des Transaktionsprozesses hinweg.

I. Frühzeitige Einbindung der Compliance-Funktion

128 Unternehmen sollten sicherstellen, dass Compliance-Expertise von Beginn an in die Planung und Strukturierung von Transaktionen einbezogen wird. Dies betrifft nicht nur die Durchführung der Compliance Due Diligence, sondern auch die Bewertung von Risikoprofilen, die Vertragsgestaltung und die Integrationsplanung. Die EU-Kommission hat in mehreren Fusionskontrollverfahren betont, dass frühzeitige Transparenz über Compliance-relevante Aspekte als Indikator für professionelle Transaktionsführung gewertet wird.[85]

II. Risikoorientierte Due Diligence und Dokumentation

129 Die Compliance Due Diligence sollte risikobasiert, branchenspezifisch und lückenlos dokumentiert erfolgen. Besonders in regulierten Branchen (z. B. Gesundheitswesen, Finanzmarkt, Infrastruktur) und bei international tätigen Zielgesellschaften ist eine tiefgehende Prüfung unerlässlich. Die OECD-Leitsätze empfehlen, Risiken nach Eintrittswahrscheinlichkeit und Schadenshöhe zu priorisieren und systematisch zu erfassen.[86]

---

85 Europäische Kommission, Pressemitteilung vom 14.12.2021 – IP/21/6885; Conditions for approval of the Veolia/Suez transaction, https://ec.europa.eu/competition/mergers/cases/ (zuletzt abgerufen am 9.7.2025).

86 OECD-Leitsätze für multinationale Unternehmen zu verantwortungsvollem unternehmerischem Handeln.

III. Maßgeschneiderte vertragliche Absicherung

130 Die rechtliche Absicherung von Compliance-Risiken sollte auf den Ergebnissen der Due Diligence aufbauen. Repräsentationen und Garantien sind spezifisch zu formulieren, Freistellungsklauseln klar zu begrenzen, MAC-Klauseln realistisch zu operationalisieren. Earn-out-Modelle und Escrow-Konstruktionen können wirtschaftliche Unsicherheiten abfedern, sollten aber durch verlässliche Bewertungsgrundlagen gestützt werden.

IV. Systematische Post-Merger-Compliance-Strategie

131 Nach Closing ist eine gezielte Integrationsstrategie erforderlich, um das CMS des Zielunternehmens mit dem des Erwerbers zu harmonisieren. Schulungen,[87] Richtlinienmigration und technologische Vereinheitlichung sollten dabei als Bestandteil der operativen Integration behandelt werden.

V. Governance-Awareness auf Organebene

132 Vorstände, Geschäftsführer und Aufsichtsräte sollten ihre Verantwortung für Compliance im Transaktionskontext aktiv wahrnehmen. Dies schließt insbesondere die kritische Auseinandersetzung mit Risikoberichten, Prüfberichten und Integrationsstrategien ein. Der Deutsche Corporate Governance Kodex (unterstreicht die Pflicht zur aktiven Überwachung der Compliance-Organisation in Veränderungssituationen wie Unternehmenskäufen.[88]

133 Die Anforderungen an Compliance im M&A-Kontext werden weiter steigen – getrieben durch regulatorische Verschärfungen (z.B. Lieferkettensorgfaltspflichtengesetz, EU-Digitalstrategie), gesellschaftlichen Druck nach mehr Transparenz und die zunehmende Extraterritorialität nationaler Regelwerke (z.B. FCPA, UK Bribery Act). Unternehmen, die Compliance als integralen Bestandteil der Transaktionsstrategie begreifen, können daraus nicht nur Risiken begrenzen, sondern auch strategische Vorteile in Form von besserer Marktpositionierung, höherer Investorenakzeptanz und nachhaltigerer Wertentwicklung generieren.

134 Langfristig wird die Fähigkeit, Compliance-Standards auch in dynamischen und grenzüberschreitenden Konstellationen aufrechtzuerhalten, zum entscheidenden Kriterium für den Erfolg von Unternehmenskäufen. Die Verbindung von juristischer Sorgfalt, betriebswirtschaftlichem Denken und ethischer Verantwortung bildet dabei den Kern einer modernen, resilienzorientierten M&A-Governance.

---

87 *Conrad/Licht*, in: Auer-Reinsdorff/Conrad, IT- und DatenschutzR-HdB, § 39 Rn. 270 ff.
88 DCGK 2022, Ziff. A.3, A.5.

Literaturverzeichnis

Alle Internetquellen wurden zuletzt abgerufen am 9.7.2025.

Auer-Reinsdorff, Astrid/ Conrad, Isabell (Hrsg.) — Handbuch IT- und Datenschutzrecht, 3. Aufl. 2019

Bacher, Klaus/Hempel, Rolf (Hrsg.) — BeckOK Kartellrecht, 16. Edition, Stand: 1. 4.2025

Bartz, Stefan/Chantal, Bittner — Vier Augen sehen mehr als zwei – Die Pflicht der Geschäftsführung zur Schaffung von Compliance-Strukturen, CCZ 2022, 319

Beisel, Daniel/Andreas, Friedhold E. (Hrsg.) — Beck'sches Mandatshandbuch Due Diligence, 4. Aufl. 2024

Bingel, Adrian/Martin, Markus — Informationsweitergabe bei Compliance-Verstößen im Konzern, ZGR 2021, 608

Bosch, Wolfgang — Die Entwicklung des deutschen und europäischen Kartellrechts, NJW 2022, 1653

Bundeskartellamt — Leitlinien zur Bußgeldbemessung in Kartellordnungswidrigkeitenverfahren vom 11.10.2021, https://www.bundeskartellamt.de/SharedDocs/Publikation/DE/Leitlinien/Bu%C3%9Fgeldleitlinien_Oktober2021.pdf?__blob=publicationFile&v=7

Busekist, Jan von/Timmerbeil, Thomas — Die Compliance Due Diligence in M&A-Prozessen, CCZ 2013, 225

Dostert, Elisabeth — Die Chronik eines Desasters, SZ vom 14.5.2019

Ettinger, Jochen/Jaques, Henning (Hrsg.) — Beck'sches Handbuch Unternehmenskauf im Mittelstand, 4. Aufl. 2025

Eufinger, Alexander — Berücksichtigung eines Compliance-Management-Systems bei der Bußgeldbemessung, GWR 2017, 415

Europäische Kommission — Pressemitteilung vom 20.3.2019 – IP/19/1770, https://ec.europa.eu/commission/presscorner/detail/de/ip_19_1770

Financial Times — Tesco faces shareholder pressure over Booker deal, https://www.ft.com/content/c49977ca-e460-11e6-8405-9e5580d6e5fb

Fischer, Hans-Jörg/Pellmann, Moritz/Schoch, Nicholas (Hrsg.)	Hinweisgeberschutzgesetz, 2024
Fischer, Reinfrid/Schulte-Mattler, Hermann	Kommentar KWG, CRR-VO, 6. Aufl. 2023
Gebele, Alexander/Scholz, Kai-Steffen	Beck'sches Formularbuch Bürgerliches, Handels- und Wirtschaftsrecht, 14. Aufl. 2022
Gerdemann, Simon/Colneric, Ninon (Hrsg.)	BeckOK Hinweisgeberschutzgesetz (HinSchG), 6. Edition, Stand: 15.3.2025
Goette, Wolfgang/Barring, Florian	Compliance-Management-Systeme und Compliance Due Diligence, DStR 2021, 1238
Goette, Wulf/Habersack, Mathias/Kalss, Susanne (Hrsg.)	Münchener Kommentar zum Aktiengesetz, 6. Aufl. 2023
Gsell, Beathe/Krüger, Wofgang/Lorenz, Stephan/Reymann, Christoph (Hrsg.)	beck-online.GROSSKOMMENTAR, 74. Edition, Stand 1.5.2025
Hettler, Stephan/Stratz, Rolf-Christian/Hörtnagl, Robert (Hrsg.)	Beck'sches Mandatshandbuch Unternehmenskauf 2. Aufl. 2013
Hölters, Wolfgang	Handbuch Unternehmenskauf, 10. Aufl. 2022
Kersting, Christian/Meyer-Lindemann, Götz/Podszun, Rupprecht/Riesenkampff, Andrea/Steinbarth, Laura (Hrsg.)	Kartellrecht, 5. Aufl. 2025
Meyer-Sparenberg, Wolfgang/Jäckle, Christof (Hrsg.)	Beck'sches M&A-Handbuch, 2. Aufl. 2022
Moosmayer, Markus J./Lösler, Peter (Hrsg.)	Corporate Compliance – Handbuch der Haftungsvermeidung im Unternehmen, 4. Aufl. 2024
OECD	OECD-Leitsätze für multinationale Unternehmen zu verantwortungsvollem unternehmerischem Handeln, 2023, https://doi.org/10.1787/abd4d37b-de
Picot, Gerhard/Duggal, Raoul	Unternehmenskauf: Schutz vor wesentlich nachteiligen Veränderungen der Grundlagen der Transaktion durch sog. MAC-Klauseln, DB 2003, 2635

Roeder, Richard/Schlutz, Maximilian/Havlik, Laurin	Compliance (Due Diligence) im Kontext von Transaktionen – Allgemeine Einführung in die Thematik, CCZ 2023, 269
Säcker, Franz Jürgen/ Rixecker, Roland/Oetker, Hartmut/Limperg, Bettina/ Schubert, Claudia (Hrsg.)	Münchener Kommentar zum Bürgerlichen Gesetzbuch, 9. Aufl. 2022
Schüppen, Matthias/Schaub, Bernard (Hrsg.)	Münchener Anwaltshandbuch Aktienrecht, 4. Aufl. 2024
Spachmüller, Demid/Timmerbeil, Sven	UK Bribery Act – Das Damoklesschwert über deutschen Unternehmen? DB 2013, 2133
Statista	Bayer: Börsenwert des Unternehmens weltweit in den Jahren 2006 bis 2023, https://de.statista.com/statistik/daten/studie/3010/umfrage/boersenwert-von-bayer-seit-2006/
U. S. Securities and Exchange Commission	SEC Litigation Release No. 20829 v. 15.12.2008; Department of Justice (DOJ), Pressemitteilung vom 15.12.2008, https://www.sec.gov/enforcement-litigation/litigation-releases/lr-20829
von Falkenhausen, Joachim	Die Post-M&A Due Diligence, NZG 2015, 1209
Wabnitz, Hans-Jürgen/ Janovsky, Helmut/Schmitt, Thomas (Hrsg.)	Handbuch Wirtschafts- und Steuerstrafrecht, 6. Aufl. 2025
Wolff, Amadeus/Brink, Stefan/v. Ungern-Sternberg, Antje (Hrsg.)	BeckOK Datenschutzrecht, 52. Edition, Stand: 1.5.2025

Kapitel 8
Krypto-Wertpapiere im Wandel: eWpG und Gesellschaftsrecht als Wegweiser im digitalen Kapitalmarkt

Übersicht

A. Einleitung

I. Problemstellung und Motivation

1 Die Finanzmärkte stehen durch die Digitalisierung vor einem grundlegenden Strukturwandel. Klassische Wertpapiere – traditionell als verbriefte Rechte verstanden – werden zunehmend durch digitale Formen ersetzt. Dieser Wandel wurde in Deutschland mit dem Inkrafttreten des Gesetzes über elektronische Wertpapiere (eWpG) am 10.6.2021 gesetzlich verankert. Das eWpG erlaubt erstmals die Begebung von Wertpapieren ohne Urkunde, indem es eine elektronische Registereintragung als Legitimationsgrundlage zulässt (§ 4 Abs. 4 eWpG). Die bisherigen Vorstellungen des Wertpapierbegriffs nach §§ 793 ff. BGB, die eine Verkörperung in einer Urkunde voraussetzen, wer-

den damit systematisch durchbrochen.[1] Parallel zu dieser Entwicklung stellt sich die Frage nach den Auswirkungen auf das Gesellschaftsrecht. Kapitalgesellschaften nutzen Wertpapiere nicht nur als Finanzierungsinstrumente, sondern auch als zentrale Mechanismen zur Übertragung und Strukturierung von Mitgliedschaftsrechten. Die Einführung elektronischer und insbesondere kryptobasierter Wertpapiere wirft daher fundamentale Fragen auf: Inwiefern sind gesellschaftsrechtliche Grundsätze wie Transparenz, Publizität und Gläubigerschutz durch diese neue Technologie tangiert? Wie lassen sich Blockchain-basierte Register in das Gesellschaftsrecht integrieren, ohne rechtsstaatliche Prinzipien wie Rechtssicherheit und Gläubigerschutz zu gefährden?[2]

Die Motivation dieser Arbeit liegt darin, die Schnittstellen und Konfliktlinien zwischen dem eWpG und dem Gesellschaftsrecht zu identifizieren und interdisziplinär zu analysieren und dabei praktische Implikationen zu berücksichtigen. Hierbei sollen rechtliche, ökonomische und technologische Perspektiven miteinander verknüpft werden. **2**

II. Zielsetzung und Forschungsfragen

Die Arbeit verfolgt das Ziel, den regulatorischen Wandel im Wertpapierrecht kritisch zu beleuchten und seine Auswirkungen auf das Gesellschaftsrecht sowie den digitalen Kapitalmarkt zu analysieren. Dabei steht die Frage im Mittelpunkt, ob das eWpG ein tragfähiger Wegweiser für die digitale Transformation der Kapitalmärkte sein kann. **3**

Zentrale Forschungsfragen sind: **4**

1) Inwieweit bricht das eWpG mit traditionellen Vorstellungen des Wertpapierbegriffs und welche dogmatischen Anpassungen sind erforderlich?
2) Welche Auswirkungen haben elektronische und kryptobasierte Wertpapiere auf gesellschaftsrechtliche Grundsätze, insbesondere auf die Aktionärsrechte und die Corporate Governance?
3) Welche ökonomischen Chancen und Risiken ergeben sich für Unternehmen und Investoren durch die Einführung von Krypto-Wertpapieren?
4) Welche technologischen Herausforderungen bestehen hinsichtlich Rechtssicherheit, Transparenz und Interoperabilität von Blockchain- und Registerlösungen?
5) Welche regulatorischen Reformen sind notwendig, um den europäischen und internationalen Anforderungen gerecht zu werden?

---

1 *Omlor*, RDi 2021, 361 ff.
2 *Omlor*, RDi 2021, 361 ff.

III. Methodisches Vorgehen und Forschungsdesign

5 Das methodische Vorgehen dieser Untersuchung ist bewusst interdisziplinär ausgerichtet. Aus rechtsdogmatischer Perspektive werden die einschlägigen Normen des eWpG, des BGB, des AktG sowie des HGB systematisch analysiert und im Lichte der traditionellen Wertpapierdogmatik kritisch gewürdigt. Dabei erfolgt eine enge Anbindung an die einschlägige Rechtsprechung sowie an die Gesetzesmaterialien,[3] um die normative Tragfähigkeit der Neuregelungen zu überprüfen. Auf der ökonomischen Ebene werden die potenziellen Effizienzgewinne wie auch die mit der Digitalisierung verbundenen Risiken für den Kapitalmarkt herausgestellt. Hierbei wird insbesondere auf empirische Befunde zu Transaktionskostenreduktionen und zur Entwicklung der Marktliquidität eingegangen, die den möglichen ökonomischen Mehrwert elektronischer Wertpapiere verdeutlichen.[4] Die technologische Analyse richtet den Blick darauf, inwieweit Blockchain- und Distributed-Ledger-Technologien als tragfähige Registerlösungen in Betracht kommen und welche spezifischen Sicherheitsrisiken sich aus deren Einsatz ergeben. Im Fokus stehen dabei vor allem Fragen der Integrität von Konsensmechanismen sowie die Gewährleistung von Cybersecurity in hochgradig vernetzten digitalen Kapitalmärkten.[5] Schließlich wird die Untersuchung durch eine empirische Komponente ergänzt, die anhand ausgewählter Fallstudien die praktische Umsetzung der neuen regulatorischen Rahmenbedingungen beleuchtet. Untersucht werden hierbei unter anderem die erstmalige Begebung eines Security Token Offerings durch Bitbond im Jahr 2019 sowie erste Anwendungen des eWpG in Deutschland, flankiert durch internationale Entwicklungen in Luxemburg und der Schweiz. Diese methodische Kombination erlaubt eine Gesamtanalyse, die nicht allein auf dogmatische Stringenz abstellt, sondern zugleich die praktische Relevanz und die ökonomische Effizienz der Reform erfasst. Dadurch wird ein integrativer Forschungsansatz verfolgt, der die rechtliche, ökonomische und technologische Dimension gleichermaßen berücksichtigt und damit eine fundierte Grundlage für die kritische Diskussion des regulatorischen Wandels im Kapitalmarkt bietet.

IV. Aufbau der Arbeit

6 Die Arbeit beginnt mit einer Einleitung, die Problemstellung, Motivation, Zielsetzung und Forschungsfragen formuliert und zugleich das interdisziplinäre Forschungsdesign erläutert. Daran anschließend werden im Abschnitt der theoretischen Grundlagen zunächst der Wertpapierbegriff im digitalen

3 BT-Drs. 19/26925.

4 *Yermack*, Review of Finance, 21(1), 2017, 7 ff.; OECD, 2020.

5 *Werbach*, The Blockchain and the New Architecture of Trust.

Zeitalter, die Entwicklung und Kernelemente des eWpG sowie die Einbettung in das Gesellschaftsrecht systematisch herausgearbeitet. Der folgende Hauptteil analysiert den regulatorischen Wandel im digitalen Kapitalmarkt, wobei technologische Innovationen wie Blockchain und Smart Contracts ebenso berücksichtigt werden wie die rechtlichen Schnittstellen und Konfliktfelder zwischen eWpG und Gesellschaftsrecht. Ergänzend erfolgt eine internationale Einordnung mit Blick auf die EU, die USA und die Schweiz. Darauf aufbauend führt die Arbeit eine empirische Untersuchung durch, die sich auf ausgewählte Fallstudien – darunter das Bitbond-STO, erste Emissionen nach dem eWpG sowie internationale Beispiele – stützt. Diese empirischen Befunde werden im Anschluss kritisch diskutiert, in SWOT-Analysen und strategische Steuerungsinstrumente überführt und im Hinblick auf Chancen, Risiken und operative Handlungsmöglichkeiten bewertet. Der Schlussteil zieht eine kritische Bilanz des regulatorischen Wandels, identifiziert Reformbedarf sowie zukünftige Herausforderungen und gibt konkrete Handlungsempfehlungen für Gesetzgeber und Unternehmen. Abgeschlossen wird die Arbeit durch eine Zusammenfassung, Reflexion der Forschungsfragen, einen Ausblick auf künftige Entwicklungen und die abschließenden Verzeichnisse.

B. Theoretische Grundlagen

I. Wertpapierbegriff im digitalen Zeitalter

1. Traditionelle versus digitale Wertpapiere

Der klassische Wertpapierbegriff in Deutschland ist historisch eng mit der 7
Verkörperung eines Rechts in einer Urkunde verknüpft. Nach der Rechtsprechung des Bundesgerichtshofs gilt ein Wertpapier als „jede Urkunde, die ein privates Recht in der Weise verbrieft, dass zur Geltendmachung des Rechts der Besitz des Papiers erforderlich ist“.[6] Dieser sogenannte „Urkundenbegriff“ wurde dogmatisch in §§ 793 ff. BGB (Inhaberschuldverschreibung) und weiteren spezialgesetzlichen Normen wie § 1 Abs. 11 KWG (Finanzinstrumente) ausformuliert. Die Digitalisierung stellt diese Prämisse grundlegend infrage: Elektronische oder kryptobasierte Wertpapiere existieren ohne physische Urkunde und sind dennoch geeignet, dieselben ökonomischen Funktionen wie traditionelle Wertpapiere zu erfüllen. Dazu zählen insbesondere die Funktion der Kapitalbeschaffung, die Mobilisierung von Rechten, die Handelbarkeit am Kapitalmarkt sowie die Legitimationswirkung gegenüber Dritten.[7] Bis zur Einführung des eWpG basierte die Abbildung

6 BGH, Urt. v. 14.7.1959 – II ZR 171/58, BGHZ 30, 1.

7 *Preuße/Wöckener/Gillenkirch*, BKR 2021, 460 ff.

von Wertpapieren in Deutschland auf einem papierbasierten und zentral verwahrten System. Die wesentlichen technischen Elemente waren:

- Urkundenbasierte Wertpapiere: Jedes Wertpapier musste durch eine physische Urkunde verkörpert werden.
- Diese Urkunden wurden in Sammelurkunden gebündelt und in der Regel bei einer zentralen Verwahrstelle (Clearstream Banking AG) hinterlegt.
- Girosammelverwahrung: Technisch betrachtet wurde der Besitz nicht mehr durch einzelne Urkunden abgebildet, sondern durch Buchungen im System der Zentralverwahrer. Das System war stark zentralisiert, mit einer klaren Hierarchie: Emittent → Zentralverwahrer → Depotbank → Endkunde.
- Settlement-Prozesse: Die Abwicklung (Delivery versus Payment, DvP) erfolgte über zentrale Systeme wie TARGET2-Securities (T2S). Technisch wurden Eigentumsübertragungen durch Buchungen in den zentralen Datenbanken durchgeführt. Transparenz war stark von der Integrität der Verwahrstellen abhängig.

8 Die bisherige Vorgehensweise war zentralisiert, urkundenbasiert und stark reguliert. Technologisch dominierte ein monolithisches System mit hohem Vertrauen in zentrale Intermediäre. Ökonomisch betrachtet, ermöglicht die Digitalisierung von Wertpapieren erhebliche Effizienzgewinne. So reduziert die Eliminierung physischer Urkunden Transaktionskosten, -zeit und administrative Aufwendungen. Darüber hinaus können Sekundärmärkte durch digitale Handelssysteme schneller und liquider gestaltet werden.[8]

2. Begriffsklärung und rechtliche Abgrenzungen

9 Mit dem Inkrafttreten des eWpG hat der deutsche Gesetzgeber erstmals einen gesetzlichen Rahmen geschaffen, der die Entkörperlichung von Wertpapieren zulässt. Nach § 2 Abs. 1 eWpG können Schuldverschreibungen als elektronische Wertpapiere begeben werden, wenn sie in ein zentrales elektronisches Register oder ein Kryptowertpapierregister eingetragen sind. Hiermit wird der Wertpapierbegriff von seiner urkundlichen Verkörperung gelöst. Juristisch relevant ist die Abgrenzung zu Token im weiteren Sinne. Nicht jeder Krypto-Token erfüllt die Voraussetzungen eines Wertpapiers im Sinne des eWpG oder des Kapitalmarktrechts. Die BaFin unterscheidet in ihrer Verwaltungspraxis u. a. zwischen Utility Tokens, Payment Tokens und Security Tokens, wobei nur Letztere den Charakter eines Wertpapiers bzw. Finanzinstruments i. S. d. § 1 Abs. 11 KWG haben können.[9] Die dogmatische

8 OECD, The Tokenisation of Assets and Potential Implications for Financial Markets, 2020, S. 12.

9 FPS-Blog, 2019.

Herausforderung liegt darin, dass Token technisch gesehen keine Urkunden darstellen, sondern durch digitale Registereinträge repräsentiert werden. Gleichwohl kann ihnen durch gesetzliche Fiktion die Wertpapierqualität zukommen. Hierbei zeigt sich eine Parallele zur Entwicklung des Girosammelverkehrs: Auch die Sammelverwahrung von Wertpapieren in der Girosammelverwahrung nach DepotG ersetzte den Besitz an der Urkunde durch eine Registerfiktion.[10]

II. Grundlagen und Entwicklung des eWpG

1. Historische Entwicklung und Zielsetzungen

Das eWpG wurde als Antwort auf die digitale Transformation der Finanzmärkte eingeführt. Ziel war es, die rechtlichen Rahmenbedingungen an die technischen Möglichkeiten der Blockchain-Technologie anzupassen und den Finanzstandort Deutschland im internationalen Wettbewerb zu stärken.[11] Im Zentrum der Reform steht die Anerkennung elektronischer Wertpapiere als gleichwertig zu urkundlich verbrieften Wertpapieren. Durch diese Regelung sollen Effizienzgewinne erzielt und die Emission von Wertpapieren erleichtert werden. Gleichzeitig soll die Rechtssicherheit gestärkt werden, indem die bisherige Rechtsunsicherheit über die Behandlung digitaler Tokens beendet wird.[12] **10**

2. Kernelemente und Anwendungsbereiche des Gesetzes

Das Gesetz über elektronische Wertpapiere (eWpG) markiert einen fundamentalen Schritt in der Entwicklung des deutschen Kapitalmarktrechts, indem es zwei wesentliche Neuerungen eingeführt hat: das zentrale Register und das Kryptowertpapierregister. Beide Strukturen stehen für einen Bruch mit der bisherigen Wertpapierdogmatik, die über Jahrzehnte hinweg von der physischen Urkunde geprägt war. Das zentrale Register (§§ 12 ff. eWpG) erlaubt die Eintragung elektronischer Wertpapiere in ein Register, das von zugelassenen Verwahrstellen geführt wird. Diese Registerlösung stellt die klassische Fortführung der bisherigen Praxis dar, ersetzt aber die körperliche Urkunde durch eine Registerfiktion. Besitz und Übergabe, die bislang notwendige Elemente zur Legitimation von Rechten waren, werden durch den elektronischen Registereintrag substituiert. Rechtsdogmatisch bedeutet dies einen erheblichen Bruch mit der tradierten Systematik, da das Prinzip der Legitimation durch Urkundenbesitz aufgegeben wird.[13] Als zweite Inno- **11**

10 *Omlor*, RDi 2021, 361 ff.
11 BT-Drs. 19/26925, 2020, S. 1.
12 *Omlor*, RDi 2021, 361 ff.
13 *Kumpan*, in: Baumbach/Hopt, HGB, § 1 DepotG.

vation führt das eWpG das Kryptowertpapierregister (§§ 16 ff. eWpG) ein. Diese Option eröffnet die Möglichkeit, Wertpapiere auf Basis der Blockchain-Technologie in ein dezentrales Register einzutragen. Damit verbindet der Gesetzgeber erstmals den klassischen Rechtsrahmen des Kapitalmarkts mit den technologischen Innovationen der Distributed-Ledger-Technologien. Entscheidend ist, dass diese Register besonderen Anforderungen genügen müssen: Sie müssen Transparenz, Fälschungssicherheit und Nachvollziehbarkeit gewährleisten. Hier zeigt sich der Spagat zwischen technischer Innovation und regulatorischer Vorsicht: Während die Blockchain als dezentrale Lösung für erhöhte Sicherheit und Effizienz steht, bleibt die Einbettung in die rechtliche Infrastruktur mit erheblichen dogmatischen und praktischen Unsicherheiten verbunden. Die Einführung dieser beiden Registerarten hat zur Folge, dass die Eintragung in ein Register an die Stelle der Urkunde tritt. Diese Konstruktion schafft zwar neue Flexibilität, stellt aber zugleich einen tiefen Eingriff in die Wertpapierdogmatik dar. Während die Girosammelverwahrung die Papierurkunde funktional lediglich eingefroren hatte, bricht die Registerfiktion die jahrzehntelange Bindung zwischen Urkunde und Recht. Damit verschiebt sich der Fokus weg von der physischen Verkörperung hin zu einem abstrakten Legitimationsmodell, das nicht mehr auf dem Besitz, sondern auf dem elektronischen Nachweis basiert. Allerdings bleibt der Anwendungsbereich des Gesetzes bislang stark eingeschränkt. Nach § 1 eWpG ist die Anwendung ausschließlich auf Schuldverschreibungen und Namensaktien beschränkt. Inhaberaktien als zentraler Bestandteil des Kapitalmarktes sind zunächst explizit ausgenommen. Zwar deutet die Gesetzesbegründung darauf hin, dass perspektivisch eine Ausweitung auf alle Aktiengattungen vorgesehen ist, diese wurde jedoch zunächst aufgrund von Bedenken hinsichtlich der Rechtssicherheit und Komplexität zurückgestellt.[14] Dies zeigt, dass der Gesetzgeber bewusst einen vorsichtigen Weg eingeschlagen hat, indem er zunächst die vergleichsweise einfachen Schuldverschreibungen und Aktiengattungen digitalisiert, bevor er sich den deutlich komplexeren Herausforderungen im Bereich der Mitgliedschaftsrechte stellt. Die Einschränkung macht deutlich, dass das eWpG vor allem als Experimentiergesetz zu verstehen ist – als ein kontrollierter Einstieg in die digitale Transformation des Kapitalmarkts. Gleichzeitig verdeutlicht die Perspektive einer Ausweitung auf alle Aktiengattungen, dass das Gesetz den Anspruch hat, mittelfristig tiefgreifende strukturelle Veränderungen im Gesellschafts- und Kapitalmarktrecht auszulösen. Damit schafft das eWpG ein zweigleisiges Modell: einerseits die bewährte Registerlösung, die eng an die bestehende Praxis der Verwahrstellen anknüpft, und andererseits die Öffnung hin zu innovativen Blockchain-basierten Infrastrukturen. In dieser Dualität zeigt sich sowohl die rechtliche Modernisierung als auch die tech-

14 BT-Drs. 19/26925, 2020, S. 25.

nologische Innovationsbereitschaft des Gesetzgebers. Der Übergang von der Urkunde zum Register ist dabei nicht nur eine technische Anpassung, sondern ein grundlegender Paradigmenwechsel in der Wertpapierdogmatik, dessen volle Tragweite erst mit einer Ausweitung auf alle Aktiengattungen und andere Gesellschaftsrechte sichtbar werden wird.

III. Gesellschaftsrecht im Kontext der digitalen Transformation

1. Traditionelle Strukturen und Prinzipien des Gesellschaftsrechts

Das deutsche Gesellschaftsrecht basiert auf den Grundprinzipien der Mitgliedschaftsrechte (Stimmrechte, Gewinnbeteiligung), der Publizität (Handelsregistereintragungen, Offenlegungspflichten), des Gläubigerschutzes (Kapital- und Liquiditätserhaltung) sowie der Corporate Governance (Kontroll- und Leitungsstrukturen). Diese Grundprinzipien sind stark formalisiert und an Register- sowie Dokumentationspflichten gebunden. Traditionell wurde die Legitimation im Gesellschaftsrecht stark über Urkunden vermittelt: Aktienurkunden, Gesellschafterlisten, Registerauszüge. Durch die Digitalisierung stellt sich die Frage, ob diese Formalakte durch elektronische Register ersetzt werden können, ohne die Rechtssicherheit grundsätzlich zu gefährden. 12

2. Anpassungsbedarf und aktuelle Entwicklungen im digitalen Umfeld

Die Einführung elektronischer Wertpapiere verändert das Verhältnis zwischen Kapitalmarktrecht und Gesellschaftsrecht grundlegend. Insbesondere stellt sich die Frage, ob elektronische Aktienregister künftig die klassische Aktienurkunde vollständig ersetzen können. In der Gesetzesbegründung zum eWpG wird ausdrücklich betont, dass eine Ausweitung auf Aktien rechtspolitisch geboten sei, da andernfalls Deutschland im europäischen Wettbewerb zurückfalle.[15] Aus gesellschaftsrechtlicher Perspektive sind mehrere Spannungsfelder zu berücksichtigen, die mit der Einführung elektronischer Wertpapiere einhergehen. Zunächst betrifft dies den Bereich der Publizität. Elektronische Register müssen gewährleisten, dass Dritte zuverlässig Kenntnis von Mitgliedschaftsrechten erlangen können. Während im klassischen System die Publizität über Urkunden und Registereinträge eindeutig gewährleistet war, erfordert die digitale Transformation neue Formen der Transparenz. Die Anforderungen sind hier höher, da digitale Register grundsätzlich manipulationsanfälliger sein können. Daher bedarf es besonderer Mechanismen, um die Integrität und Nachvollziehbarkeit der Daten zu sichern.[16] Ein zweiter Bereich betrifft den Gläubigerschutz. Zwar wird die 13

15 BT-Drs. 19/26925, 2020, S. 24.
16 *Buhl/Müller/Fridgen/Röglinger*, JAIS, Volume 13 (2012), 237 f.

Frage der Kapitalerhaltung durch die Einführung digitaler Wertpapiere nicht unmittelbar tangiert, doch entstehen neue Risikodimensionen. Insbesondere ist zu berücksichtigen, dass Blockchain-Systeme durch Cyberangriffe (langfristig) kompromittiert werden könnten. Solche Angriffe könnten nicht nur die Rechtssicherheit gefährden, sondern auch das Vertrauen in den Kapitalmarkt erheblich beeinträchtigen. Drittens sind Implikationen für die Corporate Governance zu sehen. Digitale Register eröffnen die Möglichkeit, die Rechteausübung der Aktionäre zu vereinfachen, etwa durch digitale Hauptversammlungen oder die unmittelbare elektronische Stimmrechtsausübung. Dies kann zu einer erhöhten Effizienz und Beteiligung führen. Zugleich werfen solche Mechanismen jedoch neue Fragen nach der Sicherstellung der Gleichbehandlung sämtlicher Aktionäre auf, da die digitale Transformation auch Gefahren einer ungleichen technischen Zugangsmöglichkeit mit sich bringt.[17] Schließlich ist das internationale Gesellschaftsrecht betroffen. Digitale Wertpapiere entfalten grenzüberschreitende Wirkungen und lassen sich nicht auf nationale Grenzen beschränken. Damit entstehen Konflikte mit den kollisionsrechtlichen Vorschriften des Gesellschaftsrechts, insbesondere mit Blick auf die Anknüpfungspunkte für das Gesellschaftsstatut und die Anerkennung digitaler Registerlösungen im Ausland. Hier zeigt sich die Notwendigkeit einer internationalen Harmonisierung, da nationale Alleingänge unweigerlich zu Spannungen im grenzüberschreitenden Kapitalverkehr führen.[18] Damit wird bereits auf der Ebene der theoretischen Grundlagen deutlich, dass das eWpG zwar einen ersten Schritt zur Digitalisierung der Kapitalmärkte darstellt, jedoch zahlreiche offene Fragen im Verhältnis zum Gesellschaftsrecht bestehen bleiben. Eine systematische Verzahnung beider Rechtsgebiete ist daher unerlässlich, um die rechtliche und ökonomische Funktionsfähigkeit des digitalen Kapitalmarkts langfristig zu sichern.

C. Regulatorischer Wandel im digitalen Kapitalmarkt

I. Digitalisierung und technologische Innovationen

14 Die Einführung des eWpG verändert die technische Architektur des Kapitalmarkts unter den Aspekten Dezentralisierungspotenzial, Integration in bestehende Systeme, IT-Sicherheitsanforderungen und Smart Contracts erheblich:

- Dezentralisierungspotenzial: Klassische Registerdatenbanken können nun durch Blockchain-basierte Register ergänzt oder ersetzt werden. Unternehmen müssen prüfen, ob sie permissioned Blockchains (mit definierter

---

17 *Omlor*, RDi 2021, 361 ff.

18 *Hirzle/Hugendubel*, BKR 2022, 821 ff.

Teilnehmergruppe, z.B. Hyperledger Fabric, Corda) oder public Blockchains (z.B. Ethereum) nutzen.

- Integration in bestehende Systeme: Settlement-Systeme wie TARGET2-Securities müssen Schnittstellen entwickeln, um digitale Registerbuchungen als gleichwertig zu behandeln. APIs und Interoperabilitätsstandards (z.B. ISO 20022) werden zur Schlüsseltechnologie.
- IT-Sicherheitsanforderungen: Register müssen hochverfügbar und resilient gegen Cyberangriffe sein. Besondere Anforderungen an Key-Management-Systeme (KMS), da kryptografische Signaturen die Grundlage für Eigentumsübertragungen bilden. Starke Abhängigkeit von Registernodes und deren Integrität.
- Smart Contracts: Emission, Handel und Settlement können zukünftig über Smart Contracts automatisiert werden. Beispiele: automatische Ausschüttung von Zinsen, DvP-Szenarien ohne manuelle Eingriffe.

1. Blockchain, Smart Contracts und Distributed-Ledger-Technologien

Die Blockchain-Technologie gilt als zentrale Grundlage für die Digitalisierung des Kapitalmarkts. Sie ermöglicht die dezentrale Speicherung und nahezu fälschungssichere Dokumentation von Transaktionen ohne zentrale Instanz. Dabei wird das Vertrauen in Intermediäre wie Zentralverwahrer durch kryptografische Mechanismen ersetzt.[19] Für den Wertpapierhandel ist insbesondere relevant, dass Blockchain-Systeme zeitgleiche Transparenz und Unveränderbarkeit von Transaktionen gewährleisten können. Smart Contracts – selbstausführende Programme, die auf einer Blockchain laufen – eröffnen die Möglichkeit, Emission, Übertragung und Fälligkeit von Wertpapieren automatisiert abzuwickeln.[20] Ökonomisch wird erwartet, dass solche Technologien Transaktionskosten reduzieren, Settlement-Zeiten verkürzen und Liquidität erhöhen.[21] Allerdings bestehen technologische Risiken wie Skalierbarkeit, Energieverbrauch oder Governance-Probleme in dezentralen Netzwerken.[22] 15

2. Auswirkungen auf die Strukturierung und den Handel von Wertpapieren

Die technologische Basis erlaubt es, Wertpapiere nicht nur zu digitalisieren, sondern auch in kleinere Einheiten zu fragmentieren. Dies eröffnet neue 16

19 *Werbach*, The Blockchain and the New Architecture of Trust, S. 42.

20 *Reyes*, Jurimetrics, 2018, 283 ff.

21 OECD, The Tokenisation of Assets and Potential Implications for Financial Markets, 2020, S. 15.

22 *Catalini/Gans*, CACM 2020, 27.

Möglichkeiten der Tokenisierung von Vermögenswerten, bei der auch Immobilien, Kunstwerke oder Unternehmensanteile als digitale Wertpapiere handelbar werden. Damit entstehen neue Marktsegmente, die bisher illiquide Assets handelbar machen.[23] Für das Gesellschaftsrecht bedeutet dies, dass Mitgliedschaftsrechte digitalisiert und über dezentrale Plattformen gehandelt werden können. Dies könnte langfristig traditionelle Börsenstrukturen und Zentralverwahrer herausfordern und zu einer Verlagerung hin zu dezentralen Handelsplätzen führen. BaFin betont jedoch, dass auch bei digitalen Handelsplätzen aufsichtsrechtliche Pflichten, z. B. MiCAR, MiFID II und KWG, uneingeschränkt gelten.[24]

II. Analyse des eWpG im regulatorischen Kontext

1. Chancen und Potenziale im digitalen Finanzmarkt

17 Das elektronische Wertpapiergesetz (eWpG) stellt eine Zäsur in der deutschen Wertpapierdogmatik dar. Erstmals erlaubt es die Entkörperlichung von Schuldverschreibungen und deren Abbildung in elektronischen Registern (§ 4 Abs. 4 eWpG). Mit dieser Abkehr vom klassischen Urkundenprinzip hin zur Registerfiktion wird ein dogmatisch tiefgreifender Wandel vollzogen, der erhebliche Auswirkungen auf die rechtliche wie ökonomische Struktur des Kapitalmarktes hat. Die mit dem Gesetz verbundenen Vorteile sind vielfältig. So ermöglicht das eWpG erhebliche Effizienzsteigerungen, da durch den Wegfall physischer Urkunden und deren Verwahrung Transaktions- und Verwaltungskosten signifikant reduziert werden können.[25] Darüber hinaus schafft die ausdrückliche Anerkennung elektronischer Wertpapiere eine neue Rechtssicherheit, indem die zuvor bestehende Rechtsunsicherheit über die Zulässigkeit und Wirksamkeit digitaler Kapitalmarktprodukte beendet wird. Schließlich fördert das Gesetz die Innovation, indem es mit der Einführung eines Kryptowertpapierregisters eine spezifisch auf Blockchain-Technologie zugeschnittene Regelung etabliert, die dezentrale und manipulationssichere Registerstrukturen ausdrücklich zulässt. Über den nationalen Rahmen hinaus setzt das eWpG zudem ein deutliches Signal an den Finanzplatz Deutschland. Es unterstreicht, dass regulatorische Innovationen im Einklang mit der Rechtstradition möglich sind und trägt damit zur internationalen Wettbewerbsfähigkeit bei. Mit Blick auf den europäischen und internationalen Wettbewerb ist diese Entwicklung von erheblicher Bedeutung. Denn Länder wie Luxemburg oder die Schweiz haben bereits seit 2019 gesetzliche Regelungen eingeführt, die die Emission und Verwaltung Blockchain-basierter Wertpapiere ermöglichen und damit als Vorreiter gel-

---

23 *Zetzsche* et al., Harvard International Law Journal, 60(2), 2019, 271 ff.

24 BaFin, Dienstleistungen rund um DLT, Blockchain und Kryptowerte, 2022, S. 4.

25 *Omlor*, RDi 2021, 361 ff.

ten.[26] Deutschland begibt sich mit dem eWpG somit in einen intensiven Wettbewerb um die Regulierungshoheit im digitalen Kapitalmarkt und positioniert sich zugleich als Innovationsstandort.

2. Kritische Aspekte und Grenzen der aktuellen Gesetzgebung

Trotz seiner Innovationskraft ist das eWpG in seiner Reichweite bislang deutlich begrenzt. Dies zeigt sich zunächst am bereits zuvor diskutierten Anwendungsbereich. Ein zweiter Kritikpunkt betrifft die Registerlösung. Die Eintragung in ein elektronisches oder Kryptowertpapierregister ersetzt die bisherige Urkunde. Problematisch ist hierbei, dass die Gesetzgebung damit faktisch von einem traditionellen Besitzdogma auf ein Registerdogma übergeht, ohne alle praktischen Risiken dieser Konstruktion hinreichend juristisch zu berücksichtigen.[27] Gerade Fragen der Manipulationssicherheit oder der praktischen Zugriffsmöglichkeiten stellen in diesem Zusammenhang neue Herausforderungen dar. Auch die Frage der Technologieneutralität bleibt ungeklärt. Zwar erwähnt das Gesetz die Blockchain ausdrücklich, lässt jedoch offen, wie andere Formen von Distributed-Ledger-Technologien rechtlich integriert werden sollen. Diese Unschärfe birgt das Risiko einer faktischen Technologiefestlegung, die im Widerspruch zum Grundsatz der technologischen Offenheit des Gesetzgebers stehen könnte. Schließlich ist die Rechtsdurchsetzung bislang nur unzureichend geregelt. Unklar ist insbesondere, wie mit Anfechtungen, Nichtigkeitsklagen oder Schadensersatzansprüchen im Kontext manipulierter Registereinträge zu verfahren ist. Hier besteht ein erhebliches Risiko für Rechtsunsicherheit, das durch die bisherigen Regelungen nicht hinreichend adressiert wird.[28] 18

III. Schnittstellen zwischen eWpG und Gesellschaftsrecht

1. Rechtliche Synergien und Überschneidungen

Das eWpG wirkt unmittelbar auf das Gesellschaftsrecht, da Wertpapiere nicht nur Finanzinstrumente, sondern auch Mitgliedschaftsrechte repräsentieren. Elektronische Register könnten langfristig die Funktion des Aktienregisters (§ 67 AktG) übernehmen und Transparenz in Echtzeit schaffen. Dies könnte die Corporate Governance stärken, indem die Identität der Aktionäre leichter (technologisch) nachvollziehbar ist. Auch das Kapitalerhaltungsrecht könnte profitieren, da elektronische Register eine unmittelbare Kontrolle über Kapitalmaßnahmen ermöglichen. Unternehmen könnten Emissionen, Rückkäufe oder Kapitalerhöhungen vollständig digital abwickeln, was 19

---

26 FINMA, 2019.

27 *Kumpan*, in: Baumbach/Hopt, HGB, § 1 DepotG.

28 *Omlor*, RDi 2021, 361 ff.

administrative Prozesse erheblich beschleunigt und zu einer Kostenreduktion führen sollte.

2. Konfliktfelder und Interpretationsspielräume

20 Gleichzeitig ergeben sich durch die elektronische Erfassung von Wertpapieren auch erhebliche Konfliktlinien. Zunächst betreffen diese die Aktionärsrechte. Die elektronische Abbildung von Mitgliedschaftsrechten wirft die Frage auf, wie die Gleichbehandlung sämtlicher Aktionäre gewährleistet werden kann. Insbesondere ist sicherzustellen, dass digitale Zugänge nicht zu einer faktischen Ungleichheit führen, beispielsweise durch technische Barrieren oder unterschiedliche Verfügbarkeit digitaler Infrastrukturen. Eine digitale Transformation darf nicht dazu führen, dass einzelne Aktionärsgruppen benachteiligt werden. Ein weiteres Spannungsfeld betrifft die Publizitätspflichten. Das Handelsregister und das Aktienregister sind zentrale Instrumente gesellschaftsrechtlicher Publizität. Fraglich ist, ob Blockchain-Register diesen Anforderungen in hinreichender Weise gerecht werden können. Zwar bieten sie ein hohes Maß an Transparenz und Unveränderlichkeit, zugleich aber beruhen sie auf komplexen technischen Strukturen, u. a. mit Abhängigkeiten zu Dritten, die nicht für alle Rechtsanwender gleichermaßen verständlich sind. Hier besteht die Gefahr, dass formelle Transparenz durch technische Intransparenz konterkariert wird. Schließlich ergeben sich dogmatische Probleme im Hinblick auf die Rechtsgrundlage der Mitgliedschaftsrechte. Ob diese ohne Urkunde und allein durch einen Registereintrag wirksam bestehen können, ist bislang noch nicht abschließend geklärt. Damit drohen Wertungswidersprüche zwischen der klassischen Wertpapierdogmatik und den gesellschaftsrechtlichen Prinzipien. Die Koordination zwischen eWpG und Gesellschaftsrecht sowie deren weitere Auslegung ist daher von zentraler Bedeutung, um widersprüchliche Regelungen und Unsicherheiten in der Rechtsanwendung zu vermeiden.

IV. Internationale Entwicklungen und vergleichende Analyse

1. Europäische Regulierungsansätze: Harmonisierung und Divergenzen

21 Die Europäische Union verfolgt mit der Markets in Crypto-Assets Regulation (MiCA) einen umfassenden Regelungsansatz, der darauf abzielt, den Umgang mit Kryptowerten innerhalb des Binnenmarktes zu vereinheitlichen. Während MiCA in erster Linie auf die Regulierung von Utility- und Payment-Tokens gerichtet ist, ergeben sich Überschneidungen mit Security Tokens, die – je nach Ausgestaltung – unter die bestehenden Kapitalmarktre-

gelungen, insbesondere MiFID II, fallen können.[29] Damit verdeutlicht MiCA die Bemühungen der EU, ein kohärentes und transparentes Regelungsumfeld für die bislang fragmentierten Krypto-Märkte zu schaffen, auch wenn es an klaren Abgrenzungslinien zwischen den einzelnen Token-Kategorien mitunter fehlt. Parallel hierzu wurde mit der Verordnung (EU) 2022/858 über ein Pilotregime für auf Distributed-Ledger-Technologien basierende Marktinfrastrukturen (DLT-Pilot-Regulation) ein experimenteller Rechtsrahmen geschaffen. Dieser ermöglicht es, den Betrieb von Handels- und Abwicklungssystemen auf Basis von DLT unter realen Marktbedingungen zu erproben, ohne dass sämtliche aufsichtsrechtlichen Vorgaben der klassischen Marktinfrastruktur unmittelbar Anwendung finden müssen. Ziel ist es, regulatorische Erkenntnisse über die Praxistauglichkeit dezentraler Technologien zu gewinnen und zugleich einen kontrollierten Innovationsraum zu eröffnen. Deutschland bewegt sich mit dem eWpG grundsätzlich im Einklang mit diesen europäischen Trends und Regulatorien, wenngleich die nationale Regelung in ihrer Reichweite bislang restriktiver bleibt. Während Luxemburg und die Schweiz bereits weitergehende Regelungen getroffen haben, beschränkt sich das eWpG nach wie vor auf Schuldverschreibungen und verzichtet auf eine umfassende Integration gesellschaftsrechtlicher Instrumente. Dies verdeutlicht die vorsichtige Herangehensweise des deutschen Gesetzgebers, der rechtliche Sicherheit vor regulatorischer Geschwindigkeit priorisiert.[30]

2. Ansätze aus den USA und Asien: Impulse und Best Practices

Ein Blick auf internationale Entwicklungen zeigt, dass die Ansätze in den USA und in Asien wichtige Impulse und Best Practices liefern, die auch für die deutsche Diskussion von Bedeutung sind. In den USA verfolgt die Securities and Exchange Commission (SEC) eine stark einzelfallbezogene Regulierungspraxis. Viele Token werden auf Grundlage des bekannten Howey-Tests (SEC v. W. J. Howey Co., 328 U. S. 293 (1946)) als Securities eingeordnet. Die Regulierung erfolgt damit primär über bestehende kapitalmarktrechtliche Instrumente, anstatt durch die Einführung neuer, speziell auf digitale Werte zugeschnittener Gesetze. Dieser Ansatz eröffnet zwar eine gewisse Flexibilität, führt jedoch gleichzeitig zu erheblicher Rechtsunsicherheit, da die Einordnung neuer Token-Modelle häufig unklar bleibt und im Zweifel erst durch Gerichts- oder Verwaltungsverfahren präzisiert wird. Die Schweiz hat mit dem 2021 in Kraft getretenen DLT-Gesetz einen dezidierten rechtlichen Rahmen geschaffen, in dem Blockchain-basierte Wertrechte aus- 22

29 Europäische Kommission, Proposal for a Regulation on Markets in Crypto-assets (MiCA), COM(2020) 593 final.

30 *Zetzsche* et al., Harvard International Law Journal, 60(2), 2019, 27 ff.

drücklich anerkannt werden (§ 973d OR). Damit gilt die Schweiz international als Vorreiter, da hier bereits eine enge Verzahnung zwischen Technologie und Gesellschaftsrecht erfolgt ist. Insbesondere die Einbeziehung von Aktien und Mitgliedschaftsrechten verdeutlicht, dass der schweizerische Gesetzgeber eine weitergehende Öffnung gegenüber der Digitalisierung des Kapitalmarkts anstrebt. Auch Luxemburg hat frühzeitig gesetzgeberisch reagiert und bereits im Jahr 2019 Blockchain-basierte Wertpapiere anerkannt. Mit diesem Schritt hat sich das Land als innovationsfreundlicher Standort innerhalb Europas positioniert und kann dadurch seine Attraktivität für internationale Emittenten erhöhen. Diese Beispiele machen deutlich, dass Deutschland mit dem eWpG im internationalen Vergleich einen eher vorsichtigen, aber dennoch innovationsfördernden Ansatz verfolgt. Während andere Länder früh agieren und bereits Aktien sowie Mitgliedschaftsrechte in die digitale Transformation des Kapitalmarkts einbeziehen, beschränkt sich der deutsche Gesetzgeber bislang auf Schuldverschreibungen und ausgewählte Aktiengattungen. Ob dieser vorsichtige Weg langfristig die Wettbewerbsfähigkeit des deutschen Finanzplatzes stärkt oder schwächt, hängt maßgeblich davon ab, ob es gelingt, das eWpG zügig weiterzuentwickeln, operativ und technisch zu etablieren und an internationale Standards anzupassen.

V. Wechselwirkungen zwischen regulatorischen Rahmenbedingungen und Gesellschaftsrecht

1. Einfluss der Digitalisierung auf Unternehmensstrukturen

23 Die Digitalisierung von Wertpapieren besitzt das Potenzial, die Corporate Governance grundlegend zu verändern. Durch den Einsatz digitaler Technologien können Aktionärsrechte in bislang nicht gekanntem Maße effizient und flexibel ausgeübt werden. So ist es denkbar, dass Aktionärsrechte künftig in Echtzeit wahrgenommen werden können, was die Geschwindigkeit und Unmittelbarkeit von Entscheidungsprozessen deutlich erhöht. Ebenso könnten Abstimmungen und Hauptversammlungen über den Einsatz von Smart Contracts weitgehend automatisiert erfolgen. Solche technologischen Innovationen würden nicht nur den organisatorischen Aufwand reduzieren, sondern auch die Nachvollziehbarkeit und Integrität von Abstimmungsprozessen stärken. Darüber hinaus eröffnet die digitale Erfassung von Wertpapieren die Möglichkeit, die Transparenz über Aktionärsstrukturen erheblich zu steigern, da Eigentums- und Beteiligungsverhältnisse jederzeit in den Registern sichtbar und somit transparent gemacht werden könnten. Diese Entwicklungen bergen auf der einen Seite erhebliche Chancen. Sie versprechen eine stärkere Teilhabe von Investoren, eine Demokratisierung des Zugangs zu Kapitalmärkten und eine Effizienzsteigerung in der Corpo-

rate Governance. Auf der anderen Seite entstehen jedoch neue Risiken, die nicht unterschätzt werden dürfen. Insbesondere Fragen der Cybersicherheit treten in den Vordergrund: Manipulationen oder Angriffe auf digitale Register könnten gravierende Auswirkungen auf Unternehmensentscheidungen und die Integrität von Kapitalmärkten haben. Hinzu kommt die Problematik der Zugangsgleichheit, da digitale Lösungen die Gefahr einer faktischen Benachteiligung jener Gruppen mit sich bringen, die über keine ausreichende technische Infrastruktur verfügen. Schließlich besteht das Risiko einer zu starken Abhängigkeit von Technologieanbietern, die eine kritische Stellung im Machtgefüge zwischen Unternehmen, Investoren und staatlicher Aufsicht einnehmen könnten.[31] Insgesamt zeigt sich, dass die Digitalisierung von Wertpapieren sowohl als Katalysator für eine modernisierte, transparente und effiziente Corporate Governance wirken kann, zugleich aber neue Herausforderungen und Unsicherheiten schafft, die rechtlich und ökonomisch sorgfältig adressiert werden müssen.

2. Synergien und Konfliktpotenziale zwischen Finanz- und Gesellschaftsrecht

Im Zuge der Digitalisierung von Wertpapieren entstehen nicht nur neue Synergien, etwa im Bereich der Publizität oder bei der Kapitalerhaltung, sondern zugleich erhebliche Konfliktpotenziale. Diese resultieren vor allem aus den Spannungsfeldern zwischen traditionellen Rechtsdogmen und den technologischen Neuerungen, die durch das eWpG eingeführt wurden. Zum einen zeigen sich Divergenzen zwischen Registerrecht und Wertpapierdogmatik. Während das klassische Wertpapierrecht auf die Verkörperung des Rechts in einer Urkunde abstellt, ersetzt das eWpG diese durch den Registereintrag. Damit verändert sich das Dogma des Besitzes und es stellt sich die Frage, inwieweit diese Umstellung auf Dauer mit den Grundsätzen der Wertpapierdogmatik kompatibel bleibt. Zum anderen treten Kollisionen zwischen technischer Dezentralität und juristischem Zentralregister auf. Während die Blockchain-Technologie inhärent auf Dezentralität setzt, folgt das deutsche Registersystem bislang dem Prinzip einer zentralisierten Registerführung. Hieraus ergibt sich ein Spannungsfeld zwischen technischer Innovation und rechtlicher Tradition, das in der Praxis noch nicht vollständig aufgelöst ist. Darüber hinaus stellen sich erhebliche Fragen des internationalen Gesellschaftsrechts. Werden Aktionärsrechte über Blockchain grenzüberschreitend ausgeübt, treten kollisionsrechtliche Probleme auf, die mit den bestehenden Vorschriften derzeit kaum vollständig zu bewältigen sind. Die Anerkennung von Registereinträgen über nationale Grenzen hinweg ist bislang nicht hinreichend geregelt und birgt Risiken für die Rechtssicherheit im internationa- **24**

31 *Buhl/Müller/Fridgen/Röglinger*, JAIS, Volume 13 (2012), 237 f.

len Kapitalverkehr. Eine weitergehende Harmonisierung von Gesellschafts- und Kapitalmarktrecht wird zwingend notwendig sein, um die bestehenden Divergenzen aufzulösen und eine konsistente Rechtsordnung zu schaffen, die den Anforderungen einer zunehmend globalisierten und digitalisierten Finanzwelt und den technologischen Entwicklungen gerecht wird.

D. Empirische Analyse und Fallstudien

I. Methodik der empirischen Untersuchung

1. Datenbasis, Erhebungsmethoden und Auswahlkriterien

25 Für die empirische Analyse wurden drei zentrale Fallstudien ausgewählt, die wesentliche Entwicklungen im Bereich der elektronischen und Blockchain-basierten Wertpapiere exemplarisch abbilden.

26 Erstens ist hier die erste deutsche Blockchain-basierte Emission eines Wertpapiers hervorzuheben, das sogenannte Bitbond Security Token Offering (STO) aus dem Jahr 2019, welches von der Bundesanstalt für Finanzdienstleistungsaufsicht (BaFin) genehmigt wurde.[32] Dieses Projekt stellte einen Meilenstein dar, da es die regulatorische Anerkennung von Blockchain-basierten Finanzinstrumenten markierte und die praktische Umsetzbarkeit von Security Tokens in Deutschland unter Beweis stellte.

27 Zweitens werden die ersten praktischen Anwendungen des eWpG in Deutschland seit dessen Inkrafttreten im Jahr 2021 untersucht. Hierbei geht es insbesondere um Emissionen durch etablierte Finanzinstitute wie die DekaBank, die als Vorreiter die neuen rechtlichen Rahmenbedingungen nutzten, um elektronische Schuldverschreibungen auszugeben. Diese Beispiele verdeutlichen, wie das eWpG in der Praxis aufgenommen und welche Chancen, aber auch welche Grenzen sichtbar wurden.

28 Und Drittens werden internationale Vergleichsfälle herangezogen, insbesondere aus Luxemburg und der Schweiz. Beide Länder gelten als Vorreiter bei der gesetzlichen Anerkennung von Blockchain-basierten Wertpapieren. Die Schweiz schuf bereits mit dem DLT-Gesetz eine klare Rechtsgrundlage, in der Blockchain-basierte Wertrechte ausdrücklich in das Obligationenrecht integriert wurden. Luxemburg wiederum erkannte Blockchain-basierte Wertpapiere an und positionierte sich damit frühzeitig als innovationsfreundlicher Finanzplatz in Europa. Diese internationalen Beispiele verdeutlichen, dass Deutschland mit dem eWpG zwar einen wichtigen Schritt unternommen hat, jedoch im internationalen Vergleich eher vorsichtig agiert. Die Auswahl der

---

32 Businessinsider, Bafin erlaubt Bitbond den Handel mit virtuellen Startup-Anteilen, Pressemitteilung vom 18.2.2019.

Fallstudien folgt einem qualitativen Forschungsdesign nach *Yin*[33], das insbesondere auf explorative und erklärende Analysen ausgerichtet ist. Bewertet werden die einzelnen Fälle unter vier zentralen Gesichtspunkten. Rechtliche Rahmenbedingungen, um aufzuzeigen, inwieweit die jeweilige nationale Gesetzgebung die Einführung elektronischer oder Blockchain-basierter Wertpapiere ermöglicht, und welche Rechtsunsicherheiten verbleiben. Gesellschaftsrechtliche Relevanz, da die Emission von Wertpapieren stets auch Auswirkungen auf Mitgliedschaftsrechte, Publizität und die Corporate Governance von Unternehmen hat. Ökonomische Implikationen für Emittenten und Investoren, insbesondere im Hinblick auf Transaktionskosten, Marktliquidität und Investorenvertrauen. Technologische Umsetzungsaspekte, bei denen analysiert wird, welche Registerlösungen (z. B. zentrale versus dezentrale Systeme) gewählt wurden, welche Sicherheitsmechanismen implementiert sind und wie die Praxistauglichkeit der eingesetzten Technologien einzuschätzen ist. Die Datenbasis der Analyse setzt sich aus unterschiedlichen Quellen zusammen. Herangezogen werden neben offiziellen (BaFin-) Pressemitteilungen und Gesetzesmaterialien auch Geschäftsberichte der beteiligten Unternehmen sowie einschlägige wissenschaftliche Literatur. Diese methodische Breite soll sicherstellen, dass die Fallstudien nicht nur auf einer rechtlichen, sondern auch auf einer ökonomischen und technischen Ebene kritisch beleuchtet werden. Insgesamt ermöglicht die Verknüpfung dieser drei Fallstudien eine vergleichende Perspektive, die die besondere Rolle Deutschlands im internationalen Kontext verdeutlichen soll

2. Operationalisierung der Forschungsfragen

Die im Rahmen dieser Arbeit ausgewählten Fallstudien sollen zur Beantwortung mehrerer zentraler Forschungsfragen beitragen, die sich aus der Schnittstelle von Wertpapierrecht, Gesellschaftsrecht, ökonomischer Effizienz und technologischer Umsetzbarkeit ergeben. Eine erste Leitfrage betrifft die Praktikabilität der Emission und Verwaltung elektronischer beziehungsweise kryptobasierter Wertpapiere. Hierbei geht es nicht allein um die rechtliche Zulässigkeit, sondern vor allem um die tatsächliche Funktionsfähigkeit dieser neuen Instrumente im Markt. Von besonderem Interesse ist, ob die mit dem eWpG und vergleichbaren internationalen Rechtsakten geschaffenen Strukturen in der Praxis effizient (insbesondere bezogen auf Abwicklungszeit und Kosten), verlässlich und für Emittenten wie Investoren handhabbar sind. Fragen der technischen Interoperabilität, der Kostenstruktur sowie der Abwicklungsgeschwindigkeit stehen dabei im Vordergrund. Eine zweite Forschungsfrage richtet sich auf die Herausforderungen aus Sicht der zentralen Marktakteure – also Emittenten, Investoren und Auf- 29

33 *Yin*, Case Study Research and Applications: Design and Methods

sichtsbehörden. Emittenten müssen abwägen, ob der Einsatz elektronischer oder kryptobasierter Wertpapiere Vorteile gegenüber traditionellen Formen bietet, etwa durch geringere Kosten oder eine breitere Investorenbasis. Investoren wiederum prüfen, ob die mit solchen Instrumenten verbundenen Rechtspositionen ebenso sicher und durchsetzbar sind wie bei klassischen Wertpapieren. Für Aufsichtsbehörden stellen sich schließlich neuartige Überwachungs- und Prüfungsaufgaben, insbesondere im Hinblick auf die Integrität von Registern, den Schutz vor Cyberrisiken und die grenzüberschreitende Rechtsdurchsetzung. Die dritte Forschungsfrage beleuchtet, inwiefern die neuen Modelle mit grundlegenden gesellschaftsrechtlichen Prinzipien kollidieren oder harmonieren. Insbesondere sind die Prinzipien der Publizität und der Corporate Governance von zentraler Bedeutung. Zu prüfen ist, ob Blockchain-Register in der Lage sind, die Anforderungen an Transparenz und Nachvollziehbarkeit zuverlässig zu erfüllen und ob digitale Hauptversammlungen sowie elektronische Stimmrechtsausübungen die Gleichbehandlung aller Aktionäre sicherstellen können. Zugleich stellt sich die Frage, ob durch die Digitalisierung neue Formen der Ungleichbehandlung entstehen, etwa durch ungleichen Zugang zu technischer Infrastruktur. Schließlich zielt eine vierte Forschungsfrage auf die Übertragbarkeit internationaler Best Practices in den deutschen Rechtskontext. Die Beispiele aus den USA, Luxemburg oder der Schweiz zeigen unterschiedliche Herangehensweisen an die Regulierung digitaler Wertpapiere. Entscheidend ist, welche Elemente dieser Modelle – etwa die flexible Rechtsanwendung nach dem Howey-Test in den USA oder die explizite gesetzliche Verankerung in der Schweiz – für Deutschland als Vorbild dienen können, ohne die Stabilität und Rechtssicherheit des bestehenden Kapitalmarktrechts zu gefährden. Insgesamt soll die Beantwortung dieser Forschungsfragen nicht nur einen Beitrag zur wissenschaftlichen Diskussion leisten, sondern auch konkrete Impulse für die Weiterentwicklung des regulatorischen Rahmens geben. Damit wird ein umfassendes Bild gezeichnet, das die Chancen und Risiken elektronischer und kryptobasierter Wertpapiere aus einer interdisziplinären Perspektive kritisch bewertet.

II. Darstellung und Analyse konkreter Fallbeispiele

1. Fallstudie I: Bitbond STO

30 Das Berliner FinTech Bitbond war im Jahr 2019 der erste Emittent eines Security Token Offerings (STO), das von der Bundesanstalt für Finanzdienstleistungsaufsicht (BaFin) genehmigt wurde.[34] Mit diesem Schritt wurde ein Meilenstein in der deutschen Kapitalmarktgeschichte gesetzt, da erstmals ein tokenisiertes Finanzinstrument als nachrangige Schuldverschreibung

34 FPS-Blog, 2019.

nach deutschem Recht auf einer Blockchain emittiert und verwaltet werden konnte. Das Projekt erregte internationale Aufmerksamkeit, da es die Machbarkeit und regulatorische Anschlussfähigkeit von Blockchain-basierten Wertpapieren in Deutschland unter Beweis stellte. Die Genehmigung durch die BaFin erfolgte auf Grundlage des Wertpapierprospektgesetzes (WpPG). Dadurch wurde sichergestellt, dass eine Gleichbehandlung mit klassischen Schuldverschreibungen bestand und der Anlegerschutz gewahrt blieb. Allerdings musste Bitbond ein vollständiges Prospektverfahren durchlaufen, was die Emission teuer und komplex machte.[35] Damit zeigte sich bereits früh, dass Blockchain-basierte Emissionen zwar rechtlich möglich, in der praktischen Umsetzung jedoch mit erheblichen Transaktionskosten und weiteren regulatorischen Hürden verbunden sind. Das Finanzierungsvolumen des STO belief sich auf rund 2,1 Mio. EUR – ein vergleichsweise geringes Volumen, das jedoch symbolische Bedeutung erlangte. Die Kostenstruktur offenbarte, dass die regulatorischen Anforderungen eine beträchtliche Markteintrittsbarriere für kleine Emittenten darstellen können. Trotz dieser Hürden gelang es Bitbond, internationale Sichtbarkeit zu erzielen und Investoren aus über 80 Ländern anzuziehen.[36] Damit verdeutlichte das Projekt, dass Blockchain-basierte Wertpapiere auch über nationale Märkte hinaus Resonanz erzeugen können, selbst wenn das ökonomische Gewicht zunächst begrenzt bleibt. Das Wertpapier-Token basierte auf der Stellar-Blockchain. Vorteilhaft war die internationale Verfügbarkeit sowie die Möglichkeit, Transaktionen mit geringen Kosten und hoher Geschwindigkeit abzuwickeln. Nachteile ergaben sich jedoch aus der Abhängigkeit von der bestehenden Netzwerkinfrastruktur sowie aus der fehlenden Interoperabilität mit anderen Plattformen. Zudem wurde die Langfristigkeit der technologischen Basis infrage gestellt, da sich Blockchain-Ökosysteme dynamisch entwickeln und technologische Standards noch nicht endgültig etabliert sind,[37] was wiederum eine grundsätzliche Herausforderung darstellen kann. Da es sich bei den emittierten Tokens um Schuldverschreibungen handelte, waren die gesellschaftsrechtlichen Implikationen zunächst begrenzt. Es wurde jedoch deutlich, dass ähnliche Modelle perspektivisch auch auf Mitgliedschaftsrechte wie Aktien übertragen werden könnten. Dies würde potenziell weitreichende Folgen für die Corporate Governance haben, etwa durch die Abbildung von Aktionärsrechten in Blockchain-basierten Registern oder durch die Möglichkeit, Hauptversammlungen vollständig digital abzuhalten. Die Fallstudie verdeutlicht somit, dass das Bitbond-STO nicht nur als Finanzierungsinstrument von Bedeutung war, sondern auch als Experimentierfeld für die Digitalisierung des Gesellschaftsrechts betrachtet werden kann.

---

35 *Zetzsche* et al., Harvard International Law Journal, 60(2), 2019, 304 ff.

36 Bitbond, Bitbond STO Investor Report, 2020.

37 *Catalini/Gans*, CACM 2020, 23.

2. Fallstudie II: Erste Anwendungen des eWpG in Deutschland

31 Seit dem Inkrafttreten des Gesetzes über elektronische Wertpapiere (eWpG) im Juni 2021 wurden mehrere Emissionen elektronischer Schuldverschreibungen durchgeführt. Besonders hervorzuheben ist hierbei die Emission der DekaBank im Dezember 2021, die als erstes Finanzinstitut ein elektronisches Wertpapier nach Maßgabe des eWpG in ein zentrales Register eintrug.[38] Dieser Schritt markierte die praktische Umsetzung der neuen Registerfiktion und verdeutlichte, dass die gesetzlichen Grundlagen auch im operativen (Retail-)Bankgeschäft anwendbar sind. Das Verfahren erfolgte ohne die Erstellung einer physischen Urkunde. Die Rechtswirkung entstand allein durch die Eintragung in ein elektronisches Register. Damit wurde die im Gesetz vorgesehene Registerfiktion erstmals in der Praxis angewendet. Die Emission der DekaBank verdeutlicht, dass die Rechtsordnung in der Lage ist, auf eine immaterielle Verkörperung von Wertpapieren umzuschwenken, ohne die rechtliche Sicherheit der Emission infrage zu stellen.[39] Zugleich zeigt sich aber, dass dieser Paradigmenwechsel erhebliche Anpassungen in den operativen Prozessen der Emittenten erforderlich macht, insbesondere im Hinblick auf die Einbindung in bestehende Aufsichts- und Compliance-Strukturen. Die ökonomischen Vorteile des neuen Instruments traten deutlich zutage. Da keine physische Urkunde mehr erstellt, gedruckt und verwahrt werden musste, konnten die Transaktionskosten erheblich reduziert werden. Zudem betonte die DekaBank, dass durch die elektronische Abbildung eine deutlich höhere Flexibilität bei Emissionen erreicht und der Sekundärhandel effizienter gestaltet werden könne.[40] Damit bestätigte sich die Erwartung, dass das eWpG nicht nur rechtliche, sondern auch spürbare wirtschaftliche Effizienzgewinne für Banken und Investoren mit sich bringt. Technologisch setzte die DekaBank auf ein genehmigtes, geschlossenes Registersystem, das auf einer privaten (permissioned) Blockchain-Infrastruktur basierte. Im Gegensatz zu öffentlichen, dezentralen Blockchains entschied man sich bewusst für eine kontrollierte, zugangsbeschränkte Lösung, die eine engere Anbindung an bestehende regulatorische Anforderungen ermöglichte. Dies zeigt, dass Banken eher dazu tendieren, auf solche permissioned Blockchains zu setzen, um die Einhaltung von Compliance-Vorgaben, insbesondere im Bereich Geldwäscheprävention und Anlegertransparenz, sicherzustellen.[41] Gleichwohl bleibt offen, ob diese Lösungen langfristig die notwendige Interoperabilität mit internationalen Marktstandards erreichen

---

38 DekaBank, Auf der Blockchain: DekaBank emittiert erste Kryptowertpapiere, Pressemitteilung vom 14.12.2021.

39 *Omlor*, RDi 2021, 361 ff.

40 DekaBank, Auf der Blockchain: DekaBank emittiert erste Kryptowertpapiere, Pressemitteilung vom 14.12.2021.

41 *Buhl/Müller/Fridgen/Röglinger*, JAIS, Volume 13 (2012), 237 f.

können. Gesellschaftsrechtlich beschränkte sich die Anwendung auch hier zunächst auf Schuldverschreibungen. Gleichwohl stellte sich unmittelbar die Frage, ob eine zukünftige Ausweitung auf Aktien möglich sein könnte und welche Folgen dies für das Gesellschaftsrecht hätte. Eine solche Entwicklung könnte die Ablösung der physischen Aktienurkunde bedeuten und hätte tiefgreifende Implikationen für Publizität, Aktionärsrechte und Corporate Governance. Damit deutet sich auch für Retailbanken und Fondsgesellschaften an, dass das eWpG nicht lediglich eine technische Modernisierung darstellt, sondern potenziell den Ausgangspunkt für einen umfassenden gesellschaftsrechtlichen Paradigmenwechsel bilden könnte. Insgesamt zeigt die Fallstudie der DekaBank, dass das eWpG in der Praxis funktioniert und Effizienzvorteile generiert. Gleichzeitig macht sie deutlich, dass die Reichweite des Gesetzes bislang begrenzt ist und ein weiterer Ausbau notwendig erscheint, um das volle Potenzial elektronischer Wertpapiere im deutschen und europäischen Kapitalmarkt auszuschöpfen und mit Blick auf Retailkunden zu erweitern.

3. Fallstudie III: Internationale Entwicklungen

Ein Blick nach Luxemburg zeigt, dass das Großherzogtum bereits frühzeitig **32** regulatorische Weichen gestellt hat. Mit den gesetzlichen Änderungen und Neuerungen aus 2019 wurde die Nutzung der Blockchain als zulässiges Mittel zur Führung von Wertpapierregistern ausdrücklich anerkannt. Luxemburg positionierte sich damit als First Mover im europäischen Kontext und sendete ein deutliches Signal an internationale Emittenten, dass Innovationen im Kapitalmarktumfeld nicht nur willkommen, sondern auch rechtlich abgesichert sind.[42] Dieser Schritt stärkte die Attraktivität des luxemburgischen Finanzplatzes und verdeutlichte, dass ein proaktiver Ansatz bei der Implementierung neuer Technologien ein entscheidender Standortfaktor sein kann. Noch weiter ging die Schweiz mit dem 2021 in Kraft getretenen DLT-Gesetz. Hierdurch wurden sogenannte DLT-Wertrechte geschaffen, die sowohl Mitgliedschaftsrechte als auch Forderungsrechte vollständig digital abbilden können (§ 973d OR). Besonders bemerkenswert ist, dass Aktien explizit einbezogen wurden – ein Schritt, der in Deutschland bislang noch nicht vollständig vollzogen ist. Damit setzte die Schweiz einen Maßstab für die Integration der Blockchain-Technologie in das Gesellschaftsrecht, der weit über Schuldverschreibungen hinausgeht und die grundlegende Struktur des Aktienrechts berührt.[43] Die Schweiz verdeutlicht somit, dass eine umfassende Digitalisierung des Kapitalmarkts nicht nur technisch möglich,

42 Commission de Surveillance du Secteur Financier, Circulaire 19/714 – Distributed Ledger Technology and Securities, 2019.
43 PwC, Swiss DLT law: New regulations bring new opportunities.

sondern auch gesellschaftsrechtlich tragfähig sein kann. Der Vergleich beider Länder zeigt, dass eine Ausweitung auf Aktien rechtlich praktikabel ist, sofern diese durch klare Publizitäts- und Transparenzvorgaben abgesichert wird. Luxemburg und die Schweiz demonstrieren, dass eine frühzeitige gesetzliche Anerkennung von Blockchain-basierten Wertpapieren erhebliche Standortvorteile mit sich bringt und zugleich das Vertrauen von Investoren stärkt. Deutschland hingegen erscheint im direkten Vergleich mit seinem eWpG eher konservativ. Während Luxemburg und die Schweiz bereits die Integration von Mitgliedschaftsrechten vollziehen, beschränkt sich das eWpG weiterhin auf einen engen Anwendungskreis. Damit wird deutlich, dass der deutsche Gesetzgeber zwar einen wichtigen ersten Schritt in Richtung Digitalisierung des Kapitalmarktes unternommen hat, im europäischen Wettbewerb jedoch Gefahr läuft, den Anschluss oder zumindest wichtige Neuemissionen zu verlieren, wenn keine zeitnahe Erweiterung des Anwendungsbereichs erfolgt. Für den deutschen Finanzplatz stellt sich somit die strategische Frage, ob ein vorsichtiger Ansatz, der Rechtsklarheit priorisiert, langfristig vorteilhaft ist oder ob mutigere Schritte – wie in Luxemburg und der Schweiz – notwendig sind, um international konkurrenzfähig zu bleiben.

E. Kritische Diskussion der empirischen Ergebnisse

I. Vergleichende Analyse und kritische Diskussion

33 Die empirischen Ergebnisse der Fallstudien verdeutlichen mehrere zentrale Befunde. Zunächst zeigt sich, dass Deutschland mit dem eWpG einen vorsichtigen, aber rechtsdogmatisch nachvollziehbaren Ansatz gewählt hat. Die praktischen Anwendungen, wie etwa die Emissionen der DekaBank, belegen, dass das Gesetz grundsätzlich funktioniert. Allerdings offenbart sich zugleich, dass seine Reichweite derzeit stark auf den Anwendungskreis limitiert bleibt. Ein internationaler Vergleich mit Luxemburg und der Schweiz macht deutlich, dass diese Länder regulatorisch bereits weitergehende Schritte unternommen haben, indem sie auch Mitgliedschaftsrechte wie Aktien ausdrücklich einbeziehen. Dadurch entsteht für Luxemburg und die Schweiz ein internationaler Wettbewerbsvorteil, der ihre Attraktivität für Investoren erhöht und die Entwicklung innovativer Finanzmärkte fördert. Auf technologischer Ebene zeigt sich ein Spannungsfeld zwischen öffentlichen und permissioned Blockchains. Während Projekte wie Bitbond auf einer öffentlichen Blockchain aufbauten, entschieden sich Banken wie die DekaBank bewusst für geschlossene, zugangsbeschränkte Systeme. Diese Wahl ist nachvollziehbar, da Rechtssicherheit und aufsichtsrechtliche Anforderungen (insbesondere in Bezug auf den Verbraucherschutz) besser in kontrollierten Umgebungen gewährleistet werden können. Gleichwohl findet die eigentliche Innovation vielfach in offenen Blockchain-Systemen statt, was die Frage aufwirft, ob eine zu starke Regulierung die Innovationskraft hemmen könnte.

Die nachfolgende Tabelle fasst nochmals die betroffenen technologischen und qualitativen Dimensionen zusammen und stellt die bisherige Vorgehensweise vor eWpG der neuen Vorgehensweise nach eWpG gegenüber. **34**

Dimension	**Bisherige Vorgehensweise (vor eWpG)**	**Neue Vorgehensweise (nach eWpG)**
Verkörperung	Physische Urkunde (Papierform, Sammelurkunde)	Digitale Eintragung im Register (zentral oder DLT-basiert)
Registerführung	Zentral durch Clearstream/Depotbanken	Zentral (klassische Datenbank) oder dezentral (Blockchain)
Settlement	Buchungen in zentralen Datenbanken	Blockchain-Transaktionen oder API-basierte Registerbuchungen
Rechtssicherheit	Besitz und Übergabe durch Urkunde	Registerfiktion: Eintragung ersetzt Besitzübertragung
Transparenz	Abhängig von zentralen Intermediären	Registereinsicht digital und unveränderlich möglich
IT-Sicherheit	Fokus auf Datensicherheit zentraler Systeme	Zusätzlicher Fokus auf Kryptografie, Cybersecurity und Node-Resilienz

Tabelle 1: Abgrenzung der bisherigen zur neuen technischen Vorgehensweise nach eWpG

Daraus lässt sich ableiten, dass es in der technischen Architektur zu einer Verschiebung und Änderungen kommen wird. Die technische Architektur nach dem eWpG lässt sich dabei schematisch wie nachfolgend abgebildet zusammenfassen. **35**

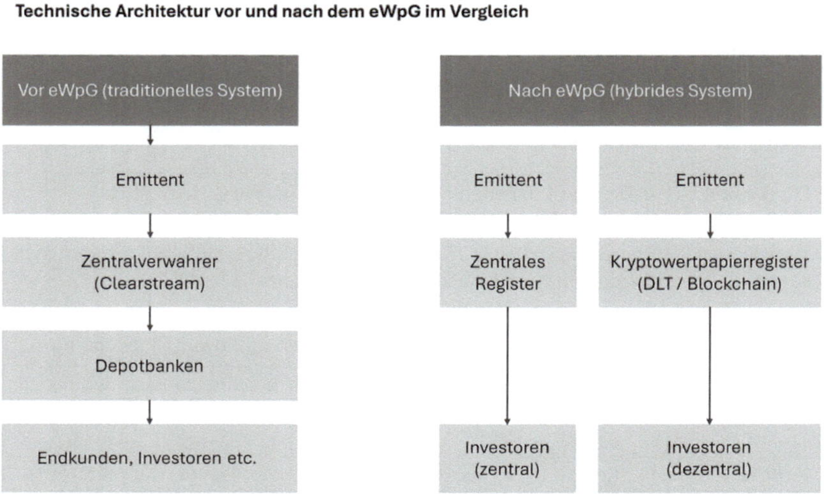

Abbildung 1: Technische Architektur vor und nach dem eWpG im Vergleich

36 Die technischen Unterschiede aus der vorangehenden Abbildung lassen sich detailliert als Tabelle gegenüberstellen:

Aspekt	Bisherige Vorgehensweise (vor eWpG)	Neue Vorgehensweise (nach eWpG)
Wertpapier-form	Urkunde/Globalurkunde	Elektronisches Register/Block-chain-Eintrag
Registerfüh-rung	Clearstream (zentral)	Zentrale Verwahrstelle oder de-zentrales Kryptoregister
Transparenz	Nur für Banken/Zentralver-wahrer	Öffentliche Nachvollziehbarkeit (bei Blockchain)
Settlement	T+2, mehrstufig, über Clears-tream	Echtzeit, ggf. T+0 via Smart Contracts
Technologie	Relationale Datenbanken, SWIFT	DLT/Blockchain, APIs, auto-matisierte Prozesse
Sicherheit	Zentrale IT-Sicherheitsmaß-nahmen	Kryptografie, verteilte Validie-rung, Cybersecurity-Risiken

Tabelle 2: Gegenüberstellung der technischen Unterschiede vor und nach dem eWpG im Vergleich

II. Implikation für Theorie und Praxis

Aus rechtsdogmatischer Perspektive stellt das eWpG einen wichtigen Schritt in Richtung Entkörperlichung von Wertpapieren dar. Zugleich bleiben jedoch zentrale gesellschaftsrechtliche Fragen offen, etwa in Bezug auf die Integration von Aktionärsrechten, Publizitätspflichten und die dogmatische Einordnung von Registereinträgen unter Berücksichtigung der technologischen und Blockchain-bezogenen Möglichkeiten. Unter ökonomischen Gesichtspunkten konnte gezeigt werden, dass digitale Wertpapiere die Transaktionskosten senken und die internationale Reichweite von Emissionen erhöhen. Gleichzeitig entstehen jedoch neue Kosten durch regulatorische Vorgaben, technische Infrastruktur und die Sicherstellung von Cybersecurity. Diese Mehr- und Folgekosten könnten insbesondere für kleinere Emittenten eine erhebliche Markteintrittsbarriere darstellen. Im Bereich des Gesellschaftsrechts ist eine Ausweitung auf Aktien unabdingbar, um die Corporate Governance im digitalen Kapitalmarkt zukunftsfähig zu gestalten. Ohne eine solche Erweiterung droht die Gefahr, dass das deutsche Recht in seiner Wirkungskraft beschränkt bleibt und nicht den notwendigen Anpassungen an internationale Entwicklungen genügt. Schließlich hat die Analyse auch eine klare internationale Implikation. Deutschland läuft Gefahr, im Wettbewerb mit innovativen Rechtsordnungen zurückzufallen, wenn die Ausweitung des eWpG auf Aktien, weitere Mitgliedschaftsrechte und alle Finanzinstrumente nicht zeitnah erfolgt. Während Luxemburg und die Schweiz bereits regulatorische Strukturen für Blockchain-basierte Aktien geschaffen haben, bleibt Deutschland mit seinem vorsichtigen Ansatz im europäischen Vergleich konservativ. Dies könnte dazu führen, dass Kapital und Innovationen langfristig in Länder abwandern, die rechtliche Flexibilität und technologische Offenheit stärker fördern. 37

Das eWpG ersetzt die bisherige Urkundenzentrierung durch eine Registerzentrierung, die wahlweise zentral (klassische Datenbank) oder dezentral (Blockchain) ausgestaltet werden kann. Technisch bedeutet dies eine Abkehr von monolithischen, zentralisierten Systemen hin zu hybriden Architekturen, die sowohl zentrale Verwahrmodelle als auch dezentrale Blockchain-Systeme berücksichtigen. Zukünftig wird es entscheidend sein, die Interoperabilität, Standardisierung und Cyber-Resilienz sicherzustellen, um den Kapitalmarkt effizient, sicher und international wettbewerbsfähig zu gestalten. Entlang der identifizierten Handlungsfelder und kritischen Diskussion einzelner Praxisbeispiele zeigt sich, wie sich eine zukünftige Umsetzung und technische Roadmap für betroffene und interessierte Organisationen als auch den Regulator ausgestalten kann: 38

– Schrittweise Ausweitung auf Aktien und Mitgliedschaftsrechte: Einführung eines elektronischen Aktienregisters auf Basis DLT. Herausforde-

rung: Corporate Governance digital abbilden (digitale Hauptversammlungen, Abstimmungen per Blockchain).
- Interoperabilität mit internationalen Standards: Harmonisierung mit MiCA und dem DLT-Pilot-Regime auf EU-Ebene. Einführung von europaweiten Blockchain-Registerstandards.
- Technische Standardisierung: Entwicklung von ISO-Normen für DLT-Register. Einheitliche Schnittstellen für Banken, Emittenten und Aufsichtsbehörden.
- Automatisiertes Settlement: DvP auf Blockchain-Basis durch Integration mit CBDCs (Central Bank Digital Currencies) oder tokenisiertem Giralgeld. Vollständige Automatisierung des Post-Trade-Bereichs.
- Cyber-Resilienz & Governance: Aufbau von Red-Team-Tests für Blockchain-Systeme. Stärkere regulatorische Vorgaben für Node-Betreiber.

39 Eine detaillierte technische Roadmap zur Migration hin zu einer langfristigen eWpG-konformen Blockchain-Lösung lässt sich dabei in sechs Kernbereiche unterscheiden. Die Migration hin zu eWpG-konformen Blockchain-Lösungen erfordert eine sorgfältige Analyse- und Vorbereitungsphase, die in mehreren Schritten zu durchlaufen ist.

40 Zunächst ist eine umfassende Ist-Analyse vorzunehmen, in deren Rahmen die bestehenden Emissions- und Verwahrprozesse für Wertpapiere detailliert erhoben werden. Dabei sind insbesondere die Strukturen und Schnittstellen zu berücksichtigen, die über zentrale Marktinfrastrukturen wie Clearstream, Depotbanken, SWIFT-Anbindungen sowie Target2-Securities (T2S) abgewickelt werden. Diese Bestandsaufnahme dient der Schaffung einer fundierten Ausgangsbasis für die spätere Umstellung auf ein elektronisches Wertpapierregister im Sinne des Gesetzes über elektronische Wertpapiere (eWpG).

41 Darauf aufbauend folgt eine Gap-Analyse, bei der die bestehenden Abläufe den rechtlichen Anforderungen des eWpG gegenübergestellt werden. Hierbei sind insbesondere die Regelungen der §§ 12 ff. eWpG, die die Führung eines zentralen elektronischen Registers vorsehen, sowie die §§ 16 ff. eWpG, welche die Einrichtung und Führung eines Kryptowertpapierregisters betreffen, maßgeblich. Ziel dieser Analyse ist es, bestehende Abweichungen und Anpassungsbedarfe zu identifizieren, um die Compliance mit den gesetzlichen Vorgaben sicherzustellen.

42 Als Nächstes ist eine Use-Case-Definition vorzunehmen. Im Rahmen dieser strategischen Entscheidung ist festzulegen, ob eine zentrale elektronische Registerlösung implementiert wird oder ob alternativ ein dezentrales Kryptowertpapierregister auf Basis von Blockchain- beziehungsweise Distributed-Ledger-Technologien (DLT) eingeführt werden soll. Die Wahl des Modells hat erhebliche Auswirkungen sowohl auf die technische Architektur als auch auf die organisatorischen Abläufe der Registerführung und bestimmt damit die weitere Migrationsstrategie.

Schließlich ist ein umfassender Compliance-Check durchzuführen. Dabei werden sämtliche aufsichtsrechtlichen Anforderungen überprüft, die für den Betrieb einer Registerlösung einschlägig sind. Dazu zählt insbesondere die Einholung einer Erlaubnis der Bundesanstalt für Finanzdienstleistungsaufsicht (BaFin) für die Registerführung nach Maßgabe des eWpG. Ergänzend sind die einschlägigen Vorgaben aus den Mindestanforderungen an das Risikomanagement (MaRisk), den Bankaufsichtlichen Anforderungen an die IT (BAIT), der Datenschutz-Grundverordnung (DSGVO) sowie aus der Digital Operational Resilience Act (DORA) einzuhalten. Nur durch die konsequente Beachtung dieser rechtlichen Rahmenbedingungen kann die Migrationsstrategie nicht nur technisch, sondern auch regulatorisch tragfähig ausgestaltet werden. **43**

Im Rahmen der technischen Architekturplanung als zweiten Schritt für eWpG-konforme Blockchain-Lösungen sind zwei grundsätzliche Ansätze zu unterscheiden: **44**

– die zentrale Registerlösung und
– das dezentrale Kryptoregister.

Die zentrale Registerlösung basiert auf dem Einsatz relationaler Datenbanken, beispielsweise PostgreSQL oder Oracle. Um die Integration in bestehende Marktinfrastrukturen sicherzustellen, erfolgt die Anbindung über standardisierte API-Schnittstellen. Diese Schnittstellen ermöglichen es, Emittenten, Verwahrstellen und Investoren reibungslos in die Registerarchitektur einzubinden. Darüber hinaus ist eine direkte Anbindung an Settlement-Systeme wie TARGET2-Securities vorgesehen. Diese Anbindung kann entweder über SWIFT-Schnittstellen oder über das international Standardprotokoll ISO 20022 erfolgen, wodurch ein standardisierter und regulatorisch konformer Datenaustausch gewährleistet wird. **45**

Demgegenüber steht die Option eines dezentralen Kryptoregisters auf Blockchain-Basis. Hierbei muss zunächst eine geeignete Plattform ausgewählt werden. In Betracht kommen einerseits sogenannte permissioned Blockchains, wie Hyperledger Fabric oder R3 Corda. Diese Systeme zeichnen sich dadurch aus, dass der Zugang kontrolliert ist und sich regulatorische Anforderungen leichter umsetzen lassen. Andererseits besteht die Möglichkeit, auf public Blockchains wie Ethereum oder Polygon zurückzugreifen. Diese bieten den Vorteil einer besonders hohen Transparenz, sind jedoch aufgrund der offenen Struktur mit zusätzlichen regulatorischen Hürden verbunden. Ein zentrales technisches Element der dezentralen Variante ist die Implementierung von Smart Contracts, die eine automatische Abwicklung von Transaktionen wie Zinszahlungen, Dividendenausschüttungen oder Til- **46** gungen ermöglichen. Diese Funktionalität erhöht den Automatisierungsgrad und verringert operative Risiken. Ergänzend dazu ist die Entwicklung eines Investor-Frontends erforderlich, das unter anderem Wallet-Integrationen, elektronische KYC-Verfahren (E-KYC) sowie Reporting-Funktionalitäten umfasst. Auf diese Weise können Investoren direkt mit dem Register interagieren und erhalten zugleich einen rechtskonformen Zugang zu den digitalen Wertpapieren.

47 Der dritte Schritt der Daten- und Prozessmigration nimmt eine zentrale Rolle bei der Einführung eWpG-konformer Blockchain-Lösungen ein. Zunächst ist das Mapping bestehender Datenbestände erforderlich. Dabei geht es insbesondere um die Transformation von Globalurkunden-Daten, wie sie beispielsweise in Clearstream-Beständen verwahrt werden, in elektronische Registereinträge. Diese Umwandlung stellt sicher, dass traditionelle Wertpapierbestände rechtskonform in das neue elektronische Register überführt werden können. Darüber hinaus ist die Registerfiktion zu implementieren. Damit werden der Besitz und die Übergabe von Wertpapieren nicht mehr physisch, sondern technisch abgebildet. Dies geschieht durch die Erfassung im elektronischen Register beziehungsweise, im Falle der Blockchain-Lösung, durch die Zuweisung eines Blockchain-Tokens. Auf diese Weise wird die rechtliche Funktion des physischen Wertpapiers durch einen digitalen Registereintrag ersetzt, womit die eWpG-Vorgaben (§ 4 Abs. 4 eWpG) umgesetzt werden.

48 Ein weiterer Schwerpunkt liegt in der Schnittstellenentwicklung, die für den reibungslosen Betrieb und die Anbindung an externe Systeme unerlässlich ist. Hierzu gehören einerseits APIs, die Banken und Emittenten den direkten Zugriff auf das Register ermöglichen. Andererseits sind Delivery-versus-Payment-Schnittstellen (DvP) zu Zahlungsverkehrssystemen wie TARGET2 oder zu Krypto-Payment-Gateways notwendig. Diese Schnittstellen gewährleisten die unmittelbare Verknüpfung von Wertpapiertransaktionen mit den entsprechenden Zahlungsflüssen und sichern so die rechts- und prozesskonforme Abwicklung. Nicht zuletzt spielt die kryptografische Sicherung eine entscheidende Rolle. Hierzu wird eine Public-Key-Infrastruktur (PKI) implementiert, die die Grundlage für digitale Signaturen bildet. Ergänzend dazu kommen Hash-basierte Verfahren zur Anwendung, die eine lückenlose Nachvollziehbarkeit aller Transaktionen im Register sicherstellen. Dadurch wird sowohl die Integrität der Daten als auch die Transparenz gegenüber Aufsichtsbehörden und Marktteilnehmern gewährleistet.

49 Die Integrations- und Settlement-Ebene als Schritt vier bildet eine entscheidende Schicht bei der Umsetzung eWpG-konformer Blockchain-Lösungen, da sie die Verbindung zwischen Wertpapiertransaktionen und Zahlungsströmen sicherstellt. Ein zentrales Element stellt hierbei das DvP-Prinzip dar. Unter diesem Mechanismus erfolgt die Lieferung von Wertpapieren nur gegen gleichzeitige Zahlung, wodurch das Abwicklungsrisiko minimiert wird. Die technische Realisierung kann entweder über die Integration von On-Chain-Zahlungen erfolgen – beispielsweise unter Nutzung von Stablecoins oder im Rahmen von Pilotprojekten zur Einführung digitaler Zentralbankwährungen (Central Bank Digital Currency, CBDC) – oder durch die Kopplung an klassische Zahlungssysteme wie TARGET2 oder SEPA Instant. Auf diese Weise wird eine Brücke zwischen neuartigen digitalen Zahlungsformen und etablierten Zahlungsinfrastrukturen geschaffen. Ein weiterer wesentlicher Aspekt betrifft die Interoperabilität.

Damit digitale Wertpapierregister effektiv funktionieren, müssen sie an bestehende und zukünftige europäische Regulierungs- und Testumgebungen angebunden werden. Hierbei kommt insbesondere die DLT-Pilotverordnung (VO (EU) 2022/858) zum Tragen, die die Schaffung und Erprobung von Marktinfrastrukturen auf Basis der Distributed-Ledger-Technologie ermöglicht. Durch die Anbindung an dieses europäische Pilotregime wird gewährleistet, dass nationale Systeme in ein grenzüberschreitendes, unionsweites Rahmenwerk integriert werden können, was die Akzeptanz und Skalierbarkeit erheblich stärkt. Darüber hinaus ist ein umfassendes System für Monitoring und Audit erforderlich. Um sowohl die Sicherheit als auch die Transparenz des Systems sicherzustellen, sind Lösungen für Echtzeit-Monitoring zu implementieren, beispielsweise über Security Information and Event-Management-Systeme (SIEM) oder Blockchain-Explorer. Diese ermöglichen eine kontinuierliche Überwachung sämtlicher Transaktionen und Systemaktivitäten. Ergänzend ist eine revisionssichere Protokollierung von Vorgängen sicherzustellen, damit Prüfungen durch die Bundesanstalt für Finanzdienstleistungsaufsicht jederzeit vollständig nachvollzogen werden können. Durch die Kombination von Echtzeitüberwachung und rechtssicherer Dokumentation wird die Grundlage geschaffen, um sowohl regulatorische Anforderungen zu erfüllen, als auch operative Risiken wirksam zu kontrollieren. **50**

Der Bereich Security und Resilienz stellt eine zentrale Säule bzw. den auf Schritt vier folgenden fünften Schritt bei der Einführung eWpG-konformer Blockchain-Lösungen dar, da er sowohl die technische Sicherheit als auch die langfristige Widerstandsfähigkeit des Systems absichert. Ein wesentliches Prinzip ist hierbei die Umsetzung von Cybersecurity by Design. Dies bedeutet, dass Sicherheitsaspekte von Beginn an in die Architektur integriert werden. Dazu zählen Verfahren wie die Nutzung von Multi-Signature-Mechanismen, um Transaktionen nur durch mehrere unabhängigen Freigaben zu validieren, der Einsatz moderner Verschlüsselungstechnologien zum Schutz sensibler Daten sowie regelmäßige Penetrationstests, die dazu dienen, potenzielle Schwachstellen frühzeitig zu identifizieren und zu beheben. Darüber hinaus ist ein systematisches Resilienzmanagement erforderlich. Dieses umfasst die Integration der Lösung in bestehende regulatorische **51**

Rahmenwerke wie die Bankaufsichtlichen Anforderungen an die IT (BAIT; durch DORA abgelöst, aber bei kleineren regulierten Unternehmen ggf. noch regulatorisch relevant) sowie die Mindestanforderungen an das Risikomanagement (MaRisk). Ergänzend sind robuste Backup-Strategien für Registerdaten zu etablieren, um im Falle von Systemausfällen, Cyberangriffen oder sonstigen Krisenszenarien eine schnelle Wiederherstellung der Funktionsfähigkeit zu gewährleisten. Ziel ist es, eine kontinuierliche Betriebsfähigkeit sicherzustellen und operationelle Risiken auf ein Minimum zu reduzieren. Ein weiterer wichtiger Bestandteil ist die regulatorische Governance. Hierzu zählt insbesondere die Protokollierungspflicht sämtlicher Registereinträge, die sowohl Nachvollziehbarkeit als auch Rechtskonformität gewährleisten soll. Überdies ist eine umfassende Dokumentation sämtlicher Entscheidungsprozesse erforderlich, die auf KI- oder Blockchain-Technologien basieren. Diese Dokumentationspflicht folgt den Vorgaben des Digital Operational Resilience Act und stellt sicher, dass alle automatisierten oder algorithmischen Entscheidungen transparent, überprüfbar und regulatorisch abgesichert sind. Insgesamt bildet die Verknüpfung von präventiver Cybersecurity, systematischer Resilienzplanung und strenger regulatorischer Governance die Grundlage dafür, dass eWpG-konforme Blockchain-Lösungen nicht nur technologisch innovativ, sondern auch nachhaltig sicher und aufsichtsrechtlich tragfähig umgesetzt werden können.

52 Der letzte Schritt sechs bildet mit der Pilotierung und Skalierung den Übergang von der konzeptionellen und technischen Entwicklung hin zur praktischen Anwendung und breiten Markteinführung von eWpG-konformen Blockchain-Lösungen. Zu Beginn steht die Sandbox-Phase, in der regulatorische Testumgebungen genutzt werden. Solche „Sandboxes“, wie sie beispielsweise durch den Innovationshub der BaFin bereitgestellt werden, ermöglichen es, innovative Technologien unter realitätsnahen Bedingungen, jedoch in einem regulatorisch geschützten Umfeld, zu erproben. Auf diese Weise können potenzielle Risiken frühzeitig identifiziert und regulatorische Anforderungen praxisnah getestet werden, ohne dass bereits eine uneingeschränkte Marktzulassung erforderlich ist. Im nächsten Schritt folgt die Pilotemission. Hierbei kann die erstmalige Ausgabe einer Unternehmensanleihe oder eines Kryptowertpapiers im Testumfeld erfolgen. Diese Phase dient als praktischer Nachweis für die technische Funktionsfähigkeit und die regulatorische Konformität des entwickelten Registers. Gleichzeitig ermöglicht sie es, das Vertrauen von Investoren und Emittenten in die neue Infrastruktur zu stärken. Nach erfolgreicher Pilotierung schließt sich die Skalierung an. Ziel ist die Integration der Lösung in das Massengeschäft, beispielsweise durch die Emission tokenisierter Aktien oder Fondsanteile. In diesem Stadium wird die technische Infrastruktur so ausgelegt, dass sie große Transaktionsvolumina bewältigen kann, während gleichzeitig die

Einhaltung sämtlicher regulatorischer Anforderungen gewährleistet bleibt. Schließlich ist die europäische Expansion von zentraler Bedeutung. Um eine grenzüberschreitende Anwendbarkeit sicherzustellen, müssen die Systeme mit den regulatorischen Rahmenwerken anderer Finanzplätze harmonisiert werden, etwa in Luxemburg oder der Schweiz. Zudem ist die Angleichung an das EU-Recht erforderlich, insbesondere an die Markets in Crypto-Assets Regulation (MiCA) sowie die DLT-Pilotverordnung (VO (EU) 2022/858). Diese Harmonisierung gewährleistet, dass die entwickelten Blockchain-Lösungen nicht nur national tragfähig, sondern auch in einem europäischen Binnenmarkt eingesetzt werden können.

Entlang der skizzierten Roadmap verursacht die Einführung und Umsetzung des eWpG unterschiedliche Kostenarten bei interessierten und betroffenen Organisationen, die stark von der gewählten technischen Lösung (zentrales Register gegenüber einem Blockchain-Register) abhängig sein können. Die nachfolgenden Tabellen sollen eine exemplarische Einschätzung für Kosten- und Ertragsfaktoren geben. **53**

Kostenkategorie	Beschreibung	Einschätzung für Unternehmen
Initiale IT-Investitionen	Aufbau einer Register- oder Blockchain-Anbindung, Wallet-Systeme, API-Integration zu Banken/Zahlungssystemen	Mittel bis hoch (ca. 20.000–100.000 EUR), oft abhängig von Standardlösungen am Markt
Lizenz- und Registergebühren	Gebühren für zentrale Register (Clearstream) oder für BaFin-lizenzierte Kryptoregisterführer	Moderat, variabel (ca. 5.000–25.000 EUR/Emission)
Beratungs- & Rechtskosten	Anpassung von Emissionsprospekten, Rechtsgutachten, steuerliche Beratung	Hoch bei Erstemission (ca. 10.000–50.000 EUR)
Compliance & Reporting	Laufende Dokumentationspflichten (MaRisk, ggf. BAIT, DORA), IT-Security-Tests	Mittel (jährlich ca. 5.000–20.000 EUR)
Personalschulung	Schulungen für IT, Compliance, Treasury	Niedrig bis mittel (einmalig und laufend 5.000–10.000 EUR)
Initiale IT-Investitionen	Aufbau einer Register- oder Blockchain-Anbindung, Wallet-Systeme, API-Integration zu Banken/Zahlungssystemen	Mittel bis hoch (20.000–100.000 EUR), oft abhängig von Standardlösungen am Markt

Tabelle 3: Mögliche Kostenfaktoren durch die Einführung und Umsetzung des eWpG

54 Demgegenüber stehen ökonomische Möglichkeiten durch das eWpG und dessen Umsetzung, die in der nachfolgenden Tabelle zusammengefasst werden.

Ertragsquelle/Nutzenkategorie	Beschreibung	Einschätzung für Unternehmen
Niedrigere Emissionskosten	Wegfall von physischen Urkunden und Notarkosten; digitale Emission günstiger als klassische Schuldverschreibungen	Einsparung ca. 20–40 % ggü. klassischen Emissionen
Direkter Kapitalmarktzugang	KMU können Wertpapiere ohne zwingende Bankintermediation ausgeben (Security Token Offerings, STOs)	Zugang zu Investoren ohne teure Bankemission
Internationale Investoren	Digitale Wertpapiere leichter grenzüberschreitend platzierbar (z. B. via Blockchain)	Erhöhtes Investorenpotenzial, v. a. in Nischenmärkten
Schnelleres Settlement	Verkürzung von T+2 auf T+0 möglich → geringeres Kontrahentenrisiko	Effizienzgewinne, schnellere Liquidität
Image- und Innovationsvorteil	Positionierung als „digitaler Vorreiter" → kann Investor Relations und Marktwert steigern	Strategischer Wettbewerbsvorteil
Niedrigere Emissionskosten	Wegfall von physischen Urkunden und Notarkosten; digitale Emission günstiger als klassische Schuldverschreibungen	Einsparung ca. 20–40 % ggü. klassischen Emissionen

Tabelle 4: Mögliche Ertragsfaktoren durch die Einführung und Umsetzung des eWpG

55 Im Ergebnis lassen sich die vorliegenden Informationen und Ausführungen zum eWpG sowie die möglichen Kosten- und Ertragsfaktoren mit Hilfe des strategischen Elements der SWOT-Analyse zusammenführen.

Kategorie/Feld	**Elemente**
Stärken (Strenghts)	– Rechtssicherer Rahmen für elektronische Wertpapiere, erstmals juristisch anerkannt. – Möglichkeit zur Entkörperlichung: Wegfall von Urkunden, physischer Verwahrung. – Signalwirkung für Innovationsfähigkeit Deutschlands als Finanzstandort. – Flexiblere Emission und Registerführung.
Schwächen (Weaknesses)	– Begrenzter Anwendungsbereich (bisher vorrangig Schuldverschreibungen, wenige Regelungen zu Aktien und Mitgliedschaftsrechten). – Komplexität & Kosten bei Ersteinrichtung von Registerlösungen und Compliance. – Technische Unsicherheit (z. B. Sicherheit von Blockchain-Implementierungen, Interoperabilität). – Abhängigkeit von Registerführern und Verwahrstellen, Vertrauen in deren Infrastruktur und Aufsicht.
Chancen (Opportunities)	– Kostenreduktion bei Emission und Verwaltung, schnelleres Settlement. – Zugriff auf neue/internationale Investoren durch digitale Wertpapiere. – Innovation durch Blockchain/DLT, neue Geschäftsmodelle (Security Token Offerings, tokenisierte Vermögenswerte). – Wettbewerbsvorteil gegenüber Ländern mit weniger fortschrittlicher Regulierung. – Erweiterung auf Aktien & Mitgliedschaftsrechte könnte große Effizienzgewinne bringen.

Tabelle 5: SWOT-Analyse zu Kosten- und Ertragsfaktoren auf Basis des eWpG

Aus der SWOT-Analyse wiederum lassen sich für die Operationalisierung und Steuerung mögliche strategische Implikationen und Controlling-Steuerungsgrößen ableiten. Die strategischen Implikationen im Rahmen der Umsetzung eWpG-konformer Blockchain-Lösungen lassen sich in mehreren zentralen Handlungsfeldern zusammenfassen. Ein erstes Handlungsfeld betrifft die Ausweitung des Anwendungsbereichs. Hierbei ist es notwendig, dass gesetzgeberische Erweiterungen nicht nur die bisherige Registerführung, sondern auch Aktien und Mitgliedschaftsrechte einbeziehen. Ziel ist es, Governance-Instrumente vollständig zu digitalisieren und die bestehenden Strukturen nachhaltig zu modernisieren. Gleichzeitig muss gewährleistet werden, dass zentrale Aktienregister und zentrale Registerfunktionen in Einklang mit den Vorgaben des Aktiengesetzes und des eWpG harmonisiert werden, um Rechts- und Systembrüche zu vermeiden. Ein zweites Hand- **56** lungsfeld liegt in der technologischen Standardisierung und IT-Sicherheit. Der Erfolg der Migration hängt wesentlich von der Entwicklung einheitlicher technischer Standards für zentrale wie dezentrale Registerlösungen ab. Schnittstellenlösungen, Chain-of-Trust-Mechanismen und API-Strukturen müssen so ausgestaltet sein, dass sie sowohl regulatorischen als auch praktischen Anforderungen gerecht werden. Parallel dazu sind Cybersecurity-Standards konsequent zu implementieren. Dies schließt Penetrationstests, kontinuierliche Überwachung sowie ein fortlaufendes Auditing ein, das sowohl durch die BaFin als nationale Aufsicht als auch gegebenenfalls durch die ESMA auf europäischer Ebene erfolgen kann. Das dritte Handlungsfeld betrifft die Kosten- und Prozessoptimierung. Wesentlich ist hierbei die Realisierung von Effizienzgewinnen, die sich aus dem Entfall physischer Verwahrstrukturen und der Einführung automatisierter Abläufe ergeben. Insbesondere der Einsatz von Smart Contracts kann dazu beitragen, Verwaltungsaufwände erheblich zu reduzieren. Darüber hinaus ist es erforderlich, Skaleneffekte gezielt zu nutzen, indem plattformbasierte Gesamtlösungen etabliert werden, die Einzelprojekte ersetzen und eine konsistente Systemlandschaft schaffen. Ein viertes Handlungsfeld lässt sich unter der regulatorischen Harmonisierung und Marktintegration fassen. Um Fragmentierungen zu vermeiden, ist eine enge Abstimmung mit europäischen Regelwerken wie der Markets in Crypto-Assets Regulation und der DLT-Pilotverordnung unverzichtbar. Nur auf dieser Grundlage kann eine einheitliche Marktstruktur entstehen, die sowohl national als auch international Anerkennung findet. Von besonderer Bedeutung ist dabei die internationale Akzeptanz elektronischer und kryptobasierter Wertpapiere, die ein wesentlicher Faktor für ihre Marktfähigkeit ist. Schließlich nehmen die Kontrolle und das Risikomanagement als Bestandteil des strategischen Controllings eine herausgehobene Rolle ein. Die Entwicklung von Frühwarnsystemen ist erforderlich, um rechtliche Neuerungen, technologische Risiken sowie die Marktakzeptanz kontinuierlich zu überwachen. Ergänzt wird dies durch Szenarioplanungen, die insbesondere auf den Umgang mit technologischen Störungen, regulatorischen Rückschritten oder potenziellem Marktversagen ausgerichtet sind. Diese Instrumente stellen sicher, dass mögliche Krisensituationen frühzeitig antizipiert und adäquat gesteuert werden können.

57 Die strategischen Handlungsfelder der SWOT-Analyse können zur besseren organisatorischen Steuerung als Balanced Scorecard zum eWpG in die unterschiedlichen Perspektiven (Finanzperspektive, Kunden- und Stakeholderperspektive, interne Prozessperspektive und die Lern- und Entwicklungsperspektive) eingebracht und anhand von Beispielen messbar quantifiziert werden. Nachfolgend werden die einzelnen Perspektiven dargestellt und mit möglichen Kennzahlen hinterlegt, die jedoch unternehmensindividuell zu evaluieren und zu steuern sind.

1. Finanzperspektive

Die Zielsetzungen der Finanzperspektive liegen in Effizienzgewinne durch digitale Wertpapiere, Senkung von Emissions- und Verwaltungskosten und der Erschließung neuer Ertragsquellen. 58

Strategisches Ziel	Kennzahl (KPI)	Zielwert	Maßnahmen
Senkung der Emissionskosten	Durchschnittskosten pro Emission (klassisch vs. eWpG)	-30 % ggü. Papieremission	Einführung elektronischer Emissionen, Nutzung von Standardplattformen
Erhöhung der Kapitalmarktzugänge	Anzahl durchgeführter Emissionen/Jahr	+20 %	Entwicklung digitaler Emissionsprogramme (Schuldverschreibungen, Pfandbriefe)
Verbesserung der Rentabilität	Kosten-Ertrags-Relation pro Emission	≤ 0,7	Prozessautomatisierung (Smart Contracts), geringere Intermediärskosten
Neue Ertragsquellen	Anteil digitaler Wertpapiere am Emissionsvolumen	> 25 % nach 3 Jahren	Erweiterung auf tokenisierte Produkte, Beteiligung am DLT-Pilot-Regime

Tabelle 6: Finanzperspektive einer Balanced Scorecard

2. Kunden- und Stakeholderperspektive

Die Zielsetzungen der Kunden- und Stakeholderperspektive umfassen den Aufbau von Vertrauen bei Investoren, Erfüllung regulatorischer Anforderungen und der internationalen Wettbewerbsfähigkeit. 59

Strategisches Ziel	Kennzahl (KPI)	Zielwert	Maßnahmen
Investorenzufriedenheit	Umfragewert (Skala 1–5)	> 4,0	Transparenz über Registerführung, Publizitätsberichte

Strategisches Ziel	Kennzahl (KPI)	Zielwert	Maßnahmen
Marktanteil im Segment digitale Wertpapiere	Anteil digitaler Emissionen am Marktvolumen	10 % in 5 Jahren	Kooperation mit FinTechs, Positionierung als „First Mover"
Regulatorische Compliance	Anzahl BaFin-Bemängelungen pro Jahr	0	Implementierung eines Compliance-Management-Systems, regelmäßige Audits
Internationaler Wettbewerbsvorteil	Vergleichsbenchmark: Emissionen in DE vs. andere Länder (z. B. LU/CH)	DE ≥ 80 % des Volumens von LU	Anpassung an EU-MiCA und DLT-Pilot-Regime, EU-weite Zulassung anstreben

Tabelle 7: Kunden- und Stakeholderperspektive einer Balanced Scorecard

3. Interne Prozessperspektive

60 Das Feld der internen Prozessperspektive beinhaltet als Zielsetzung den Aufbau effizienter, rechtssicherer und technologisch widerstandsfähiger Prozesse.

Strategisches Ziel	Kennzahl (KPI)	Zielwert	Maßnahmen
Effizienz im Settlement	Abwicklungszeit T+X	Reduktion auf T+0 bis T+1	Implementierung von Blockchain-basiertem Settlement
Sicherheit der Registerführung	Anzahl Sicherheitsvorfälle/Jahr	0 kritische Vorfälle	Penetration-Tests, Zertifizierung nach ISO 27001
Standardisierung der Prozesse	Anteil Prozesse mit BaFin-konformen Standards	100 %	Einführung standardisierter Smart-Contract-Templates
Transparenz im Register	Auditierbarkeit der Einträge	100 % nachvollziehbar	Einsatz revisionssicherer DLT-Systeme, RegTech-Integration

Tabelle 8: Interne Prozessperspektive einer Balanced Scorecard

4. Lern- und Entwicklungsperspektive

Der Bereich Lern- und Entwicklungsperspektiven deckt die Förderung von Wissen, Innovation(-sbereitschaft) und organisationaler Resilienz ab. **61**

Strategisches Ziel	Kennzahl (KPI)	Zielwert	Maßnahmen
Mitarbeiter-kompetenz im Bereich DLT/eWpG	Anteil geschulter Mitarbeiter (%)	> 80 %	Schulungen, Zertifikate (BaFin, DVFA, EFFAS)
Innovations-fähigkeit	Anzahl neuer eWpG-konformer Produkte/Jahr	≥ 2	Einrichtung eines Innovations- und Legal-Tech-Labs
Kooperationen & Netzwerke	Anzahl aktiver Partnerschaften (FinTech, Banken, RegTech)	≥ 5	Teilnahme an Konsortien, EU-Pilotprojekten
Risiko-management-Kompetenz	Reifegrad-Bewertung (1–5)	≥ 4	Integration ins Enterprise Risk Management, KI-gestützte Monitoring-Systeme

Tabelle 9: Lern- und Entwicklungsperspektive einer Balanced Scorecard

Die weiteren operationalen Ausprägungen im Rahmen der Umsetzung des eWpG und der technischen Möglichkeiten bedingt eine unternehmensindividuelle Analyse und Bewertung, die vorgenannten Ausführungen können als objektive Orientierung jedoch Berücksichtigung finden. **62**

III. Bewertung des regulatorischen Wandels

1. Chancen versus Risiken im digitalen Kapitalmarkt

Die Einführung des Gesetzes über elektronische Wertpapiere markiert einen bedeutenden Wendepunkt in der deutschen Wertpapierdogmatik. Erstmals eröffnet sich aus rechtlicher Sicht die Möglichkeit, Wertpapiere ohne physische Urkunde zu emittieren und dennoch Rechts- und Verkehrssicherheit zu gewährleisten. Dies stellt einen dogmatischen Paradigmenwechsel dar, da das bislang jahrzehntelang geltende Prinzip der Urkunde **63** als Verkörperung von Rechten nunmehr durch ein Registerdogma ersetzt wird.[44]

64 Mit dieser Zäsur wurde ein neues Kapitel im deutschen Kapitalmarktrecht aufgeschlagen, das nicht nur technische Innovationen und perspektivische Weiterentwicklungen ermöglicht, sondern auch die Grundlage für eine tiefgreifende Transformation des Gesellschafts- und Finanzrechts bildet. Die mit dem eWpG verbundenen Chancen sind vielfältig. Zunächst führt die Entkörperlichung von Wertpapieren zu einer deutlichen Effizienzsteigerung, da Emissions- und Verwaltungskosten erheblich reduziert werden. Durch den Wegfall der physischen Urkunde sinken zudem die Eintrittsbarrieren für kleinere Emittenten, da die bisherigen Kosten für Druck, Verwahrung und physische Verwaltung entfallen.[45]

65 Darüber hinaus eröffnet das Gesetz neue Möglichkeiten im Hinblick auf die internationale Wettbewerbsfähigkeit. Deutschland positioniert sich als Vorreiter in der Europäischen Union, auch wenn der Ansatz konservativer ausgestaltet ist als in Luxemburg oder der Schweiz. Gleichwohl wird der Finanzplatz Deutschland durch die Einführung elektronischer Register moderner und für internationale Investoren attraktiver.

66 Ein weiterer zentraler Vorteil liegt in der Rechtssicherheit. Die ausdrückliche Anerkennung elektronischer Register beendet die bislang bestehende Rechtsunsicherheit über die Zulässigkeit von Security Tokens. Damit wird nicht nur die Investorenakzeptanz gestärkt, sondern auch der Handlungsspielraum für Unternehmen erweitert, die innovative Finanzierungsformen erschließen möchten. Trotz dieser Chancen bestehen erhebliche Risiken. Eine erste Problematik betrifft die technologische Abhängigkeit. Die Sicherheit des Systems hängt maßgeblich von den eingesetzten Blockchain- oder Registertechnologien ab. Fehler in der Programmierung oder erfolgreiche Angriffe auf die Systeme könnten zu massiven Rechtsunsicherheiten führen und das Vertrauen in den Markt nachhaltig beschädigen.[46] Hinzu kommt der begrenzte Anwendungsbereich des Gesetzes. Damit bleibt sein ökonomischer Impact bislang beschränkt, da zentrale Kapitalmarktinstrumente wie alle Aktiengattungen oder Fondsanteile noch nicht erfasst werden. Die Reichweite des Gesetzes ist somit vorerst limitiert, und sein Potenzial kann nur durch eine zukünftige Erweiterung voll ausgeschöpft werden. Ein drittes Risiko betrifft die Rechtsdurchsetzung. In Ermangelung aktueller Rechtsprechung und aktueller Fälle bleibt unklar, inwiefern klassische Rechtsinstitute wie Nichtigkeit, Anfechtung oder Schadensersatz auf dezentrale Registereinträge angewendet werden können. Zwar eröffnet das Gesetz ers-

---

44 *Kumpan*, in: Baumbach/Hopt, HGB, § 1 DepotG.
45 *Omlor*, RDi 2021, 361 ff.
46 *Werbach*, The Blockchain and the New Architecture of Trust, S. 63.

te Lösungsansätze, doch bestehen weiterhin erhebliche Zweifel daran, wie solche Rechtsfragen in der Praxis durchgesetzt werden sollen.[47] Hier zeigt sich, dass die dogmatische Anpassung noch nicht vollständig mit der technologischen Realität in Einklang gebracht ist und konkrete Erfahrungswerte fehlen.

2. Effektivität und Grenzen des eWpG

In der Praxis hat sich gezeigt, dass das eWpG zwar funktional ist und die Emission elektronischer Schuldverschreibungen ermöglicht, wie die erste Emission der DekaBank im Jahr 2021 eindrucksvoll verdeutlichte. Gleichwohl markiert dies noch nicht den eigentlichen Durchbruch für den digitalen Kapitalmarkt in Deutschland. Vielmehr handelt es sich bislang um das diskutierte und erwartete Experimentiergesetz, das einen vorsichtigen Einstieg in die Digitalisierung erlaubt, ohne jedoch die entscheidende Frage der Übertragbarkeit auf Aktien und andere gesellschaftsrechtlich relevante Instrumente abschließend zu lösen, gleichzeitig jedoch erhebliche (aufsichts-) rechtliche Weiterentwicklungsmöglichkeiten offenlässt. Diese Einschränkung hat erhebliche Folgen für die strategische Ausrichtung betroffener und interessierter Unternehmen. Banken und Finanzinstitute, die in digitale Wertpapieremissionen investieren, sehen sich einer strategischen Unsicherheit gegenüber: Einerseits eröffnet das eWpG neue Geschäftsfelder, etwa durch die Emission innovativer Finanzprodukte oder die Erschließung digitaler Handelsplattformen. Andererseits bleibt der regulatorische Rahmen eng gefasst, sodass die Skalierungspotenziale begrenzt sind. Unternehmen müssen daher sorgfältig abwägen, in welchem Umfang Investitionen in digitale Infrastrukturen – etwa Blockchain-basierte Registersysteme – wirtschaftlich tragfähig sind, solange zentrale Anlageklassen wie Aktien oder Fondsanteile nicht erfasst werden. Ein zentrales Argument für die interessierten Unternehmen bildet dabei die mögliche Eliminierung von Zentralverwahrern, was sich direkt auf die Abwicklungs-, Zeit- und Kostenstruktur auswirkt. Ein weiteres strategisches Spannungsfeld ergibt sich im Bereich des Settlements von Wertpapieren. Während das klassische Kapitalmarktsystem auf zentralisierten Infrastrukturen basiert, etwa über die Clearstream Banking AG als Zentralverwahrer, eröffnen elektronische und Blockchain-basierte Wertpapiere die Möglichkeit einer direkten, nahezu echtzeitfähigen Abwicklung. Dies könnte Transaktionskosten erheblich reduzieren und die Effizienz im Wertpapierhandel steigern. Zugleich birgt diese Transformation jedoch tiefgreifende Herausforderungen: Die Integration neuer Settlement-Technologien in bestehende Systeme ist komplex, regulatorische Anforderungen an Geldwäscheprävention und Anlegerschutz bleiben bestehen, und die rechtli- 67

---

47 *Omlor*, RDi 2021, 361 ff.

che Anerkennung von Blockchain-basierten Registereinträgen im internationalen Kontext ist bislang nicht abschließend geklärt. Damit zeigt sich, dass die Effektivität des eWpG durch seine aktuelle Beschränkung stark limitiert ist. Solange Aktien und andere gesellschaftsrechtlich relevante Mitgliedschaftsrechte nicht in den Anwendungsbereich einbezogen werden, bleibt die vollständige Transformation des Kapitalmarktes in Deutschland aus und erwartete Effekte (z. B. schnellere Abwicklung) können sich nicht voll entfalten. Unternehmen, die strategisch auf Digitalisierung setzen, stehen daher vor der Herausforderung, einerseits Pionierarbeit in einem noch unvollständig regulierten Feld zu leisten, andererseits aber auch die Pfadabhängigkeiten traditioneller Systeme wie zentrale Verwahrstellen und etablierte Settlement-Prozesse berücksichtigen zu müssen. Insgesamt kann das eWpG daher als wichtiger Zwischenschritt verstanden werden: Es signalisiert regulatorische Innovationsbereitschaft, fungiert aber zugleich als Testfeld für praktische Umsetzung, strategische Unternehmensentscheidungen und die Transformation der Wertpapierabwicklung. Erst eine Ausweitung auf Aktien und die Schaffung eines harmonisierten europäischen Rahmens wird jedoch den Weg für eine echte digitale Kapitalmarktinfrastruktur ebnen, die Effizienzgewinne, internationale Wettbewerbsfähigkeit und Rechtssicherheit gleichermaßen gewährleistet.

IV. Reformperspektiven und zukünftige Herausforderungen

68 Das Gesellschaftsrecht ist eng mit dem Wertpapierrecht verknüpft, da insbesondere Aktien sowohl Wertpapiere als auch Mitgliedschaftsrechte darstellen. Eine umfassende Digitalisierung des Kapitalmarkts kann daher nicht allein auf Ebene des Wertpapierrechts erfolgen, sondern erfordert zwingend die Einbeziehung gesellschaftsrechtlicher Strukturen. Solange das Gesellschaftsrecht nicht in die Digitalisierung integriert wird, bleibt die Transformation des Kapitalmarkts unvollständig. Der Reformbedarf zeigt sich insbesondere in den Bereichen Aktienrecht, Publizität(-spflichten), Corporate Governance und Gläubigerschutz. Die Einbeziehung elektronischer Aktien in das eWpG ist eine notwendige Voraussetzung für die vollständige Digitalisierung des Kapitalmarkts. Nur so kann das Aktienregister gemäß AktG vollständig digital geführt werden. Eine solche Reform würde nicht nur die Effizienz der Registerführung erhöhen, sondern auch den Weg für weitergehende digitale Lösungen im Bereich der Stimmrechtsausübung und Kapitalmaßnahmen ebnen. Ohne diese Einbeziehung bleibt das eWpG beschränkt und entfaltet nicht die notwendige Breitenwirkung für den Kapitalmarkt. Elektronische Register müssen denselben Publizitätsfunktionen gerecht werden wie klassische Handels- und Aktienregister. Dies erfordert die Schaffung von verbindlichen Standards für Transparenz, Zugänglichkeit und Integrität. Der Nutzen digitaler Register liegt gerade in ihrer Verfügbarkeit und Nachvollziehbarkeit, zugleich darf aber nicht übersehen werden, dass die Komplexität technischer Systeme wie Blockchain für viele Akteure ein erhebliches Verständnishindernis darstellt. Der Gesetzgeber muss sicherstellen, dass die Publizitätsanforderungen nicht nur formal, sondern auch inhaltlich und praktisch erfüllt und Verbraucher hinreichend informiert werden. Die Digitalisierung eröffnet erhebliche Chancen für eine effizientere Ausübung von Aktionärsrechten. Digitale Hauptversammlungen, elektronische Abstimmungen und die Nutzung von Blockchain für Stimmrechtsabgaben könnten die Corporate Governance erheblich modernisieren und beschleunigen. Gleichzeitig werfen solche Modelle neue Fragen auf, etwa in Bezug auf die Zugangsgleichheit von Aktionären, den Schutz vor Manipulationen sowie die Sicherstellung einer gleichmäßigen Informationsverteilung.[48] Damit wird deutlich, dass eine bloße technische Abbildung nicht genügt, sondern umfangreiche flankierende technisch-organisatorische Regelungen erforderlich sind, um Missbrauch zu verhindern und die Legitimität der Unternehmensentscheidungen zu sichern. Schließlich bedarf es klarer Regelungen und Kommunikationsmaßnahmen, wie die Kapitalerhaltungsvorschriften bei elektronischen Kapitalmaßnahmen gewährleistet werden können. Dies betrifft insbesondere die Frage, ob und wie die Gläubigerinteressen in einem System geschützt werden, in dem Urkunden nicht mehr existieren und Rechtspositionen ausschließlich digital über Register abgebildet sind. Die dogmatische Integration dieser Schutzmechanismen ist entscheidend, um das Vertrauen in digitale Wertpapiere langfristig zu sichern.

V. Handlungsempfehlungen für Gesetzgeber und Unternehmen

69 Die bisherigen Analysen haben gezeigt, welche Relevanz das eWpG für alle Akteure und die Märkte haben kann, jedoch bislang durch seine enge Reichweite und fehlende Integration gesellschaftsrechtlicher Instrumente limitiert ist. Aus diesen Befunden lassen sich differenzierte Handlungsempfehlungen für Gesetzgeber wie auch für Unternehmen ableiten.

70 Für den Gesetzgeber ergeben sich zunächst klare Handlungserfordernisse, um die Wettbewerbsfähigkeit Deutschlands im internationalen Kontext sicherzustellen. Die gesetzgeberische Erweiterung auf Aktien ist zwingend notwendig, um Wettbewerbsnachteile gegenüber Ländern wie der Schweiz oder Luxemburg zu vermeiden. Solange das eWpG ausschließlich Schuldverschreibungen erfasst, bleibt sein ökonomischer Einfluss begrenzt. Eine rechtliche Integration von Aktien in elektronische Register würde es ermöglichen, das Aktienregister AktG vollständig digital zu führen und zugleich die Grundlagen für digitale Hauptversammlungen und Stimmrechtsausübungen zu schaffen. Damit würde Deutschland nicht nur regulatorisch aufholen,

48 *Yermack*, Review of Finance, 21(1), 2017, 18.

sondern auch rechtliche Planungssicherheit für Unternehmen und Investoren schaffen. Eine enge Abstimmung mit den europäischen Regulierungsinitiativen, insbesondere der Markets in Crypto-Assets Regulation sowie der DLT-Pilot-Verordnung (VO (EU) 2022/858), ist unerlässlich. Ohne eine koordinierte Harmonisierung drohen Fragmentierungen innerhalb des Binnenmarktes, die den grenzüberschreitenden Handel mit digitalen Wertpapieren erschweren würden. Ein abgestimmter Rechtsrahmen würde hingegen Skaleneffekte schaffen, regulatorische Arbitrage vermeiden und die internationale Wettbewerbsfähigkeit des europäischen Kapitalmarktes insgesamt stärken. Zudem bedarf es einer gesetzlichen Standardisierung für elektronische Register. Einheitliche Vorgaben für Transparenz, Zugänglichkeit, Interoperabilität und Integrität müssen festgeschrieben werden, um Rechts- und Anlegerschutz sicherzustellen.[49] Nur durch klare Standards können Investoren Vertrauen in die Funktionsweise digitaler Register entwickeln, während zugleich die technische Kompatibilität zwischen unterschiedlichen Systemen und der Verbraucherschutz gewährleistet wird. Diese Standardisierung muss technologieoffen, aber zugleich rechtssicher erfolgen, um Innovation nicht zu hemmen, sondern zu fördern.

71 Neben den legislativen Maßnahmen ist es erforderlich, dass auch Unternehmen strategische Anpassungen vornehmen, um die Potenziale des eWpG auszuschöpfen und zugleich den neuen Risiken wirksam zu begegnen. Unternehmen sollten nur auf sichere und geprüfte Blockchain- oder Registerlösungen setzen. Die Auswahl einer geeigneten Infrastruktur ist für die Funktionsfähigkeit und Rechtssicherheit elektronischer Wertpapiere entscheidend, stellt jedoch in der Praxis technisch-organisatorische Herausforderungen dar. Dabei muss Cybersecurity ein integraler Bestandteil des Emissionsprozesses sein.[50] Investitionen in resiliente IT-Architekturen, kontinuierliche Sicherheitsupdates, Drittdienstleistermanagement sowie die Einhaltung regulatorischer Anforderungen an Datenschutz und Datensicherheit sind zentrale Voraussetzungen, um das Vertrauen von Investoren zu gewinnen und die Marktakzeptanz zu erhöhen. Die Digitalisierung von Mitgliedschaftsrechten – insbesondere im Hinblick auf Aktien – erfordert eine umfassende Anpassung bestehender Corporate-Governance-Strukturen. Digitale Hauptversammlungen, elektronische Stimmrechtsausübungen und die Automatisierung durch Smart Contracts können zwar Effizienzgewinne bringen, werfen jedoch neue Fragen in Bezug auf Transparenz, Gleichbehandlung und Missbrauchsrisiken auf. Unternehmen müssen daher neue Governance-Regeln entwickeln, die sicherstellen, dass digitale Prozesse denselben Standards genügen wie analoge Verfahren. Nur so kann

---

49 Europäische Kommission, Proposal for a Regulation on Markets in Crypto-assets (MiCA), COM(2020) 593 final.

50 *Buhl/Müller/Fridgen/Röglinger*, JAIS, Volume 13 (2012), 237 f.

die Legitimität unternehmerischer Entscheidungen gewährleistet werden. Schließlich sollten Unternehmen die Digitalisierung gezielt nutzen, um die Beziehung zu Investoren zu verbessern (i. S. e. ausgeprägten und sich kontinuierlich weiterentwickelnden Kommunikationsstrategie mit zugehörigen operativen Maßnahmen). Digitale Emissionen ermöglichen es, Eintrittsbarrieren zu senken und neue Investorenkreise zu erschließen, etwa durch niedrigere Mindestzeichnungsvolumina oder die Teilnahme an Hauptversammlungen per digitalem Zugang. Dies eröffnet Chancen, den Kapitalmarkt insgesamt breiter aufzustellen und die Teilhabe von Investoren – auch international – zu fördern. Gleichzeitig stellt die Digitalisierung höhere Anforderungen an die Transparenz und Kommunikation mit Investoren, da Informationen in Echtzeit bereitgestellt und kontinuierlich aktualisiert werden müssen. Die Handlungsempfehlungen verdeutlichen, dass ein koordiniertes Vorgehen von Gesetzgeber und Unternehmen erforderlich ist, um die Digitalisierung des Kapitalmarktes erfolgreich voranzutreiben und weiterzuentwickeln. Während der Gesetzgeber durch Erweiterung, Harmonisierung und Standardisierung die rechtlichen Grundlagen schaffen muss, obliegt es den Unternehmen, durch technologische Resilienz, Governance-Anpassungen und moderne Investor-Relations-Strategien die praktischen Voraussetzungen zu erfüllen. Nur wenn alle Ebenen ineinandergreifen, kann das eWpG von einem Experimentiergesetz zu einem echten Transformationsmotor für den deutschen und europäischen Kapitalmarkt werden.

Die kritische Analyse hat verdeutlicht, dass das Gesetz über elektronische **72** Wertpapiere zwar einen wichtigen Schritt zur Digitalisierung des deutschen Kapitalmarkts darstellt, gleichzeitig jedoch unvollständig bleibt. Es eröffnet Chancen für Effizienzsteigerungen, fördert die internationale Wettbewerbsfähigkeit des Finanzplatzes Deutschland und schafft ein rechtliches Fundament für Innovation. Dennoch bestehen erhebliche Risiken und offene Fragen, die sowohl die technologische Basis als auch die rechtliche und ökonomische Tragfähigkeit betreffen. Insbesondere die technologischen Abhängigkeiten von spezifischen Blockchain- oder Registerlösungen, die rechtlichen Lücken im Hinblick auf Publizität, Gläubigerschutz und Rechtsdurchsetzung sowie die fehlende Einbeziehung gesellschaftsrechtlicher Instrumente, insbesondere von Aktien, begrenzen die Reichweite des eWpG erheblich. Es kann daher nicht als abschließender Durchbruch, sondern als grundlegendes Einstiegsgesetz in einen digitalen Kapitalmarkt verstanden werden, das vorsichtige Innovationen zulässt, jedoch zentrale Fragen noch nicht beantwortet. Die interdisziplinäre Diskussion verdeutlicht dies in mehreren Dimensionen. Rechtsdogmatisch ist das eWpG sehr gut konstruiert und stellt eine logische Fortentwicklung der deutschen Wertpapierdogmatik dar. Die Abkehr von der traditionellen Urkunde hin zur Registereintragung als Verkörperung von Rechten ist konsequent und systematisch überzeugend. Gleichwohl ist der Anwendungsbereich bislang zu eng gefasst, da er relevante Finanzinstrumente in Art und Gattung weiterhin außen vorlässt. Solange diese Lücke nicht geschlossen wird, bleibt das eWpG ein fragmentarischer Ansatz. Ökonomisch eröffnet das Gesetz die Möglichkeit, Transaktionskosten deutlich zu senken und monopolähnliche Strukturen der Zentralverwahrer aufzubrechen. Durch die Entkörperlichung entfällt die Notwendigkeit physischer Urkunden, Druck- und Verwahrkosten können reduziert werden, und die Emission sowie der Sekundärhandel werden effizienter. Gleichzeitig jedoch bleiben die regulatorischen Anforderungen hoch. Das Prospektverfahren sowie aufsichtsrechtliche Vorgaben schaffen weiterhin Markteintrittsbarrieren, insbesondere für kleine und mittlere Emittenten. Die Kostenstruktur wird damit nicht für alle Marktteilnehmer gleichermaßen erleichtert, sondern schafft weiterhin Ungleichgewichte. Technologisch ist die Nutzung von Blockchain und verwandten Technologien vielversprechend, jedoch nicht risikolos. Zwar bieten dezentrale oder permissioned Systeme eine erhebliche Innovationskraft, doch bestehen zugleich Gefahren durch Cyberangriffe, Softwarefehler und mangelnde Interoperabilität zwischen verschiedenen Plattformen. Hinzu kommt die Abhängigkeit von wenigen technologischen Dienstleistern, die zu einer neuen Form von Konzentrationsrisiken führen kann. Hier bedarf es langfristig standardisierter, sicherer und regulatorisch geprüfter Systeme. Bezogen auf das Gesellschaftsrecht besteht zusätzlich Nachholbedarf. Die Digitalisierung des Kapitalmarkts ist ohne die Einbeziehung von Aktien und weiteren Mitgliedschaftsrechten nicht vollständig möglich. Gerade im Bereich der Corporate Governance eröffnet die Digitalisierung zwar Chancen für effizientere Aktionärsbeteiligung – etwa durch digitale Hauptversammlungen oder elektronische Abstimmungsverfahren –, gleichzeitig bestehen jedoch offene Fragen hinsichtlich Gleichbehandlung, Transparenz, Verbraucher- und Missbrauchsschutz. Ohne die Anpassung des Gesellschaftsrechts droht eine asymmetrische Entwicklung, bei der einzelne Kapitalmarktinstrumente digitalisiert werden, während zentrale Bestandteile der Unternehmensverfassung analog bleiben. Die Gesamtbewertung führt damit zu einem klaren Schluss: Das eWpG ist als wichtiger erster Schritt zu würdigen, es bleibt jedoch in seiner Reichweite unvollständig und kann sein Potenzial nur entfalten, wenn es konsequent weiterentwickelt wird. Eine solche Weiterentwicklung muss sowohl auf nationaler Ebene erfolgen – durch die Erweiterung des Anwendungsbereichs auf Aktien, die Schaffung klarer Standards für Publizität und Gläubigerschutz sowie die Stärkung der Rechtsdurchsetzung – als auch auf europäischer Ebene, durch eine enge Harmonisierung mit MiCA und dem DLT-Pilot-Regime. Nur so lässt sich verhindern, dass Deutschland im internationalen Wettbewerb zurückfällt, innovative Finanzprodukte künftig vornehmlich in anderen Jurisdiktionen emittiert werden und sich relevante wirtschaftliche Investitionszahlungsströme in das (europäische) Ausland bzw. abweichende Finanz- und Wirtschaftsmärkte verschieben. Letztlich kann der digitale Kapitalmarkt sein volles Potenzial nur dann entfalten, wenn die rechtlichen, ökonomischen, technologischen und gesellschaftsrechtlichen Dimensionen integriert betrachtet und kohärent reguliert werden. Das eWpG ist hierfür ein Fundament, aber kein Endpunkt. Es bedarf einer konsequenten Weiterentwicklung, um die Transformation des Kapitalmarktes nachhaltig zu gestalten und die Chancen der Digitalisierung vollständig auszuschöpfen.

F. Schlussbetrachtung

I. Zusammenfassung der zentralen Erkenntnisse

Die vorliegende Analyse hat gezeigt, dass das Gesetz über elektronische 73 Wertpapiere einen fundamentalen Paradigmenwechsel im deutschen Wertpapierrecht eingeleitet hat. Zum ersten Mal in der Geschichte des deutschen Kapitalmarktrechts wird die Verkörperung von Rechten durch eine Urkunde nicht mehr zwingend vorausgesetzt. Stattdessen tritt die sogenannte Registerfiktion an ihre Stelle. Rechte werden nunmehr nicht durch ein physisches Dokument, sondern durch die Eintragung in ein elektronisches Register legitimiert. Damit bewegt sich der deutsche Gesetzgeber weg vom jahrzehntelang geltenden Urkundendogma hin zu einer modernen, digitalisierten Kapitalmarktordnung.

Diese Entwicklung markiert eine rechtliche wie ökonomische Zäsur, deren 74 Tragweite weit über das eWpG hinausgeht und die den Grundstein für einen umfassenden digitalen Kapitalmarkt legt. Die Analyse der verschiedenen Perspektiven hat gezeigt, dass die Einführung des eWpG zwar ein notwendiger, aber unvollständiger Schritt ist. In den einzelnen Dimensionen lassen sich folgende zentrale Erkenntnisse herausarbeiten. Das eWpG durchbricht das traditionelle Urkundenerfordernis und schafft mit dem elektronischen Register eine neue Legitimationsgrundlage für Wertpapiere. Damit ist der Nachweis von Rechten nicht länger an eine physische Verkörperung gebunden, sondern wird durch die Registereintragung gesichert. Diese Konstruktion ist rechtlich tragfähig und dogmatisch konsistent, erzeugt jedoch zugleich Spannungen in der klassischen Wertpapierdogmatik. Insbesondere die Frage, wie Anfechtungs-, Nichtigkeits- und Schadensersatzrechte im Kontext dezentraler Registereinträge effektiv durchgesetzt werden können, bleibt offen. Hier zeigt sich ein erheblicher weiterer Forschungs- und Reformbedarf. Aus ökonomischer Perspektive eröffnet das eWpG erhebliche Effizienzpotenziale. Transaktionskosten können gesenkt, Settlement-Prozesse beschleunigt und neue Investorenkreise erschlossen werden. Die Möglichkeit, Wertpapiere vollständig digital zu begeben und zu handeln, senkt Eintrittsbarrieren und eröffnet insbesondere kleineren Marktteilnehmern neue Chancen. Gleichwohl bleiben regulatorische Anforderungen, etwa durch das Prospektrecht und die BaFin-Aufsicht, eine Hürde, die insbesondere kleinere Emittenten belastet. Der Nutzen des eWpG ist daher bislang stärker für große, etablierte Marktakteure spürbar, während kleinere Emittenten durch die Komplexität und Kosten der Regulierung weiterhin eingeschränkt sind. Technologisch zeigt sich, dass Blockchain- und Distributed-Ledger-Technologien ein erhebliches Potenzial für den Kapitalmarkt besitzen. Sie ermöglichen Transparenz, Fälschungssicherheit und Automatisierung in einem bislang nicht gekannten Ausmaß. Smart Contracts können Prozesse wie Stimmrechtsausübungen oder Kapitalmaßnahmen effizienter gestalten. Gleichzeitig bestehen jedoch erhebliche Risiken hinsichtlich Skalierbarkeit, Interoperabilität und Cybersecurity. Die Abhängigkeit von spezifischen Technologien oder Anbietern kann neue Konzentrationsrisiken erzeugen. Zudem ist bislang ungeklärt, wie verschiedene Blockchain-Systeme miteinander verknüpft werden können, um internationale Kompatibilität zu gewährleisten. Diese offenen Fragen zeigen, dass die technologische Basis des eWpG noch nicht abschließend ausgereift ist. Gesellschaftsrechtlich bleibt das eWpG deutlich hinter seinem Potenzial zurück. Ohne die Einbeziehung von Aktien und weiteren Mitgliedschaftsrechten ist die Digitalisierung des Kapitalmarkts unvollständig. Aktien verkörpern nicht nur wirtschaftliche Beteiligungsrechte, sondern auch zentrale Mitgliedschaftsrechte, die für die Corporate Governance von Unternehmen essenziell sind. Die Modernisierung des Kapitalmarkts erfordert daher zwingend die Einbeziehung gesellschaftsrechtlicher Dimensionen, insbesondere im Bereich der Publizität, der Aktionärsbeteiligung und der Gläubigersicherung. Ohne diese Integration bleibt die Digitalisierung asymmetrisch und entfaltet nicht ihr volles Potenzial. Die Analyse des eWpG führt zu dem Ergebnis, dass es sich zweifellos um einen notwendigen Schritt in Richtung eines digitalen Kapitalmarktes handelt. Zum ersten Mal wurde eine rechtliche Grundlage für die Emission und Verwaltung elektronischer Schuldverschreibungen geschaffen, die nicht nur technische Modernisierungen ermöglicht, sondern auch ein klares Signal regulatorischer Innovationsbereitschaft aussendet. Deutschland hat damit gezeigt, dass es gewillt ist, sich aktiv an die Dynamik internationaler Entwicklungen im Bereich digitaler Finanzmärkte anzupassen.

75 Gleichzeitig jedoch bleibt das eWpG ein nicht hinreichender Schritt. Die Reichweite des Gesetzes ist in seiner derzeitigen Ausgestaltung begrenzt. Es adressiert lediglich Schuldverschreibungen und vernachlässigt zentrale Kapitalmarktinstrumente wie Aktien und Mitgliedschaftsrechte. Dies führt dazu, dass die Digitalisierung des Kapitalmarkts fragmentarisch bleibt und wesentliche strukturelle Defizite fortbestehen. Zudem bestehen nach wie vor erhebliche Lücken in der Dogmatik und Rechtsdurchsetzung, in der ökonomischen Effizienz sowie in der technologischen Robustheit der verwendeten Systeme. Diese Defizite lassen sich in die nachfolgenden zentralen Handlungsfelder verorten. Ohne die Integration von Aktien und gesellschaftsrechtlichen Mitgliedschaftsrechten bleibt die Transformation des Kapitalmarkts unvollständig. Gerade die Aktiengesellschaft ist die tragende Säule des Kapitalmarktes und stellt den zentralen Bezugspunkt für Corporate Governance, Publizität und Investor Relations dar. Solange Aktien außerhalb des Anwendungsbereichs des eWpG bleiben, entsteht eine Asymmetrie, bei der Anleihemärkte digitalisiert werden, während die zentralen Märkte für Eigenkapital weitgehend unberührt bleiben. Eine Einbeziehung von Aktien ist daher zwingend erforderlich, um die Kapitalmarktordnung kohärent und zukunftsfähig weiterzuentwickeln. Die Schaffung eines einheitlichen europäischen Rahmens ist unabdingbar, um Fragmentierungen innerhalb des Binnenmarktes zu vermeiden. Initiativen wie die Markets in Crypto-Assets Regulation oder das DLT-Pilot-Regime verdeutlichen, dass die Digitalisierung von Wertpapieren nur dann ihr volles Potenzial entfalten kann, wenn nationale Alleingänge verhindert werden.

Ohne eine europäische Harmonisierung besteht die Gefahr regulatorischer Arbitrage, bei der Emittenten bewusst Länder mit besonders flexiblen oder investorenfreundlichen Regelungen auswählen, während Deutschland im Wettbewerb zurückzufallen droht. Die langfristige Tragfähigkeit digitaler Wertpapiere hängt entscheidend von der Standardisierung technischer Systeme ab. Einheitliche Vorgaben für Interoperabilität, Transparenz, Fälschungssicherheit und Cybersecurity sind erforderlich, um Vertrauen bei Investoren aufzubauen und die Funktionsfähigkeit grenzüberschreitender Kapitalmärkte sicherzustellen. Ohne solche Standards droht ein Flickenteppich aus inkompatiblen Insellösungen, der die Effizienzgewinne konterkariert, die eigentlich durch Digitalisierung erzielt werden sollen. Die Digitalisierung darf nicht dazu führen, dass der Schutz der Investoren geschwächt wird. Vielmehr müssen die bestehenden Schutzmechanismen – etwa im Hinblick auf Informationspflichten, Kapitalerhaltung und Rechtsdurchsetzung – auf den digitalen Raum übertragen und ggf. sogar verstärkt werden. Nur wenn Anleger sicher sein können, dass ihre Rechte auch im Kontext digitaler Register effektiv geschützt sind, wird das Vertrauen in digitale Wertpapiere nachhaltig gesichert. **76**

II. Reflexion der Forschungsfragen und kritische Bewertung

Die eingangs formulierten Forschungsfragen lassen sich auf Grundlage der durchgeführten Analyse wie folgt beantworten: **77**

1. Inwiefern bricht das eWpG mit den traditionellen Vorstellungen des Wertpapierbegriffs?

78 Das eWpG ersetzt die klassische Urkunde durch die Registereintragung und begründet damit ein völlig neues Legitimationsmodell. Während das deutsche Wertpapierrecht jahrzehntelang auf dem „Urkundendogma" beruhte, wird mit dem elektronischen Register ein Paradigmenwechsel vollzogen, der rechtlich wie dogmatisch tiefgreifende Folgen hat. Dieser Bruch ist vergleichbar mit der Einführung der Girosammelverwahrung, geht jedoch technologisch deutlich weiter, da nunmehr eine rein digitale Abbildung der Rechte möglich wird.[51] Die Konsequenzen reichen von Fragen der Beweisführung bis hin zur Durchsetzbarkeit von Rechtspositionen in einem Umfeld, in dem keine physische Verkörperung mehr existiert.

2. Welche Auswirkungen ergeben sich für das Gesellschaftsrecht?

79 Die Auswirkungen sind bislang begrenzt, da sich das eWpG ausschließlich auf Schuldverschreibungen konzentriert. Damit bleibt der gesellschaftsrechtlich zentrale Bereich der Aktien außen vor. Langfristig ist die Einbeziehung von Aktien und Aktionärsrechten jedoch unverzichtbar, um die Corporate Governance an die digitale Realität anzupassen. Ohne diese Erweiterung droht eine Asymmetrie: Während Fremdkapitalinstrumente digitalisiert werden, verharren Eigenkapitalinstrumente in analogen Strukturen. Diese Diskrepanz schwächt die Modernisierung der Corporate Governance und verhindert, dass digitale Lösungen wie elektronische Hauptversammlungen oder Blockchain-basierte Stimmrechtsausübungen vollumfänglich genutzt werden können.[52]

3. Welche ökonomischen Chancen und Risiken bestehen?

80 Die Chancen liegen insbesondere in Kostensenkungen und einer gesteigerten internationalen Wettbewerbsfähigkeit. Durch die Entkörperlichung entfallen Emissions- und Verwahrungskosten, Settlement-Prozesse können beschleunigt und neue Investorenkreise erschlossen werden. Allerdings bestehen auch erhebliche Risiken: Die regulatorischen Anforderungen – etwa durch das Wertpapierprospektgesetz oder die BaFin-Aufsicht – bleiben hoch und stellen insbesondere für kleine Emittenten weiterhin Markteintrittsbarrieren dar. Hinzu treten technologische Unsicherheiten, die zu Vertrauensdefiziten bei Investoren führen können.[53] Somit bleibt die ökonomische Wir-

---

51 *Kumpan*, in: Baumbach/Hopt, HGB, § 1 DepotG.

52 *Omlor*, RDi 2021, 361 ff.

53 OECD, The Tokenisation of Assets and Potential Implications for Financial Markets, 2020.

kung des eWpG ambivalent: Es bietet Potenzial für Effizienzsteigerungen, zugleich aber erhebliche Hürden für eine breite Marktadoption.

4. Welche technologischen Herausforderungen gibt es?

Die technologische Dimension erweist sich als besonders komplex. Rechtssicherheit und Transparenz hängen entscheidend von der Integrität der eingesetzten Register ab. Während permissioned Blockchains häufig höhere regulatorische Konformität und geringere Angriffsflächen bieten, geht dies mit einer stärkeren Abhängigkeit von Intermediären einher. Offene Blockchains hingegen bergen erhebliche Governance- und Sicherheitsprobleme, etwa durch die Gefahr von Mehrheitsangriffen oder mangelnde Interoperabilität. Die Wahl der Registerlösung ist daher nicht nur eine technische, sondern zugleich eine regulatorische und ökonomische Frage.[54] Die Herausforderung besteht darin, Systeme zu entwickeln, die zugleich sicher, skalierbar und international kompatibel sind. **81**

5. Welche regulatorischen Reformen sind notwendig?

Die Analyse zeigt, dass eine Erweiterung auf Aktien unabdingbar ist, um **82** die gesellschaftsrechtliche Dimension vollständig zu erfassen. Darüber hinaus ist eine europäische Harmonisierung zwingend notwendig, insbesondere durch die enge Abstimmung mit MiCA und dem DLT-Pilotregime. Nur so können Fragmentierungen im europäischen Binnenmarkt vermieden werden. Ergänzend müssen Standards für die Registertechnologien entwickelt werden, um Interoperabilität, Transparenz und Fälschungssicherheit zu gewährleisten. Schließlich erfordert die zunehmende Digitalisierung eine deutliche Stärkung der Cybersecurity, um das Vertrauen von Investoren und Emittenten nachhaltig zu sichern. Die kritische Würdigung macht deutlich, dass das eWpG bislang mehr symbolischen Charakter besitzt als eine operative transformative Wirkung. Es signalisiert regulatorische Innovationsbereitschaft und ebnet den Weg für eine digitale Kapitalmarktordnung, doch die eigentliche Transformation steht noch bevor. Solange nicht weitere bzw. alle Finanzinstrumente einbezogen sind, technische Standards fehlen und die europäische Harmonisierung unvollständig bleibt, handelt es sich eher um einen Ausgangspunkt als um eine vollendete Reform. Gleichwohl darf die Bedeutung des eWpG nicht unterschätzt werden: Es fungiert als Testgesetz und ermöglicht erste praktische Erfahrungen, die als Grundlage für weitergehende Reformen dienen können. Entscheidend wird sein, ob der Gesetzgeber den eingeschlagenen Weg konsequent weitergeht und die bestehenden Lücken zeitnah schließt. Nur dann kann das eWpG von einem

---

54 *Catalini/Gans*, CACM 2020, 21 ff.

symbolischen Modernisierungsschritt zu einem Motor einer umfassenden Transformation des Kapitalmarkts werden.

III. Ausblick auf zukünftige Entwicklungen und Forschungsfelder

83 Die Digitalisierung des Kapitalmarktes ist ein fortlaufender Prozess, der weit über die Einführung des eWpG hinausgeht. Während das Gesetz einen ersten, wichtigen Schritt darstellt, hängt die zukünftige Entwicklung maßgeblich von drei Faktoren ab: der nationalen Weiterentwicklung, der europäischen Harmonisierung und der globalen Dimension.

84 Hinzu kommen interdisziplinäre Forschungsfelder, die das Spannungsfeld zwischen Recht, Ökonomie, Technologie und Aufsicht weiter ausloten. Für Deutschland steht die zügige Ausweitung des eWpG auf Aktien und weitere Gesellschaftsrechte im Vordergrund. Solange diese Instrumente unberücksichtigt bleiben, bleibt der digitale Kapitalmarkt fragmentarisch und unvollständig.

85 Die Einführung eines digitalen Aktienregisters würde es ermöglichen, zentrale Corporate-Governance-Funktionen – wie die Teilnahme an Hauptversammlungen oder die Ausübung von Stimmrechten – effizienter und transparenter zu gestalten.

86 Darüber hinaus ist eine Verknüpfung mit bestehenden Registern (Handelsregister, Transparenzregister) erforderlich, um eine kohärente Registerlandschaft zu schaffen und eine (langfristige) Fragmentierungen zu vermeiden.

87 Nur durch eine umfassende Integration der verschiedenen Registersysteme kann eine nachhaltige digitale Infrastruktur für den Kapitalmarkt entstehen. Die MiCA-Verordnung (2023) und die DLT-Pilot-Verordnung (VO (EU) 2022/858) werden in den kommenden Jahren europaweit Standards für die Regulierung digitaler Vermögenswerte setzen. Deutschland ist daher gefordert, seine Regelungen eng mit diesen Vorgaben abzustimmen, um Wettbewerbsnachteile zu vermeiden. Perspektivisch könnte die Europäische Union sogar ein europaweites Blockchain-Aktienregister einführen, das die Kapitalmarktintegration erheblich stärkt und dem Binnenmarkt neue Impulse gibt.[55] Eine solche Initiative würde die europäische Kapitalmarktunion substanziell voranbringen und zugleich verhindern, dass nationale Alleingänge die internationale Wettbewerbsfähigkeit schwächen.

88 Internationale Vergleiche verdeutlichen, dass Länder wie die Schweiz oder Luxemburg bereits deutlich weiter fortgeschritten sind. Während Luxemburg bereits seit 2019 Blockchain-Register zulässt, hat die Schweiz mit dem DLT-Gesetz (2021) umfassende Regelungen geschaffen, die auch Aktien

---

55 Europäische Kommission, Proposal for a Regulation on Markets in Crypto-assets (MiCA), COM(2020) 593 final.

und Mitgliedschaftsrechte einbeziehen. Die USA setzen auf einen stärker fallbasierten Ansatz, der über die Rechtsprechung (z. B. Howey-Test der SEC) geprägt ist. Gleichzeitig entwickeln Länder in Asien, insbesondere Singapur, innovative regulatorische Sandbox-Modelle, die flexible Experimentierräume eröffnen.[56]

Forschungsbedarf besteht insbesondere in der Frage, wie Kollisionsrecht und die internationale Anerkennung digitaler Wertpapiere ausgestaltet werden können. Ohne internationale Kompatibilität droht der digitale Kapitalmarkt in fragmentierte Insellösungen zu zerfallen. Die Digitalisierung des Kapitalmarkts und insbesondere die Einführung des eWpG haben gezeigt, dass die Regulierung digitaler Wertpapiere nicht allein durch eine rein juristische Perspektive bewältigt werden kann. Vielmehr erfordert die Komplexität der Materie eine interdisziplinäre Herangehensweise, die rechtswissenschaftliche, ökonomische, technologische und aufsichtsrechtliche Dimensionen miteinander verbindet. Nur wenn diese Felder systematisch zusammengedacht werden, lassen sich konsistente und zukunftsfähige Strukturen für einen digitalen Kapitalmarkt schaffen. 89

Im Zentrum der rechtswissenschaftlichen Betrachtung steht die Frage, wie Blockchain-Register dogmatisch in die bestehende Gesellschafts- und Kapitalmarktordnung integriert werden können, ohne grundlegende Wertungswidersprüche hervorzurufen. Der Übergang vom traditionellen Urkundendogma zur Registerfiktion stellt einen tiefgreifenden Bruch in der Wertpapierdogmatik dar, der zwar rechtlich tragfähig erscheint, aber erhebliche Anschlussfragen aufwirft. So bleibt unklar, wie klassische Institute des Zivilrechts – etwa Anfechtung, Nichtigkeit oder Schadensersatz – auf dezentrale und manipulationsresistente Systeme angewendet werden können. 90

Ebenso stellt sich die Frage, ob und in welcher Form die Einführung eines digitalen Aktienregisters zu einer Neuausrichtung des Gesellschaftsrechts führt. Diese Problemstellungen verdeutlichen, dass die juristische Forschung künftig stärker in die Dogmatik hybrider Systeme investieren muss, die traditionelle Rechtsinstitute mit neuen technologischen Realitäten verbinden. Aus ökonomischer Sicht rücken die langfristigen Auswirkungen digitaler Wertpapiere auf Marktstruktur, Wettbewerbsdynamik und Transaktionskosten in den Vordergrund. Die Digitalisierung eröffnet erhebliche Potenziale zur Effizienzsteigerung, indem Emissions- und Verwahrungskosten gesenkt und Settlement-Prozesse beschleunigt werden. 91

Gleichzeitig besteht jedoch die Gefahr neuer Marktkonzentrationen, wenn wenige Plattformen oder Registeranbieter dominierende Marktpositionen einnehmen. Besonders relevant ist daher die Frage, ob digitale Wertpapiere tatsächlich zu einer Demokratisierung des Kapitalmarktes beitragen können. 92

56 *Zetzsche* et al., Harvard International Law Journal, 60(2), 2019, 271 ff.

indem sie den Zugang für kleinere Emittenten und Investoren erleichtern, oder ob sie im Gegenteil neue Exklusionsmechanismen erzeugen, die gerade kleineren Marktteilnehmern den Zutritt erschweren. Hier bedarf es empirischer Forschung, die über Fallstudien hinausgeht und großflächige Marktdaten analysiert, um die ökonomische Realität der Digitalisierung valide zu bewerten. Technologisch liegt ein zentrales Forschungsfeld in der Entwicklung interoperabler und sicherer Registerlösungen, die grenzüberschreitend funktionieren und zugleich regulatorische Anforderungen erfüllen. Während die derzeitige Praxis häufig auf permissioned Blockchains setzt, die von zentralen Akteuren kontrolliert werden, bleibt die Frage offen, ob und wie öffentliche Blockchains langfristig eingebunden werden können. Interoperabilität zwischen verschiedenen Systemen ist dabei ebenso entscheidend wie Fragen der Cybersecurity. Die Gefahr von 51%-Angriffen, Konsensmanipulationen oder Smart-Contract-Schwachstellen macht deutlich, dass ein regulatorischer Rahmen ohne technologische Standards ins Leere läuft. Forschungsbedarf besteht daher sowohl im Bereich der Standardisierung von Schnittstellen als auch in der Entwicklung von Resilienzmechanismen gegen digitale Angriffe. Nur wenn es gelingt, ein technologisches Fundament zu schaffen, das sowohl sicher als auch international anschlussfähig ist, kann der digitale Kapitalmarkt sein Potenzial ausschöpfen.

93 Schließlich ergeben sich erhebliche Herausforderungen für die Finanzaufsicht. Neue Prüfungs- und Kontrollinstrumente sind erforderlich, um die Integrität digitaler Wertpapiere und Registerlösungen sicherzustellen. Behörden wie die BaFin oder die ESMA müssen sich darauf einstellen, dass Prüfungsprozesse künftig nicht mehr nur dokumentenbasiert, sondern zunehmend technologiegestützt ablaufen. Besonders relevant sind hierbei die Cyber-Risiken, die den Kapitalmarkt in einem Maße bedrohen, das über klassische Marktmanipulationen hinausgeht. Aufsichtliche Forschung muss sich daher mit der Frage auseinandersetzen, wie sich technische Monitoring-Instrumente in den regulatorischen Alltag integrieren lassen und ob KI-gestützte Analysetools ein geeignetes Mittel darstellen, um Manipulationen oder Angriffe frühzeitig zu erkennen. Gleichzeitig darf die Regulierung Innovation nicht ersticken, sondern muss einen Rahmen schaffen, der technologischen Fortschritt und Risikokontrolle in Einklang bringt.

G. Schlusswort

94 Das Gesetz über elektronische Wertpapiere markiert den Einstieg in ein neues Zeitalter des Kapitalmarktes – das Zeitalter elektronischer und kryptobasierter Wertpapiere. Mit seiner Einführung hat der deutsche Gesetzgeber erstmals einen rechtlich verbindlichen Rahmen für die Entkörperlichung von Schuldverschreibungen geschaffen und damit signalisiert, dass er bereit ist, sich den Herausforderungen der Digitalisierung aktiv zu stellen.

Das eWpG ist damit zweifellos ein Wegweiser, doch noch längst nicht das Ziel. Der digitale Kapitalmarkt erfordert weit mehr als die Anerkennung elektronischer Schuldverschreibungen und ausgewählter Finanzinstrumente. Notwendig ist eine tiefgreifende und systematische Integration von Wertpapierrecht, Gesellschaftsrecht, Technologie und (Unternehmens-)Aufsicht. **95**

Nur wenn diese vier Dimensionen kohärent miteinander verbunden werden, kann ein Kapitalmarktsystem entstehen, das zukunftsfähig ist und internationalen Maßstäben genügt. Dabei geht es nicht allein um eine technische Modernisierung, sondern um eine strukturelle Neuausrichtung, die das Zusammenspiel von Kapitalmarktinstrumenten, institutioneller Aufsicht und unternehmerischer Governance auf eine neue Grundlage stellt. Die bisherigen Erfahrungen zeigen, dass mutige Reformen unabdingbar sind. Deutschland muss bereit sein, das eWpG kontinuierlich und konsequent weiterzuentwickeln, den Anwendungsbereich auf weitere Aktiengattungen und andere Mitgliedschaftsrechte auszuweiten und dabei auch neue Fragen des Gläubigerschutzes, der Publizität und der Corporate Governance zu adressieren. **96**

Zugleich ist die europäische Harmonisierung unverzichtbar: Nur durch eine enge Abstimmung mit der MiCA-Verordnung und dem DLT-Pilot-Regime kann verhindert werden, dass sich Fragmentierungen im Binnenmarkt verfestigen, die sowohl die Effizienz als auch die Wettbewerbsfähigkeit europäischer Kapitalmärkte schwächen würden. **97**

Ebenso wichtig ist die interdisziplinäre Begleitung dieses Prozesses. Weder die Rechtswissenschaft noch die Ökonomie, weder die Technologie noch die Aufsicht können für sich allein tragfähige Lösungen entwickeln. Erst im Zusammenspiel dieser Disziplinen lassen sich die komplexen Spannungsfelder bewältigen, die durch die Digitalisierung des Kapitalmarkts entstehen: Fragen der Rechtssicherheit und Dogmatik, der ökonomischen Effizienz und Marktstruktur, der technologischen Interoperabilität und Cybersecurity sowie der regulatorischen Aufsicht und Kontrolle. Damit eröffnet das eWpG zugleich eine interdisziplinäre, rechtliche und ökonomische Chance, den Finanzstandort Deutschland nachhaltig zu stärken und zukunftsfähig zu machen. Ein funktionierender digitaler Kapitalmarkt kann nicht nur die Kosten senken und Prozesse effizienter gestalten, sondern auch neue Investorenkreise erschließen und die internationale Wettbewerbsfähigkeit und damit die Anpassungs- und Widerstandsfähigkeit der Märkte erhöhen. Deutschland hat hier die Möglichkeit, eine Vorreiterrolle einzunehmen – doch nur, wenn der eingeschlagene Weg konsequent weiterverfolgt und durch Refor- **98** men vertieft wird. Zugleich ist das eWpG eine Aufforderung an Wissenschaft, Praxis und Politik, den Wandel aktiv und kritisch zu begleiten und fortzuentwickeln. Es genügt nicht, auf die bloße Existenz eines Gesetzes zu verweisen; vielmehr bedarf es einer kontinuierlichen Evaluation, empirischen Forschung und praktischen Anpassung. Wissenschaft und Praxis sind gefordert, die bestehenden Regelungen auf ihre Effizienz, Rechtssicherheit und internationale Anschlussfähigkeit hin zu überprüfen, während die Politik die Aufgabe hat, rechtliche Lücken zu schließen, Innovationspotenziale zu fördern und zugleich Anlegerschutz und Marktintegrität sicherzustellen. In diesem Sinne ist das eWpG weniger als endgültige Lösung, sondern vielmehr als dynamischer Prozess zu verstehen und zu verankern – ein Prozess, der den digitalen Kapitalmarkt Deutschlands auf eine neue Stufe heben kann, wenn er mutig, kritisch und interdisziplinär gestaltet wird. Es bildet den Ausgangspunkt einer Entwicklung, deren Erfolg nicht im Gesetzestext allein, sondern in seiner operativen und praktischen Anwendung und kontinuierlichen Weiterentwicklung liegt.

Literaturverzeichnis

Alle Internetquellen wurden zuletzt abgerufen am 1.9.2025

Businessinsider — Bafin erlaubt Bitbond den Handel mit virtuellen Startup-Anteilen, Pressemitteilung, 18.2.2019, https://www.businessinsider.de/gruenderszene/fintech/bitbond-bafin-security-token/

BaFin — Dienstleistungen rund um DLT, Blockchain und Kryptowerte, 2022, https://www.bafin.de/DE/Aufsicht/FinTech/Geschaeftsmodelle/DLT_Blockchain_Krypto/DLT_Blockchain_Krypto_node.html;jsessionid=E047FD53A667E20F967E477F27421F9D.internet001

BaFin — Europäische MiCA-Verordnung: Regel-Fundament für Kryptowerte, 2023, https://www.bafin.de/SharedDocs/Veroeffentlichungen/DE/Fachartikel/2023/fa_bj_2305_Mica.html

Bauer, K./Hinz, O./Weber, P. — KI in der Finanzbranche, SAFE White Paper, No. 80, 2021, https://safe-frankfurt.de/fileadmin/user_upload/editor_common/Policy_Center/SAFE_White_Paper_80.pdf

Baumbach, A./Hopt, K. J. (Hrsg.) — Handelsgesetzbuch, 38. Aufl. 2018

Bitbond	Bitbond STO Investor Report 2020, https://www.bitbond.com/resources
Buhl, H. U./Müller, G./Fridgen, G./Röglinger, M.	Business and Information Systems Engineering: A Complementary Approach to Information Systems – What We Can Learn from the Past and May Conclude from Present Reflection on the Future, Journal of the Association for Information Systems (JAIS), Volume 13 (2012), Article 3, https://aisel.aisnet.org/cgi/viewcontent.cgi?article=1605&context=jais
Catalini, C./Gans, J. S.	Some Simple Economics of the Blockchain, Communications of the ACM (CACM), 63(7), 2020, 21–30
Commission de Surveillance du Secteur Financier (CSSF)	Circulaire 19/714 – Distributed Ledger Technology and Securities, 2019, https://www.cssf.lu/en/Document/circular-cssf-19-714/
DekaBank	Auf der Blockchain: DekaBank emittiert erste Kryptowertpapiere, Pressemitteilung vom 14.12.2021, https://www.deka.de/deka-gruppe/media--research/aktuelle-medienmitteilungen/pressearchiv/archiv2021/dezember/auf-der-blockchain-dekabank-emittiert-erste-kryptowertpapiere
Europäische Kommission	Proposal for a Regulation on Markets in Crypto-assets (MiCA), COM(2020) 593 final, https://eur-lex.europa.eu/legal-content/EN/TXT/?uri=CELEX%3A52020PC0593
FGS Blog	Das elektronische Wertpapiergesetz – eine Stärkung des Fondsstandortes Deutschland?, 2022, https://www.fgs.de/news-and-insights/blog/detail/das-elektronische-wertpapiergesetz-eine-staerkung-des-fondsstandortes-deutschland
FINMA	Guidelines for enquiries regarding the regulatory framework for initial coin offerings (ICOs), 2018, https://www.finma.ch/en/~/media/finma/dokumente/dokumentencenter/myfinma/1bewilligung/fintech/wegleitung-ico.pdf?la=en

FPS-Blog — BaFin erlaubt erstmals Security Token Offering – Untersagung eines weiteren ICO, 2019, https://fps-law.de/de/fps-blog/bafin-erlaubt-erstmals-security-token-offering-untersagung-eines-weiteren-ico

Hirzle, K./Hugendubel, J. — Die Entwicklung des Kryptorechts im Jahr 2022, BKR 2022, Heft 12, 821

OECD — The Tokenisation of Assets and Potential Implications for Financial Markets, 2020, https://www.oecd.org/en/publications/the-tokenisation-of-assets-and-potential-implications-for-financial-markets_83493d34-en.html

Omlor, S. — Elektronische Wertpapiere nach dem eWpG, RDi 2021, Heft 8, 361

Preuße, Th./Wöckener, K./Gillenkirch, D. — Das Gesetz zur Einführung elektronischer Wertpapiere, BKR 2021, Heft 8, 453

PwC — Swiss DLT law: New regulations bring new opportunities, https://www.pwc.ch/en/insights/regulation/swiss-dlt-new-regulations.html

Reyes, C. L. — Cryptolaw for Distributed Ledger Technologies, Jurimetrics, vol. 58, no. 3, 2018, 283, https://www.jstor.org/stable/27189234

Werbach, K. — The Blockchain and the New Architecture of Trust, 2018, https://mitpress.mit.edu/9780262038935

Yermack, D. — Corporate Governance and Blockchains. Review of Finance, 21(1), 2017, 7–31, https://doi.org/10.1093/rof/rfw074

Yin, R. K. — Case Study Research and Applications: Design and Methods, 2018, https://us.sagepub.com/en-us/nam/case-study-research-and-applications/book250150

*Zetzsche, D. A./Buckley, R. P./Arner, D. W./*Föhr, L. — The ICO Gold Rush, Harvard International Law Journal, 60(2), 2019, 267, https://journals.law.harvard.edu/ilj/wp-content/uploads/sites/84/3_ICO_60.2.pdf

Kapitel 9
Schutz von Geschäftsgeheimnissen im digitalen Zeitalter

Übersicht

1 In einer zunehmend digitalisierten Wirtschaftsordnung geraten Geschäftsgeheimnisse immer stärker ins Visier von kriminellen Akteuren. Die Abhängigkeit von vernetzten IT-Infrastrukturen, Cloud-Diensten und datenbasierten Geschäftsmodellen führt dazu, dass Informationen heute durchweg in **digitaler Form** gespeichert, verarbeitet und übertragen werden, häufig über Systemgrenzen und Rechtsordnungen hinweg. Weltweit ist das Qualitätssiegel „Made in Germany“ sehr geschätzt.[1] Informationen wie Entwicklungspläne, Marktstrategien, Kundenlisten, technische Konstruktionsdaten oder interne Kalkulationen sind ein lohnendes Ziel. Ihr Ausspähen ermög-

1 *Harzer,* manager magazin, 5.2.2025.

licht Konkurrenten nicht nur das Erlangen wirtschaftlicher Vorteile durch Nachahmung, sondern gefährdet häufig auch die Existenzgrundlage der betroffenen Unternehmen.[2] Der Schutz von Geschäftsgeheimnissen ist daher eine **Schlüsselaufgabe** moderner Unternehmensführung und Compliance. Nachfolgend wird zunächst auf die Bedrohungslage, Methoden und Akteure eingegangen (A.). Anschließend werden der strafrechtliche Schutz (B. bis E.) und prozessuale Aspekte dargelegt (F.). Abschließend wird auf Schutzmaßnahmen und Präventionsangebote eingegangen (G.). Der Beitrag schließt mit einem Fazit (H.).

A. Erscheinungsformen

I. Bedrohungslage

2 Wie dramatisch die Bedrohung von den Unternehmen eingeschätzt wird, verdeutlichen Studien aus dem Jahr 2024. 85 % der Unternehmen benannten den „**Datendiebstahl**" – einschließlich des Abflusses von Geschäftsgeheimnissen – als eines ihrer größten Risiken,[3] 81 % waren hiervon innerhalb der letzten zwölf Monate betroffen, weitere 10 % gehen von unentdeckten Vorfällen aus.[4] Die Bedrohung ist vielschichtig. Traditionell wird zwischen der **Industriespionage** – der Ausforschung durch Wettbewerber – und der **Wirtschaftsspionage** – der Ausforschung durch staatliche Nachrichtendienste – unterschieden.[5] Eine klare Trennung ist allerdings oft nicht möglich, da in vielen Staaten Unternehmen, von denen Spionage betrieben wird, entweder vollständig im Staatsbesitz stehen oder unter maßgeblicher staatlicher Steuerung und Kontrolle operieren.[6]

3 **Statistisch** ist das Ausmaß der Spionage schwer zu erfassen. Die Delikte liegen im Grenzbereich zwischen Wirtschafts- und Staatsschutzkriminalität und werden teils in der PKS, teils in der nicht öffentlichen PKS-S erfasst.[7] Oft bleibt wegen der Anonymität der Täter unklar, ob staatliche oder private Akteure verantwortlich sind. Straftaten mit Auslandsbezug werden in der Auslands-PKS geführt, die sich noch im Pilotstadium befindet. Im Bereich Cybercrime besteht eine deutliche Überrepräsentation von Auslandstaten.[8]

4 Die **wirtschaftlichen Schäden** durch Datendiebstahl, Spionage und Sabotage sind enorm. Laut einer aktuellen Studie belief sich der Schaden für die

---

2 Siehe nur *Feurer,* CHIP online, 22.6.2025.
3 KPMG, e-Crime in der deutschen Wirtschaft 2024, S. 16.
4 Bitkom, Wirtschaftsschutz 2024, S. 2 f.
5 BT-Drs. 18/2221, S. 2.
6 Bundesamt für Verfassungsschutz, Chinas neue Wege der Spionage.
7 *Kilchling,* GSZ 2020, 57, 58.
8 BKA, Bundeslagebild Cybercrime 2024, S. 7.

deutsche Wirtschaft allein im Jahr 2024 auf rund 266,6 Mrd. EUR, was gegenüber dem Vorjahr eine Steigerung von 30 % bedeutet.[9] Bezogen auf das Bruttoinlandsprodukt von rund 4,3 Bill. EUR im Jahr 2024[10] entsprach dies einem Verlust von etwa 6 % der Wirtschaftsleistung. Die tatsächlichen Schäden dürften jedoch höher liegen, da viele Angriffe unentdeckt bleiben oder den Behörden nicht angezeigt werden. In einer Dunkelfeldstudie berichteten 44 % der KMU von Vorfällen und Verdachtsfällen.[11] Die **Folgen** reichen von der Beeinträchtigung oder dem Ausfall von Informations- und Produktionssystemen bis hin zu erheblichen finanziellen Belastungen, Entlassungen und Steuerausfällen. Einbußen entstehen durch Nachahmerprodukte und den Verlust von Wettbewerbsvorteilen, durch Erpressung und Reputationsverluste.[12] Die Beeinträchtigung kritischer Infrastrukturen (Energieversorgung, Telekommunikation, Finanzsektor) gefährdet nicht nur einzelne Unternehmen, sondern die Funktionsfähigkeit der Volkswirtschaft und die nationale Sicherheit.

Zunehmend verschärfen **geopolitische Spannungen** die Bedrohung. Seit 5 Beginn des russischen Kriegs gegen die Ukraine geraten deutsche Unternehmen verstärkt ins Visier staatlich gelenkter oder geduldeter Cyberakteure. Ein prominentes Beispiel: Im April 2025 verschaffte sich eine mutmaßlich russlandnahe Hackergruppe Zugang zu über 750 Gigabyte interner Daten des Rüstungskonzerns Rheinmetall – darunter vertrauliche Lieferpapiere und Materialprüfungen.[13]

II. Methoden

Die Methoden, mit denen (digitale) Geschäftsgeheimnisse erlangt werden 6 sollen, sind vielfältig. Die zentrale Bedrohung für Geschäftsgeheimnisse stellen menschliche Quellen (**Human Source Intelligence, HUMINT**) dar.[14] Klassische Vorgehensweisen sind das gezielte Ausforschen von Mitarbeitenden, deren An- oder Abwerbung sowie das Einschleusen von „Spionen“. Besonders häufig wird das Social Engineering betrieben, bei dem Beschäftigte durch Täuschung zur Preisgabe vertraulicher Informationen bewegt werden. Angriffe beginnen oft mit der rechtlich zulässigen Auswertung frei verfügbarer persönlicher Daten auf Websites, in sozialen Netzwerken oder Online-Datenbanken (**Open Source Intelligence, OSINT**);

9 Bitkom, Wirtschaftsschutz 2024, S. 4.
10 Statista, Bruttoinlandsprodukt (BIP) in Deutschland von 1991 bis 2024.
11 *Bollhöfer/Jäger*, Wirtschaftsspionage und Konkurrenzausspähung, S. 31 f.
12 Bitkom, Wirtschaftsschutz 2024, S. 4.
13 *Wolf/Brunner*, tagesschau.de, 1.6.2025.
14 *Wallwaey/Waldheim,* in: Wallwaey/Bollhöfer/Knickmeier, S. 28 f.

anschließend wird mit vermeintlich internen Anfragen oder fingierten Supportgesprächen auf die Opfer eingewirkt.[15]

7 Im digitalen Zeitalter hat der Einsatz technischer Mittel (**Technical Intelligence, TECHINT**) stark an Bedeutung gewonnen. Daten werden abgefangen, Systeme infiltriert, Netzwerke ausgespäht, häufig durch Schadsoftware, die über Phishing-E-Mails eingeschleust wurde. Besonders gefährlich sind Advanced Persistent Threats (APT), komplexe Angriffe, mit denen dauerhaft Zugriff auf interne Informationen erlangt werden soll. Geschäftsgeheimnisse können so unbemerkt kopiert, weitergeleitet oder zur Erpressung genutzt werden.[16] Hierbei erfolgen die Angriffe zunehmend mit Unterstützung von KI-Systemen, die Schwachstellen in Echtzeit erkennen, Deepfake-Videos erzeugen oder Stimmen imitieren. Ziel ist es, Sicherheitsmechanismen zu umgehen oder Mitarbeitende zu täuschen, etwa durch vermeintliche Anrufe von Vorgesetzten.[17]

III. Akteure

8 **Auftraggeber** der Industrie- und Wirtschaftsspionage sind typischerweise Wettbewerber und Staaten, die sich hiervon technologische oder wirtschaftliche Vorteile erhoffen. Im Jahr 2023 galten Russland, China, Iran und die Türkei als Hauptakteure der Wirtschaftsspionage.[18] Zu den **Innentätern** zählen nicht nur aktive, sondern auch ehemalige Beschäftigte und in das Unternehmen eingebundene Subunternehmer und Berater. Als besonders gefährdet gelten frustrierte oder entlassene Beschäftigte.[19] **Außentäter** sind typischerweise Beschäftigte von Wettbewerbern, aber auch ausländische Agenten, Privatdetektive oder Hacker-Dienstleister.[20] Eine Studie von 2017 wies 44 % der Fälle Außentätern, 34 % Innentätern und 15 % gemischten Tätergruppen zu.[21]

9 **Opfer** sind vor allem innovationsstarke, technologiegetriebene Branchen mit einem hohen Anteil an geistigem Eigentum und sensiblen Daten, etwa im Bereich der Informations- und Kommunikationstechnik, im Automobil- und Maschinenbau, in der Luft- und Raumfahrt, Biotechnologie, Medizintechnik, Chemie, Pharmazie und Optoelektronik.[22] Überproportional stark

---

15 *Tsolkas/Wimmer,* Wirtschaftsspionage und Intelligence Gathering, S. 137.
16 *Fleischer,* Wirtschaftsspionage, S. 44.
17 *Gaur,* mindflow online, 19.2.2025.
18 Bundesministerium des Innern und für Heimat, Verfassungsschutzbericht 2023, S. 309.
19 *Fleischer,* Wirtschaftsspionage, S. 8 ff.
20 *Fleischer,* Wirtschaftsspionage, S. 9.
21 *Bollhöfer/Jäger,* Wirtschaftsspionage und Konkurrenzausspähung, S. 39 f.
22 *Wallwaey/Waldheim,* in: Wallwaey/Bollhöfer/Knickmeier, S. 28 m. w. N.

betroffen sind KMU, da sie trotz hoher Innovationskraft häufig über weniger Schutzvorkehrungen als Großunternehmen verfügen.[23]

B. Geschäftsgeheimnisstrafrecht

Mit Inkrafttreten des GeschGehG am 26.4.2019 trat **§ 23 GeschGehG** an die Stelle der §§ 17–19 UWG a. F. und bildet seither den zentralen Straftatbestand zum Schutz von Geschäftsgeheimnissen. Mit dem GeschGehG wurde die Richtlinie (EU) 2016/943 (GeschGehRL) umgesetzt, die einen zivilrechtlichen Mindestschutz in allen EU-Staaten vorschreibt. Der Gesetzgeber hat nach eigenen Angaben die bisherigen Strafnormen lediglich „modernisiert",[24] tatsächlich aber wurde die Unterscheidung zwischen Betriebs- und Geschäftsgeheimnissen aufgegeben und der Begriff des Geschäftsgeheimnisses eingeengt. Die Straftatbestände des § 23 GeschGehG sind nunmehr nach dem zeitlichen Ablauf möglicher Tathandlungen geordnet. Neben Handlungsverboten (§ 4 GeschGehG) wurden Erlaubnis- und Ausnahmeregelungen eingeführt (§§ 3, 5 GeschGehG). 10

I. Geschäftsgeheimnis

Der Begriff „Geschäftsgeheimnis" ist in **§ 2 Nr. 1 GeschGehG** legaldefiniert. Geschützt ist eine Information, die (lit. a) weder insgesamt noch in der genauen Anordnung und Zusammensetzung ihrer Bestandteile den Personen in den Kreisen, die üblicherweise mit dieser Art von Informationen umgehen, allgemein bekannt oder ohne Weiteres zugänglich und daher von wirtschaftlichem Wert ist, (lit. b) Gegenstand von den Umständen nach angemessenen Geheimhaltungsmaßnahmen durch ihren rechtmäßigen Inhaber ist und bei der (lit. c) ein berechtigtes Interesse an der Geheimhaltung besteht. 11

Nicht allgemein bekannt ist eine Information, wenn sie nur einem engen Personenkreis zugänglich ist, etwa dem Inhaber und zur Vertraulichkeit verpflichteten Personen.[25] Eine Veröffentlichung in allgemein zugänglichen Quellen, etwa im Rahmen einer Patentanmeldung (§ 32 PatG) oder in Werbematerial, lässt den Geheimnisschutz entfallen.[26] 12

Nicht ohne Weiteres zugänglich ist eine Information nur dann, wenn angemessene Schutzmaßnahmen getroffen wurden. Das Reverse Engineering ist nach Art. 3 Abs. 1 lit. b GeschGehRL und § 3 Abs. 1 Nr. 2 GeschGehG zulässig, außer es ist vertraglich beschränkt.[27] Früher genügte für den Schutz 13

23 *Drescher*, Industrie- und Wirtschaftsspionage in Deutschland, S. 76.
24 BT-Drs. 19/4724, S. 40.
25 *Krell,* in: Graf/Jäger/Wittig, § 23 GeschGehG Rn. 25.
26 OLG Düsseldorf MMR 2022, 68, 70.
27 Siehe nur *Weiden,* GRUR 2018, 589, 590.

als Geschäftsgeheimnis dagegen bereits, dass die Informationsgewinnung Fachkenntnisse und erheblichen Aufwand erforderte.[28]

14 Ein **wirtschaftlicher Wert** besteht bei einem realen oder potenziellen Handelswert (vgl. Erwägungsgrund 14 GeschGehRL), eine Wertschwelle existiert nicht. Geschützt sind sowohl universitäre Forschungsergebnisse als auch negative Informationen, etwa über Produktionsprobleme oder rechtliche Risiken.[29] Eine Information rein privater Natur ist selbst dann kein Geschäftsgeheimnis, wenn sie wirtschaftlichen Wert hat.[30]

15 Der Schutz als Geschäftsgeheimnis setzt voraus, dass objektiv **angemessene Geheimhaltungsmaßnahmen** getroffen wurden. Ein bloßer subjektiver Wille zur Geheimhaltung genügt nicht mehr. Gefordert ist ein konkretes Informationssicherheitsmanagement, das die Schutzbedürftigkeit erkennbar macht. In Strafverfahren wird die unzureichende Geheimhaltung künftig regelmäßig thematisiert werden. Zu den Geheimhaltungsmaßnahmen[31] zählen insbesondere **physische** Maßnahmen (Zutrittskontrollen, Zugangsbeschränkungen, Schutzvorrichtungen), also mechanische (wie Zäune, Tresore), personelle (Wachpersonal, Geheimnisschutzbeauftragte) und elektronische (Passwörter, Verschlüsselung, Firewalls, Video- oder Tonüberwachung) Maßnahmen; weiter gehören hierzu **vertragliche** Regelungen in Arbeitsverträgen sowie in Liefer-, Lizenz-, Forschungs- und Kooperationsverträgen. Die **Angemessenheit** bestimmt sich einzelfallbezogen.[32] Entscheidend sind: wirtschaftlicher Wert und Entwicklungsaufwand; Art und Sensibilität; Bedeutung für das Unternehmen; Unternehmensgröße und -struktur; Geheimhaltungspraxis; Kennzeichnung; vertragliche Absicherung gegenüber Dritten und Mitarbeitenden. Ein maximaler Schutz ist nicht gefordert. Je sensibler oder werthaltiger die Information, desto höher muss aber das Schutzniveau sein.[33] Fehlt es an angemessenen Geheimhaltungsmaßnahmen, entfällt der Schutz nach dem GeschGehG; ein etwaiger Schutz nach anderen strafrechtlichen Vorschriften bleibt hiervon unberührt.

16 Mit dem Erfordernis eines **berechtigten Interesses** an der Geheimhaltung, das sich an das frühere Recht anlehnt, geht § 2 Nr. 1 lit. c GeschGehG über die GeschGehRL hinaus. Dieses Merkmal ist restriktiv auszulegen, um den Richtlinienbegriff nicht unionsrechtswidrig einzuengen.[34] In der Praxis ist

---

28 OLG Hamburg GRUR-RR 2001, 137, 139.
29 BT-Drs. 19/4724, S. 24; *Schröder,* ZRP 2020, 212, 214.
30 BT-Drs. 19/4724, S. 24.
31 *Waßmer,* in: Peifer, § 23 GeschGehG Rn. 73 ff. m. w. N.
32 BT-Drs. 19/4724, S. 24 f.
33 *Ohly,* GRUR 2019, 441, 444; a. A. *Weigert,* NZA 2020, 209, 210 ff.
34 *Reinbacher,* KriPoZ 2019, 148, 152.

davon auszugehen, dass das berechtigte Interesse regelmäßig vorliegt, wenn die übrigen Voraussetzungen erfüllt sind.[35]

17 In der Praxis umfasst der Begriff des Geschäftsgeheimnisses eine Vielzahl von Informationen **technischer Art** (wie Prototypen, Rezepturen, Konstruktionsdaten, Software und Quellcode, Sensor- und Produktionsdaten, Wartungsanleitungen, Analyseverfahren, Algorithmen von KI-Systemen) und **kaufmännischer Art** (wie Kunden- und Lieferantenlisten, Kalkulationen, Preis- und Rabattmodelle, Umsatzstatistiken, Entwicklungspläne, Forschungsergebnisse, noch nicht veröffentlichte Patentanmeldungen).[36]

II. Betriebsspionage (§ 23 Abs. 1 Nr. 1 GeschGehG)

18 Bereits der **Zugriff** auf ein Geschäftsgeheimnis kann strafbar sein. § 23 Abs. 1 Nr. 1 GeschGehG schützt bereits im Vorfeld der Verwertung. Erfasst wird jedes Verhalten, mit dem ein Geschäftsgeheimnis durch unbefugten Zugang zu, unbefugte Aneignung oder unbefugtes Kopieren von Dokumenten, Gegenständen, Materialien, Stoffen oder elektronischen Dateien erlangt wird, sofern diese der rechtmäßigen Kontrolle des Inhabers des Geschäftsgeheimnisses unterliegen und das Geschäftsgeheimnis enthalten oder aus denen es sich ableiten lässt. Dieses Allgemeindelikt kann sowohl durch **Innen-** als auch **Außentäter** verwirklicht werden.

19 „**Erlangen**" meint den tatsächlichen Informationszugriff, also die Möglichkeit, über das Geheimnis zu verfügen.[37] Das Tatbestandsmerkmal zielt auf die Erfassung aller Formen der Betriebsspionage.[38] Tatbestandsrelevant ist aber nur der Zugriff über die Modalitäten „unbefugter Zugang", „unbefugte Aneignung" oder „unbefugtes Kopieren". Der **Zugang** durch Hacking oder den Einsatz von Malware genügt.[39] Die **Aneignung** bezieht sich auf körperliche Gegenstände, etwa Dokumente, Datenträger oder Prototypen, und setzt voraus, dass der Täter zumindest vorübergehend die tatsächliche Herrschaft darüber ausübt.[40] In digitalen Kontexten hat diese Modalität eine untergeordnete Rolle. Das **Kopieren** ist heute die wichtigste Form.[41] Gemeint ist das Anfertigen eines Datenabzugs, etwa durch das Übertragen von Dateien auf einen Stick, in eine Cloud oder durch Versenden per E-Mail oder Mes-

35 *Harte-Bavendamm,* in: Harte-Bavendamm/Ohly/Kalbfus, § 23 GeschGehG Rn. 8.
36 *Waßmer,* in: Peifer, § 23 GeschGehG Rn. 93 f. m. w. N.
37 *Bott/Kohlhof,* in: Hoeren/Münker, § 23 GeschGehG Rn. 43.
38 BT-Drs. 19/4724, S. 40.
39 *Krell,* in: Graf/Jäger/Wittig, § 23 GeschGehG Rn. 56.
40 *Hiéramente/Wagner,* GRUR 2020, 709, 711.
41 BT-Drs. 10/5058, S. 40.

senger, um den Inhalt unabhängig vom Gedächtnis verfügbar zu machen.[42] Die Unbefugtheit verweist nach h. M.[43] auf die Rechtswidrigkeit.

20 Neben zumindest **bedingtem Vorsatz** setzt § 23 Abs. 1 Nr. 1 GeschGehG voraus, dass der Täter zumindest aus einem der im Tatbestand aufgeführten vier **Beweggründe** handelt. Um die Förderung des eigenen oder fremden Wettbewerbs geht es, wenn der Täter die Marktposition des eigenen oder eines fremden Unternehmens verbessern will.[44] Dieses Merkmal ist bei einer wirtschaftlich motivierten Spionage regelmäßig erfüllt. Aus **Eigennutz** handelt der Täter, wenn er einen persönlichen materiellen (z. B. Entgelt, Gegenleistung) oder immateriellen Vorteil anstrebt.[45] Das Handeln zugunsten eines **Dritten** ist ein Auffangmerkmal, das eine ideologische oder aktivistische Motivation erfassen kann, etwa die Weitergabe von Informationen an Enthüllungsplattformen.[46] Auch ein rein wissenschaftliches Interesse genügt,[47] etwa beim Ausspähen von Grundlagenforschung. Die Absicht der **Schadenszufügung** liegt vor, wenn der Unternehmensinhaber aus Rache oder Frustration geschädigt werden oder einen Imageverlust erleiden soll.[48]

III. Eigeneröffnete Geheimnishehlerei (§ 23 Abs. 1 Nr. 2 GeschGehG)

21 § 23 Abs. 1 Nr. 2 GeschGehG ist ein **Anschlussdelikt.** Erfasst werden Fälle, in denen ein Geschäftsgeheimnis zuvor unbefugt erlangt wurde, genutzt oder offengelegt wird. Damit soll die Fortführung einer rechtswidrigen Lage unterbunden werden. Auch dieses Allgemeindelikt kann durch **Innen- und Außentäter** verwirklicht werden.[49]

22 **Nutzung** meint jede Verwendung des Geschäftsgeheimnisses.[50] Eine Nutzung liegt auch dann vor, wenn das Geheimnis in veränderter Form zur Anwendung gelangt, sofern das gleiche Ergebnis nicht, nicht in gleicher Zeit oder nicht in vergleichbarer Qualität erreichbar gewesen wäre.[51] Während früher eine wirtschaftliche Verwertung verlangt wurde, genügt heute auch eine nicht-kommerzielle Verwendung.[52] **Offenlegung** meint die Weitergabe des Geschäftsgeheimnisses an Dritte oder die Allgemeinheit.[53] Im digitalen

42 *Krell,* in: Graf/Jäger/Wittig, § 23 GeschGehG Rn. 55.
43 *Ohly/Kalbfus,* in: Harte-Bavendamm/Ohly/Kalbfus, § 23 GeschGehG Rn. 30 m. w. N.
44 *Alexander,* in: Köhler/Feddersen, § 23 GeschGehG Rn. 43.
45 *Gramlich/Lütke,* wistra 2022, 97, 100.
46 *Bott/Kohlhof,* in: Hoeren/Münker, § 23 GeschGehG Rn. 57.
47 *Brammsen/Drescher,* in: Brammsen/Apel, § 23 GeschGehG Rn. 34.
48 *Alexander,* in: Köhler/Feddersen, § 23 GeschGehG Rn. 47a.
49 *Harte-Bavendamm,* in: Harte-Bavendamm/Ohly/Kalbfus, § 23 GeschGehG Rn. 15.
50 BT-Drs. 19/4724, S. 27.
51 BGH GRUR 2002, 91, 93.
52 *Hohmann/Schreiner,* StraFo 2019, 441, 445.
53 *Krell,* in: Graf/Jäger/Wittig, § 23 GeschGehG Rn. 65.

Raum genügt das Zugänglichmachen,[54] etwa durch Hochladen auf einen Server.

Wie bei § 23 Abs. 1 Nr. 1 GeschGehG muss der Täter **subjektiv** zumindest mit bedingtem Vorsatz handeln, der sich auch auf die rechtswidrige Erlangung des Geheimnisses erstrecken muss.[55] Zusätzlich muss auch hier eines der vier besonderen subjektiven Merkmale vorliegen: Förderung des eigenen oder fremden Wettbewerbs, Eigennutz, Handeln zugunsten eines Dritten, Schädigungsabsicht gegenüber dem Unternehmensinhaber (Rn. 20). **23**

IV. Geheimnisverrat durch Beschäftigte (§ 23 Abs. 1 Nr. 3 GeschGehG)

§ 23 Abs. 1 Nr. 3 GeschGehG stellt die unbefugte Offenlegung von Geschäftsgeheimnissen durch Beschäftigte unter Strafe, denen ein Geschäftsgeheimnis im Rahmen der Tätigkeit für ein Unternehmen anvertraut wurde oder zugänglich geworden ist. Es handelt sich um ein echtes Sonderdelikt,[56] das sich nur an **Innentäter** richtet. Erfasst sind alle Personen, die dem Unternehmen ihre Arbeitskraft ganz oder teilweise zur Verfügung stellen.[57] Dazu zählen neben Arbeitern und Angestellten auch Organmitglieder (z. B. Vorstände, Geschäftsführer), Handelsvertreter, Aufsichtsräte, Betriebsräte sowie Insolvenz- und Zwangsverwalter.[58] Wer für ein Tochterunternehmen arbeitet, ist zugleich Beschäftigter des Mutterunternehmens.[59] Nicht einbezogen sind Außenstehende wie Gesellschafter, Aktionäre oder Dienstleister (z. B. Anwälte, Berater, Prüfer).[60] **24**

Ein **Anvertrauen** liegt vor, wenn für den Täter erkennbar ist, dass es sich um vertrauliche Informationen handelt.[61] Dies folgt aus den zu ergreifenden Geheimhaltungsmaßnahmen (§ 2 Nr. 1 lit. b GeschGehG). Für das Merkmal „**zugänglich geworden**“ genügt die Kenntniserlangung während der Tätigkeit.[62] Unter „**Offenlegung**“ ist jede Art der Bekanntgabe gegenüber Dritten oder der Öffentlichkeit zu verstehen (s. Rn. 22). **25**

Strafbar ist die Offenlegung jedoch nur während der **Geltungsdauer** des Beschäftigungsverhältnisses, wobei ein faktisches Arbeitsverhältnis genügt.[63] Nach Vertragsende ist sie straflos, selbst bei fortbestehenden Verschwiegen- **26**

54 *Moritz,* in: Leitner/Rosenau, § 23 GeschGehG Rn. 61.
55 BeckOK GeschGehG/*Hiéramente*, § 23 Rn. 27.
56 Siehe nur *Sosnitza,* in: Ohly/Sosnitza, § 23 GeschGehG Rn. 6.
57 Siehe nur *Alexander,* in: Köhler/Feddersen, § 23 GeschGehG Rn. 32.
58 *Waßmer,* in: Peifer, § 23 GeschGehG Rn. 138 m. w. N.
59 MüKo-StGB/*Hohmann,* § 23 GeschGehG Rn. 71.
60 *Krell,* in: Graf/Jäger/Wittig, § 23 GeschGehG Rn. 71.
61 *Brammsen,* in: Brammsen/Apel, § 23 GeschGehG Rn. 105.
62 *Harte-Bavendamm,* in: Harte/Bavendamm/Ohly/Kalbfus, § 23 GeschGehG Rn. 21.
63 *Brammsen,* in: Brammsen/Apel, § 23 GeschGehG Rn. 110.

heitsvereinbarungen oder Wettbewerbsverboten. Auch die Beendigung des Arbeitsverhältnisses, um das Geheimnis offenlegen zu können, führt nicht zur Strafbarkeit.[64] Für bestimmte Führungspersonen bestehen aber strafbewehrte Schweigepflichten (z.B. **§404 AktG, §85 GmbHG, §151 GenG**), die über das Ende des Beschäftigungsverhältnisses hinausreichen.

27 Die **Pflicht zur Geheimhaltung** ergibt sich regelmäßig aus Gesetz, Vertrag oder der arbeitsrechtlichen Treuepflicht.[65] In Fällen des Unterlassens kommt eine Strafbarkeit in Betracht, wenn die beschäftigte Person aufgrund einer Garantenstellung verpflichtet ist, einen Geheimnisverrat durch Dritte zu verhindern (§ 13 Abs. 1 StGB). Bei leitenden Angestellten besteht diese Stellung kraft Amtes, bei sonstigen Beschäftigten ist eine entsprechende vertragliche Verpflichtung erforderlich.[66]

28 **Subjektiv** ist wiederum zumindest bedingter Vorsatz erforderlich, der sich auf alle objektiven Tatbestandsmerkmale beziehen muss, auch auf die Eigenschaft als Geschäftsgeheimnis.[67] Bei erkennbaren Schutzmaßnahmen wird ein vorsatzausschließender Tatbestandsirrtum (§ 16 Abs. 1 StGB) regelmäßig ausscheiden. Darüber hinaus muss auch hier eines der besonderen subjektiven Merkmale vorliegen (Rn. 20).

V. Fremderöffnete Geheimnishehlerei (§23 Abs. 2 GeschGehG)

29 Das **Anschlussdelikt** des §23 Abs. 2 GeschGehG erfasst wie §23 Abs. 1 Nr. 2 GeschGehG die Fortführung eines rechtswidrigen Zustands.[68] Bestraft wird, wer ein Geschäftsgeheimnis nutzt oder offenlegt, das er durch eine fremde eigeneröffnete Geheimnishehlerei oder den Geheimnisverrat einer beschäftigten Person erlangt hat. Es handelt sich um ein **Allgemeindelikt**,[69] das vor Innen- und Außentätern schützt. Der **subjektive Tatbestand** erfordert zumindest bedingten Vorsatz, der sich darauf erstrecken muss, dass das Geheimnis durch eine fremde Vortat erlangt wurde.[70] Auch hier muss der Täter mindestens eines der vier besonderen subjektiven Merkmale (Rn. 20) aufweisen.

VI. Vorlagenfreibeuterei (§23 Abs. 3 GeschGehG)

30 Die Vorlagenfreibeuterei, die in §23 Abs. 3 GeschGehG normiert ist, schützt geheime Vorlagen und Vorschriften technischer Art vor der Nutzung oder

---

64 BGH GRUR 1955, 402, 404.
65 BT-Drs. 19/4724, S. 28.
66 MüKo-StGB/*Hohmann*, §23 GeschGehG Rn. 142.
67 *Moritz,* in: Leitner/Rosenau, §23 GeschGehG Rn. 77.
68 *Drescher,* in: Brammsen/Apel, §23 GeschGehG Rn. 143.
69 *Krell,* in: Graf/Jäger/Wittig, §23 GeschGehG Rn. 81.
70 BeckOK GeschGehG/*Hiéramente*, §23 Rn. 43.

Offenlegung durch **Geschäftspartner**, denen diese im geschäftlichen Verkehr anvertraut wurden.[71] Dieses echte Sonderdelikt hat mit dem zunehmenden Outsourcing an Bedeutung gewonnen.

Unter **geschäftlichem Verkehr** ist jede selbstständige Teilnahme am Erwerbsleben zu verstehen,[72] wobei auch die erwerbswirtschaftliche Betätigung der öffentlichen Hand erfasst ist.[73] Zum Täterkreis zählen vor allem die Beschäftigten des Geschäftspartners. Nicht erfasst sind nach h. M.[74] Endverbraucher. **Vorlagen** sind alle Sachen, denen bei der Herstellung eine Vorbildfunktion zukommt,[75] wie Zeichnungen, Skizzen und Pläne. **Vorschriften technischer Art** sind schriftliche oder mündliche Anweisungen und Erläuterungen.[76] Erfasst sind u. a. Rezepturen und wissenschaftliche Testbeschreibungen. Das **Anvertrautsein** erfordert, dass die Tatobjekte mit der Auflage überlassen wurden, sie nur im Interesse des Anvertrauenden zu verwenden.[77] Tatbestandsmäßig ist der Verstoß gegen eine Nutzungsbeschränkung bzw. ein Offenlegungsverbot. Erfasst sind auch hier sowohl wirtschaftliche als auch nicht-wirtschaftliche Nutzungen.[78] 31

Subjektiv ist mindestens bedingter Vorsatz gefordert und ein Handeln zu Wettbewerbszwecken oder aus Eigennutz. Unnötige **Strafbarkeitslücken** bestehen dadurch, dass systemwidrig ein Handeln in der Absicht, dem Inhaber eines Unternehmens Schaden zuzufügen, oder ein Handeln zugunsten eines Dritten, nicht erfasst ist.[79] 32

VII. Qualifikationen (§ 23 Abs. 4 GeschGehG)

§ 23 Abs. 4 GeschGehG sieht für qualifizierte Fälle der Absätze 1 und 2 einen erhöhten Strafrahmen von bis zu fünf Jahren Freiheitsstrafe oder Geldstrafe vor. Erfasst sind drei Fallgruppen: Zum einen das **gewerbsmäßige Handeln** (Nr. 1), bei dem der Täter durch wiederholte Taten eine fortlaufende Einnahmequelle von gewisser Dauer und einigem Umfang anstrebt,[80] etwa im Fall finanziell motivierter Ausspähungen. Zum anderen ist die Offenlegung eines Geschäftsgeheimnisses in der **Vorstellung der Auslandsnutzung** einbezogen (Nr. 2). Dies gilt aber nur für die Geheimnishehlerei 33

---

71 BT-Drs. 19/4724, S. 41.
72 BGHSt 43, 270, 274.
73 Harte-Bavendamm, in: Harte-Bavendamm/Ohly/Kalbfus, § 23 GeschGehG Rn. 52.
74 RGSt 48, 76; OLG Karlsruhe WRP 1986, 623, 626; *Brammsen,* in: Brammsen/Apel, § 23 GeschGehG Rn. 164 m. w. N.
75 *Krell,* in: Graf/Jäger/Wittig, § 23 GeschGehG Rn. 90.
76 *Harte-Bavendamm,* in: Harte-Bavendamm/Ohly/Kalbfus, § 23 GeschGehG Rn. 55.
77 *Moritz,* in: Leitner/Rosenau, § 23 GeschGehG Rn. 97.
78 *Gramlich/Lütke,* § 23 GeschGehG Rn. 37.
79 *Gramlich/Lütke,* § 23 GeschGehG Rn. 38.
80 BGH NStZ 2004, 265, 266.

und den Geheimnisverrat durch Beschäftigte und setzt voraus, dass der Täter die Auslandsnutzung zumindest billigend in Kauf nimmt.[81] Erfasst ist auch die Nutzung in EU-Staaten.[82] Schließlich sind die Fälle der **tatsächlichen Auslandsnutzung** erfasst (Nr. 3), etwa wenn das Geheimnis dort zur Herstellung von Produkten eingesetzt wird.[83]

VIII. Versuch (§ 23 Abs. 5 GeschGehG)

34 Der Schutzbereich wird dadurch wesentlich vergrößert, dass § 23 Abs. 5 GeschGehG den Versuch aller Taten unter Strafe stellt. Damit sind Verhaltensweisen erfasst, die **ohne weitere wesentliche Zwischenakte** zur Verwirklichung des jeweiligen Tatbestands führen sollen.[84] Bei der Betriebsspionage reicht etwa ein Handeln, das auf den Zugang zu Geschäftsgeheimnissen oder das Kopieren von Daten abzielt. Im Fall der Geheimnishehlerei liegt etwa ein Versuch vor, wenn eine E-Mail mit dem Geheimnis versendet wird. Beim Geheimnisverrat durch Beschäftigte ist ein Versuch gegeben, wenn der Empfänger die Information bereits kennt.[85] Bei der Vorlagenfreibeuterei genügt es, wenn der Täter konkrete Schritte zur wirtschaftlichen Verwertung unternimmt.

IX. Auslandstaten (§ 23 Abs. 7 Satz 1 GeschGehG)

35 Praktisch besonders bedeutsam ist, dass wegen der Bezugnahme auf **§ 5 Nr. 7 StGB** (§ 23 Abs. 7 Satz 1 GeschGehG) die Tatbestände unabhängig vom Tatortrecht für die Verletzung von Geschäftsgeheimnissen im **Ausland** gelten. Voraussetzung ist, dass der Betrieb in Deutschland liegt, das Unternehmen seinen Sitz in Deutschland hat oder das Unternehmen mit Sitz im Ausland von einem Mutterunternehmen mit Sitz in Deutschland abhängig ist. Ein **inländischer Betrieb** liegt vor, wenn die Geschäfts- oder Produktionstätigkeit in Deutschland stattfindet. Ein Unternehmen hat seinen **Sitz im Inland**, wenn es hier seinen Firmen- oder Verwaltungssitz hat; **ausländische Tochterunternehmen** müssen einem inländischen Konzern untergeordnet sein (§ 18 Abs. 1 AktG).[86]

36 Darüber hinaus erweitert **§ 7 Abs. 2 Nr. 1 und 2 StGB** die Anwendbarkeit des § 23 GeschGehG auf solche Auslandstaten, die am Tatort strafbar sind oder dort keiner Strafgewalt unterliegen: Entweder weil der Täter zur Tatzeit **Deutscher** war oder danach wurde (Nr. 1, aktives Personalitätsprinzip), oder

---

81 *Brammsen,* in: Brammsen/Apel, § 23 GeschGehG Rn. 210.
82 OLG Düsseldorf BeckRS 2007, 143967 Rn. 6.
83 *Schönknecht,* in: Keller/Schönknecht/Glinke, § 23 GeschGehG Rn. 99, 101.
84 BGHSt 48, 34, 35 f.
85 *Moritz,* in: Leitner/Rosenau, § 23 GeschGehG Rn. 130.
86 *Ebert-Weidenfeller,* in: Achenbach/Ransiek/Rönnau, 3/3 Rn. 107.

Ausländer ist, in Deutschland betroffen wurde und nicht ausgeliefert wird (Nr. 2, stellvertretende Strafrechtspflege).

X. Versuch der Beteiligung (§ 23 Abs. 7 Satz 2 GeschGehG)

Einen weitergehenden Schutz bietet § 23 Abs. 7 Satz 2 GeschGehG durch die Erfassung von **Vorbereitungshandlungen**. Über den Verweis auf § 30 StGB sind vier Konstellationen einbezogen: die versuchte Anstiftung (§ 30 Abs. 1 StGB), das Sichbereiterklären (§ 30 Abs. 2 Alt. 1), die Annahme eines Erbietens (§ 30 Abs. 2 Alt. 2) sowie die Verabredung zur Tat (§ 30 Abs. 2 Alt. 3). Auch ein Rücktritt nach § 31 StGB ist möglich. Erfasst ist z. B. eine Verabredung, bei der sich mindestens zwei Personen über eine (Mit-)Täterschaft verständigen, sofern die geplante Tat in ihren Grundzügen bereits konkretisiert ist.[87] Erforderlich ist aber mindestens bedingter Vorsatz sowie ein Handeln zur Förderung des eigenen oder fremden Wettbewerbs oder aus Eigennutz; andere Motive bleiben – systemwidrig – straflos. Größere Bedeutung hat die Regelung bislang nicht erlangt.[88] 37

C. Bilanzstrafrecht

Dem Schutz von Geschäftsgeheimnissen dient im Bilanzstrafrecht die zentrale Strafvorschrift des **§ 333 HGB**. Sie sichert Verschwiegenheitspflichten (§ 323 Abs. 1 Satz 1 HGB) und Verwertungsverbote (§ 323 Abs. 1 Satz 2 HGB) strafrechtlich ab, die für **Abschlussprüfer** und ihre **Gehilfen** bei Pflichtprüfungen gelten. Einbezogen sind auch Büro-, Schreib- und Archivkräfte.[89] Das unbefugte Offenbaren von Gesellschaftsgeheimnissen ist in einem Grund- (Abs. 1) und Qualifikationstatbestand (Abs. 2 Satz 1) erfasst; das unbefugte Verwerten bildet einen eigenständigen Straftatbestand (Abs. 2 Satz 2). Der Schutz ist erforderlich, da Abschlussprüfungen Einsicht in interne Abläufe erfordern.[90] Die Tat kann auch durch pflichtwidriges Unterlassen (§ 13 StGB) begangen werden, etwa wenn trotz Anhaltspunkten für ein Ausspähen durch Dritte keine Schutzmaßnahmen ergriffen werden. Szenarien sind z. B. eine nicht abgesicherte Kommunikation oder Cloud-Nutzung.[91] Voraussetzung ist, dass eine Mitteilung, Weitergabe oder Weiterleitung eines Geheimnisses mindestens bedingt vorsätzlich nicht verhindert wird. 38

87 Siehe nur BGH NJW 2017, 2134.
88 *Harte-Bavendamm,* in: Harte-Bavendamm/Ohly/Kalbfus, § 23 GeschGehG Rn. 73j.
89 *Knierim/Kessler,* in: Leitner/Rosenau, § 333 Rn. 4.
90 BeckOGK-HGB/*Waßmer*, § 333 Rn. 1.
91 *Ehrenberg,* Die Verschwiegenheit der Angehörigen rechtsberatender, steuerberatender und wirtschaftsprüfender Berufe, S. 189.

39 Das **Gesellschaftsgeheimnis** reicht weiter als das Geschäftsgeheimnis (§ 2 Abs. 1 GeschGehG). Es handelt sich um eine nicht offenkundige, gesellschaftsbezogene Tatsache, für deren Geheimhaltung ein berechtigtes Interesse und ein Geheimhaltungswille bestehen,[92] unabhängig davon, ob Geheimhaltungsmaßnahmen vorliegen. Die Unterschiede sind dennoch gering, da regelmäßig angemessene Geheimhaltungsmaßnahmen vorhanden sein werden. Die traditionelle Unterscheidung zwischen „Betriebs- und Geschäftsgeheimnissen" (technisch vs. kaufmännisch),[93] die bei § 333 HGB beibehalten wurde, hat keine Konsequenzen, da beide gleichermaßen geschützt sind.

40 Verwandte Strafvorschriften befinden sich z. B. in § 404 AktG und § 85 GmbHG. Diese Vorschriften stellen nicht nur das unbefugte Offenbaren von Geheimnissen durch **Organmitglieder** und **Abwickler**, sondern subsidiär auch durch Prüfer unter Strafe. Auch hier können Unterlassungen bei vorhandener Garantenstellung tatbestandsmäßig sein, etwa im Kontext unzureichender Sicherheitsvorkehrungen.

D. Cyberstrafrecht

41 Die **§§ 202a–202d StGB**, die zum Cyberstrafrecht zählen, schützen vor dem Ausspähen, Abfangen und der Hehlerei digitaler Geschäftsgeheimnisse. Der sehr weite **Datenbegriff** (§ 202a Abs. 2 StGB) umfasst alle elektronisch, magnetisch oder anderweitig nicht unmittelbar wahrnehmbar gespeicherten oder übermittelten Informationen, etwa auf Festplatten, USB-Sticks oder in Datenbanken. Bedeutung erlangen die Strafvorschriften insbesondere beim Ausspähen von Datenbanken und beim Phishing.[94] Im Jahr 2023 betrafen 8 % aller Cyberstraftaten diese Vorschriften.[95] Es handelt sich um **Allgemeindelikte**, die sowohl Innen- als auch Außentäter erfassen.

I. § 202a StGB: Schutz vor dem Ausspähen

42 § 202a Abs. 1 StGB bewehrt den unbefugten Zugang zu besonders gesicherten, nicht für den Täter bestimmten Daten mit Freiheitsstrafe bis zu zwei Jahren oder Geldstrafe. Der Tatbestand hat auch für den Schutz von Geschäftsgeheimnissen Bedeutung, da er den „**digitalen Hausfriedensbruch**" erfasst. Bei digitalen Geschäftsgeheimnissen sind die Daten nicht für den Täter bestimmt. Ebenso sind **besondere Sicherungen** in Anbetracht des Erfordernisses angemessener Geheimhaltungsmaßnahmen vorhanden. Diese

92 BGH NJW 2006, 3424, 3425.
93 *Poll*, DZWIR 1995, 95, 96.
94 Bundeskriminalamt, Bundeslagebild Cybercrime 2023, S. 10.
95 Bundeskriminalamt, Bundeslagebild Cybercrime 2023, S. 8.

Maßnahmen können software- (Passwörter, Authentifizierungs-Apps) oder hardwarebasiert (Fingerabdruck-, Gesichts-, Retinascanner) sein.[96] Es genügt, dass der Täter sich oder einem Dritten **Zugang** verschafft. Das **Überwinden** der Sicherung erfordert zwar einen nicht unerheblichen Aufwand, kann andererseits aber auch durch wenige Klicks erfolgen, wenn der Täter über spezielle Kenntnisse oder Tools (z.B. Trojaner, Keylogger) verfügt.[97] „Unbefugt" verweist auf die allgemeine Rechtswidrigkeit. Eine Befugnis ist insbesondere dann vorhanden, wenn ein „Hacker" beauftragt wurde, Sicherheitslücken aufzuspüren.[98] **Subjektiv** ist zumindest bedingter Vorsatz erforderlich. Der **Versuch** der Tat ist straflos, im Gegensatz zur Vorbereitung der Tat (§ 202c StGB).[99]

II. § 202b StGB: Schutz vor dem Abfangen

§ 202b StGB bedroht das unbefugte Verschaffen nicht für den Täter bestimmter Daten mit Freiheitsstrafe bis zu zwei Jahren oder Geldstrafe, wenn diese aus einer nichtöffentlichen Datenübermittlung oder aus der elektromagnetischen Abstrahlung einer Datenverarbeitungsanlage stammen. Die Vorschrift dient dem **Lückenschluss.** Sie erfasst vor allem Fälle, in denen sich der Täter in einen laufenden Übermittlungsvorgang „einklinkt". Anders als bei § 202a StGB ist keine besondere Zugangssicherung erforderlich. 43

Geschützt sind auch hier digitale Geschäftsgeheimnisse. **Datenübermittlung** ist weit zu verstehen und umfasst etwa E-Mail, Fax, Telefon, Messenger, VoIP und Internetchats; maßgeblich ist, dass es sich um eine nichtöffentliche Übermittlung handelt, d.h. die Daten nur für einen begrenzten Empfängerkreis bestimmt sind.[100] Eine **elektromagnetische Abstrahlung** ist Folge der Aussendung von Signalen durch Geräte wie Monitore, Tastaturen oder Prozessoren, die durch spezielle Technik ausgewertet werden können, um Inhalte zu rekonstruieren.[101] Die **Anwendung technischer Mittel** umfasst sowohl den Einsatz von Hard- als auch Software oder Passwörtern, typisch sind das Mithören von Gesprächen oder das Mitlesen von E-Mails.[102] **Verschaffen** erfordert die tatsächliche Erlangung der Verfügungsgewalt über die Daten,[103] die das Geschäftsgeheimnis darstellen. Auch hier verweist das Merkmal „unbefugt" auf die allgemeine Rechtswidrigkeit. In **subjektiver** Hinsicht genügt bedingter Vorsatz. Vorbereitungshandlungen 44

96 *Tag*, in: Dölling/Duttge/König/Rössner, § 202a StGB Rn. 7.
97 BGH NStZ-RR 2020, 278.
98 BT-Drs. 16/3656, S. 10.
99 Krit. *Reinbacher*, in: Leitner/Rosenau, § 202a Rn. 21.
100 BT-Drs. 16/3656, S. 11.
101 BT-Drs. 16/3656, S. 11.
102 *Heger*, in: Lackner/Kühl/Heger, § 202b Rn. 3.
103 *Tag*, in: Dölling/Duttge/König/Rössner, § 202b StGB Rn. 3.

bezieht § 202c StGB ein, der Versuch des Abfangens ist dagegen straflos (vgl. Rn. 42).

III. § 202c StGB: Schutz im Vorfeld des Ausspähens und Abfangens

45 § 202c Abs. 1 StGB bedroht die **Vorbereitung einer Straftat** nach § 202a oder § 202b StGB mit Freiheitsstrafe bis zu zwei Jahren oder Geldstrafe. Dieses abstrakte Gefährdungsdelikt soll gefährliche Vorbereitungshandlungen erfassen und verschiebt damit die Strafbarkeit weit ins Vorfeld der eigentlichen Tatbegehung. Ziel sind insbesondere „Hacker-Tools", die eine hohe Missbrauchsgefahr aufweisen, im Internet leicht verfügbar sind und anonym heruntergeladen werden können.[104] Über §§ 303a Abs. 3, 303b Abs. 5 StGB gilt § 202c StGB auch für die Vorbereitung von Datenveränderungen und der Computersabotage. Aufgrund des frühen Vollendungszeitpunkts sind die Regelungen von § 149 Abs. 2 und 3 StGB zur tätigen Reue anwendbar (§ 202c Abs. 2 StGB).

46 § 202c Abs. 1 Nr. 1 erfasst neben Passwörtern auch sonstige **Sicherungscodes**, d. h. elektronische, biometrische oder kryptografische Zugangssicherungen, soweit diese den Zugang zu Daten ermöglichen.[105] Die in Nr. 2 genannten **Computerprogramme** können häufig auch legal verwendet werden („dual use"). Daher ist eine restriktive Auslegung geboten: Es muss sich nicht nur um ein zur Begehung von Straftaten geeignetes Programm handeln, sondern dessen Zweckbestimmung für eine illegale Nutzung muss sich objektiv manifestiert haben, etwa durch Werbung oder die Einbettung in ein kriminelles Szenario.[106] Die sechs Tatmodalitäten – herstellen, sich oder einem anderen verschaffen, verkaufen, überlassen, verbreiten oder sonst zugänglich machen – decken **typische Vorbereitungshandlungen** ab. Erfasst ist etwa das Phishing, ebenso wie das Posten von Passwörtern oder „Hacking Tools" in Internetforen. **Subjektiv** genügt auch hier bedingter Vorsatz. Ausreichend ist es, dass der Täter eine nachfolgende Straftat (§§ 202a, 202b, 303a oder 303b StGB) in den Grundzügen erkennt und billigend in Kauf nimmt.[107]

IV. § 202d StGB: Schutz vor Fremdhehlerei

47 § 202d Abs. 1 StGB erfasst das unbefugte Verschaffen, Überlassen oder Verbreiten von nicht allgemein zugänglichen Daten, sofern diese zuvor durch die rechtswidrige Tat eines Dritten erlangt wurden und der Täter mit Be-

104 BT-Drs. 16/3656, S. 11 f.
105 *Reinbacher,* in: Leitner/Rosenau, § 202c StGB Rn. 8.
106 BVerfG ZUM 2009, 745.
107 *Reinbacher,* in: *Leitner/Rosenau,* § 202c StGB Rn. 21.

reicherungs- oder Schädigungsabsicht handelt. Angedroht ist eine Freiheitsstrafe von bis zu drei Jahren oder Geldstrafe, wobei die für die Vortat angedrohte Strafe nicht überschritten werden darf (§ 202d Abs. 2 StGB). Dieses **Anschlussdelikt** soll **Strafbarkeitslücken** schließen.[108]

Erforderlich ist, dass der Täter sich oder einem Dritten die **tatsächliche Verfügungsmöglichkeit** über digitale Geschäftsgeheimnisse verschafft. Erfasst sind insbesondere das Kopieren von Daten und der Erwerb von Datenträgern.[109] Geschützt sind auch im Darknet kursierende geheime Daten.[110] Für beruflich oder dienstlich legitimiertes Handeln besteht ein Tatbestandsausschluss (§ 202d Abs. 3 StGB), etwa im Zusammenhang mit sog. Steuerdaten-CDs.[111] **Subjektiv** genügt bedingter Vorsatz, auch in Bezug auf die Kenntnis von der Herkunft der Daten aus einer rechtswidrigen Vortat. Hinzukommen muss die Absicht der eigenen oder fremden Bereicherung oder der Schädigung eines Dritten, wobei das Bereiten immaterieller Nachteile genügt.[112] **48**

V. § 303a StGB: Schutz der Integrität von Daten

§ 303a StGB schließt wie 303b StGB Strafbarkeitslücken im Bereich der **Sachbeschädigung**, die durch die Ausrichtung des § 303 StGB an Sachen bestehen. Durch die Digitalisierung haben diese Vorschriften für Geschäftsgeheimnisse an Bedeutung gewonnen, da sie die zugrunde liegenden Daten und die Datenverarbeitung schützen. **49**

§ 303a Abs. 1 StGB bedroht das unbefugte Löschen, Unterdrücken, Unbrauchbarmachen oder Verändern von Daten mit Freiheitsstrafe von bis zu zwei Jahren oder Geldstrafe. Geschützt sind die Integrität und die Verwendbarkeit von Daten.[113] Der Versuch ist gemäß Abs. 2 strafbar. Darüber hinaus verweist Abs. 3 auf das Vorbereitungsdelikt des § 202c StGB. Taugliche Tatobjekte sind **sämtliche Daten**, auch in der Übertragungsphase,[114] sofern sie – wie Geschäftsgeheimnisse – einem fremden Verfügungsrecht unterliegen. Die **Tathandlungen** können verschiedene Formen annehmen: Unter „Verändern" fällt jede inhaltliche Umgestaltung, etwa durch das Hinzufügen oder Löschen von Datenbestandteilen in Kundenlisten; „Unbrauchbarmachen" liegt vor, wenn die Gebrauchstauglichkeit – insbesondere durch gezielte Verfälschung – aufgehoben wird; das „Löschen" erfasst das voll- **50**

108 BT-Drs. 18/5088, S. 25 f.
109 *Heger,* in: Lackner/Kühl/Heger, § 202d Rn. 2.
110 *Reinbacher,* in: Leitner/Rosenau, § 202d StGB Rn. 9.
111 BT-Drs. 18/5088, S. 48.
112 BT-Drs. 18/5088, S. 47.
113 *Heger,* in: Lackner/Kühl/Heger, § 303a Rn. 1.
114 *Weiler,* in: Dölling/Duttge/König/Rössner, § 303a StGB Rn. 2.

ständige Entfernen von Daten, während ein „Unterdrücken“ bereits dann vorliegt, wenn der Zugriff behindert oder verzögert wird.[115] Eine Begehung durch Unterlassen ist beim pflichtwidrigen Nichthandeln eines Garanten denkbar.[116] Das **Versuchsstadium** beginnt etwa bereits mit der Installation von Schadsoftware.[117] Das Merkmal „rechtswidrig“ ist nach h. M.[118] ein Tatbestandsmerkmal, da die Tathandlungen als solche noch kein Unrecht beschreiben, womit der Irrtum über eine Befugnis tatbestandsausschließend wirkt. **Subjektiv** genügt bedingter Vorsatz.

VI. § 303b StGB: Schutz vor Computersabotage

51 § 303b Abs. 2 StGB bedroht die erhebliche Störung der Datenverarbeitung eines fremden Betriebs oder Unternehmens mit Freiheitsstrafe bis zu fünf Jahren oder Geldstrafe. Erfasst wird das Verändern von Daten (Abs. 1 Nr. 1), das Eingeben oder Übermitteln von Daten in Schädigungsabsicht (Abs. 1 Nr. 2) sowie das Zerstören, Beschädigen, Unbrauchbarmachen, Beseitigen oder Verändern von Datenverarbeitungsanlagen und Datenträgern (Abs. 1 Nr. 3). Anders als § 303a StGB werden nicht die Daten geschützt, sondern die Funktionsfähigkeit der zugrunde liegenden **Infrastruktur**,[119] etwa von Rechenzentren, in denen Geschäftsgeheimnisse abgelegt sind. Der Versuch ist strafbar (Abs. 3), ebenso sind Vorbereitungshandlungen über § 202c StGB einbezogen (Abs. 5). Zum **Täterkreis** zählen neben Außentätern auch Innentäter, wegen des Erfordernisses der Fremdheit jedoch nicht der Inhaber.[120]

52 Der weite Begriff **Datenverarbeitung** umfasst alle technischen Vorgänge.[121] Eine **erhebliche Störung** setzt voraus, dass Abläufe durch Eingriffe in Schlüsselfunktionen – etwa durch Schadsoftware, DoS-/DDoS-Attacken oder systemkritische Eingriffe – unterbrochen werden, womit der Zugriff blockiert ist bzw. die Systeme neu aufgesetzt werden müssen.[122] **Besonders schwere Fälle** werden gemäß § 303b Abs. 4 StGB schärfer sanktioniert. Regelfälle bilden die Herbeiführung eines Vermögensverlustes großen Ausmaßes (Satz 2 Nr. 1), das gewerbs- oder bandenmäßige Handeln (Satz 2 Nr. 2) sowie die Beeinträchtigung der Versorgung der Bevölkerung mit lebenswichtigen Gütern oder Dienstleistungen oder der Sicherheit der Bun-

---

115 *Heger,* in: Lackner/Kühl/Heger, § 303a Rn. 3.

116 *Schulze-Heiming,* Der strafrechtliche Schutz der Computerdaten gegen die Angriffsformen der Spionage, Sabotage und des Zeitdiebstahls, S. 183.

117 *Weiler,* in: Dölling/Duttge/König/Rössner, § 303a StGB Rn. 11.

118 *Heger,* in: Lackner/Kühl/Heger, § 303a Rn. 4 m. w. N.

119 BT-Drs. 10/5058, S. 13.

120 *Reinbacher,* in: Leitner/Rosenau, § 303b StGB Rn. 8.

121 *Weiler,* in: Dölling/Duttge/König/Rössner, § 303b StGB Rn. 3.

122 BGH NJW 2021, 2301.

desrepublik (Satz 2 Nr. 3). Durch Unterlassen kann sich auch hier strafbar machen, wer die Begehung einer Tat pflichtwidrig nicht verhindert.[123] **Subjektiv** genügt bedingter Vorsatz. Zusätzlich fordert § 303b Abs. 1 Nr. 2 StGB die Absicht der Zufügung eines Nachteils, sei er finanzieller oder ideeller Natur.[124]

E. Staatschutzdelikte

Geschäftsgeheimnisse können auch in den Schutzbereich der Staatsschutzdelikte fallen, die aufgrund von **§ 5 Nr. 4 StGB** auf **Auslandstaten** unabhängig vom Recht des jeweiligen Tatorts Anwendung finden. 53

I. Schutz von Staatsgeheimnissen (§§ 94–98 StGB)

Die **§§ 94–97b StGB** stellen das Weitergeben, Erlangen oder Offenbaren von Staatsgeheimnissen unter Strafe: Landesverrat (§ 94); Offenbarung und Ausspähung von Staatsgeheimnissen (§§ 95, 96) sowie deren Preisgabe (§ 97); Verrat illegaler Geheimnisse (§ 97a) nebst irrigen Annahmen darüber (§ 97b). Voraussetzung der Strafbarkeit nach §§ 94 ff. StGB ist die **konkrete Gefahr** eines schweren außenpolitischen Schadens.[125] Zudem ist teilweise erforderlich, dass das Geheimnis von einer amtlichen Stelle oder auf deren Veranlassung geschützt wurde (§§ 95 Abs. 1, 96 Abs. 2, 97 StGB), also wie bei § 2 Abs. 1 GeschGehG angemessene Geheimhaltungsmaßnahmen ergriffen wurden. 54

Ein **Staatsgeheimnis** liegt nach § 93 Abs. 1 StGB nur bei solchen Informationen vor, deren Geheimhaltung gegenüber einer fremden Macht zwingend erforderlich ist, um schwere Nachteile für die äußere Sicherheit Deutschlands zu vermeiden. Damit geht es vor allem um militärische oder nachrichtendienstliche Informationen.[126] Hierunter können auch Geschäftsgeheimnisse fallen, etwa in der **Rüstungsindustrie** oder beim Betrieb kritischer Infrastrukturen.[127] „Angemessene" Schutzmaßnahmen sind grds. nicht erforderlich. An einem Staatsgeheimnis fehlt es allerdings, wenn die betreffende Information gegen die freiheitliche demokratische Grundordnung oder gegen völkerrechtlich bindende Rüstungsabkommen verstößt (§ 93 Abs. 2 StGB). Bei derartigen Informationen geht das Interesse an der Aufdeckung und Beseitigung vor.[128] 55

---

123 *Weiler,* in: Dölling/Duttge/König/Rössner, § 303b StGB Rn. 10.

124 *Reinbacher,* in: Leitner/Rosenau, § 303b StGB Rn. 15.

125 BGHSt 63, 288.

126 BGHSt 24, 72, 75.

127 *Drescher,* Industrie- und Wirtschaftsspionage in Deutschland, S. 379.

128 *Sternberg-Lieben/Weißer,* in: TK-StGB, § 93 Rn. 22.

56 Ergänzend erfasst das abstrakte Gefährdungsdelikt der **landesverräterischen Agententätigkeit** (§ 98 Abs. 1 StGB) das Vorfeld von Landesverrat und landesverräterischer Ausspähung. Strafbar ist eine Tätigkeit für eine fremde Macht, die auf die Erlangung oder Mitteilung von Staatsgeheimnissen gerichtet ist (Nr. 1), oder das Sichbereiterklären zu einer solchen Tätigkeit gegenüber einer fremden Macht oder einem ihrer Mittelsmänner (Nr. 2), wobei dies eine ernst gemeinte Willensbekundung voraussetzt.[129]

II. Schutz vor geheimdienstlicher Agententätigkeit (§ 99 StGB)

57 Für die Bekämpfung der ausländischen Spionagetätigkeit hat § 99 StGB zentrale Bedeutung.[130] Dieser **Auffangtatbestand** schützt auch dann die Interessen der Bundesrepublik, wenn es nicht um Staatsgeheimnisse geht. § 99 Abs. 1 StGB erfasst zum einen die geheimdienstliche Tätigkeit für eine fremde Macht, die auf die Mitteilung oder Lieferung von Tatsachen, Gegenständen oder Erkenntnissen zielt (Nr. 1), zum anderen das Sichbereiterklären zu einer solchen Tätigkeit (Nr. 2).

58 Ein **Geheimdienst einer fremden Macht** ist eine staatliche Institution oder ein staatlich gesteuertes Unternehmen mit nachrichtendienstlichen Aufgaben.[131] Der Begriff „**Tätigkeit**" erfasst alle Handlungen, die typischerweise der Informationsbeschaffung durch Agenten oder deren Helfer dienen, unabhängig davon, ob sie konspirativ oder offen erfolgen.[132] Entscheidend ist die funktionale Eingliederung in einen Geheimdienst.[133] Erfasst sind als **Tathandlungen** neben der „Mitteilung" und „Lieferung" von Tatsachen, Gegenständen oder Erkenntnissen auch Tätigkeiten, die auf deren „Erlangung" gerichtet sind, selbst wenn diese Modalität in § 99 StGB – anders als in § 98 StGB – nicht aufgeführt ist, da der Gesetzgeber jede Beteiligung an geheimdienstlicher Tätigkeit erfassen wollte und letztlich die Mitteilung bzw. Lieferung an einen Geheimdienst bezweckt wird.[134] Die Tat muss sich **gegen die Bundesrepublik** in ihrer „funktionalen Stellung als politische Macht" richten,[135] wobei es um wirtschaftliche, technologische oder gesellschaftliche Interessen gehen kann.[136] Damit sind Geschäftsgeheimnisse in Schlüsselindustrien oder kritischen Infrastrukturen erfasst. **Subjektiv** genügt bedingter Vorsatz.[137]

---

129 OLG Celle NJW 1991, 579.
130 BT-Drs. V/2860, S. 22.
131 BGH NStZ-RR 2005, 305, 305 f.
132 BT-Drs. V/2860, S. 22.
133 BGH NStZ 2007, 93, 94.
134 BGHSt 24, 369, 377.
135 BGH NStZ-RR 2019, 177.
136 *Safferling/Rückert,* ZStW 2020, 367, 372.
137 BGHSt 31, 317, 321.

F. Strafantrag und Geheimhaltung

I. Strafantrag

Die Bilanzstraftaten, die dem Schutz von Geheimhaltungspflichten dienen, sind als **absolute Antragsdelikte** ausgestaltet (§ 333 Abs. 3 HGB, § 404 Abs. 3 AktG und § 85 Abs. 3 GmbHG), sodass ohne Strafantrag keine Strafverfolgung stattfindet. Dagegen handelt es sich bei der Verletzung von Geschäftsgeheimnissen (§ 23 GeschGehG), dem Ausspähen und Abfangen von Daten (§§ 202a, 202b StGB), der Datenhehlerei (§ 202d StGB), Datenveränderung (§ 303a StGB) und Computersabotage (§ 303b StGB) um **relative Antragsdelikte**. Wird ein Strafantrag nicht gestellt, kann die Strafverfolgung bei diesen Delikten auch dann erfolgen, wenn ein besonderes öffentliches Interesse bejaht wird (§ 23 Abs. 8 GeschGehG, §§ 205 Abs. 1 Satz 2, 303c StGB). Zu den **Offizialdelikten,** die von Amts wegen verfolgt werden, zählen die besonders schweren Fälle der Computersabotage (§ 303b Abs. 4 StGB), das (opferlose) Vorfelddelikt des § 202c StGB und die Staatsschutzdelikte der §§ 94 ff. StGB. 59

Der **Strafantrag** hat damit erhebliche Bedeutung für die Strafverfolgung. Die bisherige Praxis ist jedoch von großer Zurückhaltung geprägt,[138] da die betroffenen Unternehmen **Nachteile** befürchten. Zum einen drohen durch das Bekanntwerden von Vorfällen Imageschäden, zum anderen Betriebsunterbrechungen infolge strafprozessualer Maßnahmen wie Beschlagnahmen oder der Befragung von Mitarbeitenden.[139] Auch das mangelnde Vertrauen in die Erfolgsaussichten staatlicher Ermittlungen spielt eine Rolle, insbesondere bei Taten mit Auslandsbezug.[140] Weiter bestehen Unsicherheiten im Hinblick auf mögliche Haftungsrisiken und die Bekanntgabe sensibler Informationen. Allerdings hat ein Strafantrag auch erhebliche **Vorteile**. Er dokumentiert die Entschlossenheit des Unternehmens, Rechtsverletzungen zu verfolgen, und entfaltet damit abschreckende Wirkung. Ein Strafverfahren kann die Durchsetzung zivilrechtlicher Ansprüche – etwa auf Unterlassung, Beseitigung oder Schadensersatz (§§ 6 ff. GeschGehG) – erleichtern, da die staatlichen Ermittlungen Zugang zu Informationen verschaffen, die im Zivilverfahren nicht zugänglich wären.[141] Gemäß § 273a ZPO können die Gerichte streitgegenständliche Informationen auf Antrag als geheimhaltungsbedürftig einstufen, wenn ein Geschäftsgeheimnis i. S. v. § 2 Nr. 1 60

---

138 *Wallwaey/Waldheim,* in: Wallwaey/Bollhöfer/Knickmeier, S. 32.

139 *Dreißigacker/von Skarczinski/Wollinger,* Cyberangriffe gegen Unternehmen in Deutschland, S. 21, 24.

140 *Dreißigacker/von Skarczinski/Wollinger,* Cyberangriffe gegen Unternehmen in Deutschland, S. 40.

141 *Waßmer,* in: Peifer, § 23 GeschGehG Rn. 301.

GeschGehG vorliegt. Das Stellen eines Strafantrags bedarf daher im Einzelfall einer **sorgfältigen Abwägung**.

61 **Antragsberechtigt** ist der Verletzte. Bei der Verletzung von Geschäftsgeheimnissen ist dies der Inhaber oder ein zur Nutzung Berechtigter.[142] Gleiches gilt für das Ausspähen, Abfangen oder Verändern von Daten sowie für die Datenhehlerei.[143] Bei der Computersabotage ist der Inhaber der Datenverarbeitungsanlage antragsberechtigt.[144] Bei Verletzung von Geheimhaltungspflichten ist die Gesellschaft selbst antragsberechtigt (§ 333 Abs. 3 HGB, § 404 Abs. 3 AktG, § 85 Abs. 3 GmbHG), in manchen Fällen sind auch einzelne Personen berechtigt (§ 404 Abs. 3 S. 2 AktG, § 85 Abs. 3 Satz 2 und 3 GmbHG). Sind mehrere Personen berechtigt, kann jede den Strafantrag stellen (§ 77 Abs. 4 StGB). Für juristische Personen und Personenvereinigungen handeln ihre Organe.[145]

62 **Inhaltlich** genügt der Wille zur strafrechtlichen Verfolgung, der bereits in der Strafanzeige zum Ausdruck gelangen kann. Die Antragsfrist beträgt drei Monate (§ 77b Abs. 1 StGB) und beginnt mit der Kenntnis des Antragstellers von Tat und Täter (§ 77b Abs. 2 S. 1 StGB). Sind mehrere Personen antragsberechtigt, läuft die Frist jeweils gesondert. Bei unbekannten Tätern ist Anzeige gegen Unbekannt zu erstatten. Ein gestellter Antrag kann bis zum rechtskräftigen Abschluss des Verfahrens zurückgenommen werden (§ 77d Abs. 1 Satz 1, 2 StGB), die Rücknahme ist unwiderruflich und unanfechtbar.

63 Ein **besonderes öffentliches Interesse** an der Verfolgung der Verletzung von Geschäftsgeheimnissen (§ 23 GeschGehG) ist vor allem dann anzunehmen, wenn erschwerende Umstände vorliegen: einschlägig vorbestrafte Täter; erhebliche wirtschaftliche Schäden; Ausspähen mehrerer Unternehmen; existenzbedrohende Folgen (vgl. Nr. 260a Abs. 1 RiStBV). In den Fällen des § 23 Abs. 4 GeschGehG darf das öffentliche Verfolgungsinteresse nur in Ausnahmefällen verneint werden (Nr. 260a Abs. 2 Satz 1 RiStBV). Gleiches gilt, wenn das Geschäftsgeheimnis im Ausland verwendet werden soll (Nr. 260a Abs. 2 Satz 2 RiStBV). Entsprechendes gilt für das Ausspähen und Abfangen von Daten sowie die Datenhehlerei (§§ 202a, 202b, 202d StGB). Bei der Datenveränderung (§ 303a StGB) wird das öffentliche Interesse bejaht werden, wenn besonders sensible Geschäftsgeheimnisse betroffen sind und ein hoher wirtschaftlicher Schaden eingetreten ist.[146] Bei der Computersabotage ist ein Einschreiten von Amts wegen geboten, wenn die betroffene

142 *Brammsen*, in: Brammsen/Apel, § 23 GeschGehG Rn. 295.
143 *Reinbacher*, in: Leitner/Rosenau, § 205 StGB Rn. 6 ff.
144 *Reinbacher*, in: Leitner/Rosenau, § 303b StGB Rn. 37.
145 MüKo-StGB/*Hohmann*, § 23 GeschGehG Rn. 173.
146 TK-StGB/*Hecker*, § 303c Rn. 6.

Datenverarbeitung wesentliche Bedeutung hat (§ 303b Abs. 2 StGB), da solche Angriffe auch Allgemeininteressen stark beeinträchtigen.[147]

II. Geheimhaltung

64 Viele Unternehmen befürchten, sensible Informationen könnten im Strafverfahren öffentlich bekannt werden. In der Praxis bestehen jedoch Schutzmechanismen, um die Vertraulichkeit zu wahren. So ist im **Ermittlungsverfahren** auf Wunsch des Geschädigten sicherzustellen, dass Geschäftsgeheimnisse nur insoweit schriftlich in der Ermittlungsakte dokumentiert werden, wie dies unbedingt erforderlich ist (§ 260b Abs. 1 RiStBV). In Bezug auf die Akteneinsicht ist sorgfältig zu prüfen, ob Gründe der Geheimhaltung entgegenstehen (§§ 260b Abs. 2, 3 RiStBV). Daher empfiehlt es sich, auf bestehende Geschäftsgeheimnisse explizit hinzuweisen, präventiv der Einsichtnahme durch Dritte zu widersprechen und bei der Entscheidung über die Akteneinsicht rechtliches Gehör zu beantragen.[148] In der **Hauptverhandlung** kann die Öffentlichkeit ganz oder teilweise ausgeschlossen werden (§ 172 Nr. 2 GVG). Ergänzend kann die Geheimhaltung einzelner Tatsachen angeordnet werden (§ 174 Abs. 3 GVG). Die Geheimhaltungsvorschrift des § 16 GeschGehG findet im Strafverfahren dagegen keine Anwendung, da sie ausschließlich für zivilrechtliche Streitsachen konzipiert ist.[149]

III. Zuständigkeiten

65 Straftaten nach § 23 GeschGehG sind **Wirtschaftsstrafsachen** (vgl. § 74c Abs. 1 Nr. 1 GVG). Bei komplexeren oder besonders gewichtigen Fällen wird regelmäßig eine Schwerpunktstaatsanwaltschaft für Wirtschafts- oder Cyberkriminalität mit den Ermittlungen betraut. Die Wirtschaftsstrafkammer ist erst bei besonderem Umfang oder herausragender Bedeutung zuständig (§§ 24 Abs. 1 Nr. 3, 74 Abs. 1 Nr. 1 GVG). Staatsschutzsachen fallen in den Zuständigkeitsbereich der Staatsschutzsenate bei den Oberlandesgerichten (§ 120 Abs. 1 Nr. 3 GVG). Bei einem Anfangsverdacht kann der Generalbundesanwalt das Verfahren an sich ziehen (§§ 142a, 74a GVG), was die sicherheitsrechtliche Relevanz der Delikte unterstreicht.

IV. Rechtsfolgen

66 Die hier betrachteten Strafvorschriften, die dem Schutz von Geschäftsgeheimnissen dienen (§ 23 GeschGehG; § 333 HGB) bzw. Geschäftsgeheimnisse mitschützen (§§ 202a bis 202d StGB; §§ 303a, 303b StGB), sind blo-

147 TK-StGB/*Hecker*, § 303c Rn. 6.
148 BeckOK GeschGehG/*Hiéramente*, § 23 Rn. 84.
149 Krit. *Ohly*, GRUR 2019, 441, 450.

ße **Vergehen**. Dagegen sind die Staatschutzdelikte der §§ 94–99 StGB z. T. **Verbrechen** (§§ 94 Abs. 1, 96 Abs. 1, 97a, 97b StGB). Hierin spiegelt sich der hohe Unrechtsgehalt dieser Taten deutlich wider. Teilweise droht sogar lebenslange Freiheitsstrafe (z. B. § 94 Abs. 2 StGB). In Fällen der Bereicherung bzw. beim Vorliegen von Bereicherungsabsicht ist die Kombination von Freiheits- und Geldstrafe möglich (§ 41 StGB). Zusätzlich kann ein **Fahrverbot** (§ 44 StGB) für die Dauer bis zu sechs Monaten angeordnet werden. Diese Nebenstrafe kann zwar seit einiger Zeit auch außerhalb der Verkehrsdelikte verhängt werden, sie hat jedoch wie das **Berufsverbot** (§ 70 StGB), das für bis zu fünf Jahre oder sogar unbefristet angeordnet werden kann, bisher nur geringe praktische Bedeutung.[150]

67 Haben Täter oder Teilnehmer „durch" oder „für" die Tat einen Vermögensvorteil erlangt, ist nach §§ 73 ff. StGB die **Einziehung** des Tatertrags anzuordnen. Bei Verstößen gegen § 23 GeschGehG kommt regelmäßig eine Wertersatzeinziehung in Betracht.[151] Darüber hinaus greift die erweiterte Einziehung (§ 73a StGB), sodass auch Vermögenswerte eingezogen werden können, deren Herkunft nicht konkret einer abgeurteilten Straftat zugeordnet werden kann, sofern sie aus „anderen rechtswidrigen Taten" stammen. Bedeutung kann zudem die Einziehung von Tatprodukten und Tatmitteln nach § 74 StGB erlangen, etwa die Einziehung der verwendeten Geräte und Computer.[152]

68 Neben strafrechtlichen Sanktionen gegen natürliche Personen kann auch eine **Verbandsgeldbuße** (§ 30 OWiG) gegen Unternehmen verhängt werden, die als juristische Person oder Personenvereinigung verfasst sind, wenn die Leitungspersonen betriebsbezogene Straftaten begehen. Gleiches gilt, wenn vorsätzliche oder fahrlässige Pflichtverletzungen bei der Aufsicht über Mitarbeitende (§ 130 OWiG) festgestellt werden.

G. Schutzmaßnahmen und Präventionsangebote

69 Mit der zunehmenden Digitalisierung und globalen Vernetzung wachsen die Risiken für Geschäftsgeheimnisse. Notwendig ist ein umfassendes **Informationsmanagement,** das organisatorische, technische, rechtliche und personelle Schutzmaßnahmen kombiniert.[153] Dies ist bereits deshalb geboten, weil nur angemessen geschützte Informationen nach dem GeschGehG überhaupt geschützt sind (Rn. 15). Eine belastbare Dokumentation ist daher sehr wichtig. Empfehlenswert ist es, den Schutz von Geschäftsgeheimnissen in der **Compliance-Abteilung** anzusiedeln und den Compliance Officer

150 *Waßmer,* in: Graf/Jäger/Wittig, § 70 StGB Rn. 5 m. w. N.
151 *Brammsen,* in: Brammsen/Apel, § 23 GeschGehG Rn. 72.
152 *Erdogan/Lamsfuß,* medstra 2023, 223, 226.
153 *Maaßen,* GRUR 2019, 352, 357 ff.

als Geheimnisschutzbeauftragten zu benennen.[154] In branchenspezifischen Standards wie der **ISO 27001** ist festgelegt, welche Bedingungen ein Informationssicherheits-Managementsystem (ISMS) erfüllen muss. Für die Betreiber Kritischer Infrastrukturen existieren **gesetzliche Vorgaben,** die durch die Ende Juli 2025 beschlossene (verspätete) Umsetzung der NIS-2-Richtlinie (EU) 2022/2555 erheblich erweitert und modifiziert werden.[155] In ihrer Gesamtheit tragen diese Maßnahmen dazu bei, die Integrität, Verfügbarkeit und Vertraulichkeit von Geschäftsgeheimnissen in einer zunehmend digitalisierten Wirtschaftsumgebung nachhaltig zu sichern.

I. Schutzmaßnahmen

Der Schutz von Geschäftsgeheimnissen bedarf der Durchführung von **Risikoanalysen,** die alle wesentlichen geheimhaltungsbedürft gen Informationen identifizieren und kategorisieren. Verbreitet ist die Unterscheidung von vier **Schutzklassen** nebst Angabe des Schadenspotenzials:[156] öffentlich – kein Schaden zu erwarten; intern – (geringer) Schaden nicht auszuschließen; vertraulich – finanzieller Schaden, Schwächung der Marktposition, mögliche negative rechtliche Konsequenzen, Beeinträchtigung des Unternehmensansehens; streng vertraulich – erheblicher wirtschaftlicher Schaden, gravierende rechtliche Konsequenzen, signifikante Kursverluste, erhebliche Reputationsschäden. **70**

Resultiert der Geheimnischarakter nicht eindeutig aus den Umständen, ist eine entsprechende **Kennzeichnung** vorzunehmen. „Kronjuwelen", d.h. Informationen, deren Verlust oder Beeinträchtigung gravierende Folgen hätte, erfordern weitergehende Schutzmaßnahmen, wie erweiterte Zugriffskontrollen und technische Absicherungen. Für jede Schutzklasse sind interne Vorgaben zu definieren, die regeln, wie die jeweiligen Informationen sowohl intern als auch extern zu behandeln sind. Diese Vorgaben sind in Form von Standards festzuhalten und unternehmensweit zu kommunizieren.[157] **71**

Darüber hinaus ist die Implementierung von **Notfallplänen** (Incident Response Plans, IRP) angezeigt, um bei verdächtigen Aktivitäten, Sicherheitslücken oder Datenverlusten eine sofortige Reaktion zu gewährleisten. Ziel ist es, Schäden schnell zu erkennen, zu begrenzen und zu beheben. Hierzu sind Meldeketten zu etablieren, in denen Ansprechpartner benannt werden. **72**

---

154 *Hiéramente/Golzio,* CCZ 2018, 262.

155 Hierzu https://www.bundesregierung.de/breg-de/aktuelles/nis-2-richtlinie-deutschland-2373174.

156 Bundesministerium des Innern, für Bau und Heimat, Informationsabfluss aus Unternehmen, S. 18.

157 Vgl. Bundesministerium des Innern, für Bau und Heimat, Informationsabfluss aus Unternehmen, S. 20.

Eine Eskalationsmatrix ermöglicht die Priorisierung von Vorfällen nach dem Schweregrad. Standardisierte Notfallprotokolle können zur Eindämmung und nachhaltigen Behebung von Sicherheitsvorfällen wesentlich beitragen.[158]

73 Serverräume, Archive und andere kritische Bereiche sind durch **physische Schutzmaßnahmen** – wie Zugangskontrollen, Barrieren, Alarmanlagen, Videoüberwachung sowie Wachpersonal – abzusichern. **Technische Schutzmaßnahmen** umfassen u. a. Firewalls zur Kontrolle des ein- und ausgehenden Datenverkehrs sowie eine Ende-zu-Ende-Verschlüsselung für die sichere Übertragung und Speicherung sensibler Informationen.[159] Die Implementierung einer Zwei-Faktor-Authentifizierung (2FA) verringert das Risiko unbefugter Zugriffe und trägt zur Erfüllung gesetzlicher Anforderungen bei.[160] Unerlässlich sind Sicherheitsupdates, strikte Weitergabekontrollen sowie die Verpflichtung externer Dienstleister auf hohe Sicherheitsstandards.[161] Zur frühzeitigen Erkennung von Angriffen können **Intrusion-Detection-Systeme** (IDS) zum Einsatz gelangen, die Netzwerk- und Systemaktivitäten kontinuierlich überwachen.[162] Für Betreiber Kritischer Infrastrukturen besteht insoweit bereits eine Verpflichtung nach § 8a BSIG.

74 Zu den **personellen Schutzmaßnahmen** zählen Sicherheitsüberprüfungen bei Neueinstellungen[163] und die Sensibilisierung der Mitarbeitenden. Diese kann im Rahmen von „Security-Awareness-Trainings" erfolgen. Hierbei kann über aktuelle Gefahren informiert werden, um manipulative Kommunikationsformen und Schadprogramme zu erkennen.[164] Weiter ist der sichere Umgang mit Daten zu thematisieren (Passwortmanagement; Verschlüsselungen), über den Umgang mit Geschäftsgeheimnissen und über Meldewege zu informieren. Zentrale Bedeutung haben **Verschwiegenheitsklauseln** (Non-Disclosure Agreements – NDAs) in Arbeitsverträgen sowie in Liefer-, Lizenz-, Kooperations-, Entwicklungs- und Forschungsvereinbarungen. Nachvertragliche Wettbewerbsverbote gestatten es zwar, den Abfluss sensiblen Know-hows zu verhindern, strafrechtlich besteht aber grds. kein nachvertraglicher Geheimnisschutz (Rn. 26).

---

158 *Gliss,* DSB 2017, 13, 14.

159 Bundesamt für Sicherheit in der Informationstechnik, Einsatzbereiche verschlüsselter Kommunikation.

160 Bundesamt für Verfassungsschutz, Sicherheitshinweis für die Wirtschaft, 04/2022, S. 3.

161 *Wallwaey/Waldheim,* in: Wallwaey/Bollhöfer/Knickmeier, S. 31.

162 IONOS Redaktion, Was ist ein Intrusion-Detection-System (IDS)?, 10.10.2023.

163 Bundesministerium des Innern, für Bau und Heimat, Informationsabfluss aus Unternehmen, S. 24.

164 Bundesministerium des Innern, für Bau und Heimat, Informationsabfluss aus Unternehmen, S. 27.

Im Übrigen ist eine **restriktive Zugriffskontrolle** nach dem Need-to-Know-Prinzip angezeigt, um den Zugang zu Geschäftsgeheimnissen auf einen eng begrenzten Personenkreis zu beschränken.[165] Unterstützt wird die Zugriffskontrolle durch kontinuierlich aktualisierte Berechtigtenlisten und den sofortigen Entzug von Zugriffsrechten bei Aufgabenbeendigung, Clean-Desk-Vorgaben sowie das Verbot der Nutzung privater Speichermedien und Kommunikationskanäle für vertrauliche Informationen.[166] **75**

Schließlich ist für den wirksamen Schutz von Geschäftsgeheimnissen die **Unternehmenskultur** sehr wichtig.[167] Die Integration des Geheimnisschutzes in die Unternehmensstrategie und die Benennung eines Geheimnisschutzbeauftragten signalisieren, dass umfangreiche Schutzmaßnahmen getroffen werden. Ein faires und wertschätzendes Führungsverhalten stärkt die soziale Bindung und Loyalität, ein verantwortungsbewusster Umgang mit sensiblen Daten, eine Kultur der Wachsamkeit sowie Offenheit im Umgang mit Fehlern sorgen dafür, dass Sicherheitsvorfälle schnell gemeldet und behoben werden können.[168] Geboten ist insoweit gerade mit Blick auf die zunehmende Digitalisierung die regelmäßige Kontrolle der Maßnahmen, um deren Wirksamkeit zu überprüfen und auf neue Bedrohungen umgehend reagieren zu können. **76**

II. Präventionsangebote

Für die Prävention bestehen in Deutschland – wie auch in anderen EU-Staaten[169] – staatliche Präventionsangebote. Die **Initiative Wirtschaftsschutz**, eine vom Bundesministerium des Innern koordinierte Kooperationsplattform,[170] unterstützt Unternehmen beim Schutz vor wirtschaftskriminellen, nachrichtendienstlichen und anderen sicherheitsrelevanten Bedrohungen. In Zusammenarbeit mit Sicherheitsbehörden und Wirtschaftsverbänden werden praxisorientierte Hilfsmittel wie Leitfäden, Schulungen und Handlungsempfehlungen bereitgestellt sowie aktuelle Warnhinweise veröffentlicht. **77**

Darüber hinaus stellen Branchenverbände Präventionsangebote zur Verfügung. So engagiert sich beispielsweise der Bundesverband Informationswirtschaft, Telekommunikation und neue Medien (**Bitkom**) e. V., der größte Verband der deutschen Digitalwirtschaft,[171] in politischen Debatten und bie- **78**

---

165 Bundesamt für Verfassungsschutz, Sicherheitshinweis für die Wirtschaft, 04/2022, S. 3.

166 *Hohmann/Schreiner,* StraFo 2019, 441, 443; *Ohly,* GRUR 2019, 441, 444.

167 *Wallwaey/Waldheim,* in: Wallwaey/Bollhöfer/Knickmeier, S. 26, 31.

168 Bundesministerium des Innern, für Bau und Heimat, Informationsabfluss aus Unternehmen, S. 15 f.

169 Überblick bei *Sonnen/Bollhöfer,* in: Wallwaey/Bollhöfer/Knickmeier, S. 102 ff.

170 Homepage: https://www.wirtschaftsschutz.info.

171 Homepage: https://www.bitkom.org.

tet praxisnahe Unterstützung durch Studien, Leitfäden und Veranstaltungen. Auch der Bundesverband Digitale Wirtschaft (**BVDW**) e. V. repräsentiert Unternehmen, deren Geschäftsmodelle auf digitalen Technologien basieren oder davon stark beeinflusst werden.[172] Er informiert ebenfalls über aktuelle Bedrohungen und vermittelt über Fachgruppen, Positionspapiere sowie Webinare aktuelles Wissen zu Sicherheitsstrategien und zur Resilienz.

H. Fazit

79 Die Risiken für Geschäftsgeheimnisse wachsen im digitalen Zeitalter. KI, Deepfakes und künftig Quantencomputer ermöglichen es kriminellen Akteuren, die für Unternehmen tätigen Personen zu täuschen, Schwachstellen in Unternehmen schnell zu erkennen, Authentifizierungsmechanismen zu umgehen und gezielt auf Geschäftsgeheimnisse zuzugreifen. Im Fokus staatlicher und privater Angreifer, die sich auf verschiedenen Wegen Zugang zu Geschäftsgeheimnissen verschaffen, stehen vor allem Schlüsselindustrien und Hochtechnologien. Ein effektiver Schutz von Geschäftsgeheimnissen ist nicht nur ein wesentlicher Wettbewerbsfaktor, sondern hat auch sicherheitspolitische Bedeutung. Gefordert sind daher umfassende Schutzmaßnahmen sowie das Ergreifen von staatlichen und privaten Präventionsangeboten.

Literaturverzeichnis

Alle Internetquellen wurden zuletzt am 31.8.2025 abgerufen.

Achenbach, Hans/Ransiek, Andreas/Rönnau, Thomas (Hrsg.)	Handbuch Wirtschaftsstrafrecht, 6. Aufl. 2024
Alexander, Christian	Gegenstand, Inhalt und Umfang des Schutzes von Geschäftsgeheimnissen nach der Richtlinie (EU) 2016/943, WRP 2017, 1034
Bitkom e. V.	Wirtschaftsschutz 2024, 2024
Bollhöfer, Esther/Jäger, Angela	Wirtschaftsspionage und Konkurrenzausspähung, 2018
Brammsen, Joerg	Die EU-Know-how-Richtlinie 943/2016, §§ 17 ff. UWG und das geplante Geschäftsgeheimnisstrafrecht (§ 23 GeschGehG-RegE), wistra 2018, 449

172 Homepage: https://www.bvdw.org.

Brammsen, Joerg/Apel, Simon (Hrsg.)	GeschGehG, 2022
Bundeskriminalamt	Bundeslagebild Cybercrime 2023, Mai 2024
Bundeskriminalamt	Bundeslagebild Cybercrime 2024, Mai 2025
Bundesministerium des Innern, für Bau und Heimat	Informationsabfluss aus Unternehmen – Innentäterschaft als unterschätztes Massenphänomen, Mai 2021
Bundesministerium des Innern und für Heimat	Verfassungsschutzbericht 2023, Juni 2024
Bundesamt für Sicherheit in der Informationstechnik	OPS. 1.1.3 Patch- und Änderungsmanagement, Edition 2023
Bundesamt für Sicherheit in der Informationstechnik	Einsatzbereiche verschlüsselter Kommunikation, https://www.bsi.bund.de/DE/Themen/Verbraucherinnen-und-Verbraucher/Informationen-und-Empfehlungen/Onlinekommunikation/Verschluesselt-kommunizieren/Einsatzbereiche/einsatzbereiche_node.html
Bundesamt für Verfassungsschutz	Sicherheitshinweis für die Wirtschaft, 04/2022
Bundesamt für Verfassungsschutz	Wirtschaftsspionage, Risiko für ihr Unternehmen, Juni 2008
Dölling, Dieter/Duttge, Gunnar/König, Stefan/Rössner, Dieter (Hrsg.)	Gesamtes Strafrecht, 5. Aufl. 2022
Dreißigacker, Arne/von Skarczinski, Bennet/Wollinger, Gina Rosa	Cyberangriffe gegen Unternehmen in Deutschland, 2021
Drescher, Jonathan	Industrie- und Wirtschaftsspionage in Deutschland, 2019
Ehrenberg, Marc Anton	Die Verschwiegenheit der Angehörigen rechtsberatender, steuerberatender und wirtschaftsprüfender Berufe, 2012
Eisele, Jörg (Gesamt-Hrsg.)	Tübinger Kommentar zum StGB, 31. Aufl. 2025
Erdogan, Serkan/Lamsfuß, Johannes	Einziehungsmaßnahmen nach Datenschutzverstößen im Gesundheitswesen, medstra 2023, 223

Feurer, Sebastian	Nach über 100 Jahren: Traditionshersteller muss nach Hackerangriff Insolvenz anmelden, CHIP online, 22.6.2025, https://www.chip.de/news/business/wegen-folgen-von-hackerangriff-deutsches-tradtionsunternehmen-ist-insolvent_3780bcef-98bd-4722-83df-b3820286e826.html
Fleischer, Dirk	Wirtschaftsspionage, 2016
Föbus, Nikolaus	Die Insuffizienz des strafrechtlichen Schutzes von Geschäfts- und Betriebsgeheimnissen nach § 17 UWG, 2010
Fuhlrott, Michael/Hiéramente, Mayeul	BeckOK GeschGehG, 23. Edition, Stand: 01.03.2025
Gaur, Sagar	Top Cybersecurity Vulnerabilities You Should Be Aware of in 2025, mindflow online, 19.2.2025, https://mindflow.io/blog/top-cybersecurity-vulnerabilities-you-should-be-aware-of-in-2025
Gliss, Hans	Notfallplan zur Abwehr von Cyberangriffen, DSB 2017, 13
Graf, Jürgen Peter/Jäger, Markus/Wittig, Petra (Hrsg.)	Wirtschafts- und Steuerstrafrecht, 3. Aufl. 2024
Gramlich, Ludwig/Lütke, Hans-Josef	Die Strafvorschriften des § 23 GeschGehG – kein gesetzgeberisches Meisterstück, wistra 2022, 97
Harte-Bavendamm, Henning/Ohly, Ansgar/Kalbfus, Björn (Hrsg.)	Gesetz zum Schutz von Geschäftsgeheimnissen, 2. Aufl. 2024
Harzer, Theodor	Wo „Made in Germany" noch etwas wert ist – und wo nicht, manager magazin, 5.2.2025, https://www.manager-magazin.de/unternehmen/guetesiegel-wo-made-in-germany-noch-etwas-wert-ist-und-wo-nicht-a-c561265d-f3be-4149-986e-ccfabfbb1549
Hauck, Ronny	Was lange währt … – Das Gesetz zum Schutz von Geschäftsgeheimnissen (GeschGehG) ist in Kraft, GRUR-Prax 2019, 223
Henssler, Martin (Hrsg.)	beck-online.GROSSKOMMENTAR, 45. Edition 2024

Hermesmeier, Timo – Das neue Geschäftsgeheimnisschutzrecht, WPg 2020, 44

Hiéramente, Mayeul/Golzio, Jann Ole – Die Reform des Geheimnisschutzes aus Sicht der Compliance-Abteilung – Ein Überblick, CCZ 2018, 262

Hiéramente, Mayeul/Wagner, Sebastian – Strafrechtliche Grenzen der Informationsbeschaffung über (ehemalige) Mitarbeiter der Gegenpartei eines Zivilrechtsstreits, GRUR 2020, 709

Hoeren, Thomas/Münker, Reiner (Hrsg.) – GeschGehG, 2021

Hohmann, Olaf/Schreiner, Ann-Kathrin – Das neue (Geschäfts-)Geheimnisschutzstrafrecht: ein Überblick, in: StraFo 2019, 441

IONOS Redaktion – Was ist ein Intrusion-Detection-System (IDS)?, 10.10.2023, ionos.de, https://www.ionos.de/digitalguide/server/sicherheit/intrusion-detection-system-ids

Keller, Erhard/Schönknecht, Marcus/Glinke, Anna – Geschäftsgeheimnisschutz, 2022

Kilchling, Michael – Wirtschaftsspionage und Konkurrenzausspähung – Herausforderungen für Staat und Wirtschaft, GSZ 2020, 57

Köhler, Helmut/Feddersen, Jörn (Hrsg.) – Gesetz gegen den unlauteren Wettbewerb, 43. Aufl. 2025

KPMG – e-Crime in der deutschen Wirtschaft 2024, Studie, 2024

Lackner, Karl/Kühl, Kristian/Heger, Martin – Strafgesetzbuch, 30. Aufl. 2023

Leister, Alexander/Fröhlich, Thomas M. – Erforderliche Mindeststandards für den Schutz von Geschäftsgeheimnissen, GRUR-Prax 2021, 91

Leitner, Werner/Rosenau, Henning (Hrsg.) – Wirtschafts- und Steuerstrafrecht, 2. Aufl. 2022

Lütke, Hans-Josef/Gramlich, Ludwig – Die KI-Verordnung und Geschäftsgeheimnisse, BB 2024, 1927

Maaßen, Stefan – „Angemessene Geheimhaltungsmaßnahmen“ für Geschäftsgeheimnisse, GRUR 2019, 352

Naber, Sebastian/Peukert, Matthias/Seeger, Börge	Arbeitsrechtliche Aspekte des Geschäftsgeheimnisgesetzes, NZA 2019, 583
Nadeborn, Diana	Strafrechtliche Beratung bei unbefugtem Zugriff auf Unternehmensdaten, ZdiW 2022, 309
Ohly, Ansgar	Das neue Geschäftsgeheimnisgesetz im Überblick, GRUR 2019, 441
Ohly, Ansgar/Sosnitza, Olaf	UWG, 8. Aufl. 2023
Peifer, Nikolaus (Hrsg.)	UWG, Band 3, 3. Aufl. 2020
Poll, Jens	Die Verantwortlichkeit des Abschlussprüfers nach § 323 HGB, DZWIR 1995, 95
Reinbacher, Tobias	Der neue Straftatbestand des § 23 GeschGehG und das Whistleblowing, KriPoZ 2019, 148
Safferling, Christoph/Rückert, Christian	Schutz von Dissidenten und Abwehr von Cyberspionage – die neue Bedeutung des § 99 StGB, ZStW 2020, 367
Schmitz, Roland (Hrsg.)	Münchener Kommentar zum StGB, Band 8, 4. Aufl. 2023
Schröder, Thomas	Integration des Whistleblowing in die nationale Rechtsordnung, ZRP 2020, 212
Schulze-Heiming, Ingeborg	Der strafrechtliche Schutz der Computerdaten gegen die Angriffsformen der Spionage, Sabotage und des Zeitdiebstahls, 1995
Schumann, Kay H.	Das 41. StrÄndG zur Bekämpfung der Computerkriminalität, NStZ 2007, 675
Statista	Bruttoinlandsprodukt (BIP) in Deutschland von 1991 bis 2024, https://de.statista.com/statistik/daten/studie/1251/umfrage/entwicklung-des-bruttoinlandsprodukts-seit-dem-jahr-1991
Tsolkas, Alexander/Wimmer, Friedrich	Wirtschaftsspionage und Intelligence Gathering, 2013
Ullrich, Ines	Der Schutz von Whistleblowern aus strafrechtlicher Perspektive – Rechtslage de lege lata und de lege ferenda, NZWiSt 2019, 65
Wallwaey, Elisa/Bollhöfer, Esther/Knickmeier, Susanne (Hrsg.)	Wirtschaftsspionage und Konkurrenzausspähung, 2019

Weiden, Henrike	Aktuelle Berichte – Juni 2018, GRUR 2018, 589
Weigert, Daniel	Angemessene Geheimhaltungsmaßnahmen im Sinne des Geheimnisschutzgesetzes – Geheimnisschutz ad absurdum?, NZA 2020, 209
Wolf, Sabina/Brunner, Katharina	Bedrohen Hackerangriffe die nationale Sicherheit?, tagesschau.de, 1.6.2025, https://www.tagesschau.de/wirtschaft/digitales/cybersecurity-deutsche-unternehmen-gehackt-100.html